주역통

3,000년의 세월을 거슬러 주역의 핵심과 소통하기

이을로

3,000년의 세월을 거슬러 주역의 핵심과 소통하기

주역통

초판1쇄 발행 2011년 12월 10일

글 이을로 펴낸곳 (주)늘품플러스 펴낸이 전미정 기획·교정 정윤혜 이동익 디자인·편집 남지현
출판등록 2008년 1월 18일 제2-4350호 주소 서울 중구 필동1가 39-1 국제빌딩 607
전화 070-7090-1177 팩스 02-2275-5327 이메일 go5326@naver.com 홈페이지 www.npplus.co.kr
ISBN 978-89-93324-31-0 03150 정가 38,000원

周易通

머리말

허물없음을 구할 뿐이다

길(吉)은 편안함과 화평함이고, 흉(凶)은 나를 치는 살벌함이며, 회(悔)는 상처를 당한 후 후회하는 것이고, 린(吝)은 어렵고 한스럽고 애석한 것이다. 이러한 것들에 얽매이지 않고 중화와 중용을 바라는 것이 무구(无咎)를 구하는 것이다. 결국 군자가 얻고자 하는 무구는 길흉회린을 벗어난 허물없음이다.

그러나 미래의 길흉회린을 미리 알아야 허물없음도 구할 수 있다. 현재와 미래 사이에 인과관계가 있든 없든 이 둘을 연결해주는 무엇인가가 있어야 하고, 이 연결도구를 읽을 수 있어야 미래의 길흉회린을 미리 알 수 있다. 미리 안다는 것이 점이고, 점술이다. 인류가 이용하는 점술 도구 중 가장 오래된 것이 주역이다.

3,000년이 넘은 주역의 역경(易經)은 소박하고 단순한 이야기로 구성되어 있다. 그 이야기가 품고 있는 은밀한 속내만 알 수 있으면 자신의 문제에 즉각 적용할 수 있다. 자신에게 주는 역경의 속내를 알기 위해서는 전문적인 지식이 필요하지 않다. 단지 주의 깊은 경청이 필요할 뿐이다.

그럼에도 역경의 이야기가 제대로 들리지 않는 경우가 있다. 가장 큰 이유는 잡음이 너무 많기 때문이다. 소위 역경의 참고서격인 역전(易傳)들이 자신만의 목소리로 역경을 묻히게 했다. 십익(十翼)에 묻히고, 정이의 이천역전(伊川易傳)과 주희의 주역본의(朱易本義)에도 묻혔다. 이러한 해설서들이 역경의 이야기를 바로 듣게 하는 역할도 했지만, 해설이 너무 많아 역경의 목소리를 작게도 만들었다.

역경의 이야기를 제대로 알기 위해선 역경 자체에 주파수를 맞춰야 한다. 그리고 역경의 괘사와 효사가 정확히 무엇을 말하는지 알아야 한다. 청나라의 왕인지(王引之), 중국의 고힐강(顧詰剛), 이경지(李鏡池), 고형(高亨)과 같은 이들이 역경의 정확한 해석에 큰 기여를 했다. 역경의 또 다른 본으로 발표된 상해박물관장전국초죽서(上海博物館藏戰國楚竹書)와 마왕퇴한묘백서(馬王堆漢墓帛書)로 인해 기존의 역경해석의 오류들도 바로 잡을 수 있게 됐다.

본 책은 주역의 역전인 단전(彖傳)과 상전(象傳) 등을 배제하고 역경 자체의 내용에만 집중했다. 마땅히 이래야 한다는 의리론도 없고, 복잡한 상수론도 없다. 소설같은 재미도 없다. 단지 미래의 길흉회린을 예측하는 점서로 역경의 내용에만 매달리다 보니 맛도 없다. 살을 발라낸 뼈만 있다. 역경의 이야기가 간명할수록 더 많은 분야에서 예측의 잣대로 활용될 수 있을 것이라는 신념으로 책을 엮었다.

주역의 역경을 [주역통周易通]이라는 이름으로 엮으면서 많은 분들의 도움을 받았다. 책의 내용에 조언을 해준 두강원 학인분들에게 고마움을 전한다. 특히 참고자료를 구해준 이옥영·박현필 씨, 꼼꼼히 교정을 봐준 박은숙·홍란희 씨, 프로그램 개발로 격려해준 남현우 씨에게 감사를 전한다. 아울러 책을 엮는 동안 주역의 새로운 시각을 열어준 고형(高亨) 교수에게 깊은 존경을 바친다.

사람의 정함이 있으면 하늘을 이길 수 있다는 인정승천(人定勝天)의 오만함을 버리고, 단지 허물없음을 구하는 이들에게 이 책이 좋은 벗이 되길 바란다.

2011년 11월 이을로

일러두기

이 책의 구성과 해석 기준

1. 역경 해석의 구성

64괘에 대한 해석들은 다음의 순서를 따랐다. (1) 괘명, (2) 괘의 의미에 대한 요약, (3) 괘상, (4) 괘의 원문, (4) 원문의 전체해석, (5) 원문의 부분해석과 주석.

역경의 괘사와 효사는 점을 치기 위해 독립적으로 사용되는 경우가 많다. 독립적인 사용을 위해 주석은 부분해석 바로 밑에 각각 두었다. 주석 중 참고할 부분을 언급한 것은 조견표와 페이지 색인을 둬 손쉽게 찾을 수 있도록 하였다.

2. 역경 원문의 기준

역경 원문은 주역대전금주(周易大傳今注, 고형高亨, 2004 청화대학 출판본)를 기준으로 하였고, 현토를 위한 구절의 구분에는 주역 통행본(中國哲學書電子化計劃에 의한 역경 수록분, 2010 07 01 현재)도 참고하였다. 구절의 구분이 되는 띄어쓰기와 마침표는 괘 해석의 중요한 역할을 한다. 일반적으로 사용되는 주역책과는 많은 부분에서 차이가 있으므로 주의할 필요가 있다.

3. 괘명의 표시와 통일

괘명은 효사 중에서 어느 한 글자나 두 글자를 취하여 괘명으로 삼고, 괘사의 제일 앞에 있다. 그러나 현재 통용되고 있는 통행본 중 괘명이 생략된 괘가 있다. 이를 본 책에서는 ( )안에 표시하였다. 해당되는 괘는 다음과 같다. 10번 이괘(履卦), 12번 비괘(否卦), 13번 동인괘(同人卦), 52번 간괘(艮卦), 61번 중부괘(中孚卦).

또 현재 혼용되고 있는 괘명은 아래와 같이 통일하였다.

- 3번 괘명은 준괘(屯卦)로 한다. 둔괘로 쓰기도 한다.
- 33번 괘명은 둔괘(遯卦)로 한다. 돈괘로 쓰기도 한다.
- 45번 괘명은 췌괘(萃卦)로 한다. 취괘로 쓰기도 한다.

4. 역경 해석에 참고한 초죽서와 백서주역

초죽서(楚竹書)와 백서주역(帛書周易)은 현재 쓰고 있는 주역 통행본을 보충하고 새로운 해석을 가능하게 해주는 귀중한 자료이다.

초죽서는 상해박물관장전국초죽서(上海博物館藏戰國楚竹書, 줄여서 전국초죽서 또는 상박초간이라 부른다)를 말한다. 1994년 상해박물관이 홍콩에서 사들인 대량의 초죽서를 정리하여 2003년 책으로 낸 책이다. 3권에 실린 주역의 내용은 현존하는 역경 중 가장 이른 시기의 것으로 기원전 221년 전후의 것이다. 백서주역은 1972년부터 발굴된 마왕퇴한묘백서(馬王堆漢墓帛書) 중 주역 부분을 말한다. 주역 경문(經文)외에 6종 7편으로 구성되어 있다. 한묘의 주인공은 서한(西漢) 초기의 인물이고 기원전 168년에 묘가 만들어진 것으로 추정되고 있다.

본 책은 [금,백,죽서주역종고(今,帛,竹書周易綜考, 유대균劉大鈞, 상해고적출판사上海古籍出版社)]를 저본으로 하여 역경 해석의 많은 부분에 초죽서와 백서주역의 내용을 참고하였다.

5. 역경 해석과 관련된 고사의 인용

고힐강(顧詰剛 1893~1981)은 주역괘효사중적고사(周易卦爻辭中的故事)에서 역경 중 고사를 인용한 것이 확실한 것은 다음과 같다고 했다. (1) 제을(帝乙)의 딸이 시집간 고사는 11번 태괘(兌卦) 육오, 54번 귀매괘(歸妹卦) 육오에 실려 있다. (2) 왕해(王亥)가 소와 양을 잃은 고사는 34번 대장괘(大壯卦) 육오, 56번 여괘(旅卦) 상구에 실려 있다. (3) 강후(康侯)가 말을 번식시킨 고사는 35번 진괘(震卦) 괘사에 실려 있다. (4) 고종(高宗)이 귀방(鬼方)을 정벌한 고사는

63번 기제괘(旣濟卦) 구삼, 64번 미제괘(未濟卦) 구사에 실려 있다. (5) 기자(箕子)의 고사는 36번 명이괘(明夷卦) 육오에 실려 있다. 본 책에서는 기자의 고사는 인정하지 않았다.

고힐강은 고증을 통해 위에 열거한 역경의 괘사와 효사의 내용이 고사에서 인용되었음을 증명하였고, 그밖에도 역경에는 고사를 인용하였을 것으로 추정되는 내용이 있으나, 그 내용이 망실되어 고사로 증명할 방법이 없다고 했다. 또 이경지(李鏡池)는 주역탐원(周易探源)을 통해 고사로 역경에 인용되었을 것으로 추정되는 괘사와 효사를 열거하였으나 명확하게 고증을 하지는 못했고, 고형(高亨)은 주역고경금주(周易古經今注)와 주역대전금주(周易大傳今注)에서 고힐강이 고사로 본 것 외에 일부 괘사와 효사의 구절들의 해석을 통해 고사와 연관이 있는 것으로 보았다. 본 책에서는 확실한 증거가 없이 소설과 같이 인용되는 고사들을 배제하고, 증명이 가능한 고사들만을 인용하여 괘를 해석하였다.

6. 역경 해석에 참고한 서적

본 책은 고형(高亨) 교수의 주역고경금주(2004 청화대학 출판본)와 주역대전금주(2004 청화대학 출판본)를 해석의 큰 기준으로 삼았다. 역경의 참고서에 해당하는 십익(十翼, 상경단전·하경단전·상경상전·하경상전·계사상전·계사하전·설괘전·서괘전·잡괘전·문언전)은 부득이한 경우 외에는 해석에 참고하지 않았다. 괘 해석에 참고한 서적들은 아래와 같다.

- 주역고경금주(周易古經今注, 고형高亨)
- 주역대전금주(周易大傳今注, 고형高亨)
- 주역통의(周易通義, 이경지李鏡池)
- 주역본의(朱易本義, 주희朱熹)
- 이천역전(伊川易傳, 정이程頤)
- 주역전의대전(周易傳義大全, 호광胡廣)
- 홍재전서(弘齋全書) 중 경사강의(정조와 김계락·윤행임·신복·강세륜 등의 문

답집)

- 오주연문장전산고(五洲衍文長箋散稿, 이규경李圭景) 중 역경
- 사기 본기(김원중 역, 민음사)
- 춘추좌전(春秋左傳, 신동준 역, 한길사)
- 조선왕조실록 중 주역 관련 부분
- 조선시대 문집 중 주역 관련 부분
- 기타 국내 주역 관련 서적과 주역 고서

7. 역경 해석에 참고한 한자

역경에 사용된 한자의 확실한 이해를 위해 아래 책을 참고하여 해설을 하였다.

- 설문해자(說文解字, 清代 진창치陳昌治 각본)
- 설문해자주(說文解字注, 清代 단옥재段玉裁)
- 설문해자주 부수자 역해(設文解字注 部首字 譯解, 염정삼)
- 강희자전(康熙字典)

8. 역경 현토의 기준

역경의 현토(懸吐)는 주역대전금주(周易大傳今注)와 통행본(通行本) 내용을 기준으로 하되, 초죽서(楚竹書)와 백서주역(帛書周易)을 참고하였다. 현토한 역경 원문 중 ( )안에 있는 것은 통행본과 다르게 현토한 것이다.

질문사항

내용에 대한 질문은 두강원 홈페이지(www.uleenet.com)의 역학질문 게시판을 이용하십시오.

조견표 1. 변할 효

천지수	영수	나머지 수	변할 효
55	54	1	①효
55	53	2	②효
55	52	3	③효
55	51	4	④효
55	50	5	⑤효
55	49	6	⑥효
55	48	7	⑥효
55	47	8	⑤효
55	46	9	④효
55	45	10	③효
55	44	11	②효
55	43	12	①효
55	42	13	①효
55	41	14	②효
55	40	15	③효
55	39	16	④효
55	38	17	⑤효
55	37	18	⑥효
55	36	19	⑥효

동전의 모양	구한 숫자	효 (동효여부)
세 개가 숫자	6 (노음수)	- - (동효)
한 개가 그림	7 (소양수)	—
한 개가 숫자	8 (소음수)	- -
세 개가 그림	9 (노양수)	— (동효)

- **천지수** = 55
- **영수** = 동전으로 여섯 번 구한 숫자의 합
- **나머지 수** = 천지수 − 영수

나머지 수	변할 효
6, 7, 18, 19	⑥효
5, 8, 17	⑤효
4, 9, 16	④효
3, 10, 15	③효
2, 11, 14	②효
1, 12, 13	①효

조견표 2. 동효가 여러 개일 경우 해석기준

- **동효가 없는 경우**
  - 점으로 얻은 괘인 본괘(本卦)의 괘사로 해석한다.
- **동효가 한 개인 경우**
  - 동효가 변할 효이면 본괘의 해당 동효로 해석한다.
  - 동효가 변할 효가 아니면 본괘의 괘사로 해석한다.
  - 변할 효인지의 여부를 떠나 본괘의 해당 동효나 본괘의 괘사로 해석하기도 한다.
  - 본괘의 동효·괘사를 해석할 때 지괘의 동효·괘사를 결합하여 해석하기도 한다.
- **동효가 두 개인 경우**
  - 동효 두 개 중 하나가 변할 효이면 본괘의 해당 동효로 해석한다.
  - 동효 두 개가 모두 변할 효가 아니면 본괘의 괘사로 해석한다.
- **동효가 세 개인 경우**
  - 동효 세 개 중 하나가 변할 효이면 본괘의 해당 동효로 해석한다.
  - 동효 세 개가 모두 변할 효가 아니면 본괘(本卦)와 지괘(之卦)의 괘사를 합해 해석한다.
- **동효가 네 개인 경우**
  - 동효 네 개 중 하나가 변할 효이면 본괘의 해당 동효로 해석한다.
  - 동효 네 개가 모두 변할 효가 아니면 지괘의 괘사로 해석한다.
- **동효가 여섯 개인 경우**
  - 본괘가 건괘(乾卦)이면 건괘의 용구로, 곤괘(坤卦)이면 곤괘의 용육으로 해석한다.
  - 본괘가 건괘와 곤괘가 아닌 경우는 지괘의 괘사로 해석한다.

조견표 3. 팔괘 요약

팔괘 괘상	☰	☱	☲	☳	☴	☵	☶	☷
명칭	건괘 (乾卦)	태괘 (兌卦)	이괘 (離卦)	진괘 (震卦)	손괘 (巽卦)	감괘 (坎卦)	간괘 (艮卦)	곤괘 (坤卦)
	건천 (乾天)	태택 (兌澤)	이화 (離火)	진뢰 (震雷)	손풍 (巽風)	감수 (坎水)	간산 (艮山)	곤지 (坤地)
선천수	1	2	3	4	5	6	7	8
후천수	6	7	9	3	4	1	8	2
자연	하늘	못	불	우레	나무	물	산	땅
사람	아버지	소녀	중녀	장남	장녀	중남	소남	어머니
인체	머리	입	눈	발	허벅지	귀	손	배
동물	말	양	꿩	용	닭	돼지	개	소
성질	굳셈	기쁨	걸림	움직임	들어감	빠짐	그침	순함

조견표 4. 팔괘로 찾는 64괘 일람

상괘→ 하괘↓	☰ 1 건천	☱ 2 태택	☲ 3 이화	☳ 4 진뢰	☴ 5 손풍	☵ 6 감수	☶ 7 간산	☷ 8 곤지
☰ 1 건천	1 중천건 重天乾	43 택천쾌 澤天夬	14 화천대유 火天大有	34 뇌천대장 雷天大壯	9 풍천소축 風天小畜	5 수천수 水天需	26 산천대축 山天大畜	11 지천태 地天泰
☱ 2 태택	10 천택리 天澤履	58 중택태 重澤兌	38 화택규 火澤睽	54 뇌택귀매 雷澤歸妹	61 풍택중부 風澤中孚	60 수택절 水澤節	41 산택손 山澤損	19 지택림 地澤臨
☲ 3 이화	13 천화동인 天火同人	49 택화혁 澤火革	30 중화리 重火離	55 뇌화풍 雷火豐	37 풍화가인 風火家人	63 수화기제 水火旣濟	22 산화비 山火賁	36 지화명이 地火明夷
☳ 4 진뢰	25 천뢰무망 天雷无妄	17 택뢰수 澤雷隨	21 화뢰서합 火雷噬嗑	51 중뢰진 重雷震	42 풍뢰익 風雷益	3 수뢰준 水雷屯	27 산뢰이 山雷頤	24 지뢰복 地雷復
☴ 5 손풍	44 천풍구 天風姤	28 택풍대과 澤風大過	50 화풍정 火風鼎	32 뇌풍항 雷風恒	57 중풍손 重風巽	48 수풍정 水風井	18 산풍고 山風蠱	46 지풍승 地風升
☵ 6 감수	6 천수송 天水訟	47 택수곤 澤水困	64 화수미제 火水未濟	40 뇌수해 雷水解	59 풍수환 風水渙	29 중수감 重水坎	4 산수몽 山水蒙	7 지수사 地水師
☶ 7 간산	33 천산둔 天山遯	31 택산함 澤山咸	56 화산려 火山旅	62 뇌산소과 雷山小過	53 풍산점 風山漸	39 수산건 水山蹇	52 중산간 重山艮	15 지산겸 地山謙
☷ 8 곤지	12 천지비 天地否	45 택지췌 澤地萃	35 화지진 火地晉	16 뇌지예 雷地豫	20 풍지관 風地觀	8 수지비 水地比	23 산지박 山地剝	2 중지곤 重地坤

* 번호는 괘의 고유번호이다. (예 : 1 중천건은 1번괘 중천건을 뜻한다)

목 차

4장 하경

춘추좌전과 국어의 점친 사례

1장

점치는 방법

1 동전으로 괘를 만드는 방법

2 동효 정하기와 영수의 개념

3 상황별로 해석할 동효 정하기

周易通

점치기는 현재와 미래 사이를 연결하는 조짐을 판단하고 해석하는 것이다. 주역에서 조짐은 괘로 나타난다. 괘는 숫자에서 나온다. 그러므로 점을 쳐서 가장 먼저 숫자를 구하고, 숫자로 괘를 만든 후, 괘를 판단하고 해석한다. 본 책에서는 동전을 이용하는 방법을 소개한다.

1. 동전으로 괘를 만드는 방법

1) 질문을 적는다.

점치기 위해 가장 먼저 깨끗한 종이를 준비하여 점을 친 연월일시와 질문사항을 적는다. 예로 들 것은 ○○○○년 ○○월 ○○일 오전 ○○시 ○○분에 점을 친 것이다. 통치자가 나라를 잘 통치할 수 있을지를 점쳤고, 동전은 십원짜리 동전을 이용하였다. 백원 또는 오백원 동전도 상관이 없다. 그림이 있는 부분이 보이면 양(陽)이고, 숫자가 있는 부분이 보이면 음(陰)이 된다. 주희(朱憙)는 동전의 그림 부분을 음(陰)으로 하였고, 소강절(邵康節)은 그림이 있는 부분을 양으로 하였다. 송나라 이후 소강절의 방법을 기준으로 사용하고 있다.

2) 동전으로 숫자와 효를 구한다.

(1) 가장 아래 숫자를 구한다.

준비한 십원짜리 동전 세 개를 질문을 생각하며 백지 위에 던진다. 동전을 이용하여 괘를 뽑는 방법을 척전법(擲錢法)이라고 한다. 척(擲)은 던진다는 뜻이다. 소반에 던지기도 하고, 양손으로 흔들어 손바닥을 펴보는 방법을 택해도 된다. 예를 든다. 동전의 모양이 아래와 같이 나타났다.

[그림,양陽] [그림,양陽] [그림,양陽]

동전은 모두 그림이 있는 부분이 나타났다. 그림이 있는 부분은 양(陽)이니 숫자 9를 얻는다. 백지에 숫자와 양효(陽爻) 표시를 하고 동효(動爻) 여부를 적는다. 소음수(少陰數)와 소양수(少陽數)는 동(動)하지 않고 노음수(老陰數)와 노양수(老陽數)는 동하므로 효 옆에 동효 표시를 한다.

① 9 ━ 동효

점을 칠 때 동전으로 구하는 숫자는 6·7·8·9의 네 개가 되고, 숫자의 별칭과 연결되는 효는 아래와 같다.

동전의 모습	구한 숫자	숫자 별칭	효	동효여부
음陰인 숫자가 셋이고, 양陽인 그림 없음	6	노음수(老陰數)	- - (음효)	동(動)한다
음陰인 숫자가 둘이고, 양陽인 그림 하나	7	소양수(少陽數)	━ (양효)	
음陰인 숫자가 하나이고, 양陽인 그림이 둘	8	소음수(少陰數)	- - (음효)	
양陽인 그림이 셋이고, 음陰인 숫자 없음	9	노양수(老陽數)	━ (양효)	동(動)한다

(2) 두 번째 숫자를 구한다.

동전이 아래 모양으로 나타났다.

[그림,양陽] [숫자,음陰] [그림,양陽]

동전을 보면 그림이 두 개로 양효가 둘이고, 숫자가 하나이니 음효가 하나다. 숫자 8을 얻는다. 숫자표는 ①번을 참고한다. 8의 별칭은 소음수(少陰數)이다. 남자 둘과 여자 한 명이 같이 가면 여자가 결정권을 갖는 것과 같이 셋 중 다른 하나가 대표되는 동전이 된다. 그러므로 동전이 만든 효는 음효가 된다. 백지의 가장 아래 부분에 8과 음효(陰爻)를 뜻하는 - -를 그려 놓는다. 백지의 ①번 위에 아래와 같이 표시한다.

② 8 - -

① 9 ━ 동효

(3) 세 번째 숫자를 구한다.

동전이 아래 모양으로 나타났다.

[그림,양陽] [숫자,음陰] [그림,양陽]

숫자 8이 된다. 8의 별칭은 소음수(少陰數)로 동(動)하지 않는 수이다. 백지의 ②번 위에 아래와 같이 표시한다.

③ 8 **- -**

② 8 **- -**

① 9 **—** 동효

(4) 네 번째 숫자를 구한다.

동전이 아래 모양으로 나타났다.

[숫자,음陰] [숫자,음陰] [숫자,음陰]

모두 음(陰)이니 숫자는 6이 된다. 6의 별칭은 노음수(老陰數)로 동(動)하는 수가 된다. 백지의 ③번 위에 아래와 같이 표시한다.

④ 6 **- -** 동효

③ 8 **- -**

② 8 **- -**

① 9 **—** 동효

(5) 다섯 번째 숫자를 구한다.

동전이 아래 모양으로 나타났다.

[그림,양陽] [그림,양陽] [그림,양陽]

위 동전 모양은 모두 양(陽)이니 숫자 9를 얻는다. 백지의 ④번 위에 아래와 같이 표시한다. 9는 노양수(老陽數)로 동(動)하는 수이므로 효 옆에 동효 표시도 한다.

⑤ 9 ━ 동효

④ 6 ╍ 동효

③ 8 ╍

② 8 ╍

① 9 ━ 동효

(6) 여섯 번째 숫자를 구한다.

동전이 아래 모양으로 나타났다.

[그림,양陽] [숫자,음陰] [그림,양陽]

동전 모양을 숫자로 바꾸면 8이 된다. 8은 소음수(少陰數)로 동(動)하지 않는다. ⑤번 위에 아래와 같이 표시한다. 이상으로 숫자 여섯 개를 구하는 것이 끝난다.

⑥ 8 ╍

⑤ 9 ━ 동효

④ 6 ╍ 동효

③ 8 ╍

② 8 ╍

① 9 ━ 동효

동전을 이용하는 척전법(擲錢法)은 복잡한 듯 보이나 아래의 몇 개 사항만 기억하면 손쉽게 이용할 수 있다.

– 동전의 그림이 양(陽)이고 숫자가 음(陰)이다.

– 숫자는 6·7·8·9를 구한다.

– 숫자는 괘의 아래서부터 위로 가면서 구한다.

– 숫자 중 홀수인 7과 9는 양효(陽爻)이고 이 중 9는 노양수(老陽數)로 동효

가 된다.

– 숫자 중 짝수인 6과 8은 음효(陰爻)이고 이 중 6은 노음수(老陰數)로 동효가 된다.

3) 구한 숫자와 효로부터 괘를 구한다.

동전을 이용하여 구한 숫자와 효는 아래와 같다.

⑥ 8 ▬ ▬

⑤ 9 ▬▬ 동효

④ 6 ▬ ▬ 동효

③ 8 ▬ ▬

② 8 ▬ ▬

① 9 ▬▬ 동효

위와 같이 구한 숫자와 효 중 ④⑤⑥효로는 상괘(上卦)를 만들고, ①②③효로는 하괘(下卦)를 만든다. 주역에서 상괘는 8개가 나오고 하괘도 역시 8개가 나온다. 이를 팔괘(八卦)로 부른다. 8개의 상괘인 팔괘와 8개의 하괘인 팔괘가 만나 총 64개의 괘를 만들어지며, 64개의 주역괘를 대성괘(大成卦)라고 부르고 간단히 괘(卦)라 부른다. 이제까지 예를 들어 설명한 방법으로 얻은 괘는 준괘(屯卦)이고, ①·④·⑤효가 동(動)했다고 한다. 요약하면 아래 그림과 같다.

상괘(上卦)	감수(坎水)	☵
하괘(下卦)	진뢰(震雷)	☳
대성괘(大成卦)	수뢰준(水雷屯)	䷂ ①·④·⑤효 동(動)

4) 동전점과 시초점

동전을 던져 괘를 뽑는 척전법(擲錢法)은 점을 치는 모습이 가벼워 보인다. 그러나 점의 본질에서 보면 동전점이 시초(蓍草)와 서죽(筮竹)을 이용하는 방법보다 우수하다. 점이라는 것은 전혀 알 수가 없어 묻는 것이다. 그러므로 미래 해석의 근거가 되는 숫자를 뽑는 것은 무작위적이어야 한다. 무작위인 랜덤

(random)은 인위적인 요소가 없고, 불규칙적이며, 대상이 동일한 확률로 선택되어야 한다.

시초점과 동전점 중 어느 것이 무작위적인가? 시초를 이용하든 동전을 이용하든 주역을 이용하기 위해서는 6·7·8·9, 네 개의 숫자를 구하는 것으로부터 출발한다. 이 숫자들을 뽑을 확률은 아래와 같다.

구분	6(노음수)	7(소양수)	8(소음수)	9(노양수)
시초점	1/16	5/16	7/16	3/16
동전점	1/8	3/8	3/8	1/8

* 확률은 DNA와 주역(존슨 얀 지음, 김영태 옮김, 몸과 마음 출판)에서 인용

위 표를 보면 시초점이든 동전점이든 음효 또는 양효가 나올 확률은 1/2이다. 문제는 동효로 보는 노음수(老陰數)와 노양수(老陽數)의 확률이다. 시초점은 노음수가 나올 확률이 1/16이고, 노양수가 나올 확률은 3/16이다. 노양수가 나올 확률이 3배가 된다. 이에 반해 동전점은 노음과 노양이 나올 확률이 1/8로 동일하다. 그러므로 주역점이 6·7·8·9의 숫자를 무작위적으로 얻는 것으로부터 출발한다면, 동전점은 시초점보다 훨씬 무작위적이다. 가볍다고 여겨지는 동전점이 점의 본질에 가까운 방법이다.

2. 동효 정하기와 영수의 개념

괘의 각 효사는 아래와 같은 명칭이 있다.

⑥ — 상구(上九)	⑥ - - 상육(上六)
⑤ — 구오(九五)	⑤ - - 육오(六五)
④ — 구사(九四)	④ - - 육사(六四)
③ — 구삼(九三)	③ - - 육삼(六三)
② — 구이(九二)	② - - 육이(六二)
① — 초구(初九)	① - - 초육(初六)

또 건괘(乾卦)의 모든 효가 동한 경우는 용구(用九)라 부르고 곤괘(坤卦)의 모든 효가 동했을 때는 용육(用六)으로 부른다.

괘를 해석하고 판단할 때는 동전으로 구한 괘의 괘사(卦辭)와 효사(爻辭)를 보면 된다. 우리가 동전점을 통해 얻은 괘는 3번 준괘(屯卦)이다. 본 책의 준괘 항목 중 가장 먼저 있는 것이 괘사이고, 이어지는 것들이 효사이다. 동전으로 구한 준괘(屯卦)의 각 효의 명칭은 아래와 같다.

⑥ -- 상육(上六)

⑤ — 구오(九五)

④ -- 육사(六四)

③ -- 육삼(六三)

② -- 육이(六二)

① — 초구(初九)

①·④·⑤효가 동했으니 초구(初九), 육사(六四), 구오(九五)의 효를 보고 점괘를 해석하면 될 것이다. 그러나 문제가 있다. 준괘(屯卦)의 초구, 육사, 구오의 내용이 다르기 때문이다. 여기에서 해석의 기준이 될 동효(動爻)를 정할 필요가 생긴다. 동효를 정하는 방법에 대해 여러 가지 설이 있다. 본 책에서는 고형(高亨)이 춘추좌전(春秋左傳)과 국어(國語)에 나타난 서례를 연구한 논문인 주역서법신고(易筮法新考)를 기준으로 소개를 한다. 이 방법을 적용하기 위해서 미리 알아 둘 사항이 있다.

1) 동효

동전을 이용하든, 시초를 이용하든 숫자 4개를 얻게 된다. 얻게 된 6·7·8·9의 숫자를 사영(四營)이라 한다. 사영 중 6은 노음(老陰)으로 음효에서 양효로 바뀔 수 있고, 9인 노양(老陽)은 양효에서 음효로 바뀔 수 있다. 이를 동(動)한 효, 줄여서 동효(動爻)로 부른다. 즉 점으로 얻은 숫자 중 7·8인 영수는 변하지 않으며, 6·9인 영수는 다른 음양으로 변할 수 있다. 숫자에서 얻은 괘를 본괘(本卦)라 하고 동효가 변하여 생긴 괘를 지괘(之卦)라고 부른다.

숫자	음양	동효 여부
6	노음(老陰)	가변지효(可變之爻), 동효(動爻)
7	소양(少陽)	불변지효(不變之爻)
8	소음(少陰)	불변지효(不變之爻)
9	노양(老陽)	가변지효(可變之爻), 동효(動爻)

2) 천지수

천지수(天地數)는 천지지수(天地之數)로 55이며, 천수(天數)와 지수(地數)의 합이다. 천수는 1·3·5·7·9이고, 지수는2·4·6·8·10이다.

3) 영수

영수(營數)는 점을 쳐서 얻은 사영의 합으로 36에서 54 사이에 있다. 영수가 36일 때는 점으로 얻은 6개의 숫자가 모두 6일 때이고, 54일 때는 점으로 얻은 6개의 숫자가 모두 9일 때이다.

4) 변할 효

변할 효는 천지수(天地數)에서 영수(營數)를 뺀 나머지 수가 배당되는 효이다. 아래와 같이 배당된다.
변할 효를 정하는 방법을 표로 요약하면 아래와 같다.

천지수	영수	나머지 수	변할 효
55	54	1	①효
55	53	2	②효
55	52	3	③효
55	51	4	④효
55	50	5	⑤효
55	49	6	⑥효

동전의 모양	구한 숫자	효 (동효여부)
세 개가 숫자	6 (노음수)	- - (동효)
한 개가 그림	7 (소양수)	—
한 개가 숫자	8 (소음수)	- -
세 개가 그림	9 (노양수)	— (동효)

- **천지수** = 55
- **영수** = 동전으로 여섯 번 구한 숫자의 합
- **나머지 수** = 천지수 − 영수

천지수	영수	나머지 수	변할 효
55	48	7	⑥효
55	47	8	⑤효
55	46	9	④효
55	45	10	③효
55	44	11	②효
55	43	12	①효
55	42	13	①효
55	41	14	②효
55	40	15	③효
55	39	16	④효
55	38	17	⑤효
55	37	18	⑥효
55	36	19	⑥효

나머지 수	변할 효
6, 7, 18, 19	⑥효
5, 8, 17	⑤효
4, 9, 16	④효
3, 10, 15	③효
2, 11, 14	②효
1, 12, 13	①효

동전을 이용해 얻은 숫자와 괘인 준괘(屯卦)에 위 사항을 대입하면 ⑥효, 즉 상육(上六)이 변할 효가 됨을 알 수 있다.

⑥ -- 상육(上六) 변할 효

⑤ — 구오(九五) 동효

④ -- 육사(六四) 동효

③ -- 육삼(六三)

② -- 육이(六二)

① — 초구(初九) 동효

* 천지수(天地數) = 55

* 영수(營數) = 48 (8+9+6+8+8+9)

* 잔여수 = 55 - 48 = 7

3. 상황별로 해석할 동효 정하기

위에서 살펴본 동효(動爻), 천지수(天地數), 영수(營數), 변할 효의 개념을 이용하여 상황별로 동효를 정하는 방법을 알아 본다.

1) 동효가 없는 경우

– 점으로 얻은 괘인 본괘(本卦)의 괘사로 해석한다.

– 변할 효를 뽑을 필요도 없다.

예를 들어 아래와 같은 숫자를 얻어 태괘(泰卦, 地天泰)가 된 경우이다.

⑥ - - 8

⑤ - - 8

④ - - 8

③ — 7

② — 7

① — 7

점을 쳐서 얻은 수에 노음수(老陰數)인 6, 노양수(老陽數)인 9가 없으므로 동효는 없다. 이때는 태괘(泰卦)의 괘사를 해석하면 된다. 동효가 없는 경우 해석 서례는 아래와 같다.

– 18번 고괘(蠱卦) 괘사, 병의 원인에 대해 점치다.

– 18번 고괘(蠱卦) 괘사, 진나라를 공격할지 점치다.

– 24번 복괘(復卦) 괘사, 초공왕을 공격할지 점치다

– 34번 대장괘(大壯卦) 괘사, 계손씨에게 소공이 쫓겨나다.

이 서례들은 동효가 없는 것인지, 동효가 있으나 변할 효에 해당되지 않아 본괘(本卦)의 괘사로 해석하였는지 춘추좌전(春秋左傳)의 내용만으론 알 수 없다. 본 책에서는 [동효가 한 개인 경우]와 구별하기 위해 [동효가 없는 경우]로 분류하였다.

2) 동효가 한 개인 경우

– 동효가 변할 효이면 본괘(本卦)의 해당 동효로 해석한다.

– 동효가 변할 효가 아니면 본괘의 괘사로 해석한다.
– 변할 효인지의 여부를 떠나 본괘의 해당 동효나 본괘의 괘사로 해석하기도 한다.
– 본괘의 동효·괘사를 해석할 때 지괘의 동효·괘사를 결합하여 해석하기도 한다.

예를 들어 아래와 같은 숫자를 얻어 곤괘(坤卦, 重地坤)가 된 경우이다.

⑥ -- 8

⑤ -- 6 동효, 변할 효

④ -- 8

③ -- 8

② -- 8

① -- 8

노음수(老陰數)인 6이 있는 ⑤효가 동효(動爻)가 되고, 천지수55 – 영수46 = 5이다. 잔여수가 5이면 ⑤효가 변할 효가 된다. 본 책에 실린 서례(筮例) 중 동효가 한 개인 경우는 아래와 같다.

(1) 본괘(本卦)의 해당 동효로 해석한 서례
- 2번 곤괘(坤卦) 육오, 남괴가 반란을 점치다.
- 11번 태괘(泰卦) 육오, 정나라를 구원할지 점치다.
- 20번 관괘(觀卦) 육사, 경중의 장래에 대해 점치다(본괘 괘상도 참조하여 해석했다).
- 47번 곤괘(困卦) 육삼, 최무자의 결혼을 점치다(본괘 괘상도 참조하여 해석했다).
- 55번 풍괘(豐卦) 상육, 만만의 벼슬에 대해 점치다.

(2) 본괘(本卦)의 괘사로 해석한 서례
- 3번 준괘(屯卦) 괘사, 필만의 벼슬에 대해 점치다(준괘 초구 동).
- 3번 준괘(屯卦) 초구, 맹집이 군주가 될 수 있을지 점치다.
- 11번 태괘(泰卦) 괘사, 공자를 영접하며 점치다(초구가 동효인 것으로 추정된다).

(3) 지괘(之卦)를 결합하여 해석한 서례
- 7번 사괘(師卦) 초육, 선곡이 마음대로 황하를 건넌 것을 점치다(본괘 괘

사와 지괘 괘사를 해석).

- 14번 대유괘(大有卦) 구삼, 주양왕을 환도시킬지 점치다(본괘 동효와 지괘의 괘상을 해석).
- 14번 대유괘(大有卦) 육오, 계우의 장래를 점치다(지괘 괘사만 해석).
- 36번 명이괘(明夷卦) 초구, 목자의 장래를 점치다(본괘 괘사·동효, 지괘 괘상을 결합하여 해석).
- 54번 귀매괘(歸妹卦) 상육, 백희의 결혼을 점치다(본괘 괘사·동효, 지괘 동효를 결합하여 해석).

3) 동효가 두 개인 경우

- 동효 두 개 중 하나가 변할 효이면 본괘(本卦)의 해당 동효로 해석한다.
- 동효 두 개가 모두 변할 효가 아니면 본괘의 괘사로 해석한다.

예를 들어 아래와 같은 숫자를 얻어 박괘(剝卦, 山地剝)가 된 경우이다.

⑥ ━ 7

⑤ ╍ 6 동효

④ ╍ 8

③ ╍ 6 동효

② ╍ 8

① ╍ 8 변할 효

노음수(老陰數)인 6이 있는 ③효와 ⑤효가 동효(動爻)가 되었다. 천지수55 − 영수43 = 12이다. 잔여수가 12이면 ①효가 변할 효가 된다. 즉 동효가 두 개이나 모두 변할 효에 해당되지 않는 경우가 된다. 이때는 박괘(剝卦)의 괘사로 점괘를 해석한다.

4) 동효가 세 개인 경우

- 동효 세 개 중 하나가 변할 효이면 본괘(本卦)의 해당 동효로 해석한다.
- 동효 세 개가 모두 변할 효가 아니면 본괘와 지괘(之卦)의 괘사를 합해 해석한다.

앞에서 동전을 이용하여 괘를 얻는 방법에서 나온 예와 같이 준괘(屯卦, 水雷

屯)를 얻은 경우이다.

⑥ 8 -- 변할 효

⑤ 9 — 동효

④ 6 -- 동효

③ 8 --

② 8 --

① 9 — 동효

노음수(老陰數)가 있는 ④효와 노양수(老陽數)가 있는 ①⑤효가 동효다. 동효(動爻)가 세 군데이다. 천지수55 - 영수28(8+9+6+8+8+9) = 7이다. 잔여수가 7일 때 변할 효는 ⑥효이다. 그러므로 동효는 모두 변할 효에 해당되지 않는다. 이 경우는 본괘(本卦)인 준괘(屯卦)의 괘사와 예괘(豫卦)의 괘사를 합하여 해석한다.

본괘(本卦), 준괘(屯卦)	지괘(之卦), 예괘(豫卦)
⑥ 8 -- 변할 효	⑥ --
⑤ 9 -- 동효	⑤ --
④ 6 -- 동효	④ --
③ 8 --	③ --
② 8 --	② --
① 9 -- 동효	① --

동효가 세 개인 경우의 해석 사례는 본 책 중 3번 준괘(屯卦) 괘사에 있는 서례(筮例)인 [문공의 장래에 대해 점치다]를 참고한다.

5) 동효가 네 개인 경우

- 동효 네 개 중 하나가 변할 효이면 본괘(本卦)의 해당 동효로 해석한다.
- 동효 네 개가 모두 변할 효가 아니면 지괘(之卦)의 괘사로 해석한다.

예를 들어 아래와 같은 숫자를 얻어 대축괘(大畜卦, 山天大畜)가 된 경우이다.

⑥ 8 —

⑤ 6 -- 동효

④ 6 -- 동효

③ 9 ━ 동효, 변할 효

② 9 ━ 동효

① 7 ━

노음수(老陰數)가 있는 ④⑤효와 노양수(老陽數)가 있는 ②③효가 동효(動爻)다. 동효가 네 군데이다. 천지수55 – 영수45(8+6+6+9+9+7) = 10이다. 잔여수가 10일 때 변할 효는 ③효이다. 그러므로 동효이면서 변할 효인 대축괘 ③효의 효사로 해석한다.

6) 동효가 다섯 개인 경우

– 동효 다섯 개 중 하나가 변할 효이면 본괘(本卦)의 해당 동효로 해석한다.

– 동효 다섯 개가 모두 변할 효가 아니면 지괘(之卦)의 괘사로 해석한다.

예를 들어 아래와 같은 숫자를 얻어 간괘(艮卦, 重山艮)가 된 경우이다.

본괘(本卦),간괘(艮卦)	지괘(之卦),수괘(隨卦)
⑥ ━ 9 동효	- -
⑤ - - 6 동효	━
④ - - 6 동효	━
③ ━ 9 동효	- -
② - - 8 변할 효	- -
① - - 6 동효	━

노음수(老陰數)인 6이 동하고, 노양수(老陽數)인 9가 동하여 동효(動爻)가 다섯 개가 된다. 천지수55 – 영수44(9+6+6+9+8+6) = 11이다. 잔여수가 11일 때 변할 효는 ②효이다. 동효 다섯 개가 모두 변할 효가 아니므로 지괘(之卦)인 수괘(隨卦)의 괘사로 해석한다. 동효가 다섯 개인 경우의 해석 사례는 본 책 중 52번 간괘(艮卦) 육이에 있는 서례(筮例)인 [목강의 피난여부를 점치다]를 참고한다.

7) 동효가 여섯 개인 경우

– 본괘(本卦)가 건괘(乾卦)이면 건괘의 용구로, 곤괘(坤卦)이면 곤괘의 용육으로 해석한다.

– 본괘가 건괘와 곤괘가 아닌 경우는 지괘(之卦)의 괘사로 해석한다.

– 이 경우는 변할 효를 뽑을 필요도 없다.

예를 들어 아래와 같은 숫자를 얻어 환괘(渙卦, 風水渙)가 된 경우이다.

본괘(本卦), 환괘(渙卦)	지괘(之卦),풍괘(豐卦)
⑥ ━ 9 동효	- -
⑤ ━ 9 동효	- -
④ - - 6 동효	━
③ - - 6 동효	━
② ━ 9 동효	- -
① - - 6 동효	━

이제까지 1)~7)을 통해 살펴 본 고형(高亨)의 주역서법신고(易筮法新考)를 기준으로 해석할 동효를 정하는 방법은 간단하게 정리된다.

(1) 동효가 없는 경우는 본괘의 괘사로 해석한다.

(2) 동효가 변할 효가 되면 동효의 개수에 관계없이 본괘의 해당 동효로 해석한다.

(3) 동효가 변할 효가 아니고, 동효가 하나 또는 두 개이면 본괘의 괘사로, 동효가 세 개이면 본괘와 지괘의 괘사로, 동효가 네 개 또는 다섯 개이면 지괘의 괘사로, 모두 동하면 용구·용육이나 지괘의 괘사로 해석한다.

2장

팔괘

1 팔괘의 명칭
2 팔괘와 수
3 팔괘와 자연
4 팔괘와 사람
5 팔괘와 인체
6 팔괘와 동물
7 팔괘의 성질
8 팔괘의 종합

周易通

팔괘(八卦)는 64괘를 이루고 있는 여덟 개의 괘를 말한다. 팔괘(八卦)를 만든 사람을 계사전(繫辭傳)에서는 복희(伏羲, 伏犧, 포희包犧·庖犧라고도 함)라고 하였으나 확실한 증거는 없다. 팔괘는 주역의 64괘를 구성하는 중요한 요소로 취급되고 있으나 팔괘를 겹쳐 64괘를 만든 사람도 확실치 않다. 64괘를 만든 이에 대해서, 사마천(司馬遷)과 반고(班固)는 문왕(文王)이라 했고, 정현(鄭玄)은 신농(神農)이 만들었다 했으며, 왕필(王弼)은 복희(伏羲)가 만들었다고 했으나 이를 증명할 자료는 없다.

일반적으로 팔괘가 있은 후에 64괘가 생겼다고 주장들을 하나 은허(殷墟)에서 발굴된 유적들에는 점을 친 숫자들만 있지 팔괘가 나타나지 않는다. 그러므로 숫자가 있은 후에, 그 숫자들을 기초로 64괘가 생기고, 그 후에 팔괘가 출현하였다고 보는 시각도 있다. 이런 주장을 [숫자괘설]이라고 부른다.

점을 치면서 어느 것이 가장 먼저 출현했는지 현재로선 알 수 없으나, 64괘의 괘사와 효사를 분석하고, 본 책에 실려 있는 춘추전국시대의 서례(筮例)들을 제대로 이해하기 위해서는 팔괘에 대한 최소한의 지식이 있어야 한다. 본 장에서는 팔괘에 대한 기본사항만을 설명한다.

1. 팔괘의 명칭

팔괘 괘상	☰	☱	☲	☳	☴	☵	☶	☷
명칭	건괘(乾卦)	태괘(兌卦)	이괘(離卦)	진괘(震卦)	손괘(巽卦)	감괘(坎卦)	간괘(艮卦)	곤괘(坤卦)
	건천(乾天)	태택(兌澤)	이화(離火)	진뢰(震雷)	손풍(巽風)	감수(坎水)	간산(艮山)	곤지(坤地)

팔괘(八卦)의 괘상(卦象)과 명칭은 위와 같다. 팔괘의 명칭은 건괘(乾卦), 태괘(兌卦) 등이다. 그러나 건괘(乾卦)는 64괘 중 1번 건괘(乾卦, 重天乾)와 혼동되

기 쉽고, 태괘(兌卦)는 58번 태괘(兌卦, 重澤兌)와 혼동된다. 그래서 팔괘를 부를 때 팔괘가 상징하는 자연물과 결합하여 건천(乾天), 태택(兌澤) 등으로 부르거나, 팔괘의 수와 자연물을 함께 결합하여 일건천(一乾天), 이태택(二兌澤) 등으로 부르고 있다. 본 책에서는 팔괘의 명칭을 건천(乾天), 태택(兌澤) 등으로 통일하여 사용하였다.

2. 팔괘와 수

팔괘 괘상	☰	☱	☲	☳	☴	☵	☶	☷
명칭	건천(乾天)	태택(兌澤)	이화(離火)	진뢰(震雷)	손풍(巽風)	감수(坎水)	간산(艮山)	곤지(坤地)
선천수	1	2	3	4	5	6	7	8
후천수	6	7	9	3	4	1	8	2

선천수(先天數)는 팔괘가 만들어진 순서수를 말하고, 후천수(後天數)는 구궁(九宮)에 배치되는 수를 말한다. 팔괘가 만들어진 순서와 팔괘도는 아래와 같다.

(1) 사상(四象) 중 태양(太陽⚌)에서 양효(陽爻⚊)가 생겨나 일건천(一乾天)이 된다.
(2) 사상(四象) 중 태양(太陽⚌)에서 음효(陰爻⚋)가 생겨나 이태택(二兌澤)이 된다.
(3) 사상(四象) 중 소음(少陰⚎)에서 양효(陽爻⚊)가 생겨나 삼리화(三離火)가 된다.
(4) 사상(四象) 중 소음(少陰⚎)에서 음효(陰爻⚋)가 생겨나 사진뢰(四震雷)가 된다.
(5) 사상(四象) 중 소양(少陽⚍)에서 양효(陽爻⚊)가 생겨나 오손풍(五巽風)이 된다.
(6) 사상(四象) 중 소양(少陽⚍)에서 음효(陰爻⚋)가 생겨나 육감수(六坎水)

가 된다.

(7) 사상(四象) 중 태음(太陰⚏)에서 양효(陽爻⚊)가 생겨나 칠간산(七艮山)이 된다.

(8) 사상(四象) 중 태음(太陰⚏)에서 음효(陰爻⚋)가 생겨나 팔곤지(八坤地)가 된다.

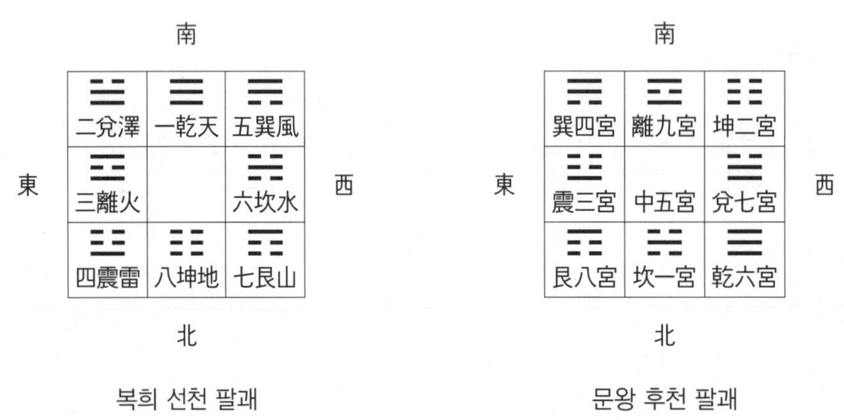

복희 선천 팔괘　　　　문왕 후천 팔괘

3. 팔괘와 자연

팔괘 괘상	☰	☱	☲	☳	☴	☵	☶	☷
명칭	건천(乾天)	태택(兌澤)	이화(離火)	진뢰(震雷)	손풍(巽風)	감수(坎水)	간산(艮山)	곤지(坤地)
자연	하늘	못	불	우레	나무	물	산	땅

(1) 건천(乾天)이 하늘인 것은 모두 양효(陽爻)로 높은 곳을 취한 것이다.

(2) 태택(兌澤)이 못인 것은 음효(陰爻)인 물이 양효인 바닥 위에 있으면서 기뻐하는 것을 취한 것이다.

(3) 이화(離火)가 불인 것은 밖의 양효는 환하고 안의 음효는 어두운 것에서 취한 것이다.

(4) 진뢰(震雷)가 우레인 것은 아래의 양효가 움직이는 것을 취한 것이다.
(5) 손풍(巽風)이 나무인 것은 뿌리가 음효인 땅으로 들어가는 것을 취한 것이다.
(6) 감수(坎水)가 물인 것은 밖은 음효로 부드럽고 안은 양효로 강한 것에서 취한 것이다.
(7) 간산(艮山)이 산인 것은 단단한 양효가 위에 그쳐 있는 것을 취한 것이다.
(8) 곤지(坤地)가 땅인 것은 모두 음효로 낮은 것을 취한 것이다.

4. 팔괘와 사람

팔괘 괘상	☰	☱	☲	☳	☴	☵	☶	☷
명칭	건천(乾天)	태택(兌澤)	이화(離火)	진뢰(震雷)	손풍(巽風)	감수(坎水)	간산(艮山)	곤지(坤地)
사람	아버지	소녀	중녀	장남	장녀	중남	소남	어머니

각 팔괘에 대한 사람의 배속에 대한 사항은 괘가 만들어진 순서와 주효(主爻)의 개념을 알아야 한다. 괘가 만들어지는 순서는 아래로부터 만들어진다. 태택(兌澤)으로 예를 들면 처음에 양효(陽爻⚊)에 하나의 양효(陽爻⚊)가 다시 보태져 태양(太陽⚌)이 되고, 태양(太陽⚌) 위에 다시 음효(陰爻⚋)가 보태져 태택(兌澤)이라는 팔괘가 만들어 진다. 즉 팔괘가 만들어 지는 순서는 괘의 아래로부터 만들어진다. 주효(主爻)는 팔괘를 주도하는 효를 말한다. 팔괘의 세 개의 효 중 음양이 다른 하나의 효를 주효라 한다. 즉 태택의 주효는 세 개의 효 중 다른 것들과 음양이 다른 가장 위에 있는 음효(陰爻⚋, 여자)가 된다.

(1) 건천(乾天)이 아버지인 것은 세 개의 효가 모두 양효(남자)로 강하기 때문이다.
(2) 태택(兌澤)이 소녀(少女)인 것은 주효인 음효(여자)가 마지막에 있기 때문이다.
(3) 이화(離火)가 중녀(中女)인 것은 주효인 음효(여자)가 중간에 있기 때문이다.
(4) 진뢰(震雷)가 장남(長男)인 것은 주효인 양효(남자)가 처음에 있기 때문이다.
(5) 손풍(巽風)이 장녀(長女)인 것은 주효인 음효(여자)가 처음에 있기 때문이다.

(6) 감수(坎水)가 중남(中男)인 것은 주효인 양효(남자)가 중간에 있기 때문이다.
(7) 간산(艮山)이 소남(少男)인 것은 주효인 양효(남자)가 마지막에 있기 때문이다.
(8) 곤지(坤地)가 어머니인 것은 세 개의 효가 모두 음효(여자)로 약하기 때문이다.

5. 팔괘와 인체

팔괘 괘상	☰	☱	☲	☳	☴	☵	☶	☷
명칭	건천 (乾天)	태택 (兌澤)	이화 (離火)	진뢰 (震雷)	손풍 (巽風)	감수 (坎水)	간산 (艮山)	곤지 (坤地)
인체	머리	입	눈	발	허벅지	귀	손	배

(1) 건천(乾天)이 머리인 것은 세 개가 양효로 인체의 위에 있고 완전하게 둥글며 단단하기 때문이다.
(2) 태택(兌澤)이 입인 것은 비어있는 음효가 가장 위에 있기 때문이다. 얼굴에는 못처럼 깊은 입이다.
(3) 이화(離火)가 눈인 것은 사물을 받아들이는 음효가 가운데 있고, 안이 어둡기 때문이다.
(4) 진뢰(震雷)가 발인 것은 움직이는 양효가 아래 있기 때문이다.
(5) 손풍(巽風)이 허벅지인 것은 가장 아래에 있는 것이 음효로 스스로 움직이지 못하기 때문이다.
(6) 감수(坎水)가 귀인 것은 소리를 받아 들이는 양효가 안에 있기 때문이다.
(7) 간산(艮山)이 손인 것은 움직이는 양효가 위에 있기 때문이다. 얼굴에서는 산같이 높은 코다.
(8) 곤지(坤地)가 배인 것은 세 개가 음효로 비어 있으니 음식을 받아들이기 때문이다.

6. 팔괘와 동물

팔괘 괘상	☰	☱	☲	☳	☴	☵	☶	☷
명칭	건천 (乾天)	태택 (兌澤)	이화 (離火)	진뢰 (震雷)	손풍 (巽風)	감수 (坎水)	간산 (艮山)	곤지 (坤地)
동물	말	양	꿩	용	닭	돼지	개	소

(1) 건천(乾天)이 말인 것은 세 개의 효가 양효로 굳건하고, 발굽이 갈라지지 않았기 때문이다.

(2) 태택(兌澤)이 양인 것은 밖은 음효로 유순해 보이나 안으로는 양효로 고집이 있기 때문이다.

(3) 이화(離火)가 꿩인 것은 밖에 양효가 있어 화려하나 안은 음효로 비어 있기 때문이다.

(4) 진뢰(震雷)가 용인 것은 가장 아래에 숨어 있는 양효가 주효로 움직임이 많기 때문이다.

(5) 손풍(巽風)이 닭인 것은 위에 있는 양효가 아래의 음효로 파고들 듯 파고들기 때문이다.

(6) 감수(坎水)가 돼지인 것은 양효가 음효에 둘러싸여 미련하기 때문이다.

(7) 간산(艮山)이 개인 것은 양효가 밖에 있어 집을 지키나 음효에 묶여 멀리 가지 않기 때문이다.

(8) 곤지(坤地)가 소인 것은 세 개의 효가 음효로 온순하고, 발굽이 갈라졌기 때문이다.

7. 팔괘의 성질

팔괘 괘상	☰	☱	☲	☳	☴	☵	☶	☷
명칭	건천 (乾天)	태택 (兌澤)	이화 (離火)	진뢰 (震雷)	손풍 (巽風)	감수 (坎水)	간산 (艮山)	곤지 (坤地)
성질	굳셈	기쁨	걸림	움직임	들어감	빠짐	그침	순함

⑴ 건천(乾天)이 굳센 것은 세 효가 모두 양효이기 때문이다.

⑵ 태택(兌澤)이 기쁜 것은 음효가 밝은 두 개의 양효를 만나기 때문이다.

⑶ 이화(離火)가 걸리는 것은 약한 음효가 강한 양효 사이에 끼어 있기 때문이다.

⑷ 진뢰(震雷)가 움직이는 것은 아래에 있는 양효가 조급히 위로 향해 움직이려 하기 때문이다.

⑸ 손풍(巽風)이 들어가는 것은 아래에 있는 음효가 받아들이려 하기 때문이다.

⑹ 감수(坎水)가 빠지는 것은 하나의 양효가 두 개의 음효에 갇혀 빠지기 때문이다.

⑺ 간산(艮山)이 그치는 것은 위에 있는 양효가 더 이상 올라갈 데가 없기 때문이다.

⑻ 곤지(坤地)가 순한 것은 세 효가 모두 음효이기 때문이다.

8. 팔괘의 종합

팔괘 괘상	☰	☱	☲	☳	☴	☵	☶	☷
명칭	건괘 (乾卦)	태괘 (兌卦)	이괘 (離卦)	진괘 (震卦)	손괘 (巽卦)	감괘 (坎卦)	간괘 (艮卦)	곤괘 (坤卦)
	건천 (乾天)	태택 (兌澤)	이화 (離火)	진뢰 (震雷)	손풍 (巽風)	감수 (坎水)	간산 (艮山)	곤지 (坤地)
선천수	1	2	3	4	5	6	7	8
후천수	6	7	9	3	4	1	8	2
자연	하늘	못	불	우레	나무	물	산	땅
사람	아버지	소녀	중녀	장남	장녀	중남	소남	어머니
인체	머리	입	눈	발	허벅지	귀	손	배
동물	말	양	꿩	용	닭	돼지	개	소
성질	굳셈	기쁨	걸림	움직임	들어감	빠짐	그침	순함

3장

상경

상괘→ 하괘↓	☰ 1 건천	☱ 2 태택	☲ 3 이화	☳ 4 진뢰	☴ 5 손풍	☵ 6 감수	☶ 7 간산	☷ 8 곤지
☰ 1 건천	1 중천건 重天乾	43 택천쾌 澤天夬	14 화천대유 火天大有	34 뇌천대장 雷天大壯	9 풍천소축 風天小畜	5 수천수 水天需	26 산천대축 山天大畜	11 지천태 地天泰
☱ 2 태택	10 천택리 天澤履	58 중택태 重澤兌	38 화택규 火澤睽	54 뇌택귀매 雷澤歸妹	61 풍택중부 風澤中孚	60 수택절 水澤節	41 산택손 山澤損	19 지택림 地澤臨
☲ 3 이화	13 천화동인 天火同人	49 택화혁 澤火革	30 중화리 重火離	55 뇌화풍 雷火豐	37 풍화가인 風火家人	63 수화기제 水火旣濟	22 산화비 山火賁	36 지화명이 地火明夷
☳ 4 진뢰	25 천뢰무망 天雷无妄	17 택뢰수 澤雷隨	21 화뢰서합 火雷噬嗑	51 중뢰진 重雷震	42 풍뢰익 風雷益	3 수뢰준 水雷屯	27 산뢰이 山雷頤	24 지뢰복 地雷復
☴ 5 손풍	44 천풍구 天風姤	28 택풍대과 澤風大過	50 화풍정 火風鼎	32 뇌풍항 雷風恒	57 중풍손 重風巽	48 수풍정 水風井	18 산풍고 山風蠱	46 지풍승 地風升
☵ 6 감수	6 천수송 天水訟	47 택수곤 澤水困	64 화수미제 火水未濟	40 뇌수해 雷水解	59 풍수환 風水渙	29 중수감 重水坎	4 산수몽 山水蒙	7 지수사 地水師
☶ 7 간산	33 천산둔 天山遯	31 택산함 澤山咸	56 화산려 火山旅	62 뇌산소과 雷山小過	53 풍산점 風山漸	39 수산건 水山蹇	52 중산간 重山艮	15 지산겸 地山謙
☷ 8 곤지	12 천지비 天地否	45 택지췌 澤地萃	35 화지진 火地晉	16 뇌지예 雷地豫	20 풍지관 風地觀	8 수지비 水地比	23 산지박 山地剝	2 중지곤 重地坤

* 상경(上經) : 1번 건괘(乾卦)부터 30번 이괘(離卦)까지 30개 괘의 해석이 있다.
* 하경(下經) : 31번 함괘(咸卦)부터 64번 미제괘(未濟卦)까지 34개의 해석이 있다.

周易通

건괘(乾卦) 중천건(重天乾) 1번괘

용을 통하여 쉬지 않고 나가는 일의 길흉을 설명했다.

건은 원형하리니 이정이로다.
乾은 元亨하리니 利貞이로다.

초구는 잠룡이니 물용하느니라.
初九는 潛龍이니 勿用하느니라.

구이는 현룡재전이니 이견대인하느니라.
九二는 見龍在田이니 利見大人하느니라.

구삼은 군자가 종일건건하고 석척약하면 여하나 무구리라.
九三은 君子가 終日乾乾하고 夕惕若하면 厲하나 无咎리라.

구사는 혹약재연하면 무구리라.
九四는 或躍在淵하면 无咎리라.

구오는 비룡재천이니 이견대인이니라.
九五는 飛龍在天이니 利見大人이니라.

상구는 항룡이니 유회리라.
上九는 亢龍이니 有悔리라.

용구는 견군룡하니 무수라 길하리라.
用九는 見群龍하니 无首라 吉하리라.

1번괘

건괘(乾卦)

용을 통하여 쉬지 않고 나가는 일의 길흉을 설명했다.

건. 원형. 이정.

乾. 元亨. 利貞.

큰 제사를 지낼 만하다. 앞으로 이로우리라.

건괘(乾卦)는 용을 통하여 쉬지 않고 나가는 일의 길흉을 설명했다.

건(乾)은 괘명으로 굳셈이고, 쉬지 않고 나아가는 것을 말한다①. 백서주역에는 괘명이 건(鍵)으로 기록됐다②. 건(鍵)은 수레의 굴레머리에서 내리질러 바퀴가 벗어져 나가지 않게 하는 쇠인 비녀장을 말한다. 그러므로 건(鍵)과 건(乾)은 나아가는 것에서 의미가 통한다. 각 효의 내용을 요약하면 아래와 같다.

1효, 용이 숨어 있다. 아무 일도 하지 말라.

2효, 용이 밭에 있다. 대인을 만나라.

3효, 군자가 하루 종일 나아간다. 허물은 없다.

4효, 용이 못에 있다. 한 번 뛰어 봐라.

5효, 용이 하늘에 있다. 대인을 만나라.

6효, 용이 끝까지 나아갔다. 지나치게 높이 올라가니 후회가 있다.

용구, 용의 머리가 구름에 가려 안 보인다. 길하리라.

① 건(乾) : 본의에서는 굳셈이라 했다(本義, 乾 健也, 健 굳셀 건). 석명은 쉬지 않고 나가는 것이라 했고(釋名 乾 進也 行不息也), 설문은 위로 나오는 것이라 했다(說文, 乾 上出也). 마르다, 건조(乾燥)하다로도 쓰인다.

② 건(鍵) : 설문에 솥귀 또는 비녀장이라 했다(說文, 鍵 鉉也 一曰車轄, 鉉 솥귀 현 轄 비녀장 할).

큰 제사를 지낼 만하다(元亨).

원(元)은 크다는 뜻이다①. 원형(元亨)은 대형(大亨)으로 큰 제사이며, 형(亨)은 제사를 지내는 향(享)이다②. 그러므로 원형(元亨)은 고대 사람들이 큰 제사를

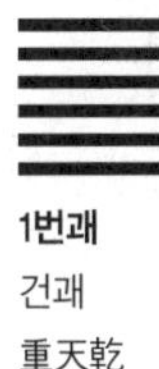

지내기 전에 점을 쳐 본 괘가 나오면 큰 제사를 거행할 만하다는 것이다.

---

① 원(元) : 이아·석고에서 머리라 했고, 광운에서 길고 큰 것이라 했다(爾雅·釋詁 元 首也, 廣韻 長也 又大也).

② 형(亨) : 제사·연회·잔치·대접·흠향의 뜻을 가진 향(饗)이고 향(亯)이다. 형(亨)을 제사 등으로 본 이유는 아래와 같다.

(1) 亨은 제사와 관련된 글자이다. 형(亨)의 어원에 대해서는 서로 마주보고 있는 집, 성벽 위에 있는 높은 집이라는 설이 있으나, 강희자전에는 많은 제사용품을 담은 용기를 그린 것으로 설명했다. 강희자전에서는 박(亳), 형(亨), 향(享)은 한 글자이며 원래 의미는 헌(獻)이며 뜻이 통달하는 것으로 발전하였다고 했다. 亨에 대한 강희자전의 내용 중 일부는 다음과 같다. 역간문언(易幹文言)에는 기리기 위해 모이는 것으로 설명했다(亨者 嘉之會也). 주례춘추소사(周禮秋官小司)에는 오제에 지내는 제사(禋祀五帝)로 설명했다. 사기한신전(史記韓信傳)에는 삶는 것(狡兔死 獵狗亨, 토끼를 잡은 후에 사냥개를 삶는다, 삶을 팽)으로 사용했다.

(2) 亨은 경(卿)으로 제사, 연회의 뜻이 있다. 초죽서를 보면 많은 형(亨)들이 경(卿)으로 기록돼 있다. 경(卿)은 두 명이 마주 앉아 먹는 모양을 그린 글자다(會意 甲骨文字形, 像二人向食之形). 제사·연회·잔치·대접·흠향의 의미를 갖는 향(饗)과 같다(康熙字典 徐日 卿 章善明理也 又饗也 言爲人所歸饗也). 그러므로 亨을 형통하다로 보는 것과는 거리가 있다. 통행본과 백서에 모두 亨으로 되어 있고, 초죽서에는 경(卿)으로 확인되는 것들은 다음과 같다. 괘 명칭에 동효가 없는 것은 괘사이다. 5번 수천수, 15번 지산겸, 17번 택뢰수, 18번 산풍고, 25번 천뢰무망, 26번 산천대축 상구, 31번 택산함, 32번 뇌풍항, 33번 천산둔, 45번 택지췌, 56번 화산려, 59번 풍수환.

(3) 亨은 제사를 뜻하는 향(亯)이다. 亨은 17번 수괘(隨卦)의 상육 [王用亨于西山]의 亨을 백서는 방(芳)으로 초죽서는 향(亯)으로 기록하였다. 방(芳)은 향초(香草, 說文 芳 香艸也 从艸方聲)이고, 향(亯)은 제사를 지내는 것이다. 형통함과는 관련이 없다(說文, 亯 獻也 从高省 日象進孰物形 孝經 日 祭則鬼亯之 凡亯之屬皆从亯). 이같은 이유로 형(亨)이 혼자 쓰일 경우는 제사를 지낸다는 의미이고, 원형(元亨)은 큰 제사를 지낸다, 소형(小亨)은 작은 제사를 지낸다는 것으로 봐야 한다.

이롭다는 점괘다(利貞).

이(利)는 이롭다는 것이다①. 정(貞)은 점이다②. 그러므로 이정(利貞)은 이로운 점괘라는 뜻이다.

---

① 이(利) : 광운에서 길하고 마땅함이라 하였고(廣韻, 吉也 宜也), 설문은 쟁기라 했다(說文, 利 銛也, 銛 쟁기 섬).

② 정(貞) : 32번 항괘 괘사를 참고하라.

초구 : 잠룡 물용.
初九 : 潛龍 勿用.

못 속에 숨어 있는 용과 같다. 아무 행동도 하지 말고 때를 기다려라.

못 속에 숨어 있는 용이다(潛龍).

잠(潛)은 감추다, 숨다이다①. 용(龍)은 비늘이 있는 상상 속의 동물이다②. 그러므로 잠룡(潛龍)은 못 속에 숨어 있는 용이라는 의미다. 용은 조화를 부리고, 춘분에는 하늘로 올라가고 추분에는 못에 잠기는 동물로 움직임이 많은 동물이다. 이런 용이 숨어 있다는 뜻이다.

용에 대한 설문의 해설은 다음과 같다. [용은 비늘이 있는 동물 중 우두머리다. 숨을 수 있고, 나타날 수 있고, 작아질 수 있고, 커질 수 있고, 짧아지고 길어질 수도 있다. 춘분에는 하늘로 올라가고, 추분이면 못에 잠긴다. 육(肉)으로 구성되고, 글자의 비(飛)는 날아가는 모양을 그린 것이다. 동(童)의 생략형이 발음이다. 용(龍)부에 속하는 것은 모두 이 의미를 따른다.]

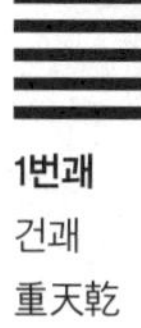

1번괘
건괘
重天乾

① 잠(潛) : 설문은 물을 건너는 것, 감추는 것, 한수라고 했다(說文, 潛 涉水也 一日藏也 一日漢水爲潛).

② 용(龍) : 설문의 원문은 다음과 같다. 용 인충지장 능유 능명 능세 능거 능단 능장 춘분이등천 추분이잠연 종육 비지형 동성성 범룡지속개종룡(說文, 龍 鱗蟲之長 能幽 能明 能細 能巨 能短 能長 春分而登天 秋分而潛淵 从肉 飛之形 童省聲 凡龍之屬皆从龍).

시행하지 말라(勿用).

물(勿)은 부정의 어조사로 말라, 아니다이다①. 용(用)은 쓴다, 시행한다는 뜻이다②. 그러므로 물용(勿用)은 쓰지 말라, 시행하지 말라, 행동하지 말라는 것이다. 못 속에 숨어 있는 용과 같은 상태이니 아무 행동도 하지 말고 때를 기다리라는 뜻이다.

① 물(勿) : 3번 준괘 괘사를 참고하라.

② 용(用) : 쓴다, 시행한다는 뜻이다. 설문의 해설은 다음과 같다. [용(用)은 시행할 수 있다는 것이다. 글자는 복(卜)과 중(中)으로 이루어진다. 이는 위광(衛宏)의 설이다. 용(用)부에 속하는 것은 모두 이 의미를 따른다(說文, 用 可施行也 从卜从中 衛宏說 凡用之屬皆从用, 卜과 中으로 이루어진 것은 점을 쳐 맞으면 시행할 수 있다는 것이다)]. 용(用)은 ~에, ~에서를 뜻하는 어조사 어(於)로 사용이 되기도 하고, 또는 ~써, ~로를 뜻하는 이(以)로도 사용이 된다. 이(以)와 용(用)은 모두 쓴다는 의미가 있으나, 이(以)는 보편적인 이치로 쓴다는 의미가 있고, 용(用)은 구체적이고 특정한 방법을 쓰는 것으로 구분을 하기도 한다. 그러나 춘추좌전(春秋左傳) 노희공 26년의 기록인 [노희공이 초나라 군사들을 이끌고 제나라로 쳐들어가 곡(穀) 땅을 점거했다. 무릇 남의 군사를 마치 자신의 군사인 양 마음대로 부리는 것을 이(以)라 한다(公以楚師伐齊 取穀 凡師 能左右之曰 以)]는 것을 볼 때 이(以)는 보편적인 이치를 쓰고 용(用)은 구체적인 방법을 쓰는 것으로 구분하는 것은 문제가 있다.

구이 : 현룡재전 이견대인.
九二 : 見龍在田 利見大人.

출현한 용이 밭에 있는 것과 같다. 출세를 하기 위해 높은 벼슬하는 사람을 만나는 것이 좋으리라.

출현한 용이 밭에 있다(見龍在田).

현(見)은 출현한다는 현(現)이다①. 용(龍)은 비늘이 있는 상상 속의 동물로 조화를 부리고 움직임이 많은 동물이다②. 재(在)는 ~에(於), 있다는 것이다③. 본 효는 초구의 숨어 있던 잠룡(潛龍)과 대응된다. 용이 움직여 나타났다는 것이다. 현룡재전(見龍在田)은 나타난 용이 밭에 있다는 뜻이다.

① 견(見).현(見) : 보다, 드러나다, 만나다이다. 설문은 보는 것으로 해설했고(說文, 見 視也), 광운은 드러나는 것으로 해설했고(廣韻, 見 露也), 주례에는 만나는 것으로 사용되기도 했다(周禮·春官 大宗伯以賓禮親邦國 春見曰朝 夏見曰宗 秋見曰覲 冬見曰遇 時見曰會 殷見曰同).

② 용(龍) : 1번 건괘 초구를 참고하라.

③ 재(在) : 설문은 있는 것이라 했고, 이아·석훈은 사는 것이라 했다(說文 在 存也, 爾雅·釋訓 居也).

벼슬이 높은 사람을 만나는 것이 이롭다(利見大人).

대인(大人)은 벼슬이 있는 사람을 말한다. 이견대인(利見大人)은 벼슬이 높은 사람을 만나는 것이 이롭다는 것이다. 못에 살며 하늘로 올라가는 용이 못을 나와 밭에 있는 것은 발전을 이룬 상이다. 이 상을 보고 군자가 더 높이 올라가는 행동을 하라는 뜻이기도 하고, 높은 벼슬하는 사람을 만나 출세를 하는 것이 좋다는 의미이기도 하다.

대인(大人)이 역경에 쓰인 곳은 다음과 같다. 1번 건괘 구이·구오, 6번 송괘 괘사, 12번 비괘 육이·구오, 39번 건괘 괘사·상육, 45번 췌괘 괘사, 46번 승괘 괘사, 47번 곤괘 괘사, 49번 혁괘 구오, 57번 손괘 괘사.

구삼 : 군자종일건건 석척약 여무구.
九三 : 君子終日乾乾 夕惕若 厲无咎.

벼슬이 있는 사람이 종일 나아간다. 계속 나가지 않고 저녁에는 삼가는 태도를 갖는다면, 위태하나 허물은 없으리라.

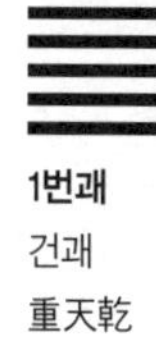

1번괘
건괘
重天乾

벼슬이 있는 사람이 종일 나아간다(君子終日乾乾).
저녁에는 삼가는 태도를 갖는다(夕惕若).

군자(君子)는 벼슬이 있는 사람을 말한다. 천자·제후·대부·현인도 군자로 부른다①. 종일(終日)은 하루 종일이 아니고 낮 동안이다. 효사의 바로 뒤에 이어지는 저녁(夕)과 내응된다. 건(乾)은 굳셈이고, 쉬지 않고 나아가는 것을 말한다②. 군자종일건건(君子終日乾乾)은 벼슬이 있는 사람이 저녁까지 쉬지 않고 나아간다는 의미다. 척(惕)은 삼가다. 공경한다는 뜻이다③. 약(若)은 연(然)으로 ~한 모양임을 말한다. 석척약(夕惕若)은 군자가 낮 동안에 나아간 후 저녁에는 삼가는 태도를 갖는 것이다. 계속 나가지 말라는 뜻일 수도 있고, 그동안 나간 길을 되돌아 보라는 것일 수도 있다.

① 군자(君子) : 군자가 역경에 쓰인 곳은 다음과 같다. 1번 건괘 구삼, 2번 곤괘 괘사, 3번 준괘 육삼, 9번 소축괘 상구, 12번 비괘 괘사, 13번 동인괘 괘사, 15번 겸괘 괘사, 20번 관괘 초육·구오·상구, 23번 박괘 상구, 33번 둔괘 구사, 34번 대장괘 구삼, 36번 명이괘 초구, 40번 해괘 육오, 43번 쾌괘 구삼, 49번 혁괘 상육, 64번 미제괘.

② 건(乾) : 본 괘 괘사를 참고하라.

③ 척(惕) : 설문은 공경하는 것이라 했다(說文, 惕 敬也). 초죽서에는 척(惕)이 역(易) 또는 시(啻, 뿐·다만 시)로 기록돼 있는 곳도 있다. 시(啻)는 제(啼 울 제)와 같다.

위태하나 허물이 없다(厲无咎).

여(厲)는 위태함이며, 칼을 가는 숫돌이며, 륜(綸)으로 큰 띠에 드리운 장식물을 뜻하기도 한다. 이곳에서는 위태함으로 사용되었다①. 무구(无咎)는 망구(亡咎)로 허물이 없다는 뜻이다. 출토된 역경 중 가장 오래된 초죽서(楚竹書)에는 무구(无咎)가 망구(亡咎)로 기록돼 있다②. 그러므로 여무구(厲无咎)는 위태하나 허물이 없다는 뜻이다.

① 여(厲) : 옥편에는 위태함이라 했다(玉篇, 厲 危也). 설문은 칼을 가는 숫돌이라 했다(說文, 厲 旱石也, 厉 旱石也, 厉 갈 려). 두예는 큰 띠에 드리운 장식물이라 했다(杜預 厲 大帶之垂者).

② 무구(无咎) : 60번 절괘 초구를 참고하라.

구사 : 혹약재연 무구.
九四 : 或躍在淵 无咎.
혹 연못에서 뛰어오르는 용과 같으면 허물이 없으리라.

혹(或)은 혹시, 모두 그렇지는 않다는 것이다①. 약(躍)은 뛰어오르는 것이다②. 혹약재연(或躍在淵)은 혹시 연못에서 뛰어오른다는 것이다. 혹 연못이 있는 용이 하늘로 올라가기 위해 뛰어볼 수도 있다는 뜻이다. 무구(无咎)는 군자도 이와 같이 하면 허물이 없다는 뜻이다③.

① 혹(或) : 혹야자 부진연야(或也者 不盡然也).
② 약(躍) : 설문은 신속한 것이라 했다(說文, 躍 迅也).
③ 무구(无咎) : 60번 절괘 초구를 참고하라.

구오 : 비룡재천 이견대인.
九五 : 飛龍在天 利見大人.
나는 용이 하늘에 있는 것처럼 발전하는 상이다. 더 큰 발전을 위해 높은 벼슬을 하는 이를 만나는 것이 이로우리라.

비룡재천(飛龍在天)은 나는 용이 하늘에 있는 것이다①②. 이견대인(利見大人)은 벼슬이 높은 사람을 만나는 것이 이롭다는 뜻이다③. 용은 못과 하늘을 오가는 동물이다. 못에 있던 용이 밭으로 나왔고, 이제 하늘을 날고 있다. 군자는 이런 상을 보고 더 큰 발전을 위해 높은 벼슬을 하는 대인을 만나는 것이 이롭다는 의미다.

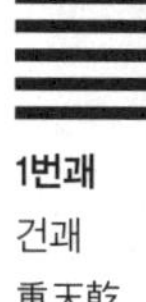

① 비(飛) : 설문은 새가 날아오르는 것이라 했고(說文, 飛 鳥翥也, 翥 날아오를 저), 광운은 나는 것이라 했다(廣韻, 飛翔, 翔 날 상).
② 용(龍) : 본 괘 초구를 참고하라.
② 이견대인(利見大人) : 본 괘 구이를 참고하라.

상구 : 항룡 유회.

上九 : 亢龍 有悔.

능력에 비춰 너무 높이 올라간 용과 같다. 멈추지 않으면 후회가 있으리라.

항(亢)은 사람의 목을 그린 글자로 높다는 것이다①. 용(龍)은 비늘이 있는 상상 속의 동물로 춘분에는 하늘로 올라간다②. 항룡(亢龍)은 높은 하늘로 올라간 용이다. 유(有)는 있는 것이다. 회(悔)는 후회·아쉬움·뉘우침이다. 유회(有悔)는 후회가 있다는 것이다③. 본 괘 구오에서 말한 하늘보다 더 높이 용이 올라갔다. 능력에 비춰 지나치게 너무 높이 올라갔거나, 더 이상 올라갈 곳이 없으므로 후회가 있다는 뜻이다.

① 항(亢) :

(1) 항의 설문 해설은 다음과 같다. 사람의 목이다. 글 위에 大자가 생략되었으며 경맥의 모양을 그린 것이다(說文, 亢 人頸也 从大省 象頸脈形 凡亢之屬皆从亢).

(2) 설문의 강(忼)에 대한 해설은 다음과 같다. 忼 慨也 从心亢聲 一日 易 忼龍有悔. 즉 항룡유회(亢龍有悔)가 강룡유회(忼龍有悔)으로 쓰였음을 알 수 있다. 강(忼)은 의기가 북받쳐 원통하고 슬프다는 뜻을 가지고 있다. 건괘 초구에서는 용이 못에 숨어 있다고 했고, 구이에서는 밭에 있다고 했으며, 구사에서는 못에서 뛴다고 했고, 용구에서는 구름에 가려 용의 머리가 없다고 했다. 이로 볼 때 건괘의 용들은 어떤 장소와 연관이 되어 설명됐다. 설문의 인용문처럼 감정의 상태를 그린 것이 없다. 그러므로 강(忼)은 장소를 뜻하는 항(亢)을 통가(通假)하여 쓴 것으로 추정된다.

(3) 고형(高亨)은 주역고경금주(周易古經今注)와 주역대전금주(周易大傳今注)를 통하여 항(亢)은 큰 물과 늪을 뜻하는 항(沆)을 통가(通假)하여 쓴 것이라고 주장했다. 그러나 건괘의 각 효사의 순서로 볼 때 구오에서 하늘이 있던 용이 늪으로 갑자기 내려간 것은 문맥상 이해되지 않는다.

② 용(龍) : 본 괘 초구를 참고하라.

③ 유회(有悔) : 47번 곤괘(困卦) 상육을 참고하라.

용구 : 견군룡무수 길.
用九 : 見群龍无首 吉.

하늘로 올라간 용들을 보니 머리가 구름에 가려 안 보인다. 높이 올라간 용처럼 뜻을 얻을 수 있으니 길하리라.

용구는 건괘의 효가 모두 동할 경우에 본다. 춘추좌전(春秋左傳) 소공(昭公) 29년, 기원전 513년의 기록 중 건괘가 곤괘가 될 때는 용구의 효사인 견군룡무수길(見羣龍無首吉)로 본다는 말을 통하여 이를 알 수 있다①. 효사 중 견군룡(見群龍)은 무리진 용들을 본다는 것이다②. 무수(无首)는 머리가 없다는 것이다③④. 상구에서 항룡(亢龍)은 너무 높이 올라간 용이었다. 용구에서는 용들이 더 올라가 구름에 묻혀 머리가 보이지 않는 상태를 뜻한다. 춘분에 하늘로 올라간 용들이 마침내 그 뜻을 얻었다. 군자가 이 상을 보고 행동하면 뜻을 얻을 수 있으니 길하다는 의미이다.

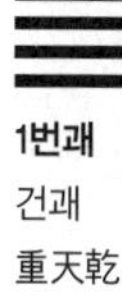

① 춘추좌전 원문 : 재건지구 왈 잠용물용, 기 동인 왈 견용재전, 기 대유 왈 비용재천, 기 쾌 왈 항룡유회, 기 곤 왈 견군룡무수길(在乾之姤 曰 潛龍勿用, 其 同人 曰 見龍在田, 其 大有 曰 飛龍在天, 其 夬 曰 亢龍有悔, 其 坤 曰 見羣龍無首吉).

② 용(龍) : 본 괘 초구를 참고하라.

③ 수(首) : 설문에 首는 머리라고 했다(說文, 首 頭也). 首를 우두머리라고 볼 수도 있으나, 역경에서는 首를 모두 머리로 봤으므로 본 책도 머리로 새겼다. 8번 비괘 상육의 무수(无首)는 머리가 잘라진다는 것이고, 30번 이괘 상구의 절수(折首)는 머리를 베었다는 것이다. 36번 명이괘 구삼의 대수(大首)는 큰 머리이고, 63번 기제괘 상육과 64번 미제괘 상구의 유기수(濡其首)는 머리가 젖었다는 것이다.

④ 무수(无首) : 8번 비괘 상육을 참고하라.

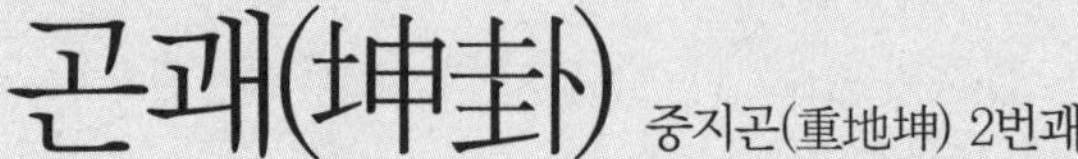

곤괘(坤卦) 중지곤(重地坤) 2번괘

땅을 통하여 무왕이 상나라를 정복한 전쟁의 길흉을 설명했다.

곤은 원형하리니 이빈마지정이로다. 군자는 유유왕이라 선하면 미하고 후하면 득주이리라
이서남이니 득붕하고 동북은 상붕이니라. 안정은 길하도다.
坤은 元亨하리니 利牝馬之貞이로다. 君子는 有攸往이라 先하면 迷하고 後하면 得主이리라
利西南이니 得朋하고 東北은 喪朋이니라. 安貞은 吉하도다.

초육은 이상하니 견빙지니라.
初六은 履霜하니 堅氷至니라.

육이는 직방을 대불습하여도 무불리하니라.
六二는 直方을 大不習하여도 无不利하니라.

육삼은 함장이니 가정이로다. 혹종왕사하나 무성유종이니라.
六三은 含章이니 可貞이로다. 或從王事하나 无成有終이니라.

육사는 괄낭하니 무구무예리라.
六四는 括囊하니 无咎无譽리라.

육오는 황상이니 원길이리라.
六五는 黃裳이니 元吉이리라.

상육은 용전우야니 기혈이 현황이니라.
上六은 龍戰于野니 其血이 玄黃이니라.

용육은 이영정하니라.
用六은 利永貞하니라.

2번괘

☷☷ 곤괘(坤卦)

땅을 통하여 무왕이 상나라를 정복한 전쟁의 길흉을 설명했다.

곤. 원형. 이빈마지정. 군자유유왕 선미후득주 이 서남득붕 동북상붕. 안정길.
坤. 元亨. 利牝馬之貞. 君子有攸往 先迷後得主 利 西南得朋 東北喪朋. 安貞吉.

큰 제사를 지낼 만하다. 전쟁에 타고 갈 암말에 대한 점은 이로우리라. 군자가 갈 곳이 있듯 무왕이 진격할 곳이 있다. 갈 곳에 급히 가면 길을 잃게 되나, 천천히 가면 나그네가 주인을 만나는 것과 같이 의지할 사람을 만나리라. 서남쪽은 친구를 얻고 동북쪽은 친구를 잃으니, 가는 방향은 서남쪽이 이로우리라. 앞으로 편안함과 안전에는 길하리라.

곤괘(坤卦)는 땅을 통하여 무왕이 상나라를 정복한 전쟁의 길흉을 설명했다.

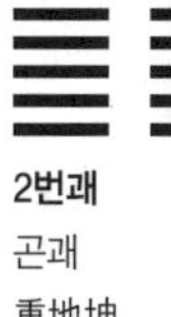

곤(坤)은 괘명으로 땅을 의미한다. 본 괘 육삼에 함장(含章)이라는 말이 있다. 이는 상(商·殷)나라를 이긴다는 뜻이다. 이로 미루어 볼 때 곤괘는 땅을 빌어 무왕이 상나라를 정복한 전쟁을 설명한 괘이다.

곤(坤)을 설문은 땅이라 했고, 석명은 순함이라 했다(說文 地也, 釋名 順也). 백서주역(帛書周易)에는 괘명인 곤(坤)이 천(川)으로 나타나 있다. 오주연문장전산고(五洲衍文長箋散稿)에서는 坤의 고문이 천(巛)임을 지적했다. 또 巛은 川의 본자이기도 하다. 川은 내·굴·들판·평원 등의 뜻을 가지고 있다.

큰 제사를 지낼 만한 점괘이다(元亨).

원형(元亨)은 대형(大亨)으로 큰 제사이다. 고대 사람들이 큰 제사를 지내기 전에 점을 쳐 본 괘가 나오면 큰 제사를 지낼 만한 점괘라는 것이다.

암말에 대한 점은 이롭다(利牝馬之貞).

빈마(牝馬)는 암말이다①. 정(貞)은 점(占)을 치는 것이다②. 이빈마지정(利牝馬之貞)은 암말에 대한 점은 이롭다는 것이다. 무왕이 상(商·殷)나라를 정복하면서 타고 갈 암말에 대해 점을 쳐 좋은 결과를 얻은 것으로 추측할 수 있다.

본 효사에서 왜 암말이 나왔는지 설이 갈린다. (1) 역경이 성립될 당시의 관습으로 하늘을 상징하는 건괘에서는 용을 썼고, 땅을 상징하는 곤괘에서는 말을 썼다는 설명이 있다. 그런데 말 중에서 왜 암말을 썼는지에 대한 설명이 없다. (2) 곤괘에서는 숫말처럼 강한 것은 흉하고, 암말처럼 순종해야 좋다는 설명도 있다. 그러나 전쟁과 관련된 곤괘에서 순종이 좋은 것인지 이해되지 않는다. 성호사설 제21권 경사문(經史門)에 군용(軍用)에는 숫말을 쓰는 것이 좋다고 했다.

① 빈(牝) : 설문은 어미라 했다(說文, 牝 畜母也). 우(牝牛)는 암소이다.
② 정(貞) : 32번 항괘 괘사를 참고하라.

군자가 갈 곳이 있다(君子有攸往).

군자(君子)는 벼슬이 있는 사람을 말한다①. 이곳에서는 상(商·殷)나라를 정복하는 무왕이다. 유(攸)는 곳, 장소이며, 왕(往)은 가는 것이고 행하는 것이다. 유유왕(有攸往)은 가는 곳, 행하는 것이 있다는 것이다②. 무왕이 정복을 위해 진격할 곳이 있다는 것을 뜻한다.

① 군자(君子) : 1번 건괘 구삼을 참고하라.
② 유유왕(有攸往) : 22번 비괘 괘사를 참고하라.

먼저 가면 혼미하고 후에 가면 주인을 만난다(先迷後得主).

미(迷)는 길을 잃는 것이다. 주(主)는 나그네의 주인을 말한다①. 앞에 나온, 군자는 갈 곳이 있다는 말에 이어 선후의 시간으로 대응되는 말이다. 선미후득주(先迷後得主)는 빨리 가면 길을 잃게 되나, 천천히 가면 나그네가 주인을 만나는 것과 같이 의지할 사람을 만난다는 뜻이다②. 숙고하여 천천히 가라는 의미다.

① 주(主) : (1) 좌전 소공 3년의 기록에 풍씨고주한씨(豐氏故主韓氏)라는 말이 있다. 이는 풍씨가 나그네 신분으로 진(晉)나라에 가서 한씨를 주인으로 삼아 의지하였다는 뜻이다. (2) 주(主)는 신주를 뜻하는 주(宔)와 통용된다(徐日 宔 以石爲藏主之櫝也 一日神主 左傳 許公爲反祏主 本作宔 通作主). 설문은 주(宔)를 신주와 위패로 해설을 했다(說文, 宔 宗廟宔祏 从宀主聲, 宔 신주 주, 祏 위패 석). 통행본의 主는 초죽서에도 주(宔)로 되어 있다. 이는 초죽서는 38번 규괘 구이, 55번 풍괘 구사에서 확인 할 수 있다.

② 선미(先迷) : 미(迷)는 미혹하다, 길을 잃는 것이다. 미(迷)를 곤괘 단전은 길을 잃는다고 했다(彖曰, 先迷失道).

이롭다(利).
서남쪽은 친구를 얻는다(西南得朋).
동북쪽은 친구를 잃는다(東北喪朋).

붕(朋)은 친구이며 재물이다. 이곳에서는 친구로 쓰였다①. 글의 내용은 서남쪽으로 가면 친구를 얻는 이로움이 있고, 동북쪽으로 가면 친구를 잃는다는 것이다②. 앞 글은 선후를 대응시켜 시간을 말했고, 본 글은 서남과 동북을 대응시켜 방향의 선택을 말했다. 서남 방향을 선택하는 것이 이롭다는 뜻이다.

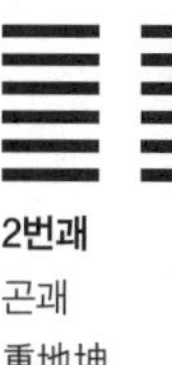

① 붕(朋) : (1) 붕(朋)이 친구로 쓰인 곳은 다음과 같다. 2번 곤괘 괘사 得朋喪朋, 11번 태괘 구이 朋亡, 16번 예괘 구사 朋盍簪, 24번 복괘 괘사 朋來无咎, 31번 함괘 구사 朋從爾思, 39번 건괘 구오 大蹇朋來, 40번 해괘 구사 朋至. (2) 붕(朋)은 조개 두 개(열 개로 보기도 한다)를 하나로 묶은 고대 화폐단위이다(集解, 雙貝曰朋 價値二十大貝). 붕(朋)이 화폐단위, 즉 재물로 쓰인 곳은 다음과 같다. 41번 손괘 육오, 42번 익괘 육이의 十朋.

② 역경에 나오는 서남쪽과 동북쪽은 역사적 사실과 팔괘도로 설명이 된다.

(1) 기주(岐周)에 있는 문왕(文王)의 나라가 서남쪽에 있고, 폭정을 일삼던 주왕(紂王)의 상(商·殷)나라 도읍인 은(殷)은 동북쪽에 있다. 기산(岐山)은 문왕의 할아버지인 고공단보(古公亶父)가 정착했던 곳이다. 서경(書經) 우공(禹貢)을 보면 옹주(雍州)의 경계 남쪽에 있어 서남(西南)의 방향이 된다. 또 주(周)나라를 기준으로 보면 동북쪽에 있는 상나라와 귀방(鬼方)은 강력하였고 서남쪽에는 주나라의 우방이 많았으며, 서남쪽에 있는 융족(戎族)은 세력이 약해 정벌하기가 쉬웠다. 이런 역사적 사실로 서남쪽은 좋은 방향이 된다.

(2) 팔괘도를 보면 곤지(坤地)가 있는 서남쪽은 대지의 상으로 평평하고, 간산(艮山)이 있는 동북쪽은 험한 산의 형상이다. 그러므로 서남쪽은 유리하고 동북쪽은 불리한 방향이 된다.

편안함과 안전을 묻는 점은 길하다(安貞吉).

정(貞)은 점(占)이다. 안정길(安貞吉)은 편안함과 안전을 묻는 점은 길하다는 뜻이다.

초육 : 이상 견빙지.

初六 : 履霜 堅氷至.

서리를 밟으니 얼음이 언다. 작은 일이 점차 커지게 된다.

이(履)는 밟음(踐)이다①. 이상(履霜)은 서리를 밟는 것이다. 지(至)는 이르다이다. 견빙지(堅氷至)는 얼음이 얼게 된다는 것이다②. 만사 진행되는 순서를 말한 것이다. 선한 마음으로 시작하면 반드시 좋은 결과가 있게 되고, 나쁜 마음으로 시작되었으면 반드시 흉하게 되는 것을 뜻한다. 서리를 밟고 떠나(履霜), 얼음이 얼 때 돌아온다(堅氷至)로 해석하기도 한다. 효사를 무왕의 상(商·殷)나라 정벌의 시기와 관련지어 설명한 것이다. 본 책에서는 이 해석을 취하지 않았다.

① 이(履) : 10번 이괘 괘사를 참고하라.

② 지(至) : 19번 임괘 육사를 참고하라.

육이 : 직방 대불습 무불리.
六二 : 直方 大不習 无不利.
배를 조정하는 방법을 익히지 않아도 문제가 없다. 이롭지 않음이 없으리라.

배를 조정한다(直方).

직(直)은 잡는다는 뜻을 가진 치(値)와 통용된 글자다①. 방(方)은 뗏목이고 배이다②. 그러므로 직방(直方)은 뗏목을 가진다는 것이다. 뒤에 이어지는 익힌다는 내용으로 볼 때, 뗏목 또는 배를 조정한다는 뜻이다③.

① 치(値) : 잡는다는 의미로 쓰인 곳은 시경 완구(宛丘)의 아래 내용에서 확인된다.
감기격고(坎其擊鼓) : 북을 치네
완구지하(宛丘之下) : 완구의 아래에서
무동무하(無冬無夏) : 겨울 여름 없이
치기로우(値其鷺羽) : 깃털 부채 잡고서 춤을 추네
② 방(方) : 설문에서 배를 나란히 하는 것이라 했다(說文, 方 併船也, 併 아우를, 나란히 할 병).
③ 고형(高亨)은 주역대전금주(周易大傳今注)에서 直方 大不習 无不利로 새겼다. 본 책도 이를 따랐다.

2번괘
곤괘
重地坤

익히지 않는다(不習).
이롭지 않음이 없다(无不利).

불습(不習)은 익히지 않는다는 뜻이다①. 무(无)는 없다는 뜻이다. 무(无)는 무(無) 또는 망(亡)과 통용되었다. 그러므로 무불리(无不利)는 이롭지 않음이 없다는 것이다②.

① 대불습(大不習)의 대(大)를 고형(高亨)은 주역대전금주(周易大傳今注)에서 쓸데없이 들어간 연문(衍文)으로 봤다.
② 무불리(无不利) : 28번 대과괘 구이를 참고하라.

육삼 : 함장 가정. 혹종왕사 무성유종.

六三 : 含章 可貞. 或從王事 无成有終.

무왕이 상나라를 쳐서 이길 수 있으리라. 무사가 무왕의 전쟁에 나가면 공을 세우지는 못하지만 좋은 결과는 있으리라.

상나라를 쳐서 이길 수 있다는 점이다(含章 可貞).

함장(含章)은 상(商·殷)나라를 이긴다는 뜻이다. 함(含)은 예전에는 죽이다, 이기다의 뜻을 가진 감(戡)과 통용되었다①②. 장(章)은 예전에는 상(商·殷)과 통용되었다③. 가정(可貞)은 가하다는 점이다, 즉 행하여도 좋다는 점이라는 뜻이다. 정(貞)은 점(占)이다④. 그러므로 함장가정(含章可貞)은 상(商·殷)나라를 쳐서 이길 수 있다는 점괘가 나왔다는 뜻이다. 상나라를 정복한 무왕(武王)의 전쟁과 관련된 효사이다.

① 함(含) : 설문에 머금는다고 했고(說文, 含 嗛也, 嗛 겸손할 겸, 머금을 함), 정운은 싸고 담는 것이라 했다(正韻, 包也 容也, 包 쌀 포, 容 얼굴·담을 용).

② 감(戡) : 이아·석고는 죽이는 것이라 했고, 광운은 이기는 것이라 했다(爾雅·釋詁 殺也, 廣韻 勝也 克也 又通作堪).

③ 장(章) : 58번 태괘 구사의 상태미령(商兌未寧)을 백서주역에서는 장탈미령(章奪未寧)으로 기록한 것에서 장(章)과 상(商·殷)은 통용되었음을 확인할 수 있다.

④ 가정(可貞) : 32번 항괘 괘사를 참고하라.

혹 왕의 일에 참여한다(或從王事).

왕사(王事)는 왕의 일이다. 앞에서 무왕이 상(商·殷)을 정복하는 일을 말했다. 그러므로 혹종왕사(或從王事)는 어떤 사람이나 무사가 무왕의 전쟁에 나간다는 것이다①②.

① 혹(或) : 1번 건괘 구사를 참고하라.

② 종(從) : 17번 수괘 상육을 참고하라.

이름은 없으나 끝은 있다(无成有終).

무(无)는 없다는 뜻이다. 무(无)는 무(無)와 망(亡)과 같이 통용되는 글자이고, 없다는 뜻이다①. 무성유종(无成有終)은 이름은 없으나 끝은 있다는 것으로, 전쟁에서 공을 이루지는 못하지만 좋은 결과가 있다는 뜻이다. 유종(有終)은 끝은 있다는 것이다②. 종(終)은 끝이다. 통행본의 종(終)은 초죽서와 백서주역에는 동(冬)으로 기록되어 있다. 설문은 동은 사계절의 끝으로 종의 고문이라 해설했다(說文, 冬 四時盡也 古文終字). 그러므로 유종(有終)은 끝은 있다는 것이다. 결과가 있다, 성과가 있다, 효과가 있다, 끝까지 간다 등으로 다양하게 해석되고 있다. 유종(有終)을 끝은 길하다로 보는 경우도 있으나 효사에 종길(終吉)이라는 말이 있는 것을 볼 때 잘못된 해석이다.

① 무(无) : 25번 무망괘를 참고하라.

② 유종(有終) : 쓰인 곳은 아래와 같다.

(1) 2번 곤괘 육삼의 무성유종(无成有終), 공은 없지만 끝은 있다.
(2) 15번 겸괘 괘사, 구삼의 군자유종(君子有終), 군자는 끝은 있다.
(3) 38번 규괘 육삼의 무초유종(无初有終), 시작은 없지만 끝은 있다.
(4) 57번 손괘 구오의 무초유종(无初有終), 시작은 없지만 끝은 있다.
(5) 47번 곤괘 구사의 인유종(吝有終), 어렵지만 끝이 있다.

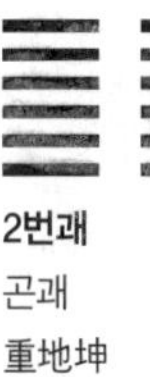

육사 : 괄낭 무구무예.
六四 : 括囊 无咎无譽.
주머니 입구를 묶었다. 들어갈 것도 나갈 것도 없으니 허물도 명예도 없으리라.

괄(括)은 묶는 것이다①. 낭(囊)은 주머니이다②. 괄낭(括囊)은 주머니 입구를 묶었다는 뜻이다. 무구(无咎)는 망구(亡咎)로 허물이 없다는 것이다③. 무예(无譽)는 명예가 없다는 것이다④. 주머니 입구를 매었으니 들어올 것도 없고 나갈 것도 없다. 또 나갈 말도 없고 듣는 것도 없다. 당연히 허물도 안 생기고,

얻는 명예도 없게 된다.

① 괄(括) : 광운은 맺는 것, 묶는 것이라 했다(廣韻, 括 結也, 結 맺을·묶을 결).

② 낭(囊) : 설문은 주머니라 했다(說文, 囊 橐也, 橐 전대·주머니 탁).

③ 무구(无咎) : 60번 절괘 초구를 참고하라.

④ 예(譽) : 이아·석고, 문선의 주, 석문에서 마융의 말을 빌어 즐김이라 했다(爾雅·釋詁, 文選 王元長曲水詩序 優遊暇豫 注 譽猶豫 古字通, 釋文 引 馬融 豫 樂也). 설문과 옥편은 칭찬이라 했다(說文 譽 稱也, 玉篇 譽 聲美也).

육오 : 황상 원길.
六五 : 黃裳 元吉.

귀한 신분이 되어 황색 치마를 입었다. 크게 길하리라.

황상(黃裳)은 황색 치마다①②. 고대에 황색은 복된 색이었다. 황색 치마를 입은 것은 귀한 신분이 되었다는 것이다. 원길(元吉)은 대길(大吉)로 크게 길하다는 뜻이다③. 본 괘 육삼에서 무왕이 상(商·殷)나라를 정복한 일을 말한 것으로 볼 때, 무왕이 정복에 성공한 후 천자의 자리에 오른 것을 비유한 것으로 추측할 수 있다.

① 황(黃) : 황금색으로 고대에는 길하고 상서로운 색으로 여겼다. 동서남북 중 중앙의 색이며(玉篇, 黃 中央色也), 땅의 색으로 설문에는, 黃은 땅의 색이다, 전(田)으로 구성되어 있고 광(炗)이 발음이며, 炗은 광(光)의 고문이고, 黃부에 속하는 글자는 이같은 의미를 따른다고 했다(說文, 黃 地之色也 从田从炗 炗亦聲 炗 古文光 凡黃之屬皆从黃, 炗 빛 광). 본 효의 황색 치마를 입으니 크게 길하다(黃裳 元吉)에 대해 동문선(東文選) 28권에서 황색 치마를 입은 것은 음(陰) 중 극귀(極貴)한 자를 말한다고 설명했다. 시경 녹의(綠衣)에, 녹색 저고리에 황색 속옷이네, 마음에 일어나는 시름, 언제나 사라지려나(綠兮衣兮 綠衣黃裏 心之憂矣 曷維其已)라는 구절이 있는데, 황색인 귀한 색 옷을 속에 입었으니 제 자리를 잃은 것을 말하는 내용이다. 황금색이 땅의 색이라면 하늘의 색은 현(玄)이다(文言傳 黃者 天地之雜也 天玄而地黃).

② 황상(黃裳) : 통행본의 황상(黃裳)은 백서주역에 황상(黃常)으로 기록돼 있다. 서현(徐鉉)은 常을 상(裳)으로 쓴다 했다(常 今文作裳).

③ 원길(元吉) : 41번 손괘 괘사를 참고하라.

■ 춘추좌전 서례 : 남괴가 반란을 점치다.

소공(昭公) 12년 춘추좌전(春秋左傳)에 있는 서례이다. 남괴(南蒯)가 반란을 일으키려 할 때, 마을 사람들이 그것을 알고 남괴의 집안을 지나가면서 한탄하여 말했다. [걱정이고 안됐다. 생각은 깊으나 행동이 천박하고 몸은 가까운데 뜻은 멀리 있다. 가신이면서 임금이 되고자 하는 사람이 있구나.] 남괴가 반란에 대해 점을 쳤다.

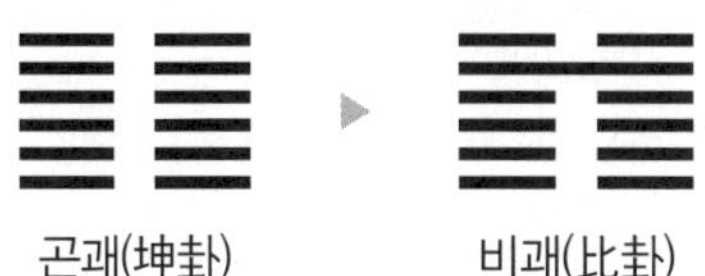

곤괘(坤卦) 비괘(比卦)

곤괘의 5효가 변해 비괘로 변하는 곤지비(坤之比)가 나왔다. 곤괘 육오 효사에 누런 치마는 크게 길하다(黃裳元吉)고 하였다. 남괴도 매우 길한 것으로 여겨 점친 것을 자복혜백(子服惠伯)에게 보이면서 말했다.
[어떤 일을 하고자 하는데 어떤가?].

혜백이 대답했다.
[나도 일찍이 이 괘를 공부해 보았다. 이 괘는 충신의 일이라면 가능하나 그렇지 않은 일이라면 반드시 패하는 일이다. 충(忠)은 밖으로는 강하고 안으로 온화한 것이며, 신(信)은 화평함으로 바름을 좇는 것이다. 그러므로 황상원길(黃裳元吉)이라고 한 것이다.
그런데 황(黃)색은 중간색이고, 치마(裳)는 몸의 아래쪽을 꾸미는 것이고, 크다는 것(元)은 선의 우두머리이다. 가운데가 충성스럽지 않다면 황색은 제 빛을 나타내지 못하는 것이고, 아래 사람이 공손하지 않으면 치마는 아래쪽을 꾸미지 못하며, 하고 있는 일이 선하지 아니하면 끝을 얻지 못한다. 안팎이 서로 조화된 것이 충이고, 신의로써 일을 행하는 것을 공손이며, 충·신·공의 삼덕을 갖추는 것을 선이라 하는데, 이 셋이 아니면 황상원길(黃裳元吉)의 길함이 없는 것이다.
또한 역(易)으로 도리에 맞지 않는 일을 점을 치지 않는다. 장차 무슨 일을 하

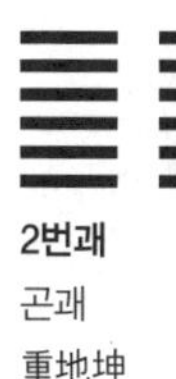

려고 하는가? 어떤 것을 꾸미려 하는가? 가운데가 아름다워야 황색(黃)이 되고, 위쪽이 아름다운 것이 크다(元)는 것이며, 아래쪽이 아름다운 것이 치마(裳)이다. 이 셋을 모두 갖춰야 점을 칠 수가 있다. 그런데 지금은 갖춰지지 않은 상태이니 비록 점괘가 길하더라도 점은 믿을 수가 없다.]

※ 2번 곤괘의 육오가 동하여 8번 비괘 구오가 되었으나 곤괘 육오의 효사로만 판단한 사례이다. 효가 변할 효인 경우 본괘(本卦)의 해당 동효로 해석한 것이다. 관련 효사는 아래와 같다.

비괘 구오 : 현비 왕용삼구 실전금 읍인불계. 길.

比卦 九五 : 顯比 王用三驅 失前禽 邑人不誡. 吉.

상육 : 용전우야 기혈현황.

上六 : 龍戰于野 其血玄黃.

용들이 들에서 격렬하게 싸우며 피를 줄줄 흘린다.

우(于)는 어조사로 ~에서이다①. 야(野)는 교외의 바깥이다②. 용전우야(龍戰于野)는 용들이 교외의 바깥 들판에서 싸우는 것이다. 현황(玄黃)은 현황(泫湟)으로 땀이나 피를 많이 흘리는 것을 말한다③. 그러므로 본 효는 들판에서 용들이 격렬하게 싸우면서 피를 줄줄 흘리는 것이다. 본 괘 육오에서 무왕이 정복에 성공한 후 천자가 된 상태를 그렸다. 본 효는 그 다음에 일어나는 일이다. 무왕이 천자가 된 후 내부에서 용에 해당하는 공경이나 제후들 사이에 격렬한 다툼이 있는 것으로 추측할 수 있다.

① 우(于) : 우(于)는 어(於)와 같다(爾雅·釋詁 于 曰也 又往也, 朱傳 于 於也, 博雅 於 于也, 說文 于訓於也 蓋于於古通用 凡經典語辭皆作于). 어조사로 쓰일 때는 ~에서, ~부터, ~까지, ~에게, ~보다, ~로 행하다로 사용된다.

② 야(野) : 5번 수괘 초구의 교(郊)를 참고하라.

③ 현황(泫湟) : 설문은 물이 흐르는 것이라 했다(說文 泫 湝流也, 說文 湟水).

용육 : 이영정.
用六 : 利永貞.
앞으로 오랜 기간 이로우리라.

곤괘의 모든 효가 동한 경우가 용육(用六)이다. 앞으로 오랜 기간의 길흉을 물어 이 효가 나오는 경우는 이롭다는 것이다. 본 괘 육오에서 무왕이 귀한 신분이 되었음을 말했고, 상육에서는 용들이 피를 흘리며 싸우듯 내부다툼이 있었다. 이런 격렬한 다툼이 해결된 후 주(周)나라는 오랫동안 평안하다는 내용으로 추정할 수 있다. 이영정(利永貞)은 32번 항괘 괘사를 참고하라.

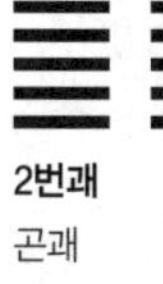

준괘(屯卦) 수뢰준(水雷屯) 3번괘

청혼 등을 통하여 모여 있는 것과 어려움에 대한 길흉을 설명했다.

준은 원형하리니 이정이로다. 물용유유왕하고 이건후하느니라.
屯은 元亨하리니 利貞이로다. 勿用有攸往하고 利建侯하느니라.

초구는 반환이니 이거정이요 이건후하느니라.
初九는 磐桓이니 利居貞이요 利建侯하느니라.

육이는 준여전여하고 승마반여이니 비구이고 혼구니라. 여자정은 부자이니 십년내자로다.
六二는 屯如邅如하고 乘馬班如이니 匪寇이고 婚媾니라. 女子貞은 不字이니 十年乃字로다.

육삼은 즉록무우인데 유입우림중이니 군자가 기하나 불여사라. 왕하면 린하리라.
六三은 卽鹿无虞인데 惟入于林中이니 君子가 幾하나 不如舍라. 往하면 吝하리라.

육사는 승마반여니 구혼구니라. 왕하면 길하고 무불리하니라.
六四는 乘馬班如니 求婚媾니라. 往하면 吉하고 无不利하니라.

구오는 준기고니 소이면 정은 길하고 대이면 정은 흉하리라.
九五는 屯其膏니 小이면 貞은 吉하고 大이면 貞은 凶하리라.

상육은 승마반여하고 읍혈연여로다.
上六은 乘馬班如하고 泣血漣如로다.

3번괘

준괘(屯卦)

청혼 등을 통하여 모여 있는 것과 어려움에 대한 길흉을 설명했다.

준. 원형. 이정. 물용유유왕. 이건후.
屯. 元亨. 利貞. 勿用有攸往. 利建侯.

큰 제사를 지낼 만하다. 앞으로의 일은 이로우리라. 갈 곳이 있어도 가지 말라. 제후를 세우는 것이 이로우리라.

준괘(屯卦)는 청혼 등을 통하여 모여 있는 것과 어려움에 대한 길흉을 설명했다.

준(屯)은 모여 있다, 무리를 이루고 있다, 어렵다는 뜻을 가지고 있다①. 본 괘의 육이·육오 효에 있는 준(屯)을 취해 괘명으로 삼았다②③.

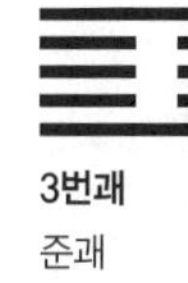

3번괘
준괘
水雷屯

① 준(屯) : 광아·석고에 준을 모인다는 취라 했다(廣雅·釋詁, 屯 取也). 설문에서는 준을 어려움으로 해설했으나(說文, 屯 難也), 본 괘의 육이 효사 중 준여전여(屯如邅如)는 모여서 도는 것을 말하고, 구오 중 준기고(屯其膏)는 고기를 쌓아 놓는다는 뜻이다. 그러므로 준을 어려움으로 해석하는 것보다는 모인다로 보는 것이 합리적이다. 준을 모여 있는 것으로 보든, 어려움으로 보든, 괘 전체를 대표하는 괘명이 되지는 않는다.

② 준(屯)을 전(迍·邅)으로 사용하기도 한다(屯 別作迍, 又屯邅).

③ 준괘(屯卦), 감괘(坎卦), 건괘(蹇卦), 곤괘(困卦)는 사대난괘(四大難卦)로 불린다. 그러나 준괘는 초목이 땅을 뚫고 나오는 어려움은 있지만 새로 시작하는 괘이니 좋다. 예를 들어 일반인이 사업을 시작함에 있어서 처음에는 어려움이 있지만 결국은 사업에 성공을 한다. 이 경우 자신을 대신해줄 대리인을 세우면 좋다. 초창기의 어려움, 이어지는 확장의 단계. 이를 의미하는 것이 준괘라고 할 수 있다.

큰 제사를 지낼 만하다(元亨).
이로운 점괘다(利貞).

원형(元亨)은 대형(大亨)으로 큰 제사이다①. 고대 사람들이 큰 제사를 지내기 전에 점을 쳐 본 괘가 나오면 큰 제사를 지낼 만한 점괘라는 것이다. 이(利)는 이롭다는 것이고 정(貞)은 점이다. 이정(利貞)은 이로운 점괘라는 뜻이다②③. 점괘대로 바르게 따르면 이롭다는 뜻도 있다.

① 원형(元亨) : 1번 건괘 괘사를 참고하라.

② 이정(利貞) : 32번 항괘 괘사를 참고하라.

③ 원형이정(元亨利貞) : 다음은 홍재전서(弘齋全書)에 실린 내용을 요약한 것이다. [문] 정조가 물었다. 복희 이후 문왕이 대상(大象)인 단사(彖辭)로, 주공이 소상(小象)인 효사(爻辭)로, 공자는 단전(彖傳), 상전(象傳)인 단왈(彖曰), 상왈(象曰)로 주역을 완성하였는데, 어찌 공자는 건괘의 원형이정에 대해선 성인의 덕으로 풀이를 하였고, 준괘의 원형이정은 크게 형통하고 바르게 함이 이롭다는 점사로 풀이를 하였는가? [답] 윤행임이 원형이전의 네 덕을 건괘처럼 완전히 갖추지 못한 것이 준괘이므로 이를 점사로 본 것이라고 답변하였다. 정조의 질문에 대한 윤행임의 답변은 궁색하다. 네 덕을 완전히 갖춘 것이 어떤 상태인가? 알 수 없다. 참고로 효사에 원형이정이 모두 들어 있는 것은 없으며, 괘사에 원형이정이 들어 있는 것은 다음과 같다. 1번 건괘, 3번 준괘, 17번 수괘, 19번 임괘, 25번 무망괘, 49번 혁괘.

갈 곳이 있어도 가지 말라(勿用有攸往).

물(勿)은 부정의 어조사로 말라, 아니다이다①. 물용(勿用)은 쓰지 말아라, 쓰지 않는다이다. 유(攸)는 곳·장소이다. 왕(往)은 가는 것이고 행하는 것이다. 그러므로 물용유유왕(勿用有攸往)은 갈 곳, 행할 것이 있어도 하지 말라는 뜻이다②.

① 물(勿) : 설문의 해설은 다음과 같다. 마을에 세우는 깃발이다. 깃대의 모양을 상형하였다. 글자에 삼유(三游)가 있으며, 폭의 반이 다르다(색의 반은 붉은 색이고 반은 흰 색). 깃발로 백성을 모이게 하였으므로 급한 것을 물물(勿勿)이라 한다(說文, 勿 州里所建旗 象其柄 有三游 雜帛 幅半異 所以趣民 故遽 稱勿勿 凡勿之屬皆从勿). 일반적으로 금지를 뜻하는 어조사로 사용된다(勿者 禁止之辭, 玉篇 非也).

② 물용유유왕(勿用有攸往) : 22번 비괘 괘사를 참고하라.

제후를 세우는 것이 이롭다(利建侯).

후(侯)는 제후이다①. 이건후는 제후를 세우는 것이 이롭다는 뜻이다②. 자신을 대리할 부하를 세우는 것으로부터, 새 나라를 세우는 것으로 해석할 수 있다. 고대에 천자가 제후를 임명했다.

① 후(侯) : 글자는 활을 잘 쏘는 사람을 의미한다. 고대에 활 쏘는 것으로 사람을 뽑았는데 활이 명중한 자는 벼슬을 얻은 것에서 유래한 글자다.

② 이건후(利建侯) : 16번 예괘 괘사를 참고하라.

■ 춘추좌전 서례 : 필만의 벼슬에 대해 점치다.

춘추좌전(春秋左傳) 민공(閔公) 1년에 있는 서례이다. 필만(畢萬)이 진나라에서 어느 정도까지 관직에 올라갈 수 있을지 점을 쳐 준지비(屯之比, 준괘의 초구가 변하여 비괘가 됨)를 받았다.

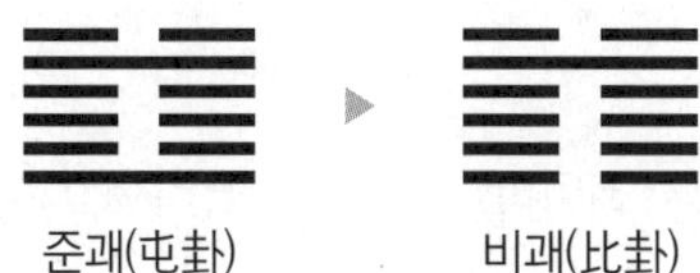

준괘(屯卦) 비괘(比卦)

진나라 대부 신료가 이 괘를 아래와 같이 해석하였다. 길하다. 준괘는 위치가 굳고 견고함을 뜻하고, 비괘는 궁중에 들어가는 것을 뜻한다. 이보다 길한 것이 없다. 틀림없이 번창한다.

(1) 하괘인 진뢰(震雷☳)가 변해 곤지(坤地☷)가 되니 土가 되고,

(2) 진뢰(☳)인 수레의 상이 감수(坎水☵)의 상인 말(馬)을 따르고,

(3) 진뢰(☳)는 발이며 장남이니 두 발이 땅을 밟고 다스리는 것이며,

(4) 진뢰(☳)인 형이 기르고,

(5) 하괘가 동한 곤지(☷)가 모친이니 어머니가 보호하는 것이며,

(6) 곤지(☷)는 군중이니 인민이 귀의하는 상이다.

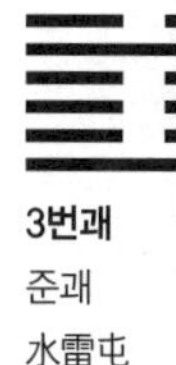

3번괘
준괘
水雷屯

이와 같이 여섯 사항이 변하지 않으니(육체불이六體不易) 백성을 화합으로 굳게 지킬 수 있고, 그 지위가 안정되어 백성의 생사를 좌우하는 권한을 지니게 되니 공후(公侯)의 괘상이라 하였다. 후에 원(元)은 군인으로 세운 공으로 위(衛)나라에 봉해지니 신료의 판단이 맞은 것이다. 초구가 동효이나 변할 효가 아니어서, 동효의 효사로 판단치 않고 본괘(本卦)의 괘사와 괘상으로 해석한 서례이다.

■ 국어·진어 서례 : 문공의 장래에 대해 점치다.

국어·진어(國語·晉語)에 있는 서례이다. 문공(文公, 이름은 중이重耳)이 진나

라를 장악할 수 있는지 점쳐 준지예(屯之豫, 준괘의 1·4·5효가 동하여 예괘가 됨)를 받았다.

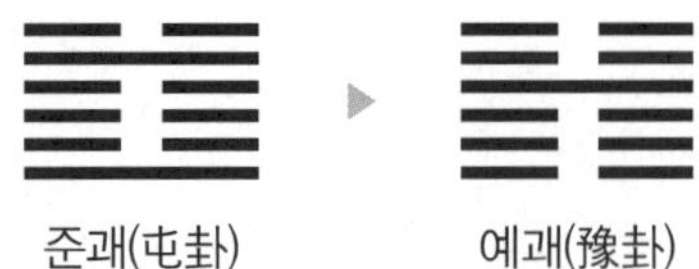

점치는 관리들은 괘를 보고 막혀서 통하지 않는 괘이니 불길하다고 하였으나, 사공계자(司空季子)는 아래와 같은 이유로 길하다고 하였다.

(1) 본 괘인 준괘 괘사에 이건후(利建侯)라 하였다. 제후를 세우는 것이 이롭다는 것인데, 만약 진나라가 없다면 주의 왕실을 보좌하는 데 어찌 제후를 세울 수 있겠는가? 공자가 진나라를 얻으려고 하는 데 이보다 더 길한 괘는 없다.

(2) 준괘의 상괘인 감수(坎水☵)는 수고하는 것, 물, 무리인 백성을 의미한다. 하괘인 진뢰(震雷☳)는 수레, 힘을 나타낸다. 힘에 백성들이 순종하니 문(文)을 상징한다. 문무를 갖춰 두터움이 크니 준괘라 한 것이다. 준괘 괘사에서, 크게 형통하고 이롭다는 점이다. 갈 곳이 있어도 가지 마라. 제후를 세우는 것이 이롭다고 하였다. 괘사에서 진뢰(震雷☳)인 장남은 으뜸인 것이니 원(元)이라는 말이 있는 것이며, 백성들인 감수(坎水☵)가 순종하니 아름다우며 형통한 것이다. 또한 준괘의 하괘가 진뢰(震雷☳)이니 이로운 점이라고 한 것이다. 그러나 감수(坎水☵)의 험함이 진뢰(震雷☳)의 위에 있으니 갈 곳이 있어도 가지 말라는 말이 있는 것과 같이 작은 일은 막히게 된다. 그리고 남자가 행함에 무(武)의 위엄이 있어 백성들이 순종하니 제후를 세우는 것이 이롭다고 한 것이다.

(3) 준괘의 1·4·5효가 동하면 16번 예괘(豫卦)가 된다. 예괘의 상괘인 진뢰(震雷☳)는 장남으로 강하고, 하괘인 곤지(坤地☷)는 어머니로 늙었다. 그러므로 예라 하였다. 예괘의 괘사에 제후를 세우고 군사를 일으키는 것이 이롭다고 하였다.

위 서례가 실린 국어 원문에 득정준회예 개팔야(得貞屯悔豫 皆八也)라는 말이 있다. 정(貞)은 본괘이고, 회(悔)는 지괘를 말한다. 즉 준괘의 1·4·5효가 동효가 되어 예괘를 얻었다는 것을 뜻한다. 모두 팔(八)이라는 것은 변할 효가 준괘이든 예괘이든 8인 소음이 되었다는 것이니 아래와 같다.

⑥ 8 -- 변할 爻

⑤ 9 — 動爻

④ 6 -- 動爻

③ 8 --

② 8 --

① 9 — 動爻

* 천지수(天地數) = 55

* 영수(營數) = 48 (8+9+6+8+8+9)

* 잔여수 = 55 − 48 = 7

* 변할 효는 ⑥효

위와 같이 변할 효인 상효에 8인 소음(少陰)인 불변지효(不變之爻)가 있다. 변할 효에 불변지효가 있고 세 개의 동효가 있으면 본괘와 지괘의 괘사를 합하여 판단하는 것이 원칙이다. 고형(高亨)의 주역서법신고(易筮法新考)를 기준으로 하였다.

초구 : 반환 이거정 이건후.
初九 : 磐桓 利居貞 利建侯.

집 주변의 담을 단단한 돌로 쌓았으니 거처와 머무름에 대한 점은 이로우리라. 또한 자신을 지켜 주고 대신할 제후를 세우는 것도 이로우리라.

돌로 쌓은 담이다(磐桓).

머무름에 대한 점은 이롭다(利居貞).

반(磐)은 돌, 바위이다. 환(桓)은 담을 뜻하는 원(垣)을 빌려 쓴 것이다①. 그러므로 반환(磐桓)은 돌로 쌓은 담이다. 이거정(利居貞)은 머무름·거처·거택에 대한 점은 이롭다는 것이다②. 돌로 된 담장이 자신을 안전하게 지켜주니 머무름이나 거처에 대한 점은 이로울 수밖에 없다.

① 환(桓) : 설문에 정자와 오두막이라 했다(說文, 桓 亭郵表也, 郵 우편·오두막 우).
② 이거정(利居貞) : 32번 항괘 괘사를 참고하라.

제후를 세우는 것이 이롭다(利建侯).

이건후(利建侯)는 제후를 세우는 것이 이롭다는 뜻이다. 자신을 대리할 부하를 세우는 것으로부터, 고대에 제후를 임명해 나라를 세우는 것으로 해석할 수 있다. 이건후(利建侯)는 16번 예괘 괘사를 참고하라.

■ 춘추좌전 서례 : 맹집이 군주가 될 수 있을지 점치다.

춘추좌전(春秋左傳) 소공(昭公) 7년(기원전 535)에 있는 서례이다. 위나라의 양공의 첩인 주압이 아들을 낳고 이름을 원(元)으로 지었다. 대부인 공성자가 점을 쳤다. 점을 치면서 공성자의 바람은 발이 정상이 아닌 맹집(孟縶)을 대신해 원이 위나라를 다스리는 것이었다. 점괘는 준지비(屯之比, 준괘의 초구가 변하여 비괘가 됨)를 받았다.

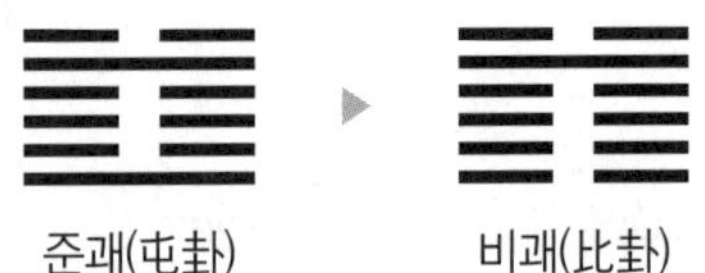

준괘(屯卦) 비괘(比卦)

이 점괘를 사조는 다음과 같이 해석했다. 원형(元亨)이니 원이 국가를 향유한다는 괘이다. 원(元)이 장남을 뜻하는 것은 아니니 의심할 필요가 없다. 괘사에 이건후(利建侯)라 했으니 이는 제후를 세움이 이롭다는 뜻이다. 그렇다면 다리를 저는 맹집이 군주로 세운다면 이건후라는 말이 괘사에 나올 수 없다. 당연히 원을 군주로 삼아야 하는 것이다. 이에 공성자가 원을 위영공(衛靈公)으로 군주로 삼았다. 내용은 괘사에 이건후(利建侯)라는 말이 있으니 장자인 맹집이 군주가 되는 것이 아니고, 원(元)을 제후로 삼는 것이 마땅하다는 내용이다. 준괘의 초구가 동했으나 초구가 변할 효가 아니기 때문에 본괘의 괘사로 해석한 서례이다.

육이 : 준여전여 승마반여 비구 혼구. 여자정부자 십년내자.
六二 : 屯如邅如 乘馬班如 匪寇 婚媾. 女子貞不字 十年乃字.

집 앞에 많은 사람들이 말을 탄 채로 빙빙 돌고 있다. 이 사람들은 도적의 무리가 아니고 청혼하러 온 사람들이다. 여자가 청혼을 받아들이지 않고 있다. 청혼에 대한 허락은 10년이 돼서야 가능하리라.

많은 사람들이 말을 탄 채 빙빙 돌고 있다(屯如邅如 乘馬班如).

여(如)는 ~모양, ~모습이다①. 준(屯)은 모여 있다, 무리를 이루고 있다, 어렵다는 뜻을 가지고 있다. 이곳에서는 모여 있다로 사용됐다. 전(邅)은 나가지 않고 빙빙 돌고 있는 것이다③. 반(班)은 반(般)과 통용되는 글자로 돌이킨다, 돈다는 것이다④. 그러므로 준여전여 승마반여(屯如邅如 乘馬班如)는 많은 사람들이 말을 타고 빙빙 돌고 있다는 것이다.

① 여(如) : 설문은 약(若, ~모양)과 같다고 했다(說文, 如 从隨也 一曰若也 同也).

② 준(屯) : 본 괘 괘사를 참고하라.

③ 전(邅) : 광아·석고에서 돌거나 머뭇거리는 것이라 했고, 집운은 나아가기 어려운 모양을 말한다고 했다(廣雅·釋詁 邅 轉也, 集韻 迍邅 難行不進貌).

④ 반(班) : 석문(釋文)에 정현(鄭玄)은 반(般)으로 쓴다고 하였고, 초순(焦循)은 반(般)은 선회하는 것이라 했다(班 鄭本作般, 般 旋也). 설문은 반(般)을 배가 돌아 피하는 것으로 해설했다(說文, 般 辟也 象舟之旋 从舟 从殳 殳 所以旋也). 설문의 인용문은 반(班)을 단(驙)으로 사용했다(說文, 驙 駗驙也 从馬亶聲 易 曰 乘馬驙如).

도적이 아니라 혼인하러 온 사람들이다(匪寇 婚媾).

비(匪)는 아닐 비(非)이다①. 구(寇)는 사나움·노략질·원수·도적이다②. 혼구(婚媾)는 혼인하는 것이다③. 비구혼구(匪寇婚媾)는 온 사람들이 도적이 아니고 혼인을 하려고 온 사람들이라는 뜻이다.

---

① 비(匪) : 설문에서는 대나무 광주리로 해석했다(說文, 匪 器 似竹筐 从匚非聲 逸周書 曰 實玄黃于匪). 이 곳에서는 非로 새긴다(說文, 匪 一曰非也).

② 구(寇) : 설문 구 폭야(說文, 寇 暴也), 광운 구 초야(廣韻, 寇 鈔也), 증운 구 구야 적야(增韻, 寇 仇也 賊也).

③ 구(媾) : 설문 구 중혼야(說文, 媾 重昏也), 주 부지부왈혼 중혼왈구 우총야(註, 婦之父曰昏 重昏曰媾 又寵也).

여자가 청혼을 받아들이지 않음을 점친다(女子貞不字).

10년이 돼야 가능하다(十年乃字).

역경에서 여(女)는 결혼을 안 한 여자에게 사용하였고, 부(婦)는 결혼한 여자에게 사용하였다①. 정(貞)은 점(占)이다②. 자(字)는 청혼을 허락하는 것이다③. 그러므로 여자정부자 십년내자(女子貞不字 十年乃字)는 미혼여성이 청혼을 받아들이지 않는 점을 치는 경우 10년이 돼야 허락한다는 것이다. 10년은 상당한 세월이므로 혼인을 하는 것이 아주 어렵거나, 거의 불가능하다는 뜻이다.

---

① 여(女) : 역경에서 여(女)와 부(婦)를 구분하여 사용하였으나, 시경에서는 결혼한 여자에게도 여(女)를 사용하였다.

② 정(貞) : 32번 항괘 괘사를 참고하라.

③ 자(字) : 의례 사혼예기에 여자가 정혼하는 것을 허락할 때 비녀를 꽂고 예를 갖추는 것을 자(字)라고 했다(儀禮 士昏禮記, 女子許嫁 弄而醴之 稱字).

육삼 : 즉록무우 유입우림중 군자기불여사 왕린.
六三 : 卽鹿无虞 惟入于林中 君子幾不如舍 往吝.

몰이꾼이 없는데 잡으려는 사슴이 숲으로 들어갔다. 잡기 어려우니 포기하는 좋다. 계속 따라가면 어려워지리라.

사슴을 쫓는데 몰이꾼이 없다(卽鹿无虞).

사슴이 숲으로 들어갔다(惟入于林中).

즉(卽)은 곧, 먹는 것, 쫓는 것이다. 이곳에선 쫓는 것으로 사용되었다①. 무(无)는 없다는 뜻이다. 무(无)는 무(無)와 망(亡)과 같이 통용되는 글자이고, 없다는 뜻이다②. 우(虞)는 사냥의 몰이꾼이다③. 즉록무우(卽鹿无虞)는 사슴을 쫓는데 몰이꾼이 없다는 뜻이다. 유(惟)는 어조사로 이(是)이며, 유입우림중(惟入于林中)은 이 사슴이 숲으로 들어갔다는 것이다④. 결국 숲으로 도망간 사슴을 몰이꾼이 없으니 잡을 수 없는 상황이 된 것이다.

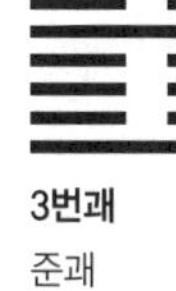

① 즉(卽) : 설문, 즉 즉식야 종급절성 서개왈 즉 취야(說文, 卽 即食也 从皀卪聲 徐鍇曰 卽 就也).

② 무(无) : 25번 무망을 참고하라.

③ 우(虞) : 집해(集解)에서 우번(虞翻)의 말을 인용하여 우(虞)는 우인으로 짐승을 관장하는 관리라고 했다(虞爲虞人 掌禽獸者). 또한 우(虞)는 편안함으로 즐겁다는 오와 통한다(廣雅釋詁 虞 安也, 顏師古 虞與娛同, 說文 虞 騶虞也 白虎黑文 尾長於身 仁獸 食自死之肉 从虍吳聲 詩 日 于嗟乎 騶虞).

④ 유(惟) : 옥편 유야 위야 모야 이야 우어사야(玉篇, 有也 爲也 謀也 伊也 又語辭也), 설문 유 범사야 종심추성(說文, 惟 凡思也 从心隹聲).

군자가 잡으려고 하는 것은 버리는 것보다 못하다(君子幾不如舍).

군자(君子)는 벼슬이 있는 사람을 말한다①. 기(幾)는 마음 속에 바라는 것이다. 이어지는 버린다는 뜻을 가진 사(舍)와 대응되어 버리지 않고 잡는 것을 말한다②③. 군자기불여사(君子幾不如舍)는 군자가 도망간 사슴을 잡으려고 하는 것은 버리는 것보다 못하다는 뜻이다. 차라리 사슴을 포기하는 게 좋다는 의미다.

① 군자(君子) : 1번 건괘 구삼을 참고하라.

② 기(幾) : 소 기 상 위심소희망(疏, 幾 尙 謂心所希望), 주 기 위망야(註, 幾 謂望也).

③ 사(舍) : 집, 버리는 것이다. 이곳에서는 버리는 것으로 새긴다(說文 舍 市居曰舍, 正韻 舍 音捨 止息也).

가면 어렵다(往吝).

왕(往)은 간다, 행동한다는 것이다①. 린(吝)은 어렵고, 한스럽고, 애석한 것이다②. 왕린(往吝)은 가면 어렵다는 뜻이다.

① 왕(往) : 25번 무망괘 괘사를 참고하라.

② 린(吝) : 40번 해괘 육삼을 참고하라.

육사 : 승마반여 구혼구 왕길 무불리.
六四 : 乘馬班如 求婚媾 往吉 无不利.
말을 타고 가서 집 앞을 빙빙 돌며 청혼을 한다. 아주 이로우니 행동하면 길하리라.

말을 타고 빙빙 돌고 있다(乘馬班如).
청혼한다(求婚媾).

여(如)는 ~모양, ~모습이다. 반(班)은 반(般)과 통용되는 글자로 돌이킨다, 돈다는 것이다. 승마반여(乘馬班如)는 말을 타고 빙빙 돌고 있다는 것이다. 구혼구(求婚媾)는 혼인을 구하는 것이다. 본 괘 육이를 참고하라.

가는 것이 길하다(往吉).
이롭지 않음이 없다(无不利).

왕길(往吉)은 가는 것, 행동하는 것이 길하다는 것이다①. 무(无)는 없다는 뜻이다. 무(无)는 무(無) 또는 망(亡)과 통용되었다. 무불리(无不利)는 이롭지 않음이 없다는 것이다②. 불리할 게 없으니, 망설이지 말고 청혼을 하라는 의미다.

① 왕길(往吉) : 41번 손괘 괘사를 참고하라.

② 무불리(无不利) : 28번 대과괘 구이를 참고하라.

구오 : 준기고 소정길 대정흉.
九五 : 屯其膏 小貞吉 大貞凶.

살찐 고기를 쌓아 두고 베풀지 않는다. 작은 일만 길하며, 큰 일은 인색하니 흉하리라.

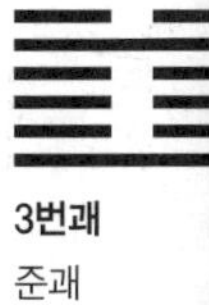

3번괘
준괘
水雷屯

살찐 고기를 쌓아 둔 것이다(屯其膏).

준(屯)은 모여 있는 것이다①. 고(膏)는 살찐 고기다②. 준기고(屯其膏)는 살찐 고기를 모여 놓은 것, 쌓아 둔 것이다. 상전에서 이를 베풂이 빛나지 않는다고 했다(象曰, 屯其膏 施未光也). 인색하다는 뜻이다.

① 준(屯) : 본 괘 괘사를 참고하라.

② 고(膏) : 설문은 살찜이라 했고, 위소(韋昭)는 고기가 살찐 것이라 했다(說文 肥也, 膏 肉之肥者). 고(膏)를 고택이라고 해석을 하기도 한다. 그러나 50번 정괘 구삼에서 치고(雉膏)가 꿩고기인 것을 볼 때 살찐 고기로 보는 것이 합리적이다.

작은 일에 대한 점은 길하다(小貞吉)
큰 일에 대한 점은 흉하다(大貞凶).

정(貞)은 점(占)이다. 소정길(小貞吉)은 작은 일에 대한 점은 길하다는 것이다. 대정흉(大貞凶)은 큰 일에 대한 점은 흉하다는 것이다. 작은 일만 이룰 수 있다는 뜻이다. 정(貞)은 32번 항괘 괘사를 참고하라.

상육 : 승마반여 읍혈연여.
上六 : 乘馬班如 泣血漣如.

말을 타고 빙빙 돌며 청혼을 하고 있다. 피눈물을 줄줄 흘리며 슬프게 운다. 청혼에 성공하지 못한 것이니 흉하다.

여(如)는 ~모양, ~모습이다. 반(班)은 반(般)과 통용되는 글자로 돌이킨다, 돈다는 것이다. 승마반여(乘馬班如)는 말을 타고 빙빙 돌고 있다는 것이다①. 읍혈(泣血)은 슬픔으로 우는 것이다②. 연여(漣如)는 연연(漣然)으로 눈물을 줄줄 흘리는 모양이다. 읍혈연여(泣血漣如)는 피눈물을 줄줄 흘리며 슬프게 우는 것이다. 청혼이 성공하지 못한 것이다. 효사에 길흉의 점사가 없지만 내용은 당연히 흉하다.

① 승마반여(乘馬班如) : 본 괘 육이를 참고하라.
② 읍(泣) : 설문에 소리없이 눈물을 흘리는 것이라 했다(說文, 泣 無聲出涕曰泣, 涕 눈물 체).

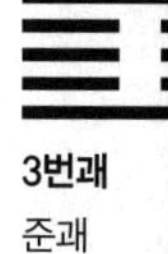

3번괘

준괘

水雷屯

몽괘(蒙卦) 산수몽(山水蒙) 4번괘

점치는 것을 통하여 몽매함으로 인한 길흉을 설명했다.

몽은 형하니라. 비아구동몽이고 동몽구아니라. 초서이면 고하고 재삼이면 독이라. 독즉불고하니라. 이정이로다.
蒙은 亨하니라. 匪我求童蒙이고 童蒙求我니라. 初筮이면 告하고 再三이면 瀆이라. 瀆則不告하니라. 利貞이로다.

초육은 발몽에 이용형인하고 용탈질곡이면 이왕은 린하리라.
初六은 發蒙에 利用刑人하고 用說桎梏이면 以往은 吝하리라.

구이는 포몽하면 길하고 납부하면 길하리니 자는 극가하니라.
九二는 包蒙하면 吉하고 納婦하면 吉하리니 子는 克家하니라.

육삼은 물용취녀하라. 견금부하면 불유(궁)이니 무유리하리라.
六三은 勿用取女하라. 見金夫하면 不有(躬)이니 无攸利하리라.

육사는 곤몽이니 인하리라.
六四는 困蒙이니 吝하리라.

육오는 동몽이니 길하리라.
六五는 童蒙이니 吉하리라.

상구는 격몽이니 불리위구요 이어구리라.
上九는 擊蒙이니 不利爲寇요 利禦寇리라.

4번괘

몽괘(蒙卦)

점치는 것을 통하여 몽매함으로 인한 길흉을 설명했다.

몽. 형. 비아구동몽 동몽구아. 초서고 재삼독 독즉불고. 이정.
蒙. 亨. 匪我求童蒙 童蒙求我. 初筮告 再三瀆 瀆則不告. 利貞.

제사를 지낼 만하다. 점치는 내가 어리고 몽매한 자에게 점괘를 구하는 것이 아니고, 그가 내게 점괘를 구하는 것이다. 처음 점괘의 결과는 그에게 말해준다. 점괘를 믿지 못하고 세 번을 재차 묻는다면 이는 점치는 나를 모욕하는 것이므로 점괘를 알려 주지 않는다. 몽괘가 나오면 앞으로의 일은 이로우리라.

몽괘(蒙卦)는 점치는 것을 통하여 몽매함으로 인한 길흉을 설명했다.

몽(蒙)은 괘명이다. 몽매함을 뜻하는 몽(矇)자를 빌려 쓴 것이다. 몽(矇)은 눈동자가 있는데도 사물을 볼 수 없는 사람, 우매하고 아는 게 없는 사람이라는 의미다①. 몽(蒙)을 개의 많은 털로 보기도 하며②, 또 풀 이름으로 보기도 한다③. 본 책에서는 몽(蒙)을 몽(矇)으로 본 고형(高亨)의 기준을 따랐다.

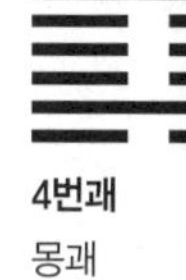

① 몽(蒙) : 고형(高亨)은 시경 영대(靈臺)에 있는 몽수주공(矇瞍奏公)을 백공육첩(白孔六帖)에서는 몽수주공(瞍奏功)이라고 쓴 것을 그 증거로 들었다. 몽(蒙)과 몽(矇)이 통용되었다는 증거이다.

② 몽(蒙)은 초죽서에는 통가자(通假字)인 방(尨)으로 되어 있다. 방(尨)은 운보에 몽(蒙)과 발음이 같다고 했으며, 설문은 방(尨)을 개의 많은 털로 풀이했다(韻補 蒙 音尨, 尨 犬之多毛者).

③ 이경지의 해석이다. 근거는 다음과 같다. 주에서 식물인 토사자의 별명인 여라로 본 점(注, 蒙 女蘿別名), 시전에서 당몽은 식물의 이름이고 대몽은 약의 명칭이라고 한 점(詩傳, 唐蒙 菜名 又大蒙 藥名), 이아의 석초 항목에 왕녀(풀 이름)로 풀이하고, 설문도 동일한 해설을 한 점(爾雅·釋草 蒙 王女也, 說文 蒙 王女也 從艸冢聲).

제사를 지낼 만하다(亨).

형(亨)은 제사·연회·잔치·대접·흠향의 뜻을 가진 향(鄕)이고 향(亯)이다. 제사를 지내기 전 점을 쳐 본 괘를 얻으면 제사를 거행한다. 1번 건괘 괘사를 참고하라.

내가 어리고 몽매한 자에게 구하지 않는다(匪我求童蒙).
어리고 몽매한 자가 나에게 구한다(童蒙求我).

비(匪)는 아닐 비(非)이다①. 아(我)는 역경의 저술자인 점치는 사람이다②. 동(童)은 동(僮)으로 어리다는 것이다③. 동몽(童蒙)은 어리고 몽매한 자이다. 그러므로 비아구동몽 동몽구아(匪我求童蒙 童蒙求我)는 점치는 내가 어리고 몽매한 자에게 점괘를 구하지 않고, 그가 내게 점괘를 구한다는 것이다.

① 비(匪) : 3번 준괘 육이를 참고하라.

② 아(我) : 역경 중 아(我)라는 말이 쓰인 곳은 11곳이다. 역경 중 아(我)가 점치는 사람이라 추정되는 것은 6곳으로 다음과 같다. 4번 몽괘, 9번 소축괘, 20번 관괘 육삼, 20번 관괘 구오, 48번 정괘 구삼, 62번 소괘괘 육오. 점치는 사람으로 볼 수 없는 곳은 5곳으로 다음과 같다. 27번 이괘 초구, 42번 익괘 구오, 50번 정괘 구이, 56번 여괘 구사, 61번 중부괘 구이.

③ 동(童) : 초죽서에는 어린아이를 뜻하는 동(僮)으로 되어 있다(僮 未冠也). 설문은 동(童)을 남자 종으로 해설했다(說文, 童 男有辠曰奴 奴曰童 女曰妾, 죄인辠人은 노비).

처음 점은 말해 준다(初筮告).
다시 세 번 점치는 것은 모욕하는 것이다(再三瀆).
모욕하니 말해주지 않는다(瀆則不告).

서(筮)는 점이다. 고(告)는 고한다, 가르친다는 것이다①. 초서고(初筮告)는 처음 점은 점을 친 사람에게 알려 준다는 뜻이다. 독(瀆)은 모욕하는 것이다②. 그러므로 재삼독 독즉불고(再三瀆 瀆則不告)은 또 다시 세 번이나 점의 결과를 알려 달라는 것은 모욕하는 것이며, 점치는 사람을 모욕할 때는 알려 주지 말라는 뜻이다③. 즉 점괘를 믿지 못하고 세 번을 재차 묻는다면 이는 점치는 나를 모욕하는 것이므로 점을 치지 않고 점괘를 알려 주지 말라는 의미다.

① 고(告) : 26번 대축괘 육사를 참고하라.

② 독(瀆) : 독(黷)을 빌려 쓴 것이다. 설문은 독(黷)을 욕됨을 잡아 가짐으로 해설하였고, 그 예로 설문은 괘사의 재삼독(再三瀆)을 재삼독(再三黷)으로 해설했다(說文, 黷 握持垢也 从黑賣聲 易 曰 再三黷). 구(垢)는 때묻다, 더럽다, 욕 되다는 뜻이다.

③ 독즉불고(瀆則不告) : 곡례(曲禮)에서는 거북점과 시초점은 세 번을 초과할 수 없다 하였다. 소의(少儀)에서는 점괘를 두 번 묻지 않는다고 하였다. 점을 두세 번을 칠 수는 있으나 세 번을 치면 처음 점이 맞는지, 아니면 그 다음에 친 것이 맞는지 알 수 없으니 점을 칠 필요가 없다는 것이다. 우서 3편 18장 대우모(虞書 大禹謨)에 복불습길(卜不習吉)이라는 말도 있다. 점을 거듭하여 치는 것은 길한 일이 아니라는 뜻이고, 점을 다시 쳐 길함이 오는 것을 기다리는 법이 아니라는 뜻이다(況占卜之法 不待重吉也).

이롭다는 점이다(利貞).

이(利)는 이롭다는 것이고 정(貞)은 점이다. 이정(利貞)은 이로운 점괘라는 뜻이다. 점괘대로 바르게 따르면 이롭다는 뜻도 있다. 이정(利貞)은 32번 항괘 괘사를 참고하라.

초육 : 발몽 이용형인 용탈질곡 이왕린.
初六 : 發蒙 利用刑人 用說桎梏 以往吝.

몽매한 자를 밝게 깨우치는 것에 형벌을 쓰는 것이 이롭다. 형벌을 쓰지 않고 죄인을 다룰 때 쓰는 질곡을 풀어 주게 되면 어려워지리라.

몽매한 자를 밝게 한다(發蒙).

발(發)은 여는 것이다①. 몽(蒙)은 몽매함이다②. 발몽(發蒙)은 몽매함을 열어 주는 것이다. 어두운 눈을 열어 밝게 만든다는 뜻이다.

① 발(發) : 광아·석고에서 여는 것이라 했다(廣雅·釋詁 發 開也).

② 몽(蒙) : 본 괘 괘사를 참고하라.

사람에게 형벌을 쓰는 것이 옳다(利用刑人).

이용(利用)은 쓰는 것이 옳다, 쓰는 것이 가능하다는 것이다. 이용형인(利用刑人)은 사람에게 형벌을 쓰는 것이 옳다는 뜻이다. 이용(利用)은 가용(可用)과 함께 사용되었다. 초죽서에는 이용(利用)이 가용(可用)으로 돼 있다. 역경의 성립시기로 볼 때 초죽서의 가용(可用)이 역경의 원형에 가깝다. 지산겸 상육 중 이용행사(利用行師)는 초죽서에는 가용행잡(可用行帀)으로 표시돼 있다. 지산겸 상육의 이용행사(利用行師)를 상전에서 가용행사(可用行師)로 해설한 것을 볼 때 이용(利用)과 가용(可用)은 상통한다. 통행본에는 이용(利用)이 13회 쓰였고, 가용(可用)이 3회 쓰였는데 마석춘(廖名春)은 후대 사람들이 문장의 단조로움을 피하기 위해 혼용한 것으로 추측하였다. 고형(高亨)은 이용(利用)을 이어(利於)로, 가용(可用)은 가이(可以)로 구분했다.

질곡을 벗게 한다(用說桎梏).
가는 것은 어렵다(以往吝).

탈(說)은 설명이라는 뜻이 아닌 벗긴다는 것이다. 질곡(桎梏)은 차꼬와 수갑으로 죄인을 가둘 때 쓰는 형구이다①. 용탈질곡(用說桎梏)은 죄인의 형구를 벗겨 준다는 뜻이다. 왕(往)은 간다, 행동한다는 것이다. 린(吝)은 어렵고, 한스럽고, 애석한 것이다. 왕린(往吝)은 가면 어렵다, 행하면 어렵다는 것이다②. 형벌을 쓰는 것이 옳으며, 죄인의 형구를 풀어주면 좋지 않다는 의미다③.

---

① 질곡(桎梏) : 질(桎)은 발을 묶고, 곡(梏)은 손을 묶는 나무 형구이다(說文, 桎 足械也, 梏 手械也).

② 왕린(往吝) : 40번 해괘 육삼을 참고하라.

③ 몽괘 초육의 해석에 세 가지 견해가 있다. (1) 몽매함을 다스리는 처음에는 형벌로써 위엄을 지키는 것이 몽매함을 벗겨 주기 위한 것이다(정이程頤). (2) 몽매함을 깨우쳐 주는 것은 필히 엄하게 다스렸다가 잠시동안 그대로 두고 결과를 지켜봐야 한다. 만일 계속 형벌만 주고 멈추지를 않는다면 부끄러움을 당할 것이다(주희朱熹). (3) 몽매한 초기에 법을 바로 세워 적은 것을 다스려 질곡을 벗기지 않고 그대로 두는 것은 부끄러운 일이다(왕안석王安石).

구이 : 포몽길 납부길 자극가.
九二 : 包蒙吉 納婦吉 子克家.

몽매함을 포용하여 보호하니 길하리라. 며느리를 맞으면 길하다. 아들이 가정을 이룬다.

몽매함을 포용하니 길하다(包蒙吉).

포(包)는 싸는 것이고, 포용하는 것이다①. 몽(蒙)은 몽매함이다②. 포몽길(包蒙吉)은 몽매함을 포용하니 길하다는 것이다③. 자식과 같은 어리석은 이를 관대하게 끌어안고 보호하니 길하다는 뜻이다.

① 포(包) : 여자가 임신을 한 것을 그린 글자로 포용한다, 용납한다는 뜻이 있다(說文, 包 象人裹妊 巳在中 象子未成形也 元气起於子 子 人所生也 男左行三十 女右行二十 俱立於巳 爲夫婦 裹妊於巳 巳爲子 十月而生 男起巳至寅 女起巳至申 故男秊始寅 女秊始申也 凡包之屬皆从包). 또 석문에는 포(包)는 포(庖)로도 쓴다고 했다(釋文, 包本亦作庖). 포(庖)는 부엌이고 요리사이다. 아울러 포(包)는 박을 뜻하는 포(匏)를 대신해 쓰이기도 한다. 11번 태괘 구이에서는 박으로 사용되었다.

② 몽(蒙) : 본 괘 괘사를 참고하라.

③ 길(吉) : 인(吝)과 형태가 유사하여 잘못 쓴 것으로 추정하기도 한다. 그러나 백서주역에도 길로 표시되어 있으며, 어렵다는 의미를 가진 인(因)으로 볼 이유도 없다. 고형(高亨)은 포몽길(包蒙吉)의 포(包)를 요리사인 포(庖)로 보고, 요리사가 눈이 어두워 어려운 것으로 해석했다.

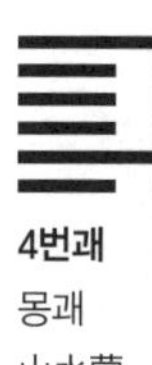

4번괘
몽괘
山水蒙

며느리를 맞으면 길하다(納婦吉).
아들이 가정을 이룬다(子克家).

부(婦)는 역경에서 결혼한 여자에게 사용하였다. 이곳에선 며느리로 사용되었다①. 극(克)은 이루는 것이다②. 납부길(納婦吉)은 며느리를 받아들여 길하다는 것이며, 자극가(子克家)는 자식이 가정을 이루는 것이다.

① 부(婦) : 3번 준괘 육이를 참고하라.

② 극(克) : 이기다(勝), 또는 이루는 것이다(杜預, 克 成也). 설문은 견야(說文, 克 肩也)라 했다. 또 극을 박(髆 어깻죽지뼈 박)이라고도 했다. 극(克)은 갑옷을 입은 모양이다. 갑옷의 무게에 어깨가 견딘다는 의미에서 잘하는 것, 이기는 것, 능력이 있는 것을 의미한다. 예를 들어 불극송(不克訟)은 소송에 이기지 못하는 것이고, 자극가(子克家)는 자식이 가정을 이루는 것이다.

육삼 : 물용취녀 견금 부불유궁 무유리.
六三 : 勿用取女 見金 夫不有躬 无攸利.

그 여자와 장가들지 말라. 여자가 재물만 밝히니 경박하다. 장가들면 이로울 게 없으리라.

장가들지 않는다(勿用取女).

물용(勿用)은 쓰지 말라, 시행하지 말라는 것이다①. 취(取)는 부인을 얻는 것이다②. 그러므로 물용취녀(勿用取女)는 장가들지 말라, 장가들지 않는 것이다.

① 물용(勿用) : 1번 건괘 초구를 참고하라.
② 취(取) : 설문에서는 잡는 것이라 했고(說文, 取 捕取), 석문은 부인을 얻는 것이라 했다(釋文, 取 本又作娶).

재물이 많은 남자를 보면 몸을 가만두지 못한다(見金 夫不有躬).

견금부 불유궁(見金夫 不有躬)으로 새긴다. 견금부(見金夫)는 재물이 많은 남자, 귀한 신분의 남자를 본다는 것이다①. 금인 황동은 예전에는 귀한 물건으로 재물로 통했다. 불유궁(不有躬)은 몸이 없는 것이다②. 그러므로 견금부 불유궁(見金夫 不有躬)은 시집을 올 여자가 재물이 많은 남자를 보면 몸을 가만두지 못한다, 경박하다는 의미이다.

① 견금부(見金夫) : 금부(金夫)를 주역상씨학(周易尙氏學)에서는 멋진 남자로 봤다.
② 궁(躬) : 궁(躬)은 몸이다. 궁(躬)은 몸이나 자신 또는 친한 것이다(說文, 躬 身也 一日 親也). 초죽서에는 궁(躳)으로 되어 있다. 궁(躳)은 몸이다(說文, 躳 身也 从身从呂). 예기·악기의 주에서는 궁(躬)을 기(己)라 했다(禮記·樂記 不能反躬 注 躬猶己也).

이로울 게 없다(无攸利).

무(无)는 무(無) 또는 망(亡)의 통가자(通假字)로 쓰이며 없다는 뜻이다①. 유

(攸)는 곳·장소이다②. 무유리(无攸利)는 가는 것, 행하는 것이 이로울 게 없다는 뜻이다.

① 무(无) : 25번 무망을 참고하라.

② 유(攸) : 이아·석언 유 소야(爾雅·釋言, 攸 所也), 설문 유 행수야 종복종인 수생(說文, 攸 行水也 从攴从人 水省). 고대에는 유(攸)를 유(逌 바 유)로도 썼다.

육사 : 곤몽 인.

六四 : 困蒙 吝.

고통스럽고 몽매하다. 어려우리라.

곤(困)은 곤란한 것이다①. 몽(蒙)은 몽매함이다②. 인(吝)은 어렵고, 한스럽고, 애석한 것이다③. 그러므로 곤몽 인(困蒙 吝)은 고통스럽고 몽매하여 어렵다는 것이다. 당연한 말이다.

① 곤(困) : 47번 곤괘 괘사를 참고하라.

② 몽(蒙) : 본 괘 괘사를 참고하라.

③ 인(吝) : 40번 해괘 육삼을 참고하라.

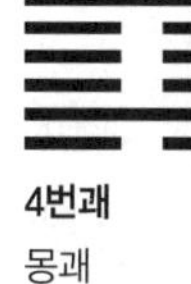

육오 : 동몽 길.
六五 : 童蒙 吉.

어리고 몽매한 자가 유순하고 공손하니 길하리라.

동몽(童蒙)은 어리고 몽매한 자이니 길하다는 뜻이다①. 길한 이유는 순하고 공손하기 때문이다②.

① 동몽(童蒙) : 본 괘 괘사를 참고하라.

② 길(吉) : 상왈 동몽지길 순이손야(象曰, 童蒙之吉 順以巽也)이다. 본 괘 괘사에서 동몽(童蒙)은 점괘를 구하는 사람으로 설명되었다. 이는 행동하기 전에 점괘를 구해 겸손한 마음을 가지고 행동하는 것이다. 이런 행동으로 길함이 올 수도 있다.

상구 : 격몽 불리위구 이어구.
上九 : 擊蒙 不利爲寇 利禦寇.

몽매한 자를 쳐 깨우치게 하는 것이다. 몽매한 자를 깨우치게 할 때 도적이 되어 사납게 다루지 말라. 몽매한 자를 도적으로부터 막고 보호하는 것이 이로우리라.

몽매한 자를 친다(擊蒙).

격(擊)은 공격하는 것이고 치는 것이다①. 몽(蒙)은 몽매함이다②. 격몽(擊蒙)은 몽매한 자를 치며 공격하는 것이다. 몽매한 자를 쳐 그를 깨우치게 한다고 확대해 해석할 수도 있다.

① 격(擊) : 설문에 격은 치는 것으로 해설했다(說文, 擊 攴也 从手毄聲). 설문의 해설 중 복(攴)은 소리를 나타내는 복(卜)과 우(又)가 합쳐진 글자로 손으로 치는 것을 뜻한다(說文, 攴 小擊也 从又卜聲 凡攴之屬皆从攴).

② 몽(蒙) : 4번 몽괘 괘사를 참고하라.

도적이 되면 불리하다(不利爲寇).

도적을 막는 것이 이롭다(利禦寇).

불리(不利)는 이롭지 않다는 것이다. 위(爲)는 하다, 만들다, 위하다, 어조사로 ~으로의 뜻이다①. 구(寇)는 사나움·노략질·원수·도적이다②. 어(禦)는 방어한다는 것이다③. 그러므로 불리위구(不利爲寇)는 도적이 되는 것이 이롭지 않다는 뜻이며, 이어구(利禦寇)는 도적을 방어하는 것이 이롭다는 뜻이다. 즉 몽매한 자를 깨우치게 할 때 사납게 다루지 말고 도적으로부터 막는 것, 보호하는 것이 이롭다는 의미다.

---

① 위(爲) : 이아·석언 작 조 위야(爾雅·釋言, 作 造 爲也), 설문 위 모후야 기위금호조 조 모후상야 하복위모후형 왕육왈 조 상형야(說文, 爲 母猴也 其爲禽好爪 爪 母猴象也 下腹爲母猴形 王育曰 爪 象形也).

② 구(寇) : 3번 준괘 육이를 참고하라.

③ 어(禦) : 정운에 막는 것이라 했다(正韻, 扞也 拒也, 扞 막을 한, 拒 막을 거).

4번괘
몽괘
山水蒙

수괘(需卦) 수천수(水天需) 5번괘

여행자의 거처를 통하여 기다리고 머무르는 것에 대한 길흉을 설명했다.

수는 유부니 광하고 형하리니 정은 길하니 이섭대천하니라.
需는 有孚니 光하고 亨하리니 貞은 吉하니 利涉大川하니라.

초구는 수우교라 이용항이면 무구리라.
初九는 需于郊라 利用恒이면 无咎리라.

구이는 수우사라 소유언이나 종길하리라.
九二는 需于沙라 小有言이나 終吉하리라.

구삼은 수우니이니 치구지리라.
九三은 需于泥이니 致寇至리라.

육사는 수우혈이니 출자혈이로다.
六四는 需于血이니 出自穴이로다.

구오는 수우주식이니 정은 길하도다.
九五는 需于酒食이니 貞은 吉하도다.

상육은 입우혈하니 유불속지객삼인래라 경지면 종길하리라.
上六은 入于穴하니 有不速之客三人來라 敬之면 終吉하리라.

5번괘

수괘(需卦)

여행자의 거처를 통하여 기다리고 머무르는 것에 대한 길흉을 설명했다.

수. 유부 광. 형. 정길. 이섭대천.
需. 有孚 光. 亨. 貞吉. 利涉大川.

여행 중에 얻는 것이 있어 좋고, 먹고 마시니 길하리라. 강을 건너듯 갈 곳이 있으면 이로우리라.

수괘(需卦)는 여행자의 거처를 통하여 기다리고 머무르는 것에 대한 길흉을 설명했다.

수(需)는 괘명으로 나가지 못함, 기다림, 머무름을 뜻한다.

(1) 통행주역의 괘명인 수(需)는 백서주역에는 저고리를 뜻하는 의(襦)로 되어 있고, 초죽서의 괘명은 젖먹이 유(孺) 중 雨가 생략된 형태로 나타나 있다. 이에 대해 역경의 연구자인 복모좌(濮茅左)는 모두 수(需)로 독음하면 된다고 하였으며, 요명춘(廖名春)은 초죽서의 괘명을 기다릴 사(俟)로 보는 것이 맞다 하였다. 또 유대균(劉大鈞)은 백서의 괘명인 의(襦)와 초죽서의 괘명을 모두 수(需)의 통가자(通假字)로 보았다.

(2) 수(需)는 나가지 못하는 것이다. 설문에서는 비를 만나 나가지 못하는 것으로 봤다(說文, 需 遇雨不進). 단전에서도 수(需)는 기다리는 것이라 했다(彖曰, 需 須也). 이아·석고에서도 기다리는 것으로 해설했고(爾雅·釋詁 須 待也 又資也 用也 與需通, 說文 須 面毛也), 잡괘전에서는 수부진(需不進)이라 했다.

(3) 수(需)를 젖는 것으로 보기도 한다. 수(需)는 우(雨)와 이(而)로 구성되었으며 이(而)는 하늘이니 수(需)를 하늘의 비로 봐 젖는다는 주장을 한다. 그러나 이(而)는 수염이지 하늘이 아니다(說文, 而 頰毛也 象毛之形 周禮 曰 作其鱗之而 凡而之屬皆从而). 본 책에서는 이 주장을 따르지 않고 수(需)를 기다리는 것으로 봤다.

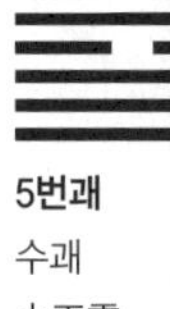

얻음이 있다(有孚).

영광이다(光).

먹고 마신다(亨).

길하다(貞吉).

유부(有孚)는 전쟁에서 잡은 포로나 노획품, 또는 얻는 물건 등이 있다는 것이다①. 광(光)은 영광이다. 형(亨)은 먹고 마시는 것이다②. 정길(貞吉)은 점은 길하다는 것이다③. 수괘는 여행자를 설명한 괘이다. 그러므로 유부광형 정길(有孚光亨 貞吉)은 여행 중에 얻은 것이 있고 이를 먹고 마시므로 점괘가 길한 것이다.

① 부(孚) : 9번 소축괘 육사를 참고하라.

② 형(亨) : 향(饗)으로 사용되었다. 1번 건괘 괘사를 참고하라.

③ 정길(貞吉) : 32번 항괘 괘사를 참고하라.

강을 건너는 것이 이롭다(利涉大川).

섭(涉)은 건너는 것이다①. 대천(大川)은 큰 내이니 강이다. 이섭대천(利涉大川)은 강을 건너면 이롭다, 가는 곳이 있거나 여행을 떠나면 이롭다는 뜻이다②. 고대에 강을 건너는 것은 어려운 일이었다. 어려움을 겪는 것이 이롭다고 해석하기도 한다.

① 섭(涉) : 위험한 물을 건너는 것이고(說文, 涉 徒行厲水也). 무릎을 넘는 큰 물을 말하기도 한다(爾雅·釋水 繇膝以上爲涉, 註 言若涉水獵獸 不專精也 又大涉 水名).

② 이섭대천(利涉大川) : 15번 겸괘 초육의 용섭대천(用涉大川)의 用은 利와 같으므로 이섭대천과 동일한 말이다. 27번 이괘 육오의 불가섭대천(不可涉大川)은 이섭대천(利涉大川)과 반대되는 말이다.

초구 : 수우교 이용항 무구.
初九 : 需于郊 利用恒 无咎.
읍의 바깥 넓은 들에서 머물러 있다. 마음을 한결같이 하는 것이 이롭고, 허물이 없으리라.

읍의 바깥 넓은 들에서 머무른다(需于郊).

수(需)는 나가지 못함, 기다림, 머무름이다①. 교(郊)는 읍의 바깥이며, 제후국의 나라에서 백리 안이다②. 수우교(需于郊)는 읍의 바깥 넓은 들에서 머무르는 것이다.

① 수(需) : 본 괘 괘사를 참고하라.

② 교(郊) : 교(郊) 중 오십리 안은 근교(近郊)라 했고, 오십리에서 백리까지는 원교(遠郊)이다. 교외의 바깥에 있는 것이 야(野)이다(說文 郊 距國百里爲郊 从邑交聲, 爾雅·釋地 邑外謂之郊, 註 五十里爲近郊 百里爲遠郊, 說文 野 郊外也 从里予聲). 초죽서에는 교(郊)가 쑥 호(蒿)로 기록되어 있다. 정현(鄭玄)의 주례·지관·재사(周禮·地官·載師)에 교(郊)는 아마 호(蒿)일 것이다(郊或蒿)라는 말을 볼 때 통가(通假)하여 쓴 것으로 추정할 수 있다.

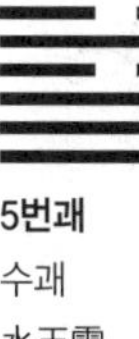

마음을 한결같이 하는 것이 이롭다(利用恒).
허물이 없다(无咎).

이용(利用)은 쓰는 것이 옳다, 쓰는 것이 가능하다는 뜻이다①. 항(恒)은 한결같다는 것이다②. 이용항(利用恒)은 변하지 말고 마음을 한결같이 하는 것이 이롭다는 뜻이다③. 무구(无咎)는 망구(亡咎)로 허물이 없다는 것이다④.

① 이용(利用) : 4번 몽괘 초육을 참고하라.

② 항(恒) : 32번 항괘 괘사를 참고하라.

③ 마음이 한결같다는 것은 강태공의 마음과 같다. 강태공은 포악한 주왕(紂王) 아래에서 벼슬하는 것이 싫어 위수에서 미끼 없는 낚시를 하며 소일한다. 문왕(文王)은 주(周)나라를 탄탄하게 만들 인물을 찾고 있었다. 문왕이 70의 강태공을 발탁할 때까지, 강태공은 한결같은 마음으로 빈 낚시를 드리우며 시기를 기다렸다.

④ 무구(无咎) : 60번 절괘 초구를 참고하라.

구이 : 수우사 소유언 종길.
九二 : 需于沙 小有言 終吉.

위험하고 걷기도 힘든 강가의 모래에서 머무른다. 약간의 문제가 있으나 끝은 길하리라.

모래에서 머무른다(需于沙).

수(需)는 나가지 못함, 기다림, 머무름이다. 사(沙)는 물에 인접한 땅이다. 수우사(需于沙)는 강이 가까운 모래밭에서 머무르는 것이다. 위험하고, 걷기에도 힘든 곳에 있음을 말한다.

약간의 문제가 있다(小有言).
마침내 길하다(終吉).

소유언(小有言)은 약간의 꾸지람이 있는 것이다①②. 종길(終吉)은 끝은 길하다는 것이다③.

① 소유언(小有言) : 주희(朱熹)는 작은 말썽이 있는 것, 이경지(李鏡池)는 약간의 착오가 있는 것, 고형(高亨)은 약간의 견책 또는 허물이 있는 것으로 해석했다. 소유언(小有言)은 초죽서와 백서주역에는 소유언(少有言)으로 기록되어 있다. 小와 少는 이체자로 고대에는 서로 구분없이 혼용되었다.

② 언(言) : 말, 잘못(愆 허물 건), 가슴걸이(靳 말의 가슴걸이 근)이다. 언(言)은 입구(口)에 새김 칼(辛)이 합쳐져 만들어진 문자다. 입으로 지껄이는 것이 아니라 새기는 말, 책망하고 나무라는 것이라는 의미가 있다. 역경에서는 허물을 뜻하는 건(愆)의 의미로 쓰인 경우가 있고, 근(靳 말의 가슴걸이 근)으로 사용되기도 한다.

③ 종길(終吉) : 5번 수괘 구이를 참고하라. 종(終)은 끝이다. 통행본의 종(終)은 초죽서에는 동(冬)과 동(冬+心, 15번 겸괘 괘사), 백서주역에는 종(終) 또는 동(冬)으로 되어 있다. 설문에서는 동은 사계절의 끝으로 종의 고문이라 해설했다(說文, 冬 四時盡也 古文終字).

구삼 : 수우니 치구지.
九三 : 需于泥 致寇至.

빠져나오기 힘든 진흙 뻘에서 머무른다. 힘든 상황으로 스스로 도적을 불러들인 격이나, 삼가는 자세를 가지면 패하지는 않는다.

진흙 뻘에서 머무른다(需于泥).

수(需)는 나가지 못함, 기다림, 머무름이다①. 니(泥)는 진흙 뻘이다②. 수우니(需于泥)는 빠져 나오기 힘든 진흙 뻘에서 기다린다는 것이다.

① 수(需) : 본 괘 괘사를 참고하라.

② 니(泥) : 설문 니 수 출북지욱질북만중(說文, 泥 水 出北地郁郅北蠻中).

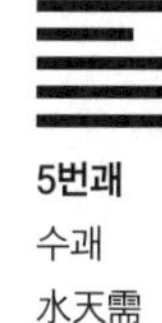

도적을 불러들인다(致寇至).

치(致)는 보내고 이르게 한다는 것이다①. 구(寇)는 사나움·노략질·원수·도적이다②. 지(至)도 이르게 한다는 것이다. 치구지(致寇至)는 도적이 이르게 하는 것을 불러들인다는 뜻이다③. 도적이 오는 것은 스스로 불러들인 것이라는 의미다.

① 치(致) : 초죽서에는 지(至)로 기록돼 있다. 경전석문·예기·예기(經典釋文·禮記·禮器)에 불치(不致)는 부지(不至)로 쓰일 수도 있다(不致 本或作不至)하였으니 두 글자는 통가(通假)하여 쓰인 것이다. 설문은 보내고 이르는 것으로 해설했다(說文, 致 陟利切 送詣也 从夂从至).

② 구(寇) : 3번 준괘 육이를 참고하라.

③ 치구지(致寇至) : 상전은 자신 스스로가 도적이 이르게 했으니 공경하고 삼가는 자세를 가지면 패하지 않는다고 했다(自我致寇 敬愼 不敗也).

육사 : 수우혈 출자혈.
六四 : 需于血 出自穴.
바닥에 피가 있는 고통스러운 곳에서 머문다. 빠져나오니 문제가 없다.

피에서 머무른다(需于血).

수(需)는 나가지 못함, 기다림, 머무름이다①. 혈(血)은 피이고 근심이다②. 수우혈(需于血)은 피가 있는 곳, 근심이 있는 곳에서 머문다는 뜻이다.

① 수(需) : 본 괘 괘사를 참고하라.
② 혈(血) : 설문 혈 제소천생혈야(說文, 血 祭所薦牲血也), 강희자전 주 혈 우색야(康熙字典 註, 血 憂色也).

동굴로부터 나온다(出自穴).

혈(穴)은 고대인이 기거했던 흙 동굴이다①. 출자혈(出自穴)은 기거했던 동굴로부터 나왔다는 뜻이다. 즉 바닥에 피가 있었던 위험한 동굴을 빠져 나오는 것을 의미한다②.

① 혈(穴) : 설문 혈 토실야(說文, 穴 土室也), 계사전 상고혈거이야처(繫辭傳, 上古穴居而野處).
② 주희(朱熹)는 혈(穴)을 위험한 곳으로 봤으나, 정이(程頤)는 안전한 곳으로 봤다. 그러나 피가 있는 동굴이 안전한 곳일 수 없다. 이 상황은 문왕(文王)이 유리(羑里) 감옥에서 빠져 나온 일에 비유할 수 있다. 상(商·殷)나라의 주왕은 서백창(西伯昌), 구후(九侯), 악후(鄂侯)를 삼공의 신하로 삼는다. 이들 중 구후는 아름다운 딸을 주왕(紂王)에게 바쳤으나, 딸이 주왕의 음란함을 싫어하자 주왕이 딸을 죽인다. 구후도 죽여 포를 뜬 후 소금에 절인다. 구후의 일을 따진 악후도 역시 포를 떠 죽인다. 서백창이 이 일을 탄식하는 것을 숭의 제후인 숭후호(崇侯虎)가 이를 주왕에게 고자질한다. 주왕은 서백창을 유리(羑里)의 옥에 가둔다. 서백창의 큰아들인 백읍고(伯邑考)가 주왕에게 석방을 호소했으나 뜻을 이루지 못하고 달기(妲己)의 음모로 죽는다. 주왕은 서백창에게 이 아들의 시체로 젓갈과 고깃국을 만들어 먹게 한다. 서백창의 신하 굉요 등이 석방을 위해 재물을 바친다. 재물은 유신씨의 미녀, 여융의 서른여섯 필의 명마, 그밖에 진기한 물건이다. 주왕의 총애를 받는 비중(費仲)을 통해서이다. 이에 주왕이 기뻐하며 서백창을 사면하며 활과 화살, 큰 도끼와 작은 도끼를 주며 다른 제후국을 정벌할 수 있도록 한다. 효사처럼 서백창은 피를 묻힌 상태로 기다리다가 유리의 감옥에서 나가게 된다. 서백창은 후에 주(周)나라의 문왕이 된다.

구오 : 수우주식 정길.
九五 : 需于酒食 貞吉.
술과 음식이 있는 곳에서 머무르니 길하리라.

수(需)는 나가지 못함, 기다림, 머무름이다①. 우(于)는 어조사로 ~에서이다②. 정길(貞吉)은 점은 길하다는 것이다③. 수우주식(需于酒食)은 술과 음식이 있는 곳에서 머무른다는 뜻이다. 고형(高亨)은 술과 음식 앞에서 먹지 않고 기다린다는 것은 이미 배가 부른 상태이므로 길하다고 하였다. 확대된 해석이다.

① 수(需) : 본 괘 괘사를 참고하라.
② 우(于) : 2번 곤괘 상육을 참고하라.
③ 정길(貞吉) : 32번 항괘 괘사를 참고하라.

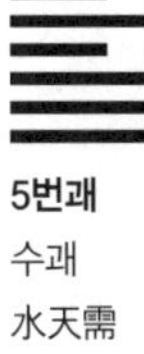

상육 : 입우혈 유불속지객삼인래 경지종길.
上六 : 入于穴 有不速之客三人來 敬之終吉.
거처하는 동굴에 들어가니 초대하지 않은 손님 세 사람이 와 있다. 그들을 경계하면 끝은 길하리라.

동굴에 들어간다(入于穴).
청하지 않은 손님 세 사람이 와 있다(有不速之客三人來).

우(于)는 어조사로 ~에이다①. 혈(穴)은 고대인 기거했던 흙 동굴이다②. 속(速)은 빠르다, 청하다이다③. 그러므로 입우혈 유불속지객삼인래(入于穴 有不速之客三人來)는 동굴에 들어가 보면 초대받지 않은 손님 세 명이 와 있을 것이라는 의미다④.

① 우(于) : 2번 곤괘 상육을 참고하라.

② 혈(穴) : 5번 수괘 육사를 참고하라.

③ 속(速) : 청한다는 소(召)로 사용했다(說文 速 疾也, 玉篇 速 召也, 說文 召 呼也). 시경소아(詩經小雅) 벌목(伐木)에도 속(速)이 청하는 것으로 사용되었다. 아래는 시의 일부이다.

기유비저(旣有肥羜), 살찐 양이 있어
이속제부(以速諸父), 친척들을 청하여도
영적불래(寧適不來), 때 맞춰 오지 않네.

④ 래(來) : 잡괘전과 춘추좌전(春秋左傳)의 주에서 래(來) 돌아오는 것이라 했다(雜卦傳 升不來也 注 來 還也, 左傳 文公七年 誰其來之 注 來猶歸也). 하늘에서 온다고 여겨진 보리를 그린 글자이다. 설문의 해설은 다음과 같다. 래(來)는 주(周)나라 사람들이 받은 상서로운 보리인 래모(來麰)다. 두 개의 봉우리가 한 개에 있으며, 글자는 보리의 까끄러운 가시를 그린 것이다. 하늘이 보내준 것으로 오고 간다는 것 중에서 오는 것으로 사용된다. 시에 우리에게 보리를 내려 주시네라고 하였다. 래(來)부에 속한 글자들은 모두 이 의미를 따른다(來 周所受瑞麥來麰 一來二縫 象芒朿之形 天所來也 故爲行來之來 詩 曰 詒我來麰 凡來之屬皆从來, 瑞麥 상서로운 보리, 麰 보리 모, 縫 꿰맬 봉, 芒朿 까끄러운 가시).

경계하면 끝은 길하다(敬之終吉).

경(敬)은 경계하는 것이다①. 지(之)는 간다, 한다는 것이다②. 종길(終吉)은 끝은 길하다는 것이다③. 경지종길(敬之終吉)은 초대받지 않은 손님을 경계하면 끝은 좋다는 뜻이다.

① 경(敬) : 釋名 敬 警也 恆自肅警也, 說文 肅也.

② 지(之) : 나온다, 간다는 뜻이다. 풀이 자랄 때 잎(屮 철)이 나고 나서 더 자라는 것이다. 풀의 가지와 줄기가 점차 커지면서 뻗어 나간다는 것을 말한다. 일(一)은 땅을 말하고, 지(之)부에 속한 것은 모두 이런 의미를 갖는다(說文, 之 出也 象艸過屮 枝莖益大 有所之 一者 地也 凡之之屬皆从之). 지(之)는 간다(往)의 의미로 많이 사용되고, 어조사로 쓰일 때는 이(是), ~가, ~의, ~에, ~에 있어서, ~과 등으로 사용된다.

③ 종길(終吉) : 5번 수괘 구이를 참고하라.

5번괘

수괘

水天需

송괘(訟卦) 천수송(天水訟) 6번괘

송사에 대한 길흉을 설명했다.

송은 유부나 질척하면 중길하고 종흉하리라. 이견대인이며 불리섭대천하니라.
訟은 有孚나 窒惕하면 中吉하고 終凶하리라. 利見大人이며 不利涉大川하니라.

초육은 불(출어)사로 소유언이나 종길하리라.
初六은 不(出御)事로 小有言이나 終吉하리라.

구이는 불극송하여 귀이포하니 기읍인(정사)호가 무생하리라.
九二는 不克訟하여 歸而逋하니 其邑人(晶四)戸가 无眚하리라.

육삼은 식구덕하니 정은 려하나 종길하리라. 혹종왕사이면 무성이리라.
六三은 食舊德하니 貞은 厲하나 終吉하리라. 或從王事이면 无成이리라.

구사는 불극송후 복즉명하니 (유)라. 안정은 길하도다.
九四는 不克訟후 復卽命하니 (愈)라. 安貞은 吉하도다.

구오는 송은 원길하리라.
九五는 訟은 元吉하리라.

상구는 혹석지반대하고 종조삼치지니라.
上九는 或錫之鞶帶하고 終朝三褫之니라.

6번괘

송괘(訟卦)

송사에 대한 길흉을 설명했다.

송. 유부 질척 중길종흉. 이견대인. 불리섭대천.
訟. 有孚 窒惕 中吉終凶. 利見大人. 不利涉大川.

송사로 얻는 것을 두려워하고 경계하여야 한다. 송사의 중간은 길하나 끝은 흉하리라. 송사를 위해 대인을 만나는 것이 이롭고, 큰 내를 건너는 것이 이롭지 않은 것처럼 송사를 하는 것도 이로울 게 없으리라.

송괘(訟卦)는 송사에 대한 길흉을 설명했다.

송(訟)은 괘명이며, 송사하는 것이다. 송(訟)에 대해 잡괘전에서는 송불친(訟不親)이라 했다. 설문은 다툼이라 했다(說文, 訟 爭也 從言公聲 日 謌訟, 謌 노래 가). 고본에는 칭송할 송(頌)을 송(訟)으로 표시한 곳이 많다(徐鉉 日 古本毛詩 雅頌字多作訟). 송(訟)은 말(言 언)로 옳고 그름을 다툴 때는 공평(公)하여야 함을 의미한다. 공(公)은 사사로운(마늘모 厶, 따로 갖는다) 일과 등지고(八 팔) 있다는 뜻이다. 공(公)이 밥그릇을 가운데 놓고 둘러 앉아 먹는 모습을 그린 글자라는 설도 있다.

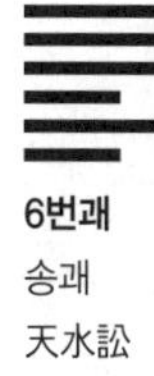

얻는 것이 있다(有孚).
두려워하고 경계한다(窒惕).
중간은 길하나 끝은 흉하다(中吉終凶).

유부(有孚)는 전쟁에 잡은 포로나 노획품이 있다는 것이다①. 질척(窒惕)은 두려워하고 망설이는 것이다②. 송사로 얻는 것이 있으며, 송사의 중간은 길하나 끝은 흉하다는 뜻이다③.

① 유부(有孚) : 9번 소축괘 육사를 참고하라.

② 질척(窒惕) : 질척의 해석은 일반적인 것을 그대로 따랐다. 질척의 질(窒)을 조성(趙誠)은 지(至, 질恎)로, 마승원(馬承源)은 섭(步)의 고문으로 보기도 했다.

③ 종(終) : 중(中)은 종(終)과 대응하는 중간을 말한다. 통행본의 종(終)이 초죽서에는 동(冬)으로, 백서주역에는 終 또는 冬으로 되어 있다.

대인을 만나는 것이 이롭다(利見大人).
큰 내를 건너는 것은 이롭지 않다(不利涉大川).

이견대인(利見大人)은 출세나 해결 등을 위해 벼슬이 높은 사람을 만나는 것이 이롭다는 뜻이다. 초죽서와 백서주역에는 이견대인(利見大人)이 이용견대인(利用見大人)으로 나타나 있다. 역경에서 대인은 벼슬이 있는 사람을 말한다①. 섭(涉)은 건너는 것이다. 대천(大川)은 큰 내이니 강이다. 불리섭대천(不利涉大川)은 강을 건너면 불리하다. 가는 곳이 있거나 여행을 떠나면 좋지 않다는 뜻이다②. 송사를 위해 높은 사람을 만나야 하며, 송사를 진행하는 것은 좋지 않다는 의미이다.

① 이견대인(利見大人) : 1번 건괘 구이를 참고하라.

② 이섭대천(利涉大川) : 5번 수괘 괘사를 참고하라.

초육 : 불영소사 소유언 종길.
初六 : 不永所事 小有言 終吉.

관리가 일을 제대로 처리하지 않아 송사가 중지되었다. 이로 인해 약간의 문제는 있겠으나, 끝은 길하리라.

불영소사(不永所事)는 송사를 맡은 관리가 완전하게 일을 처리하지 않았다는 것이다①. 소유언(小有言)은 약간의 꾸지람이 있는 것이다②. 종길(終吉)은 끝은 길하다는 것이다③. 백서주역에는 종길(終吉)이 없다. 관리가 일을 제대로 처리하지 않아 송사가 중지되었다. 이로 인해 약간의 문제는 있겠으나, 결국은 끝은 길하다는 의미다.

① 불영소사(不永所事) : 초죽서에는 불출어사(不出御事)로 되어 있다. 어사(御事)는 관리들이 일을 다스린다는 의미다. 통행본의 불영소사(不永所事)를 글자 그대로 풀면 송사를 길게 하지 않는다는 것이다. 그러나 본 책에서는 통행본보다 앞선 초죽서를 기준으로 했다. 어사라는 말은 국어·주어(國語·周語)에 나온다. 아래는 국어의 일부이다.

선시오일(先時五日), 5일 전에는

고고유협풍지(瞽告有協風至), 고가 협풍이 분다고 알렸다

왕즉재궁(王即齋宮), 왕은 재궁으로 오고

백관어사(百官御事), 백관은 그에 맞는 준비를 해

각즉기재삼일(各即其齋三日), 각기 사흘동안 재를 올린다.

② 소유언(小有言) : 5번 수괘 구이를 참고하라.

③ 종길(終吉) : 5번 수괘 구이를 참고하라.

구이 : 불극송 귀이포 기읍인삼백호무생.
九二 : 不克訟 歸而逋 其邑人三百戶无眚.

고을사람들을 상대로 한 송사에 패하자 집으로 돌아와 도망을 간다. 고을에서 도망을 갔으니 고을의 서넛 집은 재앙이 없으리라.

송사에 이기지 못한다(不克訟).

돌아와서 도망간다(歸而逋).

극(克)은 이기는 것이다①. 귀(歸)는 돌아오다, 결혼하다이다②. 포(逋)는 도망가는 것이다③. 그러므로 불극송 귀이포(不克訟 歸而逋)는 송사에 이기지 못하고 돌아와서 도망을 가는 것이다.

① 극(克) : 4번 몽괘 구이를 참고하라.

② 귀(歸) : 54번 귀매괘 괘사를 참고하라.

③ 포(逋) : 설문 포 망야(說文, 逋 亡也).

고을의 서넛 집은 재앙이 없다(其邑人三百戶无眚).

삼백호(三百戶)는 초죽서에 삼사호로 되어 있다. 서넛 집이다①. 무생(无眚)은 재앙이 없다는 것이다②. 그리므로 기읍인삼백호무생(其邑人三百戶无眚)은 송사에 진 사람이 도망을 갔고, 송사와 관련된 읍의 서넛 집이 재앙이 없게 된다는 뜻이다.

① 삼백호(三百戶) : 통행본과 백서주역의 기읍인삼백호(其邑人三百戶)는 초죽서에는 기읍인정사호(其邑人晶四戶, 晶은 三)로 되어 있다. 역경이 성립시기로 볼 때 초죽서가 가장 빠르므로 삼사호가 기준이 되어야 한다. 자형이 유사하여 백서주역과 통행본으로 옮겨 적는 과정에서 잘못된 것으로 추정된다.

② 무생(无眚) : 무(无)는 망(亡)으로 없다는 것이고, 생(眚)을 설문은 눈에 병이 생겨 눈이 가려진 것으로 해설했고, 마융은 재앙으로 풀이했다(說文 眚 目病生翳也 从目生聲, 眚 馬云 災也). 앞을 보지 못하는 것에서 스스로 만든 인위적인 재앙을 의미하기도 한다. 통행본의 무생(无眚)이 초죽서에는 망생(亡眚)으로 되어 있다. 재(災)는 불로 인한 재앙이고 천재지변이다(說文 災 天火也, 本作烖 或作灾 籀文作災).

육삼 : 식구덕 정려 종길. 혹종왕사 무성.
六三 : 食舊德 貞厲 終吉. 或從王事 无成.

예전의 덕행을 간직하여 유지한다. 지금은 위태로우나 끝은 길하리라. 그러나 변화를 갖고 새롭게 왕의 일에 종사하면 이룸이 없으리라.

예전의 덕을 간직한다(食舊德).
점괘는 위태하다(貞厲).
끝은 길하다(終吉).

식구덕(食舊德)은 예전의 덕을 간직하고 꾸미는 것이다①. 정려(貞厲)는 점을 친 결과 위태하게 나왔다는 뜻이다②. 종길(終吉)은 끝은 길하다는 것이다③.

① 식구덕(食舊德)의 식(食)을 어떻게 보는지에 따라 아래와 같은 다양한 해석이 있다.

(1) 예전의 덕행을 장식한다. 食을 식(飾, 꾸밀 식)으로 본 것이다.
(2) 예전의 덕을 간직하고 누리는 것이다. 주희(朱熹)의 해석으로 食을 누리는 것으로(享) 봤다.
(3) 예전의 덕행을 먹고 산다. 食을 먹는 것으로 본 것이다.
(4) 예전의 덕을 훼손하는 것이다. 食을 훼손하다(蝕)로 본 것이다.

② 정려(貞厲) : 9번 소축괘 상구를 참고하라. 본 효에는 정려(貞厲)가 아닌 정려(貞勵)로 되어 있다. 그러나 백서주역에는 정려(貞厲)로 기록돼 있으니 동일한 말이다.

③ 종길(終吉) : 5번 수괘 구이를 참고하라.

혹 왕의 일에 종사한다(或從王事).
이루지 못한다(无成).

왕사(王事)는 왕의 일이다. 혹종왕사(或從王事)는 혹 왕의 일에 참여한다, 따른다는 뜻이다①. 무성(无成)은 이룸이 없다는 것이다②. 송사에 진 사람이니 점이 위태하게 나온 것이고, 끝이 길한 것은 왕의 일에 종사하기 때문이다. 왕의 일은 이어지는 효사로 볼 때 송사와 관련된 일이다.

① 혹종왕사(或從王事) : 2번 곤괘 육삼을 참고하라.

② 무성(无成) : 2번 곤괘 육삼을 참고하라.

구사 : 불극송 복즉명유. 안정길.
九四 : 不克訟 復卽命渝. 安貞吉.
송사에 패한 후, 윗사람이나 왕에게 돌아가 명을 따르니 더 나은 상태가 되리라.
안부는 길하리라.

송사에 못 이긴다(不克訟).
돌아가 명을 따르는 것이 더 낫다復卽命渝).

불극송(不克訟)은 소송에 이기지 못하는 것이다①. 복(復)은 오간다, 돌아가는 것이다②. 유(逾)는 더 낫다는 뜻이다③. 그러므로 복즉명유(復卽命逾)는 송사에 패한 후 왕에게 돌아가 명을 따르는 것이고, 이것이 더 나은 상태가 된다는 뜻이다.

① 불극송(不克訟) : 6번 송괘 구이를 참고하라. 극(克)은 이기다(勝)의 뜻이다.

② 복(復) : 24번 복괘 괘사를 참고하라.

③ 유(逾) : 통행본의 유(逾)자는 초죽서에는 유(愈), 백서주역에는 유(俞)로 되어 있다. 역경의 성립시기로 볼 때 초죽서가 가장 오래된 것이므로 통행본의 유(逾)는 유(愈)로 봐야 한다. 유(逾)는 바뀐다는 것이고, 유(愈)는 더 낫다, 유쾌하다, 근심하다, 구차하다는 것이다(玉篇 愈 勝也, 廣韻 愈 賢也, 註 愈 讀爲愉). 백서에는 유(愈)를 모두 유(俞)로 바꾸어 썼다. 노자(老子) 5장의 동이유출(動而愈出)이 백서(帛書)에서는 동이유출(動而俞出)로 되어 있다.

안부를 묻는 점은 길하다(安貞吉).

정(貞)은 점(占)이다. 안정(安貞)은 안부를 묻는 점이다. 송사에 진 사람의 앞으로의 안부를 친 점괘는 길하게 나왔다는 뜻이다. 왕으로부터 더 나은 명이 떨어졌기 때문으로 추측할 수 있다.

구오 : 송원길.
九五 : 訟元吉.

송사에 대한 일은 크게 길하리라.

송(訟)은 송사하는 것이다①. 원길(元吉)은 대길(大吉)로 크게 길하다는 뜻이다②. 송사(訟事)에 대한 일이 크게 길한 이유는 본 괘 구사에서 왕으로부터 받은 송사를 이겼기 때문으로 추정할 수 있다.

① 송(訟) : 6번 송괘 괘사를 참고하라.

② 원길(元吉) : 41번 손괘 괘사를 참고하라.

상구 : 혹석지반대 종조삼치지.
上九 : 或錫之鞶帶 終朝三褫之.

왕이 예복에 두르는 가죽으로 만든 큰 띠를 내려 벼슬을 준다. 그러나 왕은 내려 준 벼슬을 하루에 세 번 빼앗아 가리라.

왕이 큰 가죽 허리띠를 하사한다(或錫之鞶帶).

석(錫)은 바치고 하사하는 것이며, 주석을 말한다. 이곳에서는 하사하는 것으로 사용되었다①. 반대(鞶帶)는 남자의 예복에 두르는 가죽으로 만든 큰 띠다②. 그러므로 혹석지반대(或錫之鞶帶)는 왕이 명령을 내리면서 큰 벼슬을 하는 사람이 차는 가죽으로 된 큰 허리띠를 내렸다는 뜻이다. 벼슬을 내린 것이다.

① 석(錫) : 이아·석고 석 사야(爾雅·釋詁, 錫 賜也), 설문 석 은연지한야 종금역성(說文, 錫 銀鉛之閒也 从金易聲, 閒 한가할 한, 사이 간). 고형 석차위사 여야 헌야(高亨, 錫借爲賜 予也 獻也).

② 반대(鞶帶) : 설문은 큰 띠라 했다(說文, 鞶 大帶).

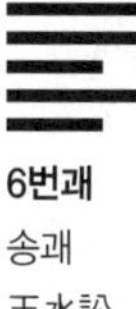

6번괘
송괘
天水訟

하루 동안 세 번 빼앗는다(終朝三褫之).

종조(終朝)는 하루라는 것이다①. 치(褫)는 빼앗는 것이다②. 종조삼치지(終朝三褫之)는 하루 동안에 세 번 큰 가죽 허리띠를 빼앗는다는 것이다③. 왕이 이런 행동을 한다면 허리띠를 받은 사람은 벼슬을 계속 유지할 수 없다.

① 종조(終朝) : 종조(終朝)를 종일(終日)로 본 고형(高亨)의 해석을 따랐다.

② 치(褫) : 설문은 옷을 벗는 것이라 했다(說文, 褫 奪衣也).

③ 삼치지(三褫之) : 주희(朱熹)는 이 말에 대해 결국은 하사받은 허리띠를 뺏기는 것으로 해석했다. 일부에서는 내가 허리띠를 뺏는 것이고, 우여곡절 끝에 결국은 내가 승리하게 된다고 보기도 한다. 그렇다면, 왕이 하사한다, 하사하도록 내가 세 번 뺏는다는 말이 된다. 어색한 해석이다.

사괘(師卦) 지수사(地水師) 7번괘

군대를 통하여 전쟁의 길흉을 설명했다.

사는 정하면 장인은 길하고 무구리라.
師는 貞하면 丈人은 吉하고 无咎리라.

초육은 사출이율이니 부장이면 흉하리라.
初六은 師出以律이니 否臧이면 凶하리라.

구이는 재사중이면 길하고 무구하며 왕삼석명하리라.
九二는 在師中이면 吉하고 无咎하며 王三錫命하리라.

육삼은 사혹여시니 흉하리라.
六三은 師或輿尸니 凶하리라.

육사는 사좌차하니 무구리라.
六四는 師左次하니 无咎리라.

육오는 전유금하듯 이집언하면 무구리라. 장자는 솔사하고 제자는 여시이니 정은 흉하도다.
六五는 田有禽하듯 利執言하면 无咎리라. 長子는 帥師하고 弟子는 輿尸이니 貞은 凶하도다.

상육은 대군이 유명하니 개국승가하나 소인은 물용이니라.
上六은 大君이 有命하니 開國承家하나 小人은 勿用이니라.

7번괘

사괘(師卦)

군대를 통하여 전쟁의 길흉을 설명했다.

사. 정장인길 무구.
師. 貞丈人吉 无咎.

군대의 지휘관은 길하고 허물이 없으리라.

사괘(師卦)는 군대를 통하여 전쟁의 길흉을 설명했다.

사(師)는 괘명이다①. 사(師)는 군대의 편제로 2,500명의 군인으로 구성되었다②. 사괘는 군대를 통하여 전쟁의 상황을 설명한 괘이다.

① 괘명 : 초죽서(楚竹書)와 부양한간(阜陽漢簡)에는 괘명이 두를 잡(帀)으로 되어 있다. 사(師)는 허리에 차는 수건을 말하기도 한다(師 佩巾也. 說文 帀 周也 从反之而周也. 廣雅 帀 徧也).

② 사(師) : 주례에 따르면 사(師)는 군대 편제로 2,500명의 집단이다. 고대에는 여(旅)의 5배인 2,500명의 사람을 사(師)라 하였다(說文. 師 二千五百人爲師). 조직된 무리라는 점에서 비조직적으로 지지하는 대중 또는 동지를 상징하는 동인(同人)과 구별된다.

7번괘
사괘
地水師

군대의 지휘관에 대한 점은 길하다(貞丈人吉).
허물이 없다(无咎).

정(貞)은 점(占)이다①. 장인(丈人)은 연륜이 있는 군대의 지휘관이다②. 무구(无咎)는 망구(亡咎)로 허물이 없다는 것이다③. 전쟁에 나가는 지휘관이 점으로 길흉을 물은 경우 사괘(師卦)가 나오면 길하고 허물이 없다는 뜻이다.

① 정(貞) : 32번 항괘 괘사를 참고하라.

② 장인(丈人) : 장인을 노장, 성인(聖人), 장로(長老), 원숙한 인물로 보기도 한다. 역경에 많이 나오는 대인(大人)의 오기일 수도 있다. 초죽서(楚竹書)에 장(丈)으로 나타나 있고, 백서주역(帛書周易)에는 납(箈, 위에 있는 대죽변이 없다)으로 기록돼 있다.

③ 무구(无咎) : 60번 절괘 초구를 참고하라.

초육 : 사출이율 부장흉.
初六 : 師出以律 否臧凶.

군대에서 출병을 하는 것은 군율에 따라야 한다. 군율을 따르지 않으면 흉하리라.

군대의 출병은 군율에 따라야 한다(師出以律).

사(師)는 군대이다. 율(律)은 법이고 기율이다. 사출이율(師出以律)은 군대의 출동은 군율에 따라야 한다는 뜻이다.

군율을 따르지 않으면 흉하다(否臧凶).

부(否)는 아니다이다①. 장(臧)은 부하로서 선하게 군율을 따르는 것이다②. 부장흉(否臧凶)은 군율을 따르지 않으면 흉하다는 뜻이다.

① 부(否) : 초죽서와 백서주역에는 통가자인 불(不)로 나타나 있다. 백서주역에는 부(婦)로 표시된 곳도 있다.

② 장(臧) : 장(臧)은 신하 신(臣)과 죽일 장(戕)이 합쳐져 이루어졌고, 장(戕)은 창(戈)과 방패(爿)로 이루어진 글자다. 창과 방패를 가지고 싸움에 나가는 신하라는 의미다(說文, 臧 善也 从臣戕聲). 부장(否臧)은 군대의 기율을 선하게 따르지 않는 것을 말한다. 주희(朱憙)도 부장을 선하지 않은 것으로 해석하였다(否臧謂不善也). 장(臧)을 장(壯 장할 장)으로 빌려 쓴 것으로 보기도 한다. 장(壯)은 왕성하다, 기상이 훌륭하다, 용감하다, 나간다는 의미를 갖는다. 용감하지 않으면 흉하다고 보는 것이다. 전체 문맥으로 보면 군대는 기율이 있어야 하고, 기율에 따라 용감하게 싸우지 않으면 흉하다는 해석이 된다.

■ 춘추좌전 서례 : 선곡이 마음대로 황하를 건넌 것을 점치다.

춘추좌전(春秋左傳) 선공(宣公) 12년, 기원전 597년에 있는 기록이다. 초(楚)나라 장왕이 정(鄭)나라를 공격하자 진(晉)나라가 정나라를 구하기 위해 출병했다. 진나라 군사가 황하에 도착하였을 때 이미 정나라가 초나라에 굴복하여 화친을 맺은 것을 알게 되었다.

이에 진의 주장(主將)인 순림보(荀林父)가 철군을 하자고 했다. 부장인 선곡

(先穀)은 철군에 반발해 군사를 이끌고 황하를 건넜다. 선곡이 독단으로 행동한 것에 대해 주장의 동생인 순수(荀首)가 점을 쳐 사지림(師之臨, 사괘의 초육이 동해 임괘가 됨)을 얻고 풀이했다.

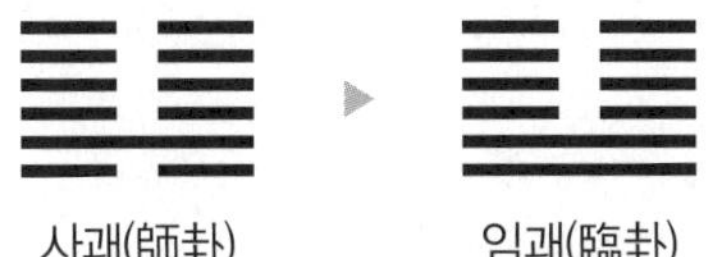

[선곡이 이끌고 간 군사가 위태롭다. 사지림의 괘사에서 출병에는 법도와 군율이 있어야 하고 법도와 군율을 따르지 않으면 반드시 흉하다고 했다. 군사를 움직임에 주장의 명을 따라야지 그렇지 않으면 결과가 좋지 않다. 선곡이 이끈 병사들의 마음이 흩어져 힘이 약하게 되며, 흐르는 강물(사괘의 하괘인 감수坎水☵)이 막혀 가기 어려운 연못(임괘의 하괘인 태택兌澤☱)으로 변했다. 물이 가득 찼다가 물길이 막혀 흐르지 않는 것은 흉한 징조이다. 물이 괸 상태에서 흐르지 못하는 상이 임(臨)이다. 주장이 있는데도 불구하고 부장이 명을 받들지 않고 혼자 행동하니 이 임괘(臨卦)보다 더 나쁜 것이 있을 수 있겠는가? 선곡이 명을 듣지 않고 황하를 건넜으니 그는 화를 입을 것이다. 전사를 면한다 할지라도 필시 큰 재앙이 있을 것이다.]

이 말에 황하를 건너지 않은 진나라 군영에선 앞으로 어찌할 지를 상의했다. 선곡이 황하를 건너 이끌고 간 군사들이 적의 수중에 떨어질 것을 염려했고, 결국 나머지 군사를 모두 이끌고 황하를 건넜다.

※ 동효가 하나가 있는 경우이나 본괘 괘사와 지괘 괘사를 결합하여 해석한 서례이다.

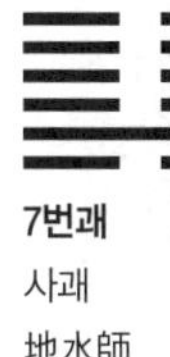

구이 : 재사중길 무구 왕삼석명.

九二 : 在師中吉 无咎 王三錫命.

군대에 그대로 있으면서 자신의 본분을 다하면 길하고 허물이 없다. 왕의 격려와 포상이 있게 되리라.

군대에 있으면 길하다(在師中吉).

허물이 없다(无咎).

사(師)는 군대이다①. 무구(无咎)는 망구(亡咎)로 허물이 없다는 것이다②. 그러므로 재사중길 무구(在師中吉 无咎)는 군대에 있으면 길하고 허물이 없다는 뜻이다.

① 사(師) : 본 괘 괘사를 참고하라.

② 무구(无咎) : 60번 절괘 초구를 참고하라.

왕이 세 가지 명령으로 지위를 준다(王三錫命).

왕삼석명(王三錫命)은 주례에 있는 왕이 내리는 세 가지 명령을 말한다. 첫째는 수직(受職)으로 하사들에게 대부의 지위를 내리는 것이며, 둘째는 수복(受服)으로 중사들에게 경의 직위를 수여하는 것이며, 셋째는 수위(受位)로 상사들에게 제후의 지위를 수여하는 것이다. 석(錫)은 주는 것이다. 초죽서에도 사(賜 줄 사)로 되어 있다.

육삼 : 사혹여시 흉.
六三 : 師或輿尸 凶.

시체를 수레에 싣고 오니 전쟁에 진 것이다. 흉하리라.

사(師)는 군대이다①. 여(輿)는 수레다②. 시(尸)는 시체이다③. 사혹여시(師或輿尸)는 군대가 시체를 싣고 오는 것이다. 흉할 수밖에 없다④.

① 사(師) : 본 괘 괘사를 참고하라.
② 여(輿) : 설문 여 차여야 종차여성(說文 輿 車輿也 从車舁聲). 백서에는 여(輿)를 거(車)로 썼다.
③ 시(尸) : 시(尸)는 설문에서는 펼쳐 놓은 것으로 해설하고 누운 모양을 본떴다고 했다(說文, 陳也 象臥之形 凡屍之屬皆從屍). 또 증수호주례부운략(增修互注禮部韻略)에서는 침상에 있는 시체는 시(屍)라 하고, 관에 있는 시체는 구(柩)라 하며, 이 둘을 합쳐 시(尸)라고 했다(屍在牀曰屍 在棺曰柩 通作 尸).
④ 무왕(武王)이 맹진(盟津)에 진출할 때 문왕(文王)의 나무로 된 신주를 싣고 갔다는 고사에서 나온 말이라는 해석도 있다. 주희(朱熹)는 시신을 수레에 싣고 돌아오는 것으로 해석했고, 정이(程頤)는 여(輿)를 수레가 아닌 명예로 보고, 시(尸)를 시체가 아닌 주장으로 봐 여럿이 자기 주장만을 한다고 풀이했다.

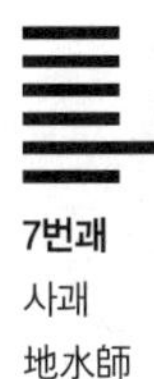

육사 : 사좌차 무구.
六四 : 師左次 无咎.

진지를 만들면서 장수의 막사를 왼쪽에 배치했다. 이는 병례에 의거하여 마땅한 위치를 잡은 것이니 허물이 없으리라.

사(師)는 군대이다①. 좌(左)는 좌측, 즉 왼쪽이다. 차(次)는 군사가 머무는 것이다②. 사좌차(師左次)는 군대가 주둔할 때 장수의 막사를 왼쪽에 두는 것을 말한다③. 무구(无咎)는 망구(亡咎)로 허물이 없다는 것이다④. 군대에서 장수의 막사를 배치할 때 병례에 맞게 배치하였으므로 허물이 없다는 의미다.

① 사(師) : 본 괘 괘사를 참고하라.

② 차(次) : 춘추좌전(春秋左傳) 장공(莊公) 3년(기원전 691년)에 겨울에 공이 활에서 차했다(冬 公次于滑)는 기록이 있다. 이 말에 대해 좌구명(左丘明)은, 무릇 군사가 출동하여 하루 동안 머무는 것을 사(舍)라하고, 이틀 동안 머무는 것을 신(信)이라 하며, 그 이상 머무는 것을 차(次)라고 한다고 주석했다(凡師 一宿爲舍 再宿爲信 過信爲次). 숙소, 거처라는 의미로도 사용된다.

③ 사좌차(師左次) : 주준성(朱駿聲)은 육십사괘경해(六十四卦經解)에서, 병례에서 병사들은 우측에 장수는 좌측에 기거한다고 하였다. 그러므로 사좌차(師左次)는 장수의 막사를 병례(兵禮)에 맞게 좌측에 배치하는 것을 말한다. 사좌차(師左次)를 군사가 후퇴하여 머무는 것으로 해석하기도 한다. 운암집(雲巖集)을 쓴 오일(吳鎰)은 병가(兵家)에서는 오른쪽인 우(右)를 숭상하는 바, 왼쪽인 좌(左)는 후퇴하는 것이 된다고 하였다. 그러나 위 ②와 같이 장공(莊公)이 활(滑)이란 지역에 머문 깃은 정백(鄭伯)과 만나 기(紀)나라를 치기 위한 것이지 후퇴하기 위한 것은 아니다.

④ 무구(无咎) : 60번 절괘 초구를 참고하라.

육오 : 전유금. 이집언 무구. 장자솔사 제자여시 정흉.

六五 : 田有禽. 利執言 无咎. 長子帥師 弟子輿尸 貞凶.

새와 짐승을 사냥하듯 죄인을 잡아 심문하는 것이 이롭고 허물이 없으리라. 전쟁에서 큰아들은 장수로서 부대를 통솔하고, 둘째 아들은 죽은 병사의 시체를 수레에 실으니 결과적으로 전쟁에 진 것이다. 흉하리라.

새와 짐승을 사냥한다(田有禽).

전(田)은 사냥하는 것이다①. 유(有)는 어조사이다②. 금(禽)은 들짐승과 날짐승이다③. 전유금(田有禽)은 사냥하여 들짐승과 날짐승을 잡는 것이다. 전쟁시 적군을 잡은 것을 비유한 것으로 추측된다.

① 전(田) : 사냥 또는 밭이다(疏 田者 田獵也, 傳 田 取禽也 又姓, 說文 田 陳也 樹穀曰田 象四囗 十 阡陌之制也 凡田之屬皆从田). 초죽서에 전(田)이 사냥한다는 뜻인 전(畋)으로 기록돼 있다. 백화백서주역(白話帛書周易, 등구백鄧球柏)에서는 전(田)은 봄에 날짐승을 잡는 사냥, 여름 사냥은 묘(苗), 가을 사냥은 수(蒐), 겨울 사냥은 수(狩)라고 했다.

② 유(有) : 47번 곤괘 상육을 참고하라. 초죽서에는 통가자(通假字)인 우(又)로 되어 있다.

③ 금(禽) : 증수호주례부운략에 날짐승은 금(禽), 들짐승은 수(獸)이며, 사냥으로 얻은 들짐승과 날짐승을 모두 말할 때는 금(禽)이라 했다(增修互注禮部韻略, 飛曰禽 走曰獸 又捉也 又凡 獲飛走皆曰禽 又鳥未孕曰禽). 금(禽)이 사로잡다, 사로잡히다로 쓰일 때도 있다.

적을 잡아 심문하는 것이 이롭다(利執言).
허물이 없다(无咎).

집(執)은 쥐는 것이고, 잡는 것이다①. 언(言)은 새기는 말로 허물과 견책이다②. 무구(无咎)는 망구(亡咎)로 허물이 없다는 것이다③. 그러므로 이집언 무구(利執言 无咎)는 적군 또는 죄인을 잡아 견책하고 심문하는 것이 이롭고 허물이 없다는 의미다④.

① 집(執) : 죄인의 두 손에 착고(着錮)를 채워 놓은 것을 그린 글자로 죄인을 잡는 것이다(說文, 執 捕罪人也). 초죽서에는 집(執)이 분명하지 않지만 지(摯)와 유사한 형태의 글자로 나타나 있다. 지(摯)도 죄인을 붙잡는 것이다(說文, 摯 捕罪人也).
② 언(言) : 5번 수괘 구이를 참고하라.
③ 무구(无咎) : 60번 절괘 초구를 참고하라.
④ 고형(高亨)은 주역고경금주(周易古經今注)에서 언조(焉鳥)라는 새를 잡은 것이 이롭다고 해석했으나, 후에 주역대전금주(周易大傳今注)에서는 왕의 명령을 집행하는 것이 이롭다고 해석했다.

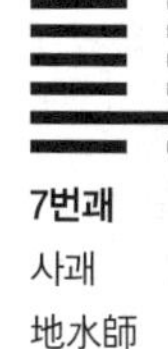

큰아들은 군대를 통솔한다(長子帥師).
둘째 아들은 수레에 시체를 실었다(弟子輿尸)
점은 흉하다(貞凶).

장자(長子)는 큰아들이다. 솔(帥)은 장수 수, 거느릴 솔로 사용이 된다. 이곳에서는 거느리는 것으로 사용되었다. 사(師)는 군대이다①. 제자(弟子)는 둘째 아들이다. 여시(輿尸)는 수레에 시체를 실은 것이다②. 정흉(貞凶)은 점은 흉하다, 점괘는 흉하다는 의미다③. 장자솔사(長子帥師)는 큰아들은 군대를 거느렸다는 것이고, 제자여시(弟子輿尸)는 작은아들은 군사를 잃었다는 것이다. 전쟁에 진 것이니 점괘는 흉하다.

① 사(師) : 7번 사괘 괘사를 참고하라.
② 여시(輿尸) : 본 괘 육삼을 참고하라.
③ 정흉(貞凶) : 17번 수괘 구사를 참고하라.

상육 : 대군유명 개국승가 소인물용.
上六 : 大君有命 開國承家 小人勿用.

전쟁을 치른 후에 왕이 논공행상의 명을 내린다. 대인 중 공이 많은 자는 제후의 지위를 내려 나라를 다스리게 하고, 공이 작은 자는 벼슬을 내려 한 고을을 다스리게 한다. 그러나 병졸들은 받는 게 없으리라.

대군의 명이 있다(大君有命).

대군(大君)은 군자보다 높은 벼슬을 하는 사람이다. 이곳에서는 왕으로 사용되었다. 본 괘 구이에서 세 가지 명령으로 지위를 주었던 왕이다. 유명(有命)은 명이 있다는 것이다. 대군유명(大君有命)은 전쟁에 이긴 후 왕이 상벌에 대한 명령을 내리는 것이다.

7번 사괘 상육의 [대군]을 초죽서에는 [대 군자]로 기록하였다. 대군이 역경에 쓰인 곳은 다음과 같다. 지수사 7번 사괘 상육 : 大君有命, 10번 이괘 육삼 : 武人爲于大君, 19번 임괘 육오 : 大君之宜.

제후로 삼아 나라를 세우고 고을을 받는다(開國承家).
소인에게는 소용이 없다(小人勿用).

개국(開國)은 제후로 봉해져 나라를 받는 것이다①②. 승가(承家)는 경대부로 봉해져 고을을 받는 것이다③. 소인물용(小人勿用)은 벼슬이 없는 평민에게는 아무 소용이 없다는 것이다④. 전쟁에 참여했던 병졸들은 제후로 봉해지지도 않고 아무 상도 없다는 뜻이다.

① 개국(開國) : 초죽서에는 계방(啓邦)으로 되어 있다. 초죽서의 방(邦)을 국(國)으로 바꾼 이유는 한(漢)나라 유방(劉邦)의 邦과 같아 國으로 후대에 바꾼 것이다.

② 효사는 상(商·殷)나라 주왕(紂王)과의 전쟁에서 이긴 후 무왕(武王)의 논공행상과 관련이 된다. 내용은 다음과 같다. 무왕은 선대의 성군을 기려 신농의 후손을 초(焦)에, 황제의 후손을 축(祝)에, 요의 후손을 계(薊)에, 순임금의 후손을 진(陳)에, 우임금의 후손을 기(杞)에 포상하여 봉했다. 그런 후에 공신과 모사를 봉하였다. 사상보를 가장 먼저 봉했는데 상보를 영구에 봉하고, 제(齊)라 했다. 동생인 주공 단을 곡부에 봉하고 노(魯)라 했다. 소공 석을 연(燕)에 봉했다. 동생 숙선(叔鮮)을 관(管)에 봉했다. 동생 숙탁(叔度)은 채(蔡)에 봉했다. 다른 사람도 각자 등급에 따라 분봉을 받았다.

③ 승가(承家)는 도읍을 세우는 것이고, 대부(大夫)로 삼는 것이다. 승(承)은 받들다, 받는 것이다(說文, 承 奉也 受也). 손(手)과 올리다(丞)로 이루어져 물건을 손 위에 올린다는 뜻이다. 잇다, 계승하다, 받다의 뜻으로 사용이 된다. 가(家)는 거처·가족·집안·문벌·도성이다. 설문은 거처로 해설했고(說文, 家 居也 从宀 豭省聲), 집해에서 간보(幹寶)을 말을 인용하여 개국은 제후로 봉하는 것이고 승가는 도읍을 세우는 것이라 했고, 또 순상(荀爽)의 말을 인용하여 승가는 대부로 삼는 것이라 했다(集解 引幹寶 開國 封諸侯也 承家 立都邑也, 又引荀爽 開國 封諸侯 承家 立大夫也).

④ 소인물용(小人勿用) : 소인(小人)은 벼슬이 없는 평민이다. 물용(勿用)은 쓰지 말라, 시행하지 말라는 것이다. 소인이 역경에 쓰인 곳은 다음과 같다. 12번 비괘 육이 : 小人吉, 14번 대유괘 구삼 : 小人弗克, 20번 관괘 초육 : 小人无咎, 23번 박괘 상구 : 小人剝廬, 33번 둔괘 구사 : 小人否, 40번 해괘 육오 : 有孚于小人, 49번 혁괘 상육 : 小人革面. 63번 기제괘 구삼 : 小人勿用.

비괘(比卦) 수지비(水地比) 8번괘

돕고 보좌하는 것을 통하여 왕을 보필하는 것의 길흉을 설명했다.

비는 길하리라. 원서는 원하고 영정은 무구하며 불령방래면 후부는 흉하도다.
比는 吉하리라. 原筮는 元하고 永貞은 无咎하며 不寧方來면 後夫는 凶하도다.

초육은 유부니 비지무구라. 유부가 영부하며 종래유타하나 길하리라.
初六은 有孚니 比之无咎라. 有孚가 盈缶하며 終來有他하나 吉하리라.

육이는 비지자내니 길하리라.
六二는 比之自內니 吉하리라.

육삼은 비지(비)인이라.
六三은 比之(非)人이라.

육사는 외비지하니 정은 길하도다.
六四는 外比之하니 貞은 吉하도다.

구오는 현비니 왕용삼구에 실전금하나 읍인불계하니 길하리라.
九五는 顯比니 王用三驅에 失前禽하나 邑人不誡하니 吉하리라.

상육은 비지무수니 흉하리라.
上六은 比之无首니 凶하리라.

8번괘

비괘(比卦)

돕고 보좌하는 것을 통하여 왕을 보필하는 것의 길흉을 설명했다.

비. 길. 원서원. 영정무구. 불령방래 후부흉.
比. 吉. 原筮元. 永貞无咎. 不寧方來 後夫凶.

길하리라. 비괘에 대한 원래의 점에는 큰 제사를 지낼 만하고 오랜 기간의 점은 길하여 허물이 없다고 하였다. 또 복종하지 않는 나라에서 조정에 오는데 늦게 온 사람은 왕명을 거역하는 자이니 형벌을 당해 흉하다고 하였다.

비괘(比卦)는 돕고 보좌하는 것을 통하여 왕을 보필하는 것의 길흉을 설명했다.

비(比)는 괘명이다. 돕고 보좌하는 비(比)를 통하여 왕을 보필하는 것을 설명한 괘이다. 이아·석고와 설문에서 비(比)를 돕고 보좌하는 것으로 해설했다(爾雅·釋詁 比 俌也, 說文 俌 輔也). 사람이 나란히 서 있는 모양을 그린 한자로, 서로 돕는다. 서로 견주다. 갈라지다로 발전했다. 왼쪽으로 나란히 서 있는 것은 종(從), 오른쪽으로 나란히 서 있는 것을 비(比)로 새기기도 한다. 비(比)와 반대로 등을 서로 대고 서 있는 글자는 배(北)이다.

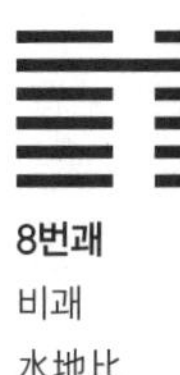

길하다(吉).

점을 쳐 비괘가 나오면 길하다는 것이다. 길(吉)은 41번 손괘 괘사를 참고하라.

원래의 점에는 큰 제사를 지낼 만하다(原筮元).
오랜 기간의 점은 길하여 허물이 없다(永貞无咎).

원서(原筮)는 원래의 점, 즉 예전에 점을 친 기록이다①. 원(元)은 원형(元亨)이다. 원형(元亨)은 대형(大亨)으로 큰 제사이다. 고대 사람들이 큰 제사를 지내기 전에 점을 쳐 본 괘가 나오면 큰 제사를 거행할 만한 점괘라는 것이다②. 영정(永貞)은 오랜 기간의 길흉에 대해 치는 점이다③. 무구(无咎)는 망구(亡咎)로 허물이 없다는 것이다④.

① 원서(原筮) : 고대에는 중요한 문제에 대해 세 사람이 점을 쳤다. 원서를 동일한 문제에 대해 다른 사람이 다른 방법으로 점을 친 것으로 보기도 한다. 통행본의 원(原)은 초죽서에는 통용되던 비(备 갖출 비)로 되어 있다.

② 원형(元亨) : 1번 건괘 괘사를 참고하라. 원(元) 뒤에 형(亨)자가 빠져 있다. 좌전 노소공(魯昭公) 7년의 기록에 준괘(屯卦)가 비괘(比卦)로 변하는 점괘를 얻어 원형(元亨)이라고 하였고, 준괘, 비괘 두 괘 모두 그렇게 하라고 일렀다는 말에 비추어 볼 때 원래 있었던 형(亨)자가 빠진 것이다.

③ 영정(永貞) : 8번 비괘 괘사를 참고하라.

④ 무구(无咎) : 60번 절괘 초구를 참고하라.

복종하지 않는 나라에서 왔다(不寧方來).

방(方)은 나라이다. 불령방(不寧方)은 평온하지 않은 나라, 난을 일으키는 나라, 조정에 오지 않고 복종하지 않는 나라이다. 불령방래(不寧方來)는 복종하지 않는 나라에서 조정에 왔다는 의미이다. 령(寧)은 편안하다, 문안하다의 뜻이 있다.

늦게 온 사람은 흉하다(後夫凶).

후부(後夫)는 모임에 늦은 사람이다. 늦게 온 사람은 왕을 거역하는 것으로 간주되어 형벌을 당하니 흉할 것이다. 죽서기년(竹書紀年)에 우(禹) 황제가 여러 신하를 회계의 산에 모이게 하였는데, 신하인 방풍씨가 늦게 왔으므로 그를 죽였다는 말이 있다. 이 고사를 인용한 것으로 추정된다. 본 괘 상육의 머리가 잘린다는 무수(无首)와 연결되는 내용이다.

초육 : 유부. 비지무구. 유부영부 종래유타 길.
初六 : 有孚. 比之无咎. 有孚盈缶 終來有他 吉.
전쟁에서 포로를 잡고 노획품도 있으니 왕을 보좌하는 데 허물이 없다. 노획한 물건들이 항아리에 가득하다. 끝에 우환이 있긴 하나 길하리라.

포로와 노획품이 있다(有孚).
왕을 보좌함에 허물이 없다(比之无咎).

유부(有孚)는 전쟁에 잡은 포로나 노획품이 있다는 것이다①. 비(比)는 돕고 보좌하는 것이다②. 무구(无咎)는 망구(亡咎)로 허물이 없다는 것이다③. 그러므로 유부 비지무구(有孚 比之无咎)는 전쟁에서 포로를 잡고 노획품도 있으니 왕을 보좌하는 데 허물이 없다는 것이다.

① 유부(有孚) : 9번 소축괘 육사를 참고하라.
② 비(比) : 본 괘 괘사를 참고하라.
③ 무구(无咎) : 60번 절괘 초구를 참고하라.

8번괘
비괘
水地比

노획물이 항아리에 가득하다(有孚盈缶).

부(孚)는 벌·포로·잡음·노획품·믿음·끌어당김으로 사용된다. 본 효에서는 노획품으로 사용되었다. 유부(有孚)는 노획물이 있다는 것이다①. 영부(盈缶)는 항아리에 가득하다는 것이다②. 그러므로 유부영부(有孚盈缶)는 전쟁에서 노획한 물건이 항아리에 가득한 것이다③.

① 유부(有孚) : 9번 소축괘 육사를 참고하라.
② 영부(盈缶) : 부(缶)는 질그릇이다. 설문은 이것에 술과 장을 담고, 진나라 사람들은 이것을 두드리며 박자를 맞췄으며, 상형이며 부(缶)부에 속하는 한자는 이런 의미를 갖는다고 하였다(說文 缶 瓦器 所以盛酒○ 秦人鼓之以節謌 象形 凡缶之屬皆从缶).
③ 유부영부(有孚盈缶) : 초죽서에는 우부해부(又孚海缶), 백서주역에는 유복영부(有復盈缶)로 기록돼 있다.

끝에 우환이 있다(終來有他).

길하다(吉).

종래(終來)는 끝에 온다는 것이다①. 유타(有它)는 우환이 있다는 것이다②. 그러므로 종래유타 길(終來有它 吉)은 끝에 우환이 있지만, 길하다는 뜻이다.

---

① 래(來) : 우성오는 없다는 뜻의 미(未)로 써야 한다고 했다(于省吾 來當作未). 본 책에서는 올 래(來)로 새겼다.

② 유타(有它) : 타(它)가 우환인지 다름인지 견해가 갈린다.

(1) 우환으로 보는 견해는 설문의 설명을 그대로 취한 것이다. 설문의 설명은 다음과 같다. 타(它)는 벌레다. 몸은 구부러져 있고 꼬리를 내린 벌레이다. 상고시대에는 풀 위에 살았으므로 벌레(뱀)을 무서워 했다. 그래서 [뱀은 없는가, 無它乎]라고 안부를 물었다. 타(它)부에 속한 글자들은 모두 이 의미를 가진다. 신현 등은 발음이 식(食)과 차(遮)의 반절이라 했다(說文, 它 虫也 从虫而長 象冤曲垂尾形 上古艸居患它 故相問無它乎 凡它之屬皆从它 臣鉉等曰 今俗作食遮切). 설문의 해설 중 [뱀은 없는가?]는 [별 탈이 없는가?]라는 뜻과 같다. 설문 중 일부 본에는 신현 이하의 글이 없는 것도 있다.

(2) 타(它)를 다름으로 보는 것은 옥편과 정자통의 설명을 기준으로 취한 것이다(玉篇 它 非也 異也, 正字通 它與佗他同). 양웅(揚雄)의 법언(法言) 문도편(問道篇)에 요순(堯舜)과 문왕(文王)에게 가는 것이 아니면 정도가 아닌 것이라는 말이 있고(非堯舜文王者爲它道), 혹 조금이라도 감히 딴 뜻을 가져 군의 바름을 할 수 없다는 말도 있다(或敢有它志以辱君義).

(3) 옥편에서는 타(它)를 뱀으로 해설하기도 한다(玉篇, 它 古文佗字 佗 蛇也).

육이 : 비지자내 정길.

六二 : 比之自內 貞吉.

왕을 보좌함에 있어서 신하로서 조정의 내부에서 돕는다. 길하리라.

비(比)는 돕고 보좌하는 것이다①. 비지자내(比之自內)는 왕을 보좌함에 있어서 조정의 내부에서 돕는 것이다②. 정길(貞吉)은 점은 길하다는 것이다③.

---

① 비(比) : 본 괘 괘사를 참고하라.

② 자내(自內) : 공경(公卿)이 조정의 내부에서 왕을 돕는 것이다. 본 괘 육사의 외비지(外比之)는 왕을 제후로서 밖에서 돕는 것이다.

③ 정길(貞吉) : 32번 항괘 괘사를 참고하라. 초죽서에는 정(貞)을 쓰지 않았다. 후대에 덧붙인 것이다.

육삼 : 비지비인.
六三 : 比之匪人.
보좌를 받는 왕이 현명하지 못하니 흉하리라.

비(比)는 돕고 보좌하는 것이다①. 비인(匪人)은 어긋난 사람, 현명하지 않은 사람이다②. 비지비인(比之匪人)은 보좌하는데, 그 보좌를 받는 왕이 어긋나고 현명하지 않으니 흉하다는 것이다③.

---

① 비(比) : 본 괘 괘사를 참고하라.

② 비인(匪人) : (1) 비인(匪人)은 비인(非人)이다. 사람답지 않은 사람, 어긋난 사람, 옳지 않은 사람이라는 의미다. 우번(虞翻)은 주역집해에서 비(匪)는 비(非)와 같다고 했다. 초죽서와 백서주역에는 비인(匪人)이 비인(非人)으로 되어 있다. 상고음(上古音)이 같으므로 통가(通假)하여 쓴 것이다. (2) 설문은 비(匪)를 그릇이고 대나무 광주리로 해설하였고, 비(非)를 어긋남, 옳지 않음, 헐뜯음이라 했다. 그러므로 두 글자는 의미가 다르다. 비는 어긋나는 것이다. 비(飛)자의 아래 부분의 날개죽지가 서로 드리워져 등진 모습으로 만들어진 것으로 서로 등지고 있는 것을 취해 만든 글자다. 비(非)부에 속한 것은 모두 이 의미를 따른다(說文, 匪 器 似竹筐 从匸非聲 逸周書曰 實玄黃于匪, 說文 非 違也 从飛下翄 取其相背 凡非之屬皆从非, 玉篇 非 不是也, 集韻 非 本作誹 謗也, 是 옳을 시, 誹 헐뜯을 비, 謗 헐뜯을 방). 단옥재(段玉裁)는 설문의 이전 판본에 표시된 위(違)는 떠난다는 것이고, 위(韋)는 서로 등지고 있는 글자로 위(韋)로 표시하는 것이 맞는다고 했다.

③ 흉 : 이 효사는 상사(象辭)만 있고 점사(占辭)가 없다. 석문(釋文)에서 왕숙(王肅)은 [비인]을 [비인 흉]이라 했다. 본 책도 점사를 흉으로 새겼다.

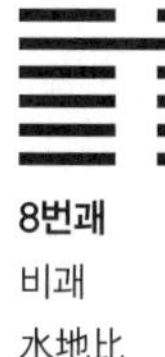

육사 : 외비지 정길.
六四 : 外比之 貞吉.
왕을 밖에서 보좌하여 왕의 울타리가 된다. 길하리라.

비(比)는 돕고 보좌하는 것이다①. 외비지(外比之)는 왕을 제후로서 밖에서 울타리가 되어 돕는 것이다②. 정길(貞吉)은 점은 길하다는 것이다③.

① 비(比) : 본 괘 괘사를 참고하라.

② 외비지(外比之) : 비괘 육이의 비지자내(比之自內)는 왕을 보좌함에 있어서 공경(公卿)이 조정의 내부에서 돕는 것이다.

③ 정길(貞吉) : 32번 항괘 괘사를 참고하라.

구오 : 현비 왕용삼구 실전금 읍인불계 길.
九五 : 顯比 王用三驅 失前禽 邑人不誡 吉.

밝게 왕을 보좌한다. 사냥을 나간 왕이 짐승을 삼면에서 포위하였으나 앞에 있는 짐승을 놓친다. 왕이 짐승을 놓친 것에 대해 읍인에게 추궁하지 않으니, 읍인은 경계하지 않아도 된다. 왕이 밝게 판단하도록 보좌하니 길하리라.

밝게 왕을 보좌한다(顯比).

현(顯)은 밝은 것이다①. 비(比)는 돕고 보좌하는 것이다②. 현비(顯比)는 밝게, 현명하게 보좌하는 것이다.

① 현(顯) : 이아·석고 현 광야(爾雅·釋詁 顯 光也), 광아·석고 현 명야(廣雅·釋詁 顯 明也).

② 비(比) : 본 괘 괘사를 참고하라.

왕이 삼면에서 포위하여 사냥을 한다(王用三驅).
앞에 있는 짐승을 놓친다(失前禽).
읍인이 경계하지 않는다(邑人不誡).
길하다(吉).

삼구(三驅)는 삼면에서 포위를 해 사냥감을 모으는 것이다. 실(失)은 놓치는 것이다. 전금(前禽)은 사냥하는 왕의 앞에 있는 것 또는 앞으로 오는 짐승이다. 왕이 사냥을 하는데 앞에 있는 짐승을 놓쳤다는 것이다①. 읍인불계(邑人

不誡)는 읍인이 경계하지 않는 것이다②. 경계하지 않는 이유는 짐승을 놓친 것을 왕이 읍인에게 추궁하지 않기 때문이다. 길하게 본 것은 읍인을 추궁하지 않도록 왕을 보좌하기 때문이다.

① 왕용삼구(王用三驅) : 사냥감이 달아나는 놈인가, 아니면 왕으로 향하는 놈인가? 이 판단에 따라 효의 전체 해석이 달라진다. 이에 대해 공자는 사역취순(舍逆取順)이라 설명했다. 사냥을 할 때 왕을 향해 돌아오는 짐승은 놔두고 달아나는 것을 잡는다는 것이다. 왕필(王弼)도 역래취기(逆來趣己)로 설명하여 역(逆)을 돌아오는 자를 취한다고 설명했다. 이에 반해 정이(程頤)와 주희(朱熹)는 왕에게 거스르는 놈은 풀어주고 순종하는 짐승만을 잡는다고 뜻으로 해석했다. 왕용삼구(王用三驅)는 삼구례(三驅禮), 삼구지례(三驅之禮), 삼구실전(三驅失前)은 같은 의미로 쓰인다. 왕이 사냥을 할 때 세 면만 에워싸고 앞면은 비워 놓아 짐승들이 도망갈 수 있도록 한 것이고, 이는 짐승을 살리는 어진 마음을 표시하는 것으로 이제까지 해석되어 왔다.

② 읍인불계(邑人不誡) : 고형(高亨)은 주역고경금주(周易古經今注)와 주역대전금주(周易大傳今注)에서 본 효의 의미를 안자춘추(晏子春秋) 내편의 간상(諫上)에 나오는 고사와 비슷하다고 해석하였다. 경공(景公)이 새를 사냥하는데 시골 사람이 그 새를 놀라게 해 도망을 갔다. 경공이 노하여 관리에게 명령하여 시골 사람을 죽이라고 하였으나, 안자가 충언을 하여 시골 사람을 살려준 것이 고사의 내용이다. 삼구례(三驅禮)에 담긴 왕의 어진 마음과는 많은 차이가 있는 해석이다.

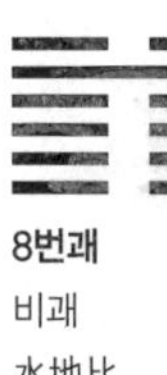

상육 : 비지무수 흉.
上六 : 比之无首 凶.

왕을 보좌하다가 머리가 잘리는 화를 당하니 흉하리라.

비(比)는 돕고 보좌하는 것이다①. 무수(无首)는 사람의 머리가 없다. 즉 머리가 잘리는 것이다②. 흉(凶)은 나쁘고 살벌함이다③. 그러므로 비지무수 흉(比之无首 凶)은 왕을 보좌하다가 머리가 잘리는 화를 당하니 흉하다는 것이다.

① 비(比) : 본 괘 괘사를 참고하라.

② 무수(无首) : 무수를 시작이 없다(廣韻, 首 始也), 마침이 없다(象曰, 比之无首 无所終也), 우두머리가 없는 것으로 보기도 한다. 통행본의 비지무수(比之无首)는 초죽서에는 비망수(比亡首)로 백서주역에는 비무수(比无首)로 되어 있다.

③ 흉(凶) : 17번 수괘 구사를 참고하라.

소축괘(小畜卦) 풍천소축(風天小畜) 9번괘

작게 농사짓는 것의 길흉을 설명했다.

소축은 형하리니 밀운불우가 자아서교로다.
小畜은 亨하리니 密雲不雨가 自我西郊로다.

초구는 복자도이니 하기구리오? 길하리라.
初九는 復自道이니 何其咎리오? 吉하리라.

구이는 견복이니 길하리라.
九二는 牽復이니 吉하리라.

구삼은 여탈복하니 부처가 반목하도다.
九三은 輿說輻하니 夫妻가 反目하도다.

육사는 유부하니 혈거이고 척출하면 무구리라.
六四는 有孚하니 血去이고 惕出하면 无咎리라.

구오는 유부하여 련여하니 부이기린이니라.
九五는 有孚하여 攣如하니 富以其隣이니라.

상구는 기우기처니 상덕재라. 부정은 려하도다. 월기망이면 군자의 정은 흉하도다.
上九는 旣雨旣處니 尙德載라. 婦貞은 厲하도다. 月幾望이면 君子의 征은 凶하도다.

9번괘

소축괘(小畜卦)

작게 농사짓는 것의 길흉을 설명했다.

소축. 형. 밀운불우 자아서교.
小畜. 亨. 密雲不雨 自我西郊.

제사를 지낼 만하다. 서쪽 벌판으로부터 짙은 구름이 밀려오나 아직은 비가 오지 않는다. 곧 비가 올 조짐이니 앞으로는 좋으리라.

소축괘는 작게 농사짓는 것의 길흉을 설명했다.

소축(小畜)은 괘명이다. 축(畜, 짐승·쌓을 축, 기를 휵)은 기르는 것, 검은 밭을 일구는 것, 농사짓는 것이다. 축(畜)은 전(田)인 밭에 곡식이나 가축을 붙게(玄, 玆의 생략형)한다, 그치게 한다(止)는 의미가 있다. 소축(小畜)은 작은 농사이다(畜 養也, 說文 畜 田畜也). 일반적으로 작게 쌓는 괘로 보며, 고형(高亨)은 작은 희생과 제물(小牲)로 봤다. 그러나 축(畜)은 백서에 풀 초에 익을 숙이 합쳐진 글자(++ +孰)로 기록된 것과 효사에 비와 구름, 수레, 도적 등이 나타나는 것으로 봐 농사와 관련된 괘로 보는 것이 훨씬 설득력이 있다.

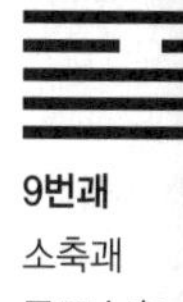

제사를 지낼 만하다(亨).

형(亨)은 제사·연회·잔치·대접·흠향의 뜻을 가진 향(嚮)이고 향(亯)이다. 제사를 지내기 전 점을 쳐 본 괘를 얻으면 제사를 거행한다. 형(亨)은 1번 건괘 괘사를 참고하라.

짙은 구름은 있으나 비가 오지 않는다(密雲不雨).

비는 고대의 농경사회에서 좋은 의미를 가지므로, 현재는 좋은 일은 없지만 앞으로 길한 일이 있다는 것을 상징한다.

나의 서쪽 벌판으로부터 온다(自我西郊).

아(我)는 역경의 저술자인 점치는 사람일 수도 있고 농부일 수도 있다①. 교(郊)는 읍의 바깥이며, 제후국의 나라에서 백리 안이다②. 자아서교(自我西郊)는 비를 몰고 오는 짙은 구름이 나의 서쪽 벌판으로부터 온다는 것이다. 농사를 짓는 농부가 파종을 한 후 하늘을 본다, 서쪽으로부터 비를 머금은 먹장구름이 밀려오고 있으니 좋은 징조라는 뜻이다.

① 아(我) : 4번 몽괘 괘사를 참고하라. 아(我)를 주희(朱熹)는 문왕(文王)으로 봤다. 문왕이 유리(羑里)에 감금되어 있었는데, 문왕의 고향 기주(岐周)가 유리의 서쪽에 있다는 해석이다. 또 아(我)를 주공(周公)으로 보는 설도 있다. 그러나 소축괘의 전체 내용이 농사를 짓는 것과 관련이 있으므로 문왕이나 주공으로 보는 것은 문제가 있다.

② 교(郊) : 5번 수괘 초구를 참고하라.

초구 : 복자도 하기구 길.
初九 : 復自道 何其咎 吉.
농사를 짓기 위해 길을 갔다 되돌아 온다. 어찌 허물이 있겠는가? 길하리라.

복(復)은 오간다, 돌아가는 것이다①. 복자도(復自道)는 농사를 짓기 위해 길을 갔다 되돌아 온다는 뜻이다②. 기(其)는 어조사이다. 하기구(何其咎)는 어찌 허물이 있겠는가라는 뜻이다. 농사를 짓고 오는 길이니 허물이 없고 길하다는 의미다.

① 복(復) : 24번 복괘 괘사를 참고하라.

② 복자도(復自道) : 경서변의(經書辨疑)에서는 도리를 회복하는 것으로 해석했다.

구이 : 견복 길.
九二 : 牽復 吉.

농사지은 것을 수레에 싣고 고삐를 끌고 돌아온다. 길하리라.

견(牽)은 이끈다, 고삐를 앞으로 당긴다는 뜻이다①. 복(復)은 오간다, 돌아가는 것이다②. 견복(牽復)은 소나 말의 고삐를 끌고 돌아온다는 뜻이다. 소축(小畜)이 농사와 관련된 괘이므로 농사지은 것을 수레에 싣고 돌아오는 것으로 볼 수 있다.

① 견(牽) : 설문 견 인전야 종우 상인우지미야 현성(說文, 牽 引前也 从牛 象引牛之縻也 玄聲). 설문 해설 중 미(縻)는 고삐이다. 백서주역에는 견(牽)을 견(堅)으로 썼다. 견(堅)은 토(土)와 간(臤)이 합쳐진 것으로 강하다, 흙이 단단하다는 뜻이다(說文, 堅 剛也 从臤从土). 견복(堅復)은 단단함을 회복하는 것으로 볼 수 있으나, 정확한 의미는 알 수 없다. 혹 견(牽)을 견(堅)으로 잘못 쓴 것이 아닌지 의심할 수 있으나, 백서주역에 2번 곤괘 초육의 견빙지(堅氷至)를 그대로 기록한 것을 보면 잘못 쓴 것은 아니다.

② 복(復) : 24번 복괘 괘사를 참고하라.

구삼 : 여탈복. 부처반목.
九三 : 輿說輻. 夫妻反目.

수확한 농산물을 싣고 오던 수레의 바퀴가 빠졌다. 부부가 서로를 탓하며 원망한다.

여(輿)는 수레다①. 탈(說)은 벗는다, 나오다의 뜻을 가진 탈(脫)이다②. 복(輻)은 바퀴살 또는 복토이다③. 여탈복(輿說輻)은 수레의 바퀴가 빠졌다는 뜻이다. 소축괘가 농사와 관련된 괘이므로 수확한 농산물을 싣고 오던 수레가 부숴지자 부부가 서로를 탓하며 원망하는 상태로 볼 수 있다. 수레와 바퀴는 한 몸으로 부부와 같다. 이 둘이 떨어지니 가까운 이와 헤어짐을 말한다고 볼 수도 있다.

① 여(輿) : 7번 사괘 육삼을 참고하라. 백서에는 여(輿)를 거(車)로 썼다.

② 탈(說) : 통행본의 탈(說)은 백서주역과 초죽서에는 아래와 같이 되어 있다. 모두 벗는다, 나오다의 의미로 사용되었다.

구분	통행본	백서	초죽서
4번 몽괘 초육	說	說	기록 없음
9번 소축괘 구삼	說	說	기록 없음
26번 대축괘 구이	說	說	敓 (1)
33번 둔괘 육이	說	奪	八+友 (2)

(1) 탈(敓 빼앗을 탈).

(2) 설문에 팔(八)은 기운이 나뉘어 흩어지는 것이라 했고(說文, 八 別也 象分別相背之形), 설문해자주(說文解字注, 段玉裁)에서 우(友)는 동지라고 했다(同志爲友).

③ 복(輹) : 설문은 바퀴살이라 했다(說文, 輻 輪轑也). 석문에서 복(輹)은 복토(伏菟)라 했다. 복토(伏菟)는 복토(伏兎)로 수레와 수레 축의 굴대를 고정하는 나무이다. 마치 엎드린 토끼와 같은 모양이라 이름 붙여진 것이다(釋文, 輹 伏菟, 菟與兎同 輹卽車身下夾軸之木 形如伏兎). 복(輹 복토 복)과 동일한 의미이다.

육사 : 유부 혈거 척출무구.
六四 : 有孚 血去 惕出无咎.

농산물을 훔친 도적을 잡았다. 근심은 사라졌으나 앞으로 경계해야 허물이 없으리라.

도적을 잡았다(有孚).

부(孚)는 벌·포로·잡음·노획품·믿음·끌어당김으로 사용이 된다. 유부(有孚)는 전쟁에 잡은 포로나 노획품이 있다는 것이다. 본 효에서는 도적을 잡았다는 것으로 사용됐다.

부(孚)는 백서주역에는 운모(韻母)가 같아 통가자(通假字)로 쓰인 복(复, 번체로 復)으로 되어 있으나 백서주역보다 앞선 초죽서에는 부(孚)로 기록되어 있다. 부(孚)는 손을 아래로 하여 사람을 붙잡은 글자로 보기도 하고, 새가 알을 발로 품은 글자로 보기도 한다. 역경에서는 부(浮 벌), 부(俘 포로·잡음·노획품), 신(信 믿음), 부(捊 끌어당김)으로 사용이 된다.

부(孚)가 사용된 괘효사는 아래와 같다.

(1) 부(浮 벌)로 사용된 경우(孚通浮, 小爾雅 浮 罰也 謂罰爵也). 14번 대유괘 육오, 37번 가인괘 상구, 40번 해괘 육오, 45번 췌괘 초육·구오, 48번 정괘 상육, 49번 혁괘 괘사·구삼·구사·구오, 55번 풍괘 육이, 64번 미제괘 상구.

(2) 부(俘 포로·잡음·노획품)로 사용된 경우(文源 林義光 孚卽俘之古文 象爪持子, 說文 俘 軍所獲也 春秋傳 日 以爲俘馘). 5번 수괘 괘사, 6번 송괘 괘사, 8번 비괘 초육, 9번 소축괘 육사·구오, 11번 태괘 구삼·육사, 17번 수괘 구사·구오, 20번 관괘 괘사, 29번 감괘 괘사, 34번 대장괘 초구, 35번 진괘 초육, 38번 규괘 구사, 40번 해괘 구사, 41번 손괘 괘사, 42번 익괘 육삼·구오, 43번 쾌괘 괘사, 58번 태괘 구오, 61번 중부괘 구오, 64번 미제괘 육오.

(3) 신(信 믿음)으로 사용된 경우(說文, 孚 卵孚也 一日信也). 45번 췌괘 육이, 46번 승괘 구이, 58번 태괘 구이.

(4) 부(捊 끌어당김)로 사용된 경우(說文, 捊 引取也). 44번 구괘 초육.

(5) 부(浮 뜨다)로 사용된 경우(孚通浮, 集韻 音桴 漂也). 61번 중부괘 괘사.

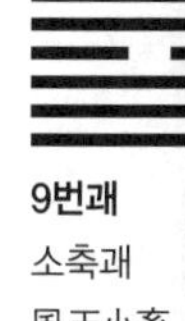

근심은 사라졌다(血去).

경계해야 허물이 없다(惕出无咎).

혈(血)은 피이고 근심이다①. 척(惕)은 삼가다. 공경한다는 뜻이다②. 혈거척출(血去惕出)은 근심은 가고 삼갈 것이 출현한다는 것이다③. 근심은 이미 사라졌으나 경계를 하라는 의미이다. 그러면 허물이 없다는 뜻이다④.

---

① 혈(血) : 5번 수괘 육사를 참고하라.

② 척(惕) : 1번 건괘 구삼을 참고하라. 초죽서에는 척(惕)이 역(易)으로 기록돼 있다.

③ 본 효의 혈거척출(血去惕出)은 59번 환괘 상구 혈거적출(血去逖出)과 동일한 의미이다. 척(惕)과 적(逷·逖)은 통가자(通假字)이다.

④ 무구(无咎) : 60번 절괘 초구를 참고하라.

구오 : 유부련여 부이기린.

九五 : 有孚攣如 富以其隣.

도적을 잡아 단단히 묶었으니 이웃과 더불어 복이 있다.

도적을 잡아 묶었다(有孚攣如).

부(孚)는 도적 또는 포로이다①. 연(攣)은 묶는 것이다. 여(如)는 ~모양, ~모습이다②. 유부련여(有孚攣如)는 도적을 묶었다는 뜻이다.

① 부(孚) : 9번 소축괘 육사를 참고하라. 고형(高亨)은 주역고경금주(周易古經今注)에서는 벌로 해석하였으나, 주역대전금주(周易大傳今注)에서는 포로·잡음으로 변경하여 풀이했다(文源 林義光 孚卽俘之古文 象爪持子, 說文 俘 軍所獲也 春秋傳 日 以爲俘聝).

② 여(如) : 3번 준괘 육이를 참고하라.

그 이웃과 더불어 복이 있다(富以其隣).

부(富)는 복이고 충분함이다①. 이(以)는 ~더불어로 사용된 어조사이다②. 부이기린(富以其隣)은 그 이웃과 더불어 복이 있다는 뜻이다③.

① 부(富) : 부(富)는 초죽서에는 (貝+畐)으로 기록돼 있다.

② 이(以) : 11번 태괘 초구를 참고하라.

③ 린(鄰) : 광운은 가깝고 친한 것으로 해설했고(廣韻, 近也 親也), 설문은 주대의 행정단위로 다섯 집을 말한다고 했다(說文, 鄰 五家爲鄰).

상구 : 기우기처 상덕재. 부정려. 월기망 군자정흉.
上九 : 旣雨旣處 尙德載. 婦貞厲. 月幾望 君子征凶.

비가 멈췄으니 곡식을 수레에 실을 수 있다. 수레의 곡식을 뺏길 염려가 있어 부인에 대한 점은 위태로우리라. 군자가 보름이 지나 정벌을 나가는 것은 흉하리라.

비가 내렸으나 이미 멈췄다(旣雨旣處).
아직은 실을 수 있다(尙德載).

기(旣)는 이미이다①. 처(處)는 멈추다의 뜻이다②. 기우기처(旣雨旣處)는 비가 내리고 이미 멈췄다는 뜻이다. 상(尙)은 오히려·아직·상이라는 뜻이 있다. 본 효에서는 아직으로 쓰였다③. 덕(德)은 득(得)이다④. 재(載)는 타다, 싣다이다⑤. 상덕재(尙德載)는 아직은 실을 수 있다는 뜻이다. 소축괘가 농사와 관련된 괘라는 것을 감안하면 비가 이미 갰으므로 곡식을 실을 수 있다는 의미다.

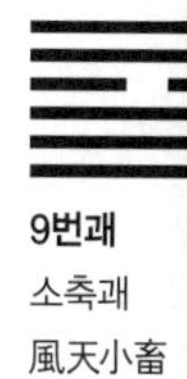

① 기(旣) : 기(旣)는 이미기방(旡=无=없음)과 皀(고소할 급·핍)이 합쳐져 만들었다. 급(皀)은 배불리 먹은 후 옆을 바라보는 모습을 그린 것이다. 이미 배부르게 먹었다는 의미다(說文, 旣 小食也 从皀旡聲 論語 日 不使勝食旣). 이미, 처음부터, 그러는 동안에, 끝나다, 녹봉으로 받는 쌀 등으로 사용이 된다.

② 처(處) : 옥편에는 거처라 했고, 모전에는 멈추는 것이라 했다(玉篇 居也, 毛傳 處 止也). 춘추좌전(春秋左傳) 장공(莊公) 3년(기원전691년)에 겨울에 공이 활에서 차했다(冬 公次于滑)에 기록에 대해 좌구명(左丘明)은 3일 이상 머무는 것을 차(次)라고 했다. 이에 반해 처(處)는 잠시 머무르다, 휴식한다는 뜻이 강해 일시적인 거처 또는 일시적인 멈춤이 된다.

③ 상(尙) : 설문은 더함으로, 왕인지는 도움으로, 고형(高亨)은 상으로 새겼다(說文 尙 曾也 庶幾也 从八向聲, 高亨 尙借爲賞, 王引之 尙 訓助).

④ 덕(德) : 바르고 너그러운 마음이다. 집운에 덕행(德行)을 얻을 득(得)으로 해설했고, 순자 성상에 있는 得은 德의 가차자로 사용되었다(集韻 德行之得也, 荀子 成相 尙得推賢 中 得字 那是德字的假借字). 德과 관련된 백서주역, 초죽서의 기록은 아래와 같다.

(1) 德이 백서주역에는 得으로 표시된 경우 : 9번 소축괘 상구.
(2) 德이 백서주역에는 德으로, 초죽서에는 悳으로 표시된 경우 : 6번 송괘 육삼, 32번 항괘 구삼·육오, 42번 익괘 구오(초죽서는 확인할 수 없다).
(3) 事가 백서주역에는 德으로 표시된 경우 : 18번 고괘 상구.

⑤ 재(載) : 설문에 타는 것이라 했다(說文, 載 乘也).

부인의 점은 위태롭다(婦貞厲).

정려(貞厲)는 점을 친 결과 위태하게 나왔다는 것이다. 정(貞)은 점(占)이다①. 려(厲)는 위태함이다②.

① 정(貞) : 32번 항괘 괘사를 참고하라.

② 려(厲) : 1번 건괘 구삼을 참고하라.

보름이 지나(月幾望),
군자가 정벌하는 것은 흉하다(君子征凶).

월기망(月幾望)은 보름이 지났다는 것이다①. 군자(君子)는 벼슬이 있는 사람을 말한다②. 정(征)은 정벌한다는 것이다③. 본 효를 얻으면 군자가 보름이 지나 정벌을 위해 나가는 것은 흉하다. 앞의 부인의 점은 위태롭다는 내용과는 별개의 내용이다.

① 월기망(月幾望) : 백서주역에는 월기망(月幾望)이 월기망(月既朢)으로 되어 있다. 보름이 지났다는 뜻은 동일하다. 幾와 既는 통가(通假)하여 사용된 것이고, 望과 朢은 보름이다. 기망(幾望)은 거의 달이 찬 것으로, 기망(既望)은 보름을 넘겼다는 뜻으로 해석을 하기도 한다. 백서주역의 기록을 볼 때 틀린 설명이다.

② 군자(君子) : 1번 건괘 구삼을 참고하라.

③ 정(征) : 행한다, 정벌한다, 취한다, 떠난다는 의미가 있다(爾雅·釋言 行也, 孟子 征者 上伐下也, 韻會 征 伐也, 正韻 征 取也). 시경 홍안(鴻雁)·거공(車攻)의 지자우정(之子于征)은 그 분이 길을 떠난다는 뜻이다. 흉(凶)은 나쁜 것이고 길함의 반대이다(說文 兇 惡也, 段玉裁 說文解字注 兇 惡也 凶者 吉之反).

9번괘

소축괘

風天小畜

이괘(履卦) 천택리(天澤履) 10번괘

호랑이 꼬리를 밟아 나가는 것을 통하여 무인이 상대를 정벌하는 길흉을 설명했다.

(이)는 이호미라도 부질인하니 형하니라.
(履)는 履虎尾라도 不咥人하니 亨하니라.

초구는 소리로 왕하니 무구리라.
初九는 素履로 往하니 无咎리라.

구이는 이도가 탄탄하니 유인의 정은 길하도다.
九二는 履道가 坦坦하니 幽人의 貞은 吉하도다.

육삼은 묘능시하고 파능리라. 이호미로 질인하니 흉하리라. 무인이 위우대군이로다.
六三은 眇能視하고 跛能履라. 履虎尾로 咥人하니 凶하리라. 武人이 爲于大君이로다.

구사는 이호미라. 색색이면 종길하리라.
九四는 履虎尾라. 愬愬이면 終吉하리라.

구오는 쾌리하니 정은 려하도다.
九五는 夬履하니 貞은 厲하도다.

상구는 시리고상하고 기선하니 원길하리라.
上九는 視履考祥하고 其旋하니 元吉하리라.

10번괘

이괘(履卦)

호랑이 꼬리를 밟아 나가는 것을 통하여 무인이 상대를 정벌하는 길흉을 설명했다.

(이). 이호미 부질인. 형.
(履). 履虎尾 不咥人. 亨.

호랑이 꼬리를 밟듯 사나운 상대를 건드렸으나, 나를 물지 않으니 해가 없다. 본 괘를 얻는 경우 제사를 지낼 만하다.

이괘(履卦)는 호랑이 꼬리를 밟아 나가는 것을 통하여 무인이 상대를 정벌하는 길흉을 설명했다.

역경의 괘의 풀이는 괘상 + 괘명 + 괘사의 순서를 따르고 있다. 이호미(履虎尾)에 있는 이(履)를 괘명으로 본다면 호미 부질인(虎尾 不咥人)은 [호랑이 꼬리가 사람을 물지 않는다.]가 되어 말이 되지 않는다. 그러므로 이호미(履虎尾) 앞에 괘명을 넣어 [이 이호미(履 履虎尾)]가 되어야 한다.

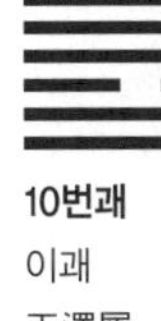

괘명인 이(履)는 밟는 것, 신발, 예절이다. 이(履)자는 주장함을 뜻하는 시(尸), 걸음의 척(彳), 천천히 걷는 모양의 치(夂), 나막신 모양의 주(舟)가 합쳐져 이루어졌다. 이(履)에 대하여 아래와 같이 다양한 해석이 있다.

(1) 이(履)는 밟는 것이다. 모전의 해석이다(毛傳 履 踐也). 2번 곤괘 초육의 이상 견빙지(履霜 堅冰至)를 서리를 밟으면 굳은 얼음이 어는 것으로 해석하는 것도 이(履)를 밟는 것으로 본 것이다. 이괘(履卦)에 대해 잡괘전에서는 이불처(履不處)라 했다. 유일한 음효인 육삼이 자리에 머물지 않고 양효를 따라 밟아 움직이는 상이다. 본의(本義)에서도 불처 행진지의(不處 行進之義)라 했다. 이(履)가 밟는다는 의미로 사용이 된 곳은 본 괘 괘사·구이·육삼·구사·상구이다.

(2) 이(履)는 신발이다. 설문의 해석이다(說文, 履 足所依也). 즉 신발인 혜(鞋)를 뜻한다. 이(履)가 신발의 의미로 사용이 된 곳은 본 괘의 초구, 구오이다.

(3) 이(履)는 예절, 예의를 뜻하기도 한다. 주장함을 뜻하는 尸와 회복함을 뜻하는 復이 합쳐져 타고난 성품을 회복하여 예절을 지킨다는 의미도 있다(爾雅·釋言 履 禮也, 釋名 履 飾足以爲禮也). 백서주역의 괘명도 이(履)가 아닌 예(禮)로 되어 있다. 그러나 백서주역의 계사전에는 괘명이 이(履)로 되어 있다.

호랑이 꼬리를 밟았다(履虎尾).
사람을 물지 않는다(不咥人).

이(履)는 밟음·신발·예의이다. 본 괘사에서는 밟음(踐)으로 사용되었다. 이호미(履虎尾)는 호랑이 꼬리를 밟았다는 것이다. 질(咥)은 크게 웃는다, 깨물다이다. 부질인(不咥人)은 사람을 물지 않는다는 뜻이다. 사나운 사람이나 상대를 만났는데 밟은 나를 해치지는 않는다는 의미이다. 질(咥)을 설문은 크게 웃는 것이라 했고(說文, 咥 大笑也), 유편은 무는 것이라 했다(類篇, 咥 齧也, 齧 물 설).

제사를 지낼 만하다(亨).

형(亨)은 제사·연회·잔치·대접·흠향의 뜻을 가진 향(鄕)이고 향(亯)이다. 제사를 지내기 전 점을 쳐 본 괘를 얻으면 제사를 거행한다. 형(亨)은 1번 건괘 괘사를 참고하라.

초구 : 소리왕 무구.
初九 : 素履往 无咎.
흰색 신발을 신듯 소박하고 꾸미지 않는다. 신중과 정성을 더해 나아가는 것은 허물이 없으리라.

흰색 신발을 신고 간다(素履往).

소(素)는 희다는 것이다. 리(履)는 밟음·신발·예의이다①. 본 효사에서는 신발(鞋)로 사용되었다. 소리(素履)는 흰 신발을 신었다는 뜻이다②. 왕(往)은 간다, 행동한다는 것이다③.

① 이(履) : 본 괘 괘사를 참고하라.

② 소리(素履) : 주례 천관 구인에 왕과 왕비가 신는 신발을 관장하는데, 붉은 가죽 신, 검정 거죽 신, 흰색 신, 칡신이 있었다는 기록이 있다(週禮 天官 屨人, 掌王及後之服屨 爲赤舄 黑舄 赤繶 黃繶 靑句 素屨 葛屨). 기록 중 소구(素屨)는 소리(素履)와 같다. 소리(素履)는 흰색 신발이다(高亨, 素 白色無文彩 履 鞋也).

③ 왕(往) : 25번 무망괘 괘사를 참고하라.

허물이 없다(无咎).

무구(无咎)는 망구(亡咎)로 허물이 없다는 것이다. 28번 대과괘 초육에 흰 띠풀로 짠 자리를 깐다는 것은(藉用白茅) 소박하되 신중을 기하는 것이고, 22번 비괘 상구에 희게 꾸미면 허물이 없다(白賁 无咎)는 것은 색을 칠한 후 다시 바탕 칠을 하는 것이다. 소리(素履)는 소박하고 꾸미지 않되 신중을 기하고 정성을 더하는 것이다. 이런 태도로 가면 허물이 없다는 의미이다.

구이 : 이도탄탄 유인정길.
九二 : 履道坦坦 幽人貞吉.

앞으로 밟고 가는 길이 평탄하다. 갇혀 있는 사람이 자유를 얻은 후 밟고 나가는 길이 좋다. 길하리라.

밟고 가는 길이 평탄하다(履道坦坦).

이(履)는 밟음·신발·예의이다. 본 효사에서는 밟음(踐)으로 사용되었다①. 탄

탄(坦坦)은 평탄하다는 뜻이다②. 이도탄탄(履道坦坦)은 밟고 가는 길이 평탄하다는 것이다.

---

① 이(履) : 10번 이괘 괘사를 참고하라.

② 탄(坦) : 설문에 편안함이라 했다(說文, 坦 安也).

갇혀 있는 사람의 점은 길하다(幽人貞吉).

유인(幽人)은 옥에 갇혀 있는 사람이다①. 정길(貞吉)은 점은 길하다는 것이다②. 그러므로 유인정길(幽人貞吉)은 옥에 갇혀 있는 사람에 대한 점은 길하다는 뜻이다. 자유를 얻은 후 가는 길이 평탄하다는 의미다.

---

① 유인(幽人) : 집해에서는 우번의 말을 인용하여 옥에 갇혀 있는 사람, 즉 수인(囚人)으로 설명했다(集解, 虞翻 在獄中 故稱幽人). 속세를 떠나 산속에 숨어 조용하게 사는 이로 보기도 한다(幽隱之人.隱士, 說文 幽 隐也, 隐 숨을 은).

② 정길(貞吉) : 32번 항괘 괘사를 참고하라.

육삼 : 묘능시 파능리 이호미 질인 흉. 무인위우대군.

六三 : 眇能視 跛能履 履虎尾 咥人 凶. 武人爲于大君.

애꾸눈이 보려 하고 절름발이가 걸으려 하는 것처럼 능력이 없는 자가 행동하는 것이다. 호랑이 꼬리를 밟듯 사나운 사람을 만나 상처를 당하니 흉하리라. 부족한 일개 무인이 대군인 왕의 자리에 있는 것과 같다.

애꾸눈으로 보려 한다(眇能視).

절름발이가 걸으려 한다(跛能履).

묘(眇)는 애꾸눈이다. 파(跛)는 절름발이다. 능(能)은 ~로서를 뜻하는 어조사이다①. 시(視)는 보는 것이다②. 그러므로 묘능시(眇能視)는 애꾸눈으로서 보려고 한다는 것이고, 파능리(跛能履)는 절름발이로서 걸으려 한다는 뜻이다. 둘 다 부족하고 능력이 없는 자가 행하려고 하는 것이다③.

① 능(能) : 집해에서는 능(能)을 이(而)로 봤다(集解, 能正作而). 이(而)는 ~로서로 사용되는 어조사이다.

② 시(視) : 설문에 보는 것이라 했다(說文, 視 瞻也, 瞻 볼 첨). 견(見)이 그가 보여 주는 일이고, 시(視)는 내가 보는 것이다.

③ 상전에서도 애꾸눈으로서 보려 하는 것은 밝음이 부족한 것이며, 절름발이로서 걸으려 하는 것은 같이 행동하는 것이 부족하다고 했다(象曰, 眇能視 不足以有明也 跛能履 不足以與行也). 만약 능(能)을 [능할 능]으로 해석을 하면 애꾸눈이 능히 보고 절름발이가 능히 보는 것이 된다. 이런 상태라면 흉할 이유가 없다.

호랑이 꼬리를 밟았다(履虎尾).
사람을 문다(咥人).
흉하다(凶).

이호미(履虎尾)는 호랑이 꼬리를 밟았다는 것이다. 사나운 사람을 만났다, 사나운 상대를 만났다는 뜻이다①. 질(咥)은 크게 웃는다, 깨물다이다. 그러므로 질인 흉(咥人 凶)은 사람을 무니 흉하다는 것이다. 사나운 상대를 만났는데 나를 문다, 흉할 수밖에 없다②.

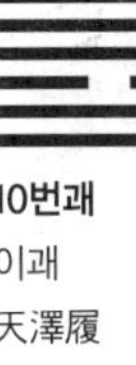

① 이호미(履虎尾) : 본 괘 괘사를 참고하라.

② 질인(咥人) : 본 괘 괘사를 참고하라.

무인이 대군으로 있다(武人爲于大君).

무인(武人)은 장수를 따르는 일개 무사이다①. 위(爲)는 하다, 만들다, 위하다, 어조사로 ~으로의 뜻이다②. 우(于)는 어조사로 ~에서, ~로 행하다, ~에게이다③. 대군(大君)은 군자보다 높은 벼슬을 하는 사람이다④. 그러므로 무인위우대군(武人爲于大君)은 능력이 부족한 일개 무사가 높은 벼슬 자리에 있다는 의미이다. 상전에서는 무인이 그 뜻만 강한 상태라 했다(象曰, 武人爲于大君 志剛也).

① 무인(武人) : 시경 소아의 점점지석(詩 小雅 漸漸之石)에 나오는 무인동정 부황조의(武人東征 不遑朝矣)의 무인에 대해 정현은 장수를 따른다 했다(鄭玄箋 武人 謂將率也). 무인은 요즘 시각으로 보면 일개 졸병에 불과한 셈이다. 무인(武人)이 역경에 쓰인 곳은 천택리 10번 이괘 육삼, 57번 손괘 초육이다.

② 위(爲) : 4번 몽괘 상구를 참고하라.

③ 우(于) : 2번 곤괘 상육을 참고하라.

④ 대군(大君) : 7번 사괘 상육을 참고하라.

구사 : 이호미 색색 종길.
九四 : 履虎尾 愬愬 終吉.

호랑이 꼬리를 밟듯 사나운 사람을 만났다. 놀라고 두려웠으나 조심하는 마음을 가지니 전화위복이 되어 길하리라.

이호미(履虎尾)는 호랑이 꼬리를 밟았다는 것이다. 사나운 사람, 상대를 만났다는 뜻이다①. 색색(愬愬)은 놀라고 두려워 하는 것이다②. 종길(終吉)은 끝은 길하다는 것이다③.

① 이호미(履虎尾) : 본 괘 괘사를 참고하라.

② 색(愬) : 마융은 본래 혁혁이라 했다(子夏傳 云 恐懼貌, 馬本作虩虩). 설문은 혁(虩)을 놀라고 두려워 하는 모양으로 해설했다(說文, 虩 易 履虎尾虩 虩 恐懼 一日蠅虎也, 恐 두려울 공, 懼 두려워할 구, 蠅 파리·돌아 다니는 모양 승).

③ 종길(終吉) : 5번 수괘 구이를 참고하라.

구오 : 쾌리 정려.
九五 : 夬履 貞厲.
떨어지고 구멍난 신발을 신고 가니 발을 다칠 수 있다. 앞으로 위태하리라.

쾌(夬)는 터놓다, 찢어지다, 끊어지다의 뜻이다①. 이(履)는 밟음·신발·예의이다. 본 효사에서는 신발(鞋)로 사용되었다②. 그러므로 쾌리(夬履)는 떨어진 신발이다. 정(貞)은 점(占)이다. 정려(貞厲)는 점을 친 결과 위태하게 나왔다는 것이다③. 떨어진 신발을 신고 가니 위태로울 수밖에 없다. 본 효사에 대해 아래와 같은 전혀 다른 해석들이 있다.

(1) 유쾌하게 행하니 점은 위태롭다.
(2) 명쾌하게 실천한다. 바르더라도 경계함이 있어야 한다.
(3) 잘 해결된다. 항상 조심하여야 한다.

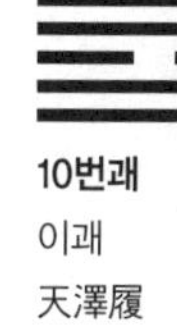

이와 같이 해석이 다른 것은 쾌(夬), 이(履), 정(貞)의 의미해석을 다르게 하기 때문이다. 이 중 쾌(夬)는 터놓다, 찢어지다, 끊어지다의 뜻을 가지고 있다. 설문은 쾌(夬)를 흙을 갈라 놓고 구부러져 물이 흐르는 모양으로 설명했다(說文, 夬 分決也 从又 㞢象決形). 역경 중 쾌(夬)와 관련된 곳은 네 곳이 있다. 10번 이괘 구오의 쾌리(夬履)는 터지고 헤진 신발이라는 뜻으로 쾌 원래의 의미로 사용되었다. 34번 대장괘 구사의 번결(藩決)은 울타리가 갈라졌다, 구멍이 났다는 것이다. 決이 夬 대신 사용된 것이다. 43번 쾌괘 구삼의 군자쾌쾌(君子夬夬)는 결결(趹趹)로 군자가 말처럼 빨리 달리는 모양을 말한다. 43번 쾌괘 구오의 현륙쾌쾌(莧陸夬夬)는 산양이 빨리 달리는 것이다. 상세한 사항은 43번 쾌괘 괘사를 참고하라. 결(決)은 34번 대장괘 구사를 참고하라.

① 쾌(夬) : 43번 쾌괘 괘사를 참고하라.
② 이(履) : 본 괘 괘사를 참고하라.
③ 정려(貞厲) : 9번 소축괘 상구를 참고하라.

상구 : 시리고상 기선원길.
上九 : 視履考祥 其旋元吉.

주의하여 보면서 밟고 나가, 노인을 돌보는 곳을 방문했다가 돌아온다. 크게 길하리라.

시(視)는 보는 것이다①. 이(履)는 밟음·신발·예의이다. 본 효사에서는 밟음(踐)으로 사용되었다②. 시리(視履)는 주의하여 앞을 보면서 밟아 나가는 것이다. 고상(考祥)은 노인을 돌보는 곳이다③. 기선(其旋, 釋文 還 本亦作旋)은 그곳으로부터 돌아온다는 뜻이다. 고상 기선(考祥 其旋)은 노인을 돌보는 곳에 방문했다가 그 장소에서 돌아오는 것이다. 원길(元吉)은 대길(大吉)로 크게 길하다는 뜻이다.

① 시(視) : 본 괘 육삼을 참고하라.

② 이(履) : 10번 이괘 괘사를 참고하라.

③ 고상(考祥) : 효의 구성은...

(1) 보면서 밟고 간다.
(2) 考祥.
(3) 그곳으로부터 돌아온다고 되어 있다.

그러므로 고상(考祥)은 갔던 장소와 관련됐을 것이다. 고(考)는 올라가는 것, 늙은 아버지이다(高亨 考疑當訓登, 爾雅·釋親 父爲考, 廣雅 考 問也, 說文 考 老也 从老省 丂聲, 傳 考 擊也, 傳 考 成也). 상(祥)은 같은 소리 계열인 상(庠)을 빌려 쓴 것으로 추정된다. 백서에는 [羽+羊] 형태의 글자로 나타나 있다. 상(庠)은 노인을 돌보는 곳이다(說文, 庠 禮官養老 夏曰校 殷曰庠 周曰序 从广羊聲).

10번괘

이괘

天澤履

태괘(泰卦) 지천태(地天泰) 11번괘

상나라의 제을이 딸을 시집보내는 일의 길흉을 설명했다.

태는 소는 왕하고 대는 래하니 길하리라. 형하니라.
泰는 小는 往하고 大는 來하니 吉하리라. 亨하니라.

초구는 발모여이기휘하니 정은 길하리라.
初九는 拔茅茹以其彙하니 征은 吉하리라.

구이는 포황으로 용빙하에 불하유붕망하니 득상우중행하니라.
九二는 包荒으로 用馮河에 不遐遺朋亡하니 得尙于中行하니라.

구삼은 무평불파며 무왕불복이라. 간정은 무구하도다. 물휼기부라. 우식에 유복이니라.
九三은 无平不陂며 无往不復이라. 艱貞은 无咎하도다. 勿恤其孚라. 于食에 有福이니라.

육사는 편편하니 불부이기린이라. 불계이부로다.
六四는 翩翩하니 不富以其隣이라. 不戒以孚로다.

육오는 제을귀매이니 이지이며 원길이리라.
六五는 帝乙歸妹이니 以祉이며 元吉이리라.

상육은 성복우황이니 물용사하라. 자읍고명하니 정은 린하도다.
上六은 城復于隍이니 勿用師하라. 自邑告命하니 貞은 吝하도다.

11번괘

태괘(泰卦)

상나라의 제을이 딸을 시집보내는 일의 길흉을 설명했다.

태. 소왕대래 길. 형.
泰. 小往大來 吉. 亨.
작은 것이 가고 큰 것이 오니 작게 잃고 크게 얻어 길하리라. 제사를 지낼 만하다.

태괘(泰卦)는 상나라의 제을이 딸을 시집보내는 일의 길흉을 설명했다.

괘명은 효사의 특정단어를 취해 정해지는데 태괘(泰卦)는 효사에 태(泰)라는 말이 없다. 본 괘 육오의 효사와 같이 제을이 딸을 시집보내 상(商·殷)나라와 주(周)나라가 태평해지는 것에서 괘명을 정했다고 추측된다. 태(泰)는 양손(大=太)으로 물(氺)을 퍼내는 모양을 그렸다. 일이 매끈하다, 술동이에서 술을 퍼낸다는 의미가 있다. 천지인 삼재(三才) 중 사람(人)이 생겨남은 물에 근원이 있다는 뜻도 있다.

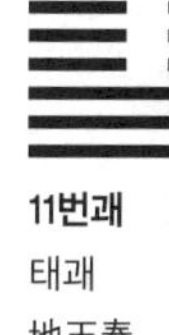

작은 것이 가고 큰 것이 온다(小往大來).
길하다(吉).
제사를 지낼 만하다(亨).

작은 것이 가고 큰 것이 온다. 점을 쳐 태괘를 얻으면 잃는 것은 작고 얻는 것은 많다는 것이다. 그러므로 길하다. 형(亨)은 제사·연회·잔치·대접·흠향의 뜻을 가진 향(嚮)이고 향(亯)이다. 제사를 지내기 전 점을 쳐 본 괘를 얻으면 제사를 거행한다. 형(亨)은 1번 건괘 괘사를 참고하라.

■ 국어·진어 서례 : 공자를 영접하며 점치다.

국어·진어(國語·晉語)에 있는 공자를 영접하면서 점친 서례이다. 진(晉)나라의 혜공(惠公)이 죽은 후 진(秦)의 제후가 피난한 공자(公子)를 받아들였다. 국경에서 영접을 나온 동인(董因)에게 공자는 자신의 도움으로 어려움을 해결할 수 있겠는지를 물었다.

동인이 점을 쳐 태괘의 영수(營數) 8을 얻고 공자에게 대답하였다. [이는 천지가 제대로 배치되어 형통하는 것을 말합니다. 태괘의 괘사에 작은 것이 가고 큰 것이 온다 하였습니다. 지금 진의 제후가 공자를 받아들이려 하는데, 어찌 어려움을 해결할 수 없겠습니까?].

서례와 관련된 진어 원문의 내용은 다음과 같다. 신서지 득태지팔 왈 시위천지배형 소왕대래 금급지의 하부제지유(臣筮之 得泰之八 日 是謂天地配亨 小往大來 今及之矣 何不濟之有)

(1) 득태지팔(得泰之八)은 한 효 또는 두 효가 동효인 9나 6이 되었다는 것이다. 만약 초구에 9라는 동효를 얻었다고 가정을 한다면, 영수는 8+8+8+7+7+9=47이 된다. 이를 천지수 55에서 빼면 8이 된다. 8이 영수(營數)가 된다. 나머지 수가 8이면 변할 효는 육오효가 된다. 그러므로 초구 동효와 변할 효가 육오이므로 이 경우 본괘의 괘사인 소왕대래(小往大來)로 풀이를 한 것이다.

- - 8 少陰
- - 8 少陰 변할 爻
- - 8 少陰
— 7 少陽
— 7 少陽
— 9 老陽 動爻

(2) 시위천지배형(是謂天地配亨)은 태괘의 괘상이 상괘는 곤지(☷), 하괘는 건천(☰)이 되는 것을 말한다.

초구 : 발모여이기휘 정길.
初九 : 拔茅茹以其彙 征吉.
띠 뿌리와 함께 그 동류를 뽑는 것과 같이 시집보내기 위해 딸과 그 동생을 뽑는다. 결혼을 위해 떠나는 것이 길하리라.

띠 뿌리와 함께 동류를 뽑는다(拔茅茹以其彙).

발(拔)은 뽑는 것이다①. 모여(茅茹)는 띠 뿌리를 말한다. 이(以)는 ~더불어로 사용된 어조사이다②. 기(其)가 대명사로 쓰일 때는 그, 그의, 나, 나의, 그것들로 쓰인다. 휘(彙)는 동류나 무리, 고슴도치이다③. 그러므로 발모여이기휘(拔茅茹以其彙)는 띠 뿌리와 함께 동류를 뽑는 것이다. 시집보내기 위해 딸과 그 동생을 선발하였다는 것이다.

① 발(拔) : 설문과 증운에서 뽑는 것이라 했다(說文 拔 擢也, 增韻 拔 抽也. 擢 뽑을 탁, 抽 뽑을 추).

② 이(以) : 이(以)는 ~써, ~로, ~와 더불어, ~와 함께, ~를 가지고, ~를 근거로, ~에 따라, ~에 의해서, ~대로 ~때문에, ~까닭에, ~로 인하여, ~부터 ~하여, ~함으로써, ~하기 위하여, ~을 ~로 하다, ~에게 ~을 주다, ~라 여기다로 사용이 되는 어조사이다. 시경소남(詩經召南) 강유사(江有汜)에 아래와 같은 대목이 있다.

강유사(江有汜) : 강물이 갈라져 흐르네
지자귀(之子歸) : 아가씨 시집 가네
불아이(不我以) : 나와 함께 하지 않네
불아이(不我以) : 나와 함께 하지 않네
기후야회(其後也悔) : 후에 후회하리라.

위 대목 중 이(以)에 대해 정현(鄭玄)은 모시(毛詩)의 전(箋)에서 이는 더불어, 함께를 뜻하는 여와 같다고 했다(以猶與也).

③ 발모여이기휘(拔茅茹以其彙) : 고형(高亨)은 주역고경금주(周易古經今注)에서 띠를 뽑아 말에게 먹일 때 띠 줄기를 사용한다고 해석했다. 여(茹)를 말에게 먹이는 것으로 보고, 휘(彙)를 줄기로 보고 해석한 것이다. 그러나 주역대전금주(周易大傳今注)에서는 왕인지(王引之)의 설을 취해 모(茅)를 풀로 보고 여(茹)를 뿌리로 봐 농사를 짓는 사람이 곡식에 해를 주는 풀을 뿌리까지 뽑는 것으로 해석했다. 본 책에서는 고형의 이론을 따르지 않았다. 본 괘의 효사 중 육오의 제을귀매는 분명 결혼과 직접 관련된 내용이다. 결혼에 초점을 맞춰 다른 효사들을 해석하면 문제가 없기 때문이다.

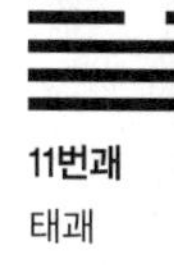

떠나는 것이 길하다(征吉).

정(征)은 행한다, 정벌한다, 취한다, 떠난다는 것이다. 정길(征吉)은 행하는 것이, 정벌하는 것이, 떠난다는 것이 길하다는 뜻이다. 본 효사에서는 결혼을 위해 떠나는 것이 길하다는 의미로 사용되었다.

구이 : 포황 용빙하 불하유붕 망 득상우중행.
九二 : 包荒 用馮河 不遐遺朋 亡 得尙于中行.

속이 빈 박을 허리에 차고 배 없이 강을 건넌다. 물에 빠져 죽지 않고 일행을 잃지 않았다. 길을 가는 중도에서 상을 받으리라.

속이 빈 박이다(包荒).
배가 없이 강을 건넌다(用馮河).

포(包)는 싸는 것이고, 포용하는 것이다. 이곳에서는 박으로 쓰였다①. 황(荒)은 비어 있는 것이다. 포황(包荒)은 속이 빈 박이다②. 용(用)은 쓴다, 시행한다는 뜻이다③. 빙하(馮河)는 배가 없이 강을 건너는 것이다④. 그러므로 포황용빙하(包荒用馮河)는 속이 빈 박을 허리에 차든지, 박을 뗏목 형태로 만들어 강을 건넌다는 뜻이다⑤.

① 포(包) : 4번 몽괘 구이를 참고하라. 포(包)는 박을 뜻하는 포(匏)를 대신했다.

② 황(荒) : 허(虛)이다. 국어·오어에 황성불맹에 대해 위소는 텅 빈 성과는 맹약을 맺지 않는다고 했다(吳語 荒成不盟, 韋昭 荒 空也). 설문에서는 황(荒)을 황(巟)으로 인용하였다(說文, 巟 水廣也 从川亡聲 易 曰 包巟用馮河).

③ 용(用) : 1번 건괘 초구를 참고하라.

④ 빙하(馮河) : 배가 없이 강을 건너는 것이다(疏 用馮河者 無舟渡水, 爾雅·釋訓 馮河 徒涉也).

⑤ 정이(程頤)와 주희(朱熹)는 포황(包荒)을 거칠고 더러운 변방 지역까지 포용하는 것으로 해석했다. 본 책은 이 해석을 따르지 않는다.

빠지지 않고 일행이 죽지 않았다(不遐遺朋 亡).

불하(不遐)는 어떤 상태에 도달하지 않은 것을 말한다. 유(遺)는 남기는 것이고 망하는 것이다. 물을 건너다 망하지 않았다는 것이니 물에 빠지지 않았음을 말한다①. 붕(朋)은 친구이며 재물이다. 이곳에서는 친구, 일행으로 쓰였다②. 망(亡)은 구부러져 은폐된 곳으로 들어간다는 의미다. 도망친다. 죽는다의 뜻이 있다③.

① 유(遺) : 설문은 망하는 것이라 했다(說文. 遺 亾也). 망(亾 망할 망)은 멸망하다, 도망하다, 죽다, 가난하다의 뜻을 가지고 있다.

② 붕(朋) : 2번 곤괘 괘사를 참고하라.

③ 망(亡) : 망(亡)은 성모가 같은 무(無)자와 통용이 된다(說文. 亡 逃也 从入从乚 凡亡之屬皆从亡). 백서주역에는 붕망(朋亡)이 불망(弗忘)으로 기록되어있다. 망(亡)과 망(忘)은 예전에는 통용되었으며 불망(弗忘)은 죽지 않았다는 뜻이다.

중도에서 상을 받는다(得尙于中行).

득(得)은 얻는 것이다. 상(尙)은 오히려·아직·상이라는 뜻이 있다. 본 효에서는 상으로 쓰였다①. 중행(中行)은 중도(中道, 길 가운데)이다②. 그러므로 득상우중행(得尙于中行)은 중도에서 상을 받는다, 환대를 받는다는 것이다③.

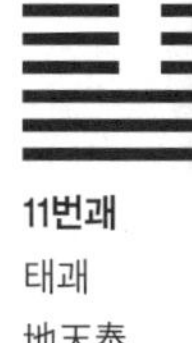

① 상(尙) : 9번 소축괘 상구를 참고하라.

② 중행(中行) : 중도(中道), 도중(道中), 중도(中途)이며 사람 이름인 중연(仲衍)이다. 이곳에서는 중도(中途)로 사용되었다. 11번 태괘 구이의 득상우중행(得尙于中行), 24번 복괘 육사의 중행독복(中行獨復), 43번 쾌괘 구오의 중행무구(中行无咎)의 중행은 중도(中道), 도중(道中), 중도(中途)로 쓰였고, 42번 익괘 육삼의 중행고공용규(中行告公用圭)는 사람 이름인 중연(仲衍)으로 쓰였다. 행(行)에 대한 설문의 해설은 다음과 같다. [행(行)은 사람의 걸음걸이를 말한다. 작은 걸음으로 걷는 척(彳)과 걸음을 멈추는 촉(亍)으로 구성되어 있다. 행부에 속하는 것은 모두 이런 의미를 갖는다(說文. 行 人之步趨也 从彳从亍 凡行之屬皆从行).]. 이아·석궁에서는 길이라 했다(爾雅·釋宮. 行 道也).

③ 시경 중 대명(大明)에 있는 다음 내용을 볼 때, 중도에서 환대를 한 사람은 문왕(文王)이다. 대방유자 현천지매 문정궐상 친영우위 조주위량 불현기광(大邦有子 俔天之妹 文定厥祥 親迎于渭 造舟爲梁 不顯其光). 큰 나라(상나라)의 딸은 하늘의 소녀와 같았다. 점을 쳐 길한 날을 정해 문왕이 친히 위수에서 첫 번째 신부(제을의 딸을 말한다)를 맞이했다. 위수에 배를 이어 다리를 놓았고, 그 빛이 찬란했다. 본 내용은 54번 귀매괘 괘사를 참고하라.

구삼 : 무평불파. 무왕불복. 간정무구. 물휼기부 우식유복.
九三 : 无平不陂. 无往不復. 艱貞无咎. 勿恤其孚 于食有福.
평탄한 것은 비탈지게 마련이고 떠난 것은 돌아오는 법. 어려운 일은 허물이 없다.
빼앗긴 물건에 대해 근심하지 말라. 먹을 복이 있으리라.

평탄한 것은 비탈지게 마련이다(无平不陂).
떠난 것은 돌아오는 법이다(无往不復).

세상만사의 길흉은 반복된다는 뜻이다. 격언의 성격을 가진 말로 점사적으로 특별한 의미는 없다.

어려움에 대한 점은 허물이 없다(艱貞无咎).

간(艱)은 어렵다는 것이다①. 정(貞)은 점(占)이다②. 간정(艱貞)은 어려움에 대한 점이다. 무구(无咎)는 망구(亡咎)로 허물이 없다는 것이다③. 그러므로 간정무구(艱貞无咎)는 어려움에 대한 점은 허물이 없다는 뜻이다.

① 간(艱) : 이아·석고 간 조간 난야(爾雅·釋詁 艱 阻艱 難也), 설문 간 토난치야(說文, 艱 土難治也).
② 정(貞) : 32번 항괘 괘사를 참고하라.
③ 무구(无咎) : 60번 절괘 초구를 참고하라.

빼앗긴 물건에 대해 근심하지 말라(勿恤其孚).
먹는 데 복이 있다(于食有福).

물(勿)은 부정의 어조사로 말라, 아니다이다①. 휼(恤)은 근심이다②. 부(孚)는 벌·포로·잡음·노획품·믿음·끌어당김으로 사용이 된다. 본 효에서는 약탈당한 것으로 사용되었다③. 그러므로 물휼기부(勿恤其孚)는 약탈당한 물건에 대해 근심하지 않아도 된다는 의미다. 이유는 먹을 복이 있기 때문이다.

① 물(勿) : 3번 준괘 괘사를 참고하라.

② 휼(恤) : 설문에 근심이고 거두는 것이라 했다(說文, 憂也 收也). 백서주역에는 恤이 혈(血)로 기록돼 있고(35번 진괘 육오), 초죽서에는 휼이 휼(卹)로 기록돼 있다(43번 쾌괘 구이). 卹은 恤로 근심이다(正韻 卹 雪律切 音戌 與恤同 誤 憂也 愍也, 說文 卹 憂也 从血卩聲 一曰鮮少也).

③ 부(孚) : 9번 소축괘 육사를 참고하라.

육사 : 편편 불부이기린 불계이부.
六四 : 翩翩 不富以其隣 不戒以孚.

주의하지 않고 경거망동하니 이웃과 더불어 복이 없다. 경계하지 않아 물건을 빼앗긴 것이니 누구를 원망하겠는가?

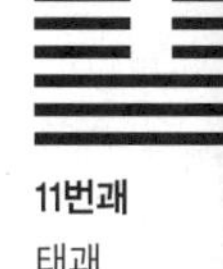

11번괘
태괘
地天泰

주의하지 않고 경거망동한다(翩翩).
그 이웃과 더불어 복이 없다(不富以其隣).

편(翩)을 석문은 경거망동하는 모양으로 풀이했고, 설문과 광아에서는 나는 것으로 풀이했다. 본 책에서는 주의를 안하고 경거망동하는 것으로 새겼다(釋文 翩 輕擧貌, 說文 翩 疾飛也, 廣雅 翩翩 飛也). 불부이기린(不富以其隣)은 그 이웃과 더불어 복이 없다는 것이다. 9번 소축괘 구오를 참고하라.

경계하지 않아 물건을 빼앗긴 것이다(不戒以孚).

부(孚)는 벌·포로·잡음·노획품·믿음·끌어당김으로 사용이 된다. 본 효에서는 약탈당한 것으로 사용되었다①. 계(戒)는 경계하고 삼가는 것이다②. 내용은 주의를 안하고 경거망동하다가 자신의 물건을 잃어버리니 그 이웃과 함께 가난해졌다는 것이다. 자신이 경계하지 않아 물건을 잃은 것이니 누구를 원망할 수 없다는 뜻이다.

① 부(孚) : 9번 소축괘 육사를 참고하라.

② 계(戒) : 설문에 경계하는 것이라 했다(說文, 戒 警也).

육오 : 제을귀매이지 원길.
六五 : 帝乙歸妹以祉 元吉.

상나라의 왕인 제을이 딸을 시집보낸다. 상나라 주나라에게 모두 복이 있고 크게 길한 일이리라.

제을(帝乙)은 상(商·殷)나라의 왕으로 주왕(紂王)의 아버지이다. 귀(歸)는 돌아오다, 결혼한다는 것이다. 매(妹)는 소녀이다. 이곳에서는 제을의 딸을 말한다. 제을귀매(帝乙歸妹)는 상나라의 제을이 자신의 딸을 주(周)나라의 문왕(文王)에게 시집보내는 것이다①. 이(以)는 ~써, ~로, ~와 더불어, ~와 함께로 쓰이는 어조사이다. 지(祉)는 복이다②. 원길(元吉)은 대길(大吉)로 크게 길하다는 뜻이다③. 제을이 딸을 시집보내는 것은 상나라와 주나라 모두에게 좋은 일이라는 뜻이다.

① 제을귀매(帝乙歸妹) : 54번 귀매괘 괘사를 참고하라.

② 지(祉) : 설문은 복이라 했다(說文, 祉 福也). 시경 유월(六月) 중에 있는 기다수지(旣多受祉)는 많은 복을 받았다는 것이다. 고형(高亨)은 주역고경금주(周易古經今注)에서 지(祉)를 조카를 뜻하는 질(姪)로 봤으나, 주역대전금주(周易大傳今注)에서는 복(福)으로 해석을 했다.

③ 원길(元吉) : 41번 손괘 괘사를 참고하라.

■ 춘추좌전 서례 : 정나라를 구원할지 점치다.

춘추좌전(春秋左傳) 애공(哀公) 9년(기원전 486년)에 있는 서례이다. 송(宋)나라가 정(鄭)나라를 공격하자, 진(陳)나라 대부 조앙(趙鞅)이 정나라를 구원할 생각으로 점을 쳤다. 먼저 거북점을 쳤다. 거북점의 징조를 해석한 사구(史龜)

와 사묵(史墨)이 정나라를 구원하는 것은 불가하다고 말했다. 이때 양호(陽虎)도 주역을 이용한 시초점을 쳐 태괘(泰卦)의 육오가 동하여 수괘(需卦)가 되는 괘를 얻었다.

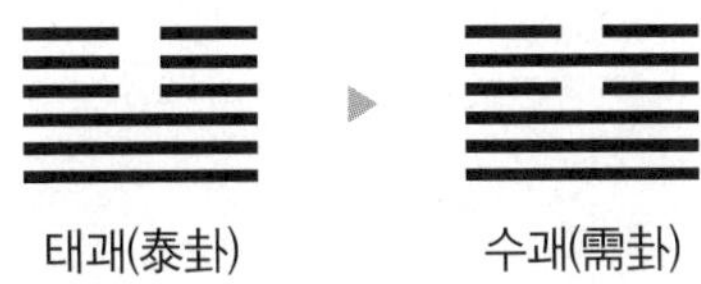

태괘(泰卦) 수괘(需卦)

양호는 다음과 같이 해석했다. 송나라는 길하니 적으로 삼을 수 없다. 송나라를 건국한 미자계(微子啓)는 제을(帝乙)의 큰아들이다. 또 송나라와 정나라는 인척간의 나라이다. 태괘 육오 효사에서 말한 지(祉)는 복록을 말한다. 효사는 제을의 큰아들이 딸을 시집보내면 길하고 복록이 있게 된다는 것이다. 그러므로 정나라를 도와줘도 우리에게 길함이 없다. 이 해석을 들은 조앙은 정나라를 구원하려는 생각을 버렸다.

양호의 해석은 송나라가 정나라를 공격을 하고 있으나, 송나라의 왕이 그 딸을 정나라에 시집보내고, 정나라는 이에 감사하여 송나라에 충성을 하게 되어 복록이 있게 된다는 것이다. 양호의 해석에 대한 춘추좌전 원문은 다음과 같다. 양호이주역서지 우태지수 왈 송방길 부가여야 미자계 제을지원자야 송정 생구야 지 녹야 약제을지원자귀매 이유길록 아안득길언(陽虎以周易筮之 遇泰之需 曰 宋方吉 不可與也 微子啓 帝乙之元子也 宋鄭 甥舅也 祉 祿也 若帝乙之元子歸妹 而有吉祿 我安得吉焉). 동효가 변할 효인 경우 본괘의 해당 동효로 해석한 경우이다.

상육 : 성복우황 물용사 자읍고명 정린.
上六 : 城復于隍 勿用師 自邑告命 貞吝.
성이 구덩이로 넘어졌으니 군사를 쓰지 말라고 도읍의 사람이 알려 온다. 앞일은 어려우리라.

성이 구덩이로 넘어졌다(城復于隍).

복(復)은 오간다, 돌아가는, 넘어지는 것이다①. 우(于)는 어조사이다②. 황(隍)은 성을 방비하기 위한 물이 없는 못이니 웅덩이다③. 성복우황(城復于隍)은 성이 구덩이로 넘어졌다는 것이다.

① 복(復) : 24번 복괘 괘사를 참고하라. 이 곳에서는 넘어진다는 의미를 가진 복(覆)으로 썼다.
② 우(于) : 2번 곤괘 상육을 참고하라.
③ 황(隍) : 황(隍)은 물이 없는 못이다. 물이 있는 못은 지(池)라고 한다(說文, 隍 城池也 有水曰池 無水曰隍).

군사를 쓰지 않는다(勿用師).
도읍에서 알린다(自邑告命).

물용(勿用)은 쓰지 말라, 시행하지 말라는 것이다①. 사(師)는 군인, 군대이다②. 물용사 자읍고명(勿用師 自邑告命)은 성이 무너져 어려운 상황이니 군사를 동원하지 말라고 도읍의 사람이 왕에게 알린다는 것이다.

① 물용(勿用) : 1번 건괘 초구를 참고하라.
② 사(師) : 7번 사괘 괘사를 참고하라.

점은 어렵다(貞吝).

정린(貞吝)은 점은 어렵다는 뜻이다. 정(貞)은 점(占)이다. 설문에서도 정은 점에 묻는 것이라 했다(說文, 貞 卜問也). 린(吝)은 어려운 것이다. 40번 해괘 육삼을 참고하라.

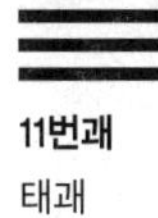

11번괘

태괘

地天泰

비괘(否卦) 천지비(天地否) 12번괘

여러 상황을 통하여 막힘의 길흉을 설명했다.

(비)는 비지(비)인이라. 불리군자정으로 대는 왕하고 소는 래하리라.
(否)는 否之(非)人이라. 不利君子貞으로 大는 往하고 小는 來하리라.

초육은 발모여이기휘이니 정은 길하도다.
初六은 拔茅茹以其彙이니 貞은 吉하도다.

육이는 (형)에 (포)승하니 소인은 길하고 대인은 비하리라.
六二는 (亨)에 (袍)承하니 小人은 吉하고 大人은 否하리라.

육삼은 (형)에 (포)수하느니라.
六三은 (亨)에 (袍)羞하느니라.

구사는 유명이니 무구리라. 주리지니라.
九四는 有命이니 无咎리라. 疇離祉니라.

구오는 휴비이나 대인은 길하리라. 기망기망하니 계우포상하도다.
九五는 休否이나 大人은 吉하리라. 其亡其亡하니 繫于苞桑하도다.

상구는 (경)비니 선은 비하나 후는 희하리라.
上九는 (頃)否니 先은 否하나 後는 喜하리라.

12번괘

비괘(否卦)

여러 상황을 통하여 막힘의 길흉을 설명했다.

(비). 비지비인 불리군자정 대왕소래.
(否). 否之匪人 不利君子貞 大往小來.

막혀 있지 않을 사람이 막혀 있는 처지이니 답답하다. 벼슬이 있는 군자는 불리하다. 큰 것은 가고 작은 것이 오니 손해를 보리라.

비괘(否卦)는 여러 상황을 통하여 막힘의 길흉을 설명했다.

괘명이 빠졌다. 전통적인 괘의 구성은 괘 그림 + 괘명 + 괘사이다. 만약 괘사의 비지비인(否之匪人) 중 비(否)를 괘명으로 본다면 지비인(之匪人)은 독립된 말이 될 수 없다. 그러므로 괘사 앞에 괘명을 집어 넣어 [비 비지비인(否 否之匪人)]이 되는 게 맞다.

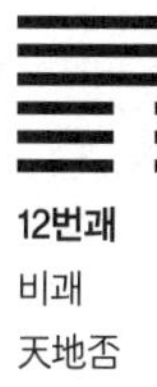

12번괘
비괘
天地否

비(否)는 비색함·막힘·아님·불통·비루함을 뜻한다. 설문은 비(否)를 불(不)이라 했고, 불(不)은 새가 위로 날아가 아래로 내려오지 않는 것을 말하며, 일(一)로 구성되었으며 일(一)은 하늘이라 했다, 불(不)은 상형으로 하늘을 나는 새의 날개와 꼬리를 그린 것이다. 불(不)부에 속하는 한자는 모두 이 뜻을 따른다고 했다(說文, 否 不也 从口从不 不亦聲, 說文 不 鳥飛上翔不下來也 从一 一猶天也 象形 凡不之屬皆从不). 옥편은 막혀 행하지 못하는 것으로, 정운에서는 비루함이라 했다(玉篇 否 閉不行也, 正韻 否 穢也, 穢 더러울 예).

막혀 있지 않을 사람이 막혀 있다(否之匪人).
군자의 점은 불리하다(不利君子貞).
큰 것이 가고 작은 것이 온다(大往小來).

비인(匪人)은 비인(非人)이다. 사람답지 않은 사람, 어긋난 사람, 옳지 않은 사람이라는 의미다. 비지비인(否之匪人)은 막힘에서 어긋난 사람, 즉 막혀 있지 않아야 할 사람이 막혀 있다는 뜻이다①. 불리(不利)는 이롭지 않다는 것이다. 군자(君子)는 벼슬이 있는 사람을 말한다. 천자·제후·대부·현인도 군자로 부른다②. 정(貞)은 점(占)이다③. 그러므로 비지비인 불리군자정(否之匪人 不利君子貞)은 막혀 있지 않을 사람이 막혀 있는 상황이니 군자의 점에는 이로움이 없다는 뜻이다. 이롭지 않은 이유는 크게 가고 작게 오니 손해를 보기 때문이다.

① 비인(匪人) : 8번 비괘 육삼을 참고하라.

② 군자(君子) : 1번 건괘 구삼을 참고하라.

③ 정(貞) : 32번 항괘 괘사를 참고하라.

초육 : 발모여이기휘 정길. 형.

初六 : 拔茅茹以其彙 貞吉. 亨.

막힘을 해결하기 위해 띠 뿌리와 함께 같은 종류를 선발한다. 길하리라.

발모여이기휘 정길. 형(拔茅茹以其彙 貞吉. 亨)의 형(亨)을 생략하고 새긴다. 발모여이기휘(拔茅茹以其彙)는 띠 뿌리와 함께 같은 종류를 선발한다는 것이다①. 정길(貞吉)은 점은 길하다는 것이다②. 형(亨)은 육이의 앞에 있어야 할 자가 잘못 들어간 것이다③.

① 발모여이기휘(拔茅茹以其彙) : 11번 태괘 초구에서는 시집보내기 위해 딸과 그 동생을 선발하여 결혼을 함으로 태평함을 이룬다는 의미로 사용되었다. 이곳에서도 동일한 의미로 사용이 되었는지 정확히는 알 수 없으나, 막힘을 해결하기 위해 누군가를 선발한 것으로 추측할 수 있다.

② 정(貞) : 32번 항괘 괘사를 참고하라.

③ 형(亨)이 잘못 들어간 것은 고형(高亨)이 주역고경금주(周易古經今注)와 주역대전금주(周易大傳今注)에서 주장한 것이다.

육이 : 포승 소인길 대인비. 형.
六二 : 包承 小人吉 大人否. 亨.

제사를 지낼 만하다. 제사에 쓴 고기를 나누어 싼다. 소인은 많이 싸고 대인은 쌀 게 없다. 소인은 길하고 대인은 막히리라.

포승(包承) 앞에 형(亨)을 넣어 새긴다. 형(亨)은 제사·연회·잔치·대접·흠향의 뜻을 가진 향(鄉)이고 향(亯)이다. 제사를 지내기 전 점을 쳐 본 효를 얻으면 제사를 거행할 수 있다는 것이다①. 포(包)는 싸는 것이고, 포용하는 것이다②. 승(承)은 증(脀)으로 제사나 잔치에 쓰는 고기이다③. 포승(包承)은 제사에 올렸던 고기를 싼다는 것이다. 소인길 대인비(小人吉 大人否)는 소인은 길하고 대인은 막힌다는 것이다. 제사를 드린 후 사용된 고기를 나누어 싸는데 소인들은 많이 받았으나 대인들은 쌀 수 있는 고기가 없다는 뜻이다. 구절의 끝에 있는 형(亨)은 본 괘의 육삼에 있어야 할 것이 잘못 기록된 것이다④.

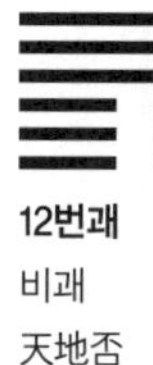

12번괘
비괘
天地否

① 형(亨) : 1번 건괘 괘사를 참고하라. 효사의 앞에 있는 형(亨)은 본 괘 초육의 끝 부분에 있는 것이다. 초육에 있는 형(亨)은 잘못 들어간 것이다.

② 포(包) : 4번 몽괘 구이를 참고하라. 본 효의 포(包)는 백서주역에는 떡갈나무를 뜻하는 포(枹)로 기록돼 있으므로 떡갈나무 잎으로 싸는 것으로 사용되었음을 알 수 있다.

③ 승(承) : 7번 사괘 상육을 참고하라. 승(承)을 증(脀)으로 본 것은 고형(高亨)이 주역고경금주(周易古經今注)와 주역대전금주(周易大傳今注)를 통해 주장한 것이다. 증(脀)을 정현은 제사 등에 쓰이는 희생의 제물을 제기나 솥에 담은 것이라 했다(鄭玄 脀 以牲體實鼎也).

④ 본 효의 상사는 포승(包承)이고, 점사는 소인길 대인비형(小人吉 大人否亨)이다. 상사와 점사에 대한 해석이 너무 다양하여 효사의 정확한 의미를 알 수 없는 효이다. 본 책에서는 고형의 이론을 기준으로 풀이했다. 다른 해석들은 아래와 같다.

(1) 부엌에서 고기를 싼다(이경지李鏡池).
(2) 소인들이 대인을 둘러싸고 받든다(주희朱熹).
(3) 대인의 포용력에 소인이 순순히 따른다.
(4) 경계하는 마음으로 따른다.

육삼 : 포수.

六三 : 包羞.

제사에 올렸던 익힌 고기를 싼다.

앞 부분에 형(亨)을 넣어 새긴다①. 형(亨)은 제사·연회·잔치·대접·흠향의 뜻을 가진 향(嚮)이고 향(亯)이다. 제사를 지내기 전 점을 쳐 본 효를 얻으면 제사를 거행할 수 있다는 것이다. 포(包)는 싸는 것이고, 포용하는 것이다②. 수(羞)는 제사에 올린 익힌 고기다③. 포수(包羞)는 제사에 올린 익힌 고기를 싼다는 것이다. 본 효는 상사만 있고 점사가 없다④. 고기를 싼다는 것이 길흉에 어떤 영향을 주는지 알 수 없다.

---

① 형(亨) : 1번 건괘 괘사를 참고하라. 효사의 앞에 있는 형(亨)은 본 괘 육이의 끝 부분에 있는 것이다. 육이의 끝에 있는 형(亨)은 잘못 들어간 것이다.

② 포(包) : 4번 몽괘 구이를 참고하라.

③ 수(羞) : 주례 천관 선부(周禮 天官 膳夫)에 선부가 왕이 먹는 밥·술·고기·요리를 관장하였다(掌王之食飮膳羞)는 것에 대해 정현은 수(羞)는 맛있는 것이라 했고(羞 有滋味者), 방언에서는 수(羞)는 익은 것(方言 羞 熟也)이라 했으며, 설문은 양을 바치는 것이라 했다. 그러므로 수(羞)는 제사에 올린 익힌 고기이다. 설문의 해설은 다음과 같다. 수(羞)는 나아가 바치는 것이다. 양으로 되어 있으며 양을 바치는 것이다. 축(丑)으로도 되어 있으며, 축은 성음이 된다. 축부에 속하며 丑은 묶는다(紐)는 뜻이 있다(羞 進獻也 从羊 羊 所進也 从丑 丑亦聲). 광운에서는 수치심으로 해설했다(廣韻, 羞 恥也).

④ 백서주역에는 포수(包羞)가 포우(枹憂)로 기록돼 있다. 포(枹)는 떡갈나무이고, 우(憂)는 이아·석고에서 생각이라 했다(爾雅·釋詁, 憂 思也). 백서주역과 통행본 중 어느 것이 맞는지, 백서주역의 정확한 의미가 무엇인지 알 수 없다. 포수(包羞)를 주희(朱熹)는 주역본의(朱易本義)에서 수치심을 품고 있는 것으로 봤다. 음효가 3효인 양의 자리에 있어 중정하지 못해 소인이 선인을 해치는 데 뜻을 두고 있으나 하지 못하고 있으니 포수의 상이 되고, 아직 해치지를 못하니 흉구(凶咎)에 대한 경계가 없다고 했다(以陰居陽而不中正 小人志於傷善而未能也 故爲包羞之象 然以其未發 故无凶咎之戒). 또 상전은 수치심을 갖는 것은 자리가 마땅하지 않기 때문이라 했다(象曰, 包羞 位不當也). 이 해석에 대해 육삼이 동하면 33번 둔괘가 되어 숨는 상이 되므로 수(羞)를 수치심으로 본다고도 한다. 그러나 이러한 설명이 수(羞)를 익힌 고기가 아닌 수치심으로 보는 확실한 증거는 될 수 없다.

구사 : 유명 무구 주리지.
九四 : 有命 无咎 疇離祉.

위로부터 명령이 있어 이를 시행하니 허물이 없으리라. 수명도 복이 있으면 늘어나리라.

명령이 있다(有命).

허물이 없다(无咎).

유명(有命)은 위로부터 내리는 명령이 있다는 것이다①. 무구(无咎)는 망구(亡咎)로 허물이 없다는 것이다②.

① 유명(有命) : 7번 사괘 상육을 참고하라.

② 무구(无咎) : 60번 절괘 초구를 참고하라.

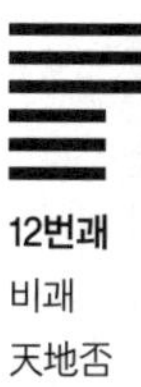

수명은 복을 따른다(疇離祉).

주(疇)는 수명을 뜻하는 수(壽)와 통용되는 글자이다. 리(離)는 붙는다는 것이다①. 지(祉)는 복이다②. 주리지(疇離祉)는 수명도 복에 따라 달라진다, 수명도 복이 있으면 늘어난다는 뜻이다.

① 리(離) : 신령하고 사나운 산짐승인 리(离), 그물인 라(羅), 걸리다의 려(麗)로 쓰인다. 본 효에서는 려(麗)로 사용되었다. 30번 이괘 괘사를 참고하라.

② 지(祉) : 11번 태괘 육오를 참고하라.

구오 : 휴비 대인길. 기망기망 계우포상.
九五 : 休否 大人吉. 其亡其亡 繫于苞桑.

막힘이 시작되나 대인은 길하리라. 망할 것을 경계하여 무성한 뽕나무에 묶어 놓듯 안전하게 조치한다.

막힘이 시작된다(休否).

휴(休)는 휴식·기뻐함·움직임·때맞춤으로 해석된다. 이곳에서는 움직임으로 새겼다①. 비(否)는 비색함·막힘·아님·불통·비루함을 뜻한다②. 휴부(休否)는 막히기 시작한다는 것이다.

① 휴(休) : 수(繡 수놓을 수), 적(寂 고요할 적), 숙(亻+朩, 콩·움직임)의 통가자로 사용이 되며 아래와 같은 해석들이 있다.

(1) 휴(休)는 휴식이다(說文, 休 息止也 从人依木).
(2) 휴(休)는 기뻐함이고 경사이며 선한 것이다(廣雅釋言 休 喜也, 正韻 美善也 慶也, 爾雅·釋言 休 慶也).
(3) 휴(休)는 움직임을 뜻하는 숙(亻+朩)의 통가자이다. 백서주역에는 숙(亻+朩)으로 되어 있다. 이 중 숙(朩)에 대해 설문은 다음과 같이 해설했다. 숙(朩)은 콩이며, 콩이 나는 모양을 상형화하였고, 숙(朩)부에 속하는 글자는 모두 이 뜻을 따른다(說文, 朩 豆也 象朩豆生之形也 凡朩之屬皆从朩). 숙(朩)은 땅에 뿌리를 뻗으며 땅 위에서 콩이 자라나는 것을 그린 글자로 움직인다는 의미도 담고 있다. 아저씨·시동생·끝·콩으로도 쓰인다. 숙(朩)이 들어간 글자에는 叔 콩 숙, 茮 후추 초, 鮛 작은 참치 숙 등이 있다.
(4) 휴(休)는 때맞춤이다. 역상설(易象說)에서는 이를 휴징(休徵)과 구징(咎徵)으로 구분하여 설명한다. 서경(書經) 홍범(洪範)에서 휴징은 제 때에 비가 내리며, 날이 개며, 날이 따뜻하며, 날이 추우며, 바람이 부는 것이다. 구징은, 미친 짓거리를 하여 항상 비가 내리며, 참람하여 항상 볕이 나며, 게을러 항상 날씨가 더우며, 급하여 항상 날씨가 추우며, 미련하여 항상 바람이 부는 것이라 하였다.

② 비(否) : 본 괘 괘사를 참고하라.

대인은 길하다(大人吉).

망할 것 같다, 망할 것 같다(其亡其亡).

기망기망(其亡其亡)을 백서주역에는 기망! 기망!(亓亡! 亓亡!)으로 기록돼 있다. [망할 것 같다!, 망할 것 같다!]는 뜻이다. 위기를 맞이하여 이를 경계하는 말이다.

무성한 뽕나무에 묶어 놓았다(繫于苞桑).

계(繫)는 매다, 묶는다는 뜻이다①. 포상(苞桑)은 무성한 뽕나무이다. 계우포상(繫于苞桑)은 무성한 뽕나무에 묶었다는 것이다. 안전하게 조치를 하였다는 의미다. 공자는 계사전에서 위험은 자리에 편안히 있을 때, 멸망은 잘 유지되고 있을 때, 변란은 잘 다스려지고 있을 때에 그 씨앗이 생긴다. 그러므로 편안할 때 위험을, 잘 유지될 때 멸망을, 잘 다스려질 때 변란을 잊지 않고 있다면 몸과 국가를 편안히 보존할 수 있다고 했다. 역에서 망할 것 같아 무성한 뽕나무에 묶어 놓는다고 하였다②.

① 계(繫) : 옥편은 약속 또는 얽매여 머무는 것이라 했고(玉篇, 繫 約束也 留滯也, 留 머무를 류, 滯 막힐 체), 석문은 얽어 매고 계속하는 것이라 했다(釋文, 繫 本系也 又續也, 系 맬 계, 續 이을 속).

② 계사전 원문은 아래와 같다.

자왈 위자 안기위자야 망자 보기존자야 난자 유기치자야.
子曰 危者 安其位者也 亡者 保其存者也 亂者 有其治者也.

시고 군자안이부망위 존이부망망 치이불망란 시이신안이국가가보야.
是故 君子安而不忘危 存而不忘亡 治而不忘亂 是以身安而國家可保也.

역왈 기망기망 계우포상.
易曰 其亡其亡 繫于苞桑.

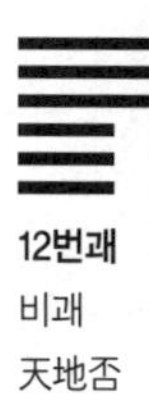

상구 : 경비 선비후희.
上九 : 傾否 先否後喜.
잠깐 막힌다. 먼저는 막히나 뒤에는 기쁨이 있으리라.

경(傾)은 잠깐의 뜻을 가진 경(頃)이다①. 비(否)는 비색함·막힘·아님·불통·비루함을 뜻한다②. 경비(傾否)는 잠깐 막히는 것이다③. 선비후희(先否後喜)는 먼저는 막히나 뒤에는 기쁨이 있다는 것이다. 효사에 길흉에 대한 언급이 없지만 길하다고 볼 수 있다.

① 경(傾) : 백서주역에는 경(頃)으로 되어 있고, 고형도 경(傾)은 경(頃)이라 했다(周易古經今注 傾疑讀爲頃, 周易大傳今注 傾借爲頃). 경(頃)을 설문은 머리가 바르지 않은 것이라 했다(說文, 頃 頭不正也 从匕从頁 臣鉉等曰 匕者 有所比附 不正也). 잠깐동안 머리가 바르지 않다는 것에서 잠시로 쓰인다.

② 비(否) : 본 괘 괘사를 참고하라.

③ 경비(傾否) : 상전은 경비(傾否)를 막힘이 오래가지 않는 것으로 해석했다(象曰, 否終則傾 何可長也). 홍재전서(弘齋全書)에서 정조는 비경(否傾)은 막힘이 기울어지는 것으로 보고, 경비(傾否)를 기울어져 막혀지는 것으로 해석을 한 후 신하에게 그 이유를 묻기도 했다. 그러나 정조의 시각으로 본다면 먼저 막히고 후에 기쁜 이유가 설명되지 않는다. 또 일부에서는 비색함이 뒤집어진다는 해석을 하기도 한다.

12번괘
비괘
天地否

동인괘(同人卦) 천화동인(天火同人) 13번괘

전쟁을 치르기 위해 모인 사람과 군사들의 길흉을 설명했다.

(동인)은 동인우야로다. 형하니라. 이섭대천이며 이군자정이로다.
(同人)은 同人于野로다. 亨하니라. 利涉大川이며 利君子貞이로다.

초구는 동인우문이니 무구리라.
初九는 同人于門이니 无咎리라.

육이는 동인우종이니 인하리라.
六二는 同人于宗이니 吝하리라.

구삼은 복융우망하고 승기고릉하도다. 삼세간 불흥이리라.
九三은 伏戎于莽하고 升其高陵하도다. 三歲간 不興이리라.

구사는 승기용하나 불극이니 공이 길하리라.
九四는 乘其墉하나 弗克이니 功이 吉하리라.

구오는 동인이 선호도하고 이후소하리라. 대사극을 상우하도다.
九五는 同人이 先號咷하고 而後笑하리라. 大師克을 相遇하도다.

상구는 동인우교니 무회리라.
上九는 同人于郊니 无悔리라.

동인괘(同人卦)

전쟁을 치르기 위해 모인 사람과 군사들의 길흉을 설명했다.

(동인). 동인우야 형. 이섭대천. 이군자정.
(同人). 同人于野 亨. 利涉大川. 利君子貞.

군사들이 들판에 모여 군사훈련을 하고 있다. 제사를 지낼 만하다. 전쟁을 하는 것이 이롭고, 전쟁을 이끄는 사람은 이로우리라.

동인괘(同人卦)는 전쟁을 치르기 위해 모인 사람과 군사들의 길흉을 설명했다.

동인(同人)인 괘명이 빠져 있다①. 동(同)은 모이는 것이고, 동인(同人)은 사람들이 모이는 것이다②.

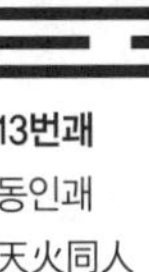

① 동인우야 중 동인을 괘명으로 본다면 우야(于野)는 독립된 구절이 될 수 없으므로 괘사는 [동인 동인우야(同人 同人于野)]가 되어야 한다. 전통적인 괘의 구성은 괘 그림 + 괘명 + 괘사로 되는 것이 원칙이다.

② 동인(同人) : 설문은 동을 합하고 모이는 것이라 하였고 옥편에서 함께, 같다로 해설했다(說文 同 合會也, 玉篇 同 共也, 說文 合 合口也 从亼从口). 시경에서는 동(同)을 모이는 것, 같다의 두 의미를 모두 사용하였다.

(1) 시경 중 길일(吉日)에 짐승들이 모여 있는 곳에 암수 사슴이 많이 있네(獸之所同 麀鹿麌麌)에 대해 정현은 동(同)은 모여 있는 것이라 했다(鄭玄 同 聚也). 또 신남산(信南山)의 하늘에 구름이 모여 들더니 비와 눈이 분분하네(上天同雲 雨雪雰雰) 중 동(同)도 모인다는 의미로 사용된 것이다.

(2) 시경 소성(小星) 중에서 몇 개의 작은 별이 동쪽하늘서 희미하게 빛나네, 밤길을 가서 밤 늦게까지 일하네, 운명이 같지 않기 때문이라네(嘒彼小星 三五在東 肅肅宵征 夙夜在公 寔命不同)이라는 구절의 동(同)은 같다는 의미로 사용되었고, 대거(大車)의 살아서는 한 방에 못살고 죽으면 같이 있으리라(穀則異室 死則同穴)라는 구절에서도 동(同)은 같다는 의미로 사용이 되었다.

동인괘의 동을 모이는 것으로 보면 동인(同人)은 어떤 목적을 위해 사람들이 모이는 것이 되고, 동을 같다로 보면 동인(同人)은 같은 사람이나 뜻을 같이 하는 사람, 즉 동지라는 의미가 강해진다. 동인괘의 효사들은 모두 전쟁과 관련된다. 괘사는 적의 침입을 알고 들판에서 모인 것이다. 초구는 많은 사람을 문 앞에 모이게 하여 적들의 침입을 상의하는 것이다. 육이는 종묘에 사람들이 모여 전쟁에 나가기 전에 제사를 드리는 것이다. 구삼과 구사는 전쟁의 상황을 설명한 것이다. 구오는 전쟁터에 있는 사람들의 상황을 말한 것이다. 상구는 전쟁이 끝난 후 교외에서 제사를 지내는 것이다. 일부 해석에 추측이 들어갔지만, 각 효사의 내용에 비추어 볼 때 문제가 없다. 이와 같이 동인괘가 전쟁과 깊은 관련이 있다. 그러므로 동인은 전쟁과 관련하여 사람들이나 군사들이 모이는 것이지, 대동(大同)을 이루기 위해 동지를 모으고, 사람들의 뜻을 하나로 하는 것은 아니다.

사람들이 들판에 모여 있다(同人于野).

동인(同人)은 사람들이 모이는 것이다. 교외의 바깥에 있는 것이 야(野)이다①. 동인우야(同人于野)는 사람들이 들판에 모여 있다는 것이다②. 적의 침입에 대비하기 위한 군사훈련을 하기 위한 것이다.

---

① 야(野) : 5번 수괘 초구를 참고하라.

② 동인우야(同人于野) : 사람들이 무엇 때문에 들판에 모였는지에 대해 설명이 분분하다.

(1) 허허벌판에서 사람들이 뜻을 모으기 위한 것이라는 말이 있으나 동인의 원래 취지에 벗어난 것이다.

(2) 고형(高亨)은 주역고경금주(周易古經今注)에서 사냥을 하기 위한 것이라 추정하였다.

(3) 본 책에서는 군사훈련을 위한 것으로 봤다. 이는 동인괘가 전쟁과 관련된 것이고, 고대의 사냥은 군사훈련이기 때문이다. 좌전 은공(隱公) 5년의 기록에 봄 사냥인 춘수(春蒐), 여름 사냥인 하묘(夏猫), 가을 사냥인 추선(秋獮), 겨울 사냥인 동수(冬狩)는 모두 농사가 바쁘지 않은 틈을 이용하여 군사훈련을 하는 것이라는 기록이 있다.

제사를 지낼 만하다(亨).

형(亨)은 제사·연회·잔치·대접·흠향의 뜻을 가진 향(饗)이고 향(亯)이다. 제사를 지내기 전 점을 쳐 본 괘를 얻으면 제사를 거행한다. 전쟁을 하기 전에 제사를 드릴 만하다는 말이다. 형(亨)은 1번 건괘 괘사를 참고하라.

강을 건너는 것이 이롭다(利涉大川).

섭(涉)은 건너는 것이다. 대천(大川)은 큰 내이니 강이다. 이섭대천(利涉大川)은 강을 건너면 이롭다, 가는 곳이 있거나 여행을 떠나면 이롭다는 뜻이다. 본 괘에서는 전쟁을 하는 것이 이롭다는 것으로 사용됐다. 이섭대천(利涉大川)은 5번 수괘 괘사를 참고하라.

군자의 점은 이롭다(利君子貞).

군자(君子)는 벼슬이 있는 사람을 말한다①. 천자·제후·대부·현인도 군자로 부른다. 본 괘사에서는 정확한 신분을 알 수 없으나, 전쟁을 이끄는 벼슬에 있는 사람이다. 정(貞)은 점(占)이다②. 그러므로 이군자정(利君子貞)은 전쟁을 이끄는 벼슬에 있는 사람의 전쟁에 대한 점은 이롭다는 뜻이다.

① 군자(君子) : 1번 건괘 구삼을 참고하라.

② 정(貞) : 32번 항괘 괘사를 참고하라.

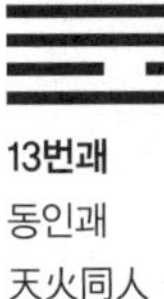

초구 : 동인우문 무구.
初九 : 同人于門 无咎.
문 앞에 모여 있는 사람들에게 전쟁에 대해 묻거나 알린다. 허물이 없으리라.

동인(同人)은 사람들이 모이는 것이다①. 동인우문(同人于門)은 사람들이 문 앞에 모여 있으며, 이 사람들에게 전쟁에 대해 묻거나 알린다는 것이다②. 이렇게 하는 것은 허물이 없다는 뜻이다③.

① 동인(同人) : 본 괘 괘사를 참고하라.

② 동인우문(同人于門) : 상전은 출문동인 우수구야(出門同人 又誰咎也)라 했다. 문 밖으로 나와 사람들을 모은다는 의미가 있다. 그러나 본 책은 고형(高亨)의 주장대로 문 앞에 있는 사람들에게 전쟁을 한다는 사실을 알린다든지, 또는 전쟁을 할 것인지를 물은 것으로 봤다. 주례 지관사도(地官司徒)에 만약 나라에 큰 변고가 있으면 왕문(王門)에 많은 백성을 모은다(若國有大故 則致萬民於王門)는 말이 있다. 주례에는 중요한 사건이 있을 때 왕문에 모인 백성들에게 소사구(小司寇)가 의견을 물은 후 왕이 사건을 처리하였다고 했다.

③ 무구(无咎) : 60번 절괘 초구를 참고하라.

육이 : 동인우종 인.
六二 : 同人于宗 吝.
전쟁을 하기 전 사람들이 사당에 모여 제사를 지낸다. 앞으로 전쟁의 상황은 어려우리라.

동인(同人)은 사람들이 모이는 것이다①. 종(宗)은 조상을 모신 사당이다②. 인(吝)은 어렵고, 한스럽고, 애석한 것이다③. 전쟁을 하기 전 사람들이 사당에 모여 제사를 지낸다. 앞으로 전쟁의 상황은 어렵다는 뜻이다.

① 동인(同人) : 본 괘 괘사를 참고하라.
② 종(宗) : 설문에 조상을 모시는 묘라 했다(說文, 宗 尊祖廟也), 고대에 사당에서 제사를 지내고, 상벌도 줬으며, 향연도 베풀었다.
③ 인(吝) : 40번 해괘 육삼을 참고하라.

구삼 : 복융우망 승기고릉 삼세불흥.
九三 : 伏戎于莽 升其高陵 三歲不興.
복병을 우거진 숲에 매복시키고, 적의 동태를 살피기 위해 높은 언덕에 올라간다. 오랫동안 전쟁에 이기지 못하리라.

복(伏)은 숨기고 감추는 것이다①. 융(戎)은 병사이다②. 망(莽)은 깊은 숲이다③. 복융우망(伏戎于莽)은 전쟁 중 복병을 우거진 숲에 매복시킨다는 것이다. 승기고릉(升其高陵)은 높은 언덕에 올라가는 것이다. 매복한 병사가 적의 동태를 살피기 위해 올라간 것이다. 삼세불흥(三歲不興)은 삼년간 일어나지 못한다는 것이다④. 오랫동안 전쟁에 이기지 못하는 상태이다. 효사에는 점사에 대한 언급이 없으나, 전쟁에서 오랫동안 이기지 못하니 좋을 수는 없다.

① 복(伏) : 광운에 숨기고 감추는 것이라 했다(廣韻, 伏 匿藏也, 匿 숨길 익, 藏 감출 장).

② 융(戎) : 설문에 병사라 했다(說文, 戎 兵也).

③ 망(莽) : 소이아에서 큰 것이나 풀이 우거진 모양이라 했다(小爾雅, 大也 又草深貌).

④ 흥(興) : 설문에 일어남이라 했다(說文, 興 起也).

구사 : 승기용 불극 공길.

九四 : 乘其墉 弗克 功吉.

전쟁에서 적의 성곽을 올라갔으나 완전히 이기지는 못했다. 이길 수 있으니 계속 공격하는 것이 길하리라.

승(乘)은 오르는 것이다①. 용(墉)은 성곽, 작은 성이다②. 불극(弗克)은 이기지 못했다는 것이다③. 공길(功吉)은 공격하는 것이 길하다는 것이다④. 그러므로 승기용 불극 공길(乘其墉 弗克 功吉)은 전쟁에서 적의 성곽을 올라갔고 이기지는 못했으나, 계속 공격하는 것이 길하다는 의미다.

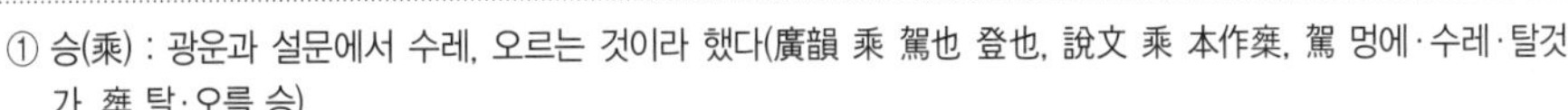

① 승(乘) : 광운과 설문에서 수레, 오르는 것이라 했다(廣韻 乘 駕也 登也, 說文 乘 本作椉, 駕 멍에·수레·탈것 가, 椉 탈·오를 승).

② 용(墉) : 성곽 또는 작은 성이다(說文 墉 城垣也 从土庸聲. 禮 王制註 小城曰墉).

③ 극(克) : 4번 몽괘 구이를 참고하라.

④ 불극공 길(弗克功 吉) : 이 부분에 대해 고형(高亨)은 주역고경금주(周易古經今注)에서 [弗克 功 吉]로 새겼고, 주역대전금주(周易大傳今注)에서는 [弗克 功吉]로 새겼다. 본 책은 주역대전금주의 기준을 따랐다. 통행본에는 공(功 공로 공)으로 기록돼 있으나 백서주역에는 공(攻 칠·공격할 공)으로 되어 있다.

구오 : 동인선호도이후소 대사극 상우.
九五 : 同人先號咷而後笑 大師克 相遇.

전쟁에 진 사람들이 모여 울부짖는다. 곧 전쟁에 승리한 대규모의 군대를 만나 웃는다. 전화위복이 되니 좋을 수밖에 없다.

사람들이 모여 울다가 웃는다(同人先號咷而後笑).

동인(同人)은 사람들이 모이는 것이다①. 선호도(先號咷)는 먼저는 부르짖으며 우는 것이다②. 후소(後笑)는 나중에 웃는 것이다. 그러므로 동인선호도이후소(同人先號咷而後笑)는 전쟁에 진 사람들의 울고 웃는 상황을 그린 것이다③.

① 동인(同人) : 본 괘 괘사를 참고하라.

② 호도(號咷) : 호(號)는 부르짖는 것이다(說文, 號 呼也). 도(咷)는 우는 것이다. 설문은 초나라에서는 아이가 울음을 멈추지 않는 것을 교도(嗷咷)라 하였다고 풀이했다(說文, 咷 楚謂兒泣不止曰嗷咷, 嗷 부르짖을 교).

③ 계사상 8장에 동인 선호도이후소(同人 先號咷而後)에 대해 공자가 말하기를, 군자의 도는 나가기도 하고 머물기도 하며, 침묵하기도 하고 말하기도 한다. 두 사람이 같은 마음이면 쇠를 자를 수 있고, 같은 마음으로 말하면 난초의 향과 같다고 했다(子曰 君子之道 或出或處 或默或語 二人同心 其利斷金 同心之言 其臭如蘭). 계사전의 이 언급은 동(同)을 같은 것으로 보고 같은 마음의 중요성을 말한 것으로 보인다. 효사의 의미와는 큰 차이가 있다.

전쟁에 이긴 큰 규모의 군대를 만난다(大師克 相遇).

대사극(大師克)은 큰 규모의 군대가 전쟁에 승리한다는 것이다①. 상우(相遇)는 서로 만난다는 것이다②. 효사의 내용은 전쟁에 진 사람들이 모여 울부짖다가 전쟁에 승리한 대규모의 군대를 만나 웃는다는 것이다. 효사에서 길흉에 대한 언급이 없지만 전화위복이 되는 셈이니 좋을 수밖에 없다.

① 극(克) : 4번 몽괘 구이를 참고하라.

② 고형(高亨)은 주역대전금주(周易大傳今注)에서 [大師克 相遇]로 새겼다. 우(遇)는 쉬엄쉬엄 가다 착(辶)에 짝 우(偶=禺)자가 합쳐져 만들어진 글자이다. 禺는 사람의 흉내를 잘 내는 긴꼬리원숭이이다. 우연히 만나 서로의 흉내를 낸다는 의미가 숨어 있고, 짝하다, 성교하다의 의미로도 사용한다(說文 遇 逢也 从辵禺聲, 玉篇 遇 見也 道路相逢也, 註 遇 偶也 欲其若不期而偶至也 又待也 接也, 待 기다릴 대).

상구 : 동인우교 무회.
上九 : 同人于郊 无悔.
전쟁에 승리한 후 사람들이 모여 교외에서 감사의 제사를 지낸다. 후회가 없으리라.

동인(同人)은 사람들이 모이는 것이다①. 교(郊)는 교외이다. 읍의 바깥이며, 제후국의 나라에서 백리 안이다②. 동인우교(同人于郊)는 사람들이 교외에 모여 있는 것이다. 무회(无悔)는 후회가 없다. 아쉬움이 없다는 것이다③. 전쟁에 승리한 후 사람들이 모여 교외에서 감사의 제사를 지내니 후회가 없다는 것으로 추측된다④.

① 동인(同人) : 본 괘 괘사를 참고하라.

② 교(郊) : 5번 수괘 초구를 참고하라.

③ 무회(无悔) : 47번 곤괘 상육을 참고하라.

④ 시경의 생민(生民)에 대해 그 내용을 교사(郊祀, 교외에서 제사를 드리는 일)를 하고 고기를 나누는 일로 본 기록이 있고, 시경의 운한(雲漢)에 있는 자교조궁(自郊徂宮)이라는 말은 교외에서 천지에 제사를 드리는 것이고 종묘에서 제사를 드린다는 내용이다. 그러므로, 동인우교(同人于郊)는 사람들이 모여 교외에서 제사를 드린다고 볼 수 있다. 상전은 동인우교를 뜻을 얻지 못한 것으로 해석했다(象曰, 同人于郊 志未得也). 상전의 해석에 대해 일부에서는 동지를 모으는 데 사람이 없어 사람이 살지 않는 교외까지 간 것으로 보기도 한다. 그럴 듯 하지만, 동인괘를 사람들이 모여 있는 것으로 보고, 상구는 전쟁이 끝난 상황으로 보면 엉뚱한 해석이 된다.

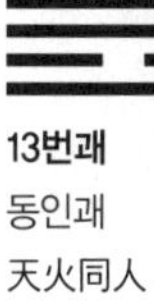

대유괘(大有卦) 화천대유(火天大有) 14번괘

풍년을 만난 농민의 길흉을 설명했다.

대유는 원형하니라.
大有는 元亨하니라.

초구는 무교해로 비구니 간즉무구리라.
初九는 无交害로 匪咎니 艱則无咎리라.

구이는 대거이재하니 유유왕하면 무구리라.
九二는 大車以載하니 有攸往하면 无咎리라.

구삼은 공이 용형우천자하나 소인은 불극이라.
九三은 公이 用亨于天子하나 小人은 弗克이라.

구사는 비기방하니 무구리라.
九四는 匪其彭하니 无咎리라.

육오는 궐이 부교여위여니 길하리라.
六五는 厥이 孚交如威如니 吉하리라.

상구는 자천우지이니 길하여 무불리하니라.
上九는 自天祐之이니 吉하여 无不利하니라.

14번괘

대유괘(大有卦)

풍년을 만난 농민의 길흉을 설명했다.

대유. 원형.

大有. 元亨.

큰 풍년이 들었다. 큰 제사를 지낼 만하다.

대유괘(大有卦)는 풍년을 만난 농민의 길흉을 설명했다.

대유괘는 괘명이 빠진 것 같다. 괘사의 [大有 元亨]은 [大有 大有 元亨]이 되어야 한다. 괘의 구성은, 괘 그림 + 괘명 + 괘사의 순으로 되어 있다. 이 기준에 의하면 괘명이 빠진 듯하다. 만약 괘사에 있는 대유(大有)를 괘명으로 본다면, 괘명이 어디에서 나왔는지 문제가 된다. 괘명은 대개 효사에서 괘를 대표하는 구절로부터 정해졌기 때문이다. 이에 대해 대유라는 괘명이 본 괘 2효의 대거이재 유유왕(大車以載 有攸往)의 두 글자를 취해서 괘명을 삼았다는 설도 있다.

대풍년이다(大有).

큰 제사를 지낼 만하다(元亨).

대유(大有)는 대풍년이다①. 원형(元亨)은 대형(大亨)으로 큰 제사이다②. 그러므로 대유 원형(大有 元亨)은 큰 풍년이 들었고, 큰 제사를 지내기 전에 점을 쳐 본 괘가 나오면 큰 제사를 거행할 만하다는 것이다.

① 대유(大有) : 유(有)는 고기(肉·月)를 오른손(又 또 우, 又는 오른손을 그린 글자)으로 잡고 있는 것을 그린 글자이다. 돕다, 풍부하다, 풍년의 의미를 가진다. 고대에 풍년을 유년(有年), 대풍년은 대유년(大有年)이라 했다. 시경 보전(甫田)에 예전부터 풍년이 들고 이제 남쪽 밭에 나간다(自古有年 今適南畝)라는 말이 있고, 춘추 환공 3년의 유년(有年)과 선공 16년의 대유년(大有年)에 대해 춘추를 풀이한 공양전(公羊傳)에서 유년은 풍년이라 했고 대유년은 대풍년이라 했다(此其曰有年何? 僅有年也 彼其曰大有年何? 大豐年也).

② 원형(元亨) : 1번 건괘 괘사를 참고하라.

초구 : 무교해비구 간즉무구.
初九 : 无交害匪咎 艱則无咎.

이웃 농민이 해가 될 줄 알았는데 서로에게 해가 되지 않는다. 농민 서로에게 허물이 없으리라.

비(匪)는 비(非)를 빌려 쓴 것이다. 비구(匪咎)는 허물이 아니라는 것이다①. 간(艱)은 어렵다는 것이다②. 무구(无咎)는 망구(亡咎)로 허물이 없다는 것이다③. 대풍년을 뜻하는 괘와 관련지어 해석하면 무교해 비구(无交害 匪咎)는 이웃 농민이 해가 될 줄 알았는데 서로에게 해가 되지 않으니 서로에게 허물이 아니라는 뜻이다④. 간즉무구(艱則无咎)는 어려우면 곧 허물이 없다는 것이다. 어려움에 도움을 받을 수 있으니 허물이 없다는 것일 수도 있고, 해를 끼칠 수 있는 상대에 대해 어렵게 여기고 처신하면 허물이 없게 된다는 뜻일 수도 있다.

① 비구(匪咎) : 60번 절괘 초구를 참고하라.
② 간(艱) : 11번 태괘 구삼을 참고하라. 간(艱)을 가뭄으로 보기도 한다.
③ 무구(无咎) : 60번 절괘 초구를 참고하라.
④ 무교해(无交害) : 일반적으로 서로에게 해가 되지 않는다, 사귐이 해롭지 않은 것으로 해석한다. [无交害]를 [无交 害]로 봐 사귐이 없으니 해롭다로 보기도 한다.

구이 : 대거이재 유유왕무구.
九二 : 大車以載 有攸往无咎.

풍년으로 수확한 많은 곡식을 충분히 실을 수 있는 큰 수레에 실었다. 아무 문제가 없으니 갈 곳이 있으면 허물이 없으리라.

대거(大車)는 큰 수레이다. 재(載)는 타다, 싣다이다. 유(攸)는 곳, 장소이며, 왕

(往)은 가는 것이고 행하는 것이다. 유유왕(有攸往)은 가는 곳, 행하는 것이 있다는 뜻이다①. 무구(无咎)는 망구(亡咎)로 허물이 없다는 것이다②. 대거이재유유왕무구(大車以載 有攸往无咎)는 풍년으로 수확한 많은 곡식을 충분히 실을 수 있는 큰 수레에 실은 것이다. 아무 문제 없이 갈 수 있다. 그러므로 갈 곳이 있으면 허물이 없다는 뜻이다.

① 유유왕(有攸往) : 22번 비괘 괘사를 참고하라.
② 무구(无咎) : 60번 절괘 초구를 참고하라.

구삼 : 공용형우천자 소인불극.
九三 : 公用亨于天子 小人弗克.
큰 풍년이 든 해에 높은 벼슬인 공경이 천자를 위해 연회를 연다. 소인은 연회를 열지 못하니 해롭다.

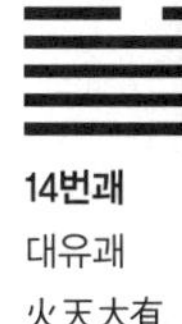

높은 벼슬을 하는 공경이 천자를 위해 연회를 연다(公用亨于天子).

공(公)은 고대 봉건국가에서 왕 아래 가장 높은 지위를 가진 신하로 공경이다①. 용(用)은 쓴다, 시행한다는 뜻이다②. 형(亨)은 제사·연회·잔치·대접·흠향의 뜻을 가진 향(嚮)이고 향(亯)이다. 본 효에서는 연회로 쓰였다③. 그러므로 공용형우천자(公用亨于天子)는 큰 풍년이 든 해에 높은 벼슬에 있는 공경이 천자를 위해 연회를 연다는 것이다④.

① 공(公) : 공경(公卿), 공작(公爵), 공후(公侯), 왕공대신(王公大臣)이라고도 부른다.
② 용(用) : 1번 건괘 초구를 참고하라.
③ 형(亨) : 1번 건괘 괘사를 참고하라.
④ 공용형우천자(公用亨于天子) : 이를 천자가 연회에 공경을 초대한다는 것으로 해석하기도 한다. 아래의 서례를 참고하라.

소인은 연회를 열지 못한다(小人弗克).

소인(小人)은 벼슬이 없는 평민이다①. 극(克)은 이루는 것, 이기는 것이다②. 소인불극(小人弗克)은 소인은 연회를 열지 못한다는 것이다③. 그러므로 소인에게는 천자와 같이할 기회가 없으니 길함이 없다.

① 소인(小人) : 7번 사괘 상육을 참고하라.

② 극(克) : 4번 몽괘 구이를 참고하라.

③ 상전은 소인은 해롭다고 해석했다(公用亨于天子 小人害也). 상전의 내용은 소인은 해로운 이유가 향응을 제공할 능력이 없어 해롭다는 것인지, 능력이 있음에도 불구하고 소인이 천자에게 향응을 하지 않으니 해롭다는 것인지 의미가 분명치 않다.

■ 춘추좌전 서례 : 주양왕을 환도시킬지 점치다.

춘추좌전(春秋左傳) 희공(僖公) 25년(기원전 635년)의 서례이다. 진목공이 난을 피해 정나라에 있던 주양왕을 환도시키려고 군대를 출동시켰다. 제후였던 진문공이 진목공 대신 자신이 왕을 환도시키려는 계획을 가지고 일의 성패를 복언(卜偃)에게 물었다. 복언은 거북점에 이어서 시초점을 쳤다. 시초점으로 얻은 것은 대유지규(大有之睽, 대유괘 3효가 동하여 규괘가 됨)였다.

대유괘(大有卦) 규괘(睽卦)

그리고 점괘를 다음과 같이 풀이했다. [길합니다. 제후가 천자의 연회에 초청받는 점괘가 나왔습니다. 전쟁에 이기고 왕에게 대접받는 것보다 길한 것이 어디에 있겠습니까. 게다가 이 괘는 천(天)이 변해 택(澤)이 된 뒤 태양의 빛을 받는 것으로 나오고 있습니다. 이는 천자가 스스로 격을 낮춰 군주를 맞이하는 것을 상징하니 이보다 더 좋을 수가 없습니다. 대유지규는 천자가 원래 있던 곳으로 돌아간다는 것을 뜻합니다.] 이에 진문공이 자신의 군사로 왕을 모셨다. 그 후 진문공은 주양왕으로부터 예주와 폐백과 양번·온·원·찬모 등의 토지를 받았다.

좌전에서는 공용형우천자(公用亨于天子)를 공경이 연회를 여는 게 아니고, 천자가 연회를 여는 것으로 해석했다. 복언의 시초점에 대한 괘 풀이 원문은 아래와 같다.

길 우공용향우천자지괘야 전극이왕향 길숙대언
吉 遇公用享于天子之卦也 戰克而王饗 吉孰大焉
차시괘야 천위택이당일 천자강심이역공 부역가호 대유거규이복 역기소야.
且是卦也 天爲澤以當日 天子降心以逆公 不亦可乎 大有去睽而復 亦其所也.
※ 동효가 하나임에도 지괘(之卦)의 괘상을 결합하여 해석한 서례이다.

구사 : 비기방 무구.
九四 : 匪其彭 无咎.
절름발이와 같이 바르지 못한 사람을 제외시키니 허물이 없으리라.

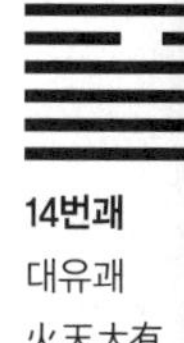
14번괘
대유괘
火天大有

비(匪)는 등지다, 제외하다의 뜻을 가진 비(非)이다①. 방(彭)은 절름발이를 뜻하는 왕(尫)을 빌려 쓴 것이다②. 무구(无咎)는 망구(亡咎)로 허물이 없는 것이다③. 그러므로 비기방(匪其彭)은 절름발이 또는 바르지 못한 사람을 제외시킨다는 뜻이다④. 일을 하면서 이런 사람을 제외시키니 당연히 허물이 없다.

① 비(匪) : 3번 준괘 육이를 참고하라.

② 방(彭) : 석문(釋文)에서는 자하의 말을 빌려 옆 방(旁)으로 하였고, 우번은 왕(尫)으로 풀었다고 했다(彭 子夏作旁 虞作尫). 집해에서는 방(彭)을 왕(尫)이라 했다(集解, 彭作尫).

③ 무구(无咎) : 60번 절괘 초구를 참고하라.

④ 비기방(匪其彭) : 절름발이를 배제한다는 해석 외에도 아래와 같은 해석들이 있다.

(1) 농사를 지을 때 북을 치듯 부풀리는 자, 즉 능력이 없으면서 큰소리만 치는 자를 배제해야 허물을 면한다. 설문은 방(彭)을 북소리 또는 군대에서 쓰는 물건이라 했다(說文, 彭 鼓聲也 又軍器). 壴은 북이며, 彡는 북을 장식한 것이다.
(2) 곁에 있는 자를 나누니(배제하니) 허물을 면한다(왕필王弼).
(3) 성대하지 않으니 허물을 면한다(주희朱熹).
(4) 땡볕으로 가물지 않으면 허물을 면한다(이경지李鏡池).

육오 : 궐부교여위여 길.
六五 : 厥孚交如威如 吉.

벌을 집행하는 모습이 분명하고 위엄이 있으니 길하리라.

궐(厥)은 그이다①. 부(孚)는 벌이다②. 교여(交如)는 교연(皎然)으로 희고 밝은 모습으로 분명하게 벌을 집행하는 것을 말한다③. 위여(威如)는 위연(威然)으로 위엄있는 모습으로 벌을 주는데 엄하게 집행한다는 것이다④. 길(吉)은 길하다는 것이다⑤. 그러므로 궐부교여위여 길(厥孚交如威如 吉)은 그가 벌을 집행하는 모습이 분명하고 위엄이 있으니 길하다는 것이다⑥.

① 궐(厥) : 초죽서에는 고문인 궐(氒 그 궐)로 표시되어 있다. 백서에는 궐(闕 대궐 궐)로 되어 있다. 궐(闕)은 성모(聲母)가 같아 통가(通假)해 쓴 것이다. 논어·헌문(論語·憲問)의 궐당동자(闕黨童子)를 문선·봉선문(文選·封禪文)에서 궐당동자(厥黨童子)로 통가하여 쓴 예가 있다.

② 본 괘 구삼에서 소인은 연회를 열지 못하여 해롭다고 하였고(小人弗克), 본괘 구사에서는 절름발이를 제외시킨다고 했다(匪其彭). 벌은 소인이나 절름발이에게 천자나 왕 또는 통치자가 내리는 것이라 추측할 수 있다. 부(孚)는 9번 소축괘 육사를 참고하라.

③ 교(交) : 설문에 교(交)는 다리를 교차한 것이다, 대(大)로 구성되었으며, 교차한 모양을 상형하였고, 교부에 속한 것은 모두 이러한 의미를 가진다 했다(說文, 交 交脛也 从大 象交形 凡交之屬皆从交). 일반적으로 교(交)는 둘이 합하는 것, 모두, 함께라는 의미로 사용된다(廣韻 交 共也 合也, 小爾雅 交 俱也). 본 효에서는 이런 의미가 아닌 교(皎)와 통용되는 글자로 사용했다. 고형(高亨)은 주역대전금주(周易大傳今注)에서 교차위교 교여유교연(交借爲皎 皎如猶皎然)이라 하였다. 교(交)는 교(皎)뿐만 아니라 교(佼)와도 통용된 예가 있다. 시경 소완(小宛) 중 할미새가 이리저리 날며 마당의 곡식을 쪼아 먹네(交交桑扈 率場啄粟) 중 교교(交交)를 전(傳)에서는 교교(佼佼)라 하였다. 통행본의 교(交)는 초죽서에는 통가자인 효(洨 강이름 효)로 기록돼 있다.

④ 위(威) : 백서주역에는 통가자인 위(委)로 표시돼 있다.

⑤ 길(吉) : 길(吉) 앞에 백서주역에는 종(終)이 첨가되어 있다. 초죽서에는 첨가되어 있지 않으므로 이는 후대에 삽입한 것으로 보인다.

⑥ 본 효사에 대하여 다른 해석이 있다.

(1) 묶인 도적이 기세가 등등하지만 길하다. 이경지(李鏡池)의 해석이다. 대유괘가 풍년을 뜻하는 괘임을 감안하면 이경지의 해석은 다음과 같이 볼 수 있다. 농작물을 훔쳐 가는 도적을 잡았다. 그 도적을(厥孚) 묶었는데(交如) 도적이 기세 등등하다(威如). 그렇지만 농작물을 잃지 않았으니 길하다(吉). 또는 도적을 묶고 위엄있게 다루니 길하다고 볼 수도 있다.

(2) 그를(厥) 믿고(孚) 사귄다(交如). 위엄있게 하니(威如) 길하다(吉). 상수론에 의한 일반적인 해석이다. 믿고 사귄다는 것은 괘에서 유일한 음효인 육오가 다른 양효들과 교류하는 것을 말하고, 위엄있게 한다는 것은 육오는 득중(得中)을 하고 인군(仁君)의 자리에 있으니 위엄을 갖추어야 길하다는 것이다. 상으로 보면, 특히 믿음을 두는 것은 정응(正應) 관계에 있는 구이다.

■ 춘추좌전 서례 : 계우의 장래를 점치다.

춘추좌전(春秋左傳)에 있는 민공(閔公) 2년(기원전 661년)의 서례이다. 계우(季友=成季)가 태어나려 할 때 노환공이 점복을 하는 복초구의 부친에게 점을 치게 하였다. 점괘를 얻은 뒤 다음과 같이 풀이했다. [사내아이로 그 이름은 우(右)라고 하는데 군주의 오른편에 자리잡을 것입니다. 두 개의 사당 사이에 머물며 공실의 보필이 될 것입니다. 계씨 집안이 망하게 되면 노나라는 번창하지 못할 것입니다.]

노환공이 또 시초점을 치게 하였다. 점괘는 대유지건(大有之乾, 대유괘의 5효가 동하여 건괘가 됨)이 나왔다.

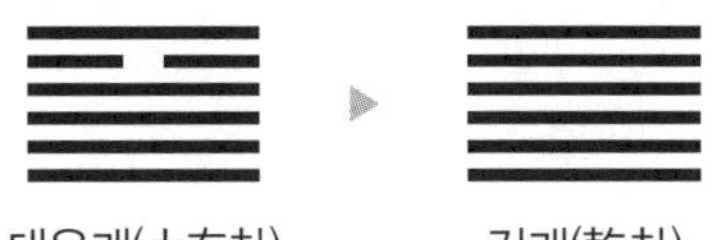

대유괘(大有卦) 건괘(乾卦)

이에 복초구의 부친은 다음과 같이 풀이했다. [그 존귀함이 부친과 같아 군주와 같은 존경을 받을 것이다.]. 뒤에 계우는 민공의 동생인 희공(僖公)을 난에서 구하고, 인군으로 옹립하였다. 그 공으로 인군과 동일한 대우를 받게 되었다. 서례에서 대유괘의 육오가 변해 건괘가 되니 인군(仁君)과 같은 대우를 받게 된 것으로 보았다. 대유괘의 괘사와 동효의 효사는 일체 해석하지 않고 오직 변괘(變卦)만을 참고하여 판단한 서례이다.

상구 : 자천우지 길 무불리.
上九 : 自天祐之 吉 无不利.

풍년이 되도록 하늘에서 돕는다. 길하여 이롭지 않음이 없으리라.

우(祐)는 돕는다는 뜻을 가진 우(右)이다①. 자천우지(自天祐之)는 하늘로부터 돕는다는 것이다②. 무(无)는 없다는 뜻이다. 무(无)는 무(無) 또는 망(亡)과 통용되었다. 무불리(无不利)는 이롭지 않음이 없다는 것이다③. 그러므로 자천우지 길 무불리(自天祐之 吉 无不利)는 풍년이 든 것은 하늘이 도왔다는 것이다. 하늘이 도우니 길하고 불리함이 없다는 것이다.

---

① 우(祐) : 우(祐)는 백서주역과 초죽서에는 의미와 고음(古音)이 같은 우(右)로 기록돼 있다. 설문에 우(右)는 돕는 것이라 했다(說文, 右 助也 从口从又).

② 자천(自天) : 하늘로부터라는 뜻이다. 자(自)는 스스로, ~서부터, 처음, 코(鼻)의 고자(古字)이다.

③ 무불리(无不利) : 28번 대과괘 구이를 참고하라.

14번괘
대유괘
火天大有

겸괘(謙卦) 지산겸(地山謙) 15번괘

군자의 겸허함에 대한 길흉을 설명했다.

겸은 형하니라. 군자는 유종이리라.
謙은 亨하니라. 君子는 有終이리라.

초육은 겸겸하니 군자는 용섭대천하면 길하리라.
初六은 謙謙하니 君子는 用涉大川하면 吉하리라.

육이는 명겸이니 정은 길하도다.
六二는 鳴謙이니 貞은 吉하도다.

구삼은 노겸으로 군자는 유종이니 길하리라.
九三은 勞謙으로 君子는 有終이니 吉하리라.

육사는 무불리로 휘겸하도다.
六四는 无不利로 撝謙하도다.

육오는 불부이기린이니 이용침벌이며 무불리하니라.
六五는 不富以其隣이니 利用侵伐이며 无不利하니라.

상육은 명겸이니 이용행사하여 정읍국이니라.
上六은 鳴謙이니 利用行師하여 征邑國이니라.

15번괘

겸괘(謙卦)

군자의 겸허함에 대한 길흉을 설명했다.

겸. 형. 군자유종.
謙. 亨. 君子有終.
제사를 지낼 만하고, 벼슬이 있는 군자에게는 끝이 있으리라.

겸괘(謙卦)는 군자의 겸허함에 대한 길흉을 설명했다.

겸(謙)은 괘명이다. 겸(謙)은 겸손이고, 공경하고 사양하는 것이다. 겸(謙)을 설문은 공경하는 것이라 했고 옥편은 사양하는 것이라 했다(說文 謙 敬也 从言兼聲, 玉篇 讓也, 註 謙 言得信於上 不處嫌疑 使人疑其作威福也).

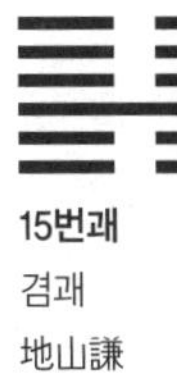

15번괘
겸괘
地山謙

제사를 지낼 만하다(亨).

형(亨)은 제사·연회·잔치·대접·흠향의 뜻을 가진 향(嚮)이고 향(亯)이다. 제사를 지내기 전 점을 쳐 본 괘를 얻으면 제사를 지낼 수 있다는 것이다. 형(亨)은 1번 건괘 괘사를 참고하라.

군자에게 끝이 있다(君子有終).

군자(君子)는 벼슬이 있는 사람을 말한다. 역경에서는 천자·제후·대부·현인도 군자로 부른다①. 유종(有終)은 끝은 있다는 것이다②. 군자유종(君子有終)은 군자에게 끝이 있다는 것이다③. 효 전체가 길하고 이로운 점사만 있으므로 나쁜 끝은 아닐 것이다.

① 군자(君子) : 1번 건괘 구삼을 참고하라.

② 유종(有終) : 2번 곤괘 육삼을 참고하라.

③ 군자유종(君子有終) : 군자의 자격을 가진 자만, 즉 군자로서 겸손을 가진 자만이 일의 끝이 있는 것으로 해석하기도 한다. 그러나 본 괘의 육오에서 침공하여 정벌하는 것을 언급한 것을 감안하면 군자에게 겸손을 가진 자로만 조건을 다는 것은 맞지 않다.

초육 : 겸겸 군자용섭대천길.
初六 : 謙謙 君子用涉大川吉.

겸손하고 겸손하다. 군자가 강을 건너면 이롭고 길하리라.

겸손하고 겸손하다(謙謙).

겸(謙)은 겸손이고, 공경하고 사양하는 것이다①. 겸겸(謙謙)은 매우 겸손하다는 것이다②.

① 겸(謙) : 본 괘 괘사를 참고하라.

② 겸겸(謙謙)은 초죽서에서는 겸(謙)으로만 나타나 있으나, 백서주역, 백서의 치의(緇衣)와 소상전(小象傳), 통행본에는 모두 겸겸(謙謙)으로 기록되어 겸손한 것을 강조했다. 어느 것이 역경의 원형인지 알 수 없다.

군자가 강을 건너면 이롭고 길하다(君子用涉大川吉).

군자(君子)는 벼슬이 있는 사람이다①. 용섭대천(用涉大川)은 이섭대천(利涉大川)과 같은 말로 강을 건너면 이롭다, 가는 곳이 있거나 여행을 떠나면 이롭다는 것이다②. 겸손하고 조심하는 군자이니 험한 강을 건너는 데 아무 문제가 없다는 뜻이다.

① 군자(君子) : 1번 건괘 구삼을 참고하라.

② 용섭대천(用涉大川) : 5번 수괘 괘사를 참고하라. 용섭대천을 통섭대천(通涉大川)으로 봐야 한다는 주장도 있다.

육이 : 명겸 정길.
六二 : 鳴謙 貞吉.
명성이 있음에도 겸손하다. 길하리라.

명(鳴)은 명성, 즉 이름이 알려진 것이다①. 겸(謙)은 겸손이고, 공경하고 사양하는 것이다②. 명겸(鳴謙)은 명성이 있음에도 겸손하다는 것이다. 정길(貞吉)은 점은 길하다는 것이다③.

① 명(鳴) : 廣雅·釋詁 鳴 名也.
② 겸(謙) : 본 괘 괘사를 참고하라.
③ 정길(貞吉) : 32번 항괘 괘사를 참고하라.

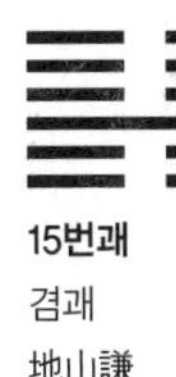

15번괘
겸괘
地山謙

구삼 : 노겸 군자유종 길.
九三 : 勞謙 君子有終 吉.
공로가 있으나 겸손하다. 군자에게 끝이 있으니 길하리라.

노(勞)는 공로이다①. 겸(謙)은 겸손이고, 공경하고 사양하는 것이다②. 노겸(勞謙)은 공로가 있으나 겸손하다는 것이다. 군자유종(君子有終)은 군자에게 끝이 있다는 것이다③.

① 노(勞) : 설문에 힘을 쓰는 것을 공로라 하였고, 주례·하관사마에 사업과 공적을 공로라 하였다(周禮·夏官司馬 事功曰勞, 說文 勞 劇也 从力 熒省 用力者勞).
② 겸(謙) : 본 괘 괘사를 참고하라.
③ 군자유종(君子有終) : 본 괘 괘사를 참고하라.

육사 : 무불리 휘겸.
六四 : 无不利 撝謙.
이롭지 않음이 없으니 위아래 사이에 화합하면서 겸손하다.

이롭지 않음이 없다(无不利).

무(无)는 없다는 뜻이다. 무(无)는 무(無) 또는 망(亡)과 통용되었다. 무불리(无不利)는 이롭지 않음이 없다는 것이다. 무불리(无不利)는 28번 대과괘 구이를 참고하라.

위아래 사이에 화합하면서 겸손하다(撝謙).

휘(撝)는 말하는 것에 윗사람과 아랫사람이 화합하는 것이다①. 겸(謙)은 겸손이고, 공경하고 사양하는 것이다②. 휘겸(撝謙)은 위아래 사이에 오가는 말이 화합을 이루면서, 윗사람이 겸손하다는 것이다③.

---

① 휘(撝) : 휘(撝)는 찢다, 가리키다, 겸손하다, 손짓하다의 뜻이 있다. 초죽서에는 이 글자가 초두머리(++)에 貨가 붙은 형태로 기록되어 있고, 백서주역에는 와(譌 잘못될·감화할 와)로 기록되어 있다.

② 겸(謙) : 본 괘 괘사를 참고하라.

③ 휘겸(撝謙) : 한상역전(漢上易傳)에서는 자하(子夏)의 말을 빌려 휘겸(撝謙)은 화겸(化謙)이며 말이 위아래가 화합하는 것이라 했고(撝謙 化謙也 言上下化其謙也), 경방(京房)은 위아래의 말이 통하는 것이라 했다(上下皆通曰揮謙是也). 한상역전에서 말한 화(化)는 화합하여 만드는 것이다. 주례·춘관종백(周禮·春官宗伯)에 예악으로 천지의 변화와 만물의 생산을 합한다고 했다(以禮樂合天地之化 百物之產). 정현(鄭玄)은 이에 대한 주에서 같은 류(類)가 아닌 것을 낳을 수 있는 것이 화(化)이고, 같은 종(種)을 낳는 것을 산(產)이라 했다. 또 화(化)는 와(訛), 와(譌)의 고자(古字)로도 쓰였다. 설문에 휘(撝)에 대해 열야 종수위성 일왈수지야(說文, 裂也 從手爲聲 一曰手指也)라 했다. 휘는 찢다, 쪼개지다의 의미다. 이로부터 휘겸을 겸손이 찢어져서, 쪼개져서, 널리 퍼진다는 의미로 해석하기도 하나 본 책에서는 한상역전의 자하의 해석을 기준으로 하였다.

육오 : 불부이기린 이용침벌 무불리.
六五 : 不富以其隣 利用侵伐 无不利.

적의 침입으로 인해 재난을 당하니 이웃과 더불어 복이 없다. 적을 치는 것이 이로우며, 이롭지 않은 것이 없으리라.

이웃과 더불어 복이 없다(不富以其隣).

부(富)는 복이고 충분함이다. 이(以)는 ~더불어로 사용된 어조사이다. 불부이기린(不富以其隣)은 그 이웃과 더불어 복이 없다는 뜻이다. 적의 침입으로 인해 재난을 당한 것으로 추측할 수 있다. 불부이기린(不富以其隣)은 9번 소축괘 구오를 참고하라.

적을 치는 것이 이롭다(利用侵伐).

이용(利用)은 쓰는 것이 옳다, 쓰는 것이 가능하다는 뜻이다①. 침벌(侵伐)은 침략하고 정벌하는 것이다②. 그러므로 이용침벌(利用侵伐)은 적의 공격으로 군자의 나라와 이웃 나라가 재난을 당했으니 그 적을 치는 것이 좋다는 것이다.

① 이용(利用) : 4번 몽괘 초육을 참고하라.

② 침벌(侵伐) : 좌전 장공(莊公) 29년에 있는 기록에 의하면 벌(伐)은 종과 북을 치며 쳐들어 가는 것이고, 침(侵)은 종과 북을 치지 않고 쳐들어 가는 것이며, 습(襲)은 적이 방비하지 않을 때 몰래 쳐들어 가는 것이다.

이롭지 않음이 없다(无不利).

무(无)는 없다는 뜻이다. 무(无)는 무(無) 또는 망(亡)과 통용되었다. 무불리(无不利)는 이롭지 않음이 없다는 것이다. 무불리(无不利)는 28번 대과괘 구이를 참고하라.

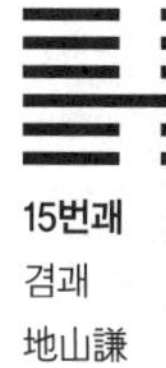

상육 : 명겸 이용행사정읍국.
上六 : 鳴謙 利用行師征邑國.
명성이 있음에도 겸손하다. 군대를 동원해 나라를 정벌하는 것이 이로우리라.

명성이 있으나 겸손하다(鳴謙).

명겸(鳴謙)은 명성이 있음에도 겸손하다는 것이다. 본 괘 육이를 참고하라.

군대를 동원해 나라를 정벌하는 것이 이롭다(利用行師征邑國).

이용(利用)은 쓰는 것이 옳다, 쓰는 것이 가능하다는 뜻이다①. 사(師)는 2,500명의 군인으로 구성된 군대를 말하고, 행사(行師)는 군대를 동원하는 것이다②. 정(征)은 정벌한다는 것이다③. 읍국(邑國)은 나라인 방(邦)이다④. 그러므로 명겸 이용행사정읍국(鳴謙 利用行師征邑國)은 군자가 명성이 있음에도 겸손하고, 군대를 동원하여 나라를 정벌하는 것이 이롭다는 것이다⑤.

① 이용(利用) : 4번 몽괘 초육을 참고하라.

② 행사(行師) : 고대에는 여(旅)의 5배인 2,500명의 사람을 사(師)라 했다(說文, 師 二千五百人爲師).

③ 정(征) : 9번 소축괘 상구를 참고하라.

④ 읍국(邑國) : 설문은 읍국을 모두 나라로 해설했다(說文, 邑 國也, 邦 國也). 백호통 경사(京師)에 하(夏)나라는 하읍(夏邑)이라 했고, 상(商·殷)나라는 상읍(商邑)이라 불렀다는 기록이 있다. 그러므로 읍국을 나라로 보면 된다. 초죽서에는 읍국이 나라를 뜻하는 방(邦)으로 기록돼 있다. 이는 한(漢)나라 사람들이 한고조 유방(劉邦)의 이름인 방(邦)을 피하기 위해 바꿔 기록한 것으로 추정되고 있다.

⑤ 마왕퇴 한묘에서 출토된 백서(帛書) 중 역전의 일종인 무화(繆和)에서는 상육 효사의 의의를 오(吳)나라 왕인 부차(夫差)가 태자로부터 보내진 얼음 여덟 관을 강물에 넣어 시원한 물을 함께 마신 후 군인들의 마음을 얻어 초(楚)나라를 정벌하여 큰 승리를 거둔 고사로 설명했다.

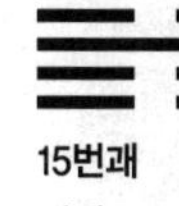

15번괘

겸괘

地山謙

예괘(豫卦) 뇌지예(雷地豫) 16번괘

한 제후가 즐기는 것에 대한 길흉을 설명했다.

예는 이건후행사니라.
豫는 利建侯行師니라.

초육은 명예니 흉하리라.
初六은 鳴豫니 凶하리라.

육이는 개우석도 부종일이니 정은 길하도다.
六二는 介于石도 不終日이니 貞은 吉하도다.

육삼은 우예니 회하고 지(우)회하리라.
六三은 盱豫니 悔하고 遲(又)悔하리라.

구사는 (유)예하니 대유득이라. 물의붕합(참)하라.
九四는 (猷)豫하니 大有得이라. 勿疑朋盍(讒)하라.

육오의 정질은 항불사로다.
六五의 貞疾은 恒不死로다.

상육은 (고)예로 성유(유)이나 무구리라.
上六은 (杲)豫로 成有(愈)이나 无咎리라.

16번괘

䷏ 예괘(豫卦)

한 제후가 즐기는 것에 대한 길흉을 설명했다.

예. 이건후행사.
豫. 利建侯行師.

방탕하게 즐기는 제후를 처리하고 새로운 제후를 세우기 위해 출병하는 것이 이로우리라.

예괘(豫卦)는 한 제후가 즐기는 것에 대한 길흉을 설명했다.

예(豫)는 괘명이다. 예(豫)는 오(娛)를 빌려 쓴 것으로 즐기는 것이다. 주역대전금주(周易大傳今注)에서 예차위오 향락야(豫借爲娛 享樂也)라 했다. 예(豫)는 젖다, 빠지다, 즐기다, 게으르다, 방탕의 뜻도 있다(爾雅·釋詁, 豫 厭也 又參與也, 又 豫 樂也, 玉篇 豫 怠也 佚也, 正韻 豫 悅也, 厭 싫어할·젖을·빠질 염, 樂 즐길 락, 怠 게으를 태, 안락할 이, 佚 방탕할 질, 悅 기쁠 열). 예(豫)에는 예비의 뜻도 있으나, 효사의 내용 중 이런 뜻이 없으므로 예비함으로 새길 수 없다. 예(豫)는 초죽서(楚竹書)에는 여(余, 余+丿삐침 별)와 비슷한 글씨로 나타나 있고, 백서주역(帛書周易)에는 여(餘)로 나타나 있다. 여(余)와 여(餘)는 여유있다, 넉넉하다는 뜻을 가지고 있다. 예(豫), 여(余), 여(餘)는 음운이 같은 통가자(通假字)이다. 잡괘전에서는 예(豫)를 게으른 것으로 풀이했고, 이아에서는 일을 싫어하고 염증을 내는 것으로 풀이했다(雜卦傳 豫 怠也, 爾雅 豫 厭也).

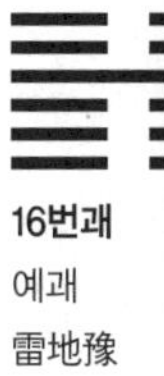

16번괘
예괘
雷地豫

제후를 세우고 출병하는 것이 이롭다(利建侯行師).

이건후(利建侯)는 제후를 세우는 것이 이롭다는 뜻이다. 자신을 대리할 부하를 세우는 것으로부터, 고대에 제후를 임명해 나라를 세우는 것으로 해석할 수 있다. 행사(行師)는 군대를 동원하는 것이다. 그러므로 이건후행사(利建侯行師)는 통치자가 나라를 다스림에 있어서 새로운 제후를 세우고, 출병하는 것이 이롭다는 것이다. 예괘 효사의 내용들을 보면 본 괘사는 통치자가 방탕하게 즐기는 제후를 처리하여 새로운 제후를 세우고, 이를 위해 군대를 출병하는 것이 좋다는 의미임을 알 수 있다.

초육 : 명예 흉.
初六 : 鳴豫 凶.
제후가 방탕하게 즐기는 것이 소문이 났으니 흉하리라.

명(鳴)은 명성, 즉 이름이 알려지는 것이다①. 예(豫)는 오(娛)를 빌려 쓴 것으로 즐기는 것이다②. 흉(凶)은 나쁘고 살벌함이다③. 그러므로 명예 흉(鳴豫凶)은 제후가 방탕하게 즐기는 것이 소문이 났으니 흉하다는 것이다.

① 명(鳴) : 고대에 명(明)과 통용되었고, 본 괘 상육의 명예(冥豫)와 대응하여 낮으로 봐야 한다는 해석이 있다. 그러나 명(鳴)이 명(明)으로만 통용되었다는 증거가 없고, 상육의 명예(冥豫) 중 명(冥)은 초죽서에 고(杲)로 쓰였으므로 대응하는 말이라고도 볼 수 없다. 그러므로 15번 겸괘 육이의 명(鳴)과 동일하게 이름이 알려지는 것으로 새긴다.

② 예(豫) : 본 괘 괘사를 참고하라.

③ 흉(凶) : 17번 수괘 구사를 참고하라.

육이 : 개우석 부종일 정길.
六二 : 介于石 不終日 貞吉.
돌의 단단함도 오래가지 않으니 방탕한 제후의 즐거움도 곧 끝난다. 길하리라.

돌과 같이 단단하다(介于石).

하루를 넘지 않는다(不終日).

개(介)는 단단함이다①. 우(于)는 어조사이며 여(如)로 같다는 의미다②. 부종일(不終日)은 낮이 끝날 때까지 가지 않는다, 즉 저녁에 끝난다는 것이다. 그러므로 개우석 부종일(介于石 不終日)은 돌과 같이 단단함이 저녁까지 가지 않는다는 것이다③. 방탕한 제후가 즐기는 일이 저녁까지 가지 않는다, 곧 끝난다는 뜻이다.

① 개(介) : 크다, 단단하다, 긁다이다. 석문은 크다고 했다(釋文, 介 大也). 개(介)는 몸에 두른 갑옷을 그린 글자로, 유편에서는 단단함이라 했다(類篇 介 硬也). 석문에서 고문은 단단하다는 개(砎)로 썼다고 했다(釋文, 介 古文作砎). 백서주역(帛書周易)에는 개(疥)로 기록돼 있으며 이를 설문에는 긁는 것으로 풀이했다(說文, 疥 搔也). 백서주역은 통행본과 의미가 일치하지 않는다. 상고음이 동일한 통가자로 여겨진다.

② 우(于) : 2번 곤괘 상육을 참고하라.

③ 종일(終日) : 1번 건괘 구삼을 참고하라.

점은 길하다(貞吉).

정길(貞吉)은 점은 길하다는 것이다①. 점이 길한 이유는 방탕하게 즐기는 것이 오래가지 않기 때문이다. 계사전에서는 오래 하지 않는 이유를 기미를 알았기 때문으로 보았다②. 계사전의 풀이는 의리론적 해석이다.

① 정길(貞吉) : 32번 항괘 괘사를 참고하라.

② 계사전(繫辭傳)의 해석 : 기미를 아는 것은 신묘하다. 군자가 윗사람을 사귀면서 아첨하지 않고, 아랫사람을 사귀면서 업신여기지 않는 것은 기미를 아는 것이다. 기미는 움직임이 미미하고, 길한 것이 먼저 나타난다. 군자는 기미를 보고 일을 함에 있어 오랫동안 기다리지 않는다. 역에서 돌과 같이 단단함도 저녁까지 가지 않으니 점은 길하다고 하였다. 돌과 같이 단단하니 어찌 저녁까지 기다리는가? 기미는 곧 알 수 있는 것이다. 군자는 은밀한 것과 드러날 것을 알며, 부드러움과 강한 것을 아니 만인이 존경한다(子曰 知幾其神乎? 君子上交不諂 下交不瀆 其知幾乎 幾者動之微 吉之先見者也 君子見幾而作 不俟終日 易曰 介于石, 不終日, 貞吉 介如石焉 寧用終日 斷可識矣 君子知微知彰 知柔知剛 萬夫之望).

육삼 : 우예 회 지유회.
六三 : 盱豫 悔 遲有悔.
방탕한 제후가 편애하며 즐긴다. 후회하고 오랫동안 또 후회하리라.

편애하며 즐긴다(盱豫).

우(盱)는 편애하다, 알랑거리다의 뜻을 가진 아(阿)이다①. 예(豫)는 오(娛)를 빌려 쓴 것으로 즐기는 것이다②. 우예(盱豫)는 편애하며 즐기는 것이다. 방탕한 제후가 자신에게 아부를 떠는 여자를 편애하며 즐긴다는 뜻이다.

① 우(盱) : 이 글자는 초죽서에는 가(可)로, 백서주역에는 우(杅)로, 통행본에는 우(盱)로 되어 있다. 본 책에서는 역경 중 가장 오래된 초죽서를 기준으로 해석했다.

(1) 마승원(馬承源)은 초죽서주역(戰國楚竹書周易)에서 가(可)를 아(阿)로 봤다. 아(阿)는 언덕이라는 뜻과 편애하다, 알랑거리다의 뜻이 있다(爾雅·釋地 大陵曰阿, 玉篇 阿 水岸也 邸也, 아부阿附). 시경 습상(隰桑)에서는 아(阿)가 아름답다는 뜻으로도 쓰였다(隰桑有阿습상유아, 뻘에 있는 뽕나무 아름답구나).

(2) 우(杅)는 목욕통이다(類篇 浴器, 禮·玉藻·正義 浴時入杅 浴竟出杅).

(3) 우(盱)는 아침이라는 뜻이다. 석문(釋文)에서 자하는 얽힌다는 우(紆)로 썼고, 경방은 더럽다는 오(汚)로 썼고, 요신은 아침이라는 뜻의 우(旴)로 썼다 했다(子夏作紆 京作汚 姚作旴). 이에 대해 고형(高亨)은 우(盱)는 우(旴)로 봐야 한다고 했다.

② 예(豫) : 본 괘 괘사를 참고하라.

후회한다(悔).
오랫동안 또 후회할 것이다(遲有悔).

회(悔)는 후회·아쉬움·뉘우침이다①. 지(遲)는 오랫동안이다②. 유(有)는 또 우(又)이다③. 그러므로 회 지유회(悔 遲有悔)는 후회하고 오랫동안 또 후회할 것이라는 의미다.

① 회(悔) : 47번 곤괘 상육을 참고하라.

② 지(遲) : 두 사람이 반대 방향으로 길을 가고 있는 것을 그린 글자이다. 설문에서는 천천히 걷는 것으로 풀이했다(說文, 遲 徐行也).

③ 유(有) : 47번 곤괘 상육을 참고하라. 청나라의 훈고학자 왕인지(王引之)는 어조사 우(又 또 우)로 읽어야 한다고 했다. 초죽서에도 우(又)로 기록돼 있다.

구사 : 유예 대유득. 물의붕합잠.
九四 : 由豫 大有得. 勿疑朋盍簪.

바르게 즐기며, 크게 얻으리라. 벗이 말이 많은 것을 보고 나를 헐뜯는 말이라고 의심하지 말라.

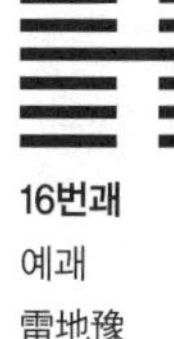

16번괘
예괘
雷地豫

바르게 즐긴다(由豫).
크게 얻는다(大有得).

유(由)는 바르다는 뜻을 가진 유(猷)이다①. 예(豫)는 오(娛)를 빌려 쓴 것으로 즐기는 것이다②. 유예(由豫)는 바르게 즐기는 것이다. 대유득(大有得)은 크게 얻는 것이다③. 그러므로 유예 대유득(由豫 大有得)은 방탕한 제후이나 바르게 즐기니 크게 얻는 바가 있다는 것이다.

① 유(由) : 통행본의 유(由)는 백서주역에는 윤(允), 초죽서에 유(猷)로 나타나 있다. 본 책에서는 초죽서를 기준으로 하였다. 유(猷)는 꾀·도·바름의 뜻을 가지고 있으며, 설문에는 움켜쥐는 것, 가로채는 것으로 해석했다(爾雅·釋詁 猷 謀也, 爾雅·釋詁 猷 言也, 爾雅·釋宮 猷 道也, 爾雅·釋言 猷 可也, 說文 猷 攫也).

② 예(豫) : 본 괘 괘사를 참고하라.

③ 대유(大有) : 모든 대유가 14번 대유괘처럼 풍년을 뜻하는 것은 아니다. 이곳에서는 대유를 크게 얻는 것으로 보는 것이 문맥에 맞는다. 시경 유월(六月)에 네 필의 말이 크고 건장하며 크기도 하다(四牡脩廣 其大有顒, 顒 엄숙할·큰 옹)는 구절이 있다.

의심하지 말라. 벗이 헐뜯는 말을 많이 한다(勿疑朋盍簪).

의(疑)는 의심하다, 미혹하는 것이다. 물의(勿疑)는 의심하지 않는 것이다. 합

(盍)은 말이 많다는 합(嗑)을 빌려 썼다. 잠(簪)은 발음이 같은 참(譖 헐뜯다)이다. 백서주역에는 붕합잠(朋盍簪)을 붕갑참(傰甲讒)으로 기록하였다. 그러므로 물의 붕합잠(勿疑 朋盍簪)은 벗이 말이 많은 것을 보고 나를 헐뜯는 말이라고 의심하지 말라는 것이다.

육오 : 정질 항불사.
六五 : 貞疾 恒不死.
오랜 병 때문에 죽지는 않으리라.

정(貞)은 점(占)이다①. 질(疾)은 병이고 빠르게, 급하게이다. 이곳에서는 병으로 쓰였다②. 항(恒)은 한결같다, 오래되었다는 것이다. 그러므로 정질 항불사(貞疾 恒不死)는 방탕한 제후가 즐기다가 병이 들었고, 이 병은 오래된 병이다, 병에 대해 점을 쳤으나 죽을 병은 아니라는 뜻이다③.

① 정(貞)과 항(恒) : 32번 항괘 괘사를 참고하라.

② 질(疾) : 說文 疾 病也 从疒矢聲, 玉篇 疾 患也, 速也, 廣韻 疾 急也. 注 疾 怨也 又毒害也.

③ 아래와 같은 다른 해석이 있다.

(1) 병들었다. 항상 죽지 않는다. 이는 질항불사(疾恒不死)를, 질 항불사(疾 恒不死)로 본 것이다.
(2) 병들어도 죽지 않는다.
(3) 질병이 들었는데 항상함을 얻으니 죽지는 않는다.

상육 : 명예 성유투. 무구.
上六 : 冥豫 成有渝. 无咎.

방탕한 제후가 낮이 밝도록 즐기니 이룬 것이 무너질 수 있다. 허물은 없으리라.

밝도록 즐긴다(冥豫).

명(冥)은 밝음을 뜻하는 고(杲)이다①. 예(豫)는 오(娛)를 빌려 쓴 것으로 즐기는 것이다②. 명예(冥豫)는 방탕한 제후가 낮이 밝도록 즐긴다는 것이다.

① 명(冥) : 밤이고 어둡다는 의미이다. 그러나 역경 중 가장 오래된 초죽서에는 명(冥)이 고(杲)로 되어 있다. 고(杲)는 설문에는 밝음이고, 해가 나무 위에 있는 것으로 풀이했다(說文, 明也 从日在木上). 그러므로 밝다, 높다로 봐야 한다.

② 예(豫) : 본 괘 괘사를 참고하라.

16번괘
예괘
雷地豫

이룬 것이 혹 무너질 수 있다(成有渝).
허물은 없다(无咎).

성(成)은 이룬 것이다. 유(有)는 혹이다①. 투(渝)는 근심하는 것이다②. 성유투(成有渝)는 이룬 것이 있지만 무너질 염려가 있다는 뜻이다. 무구(无咎)는 망구(亡咎)로 허물이 없다는 것이다③.

① 유(有) : 47번 곤괘 상육을 참고하라. 초죽서에는 우(又)로, 백서주역에는 혹(或)으로 되어 있다.

② 투(渝) : 통행본의 투(渝)는 백서에는 유(諭)로 되어 있고, 초죽서에는 유(愈)로 되어 있다. 통행본의 투(渝)는 무너진다는 의미로 설문에서는 더러워지는 것이라 해설했다(說文, 渝 變汙也). 백서의 유(諭)는 타이르다, 깨닫다이다. 초죽서의 유(愈)는 더 낫다, 유쾌하다, 근심하다, 구차하다는 것이다(玉篇 愈 勝也, 廣韻 愈 賢也, 註 愈 讀爲愉). 본 책은 초죽서를 기준으로 새겼다.

③ 무구(无咎) : 60번 절괘 초구를 참고하라.

수괘(隨卦) 택뢰수(澤雷水) 17번괘

적을 쫓아가 잡는 것의 길흉을 설명했다.

수는 원형하니라. 이정이며 무구리라.
隨는 元亨하니라. 利貞이며 无咎리라.

초구는 관에게 유(유)하나 정은 길하도다. 출문교면 유공하리라.
初九는 官에게 有(愈)하나 貞은 吉하도다. 出門交면 有功하리라.

육이는 계소자하고 실장부하도다.
六二는 係小子하고 失丈夫하도다.

육삼은 계장부하고 실소자하였으나 수유면 구득하리라. 이거정하니라.
六三은 係丈夫하고 失小子하였으나 隨有면 求得하리라. 利居貞하니라.

구사는 수유획하니 정은 (공)이 있도다. 유부재도하여 (이)명하니 하구리오?
九四는 隨有獲하니 貞은 (工)이 있도다. 有孚在道하여 (已)明하니 何咎리오?

구오는 부우가니 길하리라.
九五는 孚于嘉니 吉하리라.

상육은 구계지요 내종유지라. 왕이 용형우서산하도다.
上六은 拘係之요 乃從維之라. 王이 用亨于西山하도다.

17번괘

수괘(隨卦)

적을 쫓아가 잡는 것의 길흉을 설명했다.

수. 원형. 이정. 무구.
隨. 元亨. 利貞. 无咎.
큰 제사를 지낼 만하고, 이로우며 허물이 없으리라.

수괘(隨卦)는 적을 쫓아가 잡는 것의 길흉을 설명했다.

수(隨)는 괘명이다. 수(隨)는 쫓는다는 의미를 가지고 있다. 수(隨)라는 글자는 언덕(阝·阜)을 따라 해와 달(月)이 쉬엄쉬엄 가니(辶) 만물이 이를 따른다는 의미가 있다. 설문과 광아에서도 쫓는 것으로 풀이했다(說文 隨 從也, 廣雅 隨 逐也).

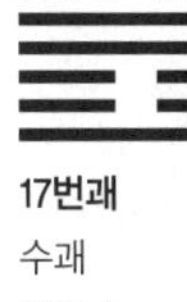

17번괘
수괘
澤雷水

백서주역(帛書周易), 부양한간(阜陽漢簡) 모두 수(隨)를 타(隋)로 기록하고 있다. 수(隨)와 타(隋)는 소리가 같은 통가자이다. 타(隋)는 살로도 사용된다. 설문에 타(隋)는 고기를 찢는 것으로 육(肉)과 휴(隓)의 생략된 글자가 합쳐진 글자라고 했다. 또 수(隨)는 휴(隓)의 고문으로 헐음, 손상의 뜻도 있다(玉篇, 隓 廢也 毁也 損也). 수(隨)는 초죽서에는 수(阝+圭+又, 수로 독음한다)로 되어 있고, 백서주역에는 타(隋 수나라 수, 떨어질 타)로 되어 있다. 31번 함괘 구삼의 수(隨)는 백서주역에는 수(隨)로 되어 있으나 초죽서에는 휴(隓)로 되어 있다. 52번 간괘 육이의 수(隨)는 백서주역에는 타(隋)로 되어 있고 초죽서에는 수(阝+圭+又)로 되어 있다.

큰 제사를 지낼 만하다(元亨).
이로운 점괘이다(利貞).
허물이 없다(无咎).

원(元)은 크다는 것이다. 형(亨)은 제사를 지낸다는 향(享)이다. 고대 사람들이 큰 제사를 지내기 전에 점을 쳐 본 괘가 나오면 큰 제사를 거행할 만하다는 것이다①. 이(利)는 이롭다는 것이고 정(貞)은 점이다. 이정(利貞)은 이로운 점이라는 것이다. 어떤 사항에 점을 쳐 본 괘가 얻으면 이롭다는 뜻이다. 점괘대로 바르게 따르면 이롭다고 해석하기도 한다②. 무구(无咎)는 망구(亡咎)로 허물이 없다는 것이다③.

---

① 원형(元亨) : 1번 건괘 괘사를 참고하라.

② 이정(利貞) : 32번 항괘 괘사를 참고하라.

③ 무구(无咎) : 60번 절괘 초구를 참고하라.

초구 : 관유투 정길 출문교유공.
初九 : 官有渝 貞吉 出門交有功.

관리에게 근심이 있을 수 있으나 길하리라. 밖으로 나가면 포로를 잡을 수 있으니 모두에게 공이 있으리라.

관리에게 근심이 있을 수 있다(官有渝).
점은 길하다(貞吉).

관(官)은 관리이다①. 유(有)는 있다는 것으로 우(又) 또는 혹(或)으로도 사용된다. 이곳에서는 혹(或)으로 사용되었다②. 투(渝)는 근심하는 것이다③. 정(貞)은 점(占)이다. 정길(貞吉)은 점은 길하다는 것이다④. 그러므로 관유투 정길(官有渝 貞吉)은 관리에게 근심이 있을 수는 있으나, 본 효를 얻는 경우 점괘는 길하다는 뜻이다.

① 관(官) : 설문은 관(官)을 관리가 왕을 섬기는 것으로 해설하였고, 석문에는 집으로 해설했다(說文 官 官事君也, 釋文 官 作館).

② 유(有) : 47번 곤괘 상육을 참고하라.

③ 투(渝) : 통행본의 투(渝)는 백서에는 유(諭)로 되어 있고, 전국초죽서에는 유(愈)로 되어 있다. 통행본의 투(渝)는 무너진다는 의미다. 설문에서는 더러워지는 것이라 해설했다(說文 渝 變汙也). 백서의 유(諭)는 타이르다, 깨닫다 이다. 초죽서의 유(愈)는 더 낫다, 유쾌하다, 근심하다, 구차하다는 것이다(玉篇 愈 勝也, 廣韻 愈 賢也, 註 愈 讀爲愉). 본 책은 초죽서를 기준으로 새겼다.

④ 정길(貞吉) : 32번 항괘 괘사를 참고하라.

밖으로 나가면 모두에게 공이 있다(出門交有功).

교(交)는 모두, 함께이다①. 공(功)은 공적이다②. 출문교유공(出門交有功)은 출문하면 모두에게 공적이 있다는 것이다. 이어지는 효사들로 볼 때 밖에 나가면 포로를 잡는 공을 세울 수 있다는 뜻이다.

① 교(交) : 14번 대유괘 육오를 참고하라.

② 공(功) : 광운에서 공적이라 했다(廣韻, 功 功績也). 공(功)은 초죽서에 통가자인 공(工)으로 되어 있다. 설문에는 공(功)은 노력하여 나라를 안정시키는 것으로 해설했고(說文, 功 以勞定國也 从力从工 工亦聲), 공(工)은 아름답게 장식하는 것으로 해설했다(說文, 工 巧飾也). 이 둘의 의미는 다르나 음운상으로는 견모어부(見母魚部)로 같다. 또 주례 춘관종백(春官宗伯)에 있는 범사불공(凡師不功)이란 구절에 대해 정현(鄭玄)은 주(注)를 통해, 공(功)을 공(工)으로 쓰는 것은 정사농이 공(工)을 공(功)으로 썼기 때문이며 옛 사람들이 이 둘을 같은 글자로 봤다고 했다(故書功工 鄭司農 工作功 古者 工與功同字).

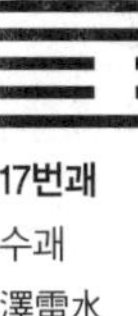

육이 : 계소자 실장부.
六二 : 係小子 失丈夫.

낮은 계급의 적은 잡아 묶었으나 높은 계급의 포로는 놓쳤다. 소탐대실이니 좋지 않다.

계(係)는 잡아매고 묶는 것이다①. 소자(小子)는 적 중 계급이 낮은 사람이고, 장부(丈夫)는 적 중 계급이 높은 사람이다②. 그러므로 계소자 실장부(係小子

失丈夫)는 낮은 계급의 포로는 잡아 묶었으나 높은 계급의 포로는 놓쳤다는 것이다. 효에 대한 길흉이 없지만 효의 상황은 소탐대실을 말하니 좋지 않다.

① 계(係) : 說文 絜束也 从人从系 系亦聲 胡計切.

② 소자(小子) : 소자는 어린 자식이다. 또 왕이 자신을 낮추는 말로도 사용이 된다. 소자와 장부를 소인배와 대장부, 자식과 남편으로 보기도 한다. 본 괘는 포로를 잡는 것을 그렸다. 그렇다면 소자와 장부를 자식과 왕으로 보기는 어렵다. 그러므로 소인은 포로 중 작은 사람이나 계급이 낮은 포로로 보는 것이 합리적이다.

육삼 : 계장부 실소자 수유구 득. 이거정.
六三 : 係丈夫 失小子 隨有求 得. 利居貞.

높은 계급의 포로를 잡았으나 낮은 계급의 포로는 놓쳤다. 쫓아가면 포로를 잡을 수 있으리라. 거주에는 이로우리라.

높은 계급의 포로를 잡았다(係丈夫).
낮은 계급의 포로는 놓쳤다(失小子).
쫓아가면 구하는 것을 얻게 된다(隨有求 得).

계(係)는 잡아매고 묶는 것이다①. 장부(丈夫)는 포로 중 계급이 높은 사람이고, 소자(小子)는 포로 중 계급이 낮은 사람이다②. 계장부 실소자(係小子 失丈夫)는 높은 계급의 포로는 잡아 묶었으나 낮은 계급의 포로는 놓쳤다는 것이다. 본 괘 2효와는 반대되는 상황이다. 수(隨)는 쫓는 것이다③. 그러므로 수유구 득(隨有求 得)은 놓친 낮은 계급의 포로를 쫓아가면 잡을 수 있다는 뜻이다④.

① 계(係) : 본 괘 육이를 참고하라.

② 소자(小子) : 본 괘 육이를 참고하라.

③ 수(隨) : 본 괘 괘사를 참고하라.

④ 수유구득(隨有求得) : 일반적으로 구하는 것을 추구하면 얻을 수 있다고도 볼 수 있다.

거주에 대한 점은 이롭다(利居貞).

정(貞)은 점(占)이다①. 이거정(利居貞)은 머무름·거처·거택에 대한 점은 이롭다는 것이다②. 본 구절은 앞 구절과 독립된 내용이다③.

① 정(貞) : 32번 항괘 괘사를 참고하라.

② 이거정(利居貞) : 32번 항괘 괘사를 참고하라.

③ 앞 구절과 연결되는 것으로 해석하는 경우는 다음과 같이 해석된다. 포로 두 명이 도망을 갔다. 두 명 중 높은 신분의 포로는 잡고 낮은 신분의 포로는 놓쳤다. 쫓아가면 작은 포로를 잡을 수 있고, 이 포로를 묶어 놓을 수 있는 장소에 대한 점은 이롭다. 만약 효사 중 정(貞)을 정(正)으로 보면, 쫓아가 잡을 수는 있으나 머무는 것이 이롭다는 해석이 된다. 결국 가지 말라는 것이다. 쫓아가면 잡는다. 그렇지만 바른 자세를 취하여 머물러 있어라? 어딘가 어색한 해석이 된다.

구사 : 수유획 정흉. 유부재도 이명하구.
九四 : 隨有獲 貞凶. 有孚在道 以明何咎.

포로 한 명을 쫓아가 잡는 공이 있으리라. 길에서 포로를 잡았고, 가례를 준비하니 무슨 허물이 있겠는가?

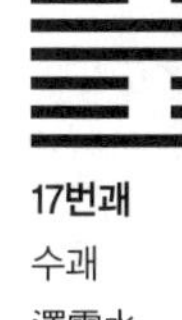

17번괘
수괘
澤雷水

한 명을 쫓아간다(隨有獲).

수(隨)는 좇는 것이다①. 획(獲)은 한 마리 새이다②. 수유획(隨有獲)은 한 마리 새를 좇는다는 것으로, 포로 한 명을 쫓아간다는 뜻이다.

① 수(隨) : 17번 수괘 괘사를 참고하라.

② 획(獲) : 설문에서 개를 풀어 새나 짐승을 잡는 것이라 했다(說文, 獲 獵所獲也 从犬蒦聲. 獵 사냥 렵). 척(隻 외짝 척)과 화(擭 덫 화)와 통용되기도 한다. 17번 수괘의 수유획(隨有獲)에 대해 초죽서의 정리자는 획(獲)을 척(隻)으로 보았다. 척은 설문에서 한 마리의 새로 해석했다(說文, 隻 鳥一枚也 从又持隹 持一隹曰隻 二隹曰雙). 수유획(隨有獲)은 포로 한 명을 쫓아간다는 것이다. 고형(高亨)은 획(隨)을 화(擭 덫)의 통가자로 보았다. 만약 획(隨)으로 본다면 쫓아가서 얻는다는 말인데, 이는 이어지는 정흉(貞凶, 점은 흉하다)과 어울리지 않기 때문이라는 이유를 들었다.

공적이 있다(貞凶).

정(貞)은 점(占)이다①. 정흉(貞凶)은 정공(貞功)이며 공(功)은 공적이다②. 정공(貞功)은 점을 치니 공적이 있다는 뜻이다.

---

① 정(貞) : 32번 항괘 괘사를 참고하라.

② 흉(凶) : 흉(凶)에 대해 설문은 나쁜 것이고 길함의 반대라고 하였다(說文 兇 惡也, 段玉裁 說文解字注 兇 惡也 凶者 吉之反). 초죽서에는 정흉(貞凶)이 정공(貞工)으로 기록돼 있다. 흉(凶)과 공(工)에 대하여 아래와 같이 설이 갈린다.

17번 隨卦 九四 : 隨又獲 貞工 又孚才道已明 可咎 [초죽]
隨卦 九四 : 隋有獲 貞凶 有復在道已朋 何咎 [백서]
隨卦 九四 : 隨有獲 貞凶 有孚在道以明 何咎 [통행]
27번 頤卦 六晶 : 拂頤 貞凶 十年勿用 亡攸利 [초죽]
頤卦 六三 : 柫頤 貞兇 十年勿用 无攸利 [백서]
頤卦 六三 : 拂頤 貞凶 十年勿用 无攸利 [통행]
32번 恒卦 初六 : 浚恒 貞凶 亡攸利 [초죽]
恒卦 初六 : 夐恒 貞凶 无攸利 [백서]
恒卦 初六 : 浚恒 貞凶 无攸利 [통행]
42번 益卦 六三 : 益之用工事 无咎 有復中行告公用閨 [백서], 본 부분의 초죽서는 없다.
益卦 六三 : 益之用凶事 无咎 有孚中行告公用圭 [통행]

(1) 흉(凶)과 공(工)은 통가자이다. 의미로는 관련이 없지만, 음운상으로 흉(凶)은 상고음(上古音)이 효모어부(曉母魚部)이고 공(工)은 견모어부(見母魚部)로 운모가 같아 통가자(通假字)로 사용됐다는 이론이 있다. 17번 수괘 구사와 42번 익괘 육삼을 보면 일리가 있지만, 27번 이괘 육삼과 32번 항괘 초육을 보면 문제있는 이론이다.

(2) 공(工)은 공(功)이다. 이 둘은 음운상으로는 견모어부(見母魚部)로 같다. 또 주례 춘관종백(春官宗伯)에 있는 범사불공(凡師不功)이란 구절에 대해 정현(鄭玄)은 주(注)를 통해 공(功)을 공(工)으로 쓰는 것은 정사농이 공(工)을 공(功)으로 썼기 때문이며 옛 사람들이 이 둘을 같은 글자로 봤다(故書功工 鄭司農 工作功 古者 工與功同字)고 했다. 이 이론은 17번 수괘 초구 출문교유공(出門交有功)이 초죽서에는 출문교유공(出門交又工)으로 기록된 것을 설명할 수 있다. 그러나 역경 중 17번 수괘 구사와 42번 익괘 육삼의 흉(凶)을 초죽서에는 공(工)으로 기록된 것을 설명하지 못한다. 본 책에서는 문맥에 따라 흉(凶)과 공(功)으로 구분하여 새겼다.

길에서 포로를 잡았다(有孚在道).
제사를 준비하니 어찌 허물이 있겠는가(以明何咎).

유부(有孚)는 포로를 잡았다는 것이다①. 이명(以明)은 이명(已明)으로 제사를 준비하였다는 것이다. 이어지는 구오효와 연결하면 제사는 가례이다②. 그러므로 유부재도 이명하구(有孚在道 以明何咎)는 길에서 포로를 잡았고, 축하의 가례를 준비하니 허물이 없다는 것이다③.

① 유부(有孚) : 부(孚)는 벌·포로·잡음·노획품·믿음·끌어당김으로 사용이 된다. 본 효에서는 포로·잡음·노획품으로 사용되었다(文源 林義光 孚卽俘之古文 象爪持子, 說文 俘 軍所獲也 春秋傳 日 以爲俘聝, 周易大傳今注). 9번 소축괘 육사를 참고하라.

② 이명(以明) : 초죽서에는 이명(已明)으로 기록돼 있다.

(1) 이(已)는 사(巳)이며 사(祀)이다. 즉 已는 제사라는 의미이다. 석문에 우번이 已는 巳로 쓴다고 한 것(釋文, 已 虞作巳)과 시경주송청묘지십(詩經周頌淸廟之什)에 유천지명(維天之命) 어목부이(於穆不已) 부분을 하늘의 명령이 그윽하고 그지없다는 해석에 대해 맹중자(孟仲子)가 於穆不已는 於穆不祀라고 하며 그 틀림을 지적하였고, 49번 혁괘에 통행본의 已를 백서주역에는 巳로 썼고, 초죽서에는 이(攺)로 썼다. 攺는 귀신을 쫓는 패물이나 막대를 의미하므로 已는 祀와 관련된다.

(2) 명(明) : 명(明)은 밝음이고, 나감이고, 준비로 사용된다. 이곳에서는 준비로 사용되었다. 시경 초자(楚茨)에, 어떤 사람은 제사상의 제물을 차리고 어떤 이는 바쳐 드네, 사당에서 제사를 지내고, 바치는 음식을 성대하게 준비하였네(或肆或將 祝祭于祊 祀事孔明)라는 구절이 있다. 이 중 사사공명(祀事孔明)의 공(孔)은 매우, 성대하다의 심(甚)이고, 명(明)은 준비한다는 뜻의 비(備)로 제사를 성대하게 준비하였다는 것이다. 명(明)은 36번 명이괘 괘사를 참고하라.

③ 초죽서와 백서주역을 정리한 학자들은 [有孚在道以明]을 [有孚在道 以明]으로 정리하였다.

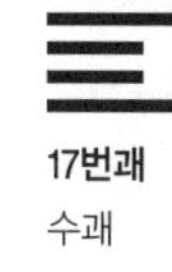

17번괘
수괘
澤雷水

구오 : 부우가 길.
九五 : 孚于嘉 吉.

경사스런 가례에 잡은 포로와 노획품이 있으니 길하리라.

부(孚)는 벌·포로·잡음·노획품·믿음·끌어당김으로 사용이 된다. 본 효에서는 포로·잡음·노획품으로 사용되었다. 9번 소축괘 육사를 참고하라. 우(于)는 어조사로 ~에이다①. 가(嘉)는 경사이며 가례이다②.

① 우(于) : 2번 곤괘 상육을 참고하라.

② 가(嘉) : 설문에는 아름다움으로 봤다(說文, 嘉 美也). 가(嘉)라는 글자가 전쟁 등이 끝난 후 공석을 기릴 때 신 앞에 제사를 지낸 후 그 음식을 나눠준 것에서 만들어졌고, 이로부터 칭찬하다, 경사이다, 좋다, 아름답다의 뜻으로 쓰이게 된 것을 감안하면 가례로 볼 수 있다. 가례는 주례(周禮)에서 백성들의 화합을 위해 여는 잔치로 춘관(春官)의 우두머리인 대종백(大宗伯, 장관)이 담당하였다.

상육 : 구계지 내종유지 왕용형우서산.
上六 : 拘係之 乃從維之 王用亨于西山.

문왕이 주왕에게 잡혀 있다 석방된다. 문왕이 주나라로 돌아가 서산인 기산에서 감사의 제사를 지낸다.

잡혀 있다(拘係之).

석방된다(乃從維之).

구(拘)는 잡힌다는 것이다①. 계(係)는 잡아매고 묶는 것이다②. 구계(拘係)는 잡혀 있다, 구속돼 있다는 것이다. 종(從)은 석방의 뜻을 가진 종(縱)이다③. 유(維)는 잃는다, 도망한다는 의미를 가진 유(遺)와 통용된 것이다④. 그러므로 구계지 내종유지(拘係之 乃從維之)는 잡혀 있다가 석방이 되었다는 뜻이다.

① 구(拘) : 說文 拘 止也 从句从手 句亦聲, 廣韻 執也.

② 계(係) : 본 괘 육이를 참고하라.

③ 종(從) : 좇다, 따르다, 시중들다, 방종(放縱)하다, 석방하다의 뜻이 있다. 설문은 따라 행하는 것이라 했다(說文, 從 隨行也).

④ 유(維) : 밧줄, 묶다, 생각한다는 것이다. 維는 유(惟 생각할·오직 유) 또는 유(遺 남길 유), 유(唯 오직 유)와도 통용이 된다. 집해에서는 維를 惟로 쓴다고 했다(集解 維即作惟, 經解 惟 思也). 遺는 잃는다, 도망한다, 버리다의 뜻도 가지고 있다. 唯는 오직, 비록 ~하더라도를 뜻한다. 백서주역(35번 진괘 상구)은 維를 唯로 기록하였다.

왕이 서산에서 제사를 지낸다(王用亨于西山).

내용은 문왕(文王)의 고사와 관련된다. 상(商·殷)나라의 주왕(紂王)이 문왕을 7년간 가두었다. 다른 제후들이 문왕을 따라 모두 잡히기를 원하자, 주왕은 문왕을 석방한다. 문왕(文王)은 주(周)나라로 돌아가 서산에서 감사의 제사를 지낸다. 서산(西山)은 문왕이 세력을 넓혔던 기주(岐周)의 기산(岐山)이다.

17번괘

수괘

澤雷水

고괘(蠱卦) 산풍고(山風蠱) 18번괘

부모의 음란함을 바로잡는 일의 길흉을 설명했다.

고는 원형하니라. 이섭대천이니 선갑삼일이나 후갑삼일이로다.
蠱는 元亨하니라. 利涉大川이니 先甲三日이나 後甲三日이로다.

초육은 간부지고니 유자면 고는 무구이며 여하나 종길하리라.
初六은 幹父之蠱니 有子면 考는 无咎이며 厲하나 終吉하리라.

구이는 간모지고니 불가정이로다.
九二는 幹母之蠱니 不可貞이로다.

구삼은 간부지고니 소유회나 무대구리라.
九三은 幹父之蠱니 小有悔나 无大咎리라.

육사는 유부지고니 왕은 견린하리라.
六四는 裕父之蠱니 往은 見吝하리라.

육오는 간부지고에 용예하도다.
六五는 幹父之蠱에 用譽하도다.

상구는 불사왕후니 고상기사나 (흉)하리라.
上九는 不事王侯니 高尚其事나 (兇)하리라.

18번괘

고괘(蠱卦)

부모의 음란함을 바로잡는 일의 길흉을 설명했다.

고. 원형. 이섭대천 선갑삼일 후갑삼일.
蠱. 元亨. 利涉大川 先甲三日 後甲三日.

큰 제사를 지낼 만하다. 큰 내를 건너거나 떠나는 것이 이로우며, 그날은 辛일과 丁일이 좋으리라.

고괘(蠱卦)는 부모의 음란함을 바로잡는 일의 길흉을 설명했다.

고(蠱)는 괘명으로, 미혹함·음란함을 뜻한다. 설문은 고(蠱)를 뱃속의 벌레, 그릇 위의 벌레, 어둠과 음란함이 생기는 곳, 사나운 인물이 죽어서 된 귀신으로 풀이했다(說文, 蠱 腹中蟲也 春秋傳 日 皿蟲爲蠱 晦淫之所生也 梟桀死之鬼亦爲蠱 從蟲從皿 皿 物之用也). 설문은 중국 최초의 자전(字典)이고, 이아(爾雅)는 중국 최초의 사전(辭典)이다. 설문은 상(商·殷)나라, 주(周)나라의 사용 한자에 대한 귀중한 근거가 되고 있다. 설문의 고(蠱)에 대한 해설에는 벌레, 어둠이 나오는 곳, 음란함이 나오는 곳, 귀신으로 되어 있지, 일이라는 말은 없다. 이아·석고에는 고(蠱)를 무엇에 홀려 정신을 차리지 못하는 것으로 해설했다(爾雅·釋詁, 蠱 蠱 疑也). 고(蠱)를 일한다는 뜻의 사(事)로 보기도 하나, 본 책에서는 설문과 이아의 해설을 기준으로 고(蠱)를 일이 아닌 음란함으로 새겼다.

고(蠱)의 뜻이 일이 아닌 것은 춘추좌전(春秋左傳)의 아래 내용에서도 확인할 수 있다.

(1) 장공 28년(기원전 666년) : 초나라 영윤 자원이 문왕의 부인을 유혹하려고 부인의 궁 옆에 별장을 짓고 춤을 추었다(楚令尹子元欲蠱文夫人 爲館於其宮側 而振萬焉).
(2) 희공 15년(기원전 645년) : 여우란, 사람을 홀리는 것이므로 여우는 진나라

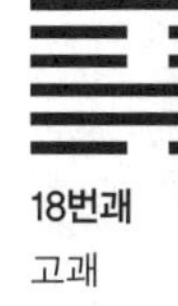

왕을 말한다(夫狐蠱 必其君也).

(3) 선공 8년(기원전 601년) : 진나라의 서극은 정신병에 걸려 있어서 극결이 국정을 잡고 있었다(晉胥克有蠱疾 郤缺爲政).

(4) 소공 원년(기원전 541년) : 이 병은 여색을 탐하셔서 생긴 병이고 홀려 생긴 병이다. 귀신과 음식 때문이 아니고 홀린 후 의지를 잃어 생긴 병이다(是謂近女 室疾如蠱 非鬼非食 惑以喪志).

(5) 소공 원년(기원전 541년) : 무엇을 고라 하는가? 대답하기를, 고는 음란함에 빠져 생기는 것이다(何謂蠱 對日 淫溺惑亂之所生也).

큰 제사를 지낼 만한 점괘이다(元亨).

큰 내를 건너면 이롭다(利涉大川).

원(元)은 크다는 것이다. 형(亨)은 제사를 지낸다는 향(享)이다. 그러므로 고대 사람들이 큰 제사를 지내기 전에 점을 쳐 본 괘가 나오면 큰 제사를 거행할 만하다는 것이다①. 섭(涉)은 건너는 것이다. 대천(大川)은 큰 내이니 강이다. 이섭대천(利涉大川)은 강을 건너면 이롭다, 가는 곳이 있거나 여행을 떠나면 이롭다는 뜻이다. 고대에 강을 건너는 것은 어려운 일이었다. 어려움을 겪는 것이 이롭다고 해석하기도 한다②.

① 원형(元亨) : 1번 건괘 괘사를 참고하라. 형(亨)은 초죽서에는 경(卿)으로 되어 있다. 경(卿)은 향(饗)의 예전 글자로 두 사람이 마주 앉아 음식을 먹는 것을 그린 것이다.

② 이섭대천(利涉大川) : 5번 수괘 괘사를 참고하라.

甲일의 3일 전인 辛일과 甲일의 3일 후인 丁일이다(先甲三日 後甲三日).

갑(甲)일의 전 3일은 신(辛)일이고, 갑일의 후 3일은 정(丁)일이다.

3	2	1		1	2	3
辛	壬	癸	甲	乙	丙	丁

경(庚)일의 전 3일은 정(丁)일이고, 경일의 후 3일은 계(癸)일이다.

3	2	1		1	2	3
丁	戊	己	庚	辛	壬	癸

그러므로 선갑삼일 후갑삼일(先甲三日 後甲三日)은 큰 내를 건너는 것을 신일(辛日)이나 정일(丁日)에 해야만 이롭다는 의미다. 위와 같이 선갑삼일 후갑삼일(先甲三日 後甲三日)에 해당하는 辛일과 丁일, 57번 손괘 구오의 선경삼일 후경삼일(先庚三日 後庚三日)에 해당하는 丁일과 癸일, 즉 정신계(丁辛癸)일은 길일로 고대에 행사·제사·기우제·학습일·장례일로 사용하였다. 청나라의 훈고학자 왕인지(王引之)의 주장이다.

그러나 이는 구체적인 날짜를 말한 것이 아니라 3일 동안 충분한 시간을 가진다는 해석도 있다. 홍재전서(弘齋全書)의 다음 내용을 참고한다. 원본을 요약한 것이다. [문] 손괘에서 말한 선경(先庚)과 후경(後庚)은 고괘에서 선갑(先甲)이니 후갑(後甲)이니 한 것과 그 뜻이 같은 것인가, 다른 것인가? 甲은 십간(十干)의 처음이고 庚은 십간의 중간을 지난 것이다. 그렇다면 고괘에서는 辛과 丁을 말하고, 손괘에서는 丁과 癸를 말한 것이다. 선후의 개념은 같으면서도 십간 중에서 취한 간이 같지 않는 이유는 무엇인가? [답] 선경이니 후경이니 한 것과 선갑이니 후갑이니 한 것은 모두 일간을 취하여 말한 것으로 그 대체로서는 다를 것이 없다. 甲은 일의 시작이고 庚은 일의 변경이다. 이것이 십간 중에서 다른 간을 취한 이유다. 일에 앞서 간곡한 뜻을 갖는 것은 곧 시작을 신중히 하여 그 계기를 생각하는 것이고, 일을 한 뒤에 그 일을 헤아려 보는 것은 끝마무리를 생각하여 그 성공을 살펴보는 것이다.

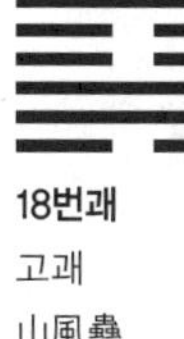

■ 춘추좌전 서례 : 병의 원인에 대해 점치다.

춘추좌전(春秋左傳) 소공(昭公) 원년(기원전 541년)의 서례이다. 진(晉)나라 제후인 평공이 진(秦)나라에 의사를 요청했다. 의사 화(和)가 질병을 보고 말했다. 이 병은 치료되지 않는다. 이 병은 여색을 탐하셔서 생긴 병이고 홀려 생긴 병이다. 귀신과 음식 때문이 아니고 홀린 후 의지를 잃어 생긴 병이다. 여자는 남자의 상대자로서 밤에 관계하므로 지나치게 속에 열이 나고 홀리는 병이 생긴다.

이 말을 들은 조맹(趙孟)이 물었다. 무엇을 홀린다고 하는 것인가? 의사 화가 대답했다. 홀리는 병은 음란함에 빠져 생긴다. 글자로 보면 고(蠱)는 명(皿)과 충(蟲)이 합쳐진 글자로 곡식에 날아다니는 것이 고(蠱)다. 주역에서 여자가 남자를 홀리고, 바람(하괘의 巽風☴)이 산(상괘의 艮山☶)을 떨어뜨리는 것을 고괘라 하였다. 이 말을 들은 조맹은 화(和)를 훌륭한 의사라 칭찬하고 선물을 후하게 줘 돌려보냈다.

※ 좌전에 있는 의사 화와 조맹의 문답 중 일부 내용을 발췌한 것이다.

※ 이 서례는 동효가 없는 것인지, 동효가 있으나 변할 효에 해당되지 않아 본괘의 괘사로 해석하였는지 춘추좌전의 내용만으론 알 수 없다. 본 책에서는 [동효가 한 개인 경우]와 구별하기 위해 [동효가 없는 경우]로 분류하였다.

■ 춘추좌전 서례 : 진나라를 공격할지 점치다.

춘추좌전(春秋左傳)의 희공(僖公) 15년(기원전 645년) 서례이다. 진(晉)나라에 흉년이 들자 진(秦)나라에서는 곡식을 실어 보냈으나, 정작 진(秦)에 흉년이 들자 진(晉)이 곡식이 나가는 것을 막아 버렸다. 이에 진목공(秦穆公)인 태백(泰伯)이 진을 공격하면서 복도보(卜徒父)에게 시초점을 치게 하였다. 점을 친 뒤 복도부가 풀이했다.

길합니다. 괘상에 우리 군사가 황하를 건너가면 진의 군사가 필패하는 것으로 나왔습니다. 그러므로 이 괘는 우리의 출병이 대길하다는 것을 상징합니다. 우리 군사가 진의 군사를 세 번 쳐서 이기고 진의 군주를 잡을 것입니다. 이 점괘는 고괘인데, 괘사에 천승의 나라가 세 번 물리치고 물리친 후 숫여우를 잡게 된다고 하였습니다(千乘三去 三去之餘 獲其雄狐). 호(狐)는 고(蠱)로 풀이되니 이는 진의 군주를 말하는 것입니다. 고괘의 내괘는 손풍(巽風☴)이고 외괘는 간산(艮山☶)입니다. 지금 때는 이미 가을인데 바람이 나무 열매를 떨어뜨리고 나무를 얻는 격이니 이는 우리가 이기는 것입니다. 나무 열매가 떨어지면 그 나무는 베어지는 것과 같으니 진나라가 패하는 것을 빼놓고 무엇을 기다리겠습니까?

과연 진나라는 세 번 싸워 패하고 한(韓)의 땅으로 물러났다. 그 후 진나라의 군주인 혜공(晉惠公)을 사로잡았다가 풀어 줬다. 복도부가 인용한 고괘의 괘사는 현재와 같지 않다. 당시에 다른 역경이 있었던 것으로 추정된다. 이에 대해서 추사 김정희는 완당전집(阮堂全集) 역서변(易筮辨)에서 춘추좌전의 내용 자체를 믿을 수가 없다는 뜻을 밝혔다.

※ 본 서례도 이전 서례인 [병의 원인에 대해 점치다]와 같이 동효가 없는 것인지, 동효가 있으나 변할 효에 해당되지 않아 본괘의 괘사로 해석하였는지 춘추좌전의 내용만으론 알 수 없다. 본 책에서는 [동효가 한 개인 경우]와 구별하기 위해 [동효가 없는 경우]로 분류하였다.

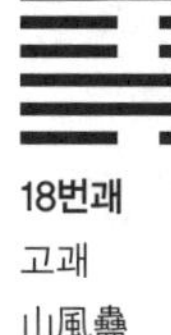

초육 : 간부지고 유자 고무구 여종길.
初六 : 幹父之蠱 有子 考无咎 厲終吉.

아버지의 음란함을 바로잡는 자식이 있으니 아버지에게는 허물이 없다. 음란함으로 현재는 위태로운 지경이나, 자식이 그 음란함을 고쳐 주니 끝은 길하리라.

아버지의 음란함을 바로잡는다(幹父之蠱).

간(幹)은 주관하는 것이고 바로잡는 것이다①. 고(蠱)는 미혹함·음란함이다②. 간부지고(幹父之蠱)는 아버지의 음란함을 바로잡는 것이다.

① 간(幹) : 주역집해에서 우번(虞翻)의 말을 인용하여 바로잡는 것으로 봤다(周易集解 幹 正也). 類篇 幹 能事也, 註 師古曰 幹 與管同.

② 고(蠱) : 본 괘 괘사를 참고하라.

자식이 있다(有子).

늙은 아버지에게 허물이 없다(考无咎).

고(考)는 올라가는 것, 늙은 아버지이다①. 무구(无咎)는 망구(亡咎)로 허물이 없다는 것이다②. 그러므로 유자 고무구(有子 考无咎)는 아버지의 음란함을 바로잡아 주는 아들이 있으니 아버지에게는 허물이 없다는 의미다.

① 고(考) : 10번 이괘 상구를 참고하라. 이곳에서는 아버지로 사용되었다. 초죽서에는 고(攷)로, 백서주역에는 교(巧)로 되어 있다.

② 무구(无咎) : 60번 절괘 초구를 참고하라.

위태하나 끝은 길하다(厲終吉).

여(厲)는 위태함이다①. 종길(終吉)은 끝은 길하다는 것이다②. 그러므로 여종길(厲終吉)은 위태하나 끝은 길하다는 것이다. 음란함으로 현재는 위태로운 지경이라는 것이요, 자식이 그 음란함을 고쳐 주니 끝은 길하다는 뜻이다.

① 여(厲) : 1번 건괘 구삼을 참고하라.

② 종길(終吉) : 5번 수괘 구이를 참고하라.

구이 : 간모지고 불가정.
九二 : 幹母之蠱 不可貞.
자식이 어머니의 음란함을 바로잡는 것은 불가하리라.

어머니의 음란함을 바로잡는다(幹母之蠱).

간(幹)은 주관하는 것이고 바로잡는 것이다①. 고(蠱)는 미혹함·음란함이다②. 간모지고(幹母之蠱)는 어머니의 음란함을 바로잡는 것이다.

① 간(幹) : 본 괘 초육을 참고하라.

② 고(蠱) : 본 괘 괘사를 참고하라.

점친 결과는 하지 말라는 것이다(不可貞).

정(貞)은 점(占)이다①. 불가정(不可貞)은 불가하다는 점이라는 것이다②. 어머니의 개인적인 음란함을 자식이 어찌할 수 없으니 바로잡으려고 하지 말라는 뜻이다.

① 정(貞), 불가정(不可貞) : 32번 항괘 괘사를 참고하라.

② 불가(不可) : 왜 어머니의 음란함을 바로잡는 것이 불가한가? 좌전 정공(定公) 14년(기원전 496년)에 실려 있는 다음 내용을 참고하라. 위나라 영공(靈公)의 부인이 송나라 공자 조(朝)와 간통을 하였다. 태자인 괴의(蒯聵)가 이를 알고 가신인 희양속(戲陽速)과 모의하여 어머니(영공의 부인)를 죽이기로 하였으나, 가신이 도와주지 않아 실패하였다. 태자는 송(宋)나라로 도망을 갔고 태자의 도당들도 모두 쫓겨났다. 가신인 희양속이 태자를 돕지 않은 것은 태자가 자기 어머니를 죽이려 했기 때문이다.

구삼 : 간부지고 소유회 무대구.
九三 : 幹父之蠱 小有悔 无大咎.

자식이 아버지의 음란함을 바로잡는다. 아버지가 바로잡는 자식을 꾸짖으니 조금 후회가 있으나, 꾸짖음이 별로 이어지지 않으니 큰 허물은 없으리라.

아버지의 음란함을 바로잡는다(幹父之蠱).

간(幹)은 주관하는 것이고 바로잡는 것이다. 고(蠱)는 미혹함·음란함이다. 간부지고(幹父之蠱)는 아버지의 음란함을 바로잡는 것이다. 본 괘 초육을 참고하라.

조금 후회가 있다(小有悔).
큰 허물은 없다(无大咎).

회(悔)는 후회·아쉬움·뉘우침이다. 소유회(小有悔)는 작은 후회가 있다는 것이다①. 무(无)는 무(無)와 망(亡)과 같이 통가자로 혼용되는 글자이고, 없다는 것이다. 무대구(无大咎)는 큰 허물은 없다는 뜻이다②. 후회가 있는 것은 음란한 아버지가 바로잡으려는 자식을 꾸짖었기 때문이며, 허물이 없는 이유는 그 꾸짖음이 별로 이어지지 않았거나 아버지가 음란함을 고쳤기 때문으로 추측할 수 있다.

① 소유회(小有悔) : 47번 곤괘 상육을 참고하라.
② 무대구(无大咎) : 60번 절괘 초구를 참고하라.

육사 : 유부지고 왕견린.
六四 : 裕父之蠱 往見吝.
자식이 아버지의 음란함을 너그럽게 받아들인다. 이는 앞으로의 어려움을 불러들이는 것이 되리라.

유(裕)는 받아들임이다. 옷과 물건이 풍부한 것이기도 하다. 이곳에서는 받아들임으로 사용됐다①. 고(蠱)는 미혹함·음란함이다②. 유부지고(裕父之蠱)는 자식이 아버지의 음란함을 받아들이는 것이다. 왕(往)은 간다, 행동한다는 것이다③. 린(吝)은 어렵고, 한스럽고, 애석한 것이다④. 그러므로 유부지고 왕견린(裕父之蠱 往見吝)은 아버지의 음란함을 그대로 받아들이면 앞으로 어렵다는 것이다.

① 유(裕) : 廣雅·釋詁 裕 容也, 說文 裕 衣物饒也.
② 고(蠱) : 본 괘 괘사를 참고하라.
③ 왕(往) : 25번 무망괘 괘사를 참고하라.
④ 린(吝) : 40번 해괘 육삼을 참고하라.

육오 : 간부지고 용예.
六五 : 幹父之蠱 用譽.
아버지의 음란함을 바로잡음에 명예를 사용한다.

간(幹)은 주관하는 것이고 바로잡는 것이다. 고(蠱)는 미혹함·음란함이다. 간부지고(幹父之蠱)는 아버지의 음란함을 바로잡는 것이다①. 명예를 사용하는 것을 상전은 이음을 덕으로 한다고 풀이했다②.

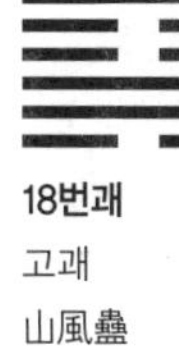

① 간부지고(幹父之蠱) : 본 괘 초육을 참고하라.
② 상왈 간부용예 승이덕야(象曰, 幹父用譽 承以德也).

상구 : 불사왕후 고상기사.
上九 : 不事王侯 高尙其事.
왕후를 섬기지 않으니 덕은 고상하나 결국은 흉하게 되리라.

불사(不事)는 불봉(不奉)으로 불사왕후(不事王侯)는 왕후를 섬기지 않는다는 것이다①. 백서주역에는 고상기사(高尙其事)가 고상기덕 흉(高尙亓德 兇)으로 되어 있다. 기(亓)는 기(其)의 통가자이다. 흉(兇)은 흉(凶)이다. 백서주역을 기준하여 본 효를 해석하면, 왕후를 섬기지 않는 뜻은 고상하나 결과는 흉하다는 것이다②.

① 사(事) : 좌전 희공(僖公) 4년에 현나라 왕은 이를 믿고 초나라를 섬기지도 않았으며 아울러 대비도 하지 않아 망한 것이라는 기록이 있다(弦子恃之而不事楚 又不設備 故亡). 사(事)가 봉(奉)으로 쓰인 예이다.

② 흉(凶) : 이 효를 고형(高亨)은 주역대전금주(周易大傳今注)에서 백이숙제(伯夷叔齊)의 고사로 해설했다. 주(周)나라 무왕(武王)이 상(商·殷)나라의 주왕(紂王)을 토벌하고 주나라를 세우자, 백이숙제는 무왕이 상나라를 친 것은 인의에 위배되는 행동이라고 비난하고, 망한 상나라에 충절을 지키기 위해 수양산(首陽山) 들어가 숨어 살았다. 이는 불사왕후(不事王侯)이고 고상기덕(高尚亓德)이다. 백이숙제는 산속에서 고사리를 캐어 먹다 굶어 죽는다. 결과적으로 흉한 일이 일어난 것이다. 고형의 해설은 효의 내용과는 통하나 본 효가 백이숙제의 고사를 인용했다는 증거는 없다.

18번괘

고괘

山風蠱

임괘(臨卦) 지택림(地澤臨) 19번괘

왕이 백성을 다스리는 것의 길흉을 설명했다.

임은 원형하니라. 이정이나 지우팔월에 유흉하리라.
臨은 元亨하니라. 利貞이나 至于八月에 有凶하리라.

초구는 함림이니 정은 길하도다.
初九는 咸臨이니 貞은 吉하도다.

구이는 함림이니 길하고 무불리하니라.
九二는 咸臨이니 吉하고 无不利하니라.

육삼은 감림이니 무유리하나 기우지면 무구리라.
六三은 甘臨이니 无攸利하나 旣憂之면 无咎리라.

육사는 지림이니 무구리라.
六四는 至臨이니 无咎리라.

육오의 지림은 대군지의이니 길하리라.
六五의 知臨은 大君之宜이니 吉하리라.

상육의 돈림은 길하고 무구리라.
上六의 敦臨은 吉하고 无咎리라.

임괘(臨卦)

왕이 백성을 다스리는 것의 길흉을 설명했다.

임. 원형. 이정. 지우팔월유흉.
臨. 元亨. 利貞. 至于八月有凶.
큰 제사를 지낼 만하다. 앞으로 이로우나 팔월에는 흉함이 있으리라.

임괘(臨卦)는 왕이 백성을 다스리는 것의 길흉을 설명했다.

임(臨)은 괘명이다. 임(臨)은 왕이 백성을 대한다의 뜻이다. 임(臨)은 직면하다, 도달하다, 마주 대하다, 아래를 보다의 뜻이 있다(疏 臨者 在上臨下之名, 爾雅·釋詁 臨 視也, 說文 臨 監臨也). 본 괘 육오의 지림 대군지의 길(知臨 大君之宜 吉)이라는 내용을 볼 때 임(臨)은 임민(臨民)으로 왕이 백성에게 임한다, 왕이 백성을 대한다는 것이다. 내용으로 볼 때 백성을 대하는 왕이 누구인지는 알 수 없다.

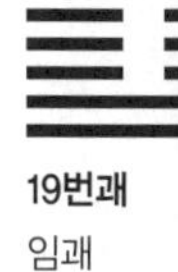

큰 제사를 지낼 만하다(元亨).
이롭다는 점이다(利貞).

원(元)은 크다는 것이다. 형(亨)은 제사를 지낸다는 향(享)이다. 고대 사람들이 큰 제사를 지내기 전에 점을 쳐 본 괘가 나오면 큰 제사를 거행할 만하다는 것이다①. 이(利)는 이롭다는 것이고 정(貞)은 점이다. 이정(利貞)은 이로운 점이라는 것이다. 어떤 사항에 점을 쳐 본 괘를 얻으면 이롭다는 뜻이다. 점괘대로 바르게 따르면 이롭다고 해석하기도 한다②.

① 원형(元亨) : 1번 건괘 괘사를 참고하라.
② 이정(利貞) : 32번 항괘 괘사를 참고하라.

팔월이 되면 흉함이 있으리라(至于八月有凶).

각 월에 배당된 월괘는 다음과 같다. 음력 1월은 태괘(泰卦), 2월은 대장괘(大壯卦), 3월은 쾌괘(夬卦), 4월은 건괘(乾卦), 5월은 구괘(姤卦), 6월은 둔괘(遯卦), 7월은 비괘(否卦), 8월은 관괘(觀卦), 9월은 박괘(剝卦), 10월은 곤괘(坤卦), 11월은 복괘(復卦), 12월은 임괘(臨卦). 본 효사의 8월에 대해 관괘(觀卦)는 임괘(臨卦)의 도전괘이므로 이 달에 흉한 일이 있을 것이라는 설, 양기가 일어나는 복괘(復卦)로부터 8개월인 6월이 흉한 달이라는 설, 어느 왕이 다스리는 시기 중 8월에 흉한 재액이 있었을 것이라는 설 등이 있으나 분명한 것은 없다.

초구 : 함림 정길.
初九 : 咸臨 貞吉.

왕이 형벌로써 백성을 다스린다. 나라가 어지럽지 않으니 길하리라.

함(咸)은 형벌, 살육, 베는 것이다①. 임(臨)은 왕이 백성을 대한다는 것이다②. 정(貞)은 점(占)이다. 정길(貞吉)은 점은 길하다는 것이다③. 함림(咸臨)은 왕이 백성을 형벌로써 다스린다는 뜻이고, 정길(貞吉)은 점은 길하다는 뜻이다. 왕이 백성을 형벌로써 다스리니 백성과 나라가 어지럽지 않아 길하다는 의미다.

① 함(咸) : 31번 함괘 괘사를 참고하라.

② 임(臨) : 본 괘 괘사를 참고하라.

③ 정길(貞吉) : 32번 항괘 괘사를 참고하라.

구이 : 함림 길 무불리.
九二 : 咸臨 吉 无不利.
왕이 위엄으로 백성을 다스린다. 왕의 권위가 서니 길하고 이롭지 않음이 없으리라.

함(咸)은 위엄을 뜻하는 위(威)를 형태가 유사하여 잘못 쓴 것이다①. 임(臨)은 왕이 백성을 대한다는 것이다②. 함림(咸臨)은 위엄으로 백성을 대한다는 뜻이다. 무(无)는 무(無) 또는 망(亡)과 통용되었다. 무불리(无不利)는 이롭지 않음이 없다는 것으로 이중부정을 통해 이롭다는 것을 강조한 말이다.

① 함(咸) : 상전에서 명을 따르지 않음이 없다(象曰, 咸臨吉无不利 未順命也)는 내용에서 咸은 위(威)로 쓰였음을 확인할 수 있다. 함(咸)을 역경 그대로 형벌, 살육, 베는 것으로 봐도 함림(咸臨)의 의미는 큰 차이가 없다. 백서 주역에는 함(咸)이 금(禁)으로 기록돼 있다.
② 임(臨) : 본 괘 괘사를 참고하라.

육삼 : 감림 무유리. 기우지 무구.
六三 : 甘臨 无攸利. 旣憂之 无咎.
왕이 백성을 재갈을 물리듯 압박으로 다스린다. 이로울 게 없으리라. 그러나 압박하는 중에도 너그러움이 있다면 허물은 없으리라.

압박으로 백성을 대한다(甘臨).

감(甘)은 단맛이고, 재갈을 물리다, 강제하다, 압박한다는 뜻을 가진 겸(拑)이다①. 임(臨)은 왕이 백성을 대한다는 것이다②. 감림(甘臨)은 왕이 재갈을 물리듯 압박으로 백성을 대한다는 뜻이다.

① 감(甘) : 설문에서는 감(甘)을 아름다운 것이라 했고(說文, 甘 美也), 설문해자주(說文解字注, 段玉裁)에서는 미(美)는 오미(五味) 중 제일인 단맛을 말한다고 했다(美 甘也 甘爲五味之一). 그러나 감(甘)이 들어간 강제·구속의 뜻이 많다. 팔을 양 옆에 끼워 잡는다는 뜻의 겸(說文, 拑 脅持也 从手甘聲), 죄인의 목에 칼을 씌운다는 의미의 겸(說文, 鉗 以鐵有所劫束也 从金甘聲)에 대한 설문 내용을 보면 이를 알 수 있다. 본 효의 감(甘)을 겸(拑)으로 새겨야 한다는 것은 고형(高亨)이 주역대전금주(周易大傳今注)에서 주장한 것이다.

② 임(臨) : 본 괘 괘사를 참고하라.

이로울 게 없다(无攸利).

무유리(无攸利)는 가는 것, 행하는 것이 이로울 게 없다는 뜻이다. 무(无)는 무(無) 또는 망(亡)의 통가자(通假字)로 쓰이며 없다는 뜻이다. 유(攸)는 곳·장소·행함이다.

그러는 동안에 너그러움이 있으면 허물이 없다(既憂之 无咎).

기(既)는 그러는 동안, 기왕에이다①. 우(憂)는 너그러움이다②. 지(之)는 한다는 것이다③. 무구(无咎)는 망구(亡咎)로 허물이 없다는 것이다④. 그러므로 기우지 무구(既憂之 无咎)는 압박으로 백성을 대하면서도 너그러움이 있다면 허물이 없다는 뜻이다.

① 기(既) : 9번 소축괘 상구를 참고하라.

② 우(憂) : 근심이다(說文, 憂 愁也). 이곳에서는 너그러움의 우(優)로 사용이 됐다(說文, 優 饒也 从人憂聲 一曰倡也, 饒 너그러울 요, 倡 번창할 창). 자휘보(字彙補)에서 우(憂)에 대해 설명하면서 설문은 우(憂)를 너그럽게 행하는 것이라고 설명하며 시경의 포정우우(布政憂憂)를 인용하였다고 하였다. 이는 시경 장발(長發) 중 강하지도 유약하지도 않으시어 너그럽게 정사를 베푼다(不剛不柔 敷政優優)라는 구절에 있는 부정우우(敷政優優)를 인용하였다는 것이다. 이를 통해 예전에는 우(憂)와 우(優)가 통용되었음을 알 수 있다.

③ 지(之) : 5번 수괘 상육을 참고하라.

④ 무구(无咎) : 60번 절괘 초구를 참고하라.

육사 : 지림 무구.
六四 : 至臨 无咎.
왕이 백성에게 친히 내려가 다스리니 허물이 없으리라.

지(至)는 이르다, 오다, 아래로 내려가는 것이다. 이곳에서는 아래로 내려가는 것으로 사용되었다①. 임(臨)은 왕이 백성을 대한다는 것이다②. 무구(无咎)는 망구(亡咎)로 허물이 없다는 것이다③. 그러므로 지림 무구(至臨 无咎)는 왕이 아래로 내려가 백성을 친히 대하면 허물이 없다는 뜻이다.

① 지(至) : 설문은 나는 새가 높은 곳에서 땅으로 내려 앉는 것이라 했다(說文, 鳥飛从高下至地也). 경전석문·예기·예기(經典釋文·禮記·禮器)에 불치(不致)는 부지(不至)로 쓰일 수도 있다(不致 本或作不至)하였으니 지(至)와 치(致)는 통가(通假)하여 쓰인다.
② 임(臨) : 본괘 괘사를 참고하라.
③ 무구(无咎) : 60번 절괘 초구를 참고하라.

육오 : 지림 대군지의 길.
六五 : 知臨 大君之宜 吉.
왕이 지혜로써 백성을 다스린다. 큰 나라 왕으로서 마땅한 방법을 쓰는 것이니 길하리라.

지(知)는 지혜라는 뜻의 지(智)이다①. 임(臨)은 왕이 백성을 대한다는 것이다②. 대군(大君)은 군자보다 높은 벼슬을 하는 사람이다. 이곳에서는 왕으로 사용되었다③. 의(宜)는 합당한 모양, 즉 마땅함이다④. 그러므로 지림 대군지의 길(知臨 大君之宜 吉)은 지혜로써 백성을 대하는 것이 큰 나라 왕으로 마땅한 것이니 길하다는 뜻이다.

① 지(知) : 지(知)는 지(智)로 읽는다(知讀爲智, 周易大傳今注, 高亨).

② 임(臨) : 19번 임괘 괘사를 참고하라.

③ 대군(大君) : 7번 사괘 상육을 참고하라. 대군을 큰 나라의 왕으로 보기도 한다.

④ 의(宜) : 옥편은 합당한 모습이라 했다(玉篇, 宜 當也 合當然也). 시경주남(詩經周南)의 도요(桃夭)에 처녀가 시집을 가네, 집안이 화순하다(之子于歸 宜其家室)에서는 의(宜)가 화순함으로 쓰였다(傳 宜者 和順之意).

상육 : 돈림 길 무구.
上六 : 敦臨 吉 无咎.

왕이 인정과 후함으로 백성을 다스리니 길하고 허물이 없으리라.

돈(敦)은 돈후함으로 인정이 두텁고 후한 것이다①. 임(臨)은 왕이 백성을 대한다는 것이다②. 무구(无咎)는 망구(亡咎)로 허물이 없다는 것이다③. 그러므로 돈림 길 무구(敦臨 吉 无咎)는 왕이 돈후하게 백성을 대하니 길하고 허물이 없다는 뜻이다.

① 돈(敦) : 돈후함·성냄·꾸짖음이다. 오경문자에서는 돈후함으로 해설했다(五經文字 敦 厚也). 설문은 다음과 같이 해설했다. 돈(敦)은 성내다의 노(怒)이고, 꾸짖는다는 뜻의 저(詆)이다. 다른 말로 성내어 꾸짖는다는 뜻을 가진 수하(誰何)이다(說文, 敦 怒也 詆也 一曰誰何也).

② 임(臨) : 본 괘 괘사를 참고하라.

③ 무구(无咎) : 60번 절괘 초구를 참고하라.

19번괘

임괘

地澤臨

관괘(觀卦) 풍지관(風地觀) 20번괘

군자가 백성과 관리를 살펴 정치를 하는 것의 길흉을 설명했다.

관은 관이불천이고 유부는 옹약이라.
觀은 盥而不薦이고 有孚는 顒若이라.

초육은 동관하니 소인은 무구하고 군자는 린하리라.
初六은 童觀하니 小人은 无咎하고 君子는 吝하리라.

육이는 규관하니 이녀정이니라.
六二는 闚觀하니 利女貞이니라.

육삼은 관아생하여 진퇴로다.
六三은 觀我生하여 進退로다.

육사는 관국지광하니 이용빈우왕하니라.
六四는 觀國之光하니 利用賓于王하니라.

구오는 관아생하니 군자는 무구리라.
九五는 觀我生하니 君子는 无咎리라.

상구는 관기생하니 군자는 무구리라.
上九는 觀其生하니 君子는 无咎리라.

20번괘

관괘(觀卦)

군자가 백성과 관리를 살펴 정치를 하는 것의 길흉을 설명했다.

관. 관이불천 유부옹약.

觀. 盥而不薦 有孚顒若.

신에게 제사를 지내면서, 신이 오도록 땅에 술을 뿌렸으나 제물을 올리지 않았다. 제물을 올리는 것은 건장한 포로이다.

관괘(觀卦)는 군자가 백성과 관리를 살펴 정치를 하는 것의 길흉을 설명했다.

관(觀)은 괘명으로, 살펴 보는 것이다. 설문은 살피고 보는 것이라 했다(說文, 觀 諦視也, 諦 살필 체, 視 볼 시). 황새(雚 황새 관)가 높이 올라가 자세히 본다(見)로 이루어진 글자이고, 올빼미, 부엉이같이 두 눈이 큰 새가 자세히 본다는 뜻을 가지고 있다. 본 괘에서는 군자가 백성과 관리 등을 보는 것으로 사용됐다.

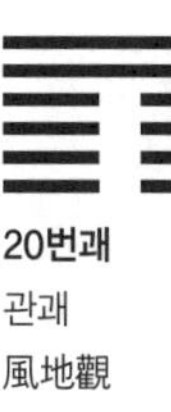

술을 부었으나 제물을 올리지 않았다(盥而不薦).

관(盥)은 제사를 지낼 때 신이 오도록 술잔에 술을 부은 후 땅에 뿌리는 것이다. 천(薦)은 제물을 신에게 올리는 것이다. 고대의 제사에서는 먼저 술을 땅에 뿌린 후, 준비한 제물을 신에게 올렸다. 관이불천(盥而不薦)은 신이 오도록 제사를 지냈는데 아직 제물은 올리지 않은 상태라는 것이다. 제사 의식이 끝나지 않은 것이다.

포로의 형상은 크고 건장하다(有孚顒若).

유부(有孚)는 전쟁에 잡은 포로나 노획품이 있다는 것이다. 부(孚)는 벌·포로·잡음·노획품·믿음·끌어당김으로 사용이 된다. 본 괘사에서는 포로로 사용되었다①. 옹(顒)은 크다는 것이다②. 약(若)은 연(然)으로 모양이다. 유부옹약(有孚顒若)은 포로가 크다는 것이다. 제사에 제물로 올릴 포로가 건장하다는 뜻이다.

① 유부(有孚) : 9번 소축괘 육사를 참고하라. 부(孚)를 노획품으로도 볼 수 있으나 이어지는 옹(顒)의 원래 뜻이 머리가 큰 것이기 때문에 포로로 새겼다.

② 옹(顒) : 옹은 우러러 본다, 엄하고 공정한 모양이라는 뜻도 있지만(廣韻 顒 仰也, 疏 顒 嚴正之貌), 설문에서는 큰 머리라 했고, 모전에서는 큰 모양이라고 헸다(說文, 顒 大頭也, 毛傳 顒 大貌). 옹은 말이 크거나 사람의 형상이 큰 경우에도 썼다.

초육 : 동관 소인무구 군자린.
初六 : 童觀 小人无咎 君子吝.

아이같은 소견으로 얕게 본다. 소인에게는 허물이 없으나, 군자는 눈앞의 것만 보고 멀리 보지 않으니 어려워지리라.

아이처럼 본다(童觀).

동(童)은 어리다는 것이다①. 관(觀)은 살펴 보는 것이다②. 동관(童觀)은 아이처럼 얕게 눈 앞에 있는 것만 본다는 것이다.

① 동(童) : 4번 몽괘 괘사를 참고하라.

② 관(觀) : 설문은 살피고 보는 것이며 견(見)과 관(雚)으로 이루어져 있다고 했다(說文, 觀 諦視也 从見雚聲, 諦 살필 체, 視 볼 시, 雚 황새 관).

소인은 허물이 없다(小人无咎).

군자는 어렵다(君子吝).

소인(小人)은 벼슬이 없는 평민이다①. 무구(无咎)는 망구(亡咎)로 허물이 없다는 것이다②. 군자(君子)는 벼슬이 있는 사람을 말한다. 천자·제후·대부·현인도 군자로 부른다③. 린(吝)은 어렵고, 한스럽고, 애석한 것이다④. 소인은 자신의 입을 위해 하루를 살아간다. 눈앞에 있는 것만 보는 것은 소인의 사는 모습이다. 그러므로 아이처럼 봐도 소인에게는 허물이 없다. 그러나 지도자급인 군자가 아이처럼 보면 멀리 보지 못하는 것이니 어려워진다.

① 소인(小人) : 7번 사괘 상육을 참고하라.
② 무구(无咎) : 60번 절괘 초구를 참고하라.
③ 군자(君子) : 1번 건괘 구삼을 참고하라.
④ 린(吝) : 40번 해괘 육삼을 참고하라.

육이 : 규관 이녀정.
六二 : 闚觀 利女貞.
신랑감을 먼저 몰래 보니 여자에게는 이로우리라.

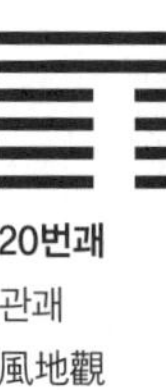
20번괘
관괘
風地觀

규관(闚觀)은 엿보는 것이다①. 이녀정(利女貞)은 여자의 점은 이롭다는 뜻이다. 정(貞)은 점(占)이다②. 고대의 혼인 풍습은 남녀가 보지 않은 상태로 결혼한다. 그런데 여자가 시집가기 전에 남자의 모습을 몰래 엿본다면, 전혀 모르는 상태에서 시집가는 것이 아니므로 여자에게는 이롭다는 것이다.

① 규(闚) : 說文 闚 閃也 从門規聲, 釋文 闚 同窺. 闚 엿볼 규, 閃 번쩍일·엿볼 섬, 窺 엿볼 규.
② 이녀정(利女貞) : 32번 항괘 괘사를 참고하라.

육삼 : 관아생 진퇴.
六三 : 觀我生 進退.
나의 백성과 관리들을 살펴 백성들의 진퇴를 결정하고 관리들의 등용을 결정한다.

관(觀)은 살펴보는 것이다①. 아(我)는 역경의 저술자인 점치는 사람일 수 있고 진퇴를 결정하는 군자일 수도 있다②. 생(生)은 백성과 관리이다③. 그러므로 관아생 진퇴(觀我生 進退)는 나의 백성과 관리들을 자세히 살펴 그들의 진퇴를 정한다는 것이다. 진퇴는 백성들의 나갈 바를 정하고 관리들을 등용하고 물리치는 것일 수도 있다. 군자가 백성과 관리를 살펴 정치를 한다는 뜻이다.

① 관(觀) : 본 괘 초육을 참고하라.

② 아(我) : 4번 몽괘 괘사를 참고하라.

③ 생(生) : 나가는 것이다(說文, 生 進也 象艸木生出土上 凡生之屬皆从生). 백성·백관·선비·자기·사람을 말하기도 한다. 생(生)을 무엇으로 보느냐에 따라 효의 해석이 갈린다. 정이(程頤)는 이천역전(伊川易傳)에서 생(生)을 자기로부터 나오는 동작과 행위로 봤고(程頤 伊川易傳, 我之所生 謂動作施爲出於己者), 주희(朱憙)는 주역본의(朱易本義)에서 생(生)을 내가 행하는 것이라 했다(朱憙 朱易本義, 我生 我之所行也). 고형(高亨)은 생(生)을 백성과 관리로 봤다(高亨 周易大傳今注, 生 百姓百官). 주역고경금주에서는 백길부반에 그들은 제후와 모든 관리이다(伯吉父盤, 其惟諸侯百生)라는 말이 있는 것과, 사송훼에 지방의 우두머리와 모든 관리(史頌毁, 里君百生)라는 말이 있는 것을 그 증거로 들었다. 본 책은 고형의 이론을 따랐다.

육사 : 관국지광 이용빈우왕.
六四 : 觀國之光 利用賓于王.
왕을 알현하여 그 나라의 빛남을 보고, 왕의 손님이 되면 이로우리라.

관국지궁(觀國之光)은 왕의 나라를 방문한다, 왕을 알현한다, 또는 나라의 빛남을 보는 것이다. 이용빈우왕(利用賓于王)은 왕의 됨됨이를 본 후 왕의 손님이 되니 이롭다는 것이다.

■ 춘추좌전 서례 : 경중의 장래에 대해 점치다.

춘추좌전(春秋左傳) 장공(莊公) 22년(기원전 672년)의 서례이다. 진여공(陳厲公)이 경중(敬仲, 이름 完, 경중은 시호)을 낳고 왕실의 태사(太史)에게 시초로 점을 치게 하였다. 태사는 관지비(觀之否, 관괘 4효가 동하여 비괘가 됨)를 태사는 관지비(觀之否, 관괘 4효가 동하여 비괘가 됨)를 얻었다.

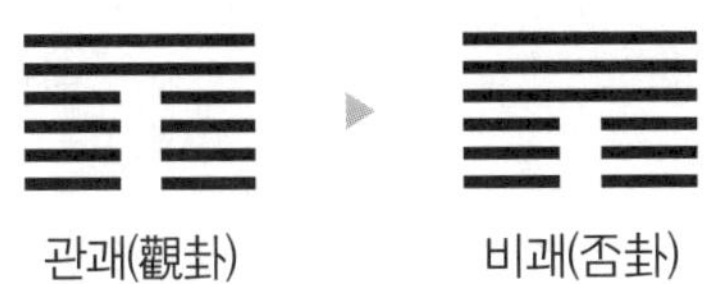

그리고 다음과 같이 풀이했다. [왕을 알현하여 그 나라의 빛남을 보고, 왕의 손님이 되니 이로우리라.]는 괘입니다. 이 아이는 대략 진(陳)나라를 대신해 나라를 보유하게 될 것입니다. 그러나 그것은 이 나라가 아닌 멀리 떨어진 나라일 것입니다. 시기도 당대가 아니고 자손의 대가 될 것입니다. 빛은 멀리 떨어진 다른 곳에서 빛날 것입니다. 곤(坤)은 흙이며, 손(巽)은 바람, 건(乾)은 하늘입니다. 바람은 하늘에서 일어나고 지상을 움직입니다. 이러한 조화로 인해 만들어지는 것이 산입니다. 산에서 나는 물건은 하늘로부터 빛을 받아 빛나니 이로써 살게 되는 것입니다. 마당에는 많은 예물들이 늘어서 있고, 옥과 비단이 올려지니 이는 천하의 모든 귀하고 아름다운 것들이 갖춰진 것입니다. 그래서 [왕의 손님이 되니 이로우리라.]고 하는 것입니다. 그러나 아직은 지켜봐야 하기 때문에 [시기도 당대가 아니고 자손의 대가 될 것]이라고 한 것입니다. 또 바람은 물건을 움직여 땅에 떨어뜨리기 때문에 [이 나라가 아닌 멀리 떨어진 나라]라는 말을 한 것입니다.

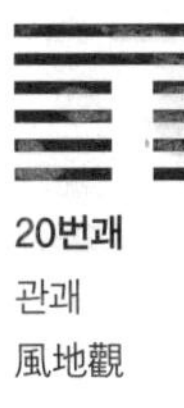

경중은 뒤에 제(齊)나라에 망명했다. 환공(桓公) 밑에서 벼슬하면서 진(陳)을 전씨(田氏)로 바꿨다. 그의 후손이 점차 발전하여 경대부(卿大夫)가 되었고, 그의 9세 자손 전화(田和)에 이르러 끝내 강씨(姜氏)의 제(齊) 나라를 차지했다. 동효가 변할 효인 경우 본괘의 해당 동효로 해석하면서 본괘의 괘상도 참고한 서례이다.

구오 : 관아생 군자무구.
九五 : 觀我生 君子无咎.
나의 백성과 관리들을 살펴 정치를 하니 군자는 허물이 없으리라.

관(觀)은 살펴보는 것이다. 아(我)는 역경의 저술자인 점치는 사람일 수 있고 진퇴를 결정하는 군자일 수도 있다. 생(生)은 백성과 관리이다. 관아생(觀我生)은 나의 백성과 관리를 살펴본다는 것이다①. 군자(君子)는 벼슬이 있는 사람을 말한다. 천자·제후·대부·현인도 군자로 부른다②. 무구(无咎)는 망구(亡咎)로 허물이 없다는 것이다③. 그러므로 관아생 군자무구(觀我生 君子无咎)는 군자가 정치를 함에 있어서 백성과 관리들을 자세히 살펴 정치를 하니 허물이 없다는 뜻이다.

① 관아생(觀我生) : 본 괘 육삼을 참고하라.
② 군자(君子) : 1번 건괘 구삼을 참고하라.
③ 무구(无咎) : 60번 절괘 초구를 참고하라.

상구 : 관기생 군자무구.
上九 : 觀其生 君子无咎.

그 나라의 백성과 관리들을 보면 상대 나라의 상황을 알 수 있다. 상황을 알고 정치를 하니 군자는 허물이 없으리라.

관(觀)은 살펴보는 것이다①. 기(其)은 어조사이고 대명사이다. 대명사로 쓰일 때는 그, 그의, 나, 나의, 그것들로 쓰인다②. 생(生)은 백성과 관리이다③. 군자(君子)는 벼슬이 있는 사람을 말한다. 천자·제후·대부·현인도 군자로 부른다④. 무구(无咎)는 망구(亡咎)로 허물이 없다는 것이다⑤. 그러므로 관기생 군자무구(觀其生 君子无咎)는 군자가 자신의 나라가 아닌 상대 나라의 백성과 관리들을 살펴 정치를 하니 허물이 없다는 것이다. 군자는 본 괘 육사에서 다른 나라 왕의 손님으로 간 군자일 것이다.

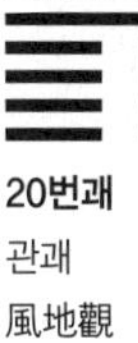

① 관(觀) : 본 괘 초육을 참고하라.
② 기(其) : 11번 태괘(兌卦) 초구를 참고하라.
③ 생(生) : 본 괘 육삼을 참고하라.
④ 군자(君子) : 1번 건괘 구삼을 참고하라.
⑤ 무구(无咎) : 60번 절괘 초구를 참고하라.

서합괘(噬嗑卦) 화뢰서합(火雷噬嗑) 21번괘

음식을 입에 넣고 씹는 것을 통하여 옥사의 길흉을 설명했다.

서합은 형하고 이용옥이니라.
噬嗑은 亨하고 利用獄이니라.

초구는 구교하고 멸지이나 무구리라.
初九는 屨校하고 滅趾이나 无咎리라.

육이는 서부하고 멸비이나 무구리라.
六二는 噬膚하고 滅鼻이나 无咎리라.

육삼은 서석에 육우독이니 소린이나 무구리라.
六三은 噬腊에 肉遇毒이니 小吝이나 无咎리라.

구사는 서건자에 득금시이니 이간정으로 길하리라.
九四는 噬乾胏에 得金矢이니 利艱貞으로 吉하리라.

육오는 서건육에 득황금이니 정은 려하나 무구리라.
六五는 噬乾肉에 得黃金이니 貞은 厲하나 无咎리라.

상구는 하교하고 멸이니 흉하리라.
上九는 何校하고 滅耳니 凶하리라.

21번괘

서합괘(噬嗑卦)

음식을 입에 넣고 씹는 것을 통하여 옥사의 길흉을 설명했다.

서합. 형. 이용옥.
噬嗑. 亨. 利用獄.
제사를 지낼 만하다. 옥사를 집행하는 것이 가능하리라.

서합괘(噬嗑卦)는 음식을 입에 넣고 씹는 것을 통하여 옥사의 길흉을 설명했다.

서합(噬嗑)은 괘명이다. 서(噬)는 먹는 것이고 입이며 씹는 것이다①. 합(嗑)은 입을 다무는 것이다②. 그러므로 서합(噬嗑)은 음식을 입에 넣고 씹는 것이다.

① 서(噬) : 설문은 먹는 것이고 입이라 했다(說文, 噬 啗也 喙也, 啗 먹을 담, 喙 부리·입 훼). 좌전 장공(莊公) 6년의 기록에서는 서(噬)를 씹는 것으로 사용했다. 좌전의 내용은 다음과 같다. 세 사람이 초나라 왕을 죽이도록 요청했으나 등나라 왕은 허락하지 않았다. 이에 세 사람이 말했다. 초나라는 등나라를 망칠 나라이다. 만약 지금 초나라 왕을 죽이는 것을 도모하지 않으면, 후에 왕께서 배꼽을 씹히는 괴로움을 당할 것이다(若不早圖 後君噬齊).

② 합(嗑) : 嗑 중 합(盍 덮을 합)은 물건을 담아 뚜껑을 닫은 모양을 본뜬 글자다.

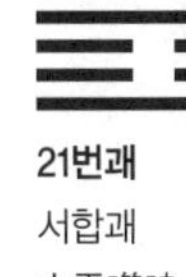

제사를 지낼 만하다(亨).

형(亨)은 제사·연회·잔치·대접·흠향의 뜻을 가진 향(饗)이고 향(亯)이다. 제사를 지내기 전 점을 쳐 본 괘를 얻으면 제사를 지낼 수 있다는 것이다. 형(亨)은 1번 건괘 괘사를 참고하라.

옥사를 하는 것이 가능하다(利用獄).

이용(利用)은 쓰는 것이 옳다, 쓰는 것이 가능하다는 뜻이다①. 옥(獄)은 감옥 또는 곡직(曲直, 옳고 그름)을 가려 다투는 옥사이다②. 이용옥(利用獄)은 옥사를 하는 것이 가능하다는 뜻이다③.

① 이용(利用) : 4번 몽괘 초육을 참고하라.

② 옥(獄) : 옥사(獄事)를 송사(訟事)와 같은 의미로 쓰기도 한다. 그러나 옥사는 반역, 살인 등의 중대한 범죄를 다스리는 것이고, 송사는 백성끼리의 분쟁을 관부에서 판결해주는 일로 구분이 된다. 효사에서는 죄인이 처벌받는 일(초구 · 상구), 죄인이 먹는 일(육이 · 육삼 · 구사 · 육오)을 통하여 옥사를 이야기했다.

③ 이용옥(利用獄) : 일부에서는 이용옥을 죽는 것보다는 감옥에 가는 것이 이롭다고 해석한다. 그러나 용옥(用獄)은 감옥을 쓰는 것이 아니고 송사 중 옥사를 쓰는 것이고, 통행본의 이용(利用)은 초죽서에 있는 가용(可用)이 역경의 원형임을 감안하면 감옥을 쓰는 것이 이롭다는 해석은 문제가 있다.

초구 : 구교멸지 무구.
初九 : 屨校滅趾 无咎.

족쇄를 차고 발꿈치가 잘리는 월형을 당한다. 죽지 않고 가벼운 형벌만을 당하니 허물은 없으리라.

족쇄를 차고 발꿈치가 잘린다(屨校滅趾).

구(屨)는 끈다는 것이다①. 교(校)는 나무로 된 형틀이다. 발에 쓰는 것이 족쇄요, 목에 쓰는 것이 칼이다②. 멸(滅)은 없애는 것이다③. 지(趾)는 발이다④. 구교멸지(屨校滅趾)는 죄인이 족쇄를 차고 발이 잘리는 형벌을 당한다는 것이다. 발꿈치를 잘리는 월형(刖刑)을 당했다는 뜻이다.

① 구(屨) : 백서주역에는 구(句)로 되어 있다. 구(屨)와 구(句)는 모두 끌다의 뜻을 가진 루(婁)의 통용자이다(高亨 周易大傳今注, 屨 句古通用 均當讀爲婁).

② 교(校) : 說文 校 木囚也.

③ 멸(滅) : 說文 滅 盡也, 盡 器中空也.

④ 지(趾) : 이아 · 석언은 발이라 했다(爾雅 · 釋言 趾 足也).

허물이 없다(无咎).

무구(无咎)는 망구(亡咎)로 허물이 없다는 것이다. 무구(无咎)는 60번 절괘 초구를 참고하라. 족쇄를 차고 발꿈치를 잘리는데 왜 허물이 없다는 것인가? 계사전(繫辭傳)에서는 그 이유를 처벌을 받으면서 죽지 않고 가벼운 형벌만 받기 때문으로 봤다. 계사전의 내용은 다음과 같다. 소인은 수치를 당하지 않으면 어진 행동을 하지 않고, 두렵지 않으면 의로움이 없다. 이익이 없으면 힘쓰지 않고, 위협하지 않으면 그만두지 않는다. 그러므로 소인에게는 작은 벌을 받고 크게 가르침을 받는 게 복이다. 역경에, 족쇄를 차고 발꿈치가 잘리는 것이 이를 두고 하는 말이다(子曰 小人不恥不仁 不畏不義 不見利不勸 不威不懲 小懲而大誡. 此小人之福也. 易曰 履校滅趾 無咎. 此之謂也).

육이 : 서부멸비 무구.
六二 : 噬膚滅鼻 无咎.

죄인이 고기를 먹은 죄로 코가 잘리는 의형을 당한다. 죽지 않고 가벼운 형벌을 당하니 허물이 없으리라.

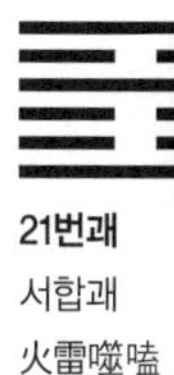

21번괘
서합괘
火雷噬嗑

고기를 먹고 코가 잘린다(噬膚滅鼻).

서(噬)는 먹는 것이고 입이며 씹는 것이다①. 부(膚)는 고기이다②. 멸(滅)은 없애는 것이다③. 비(鼻)는 코이다. 서부멸비(滅鼻噬膚)는 고기를 먹은 죄로 죄인이 코가 잘리는 의형(劓刑)을 당하는 것이다.

① 서(噬) : 본 괘 괘사를 참고하라.
② 부(膚) : 膚 切肉也 又豕肉爲膚.
③ 멸(滅) : 본 괘 초구를 참고하라.

허물이 없다(无咎).

무구(无咎)는 망구(亡咎)로 허물이 없다는 것이다. 무구(无咎)는 60번 절괘 초구를 참고하라. 허물이 없는 이유는 의형(劓刑)이 사형을 당하는 것보다는 가볍기 때문이다. 본 괘 초구를 참고하라.

육삼 : 서석육우독 소린 무구.
六三 : 噬腊肉遇毒 小吝 无咎.
마른 고기를 씹다가 독을 만난다. 마른 고기를 먹는데 해로운 독이 입안에 있는 것은 작은 어려움이나, 독을 삼키지 않았으니 허물은 없으리라.

서(噬)는 먹는 것이고 입이며 씹는 것이다①. 석육(腊肉)은 마른 고기이다. 우독(遇毒)은 독을 만난다는 것이다. 서석육우독(噬腊肉遇毒)은 마른 고기를 씹다가 독이 있다는 것을 알았다는 뜻이다. 소린(小吝)은 작은 어려움이다②. 무구(无咎)는 망구(亡咎)로 허물이 없다는 것이다③. 작은 어려움이 있으나 허물이 없는 이유는 마른 고기에 있는 독을 입에서 씹기는 하였으나 뱃속으로 삼키지는 않았으니 큰 해를 입지는 않았기 때문이다.

① 서(噬) : 본 괘 괘사를 참고하라.
② 소린(小吝) : 40번 해괘 육삼을 참고하라.
③ 무구(无咎) : 60번 절괘 초구를 참고하라.

구사 : 서건자득금시 이간정 길.
九四 : 噬乾胏得金矢 利艱貞 吉.

뼈에 붙어 있는 마른 고기를 씹다가 황동으로 된 화살촉을 얻는다. 병이 될 수 있는 화살촉을 삼키지 않았으니 어려움에 대한 일은 이롭고 길하리라.

뼈가 있는 마른 고기를 씹다가 황동으로 된 화살촉을 얻는다(噬乾胏得金矢).

서(噬)는 먹는 것이고 입이며 씹는 것이다①. 건(乾)은 굳셈이고, 쉬지 않고 나가는 것, 마름이다. 본 효에서는 마름으로 사용되었다②. 자(胏)는 주역집해에서 육적의 말을 빌어 뼈가 있는 고기라 하였다③. 득(得)은 얻는 것이다④. 금시(金矢)는 금인 동(銅)으로 된 화살촉이다⑤. 고대에는 동을 금으로 불렀다. 그러므로 서건자득금시(噬乾胏得金矢)는 죄인이 뼈가 있는 마른 고기를 씹다가 딱딱한 황동화살촉이 나온 것이다.

① 서(噬) : 본 괘 괘사를 참고하라.

② 건(乾) : 1번 건괘 괘사를 참고하라.

③ 자(胏) : 周易集解 陸績, 肉有骨謂之胏.

④ 득(得) : 설문에는 획득하는 것으로 해설했다(說文, 得 行有所得也). 두인변(彳), 화폐(貝), 손(寸촌)이 합쳐진 글자이다. 득(得)은 고대에 덕(德), 치(置)와도 통용되었다. 置는 석방된다는 것이다(說文, 置 赦也 从网 直, 赦 용서할 사).

⑤ 금(金) : 금(金)은 황동이다. 금(金)의 다섯 색 중 흰색은 백금(白金)인 은(銀), 청색은 납인 연(鉛), 붉은 색은 구리인 동(銅), 검은 색은 철(鐵), 누런 색은 황금(黃金)을 말한다. 본 책에서는 금을 황동(黃銅)으로 새겼다. 금(金)에 대한 설문의 해설은 다음과 같다. 금(金)은 다섯 가지 색의 쇠이다. 이 중 누런 색을 으뜸으로 친다. 금(金)을 오래 묻어도 녹이 슬지 않고, 백 번을 제련해도 가벼워지지 않고, 바꾸어도 잘못되지 않는다. 금(金)을 오행으로 보면 서방의 오행이다. 흙에서 생기므로 토(土)로 구성되었으며, 좌우에서 붓는 것은 흙 속에 있는 모양을 상형한 것이다. 금(今)이 발음이며, 금(金) 부에 속한 것은 이 의미를 따른다(說文, 金 五色金也 黃爲之長 久薶不生衣 百鍊不輕 从革不違 西方之行 生於土 从土 左右注 象金在土中形 今聲 凡金之屬皆从金).

어려움에 대한 점은 이롭다(利艱貞).

길하다(吉).

간(艱)은 어렵다는 것이다①. 정(貞)은 점(占)이다②. 이간정(利艱貞)은 어려움에 대한 점은 이롭다는 것이다③④.

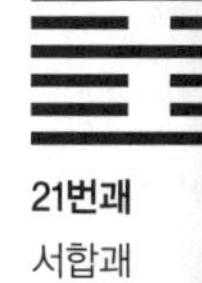

① 간(艱) : 11번 태괘 구삼을 참고하라.

② 정(貞) : 32번 항괘 괘사를 참고하라.

③ 이간정(利艱貞) : 26번 대축괘 구삼을 참고하라. 백서주역에는 이간정(利艱貞) 중 利자가 없다.

④ 이롭고 길한 이유는 금으로 된 화살을 얻는 것을(得金矢) 어찌 보느냐에 따라 달라진다. 아래와 같은 여러 견해가 있다.

(1) 황동 화살을 얻은 것은 송사에 길하다는 것을 의미한다. 주례의 내용을 근거로 삼는다. 주례·대사구(大司寇)에 송사와 옥사를 판단하는 방법이 기술되어 있다. 송사에는 양쪽이 50개의 화살을 가져와 자신들이 곧다는 주장을 들은 후에 처리하고(以兩造禁民訟入束矢於朝然後聽之), 옥사에는 30근의 금을 가져와 그들의 주장을 들은 후 처리하였다는 말이 있다(以兩劑禁民獄入鈞金三日乃致于朝然後聽之). 이에 근거하여 옥사와 송사에 필요한 금으로 된 화살을 얻었으니 길하다는 주장이다. 그러나 효사의 내용으로 볼 때 죄인이 먹은 것은 뼈가 있는 마른 고기이다. 지금의 기준으로 보면 갈비다. 갈빗살에서 금으로 된 화살을 얻었다면 한 개일 것이다. 송사에 필요한 50개의 화살(雜記 納幣一束 又五十矢爲束) 또는 옥사에 필요한 30근의 금에는(說文, 鈞 三十斤也) 턱없이 부족하다. 단지 한 개의 금으로 된 화살을 얻었을 뿐인데 이를 두고 송사에 길하다는 것은 이해되지 않는다.

(2) 갈빗살을 뜯어 먹다가 황동 화살을 얻은 것은 분명히 횡재를 한 것이고 그래서 길하다는 주장이 있다. 그러나 이 주장은 상전에서 말한 빛나지 못하다는 것을 설명하지 못한다(象曰, 利艱貞吉 未光也). 또 서합괘 전체의 내용이 먹는 것과 형벌을 당하는 내용으로 구성되어 있으며, 구사도 먹는 것과 관련이 있는데 먹는 것에서 화살촉이 나온 것이 과연 횡재에 해당하는지 의심이 든다.

(3) 금 화살촉을 삼키지 않았으니 길하다는 주장이 있다. 고대에 금은 동이다. 갈빗살을 먹을 때 황동으로 만든 화살촉이 살에 박혀 있으면 이를 빼내야 먹을 수 있다. 그냥 씹으면 이빨을 다칠 뿐이고, 황동 화살촉을 먹으면 병이 생긴다. 갈빗살에서 미리 화살촉을 발견하였으니 이는 길한 일이다. 고형(高亨)의 주장이다. 본 책도 이 주장을 따랐다.

육오 : 서건육득황금 정려 무구.
六五 : 噬乾肉得黃金 貞厲 无咎.

바싹 마른 고기를 씹다가 황동 조각을 얻는다. 먹으면 병이 나 죽을 수 있는 황동이 있으니 위태하다. 그러나 삼키지는 않았으니 허물이 없으리라.

마른 살코기를 씹다가 황동을 얻는다(噬乾肉得黃金).

서(噬)는 먹는 것이고 입이며 씹는 것이다①. 건(乾)은 굳셈이고, 쉬지 않고 나가는 것, 마름이다. 본 효에서는 마름으로 사용되었다②. 육(肉)은 살코기다③. 그러므로 서건육득황금(噬乾肉得黃金)은 마른 살코기를 먹다가 황동을 얻었다는 것이다.

① 서(噬) : 본 괘 괘사를 참고하라.

② 건(乾) : 1번 건괘 괘사를 참고하라.

③ 육(肉) : 육(肉)은 자른 살코기다. 상형으로 육(肉)부에 속한 글자는 이 의미를 따른다(說文, 肉 胾肉 象形 凡肉之屬皆从肉, 胾 고깃점 자). 사람의 살은 기(肌)이고, 먹을 수 있는 짐승의 살은 육(肉)으로 구분된다.

점괘는 위태하다(貞厲).

허물이 없다(无咎).

정려(貞厲)는 점을 친 결과 위태하게 나왔다는 것이다①. 무구(无咎)는 망구(亡咎)로 허물이 없다는 것이다②. 왜 위태한가? 황금을 얻는 것이 횡재를 하는 것이라면 위태할 이유가 없다. 이에 대해 고형(高亨)은 주역대전금주(周易大傳今注)에서 황금은 황동(黃銅)으로 해로운 음식으로 봤고, 이를 먹으면 병이나 죽는 것으로 봤다. 그러므로 동을 삼켰다면 위험한 일이나, 고기를 씹다가 발견하고 삼키지 않아 큰 화가 발생하지 않았으니 허물이 없는 것이다. 다른 주장들은 본 괘 구사를 참고한다.

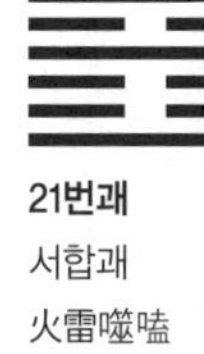

① 정려(貞厲) : 9번 소축괘 상구를 참고하라.

② 무구(无咎) : 60번 절괘 초구를 참고하라.

상구 : 하교멸이 흉.
上九 : 何校滅耳 凶.
죄인이 목에 칼을 차고 귀가 잘리는 이형을 당한다. 중한 벌을 받으니 흉하리라.

목에 칼을 차고 귀가 잘린다(何校滅耳).

하(何)는 메는 것이다①. 교(校)는 나무로 된 형틀이다. 발에 쓰는 것이 족쇄요, 목에 쓰는 것이 칼이다②. 멸(滅)은 없애는 것이다③. 비(耳)는 귀이다. 그러므로 하교멸이(何校滅耳)는 형틀 중 칼을 목에 차고 귀가 잘리는 이형(刵刑)을 당하는 것이다. 형을 주는 방법 중 발에 족쇄를 채우고 발꿈치를 잘리는 월형(刖刑)보다 훨씬 무거운 형벌이다.

① 하(何) : 說文, 何 儋也 从人可聲 臣鉉等曰 儋何 即負何也 借爲誰何之何 今俗别作擔荷 非是. 儋 멜 담.

② 교(校) : 본 괘 초구를 참고하라.

③ 멸(滅) : 본 괘 초구를 참고하라.

흉하다(凶).

목에 칼을 차고 귀가 잘리는 큰 형벌을 당하니 흉하다. 흉한 이유를 계사전에서는 다음과 같이 풀이하였다. 선을 쌓음이 없으면 이름을 이루기 어렵고, 악행이 쌓이지 않으면 몸을 망치지 않는다. 소인은 작은 선함은 이익이 없다고 생각하여 하지 않으며, 작은 악행은 해가 없다고 생각하여 그만두지 않는다. 그러므로 소인에게 악이 쌓여 가릴 수 없는 지경까지 가면 해결할 방법이 없게 된다. 역경에서는 이를 목에 칼을 차고 귀를 자른다고 했다(善不積 不足以成名 惡不積 不足以滅身 小人以小善爲無益 而弗爲也 以小惡爲無傷 而弗去也 故惡積而不可掩 罪大而不可解 易曰 何校滅耳凶).

21번괘
서합괘
火雷噬嗑

비괘(賁卦) 산화비(山火賁) 22번괘

신랑 또는 신부가 꾸미는 것의 길흉을 설명했다.

비는 형하고 소리유유왕하니라.
賁는 亨하고 小利有攸往하니라.

초구는 비기지로 사거이도하도다.
初九는 賁其趾로 舍車而徒하도다.

육이는 비기수하도다.
六二는 賁其須하도다.

구삼은 비여가 유여하니 영의 정은 길하도다.
九三은 賁如가 濡如하니 永의 貞은 吉하도다.

육사는 비여가 (번)여이며 백마는 한여라 비구이고 혼구니라.
六四는 賁如가 (蕃)如이며 白馬는 翰如라 匪寇이고 婚媾니라.

육오는 비우구원이나 속백이 전전하니 인하나 종길하리라.
六五는 賁于丘園이나 束帛이 戔戔하니 吝하나 終吉하리라.

상구는 백비이니 무구리라.
上九는 白賁이니 无咎리라.

22번괘

비괘(賁卦)

신랑 또는 신부가 꾸미는 것의 길흉을 설명했다.

비. 형. 소리유유왕.
賁. 亨. 小利有攸往.

제사를 지낼 만하다. 갈 곳이 있으면 조금 이로우리라.

비괘(賁卦)는 신랑 또는 신부가 꾸미는 것의 길흉을 설명했다.

비(賁)는 장식하는 것이다①. 누가 꾸미는 것인가? 본 괘 육사에 말과 혼인이 언급되고, 육오에 폐백인 비단 묶음이 나오며, 육오에 신부의 집을 꾸민다는 말이 나온다. 그러므로 결혼을 하는 신랑과 신부가 꾸미고 장식하는 것임을 알 수 있다. 백서주역에는 괘명과 효사의 비(賁)가 번(蘩)으로 되어 있다②.

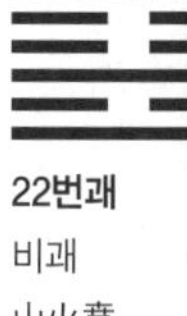

22번괘
비괘
山火賁

① 비(賁) : 글자에 패(貝)가 들어가 있다. 고대에 여러 가지 색의 조개를 꿰어 목에 차는 방법으로 장식을 한 것을 말한다. 비(賁)자를 열매(貝)가 많이 매달린(卉) 상으로 보기도 한다. 설문은 장식하는 것으로 해설했다(說文, 賁 飾也).

② 번(蘩) : 번(繁)의 통가자이다. 번(繁)은 여러 가지로 장식한 말의 복대를 의미한다(傳 繁 多也, 註 繁 猶盛也, 疏 繁爲馬腹帶也). 장식한다는 점에서는 비(賁)와 동일하다.

제사를 지낼 만하다(亨).
갈 곳이 있으면 조금 이롭다(小利有攸往).

형(亨)은 제사·연회·잔치·대접·흠향의 뜻을 가진 향(嚮)이고 향(亯)이다. 제사를 지내기 전 점을 쳐 본 괘를 얻으면 제사를 지낼 수 있다는 것이다①. 소리유유왕(小利有攸往)은 가는 것이나 행동하는 것이 조금 이롭다는 것이다②. 갈 곳은 효사의 내용으로 볼 때 신랑이 결혼을 위해 가는 신부집으로 볼 수 있다. 소(小)가 붙은 이유는 본 괘 육오에서 폐백이 작아 결혼에 말썽이 있기 때문이다.

① 형(亨) : 1번 건괘 괘사를 참고하라.

② 유유왕(有攸往) : 갈 곳이 있다, 행동함이 있다는 것이다. 유(有)는 있어서는 안 되는 일이 있다는 뜻이다(說文, 有 不宜有也 春秋傳 曰 日月有食之 从月又聲 凡有之屬皆从有). 유(攸)는 곳·장소이다(爾雅·釋言 攸 所也, 說文 攸 行水也 从攴从人 水省. 고대에는 바 유逌로 기록하였다). 왕(往)은 간다, 행동한다는 것이다(說文 往 之也, 玉篇 往 行也 去也). 역경에 유유왕(有攸往)은 단독으로 쓰이기도 하고 아래와 같은 형태로도 쓰인다.

(1) 이유유왕(利有攸往) : 가는 것이나 행동하는 것이 이롭다는 것이다.

(2) 불리유유왕(不利有攸往) : 가는 것이나 행동하는 것이 이롭지 않다는 것이다.

(3) 물용유유왕(勿用有攸往) : 갈 곳, 행할 것이 있어도 하지 말라는 것이다. 물용(勿用)은 쓰지 말아라, 쓰지 않는다이다.

초구 : 비기지 사거이도.
初九 : 賁其趾 舍車而徒.

신랑의 신발을 보니 꽃 등으로 장식이 되어 있다. 결혼을 위해 수레에서 내려 걸어가니 좋은 모습은 아니다.

비(賁)는 장식하는 것이다①. 지(趾)는 발이다②. 비기지(賁其趾)는 신행을 가는 신랑의 신발을 꽃 등으로 장식을 하였다는 뜻이다. 도(徒)는 걸어간다는 뜻이고, 사거이도(舍車而徒)는 수레에서 내려 걸어가는 것이다③. 효사의 상황은 다음과 같다. 신랑이 결혼을 위해 간다, 수레에서 내려 걸어가고 있다, 그 신발을 보니 꽃 등으로 장식이 되어 있다. 결혼식을 위해서는 수레를 타고 빨리 가야 함에도 내려 걷고 있으니 별로 좋은 모습은 아니다.

① 비(賁) : 본 괘 괘사를 참고하라.

② 지(趾) : 21번 서합괘 초구를 참고하라. 역경 중 일부 본에는 趾를 지(止)로 표기한 것이 있다. 발을 뜻하는 지(趾)가 없기 때문에 지(止)가 발로 사용된다. 설문의 지(止)의 해설은 다음과 같다. 지는 아래 터이다. 풀이 뚫고 나오는 땅을 상형했다. 그러므로 지(止)를 발의 의미로 사용했다. 지(止)부에 속한 한자들은 이런 의미를 따른다(說文, 止 下基也 象艸木出有址 故以止爲足 凡止之屬皆从止).

③ 사거이도(舍車而徒) : 고형(高亨)은 주역고경금주(周易古經今注)에서 도(徒)에 대한 광아의 해석에 옷을 벗는다는 뜻을 가진 단(袒)이 있는 것을 들어, 도(徒)를 맨발로 가는 것으로 해석했다(說文 徒 步行也, 廣雅 徒 袒也, 說文 袒 衣縫解也 从衣旦聲). 그러나 결혼을 위해 가는 신랑이 신발을 벗고 맨발로 간다는 것은 이해되지 않는다. 본 책에서는 내려서 가는 것으로 새겼다.

육이 : 비기수.
六二 : 賁其須.
신행을 따라가는 아버지의 수염을 정돈한다. 이는 웃어른을 받드는 것이다.

비(賁)는 장식하는 것이다①. 수(須)는 턱수염이다②. 비기수(賁其須)는 수염을 장식하고 다듬는다는 뜻이다. 결혼을 하는 젊은 신랑에게 정돈할 수염이 있을 리 없다. 아마도 신행을 따라가는 부친의 수염을 다듬는 것을 말한 듯 싶다. 효사에 대해 상전도 위(上)와 더불어 일어나는 것으로 해석했다(象曰, 賁其須與上興也).

① 비(賁) : 본 괘 괘사를 참고하라.

② 수(須) : 설문에서 혈(頁)과 수(从)로 구성되며 수(須)부에 속한 것은 턱수염의 의미를 따른다 했다(說文, 須 面毛也 从頁从彡 凡須之屬皆从須). 수(彡)는 털로 장식된 무늬이고 수염이 세 갈래로 나눠어진 것을 그린 것이다. 확장하여 드리워진 모든 것을 수(須)라 하기도 한다. 석명(釋名)에서는 수(鬚)를 턱수염이라 했고 귀밑수염을 염(髥)이라 했다.

구삼 : 비여유여 영정길.
九三 : 賁如濡如 永貞吉.
신행을 가는 신랑의 꾸민 모습이 편안하고 화평한 모습이다. 오랫동안 길하리라.

비(賁)는 장식하는 것이다①. 여(如)는 ~모양, ~모습이다②. 유(濡)는 편안한 모습인 유(嬬)를 빌려 쓴 것이다. 비여유여(賁如濡如)는 신랑이 장식을 한 모습이 편안하게 보인다는 뜻이다. 영(永)은 길다, 오래되다, 멀다는 것이다③. 정(貞)은 점(占)이다. 영정길(永貞吉)은 오랜 기간의 길흉여부에 대해 친 점은 길하다는 뜻이다④.

① 비(賁) :본 괘 괘사를 참고하라.

② 여(如) : 3번 준괘 육이를 참고하라.

③ 영(永) : 說文 永 長也 象水巠理之長 詩 日 江之永矣 凡永之屬皆从永, 爾雅·釋詁 遠也 遐也.

④ 영정길(永貞吉) : 32번 항괘 괘사를 참고하라.

육사 : 비여파여 백마한여 비구 혼구.
六四 : 賁如皤如 白馬翰如 匪寇 婚媾.

신행을 가는 신랑의 일행이 무리를 이뤘다. 흰 말들이 나는 듯 달려간다. 이는 도적이 아니라 혼인하는 것이니 허물이 없다.

비(賁)는 장식하는 것이다①. 여(如)는 ~모양, ~모습이다②. 파(皤)는 무성하다는 뜻을 가진 번(蕃)이다③. 비여파여(賁如皤如)는 신행을 가는 신랑은 꾸민 모습이고, 같이 가는 일행이 무리를 이뤘다는 뜻이다. 한(翰)은 나는 것이다④. 백마한여(白馬翰如)는 흰 말이 나는 듯이 달려가는 모습을 말한다. 비구혼구(匪寇婚媾)는 온 사람들이 도적이 아니고 혼인을 하려고 온 사람들이라는 뜻이다⑤. 상전은 혼인을 하려고 온 사람들이기 때문에 허물이 없다고 했다(終无尤也).

① 비(賁) : 본 괘 괘사를 참고하라.

② 여(如) : 3번 준괘 육이를 참고하라.

③ 파(皤) : 통행본과 설문의 인용문에는 파(皤)로 되어 있다(說文, 皤 老人白也 从白番聲 易 日 賁如皤如). 백서주역에 번(蕃)으로 나타나 있다. 번(蕃)은 초목이 무성한 것을 뜻한다(說文, 蕃 艸茂也 从艸番聲). 본 책은 백서주역을 기준으로 새겼다.

④ 한(翰) : 나는 것이다(玉篇, 翰 飛也). 설문에는 한(翰)을 천계(하늘의 닭)로 해석했다(說文, 翰 天雞赤羽也 从羽倝聲 逸周書 日 大翰 若翬雉 一名鷐風 周成王時蜀人獻之). 시경 상무(常武)의 아래 구절에서도 한(翰)이 나는 것으로 사용된 예를 볼 수 있다.

왕려탄탄(王旅嘽嘽), 임금의 군사들은 많네
여비여한(如飛如翰), 날개 치며 나는 듯 하네.

⑤ 비구혼구(匪寇婚媾) : 3번 준괘 육이를 참고하라. 비(匪)는 아닐 비(非)이다. 구(寇)는 사나움·노략질·원수·도적이다. 혼구(婚媾)는 혼인하는 것이다.

육오 : 비우구원 속백전전 인 종길.
六五 : 賁于丘園 束帛戔戔 吝 終吉.
결혼을 앞두고 신부 측에서 집의 정원을 아름답게 장식한다. 신랑 측에서 폐백으로 가져온 비단이 작아 말썽이 있다. 결국 혼례를 치루기로 하였으니 길하리라.

언덕에 있는 정원을 장식한다(賁于丘園).

비(賁)는 장식하는 것이다①. 구(丘)는 언덕이다②. 구원(丘園)은 언덕에 있는 정원이다. 비우구원(賁于丘園)은 결혼을 앞두고 신부 측에서 집의 정원을 아름답게 장식하는 것이다.

① 비(賁) : 본 괘 괘사를 참고하라.
② 구(丘) : 설문에 땅의 높은 곳이라 했다(說文, 丘 土之高也).

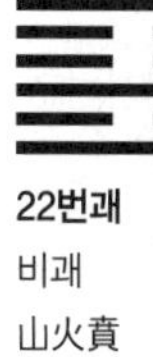

22번괘
비괘
山火賁

폐백의 비단이 아주 작다(束帛戔戔).
어려우나 끝은 길하다(吝 終吉).

속백(束帛)은 결혼에 앞서 폐백으로 주는 비단 묶음이다①. 전전(戔戔)은 작다는 뜻이다②. 속백전전(束帛戔戔)은 신랑이 신부에게 준 폐백의 비단이 아주 작아 볼품이 없다는 것이다. 인(吝)은 어렵고, 한스럽고, 애석한 것이고③, 종길(終吉)은 끝은 길하다는 것이다④. 그러므로 속백전전 인 종길(束帛戔戔 吝 終吉)은 신랑이 가져온 폐백이 보잘것없어 혼례에 작은 말썽이 있었으나, 결국 혼례를 치루기로 하였으니 길하다는 의미이다.

① 속백(束帛) : 주례에서 속백은 다섯 필을 넘지 않았다고 하였다.
② 전전(戔戔) : 戔 淺小之意, 說文 戔 音踐.
③ 인(吝) : 40번 해괘 육삼을 참고하라.
④ 종길(終吉) : 5번 수괘 구이를 참고하라.

상구 : 백비 무구.
上九 : 白賁 无咎.
흰색으로 마무리하여 그린 것을 돋보이게 한다. 허물이 없으리라.

비(賁)는 장식하는 것이다①. 백비(白賁)는 흰색으로 장식하는 것이다②. 무구(无咎)는 망구(亡咎)로 허물이 없다는 것이다③.

---

① 비(賁) : 본 괘 괘사를 참고하라.

② 백비(白賁) : 백비가 무엇을 말하는지 설이 갈린다.

(1) 흰색으로 장식하는 것은 비괘의 전체 내용으로 볼 때 신부가 장식을 하는 것이라는 설이다. 혼례를 앞두고 신부가 얼굴에 흰색 분 등으로 치장을 하는 것으로 본 것이다.

(2) 둘째는 논어 팔일(八佾) 편에 있는 공자의 회사후소(繪事後素)라는 말을 인용한 설이다. 繪事後素는 繪事後素功으로, 그린 후에 흠 등을 감추기 위해 흰색을 칠해 마무리를 해야 그림이 돋보인다는 뜻이다. 즉 장식을 마무리하는 것이 백비라는 설이다. 고형(高亨)의 설로 본 책도 이 설을 따랐다. 회사후소(繪事後素)를 흰 바탕이 있어야 그림을 그린다고 해석을 하기도 한다.

③ 무구(无咎) : 60번 절괘 초구를 참고하라.

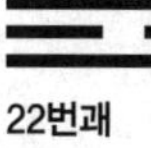

22번괘

비괘

山火賁

박괘(剝卦) 산지박(山地剝) 23번괘

소인이 군자를 위해 수레를 만들면서 일어나는 일의 길흉을 설명했다.

박은 불리유유왕하니라.
剝은 不利有攸往하니라.

초육은 박상이족하도다. 멸의 정은 흉하도다.
初六은 剝牀以足하도다. 蔑의 貞은 凶하도다.

육이는 박상이변하도다. 멸의 정은 흉하도다.
六二는 剝牀以辨하도다. 蔑의 貞은 凶하도다.

육삼은 박지하니 무구리라.
六三은 剝之하니 无咎리라.

육사는 박상이부하도다. 흉하리라.
六四는 剝牀以膚하도다. 凶하리라.

육오는 관어(식)하고 궁인총하니 무불리하니라.
六五는 貫魚(食)하고 宮人寵하니 无不利하니라.

상구는 석과불식후 군자는 득여하며 소인은 박(로)하도다.
上九는 碩果不食후 君子는 得輿하며 小人은 剝(蘆)하도다.

23번괘

박괘(剝卦)

소인이 군자를 위해 수레를 만들면서 일어나는 일의 길흉을 설명했다.

박. 불리유유왕.
剝. 不利有攸往.

수레를 만들러 가는 소인에겐 이로움이 없으리라.

박괘(剝卦)는 소인이 군자를 위해 수레를 만들면서 일어나는 일의 길흉을 설명했다.

박(剝)은 괘명으로, 떨어지다, 나누다, 다치다, 찢다, 깎다의 의미가 있다. 박(剝)은 나무 등을 깎은 부스러기(彔 새길 록)와 칼(刂 선칼도방)이 합쳐진 글자다. 광운에서 떨어지다, 나누다, 상해라고 했고(廣韻, 剝 落也 割也 傷害也), 설문에서는 찢는 것이라 했다(說文, 剝 裂也). 또한 박(剝)은 깎고 치는 것이다(王弼 剝牀以足은 削牀以足, 毛傳 剝 擊也). 백서주역의 박괘(剝卦)의 괘명은 복괘(仆卦)이다. 복(仆)은 종 또는 마부를 뜻한다. 그러므로 박(剝)은 소인인 노예가 뭔가 만들려고 깎는 것이다. 본 괘 상구의 군자득여(君子得輿, 군자가 수레를 얻는다)의 내용을 볼 때 소인이 만드는 것은 수레다.

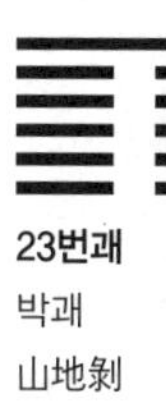

가는 것은 이롭지 않다(不利有攸往).

가는 것이나 행동하는 것이 이롭지 않다는 것이다. 수레를 만들러 가는 소인에겐 이로움이 없다는 뜻이다. 불리유유왕(不利有攸往)은 22번 비괘 괘사를 참고하라.

초육 : 박상이족 멸정흉.
初六 : 剝牀以足 蔑貞凶.
소인이 수레바퀴를 깎아 만들면서 꿈을 꿨다. 꿈의 내용으로 봐 앞으로 흉함이 있으리라.

박(剝)은 깎는 것이다①. 상(牀)은 수레의 몸체이다②. 족(足)은 수레바퀴다③. 박상이족(剝牀以足)은 수레바퀴를 만들기 위해 나무를 깎는 것이다. 멸정흉(蔑貞凶)은 꿈을 점치니 흉한 결과가 나왔다는 것이다④. 소인이 군자를 위해 수레를 만들고 있고, 바퀴를 만들면서 꿈을 꿨다. 이 꿈에 대해 점을 쳤는데 앞으로 흉할 것이라는 점괘가 나왔다는 뜻이다.

① 박(剝) : 본 괘 괘사를 참고하라.
② 상(牀) : 평상, 마루, 우물의 난간, 수레의 몸체이다. 설문에서는 편히 앉는 곳이라 했다(說文, 牀 安身之坐者).
③ 족(足) : 이천역전(伊川易傳)에서는 박상이족(剝牀以足)을 박상지족(剝牀之足也)으로 해설했고, 본 괘 상구에 군자득여(君子得輿)라고 한 것을 감안하면 수레의 발인 바퀴를 뜻한다.
④ 멸정(蔑貞) : 32번 항괘 괘사를 참고하라.

육이 : 박상이변 멸정흉.
六二 : 剝牀以辨 蔑貞凶.
소인이 수레의 중간판을 만들면서 꿈을 꿨다. 꿈의 내용으로 봐 앞으로 흉함이 있으리라.

박(剝)은 깎는 것이다①. 상(牀)은 수레의 몸체이다②. 변(辨)은 수레의 중간판이다③. 박상이변(剝牀以辨)은 수레의 중간에 있는 판을 깎아 만드는 것이다. 멸정흉(蔑貞凶)은 꿈을 점치니 흉한 결과가 나왔다는 것이다④. 소인이 군자를 위해 수레를 만들고 있고, 수레의 중간에 있는 판을 만들면서 꿈을 꿨다. 이 꿈에 대해 점을 쳤는데 앞으로 흉할 것이라는 점괘가 나왔다는 뜻이다.

① 박(剝) : 본 괘 괘사를 참고하라.

② 상(牀) : 평상(平牀·平床), 마루, 우물의 난간(欄干·欄杆)이다. 이곳에서는 수레의 몸체를 뜻한다.

③ 변(辨) : 다리(바퀴)와 몸체 사이에 놓는 중간에 있는 판을 말한다(疏, 牀足之上 牀身之下 分辨處也).

④ 멸정(蔑貞) : 32번 항괘 괘사를 참고하라.

육삼 : 박지 무구.

六三 : 剝之 无咎.

소인이 수레의 중간판을 만든 후 몸체를 만든다. 허물이 없으리라.

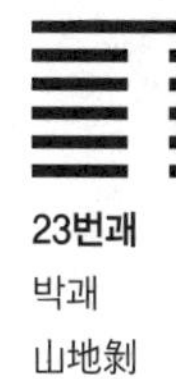

23번괘
박괘
山地剝

박(剝)은 깎는 것이다①. 무구(无咎)는 망구(亡咎)로 허물이 없다는 것이다②. 무엇을 깎는 것인지, 왜 허물이 없는지 역경 원전을 통해 알 수 없다. 본 괘 육이에서 수레의 중간에 있는 판인 변(辨)을 만들었으니 효사의 진행순서로 볼 때 몸체(身)를 만드는 것으로 추측된다. 백서주역에는 지(之) 자가 없다.

① 박(剝) : 본 괘 괘사를 참고하라.

② 무구(无咎) : 60번 절괘 초구를 참고하라.

육사 : 박상이부 흉.
六四 : 剝牀以膚 凶.
소인이 수레 좌석의 깔개를 두드려 만든다. 재앙이 가까우니 흉하리라.

박(剝)은 깎는 것이다①. 상(牀)은 수레의 몸체이나②. 부(膚)는 수레 좌석의 깔개이다③. 박상이부(剝牀以膚)는 수레 중 좌석의 깔개를 두드려 만드는 것이다. 흉한 이유에 대해서 상전은 재앙에 매우 가깝기 때문이라 했다④.

① 박(剝) : 본 괘 괘사를 참고하라. 본 효에서는 두드리는 것으로 사용되었다.
② 상(牀) : 본 괘 초육을 참고하라.
③ 부(膚) : 주역집해에서 최경(崔憬)의 말을 인용하여 부(膚)는 수레의 모피로 된 좌석이라고 했다(牀之膚爲薦席若獸之有皮毛也).
④ 상전 : 상왈 박상이부 절근재야(象曰, 剝牀以膚 切近災也).

육오 : 관어이궁인총 무불리.
六五 : 貫魚以宮人寵 无不利.
소인이 수레를 만든 후, 꿴 물고기를 푸짐하게 먹고 궁인의 칭찬도 받는다. 이롭지 않음이 없으리라.

백서주역의 [貫魚食 宮人籠 无不利]를 기준으로 새긴다. 관(貫)은 가운데를 꿴 것이다①. 관어식(貫魚食)은 꿴 물고기를 먹는다는 것이다. 궁인총(宮人寵)은 궁인으로부터 칭찬이나 상을 받는 것이다②. 무(无)는 없다는 뜻이다. 무(无)는 무(無) 또는 망(亡)과 통용되었다. 무불리(无不利)는 이롭지 않음이 없다는 것이다③. 소인이 수레를 다 만든 후에 푸짐하게 먹고 칭찬을 받는 상황이다.

① 관(貫) : 說文 貫 錢貝之貫. 釋文 貫 中也 習也.

② 총(寵) : 說文 寵 尊居也 从宀龍聲.

③ 무불리(无不利) : 28번 대과괘 구이를 참고하라.

상구 : 석과불식 군자득여 소인박려.
上九 : 碩果不食 君子得輿 小人剝廬.
소인이 수레를 만드는 동안에 과일을 먹지 못했다. 군자는 수레를 얻었고, 소인은 냉이뿌리를 캐 먹는다.

과일을 취해 먹지 않는다(碩果不食).
군자는 수레를 얻는다(君子得輿).

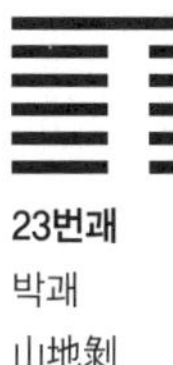

23번괘
박괘
山地剝

석과불식(碩果不食)은 과일을 취했으나 먹지 않았다는 것이다①. 소인이 수레를 만드는 동안에 큰 과일을 먹지 못했다는 뜻이다. 군자(君子)는 벼슬이 있는 사람을 말한다. 천자·제후·대부·현인도 군자로 부른다②. 여(輿)는 수레다③. 군자득여(君子得輿)는 왕 또는 제후가 수레를 얻었다는 것이다.

① 석(碩)은 척(摭)으로 취한다는 것이다. 39번 건괘 상육을 참고하라. 군자가 큰 과일이 있음에도 먹지 않는다, 이익이 있음에도 취하지 않는다, 그 결과로 군자가 수레를 얻는다고 해석하기도 한다. 그러나 수레를 만든 이는 소인이고, 이어지는 내용 중 소인이 냉이뿌리를 먹는다는 내용으로 볼 때 소인이 수레를 만드는 동안 배를 곯았다고 보는 것이 더 문맥에 맞는다.

② 군자(君子) : 1번 건괘 구삼을 참고하라. 이곳에서는 수레를 만들도록 시킨 사람이다. 본 괘 육오에 궁인이라는 말이 나오므로 궁에 사는 왕이나 제후로 추측된다.

③ 여(輿) : 7번 사괘 육삼을 참고하라. 백서에는 여(輿)를 거(車)로 썼다.

소인은 냉이뿌리를 캔다(小人剝廬).

소인(小人)은 벼슬이 없는 평민으로 이곳에서는 수레를 만든 사람을 말한다①. 박(剝)은 깎는 것이다②. 여(廬)는 냉이뿌리인 노(蘆)이다③. 소인박려(小人

剝廬)는 수레를 만든 소인이 냉이뿌리를 먹기 위해 캐는 것이다④. 군자는 소인이 만든 수레를 가졌지만, 가난한 소인은 수레를 만든 후 냉이뿌리로 연명함을 뜻한다.

---

① 소인(小人) : 7번 사괘 상육을 참고하라.

② 박(剝) : 본 괘 괘사를 참고하라.

③ 노(蘆) : 백서주역에는 여(廬)가 노(蘆)로 기록돼 있다. 설문은 노(蘆)를 무 또는 냉이뿌리로 봤고 본초에서는 절굿대라 했다(說文, 蘆 蘆菔也 一曰薺根 从艸盧聲, 本草 蘆 漏蘆, 蘆菔노복, 漏蘆누로). 본 책에서는 앞에 있는 석과(碩果)와 대응되는 냉이뿌리로 새겼다.

④ 소인박려(小人剝廬) : 통행본에 있는 여(廬)는 봄·여름에만 기거하는 농막집이다(說文, 廬 寄也 秋冬去 春夏居 从广盧聲). 통행본 그대로 해석하면 소인이 농막집을 두드려 부수는 것이다. 군자는 소인이 만든 수레를 가졌지만 가난한 소인은 수레를 만들기 위해 농사짓는 세월을 보냈다. 이제는 농막집이 필요 없어져 부수는 것이다.

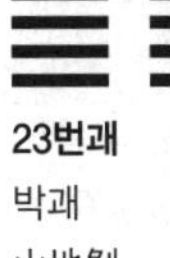

23번괘

박괘

山地剝

복괘(復卦) 지뢰복(地雷復) 24번괘

장수가 출정하여 되돌아오는 것에 대한 길흉을 설명했다.

복은 형하니라. 출입에 무질이며 붕래니 무구리라. 반복기도로 칠일에 래복하니 이유유왕하니라.
復은 亨하니라. 出入에 无疾이며 朋來니 无咎리라. 反復其道로 七日에 來復하니 利有攸往하니라.

초구는 불원복하니 무(제)회며 원길하리라.
初九는 不遠復하니 无(提)悔며 元吉하리라.

육이는 휴복이니 길하리라.
六二는 休復이니 吉하리라.

육삼은 빈복이니 여하나 무구리라.
六三은 頻復이니 厲하나 无咎리라.

육사는 중행에 독복하도다.
六四는 中行에 獨復하도다.

육오는 돈복이니 무회리라.
六五는 敦復이니 无悔리라.

상육은 미복이니 흉하고 유재생이라. 용행사에 종유대패하니 이기국군에 흉이라. 지우십년에 불극정하리라.
上六은 迷復이니 凶하고 有災眚이라. 用行師에 終有大敗하니 以其國君에 凶이라. 至于十年에 不克征하리라.

䷗ 복괘(復卦)

장수가 출정하여 되돌아오는 것에 대한 길흉을 설명했다.

복. 형. 출입무질. 붕래무구. 반복기도 칠일래복. 이유유왕.
復. 亨. 出入无疾. 朋來无咎. 反復其道 七日來復. 利有攸往.

제사를 지낼 만하며, 장수가 출정한 뒤 되돌아오는 것에 해로움이 없다. 전쟁 중 원군이 오니 허물이 없고, 출정을 한 후 다시 되돌아오는데 그 기간이 칠일 정도로 길지 않다. 그러므로 장수가 출정을 하는 것이 이로우리라.

복괘(復卦)는 장수가 출정하여 되돌아오는 것에 대한 길흉을 설명했다.

복(復)은 가운데가 불룩한 그릇(复 회복할 복)에 거듭해 오가며(彳 자축거리다) 식량이나 물 등을 채운다는 의미가 있다. 오간다, 거듭한다, 돌아간다, 다시, 또 등의 의미로 발전했다. 설문은 복(復)을 왕래하는 것으로 봤다(說文, 復 往來也). 초죽서에는 복(復)을 복(复)으로 썼다. 뜻은 같다. 또 복(復)은 넘어진다는 의미를 가진 복(覆)으로도 쓴다(說文, 復 作覆). 본 책에서는 복(復)을 돌아온다로 새겼다.

제사를 지낼 만하다(亨).

형(亨)은 제사·연회·잔치·대접·흠향의 뜻을 가진 향(嚮)이고 향(亯)이다. 제사를 지내기 전 점을 쳐 본 괘를 얻으면 제사를 지낼 수 있다는 것이다. 형(亨)은 1번 건괘 괘사를 참고하라.

출입에 해로움이 없다(出入无疾).

무(无)는 없다는 것이다①. 질(疾)은 해로움이다②. 출입무질(出入无疾)은 출입에 해로움이 없다는 것이다. 본 괘 상육에 출정을 뜻하는 행사(行師)라는 말이 있고, 출정하여 패한다면 왕도 흉하다는 내용이 있으므로 출정을 하는 이는 일개 무사가 아니고 장수로 봐야 한다. 그러므로 출입무질은 장수가 출정한 뒤 되돌아오는 것에 해로움이 없다는 뜻이다.

① 무(无) : 25번 무망을 참고하라.
② 질(疾) : 16번 예괘 육오를 참고하라.

원군이 오니 허물이 없다(朋來无咎).

붕(朋)은 친구이며 재물이다. 본 괘가 전투와 관련있으므로 이곳에서는 원군으로 새긴다①. 무구(无咎)는 망구(亡咎)로 허물이 없다는 것이다②. 붕래무구는 전쟁 중 원군이 오니 허물이 없다는 것이다.

① 붕(朋) : 2번 곤괘 괘사를 참고하라. 백서주역에 같은 의미를 가진 붕(堋 활터·벗 붕)으로 기록되어 있다.
② 무구(无咎) : 60번 절괘 초구를 참고하라.

갔던 길을 돌이켜 돌아온다(反復其道).
칠일 만에 돌아온다(七日來復).

반복(反復)은 돌이켜 돌아옴이다. 도(道)는 길, 도로이다①. 반복기도(反復其道)는 갔던 길을 다시 돌아옴이다. 칠일(七日)은 칠일 내, 짧지도 않고 길지도 않음을 말한다②. 그러므로 반복기도 칠일래복(反復其道 七日來復)은 장수가 출정을 한 후 다시 되돌아오는데 그 기간이 칠일 정도로 길지 않다는 것이다.

① 도(道) : 도로, 도, 진리, 통하다, 말하다 등으로 쓰인다. 설문과 이아는 도로라고 하였고(說文, 所行道也, 爾雅·釋宮 一達謂之道路), 계사전에서는 도라 하였으며(繫辭傳 一陰一陽之謂道), 시경 장유자(牆有茨)에서는 말하는 것으로 사용되었다. 장유자의 일부 내용은 다음과 같다. 말을 할 수가 없네 말을 할 수는 있지만 말을 하면 너무 추하구나(不可道也 所可道也 言之醜也).

② 칠일(七日) : 역경에 쓰인 날짜는 삼일과 칠일이 있다. 삼일은 18번 고괘 괘사에 선갑삼일 후갑삼일(先甲三日 後甲三日), 36번 명이괘 초구에 삼일불식(三日不食), 57번 손괘 구오에 선경삼일 후경삼일(先庚三日 後庚三日)이 있다. 칠일이 쓰인 곳은 24번 복괘 괘사에 칠일래복(七日來復), 51번 진괘 육이에 칠일득(七日得), 63번 기제괘 육이에 칠일득(七日得)이 있다. 이 중 칠일에 대해 청나라의 훈고학자인 왕인지(王引之)는 삼일과 같이 짧지도 않고 십일과 같이 길지도 않다는 취지로 설명을 하였다. 본 책은 왕인지의 설을 취했다. 홍재전서(弘齋全書)에서는 운봉호씨(雲峯胡氏)가 괘사의 칠일래복(七日來復)에 대해 양기가 오는 수치를 전적으로 말한 것이라고 소개를 하였다. 7은 양기가 움직이는 수치로, 곤괘의 초효부터 일곱 번을 지나면 복괘가 되고, 양이 없어지는 구괘(姤卦)에서 일곱 괘가 변해 양이 시작하는 복괘가 된다.

갈 곳이 있으면 이롭다(利有攸往).

이유유왕(利有攸往)은 갈 곳이 있으면 이롭다는 것이다①. 장수가 출정을 하는데 출입에 해로움이 없고, 원군이 있으며, 곧 돌아오니 장수가 출정을 하는 것이 이롭다는 뜻이다. 그러나 상전은 초효에 있는 유일한 양을 기르는 것을 중요시하여 기르는 것이 이롭다고 하였다②.

① 이유유왕(利有攸往) : 22번 비괘 괘사를 참고하라.

② 괘사에서는 갈 곳이 있으면 이롭다고 했으나, 상전에서는 지일폐관 상려불행 후불성방(至日閉關 商旅不行 后不省方)이라 했다. 괘사의 뜻과는 달리 상전에서는 문을 여는 것이 좋은데 닫으라 하였고, 장사하는 사람은 다녀야 하는데 다니지 말라 하였으며, 임금은 움직여야 함에도 다니지 말라 하였다. 괘사의 내용과 상전의 내용이 반대다. 괘상을 전체적으로 보면 진뢰(震雷)로 아래의 양효가 올라감에 위에 있는 두 음효가 길을 터주는 큰 도로(震爲大塗)의 상이다. 또한 복괘의 상괘인 곤지(坤地)는 그쳐 있는 상이고, 하괘인 진뢰(震雷)는 움직이는 상이므로 갈 곳이 있으면 이롭다고 한 것이다. 그러나 상전의 해석은 복괘가 양기가 점차 회복하는 때이기는 하지만 양기가 초효에만 있어 아직 기운이 미미할 때이니 조용히 양을 기르는 일이 필요한 것을 강조하였다.

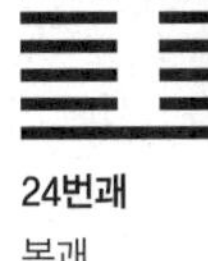

■ 춘추좌전 서례 : 초공왕을 공격할지 점치다.

춘추좌전(春秋左傳)의 서례이다. 성공(成公) 16년(기원전 575년) 6월 언릉(鄢陵) 전투에 대한 사항이다. 초공왕(楚共王)에 대한 공격여부를 결정하기 위해 진나라의 진여공(晉厲公)이 산가지로 점을 치도록 했다.

이에 점치는 관리가 점을 치고 이를 다음과 같이 풀이했다. [길합니다. 복괘가 나왔습니다. 괘사에 이르길, 남방국가가 위축되고 원왕(元王, 초공왕)에게 활을 쏴 눈을 명중하는 것으로 나타났습니다(曰南國蹙 射其元王 中厥目). 나라가 위축되고 왕이 부상하니 초나라가 패하는 것입니다. 초나라를 공격하는 것을 기다릴 필요가 없습니다.] 이에 진여공은 초공왕의 친위병에게 공격을 하였다. 교전에서 진나라의 장수 여기(呂錡)가 활로 초공왕의 눈을 맞췄고, 초공왕은 양유기(養由基)를 불러 여기를 쏘게 했고, 여기는 화살에 맞아 활집에 엎어져 죽었다.

이 서례에 대해, 점치는 관리가 남방 국가가 위축된다고 말한 것은 복괘(復卦) 초구에 있는 양효가 자라나는 괘인데, 양효는 자방(子方)인 북쪽에서 일어나 남쪽으로 음을 밀어내는 것에서 나온 것이고, 눈을 활로 맞춘다는 말은 하괘의 진뢰(震雷☳)는 왕이고 이화(離火☲)는 눈인데 양기가 급히 남쪽으로 가는 것은 화살의 모양이 된다는 해석이 있다.

이러한 해석에 대해 추사(秋史) 김정희(金正喜)는 완당전집(阮堂全集)에서 다음과 같이 비판했다. [성인이 역경을 지어 사람들이 점을 치는 것에 이바지했는지 나는 의심해 왔다. 여기에 춘추좌전에 있는 여러 서례들을 보고 성인이 주역을 지은 의도와는 전혀 다르므로 더욱 더 의심을 갖게 되었다. 원래 역경의 복괘의 괘사에는 남국이 위축되고 초공왕을 활로 쏘아 눈을 맞춘다는 내용이 없다. 춘추 시대의 점법은 성인의 본지에 크게 어긋났다. 신료(辛廖), 복초구(卜楚丘), 복도보(卜徒父), 사소(史蘇)의 무리들은 후세의 경방(京房), 관로(管輅)의 화주림(火珠林), 비복(飛伏), 납갑(納甲) 등의 법칙과 서로 같은 것이니 이것이 어찌 성인이 주역을 만들어 가르친 뜻이겠는가.] 김정희의 비판은 춘추좌전에 있는 서례들이 후대에 생겨난 이론으로 꿰어 맞췄다는 것이다.

※ 이 서례는 동효가 없는 것인지, 동효가 있으나 변할 효에 해당되지 않아 본괘의 괘사로 해석하였는지 춘추좌전의 내용만으론 알 수 없다. 본 책에서는 [동효가 한 개인 경우]와 구별하기 위해 [동효가 없는 경우]로 분류하였다.

초구 : 불원복 무지회 원길.
初九 : 不遠復 无祗悔 元吉.
출정 후 멀지 않아 돌아오니 후회가 없다. 출정은 크게 길하리라.

멀지 않아 돌아온다(不遠復).

불원(不遠)은 멀지 않음이다. 복(復)은 돌아옴이다. 불원복(不遠復)은 머지 않아 돌아온다는 것이다. 시간적으로 멀지 않다고도 볼 수 있고, 멀지 않은 장소에서 돌아 온다는 의미가 될 수도 있다. 본 괘 괘사에 칠일(七日)이라는 말이 있으므로 시간적으로, 곧 돌아오는 것으로 새겼다. 복(復)은 본 괘 괘사를 참고하라.

24번괘
복괘
地雷復

후회가 없다(无祗悔).

무(无)는 무(無) 또는 망(亡)의 통가자(通假字)로 쓰이며 없다는 뜻이다①. 지(祗)는 손에 든다는 제(提)이다②. 회(悔)는 후회·아쉬움·뉘우침이다③. 그러므로 무지회(无祗悔)는 후회를 들고 있지 않다, 후회가 없다는 것이다.

① 무(无) : 25번 무망을 참고하라.
② 지(祗) : 주역집해에서 후과의 말을 인용하여 크다고 했다(周易集解 侯果, 祗 大也). 백서주역에는 손에 들다, 휴대하다의 뜻을 가진 제(提)로 되어 있다(說文, 提 挈也 从手是聲, 挈 손에 들 설, 새길 계). 본 책에서는 백서주역을 기준으로 새겼다.
③ 회(悔) : 47번 곤괘 상육을 참고하라.

크게 길하다(元吉).

원길(元吉)은 대길(大吉)로 크게 길하다는 것이다①. 장수가 출정하여 승리하고 곧 돌아오니 길하다는 뜻이다②.

① 원길(元吉) : 41번 손괘 괘사를 참고하라.

② 계사전에서는 길한 이유를 복(復)을 반복으로 보고, 잘못을 반복하지 않으니 길하다고 해석했다. 공자가 말하기를, [안연은 최고의 경지에 이르렀다. 옳지 못함을 몰랐던 적이 없고, 알면서도 두 번 다시 동일한 잘못을 반복하지 않았다.]고 했다. 역경은 [멀지 않아 돌아온다. 후회가 없다. 크게 길하다.]고 했다(子曰 顏氏之子 其殆庶幾乎 有不善未嘗不知 知之未嘗復行也 易曰 不遠復 無祇悔 元吉). 본 책에서는 계사전의 해석을 따르지 않았다.

육이 : 휴복 길.
六二 : 休復 吉.
출정 후 기뻐하며 돌아오니 길하리라.

휴(休)는 휴식·기뻐함·움직임·때맞춤으로 해석된다. 이곳에서는 기뻐함으로 새겼다①. 복(復)은 돌아오는 것이다②. 출정하였던 장수가 기쁜 마음으로 돌아오니 길하다.

① 휴(休) : 12번 비괘 구오를 참고하라.

② 복(復) : 본 괘 괘사를 참고하라.

육삼 : 빈복 여 무구.
六三 : 頻復 厲 无咎.
출정한 장수가 근심있는 모습으로 돌아온다. 위태하나, 돌아왔으니 허물은 면하리라.

빈(頻)은 얼굴을 찡그리는 것이다①. 복(復)은 돌아온다는 것이다②. 빈복(頻

復)은 근심으로 얼굴을 찡그리며 돌아오는 것이다. 여(厲)는 위태함이다③. 무구(无咎)는 망구(亡咎)로 허물이 없다는 것이다④. 출정한 장수에게 근심이 있다는 것은 전투에 불리함이 있다는 것이니 위태한 것이요, 어려움을 알고 돌아왔으니 허물은 없다.

① 빈(頻) : 頁(머리)에 물무늬의 의미를 가진 섭(涉)이 합쳐져 만들어진 글자로 얼굴을 찡그리다. 얼굴에 주름을 짓는다는 뜻이 있다. 주역집해에서 마융(馬融)의 말을 인용하여 빈은 근심이라 했고(頻 馬云 頻 憂也), 왕필(王弼)도 주에서 얼굴을 찡그리는 모양이라 했다(頻 頻蹙之貌也).

② 복(復) : 본 괘 괘사를 참고하라.

③ 여(厲) : 1번 건괘 구삼을 참고하라.

④ 무구(无咎) : 60번 절괘 초구를 참고하라.

육사 : 중행독복.
六四 : 中行獨復.
장수가 출정한 후 중도에 혼자 돌아온다.

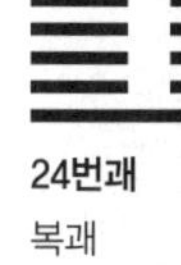

중행(中行)은 길의 중간을 뜻하는 중도(中道), 도중(道中)이다. 행(行)은 걸음걸이이고, 길이다①. 독복(獨復)은 혼자 돌아오는 것이다②. 그러므로 중행독복(中行獨復)은 중도에 혼자 돌아온다는 뜻이다. 장수가 출정한 후 중간에 홀로 돌아오는 것에 대해 효사는 길흉여부를 말하지 않았다.

① 중행(中行) : 11번 태괘 구이를 참고하라.

② 복(復) : 본 괘 괘사를 참고하라.

육오 : 돈복 무회.
六五 : 敦復 无悔.
돌아오라는 꾸짖음을 왕으로부터 듣고 돌아온다. 돌아왔으니 후회는 없으리라.

돈(敦)은 돈후함·성냄·꾸짖음이다. 본 효에는 꾸짖음으로 사용되었다①. 복(復)은 돌아옴이다②. 돈복(敦復)은 꾸짖어서 돌아오는 것이다. 무(无)는 무(無)로 없다는 것이다. 회(悔)는 후회·아쉬움·뉘우침이다. 무회(无悔)는 후회가 없고, 아쉬움이 없는 것이다③. 본 괘 상육을 참고하면 꾸짖음을 듣는 이유는 출정한 장수가 전쟁에 졌기 때문이고, 꾸짖는 이는 국군(國君)인 왕이다. 후회가 없다는 것은 전쟁터에서 돌아올 수 있었기 때문이다.

① 돈(敦) : 19번 임괘 상육을 참고하라.
② 복(復) : 본 괘 괘사를 참고하라.
③ 무회(无悔) : 47번 곤괘 상육을 참고하라.

상육 : 미복 흉 유재생. 용행사 종유대패 이기국군흉 지우십년불극정.
上六 : 迷復 凶 有災眚. 用行師 終有大敗 以其國君凶 至于十年不克征.
전쟁에 져 헤매며 돌아오기 힘드니 재앙이다. 출정을 한 장수가 결국 패하니 왕에게도 흉하다. 십년에 이르도록 정벌하지 못하리라.

헤매며 돌아온다(迷復).
흉하다(凶).
재앙이 있다(有災眚).

미(迷)는 미혹하다, 길을 잃다이다①. 복(復)은 돌아오는 것이다②. 미복 흉(迷

復 凶)은 길을 잃고 헤매며 돌아오니 흉하다는 뜻이다③. 재생(災眚)은 재앙이다④. 전쟁에 패한 장수가 전쟁터에서 돌아오기도 힘든 상황이니 재앙이라는 것이다.

① 미(迷) : 2번 곤괘 괘사를 참고하라.

② 복(復) : 본 괘 괘사를 참고하라.

③ 미복 흉(迷復 凶) : 좌전 양공(襄公)28년, 기원전 545의 다음 기록을 참고한다. 초나라의 강왕에게 예물을 바치러 갔던 정나라의 자태숙(子大叔)이 초나라에 갔다 온 일을 보고하면서 복괘 상육이 동한 복지이(復之頤)의 효사를 예로 들었다. 자태숙은 [미복 흉(迷復 凶)은 초나라의 강왕같은 경우를 말한다. 강왕은 지금 그의 뜻을 회복하려고 하나 오히려 원래의 뜻을 잃고 돌아가려고 해도 돌아갈 곳이 없다.]고 했다.

④ 생(眚) : 6번 송괘 구이를 참고하라. 眚은 초죽서에는 이체자인 [礻+眚]로 되어 있고, 백서주역에는 성(省)으로 되어 있다. 省은 옮기는 과정에서 잘못 적은 것으로 추정된다.

군대를 동원한다(用行師).
결국 패한다(終有大敗).
그 왕에게도 흉하다(以其國君凶).
십년에 이르도록 정벌하지 못한다(至于十年不克征).

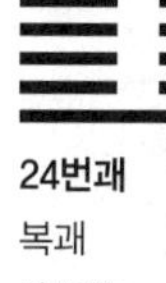

24번괘
복괘
地雷復

행사(行師)는 군대를 동원하는 것이다. 국군(國君)은 나라의 왕이다. 그러므로 용행사 종유대패 이기국군흉(用行師 終有大敗 以其國君凶)은 군대가 출병하여 결국 크게 패한 것은 장수뿐만 아니라 그 나라 왕에게도 흉한 일이라는 것이다. 지우십년불극정(至于十年不克征)은 이 전쟁의 결과로 앞으로 십년 안에는 적을 정벌할 수 없다는 뜻이다.

무망괘(无妄卦) 천뢰무망(天雷无妄) 25번괘

당연히 알고 있는 대로 행동함의 길흉을 설명했다.

무망은 원형하니라. 이정이나 기비정이면 유생이요 불리유유왕하니라.
无妄은 元亨하니라. 利貞이나 其匪正이면 有眚이요 不利有攸往하니라.

초구는 무망으로 왕하니 길하리라.
初九는 无妄으로 往하니 吉하리라.

육이는 불경에 (이)확하고 불치에 (이)여니 즉리유유왕하니라.
六二는 不耕에 (而)穫하고 不菑에 (而)畬니 則利有攸往하니라.

육삼은 무망지재로다. 혹계지우를 행인지득하니 읍인지재로다.
六三은 无妄之災로다. 或繫之牛를 行人之得하니 邑人之災로다.

구사는 가정이니 무구리라.
九四는 可貞이니 无咎리라.

구오는 무망지질이니 물약하고 (우채)리라.
九五는 无妄之疾이니 勿藥하고 (又菜)리라.

상구는 무망행이나 유생이니 무유리라.
上九는 无妄行이나 有眚이니 无攸利라.

25번괘

무망괘(无妄卦)

당연히 알고 있는 대로 행동함의 길흉을 설명했다.

무망. 원형. 이정. 기비정유생 불리유유왕.
无妄. 元亨. 利貞. 其匪正有眚 不利有攸往.

큰 제사를 지낼 만하다. 이로우나 돌이키지 않으면 재앙이 있고, 가는 것이나 행하는 것은 이롭지 않으리라.

무망괘(无妄卦)는 당연히 알고 있는 대로 행동함의 길흉을 설명했다.

무망(无妄)은 괘명으로 당연히 알고 있다는 것이며, 무불식(無不識)으로 알지 못함이 없다, 다 알고 있다는 뜻이다. 무(无)는 무(無) 또는 망(亡)의 통가자(通假字)로 쓰이며 없다는 뜻이다①. 망(妄)은 알지 못하는 것이다②.

① 무(无) : 무(无)를 없다로 본 이유는 아래와 같다.

(1) 통행본의 무망괘(无妄卦)의 괘명은 초죽서에는 망망(亡忘), 백서주역에는 무맹(無孟)으로 되어 있으며, 비괘(比卦)의 무구(无咎)는 백서주역에는 무구(無咎)로 되어 있다.

(2) 통행본의 무생(无眚)이 초죽서에는 망생(亡眚)으로 되어 있다(訟卦).

(3) 통행본의 무수(无首)가 초죽서에는 망수(亡首)로 되어 있다(比卦). 무(无)를 없는 듯하나 실체는 남아있는 것으로 해석하기도 한다. 식물 등이 겨울에는 사라져 버린 듯하나 뿌리는 살아있는 것과 같다는 것이다. 예를 들어 무구(无咎)를 허물의 씨는 남아있으나 보이지 않는 상태로 보는 방식이다. 이런 해석방법에 의하면 무(無)는 있던 것이 완전히 없어지는 것으로 본다. 이러한 해석도 믿을 수 없다. 통행본의 무(无)를 초죽서나 백서주역에는 무(無)나 망(亡)으로 기록하고 있기 때문이다. 또 구괘(姤卦)의 포무어(包无魚)나, 귀매괘(歸妹卦)의 여승광무실(女承筐无實) 등의 효사를 보면 무(无)를 실체는 남아있다고 본 해석이 얼마나 황당한지 알 수 있다. 해당 효사는 물고기나 과일이 없다는 것이지 무슨 실체가 남아있는 것은 아니다.

② 망(妄) : 어지러움이고, 망령됨이며, 알지 못함이다(說文 妄 亂也, 說文 孟 長也, 說文 忘 不識也). 통행본에는 망(妄)으로, 백서주역에는 맹(孟)으로, 초죽서에는 망(忘)으로 되어 있다. 이 중 초죽서가 현존하는 역경 중 가장 이른 시기인 기원전 221년 전후의 것이므로 본 책에서는 이를 기준으로 하였다.

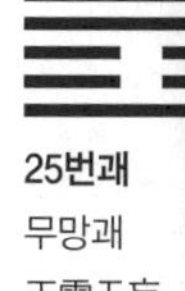

큰 제사를 지낼 만하다(元亨).

이롭다는 점이다(利貞).

원(元)은 크다는 것이다. 형(亨)은 제사를 지낸다는 향(享)이다. 고대 사람들이 큰 제사를 지내기 전에 점을 쳐 본 괘가 나오면 큰 제사를 거행할 만하다는 것이다①. 이(利)는 이롭다는 것이고 정(貞)은 점이다. 이정(利貞)은 이로운 점이라는 것이다②. 어떤 사항에 점을 쳐 본 괘를 얻으면 이롭다는 뜻이다. 점괘대로 바르게 따르면 이롭다고 해석하기도 한다.

① 원형(元亨) : 1번 건괘 괘사를 참고하라.
② 이정(利貞) : 32번 항괘 괘사를 참고하라.

돌이키지 않으면 재앙이 있다(其匪正有眚).
갈 곳이 있으면 이롭지 않다(不利有攸往).

정(正)은 초죽서에 남아있는 글자 형태와 비슷한 복(復)으로 새긴다. 생(眚)은 재앙으로 유생(有眚)은 재앙이 있다는 것이다①. 기비정유생(其匪正有眚)은 돌아오지 않으면, 돌이키지 않으면 재앙이 있다는 의미다. 불리유유왕(不利有攸往)은 가는 것이나 행동하는 것이 이롭지 않다는 것이다②.

① 생(眚) : 6번 송괘 구이를 참고하라.
② 왕(往) : 간다, 행동한다는 것이다(說文 之也, 玉篇 行也 去也). 이유유왕(利有攸往)은 22번 비괘 괘사를 참고하라.

초구 : 무망왕 길.
初九 : 无妄往 吉.
당연히 알고 있는 길로 가고 행동하니 길하리라.

무망(无妄)은 당연히 알고 있다는 것이며, 무불식(無不識)으로 알지 못함이 없다, 다 알고 있다는 것이다①. 왕(往)은 간다, 행동한다는 것이다②. 그러므로 무망왕(无妄往)은 당연히 알고 있는 길로 간다, 당연히 알고 있는 대로 행동한다는 뜻이다③.

① 무망(无妄) : 본 괘 괘사를 참고하라.

② 왕(往) : 본 괘 괘사를 참고하라.

③ 무망왕(无妄往) : 통행본의 无妄往은 백서주역에는 亡忘, 초죽서에는 无孟으로 往자가 없다.

육이 : 불경확 불치여 즉리유유왕.
六二 : 不耕穫 不菑畬 則利有攸往.

경작하지 않고 수확하려고 하고, 밭을 일구지 않고 경작지를 바란다. 농사를 짓지 않는 사람이 장사를 하거나 관리가 되기 위해 나가는 것은 이로우리라.

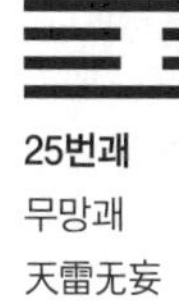

25번괘
무망괘
天雷无妄

경작하지 않고 수확하려고 한다(不耕穫).
밭을 일구지 않고 경작지를 바란다(不菑畬).

경(耕)은 경작하는 것이다. 확(穫)은 수확하는 것이다①. 불경확(不耕穫)은 경작하지 않고서 수확을 하려고 한다는 것이다. 치(菑)는 밭을 일구지 않는 것이다②. 여(畬)는 개간한 지 삼년이 된 밭이니 경작지이다③. 불치여(不菑畬)는 밭을 일구지 않고 경작지를 바라는 것이다④. 농사를 짓지 않는 상태임을 말한다.

① 확(穫) : 說文 穫 刈穀也 从禾蒦聲.

② 치(菑) : 說文 菑 不耕田也.

③ 여(畬) : 馬融 云 畬 田三歲也.

④ 불경확 불치여(不耕穫 不菑畬) : 초죽서에는 不耕而穫 不菑而○(○는 판독불가)로 기록돼 있으며, 왕필(王弼)은 不耕而穫 不菑而畬로 봤다. 而는 어조사인 [그런데도]로 새긴다.

그러므로 가는 곳이 있으면 이롭다(則利有攸往).

즉(則)은 곧, 그러므로이다①. 이유유왕(利有攸往)은 가는 것이나 행동하는 것이 이롭다는 것이다②. 앞 구절에서 농사를 짓지 않는 것을 말하였다. 즉이유유왕(則利有攸往)은 농사를 짓지 않는 사람이 장사를 하거나 관리가 되기 위해 나가는 것이 이롭다는 뜻이다③.

① 즉(則) : 법칙, 본받다, 곧, 그러므로, ~이라면, ~하면이다. 물건을 공평하게 나누는 것에서 법칙이라는 뜻이 생겨났다(說文, 則 等畫物也 从刀从貝 貝 古之物貨也).

② 이유유왕(利有攸往) : 22번 비괘 괘사를 참고하라.

③ 즉이유유왕(則利有攸往) : 본 책은 고형(高亨)의 이론을 기준으로 하였다. 즉(則)을 기(豈)로 봐 [어찌 가는 것이 이로울 것인가?]로 해석하기도 한다. 가는 것이, 행하는 것이 흉하다는 말이다. 경작하지 않고도 수확이 있을 수 없고, 기르지 않고도 여유가 있을 수 없다. 이런 터무니 없는 생각을 하고 있으니 흉하다는 해석이다. 흉하다고 본 해석은 예기(禮記)의 통론 편에 해당하는 방기(坊記)에 [역에 이르기를 경작하지 않고 수확하며, 개간하지 않아도 경작지가 된다는 것은 흉하다(易曰 不耕穫 不菑畬凶)]는 구절을 이유로 들기도 한다. 利有攸往이 아닌 則利有攸往은 흉(凶)이라는 것이다. 그러나 통행본 이전의 다른 역경을 보면 아래와 같이 즉(則)이라는 글자 자체가 없으니, [어찌 가는 것이 이로울 것인가?]로 해석하는 것은 문제가 있다.

초죽서	不耕而穫 不畜之○　○○○○
백서주역	不耕　穫 不菑　畬　利有○往
통행본	不耕　穫 不菑　畬 則利有攸往

(○는 판독이 불가능한 부분, 글자의 비교를 위해 상하를 나란히 하였다)

육삼 : 무망지재 혹계지우 행인지득 읍인지재.
六三 : 无妄之災 或繫之牛 行人之得 邑人之災.

불이 난 것은 조심을 안 한 것이니 당연한 재앙이다. 고을 사람이 매어 놓은 소를 행인이 훔쳐 갔다. 소를 잃어버린 것은 고을 사람에게는 재앙이다.

무망(无妄)은 당연히 알고 있다는 것이다①. 재(災)는 불로 인한 재앙이다②. 무망지재(无妄之災)는 당연히 일어날 수 있는 불로 인한 재앙이 일어났다는 뜻이다. 계(繫)는 매다, 묶는다는 뜻이다③.

① 무망(无妄) : 본 괘 괘사를 참고하라.

② 재(災) : 24번 복괘 상육을 참고하라. 무망지재(无妄之災)의 災는 불로 인한 재앙으로 새겼고, 읍인지재(邑人之災)의 災는 일반적인 재앙으로 새겼다.

③ 계(繫) : 12번 비괘 구오를 참고하라. 백서주역에는 계(毄 매어 기를 계)로 되어 있다.

구사 : 가정 무구.
九四 : 可貞 无咎.
행하는 것이 가능하고, 허물이 없으리라.

정(貞)은 점(占)이다. 가정(可貞)은 점을 쳐 보니 가능하다는 결과가 나왔다는 것이다①. 무구(无咎)는 망구(亡咎)로 허물이 없다는 것이다②. 어떤 사안에 점을 쳐 본 효를 얻는 경우 이룰 수 있다는 점괘가 나왔다는 것이고, 허물이 없다는 뜻이다.

① 가정(可貞) : 32번 항괘 괘사를 참고하라.
② 무구(无咎) : 60번 절괘 초구를 참고하라.

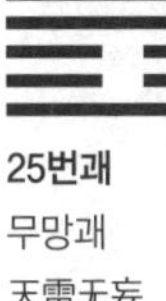

구오 : 무망지질 물약유희.
九五 : 无妄之疾 勿藥有喜.
특별한 병이 아니고 모두가 알고 있는 병이다. 약을 쓰지 않고 음식으로 치료한다.

무망(无妄)은 당연히 알고 있다는 것이며, 무불식(無不識)으로 알지 못함이 없다, 다 알고 있다는 것이다①. 질(疾)은 병이고 빠르게, 급하게이다. 이곳에서는 병으로 쓰였다②. 무망지질(无妄之疾)은 특별한 병이 아니라 모두가 알고 있는 질병이다. 예를 들면 감기, 피로 등의 병일 수 있다. 물약유희(勿藥有喜)은 물약우채(勿藥又菜)이다③. 약을 쓰지 않고 음식으로 치료할 수 있는 병이라는 뜻이다.

① 무망(无妄) : 본 괘 괘사를 참고하라.

② 질(疾) : 16번 예괘 육오를 참고하라.

③ 물약유희(勿藥有喜) : 통행본 물약유희(勿藥有喜)가 초죽서에는 물약우채(勿藥又菜)로 되어 있다. 유(有)와 우(又)는 고대에 통가자(通假字)로 사용되었다. 희(喜)와 채(菜)를 통가자로 보는 이론도 있지만, 두 글자는 운모(韻母)가 같지만 성모(聲母)의 거리가 너무 멀어 통가하여 썼다고 보기에는 무리가 있다는 판단도 있다. 본 책에서는 두 글자로 다른 글자로 새기고, 초죽서를 기준하여 약을 쓰지 않고 음식으로 치료할 수 있는 것으로 해석했다.

상구 : 무망행 유생 무유리.
上九 : 无妄行 有眚 无攸利.
당연히 알고 있는 대로 행동하는데도 불구하고 재앙이 있다. 이로움이 없으리라.

무망(无妄)은 당연히 알고 있다는 것이며, 무불식(無不識)으로 알지 못함이 없다, 다 알고 있다는 것이다. 무망행(无妄行)은 당연히 알고 있는 대로 행동하는 것이다①. 생(眚)은 재앙이다②. 무유리(无攸利)는 가는 것, 행하는 것이 이로울 게 없다는 것이다③. 그러므로 무망행 유생 무유리(无妄行 有眚 无攸利)는 당연한 일을 행하는데도 불구하고 재앙이 있고 이로울 바가 없으므로 조심을 하라는 뜻이다④.

① 무망(无妄) : 본 괘 괘사를 참고하라.

② 생(眚) : 6번 송괘 구이를 참고하라.

③ 무유리(无攸利) : 4번 몽괘 육삼을 참고하라.

④ 당연한 일을 행하는 데 재앙이 있을 수 없으므로 무망행(无妄行)의 무(无)가 잘못 들어갔을 것이라는 주장이 있다. 또 무(无)를 말 무(毋), 말 물(勿)로 봐 무망행(无妄行)을 [당연히 알고 있는 대로 행동하지 말라.]로 봐야 한다는 주장도 있다(无妄之无 猶毋也 猶勿也, 高亨 周易大傳今注). 본 책에서는 이 주장을 따르지 않고 조심을 하라는 경고의 의미로 새겼다.

25번괘

무망괘

天雷无妄

대축괘(大畜卦) 산천대축(山天大畜) 26번괘

목축의 길흉을 설명했다.

대축은 이정이로다. 불가식이 길하고 이섭대천하니라.
大畜은 利貞이로다. 不家食이 吉하고 利涉大川하니라.

초구는 유려니 이이니라.
初九는 有厲니 利已니라.

구이는 여탈복이로다.
九二는 輿說輹이로다.

구삼은 양마를 축하니 이간정이고 왈한여위하니 이유유왕하니라.
九三은 良馬를 逐하니 利艱貞이고 曰閑輿衛하니 利有攸往하니라.

육사는 동우지곡하니 원길하리라.
六四는 童牛之牿하니 元吉하리라.

육오는 분시지아니 길하리라.
六五는 豶豕之牙니 吉하리라.

상구는 하천지구니 형하니라.
上九는 何天之衢니 亨하니라.

26번괘

대축괘(大畜卦)

목축의 길흉을 설명했다.

대축. 이정. 불가식길. 이섭대천.
大畜. 利貞. 不家食吉. 利涉大川.

이로우리라. 목축을 하면서 밖에서 밥을 먹는 것이 길하고, 목축을 위해 멀리 가는 것이 이로우리라.

대축괘(大畜卦)는 목축의 길흉을 설명했다.

축(畜, 짐승·쌓을 축, 기를 휵)은 농사짓는 것, 목축을 하는 것이다①. 소축괘는 농사짓는 것을 설명한 괘이고, 본 대축괘는 구삼효에 말을 쫓는 것, 육사효에 송아지 뿔에 나무를 덧대는 것, 육오효에 돼지를 거세하여 우리에 가두는 것이 나오는 것을 볼 때 목축을 하면서 일어난 일을 설명하는 괘임을 알 수 있다②.

① 축(畜) : 9번 소축괘 괘사를 참고하라.

② 대축괘(大畜卦) : 일반적으로 대축괘는 크게 쌓는 괘로 보며, 고형(高亨)은 단순히 괘명으로만 봤다. 백서에는 대축(大畜)이 태축(泰蓄)으로 되어 있다. 泰와 大는 고대에 통용되었다.

이롭다는 점이다(利貞).
집에서 먹지 않는 것이 길하다(不家食吉).

이(利)는 이롭다는 것이고 정(貞)은 점이다. 이정(利貞)은 이로운 점이라는 것이다. 어떤 사항에 점을 쳐 본 괘를 얻으면 이롭다는 뜻이다. 점괘대로 바르게 따르면 이롭다고 해석하기도 한다. 불가식(不家食)은 집에서 밥을 먹지 않는다는 것이다. 대축괘가 목축과 관련된 괘이므로 소, 말, 돼지를 기르면서 밖에서 밥을 먹는 것이 길하다는 의미로 추측된다. 이정(利貞)은 32번 항괘 괘사를 참고하라.

큰 내를 건너는 것이 이롭다(利涉大川).

섭(涉)은 건너는 것이다. 대천(大川)은 큰 내이니 강이다. 이섭대천(利涉大川)은 강을 건너면 이롭다, 가는 곳이 있거나 여행을 떠나면 이롭다는 뜻이다. 본 괘에서는 목축을 위해 멀리 가는 것이 이롭다는 의미로 해석할 수도 있다. 이섭대천(利涉大川)은 5번 수괘 괘사를 참고하라.

초구 : 유려 이이.
初九 : 有厲 利已.
위태로우니 제사를 지내는 것이 이로우리라.

려(厲)는 위태함이다. 유려(有厲)는 위태함이 있다는 것이다①. 무엇 때문에 위태한지 정확한 이유는 알 수 없다. 이(已)는 사(巳)이며 사(祀)이다. 즉 이(已)는 제사이다②. 그러므로 유려 이이(有厲 利已)는 현재 위태로운 상황이니 제사를 지내면 이롭다는 뜻이다.

① 유려(有厲) : 49번 혁괘 구삼을 참고하라.
② 이(已) : 17번 수괘 구사의 이명(以明)의 설명을 참고하라. 초죽서에는 이이(利已)가 이사(利巳)로 기록돼 있다.

구이 : 여탈복.
九二 : 輿說輹.
수레의 바퀴가 빠져나갔다. 움직일 수 없고 목축도 할 수 없으니 흉하다.

여(輿)는 수레다①. 탈(說)은 벗겨진다는 것이다②. 복(輹)은 복토 또는 바퀴살이다③. 여탈복(輿說輹)은 수레의 바퀴가 빠졌다는 뜻이다④. 상황만 있고 점사가 없는 효사이나 목축을 하는 사람에게 수레의 바퀴가 빠진 것은 흉한 것이 틀림없다.

① 여(輿) : 7번 사괘 육삼을 참고하라. 백서에는 여(輿)를 거(車)로 썼다.

② 탈(說) : 탈(脫)의 뜻이다.

③ 복(輹) : 복토(伏兎)로 수레와 수레 축의 굴대를 고정하는 나무이다. 마치 엎드린 토끼와 같은 모양이라 이름 붙여진 것이다(說文, 輹 車軸縛也 从車复聲 易 曰 輿脫輹, 縛 얽을 박, 車身下夾軸之木 形如伏兎). 복(輻 바퀴살 복)과 동일한 의미다.

④ 여탈복(輿說輹) : 9번 소축괘의 여탈복(輿說輻)과 동일한 의미다. 9번 소축괘 구삼에는 부처반목(夫妻反目)이라는 말이 이어서 있지만 본 효사에는 아무런 언급이 없다. 소축괘 구삼과 같이 부부가 반복한다고 볼 수 있고, 수레의 바퀴가 빠져 나가 목축을 할 수 없으니 상황이 흉하다고 해석할 수도 있다.

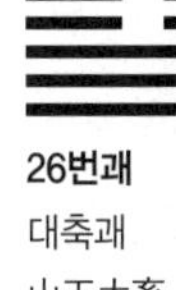

구삼 : 양마축 이간정 왈한여위 이유유왕.
九三 : 良馬逐 利艱貞 曰閑輿衛 利有攸往.

좋은 말로 쫓아가 잡을 수 있으니 이롭다. 무리에서 이탈할 수 있는 말들을 수레를 타고 지킨다. 말들을 다 찾았으니 다른 곳에 가서 말을 기르는 것이 이로우리라.

좋은 말로 쫓는 것이다(良馬逐).
어려움에 대한 점은 이롭다(利艱貞).

축(逐)은 찾는 것이고, 쫓는 것이다①. 양마축(良馬逐)은 좋은 말로 쫓는 것이다. 간(艱)은 어려움이다. 정(貞)은 점(占)이다. 이간점(利艱貞)은 어려움에 대한 점은 이롭다는 것이다②. 그러므로 양마축 이간정(良馬逐 利艱貞)은 좋은 말로 쫓으니 어려움에 대한 점은 이롭다는 뜻이다. 말 등이 도망을 간 어려운 상황에 대해서 목축을 하는 이가 답을 구했는데, 점을 친 결과 좋은 말로 쫓아가 다 잡을 수 있다는 점괘가 나왔으니 이롭다는 의미이다.

① 축(逐) : 설문은 쫓는 것이라 했고(說文, 逐 追也 从辵 从豚省), 국어·진어의 주에서 逐는 구하는 것이라 했다(國語·晉語 厭邇逐遠 注 逐 求也). 26번 대축괘 구삼은 통행본에는 逐, 백서주역에는 수(遂 드디어·따를 수), 초죽서에는 유(由 좇을·말미암을 유)로 돼 있다. 단옥재는 由는 逐와 고음(古音)이 같다고 했다(段玉裁 注 由與逐皆三部聲也 古音如逐).

② 이간정(利艱貞) : 간(艱)은 어려움이라 했다(爾雅·釋詁 艱 阻艱 難也, 說文 艱 土難治也). 정(貞)은 점에 묻는 것이라 했다(說文, 貞 卜問也).

매일 이탈할 수 있는 말들을 수레로 지킨다(曰閑輿衛).

갈 곳이 있으면 이롭다(利有攸往).

왈(曰)은 매일을 뜻하는 일(日)이다①. 한(閑)은 반(班)으로 무리에서 이탈하는 말이다②. 여(輿)는 수레다③. 여위(輿衛)는 수레로 지킨다는 것이다. 왈한여위(曰閑輿衛)는 무리에서 이탈할 수 있는 말들을 수레를 타고 지킨다는 뜻이다. 이유유왕(利有攸往)은 가는 것이나 행동하는 것이 이롭다는 것이다④. 목축을 하는 이가 이탈한 말들을 다 찾았으니 다른 곳에 가서 말을 기르는 것이 이롭다는 뜻으로 추측할 수 있다.

① 왈(曰) : 가로되가 아닌 매일이다. 석문에 왈(曰)은 일(日)로 쓴다고 했다(釋文引鄭本曰作日). 주역본의에도 왈은 일로 봐야 한다고 했다(當爲日月之日).

② 한(閑) : 석문에는 마융의 말을 인용하여 閑은 가로막고 방비하는 것이라 했다(釋文, 引 馬融 閑 闌也 防也, 闌 가로막을·방지할 란). 또 閑은 반(班)으로 쓰이기도 한다. 통행본의 閑은 백서주역에는 란(闌) 또는 문(門, 37번 가인괘)으로 되어 있고, 초죽서에는 반(班 나눌·이별한 반)으로 돼 있다. 춘추좌전(春秋左傳) 양공 18년의 기록에 있는 반마는 대열과 무리에서 이탈한 말을 말했다(春秋左傳 襄公 18年, 邢伯告中行伯曰 有班馬之聲 齊師其遁, 대부 형백이 중행백에게 고했다. 대열에서 이탈한 말의 울음소리가 들리니 제나라 군사가 달아난 것입니다). 석문에 閑은 마융(馬融)과 정현(鄭玄)이 익숙하다는 習으로 썼다고 했고(釋文, 閑 馬鄭云 習也), 정이(程頤)의 이천역전(伊川易傳)에도 閑을 習으로 봐 날마다 항상 수레를 타는 것과 지키는 것을 익힌다고 했다(伊川易傳, 日常閑習其車輿與其防衛). 그러나 백서주역과 초죽서에 있는 글자를 보면 閑은 習과 관련이 없다.

③ 여(輿) : 7번 사괘 육삼을 참고하라. 백서에는 거(車)로 썼다.

④ 이유유왕(利有攸往) : 22번 비괘 괘사를 참고하라.

육사 : 동우지곡 원길.
六四 : 童牛之牿 元吉.

송아지 뿔에 나무를 덧댄다. 송아지가 날뛰어도 뿔에 부서지는 것이 없고 사람도 보호할 수 있으니 크게 길하리라.

동우(童牛)는 송아지이다. 지(之)는 있다는 뜻의 유(有)이다①. 곡(牿)은 고(告)로 뿔에 대는 가로막대이다②. 원길(元吉)은 대길(大吉)로 크게 길하다는 뜻이다③. 동우지곡 원길(童牛之牿 元吉)은 송아지가 뿔이 날 때는 물건과 사람에 들이박기를 잘하니 이를 방지하기 위해 뿔에 가로막대를 덧대어 놓았으니 크게 좋다는 뜻이다.

① 유(有) : 47번 곤괘 상육을 참고하라.

② 고(告) : 예전에는 고(告)와 곡(牿)을 통용하여 썼다(釋文, 牿 九家作告, 王弼 告作牿). 설문은 고(告)를 다음과 같이 해설했다. 소의 뿔이 사람에게 닿을까 하여 소의 뿔에 가로 막대를 걸어 사람에게 알려준다는 것이다. 口와 牛로 구성되었다. 역에서 동우지고라 했다. 고부에 속한 글자는 모두 이 의미를 따른다(說文, 告 牛觸人 角箸橫木 所以告人也 从口从牛 易 曰 僮牛之告 凡告之屬皆从告).

③ 원길(元吉) : 41번 손괘 괘사를 참고하라.

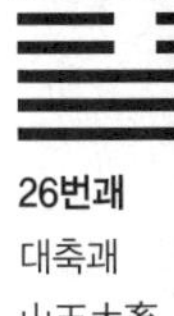

육오 : 분시지아 길.
六五 : 豶豕之牙 吉.

거세한 돼지를 우리에 가뒀다. 돼지가 고통에 날뛰거나 상처를 다른 곳에 비벼 죽지 않으니 길하리라.

분시(豶豕)는 불깐 돼지, 즉 거세한 돼지다①. 지(之)는 있다는 뜻의 유(有)이다②. 아(牙)는 우리이다③. 분시지아(豶豕之牙)는 거세한 돼지를 우리에 가뒀다는 것이다. 거세한 돼지는 고통에 날뛰거나 상처를 다른 곳에 비벼 죽게도 된다. 이 돼지를 우리에 안전하게 가뒀으니 길하다.

① 분(豶) : 說文 豶 羠豕也 从豕賁聲. 羠 불깐 양 시·이.

② 유(有) : 47번 곤괘 상육을 참고하라.

③ 아(牙) : 아(牙)를 정현(鄭玄)은 호(互)로 읽었다(釋文, 牙 鄭讀爲互). 호(互)는 고대에 호(梐, 가로막이·우리·울타리)로도 썼다.

상구 : 하천지구 형.

上九 : 何天之衢 亨.

하늘의 복을 받아 모든 일이 잘 풀린다. 제사를 지낼 만하다.

하(何)는 받다, 맡다, 메는 것이다. 이곳에서는 받는 것으로 새겼다①. 구(衢)는 기뻐함, 복을 뜻하는 휴(休)이다②. 하천지구(何天之衢)는 하늘의 복을 받는다는 것이다③. 형(亨)은 제사·연회·잔치·대접·흠향의 뜻을 가진 향(嚮)이고 향(亯)이다④. 제사를 지내기 전 점을 쳐 본 효를 얻으면 제사를 지낼 수 있다는 것이다.

① 하(何) : 21번 서합괘 상구를 참고하라.

② 구(衢) : 구(衢)와 구(瞿, 백서주역), 휴(休)는 같은 소리 계열로 서로 통용되었다. 휴(休)는 휴식·기뻐함·움직임·때맞춤의 뜻이 있다. 이곳에서는 기뻐함, 복으로 새겼다. 휴(休)는 12번 비괘 구오를 참고하라.

③ 하천지구(何天之衢) : 구(衢)는 휴(休)와 통하므로 시경 장발(長發)의 하천지휴(何天之休, 하늘의 복을 받으셨네)와 동일한 말이다.

④ 형(亨) : 1번 건괘 괘사를 참고하라.

26번괘

대축괘

山天大畜

이괘(頤卦) 산뢰이(山雷頤) 27번괘

턱의 모습을 통하여 먹는 것을 구하는 길흉을 설명했다.

이는 정이 길하도다. 관이하고 자구구실하느니라.
頤는 貞이 吉하도다. 觀頤하고 自求口實하느니라.

초구는 사이영귀하고 관아타이하니 흉하리라.
初九는 舍爾靈龜하고 觀我朶頤하니 凶하리라.

육이는 (왈)전이로 불경우(북사)하니 정하면 흉하리라.
六二는 (曰)顚頤로 拂經于(北丘)하니 征하면 凶하리라.

육삼은 불이니 정은 흉하도다. 십년물용이니 무유리하니라.
六三은 拂頤니 貞은 凶하도다. 十年勿用이니 无攸利하니라.

육사는 전이니 길하도다. 호시탐탐하나 기욕이 축축이니 무구리라.
六四는 顚頤니 吉하도다. 虎視耽耽하나 其欲이 逐逐이니 无咎리라.

육오는 불경이라. 거의 정은 길하며 불가섭대천이니라.
六五는 拂經이라. 居의 貞은 吉하며 不可涉大川이니라.

상구는 유이니 여하면 길하고 이섭대천하니라.
上九는 由頤니 厲하면 吉하고 利涉大川하니라.

27번괘

이괘(頤卦)

턱의 모습을 통하여 먹는 것을 구하는 길흉을 설명했다.

이. 정길. 관이 자구구실.
頤. 貞吉. 觀頤 自求口實.
길하리라. 남이 먹는 턱을 보고 내 먹는 것을 구해야 하느니라.

이괘(頤卦)는 턱의 모습을 통하여 먹는 것을 구하는 길흉을 설명했다.

이(頤)는 괘명으로 턱이다. 설문은 이(頤)를 턱으로 해설했다(說文, 頤 顄也. 顄 턱 함). 뺨으로 보기도 한다.

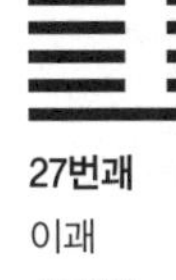

점은 길하다(貞吉).
턱을 본다(觀頤).
내 스스로 먹을 것을 구한다(自求口實).

정(貞)은 점(占)이다. 정길(貞吉)은 점은 길하다는 것이다. 관이(觀頤)는 그가 먹는 턱을 보는 것이다. 실(實)은 열매, 재물이다. 본 효에서는 식량으로 새긴다. 자구구실(自求口實)은 스스로 먹을 것을 구하는 것이다. 그러므로 관이 자구구실(觀頤 自求口實)은 다른 사람이 턱을 움직이며 먹는 것을 보고 나도 스스로 먹을 것을 구하는 것이다. 남의 처지를 부러워 하지 말고 내 스스로 구해야 함을 뜻한다. 정길(貞吉)은 32번 항괘 괘사를 참고하라.

초구 : 사이영귀 관아타이 흉.
初九 : 舍爾靈龜 觀我朵頤 凶.
네가 가지고 있는 맛있는 거북고기를 버려두고, 먹고 있는 내 턱만을 보니 흉하리라.

너의 거북고기는 먹지 않고 버려둔다(舍爾靈龜).

사(舍)는 집, 버리는 것이다. 이곳에서는 버린다는 사(捨)로 새긴다①. 영귀(靈龜)는 살을 먹고 껍질은 점을 칠 때 사용한 거북이다②. 사이영귀(舍爾靈龜)는 네가 먹을 거북고기는 먹지 않고 버려둔다는 뜻이다.

① 사(舍) : 3번 준괘 육삼을 참고하라.

② 영귀(靈龜) : 별인이 봄에는 자라와 조개를 잡아 바치는 것을 관장하고, 가을에는 거북과 물고기를 잡아 바치는 것을 관장하였다는 주례의 기록을 볼 때, 거북을 식용으로 사용하였음을 알 수 있다(鱉人 掌取互物 以時簎魚 鱉 龜 蜃 凡貍物 春獻鱉 蜃 秋獻龜 魚 祭祀 共蠯 蠃 蚳 以授醢人 掌凡邦之簎事).

나의 늘어진 턱을 본다(觀我朵頤).
흉하다(凶).

타(朵)는 늘어진 것이다①. 이(頤)는 턱이다②. 관아타이(觀我朵頤)는 나의 늘어진 턱을 보는 것이다③. 내가 음식을 먹고 있는 것을 본다는 뜻이다. 자신의 먹을 음식은 제껴 놓고 남 먹는 것을 부러워 하니 좋을 수 없다.

① 타(朵) : 나무가 늘어진 모습, 가지에서 늘어진 꽃송이를 말한다(說文, 朶 樹木垂朶朶也). 타(朶)로 쓰기도 한다(集韻, 朶 本作朵 又動也).

② 이(頤) : 본 괘 괘사를 참고하라.

③ 관아타이(觀我朵頤) : 나를 보고, 자신의 턱을 늘어뜨리는 것으로 새기기도 한다. 관아 타이(觀我 朵頤)로 새긴 것이다.

육이 : 전이불경우구이 정흉.
六二 : 顚頤拂經于丘頤 征凶.
매일 남에게 빌어먹으며 입을 채우다 사방에서 두드려 맞는다. 가는 것은 흉하리라.

매일 남에게 빌어먹으며 입을 채우고, 언덕과 강에서 종아리를 맞는다(曰顚頤拂經于丘頤).

왈(曰)은 일(日)이다①. 전이(顚頤)는 남에게 빌어먹은 것, 입을 채우는 것이다②. 불(拂)은 두드리는 것이니 맞는 것이다③. 경(經)은 정강이·종아리를 뜻하는 경(脛)을 빌려 쓴 것이다④. 우(于)는 어조사로 ~에서이다⑤. 구이(丘頤)는 전국조죽서에 북사(北洍)로 되어 있다. 언덕과 강을 뜻한다⑥. 그러므로 왈전이불경우구이(曰顚頤拂經于丘頤)는 매일 남에게 빌어먹으며 입을 채우고, 언덕과 강에서 종아리를 맞는 것이다. 빌어먹으며 사방에서 두드려 맞는다는 뜻이다.

① 왈(曰) : 백서주역과 초죽서에는 曰이 효사 앞에 있다. 26번 대축괘 구삼의 왈한여위(曰閑輿衛)의 曰을 日로 보는 것과 같다. 대축괘 구삼에 대해 석문에 왈(曰)은 일(日)로 쓴다고 했다(釋文引鄭本曰作日). 주역본의(朱易本義)에도 왈은 일로 봐야 한다고 했다(當爲日月之日).

② 전(顚) : 넘어지다, 이마, 남에게 빌어먹으며 입을 채운다의 뜻이 있다. 이아·석언은 얼굴의 이마(爾雅·釋言 顚 頂也)로 해설했고, 석명은 넘어지는 것으로 해설했다(釋名 顚 倒也). 초순은 전(顚)을 가득하다는 의미의 전(塡)으로 봤다(焦循 顚 讀爲顚實之顚 塡也). 설문에서는 전(塡)을 채우는 것으로 해설했으며(說文, 塡 塞也 从土眞聲), 전(塡)은 호(餬 죽·풀칠할 호)의 의미를 가지고 있다. 백서주역에는 전(顚)과 통용되는 전(顛)으로 되어 있고, 초죽서에는 [辶+眞]의 형태의 글자로 되어 있다. 전이(顚頤)는 호구(餬口)와 같다. 남에게 얻어먹으며 겨우 풀칠을 한다는 뜻이다.

③ 불(拂) : 說文 拂 過擊也.

④ 경(經) : 고형(高亨)은 주역고경금주(周易古經今注)에서 경(經)은 종아리 경(脛)을 빌려 쓴 것으로 봤다. 이 두 글자는 같은 소리이며 예전에는 통용되었다(高亨 周易古經今注, 經疑借爲脛 同聲系 古通用).

⑤ 우(于) : 2번 곤괘 상육을 참고하라.

⑥ 북(北) : 초죽서의 북(北)은 언덕 구(丠)로 추정된다. 집운에 언덕 구(丘)는 구(丠)로 쓴다고 했다(集韻 丘 本作丠, 博雅 丘 小陵曰丘). 사(洍 강 이름 사)는 물이 다시 합하는 곳을 말한다.

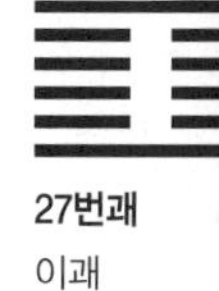

가는 것이 흉하다(征凶).

정흉(征凶)은 정벌·행함·취함·떠남이 흉하다는 것이다. 이곳에서는 가는 것이 흉하다로 사용되었다. 얻어먹으며 사방에서 맞게 되니 당연히 가는 것이 흉하다. 정흉(征凶)은 9번 소축괘 상구를 참고하라.

육삼 : 불이 정흉 십년물용 무유리.
六三 : 拂頤 貞凶 十年勿用 无攸利.
턱을 얻어맞는 치욕을 당하니 흉하다. 아주 오랫동안 실행하지 못하니 이로울 게 없으리라.

불이(拂頤)는 턱을 맞는 것이다①. 정흉(貞凶)은 점은 흉하다, 점괘는 흉하다는 것이다②. 십년물용(十年勿用)은 오랫동안 실행하지 못한다는 것이다③. 무유리(无攸利)는 가는 것, 행하는 것이 이로울 게 없다는 것이다④. 무(无)는 무(無) 또는 망(亡)의 통가자(通假字)로 쓰이며 없다는 뜻이다. 유(攸)는 곳·장소·행함이다.

① 불(拂)은 본 괘 육이를, 이(頤)는 본 괘 괘사를 참고하라.
② 정흉(貞凶) : 17번 수괘 구사를 참고하라.
③ 십년(十年) : 십년은 역경에서 말한 기간 중 가장 오랜 기간이다. 역경 중 십년을 말한 곳은 33번 둔괘의 十年乃字, 24번 복괘의 至于十年이 있다. 물용(勿用)은 1번 건괘 초구를 참고하라.
④ 무유리(无攸利) : 4번 몽괘 육삼을 참고하라.

육사 : 전이 길. 호시탐탐 기욕축축 무구.
六四 : 顚頤 吉. 虎視耽耽 其欲逐逐 无咎.
입에 음식이 가득하니 길하다. 호랑이가 내 음식을 노리는 듯 쳐다보고 있으나, 호랑이의 마음은 내 음식에 있는 것이 아니라 멀리 있는 다른 사냥감에 있다. 나의 음식을 호랑이에게 뺏기지 않으니 허물은 없으리라.

전이 길(顚頤 吉)은 입을 채우니 길하다는 것이다①. 호시탐탐(虎視耽耽)은 호랑이가 귀를 아래로 낮게 드리우고 가까이 보되 뜻을 멀리 두고 노려보는 것이다②. 기욕축축(其欲逐逐)는 그 욕심이 멀리 있는 것이다③. 무구(无咎)는 망구(亡咎)로 허물이 없다는 것이다④.

① 전이(顚頤) : 본 괘 육이를 참고하라.
② 탐(耽) : 說文 耽 耳大垂也, 五音集韻 耽 視近而志遠, 垂 드리울 수.
③ 축축(逐逐) : 자하의 전에는 축축을 유유(攸攸)로 썼고(逐逐 子夏傳作攸攸), 순상(荀爽)은 멀다는 의미의 유유(悠悠)로 썼다(逐逐 荀作悠悠, 爾雅·釋詁 悠 遠也). 초죽서에는 기욕축축(其欲逐逐)이 기유유유(丌猷攸攸, 猷 꾀 유)로 되어 있다.
④ 무구(无咎) : 60번 절괘 초구를 참고하라.

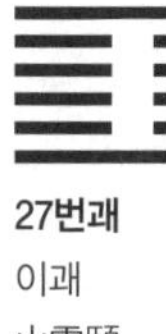

육오 : 불경 거정길 불가섭대천.
六五 : 拂經 居貞吉 不可涉大川.
움직이면 종아리를 맞는 격이니 흉하나, 움직이지 않고 거주하는 것은 길하다. 큰 내를 건너듯 실행하는 것은 불가하리라.

불경(拂經)은 종아리를 맞는 것이다. 이어지는 내용으로 볼 때 움직이면 문제가 있다는 뜻이다①. 거정길(居貞吉)은 머무름·거처·거택에 대한 점은 길하다는 것이다②. 거(居)는 머무름, 정(貞)은 점이다. 섭(涉)은 건너는 것이다. 대천

(大川)은 큰 내이니 강이다. 불가섭대천(不可涉大川)은 강을 건너는 것이 불가하다는 것이다③. 가는 곳이 있거나 여행을 떠나는 것은 불가하다는 뜻이다.

① 불경(拂經) : 본 괘 육이를 참고하라.

② 거정길(居貞吉) : 32번 항괘 괘사를 참고하라.

③ 불가섭대천(不可涉大川) : 5번 수괘 괘사를 참고하라.

상구 : 유이 여 길. 이섭대천.
上九 : 由頤 厲 吉. 利涉大川.

음식을 배불리 먹은 후 이빨을 쑤시는 상태다. 현재 상태를 위태롭게 여겨 경계를 다하면 길하리라. 큰 내를 건너듯 실행하는 것도 이로우리라.

유이(由頤)는 요이(舀頤)로 배불리 먹고 이를 쑤시는 것이다①. 여 길(厲 吉)은 배부른 현재의 상태를 위태롭게 여기면 길하다는 것이다②. 섭(涉)은 건너는 것이다. 대천(大川)은 큰 내이니 강이다. 이섭대천(利涉大川)은 강을 건너면 이롭다③, 가는 곳이 있거나 여행을 떠나면 이롭다는 뜻이다.

① 유(由) : 유(由)는 요(舀) 또는 도(搯)이다. 고형(高亨)의 주장이다. 고형(高亨)은 주역고경금주(周易古經今注)에서 유의차위요(由疑借爲舀)이며 유(由)와 유(俞) 요(舀)는 소리가 상통하였음을 설명했다. 주역대전금주(周易大傳今注)에서는 유의차위도(由疑借爲搯)라 하였다. 요(舀)는 절구에서 손으로 곡식을 긁는 것이고, 도(搯)는 더는 것이다. 유이(由頤)에 대해 정이(程頤)는 이천역전(伊川易傳)에서 천하가 자기로 말미암아 길러지는 것으로 봤고(天下由之以養也), 주희(朱熹)는 주역본의(朱易本義)에서 남이 상구로 말미암아 길러지는 것으로 봤다(是物由上九以養也). 그러나, 16번 예괘 구사의 유예(由豫) 중 유(由)가 초죽서에는 상고음이 일치하는 유(猷)로 된 것, 26번 대축괘 구삼의 양마축(良馬逐)이 초죽서에는 양마유(良馬由)로 된 것을 볼 때 유(由)를 단지 말미암을 유로만 보고 효사를 새긴 것은 문제가 있다.

② 여길(厲吉) : 49번 혁괘 구삼을 참고하라.

③ 이섭대천(利涉大川) : 5번 수괘 괘사를 참고하라.

27번괘

이괘

山雷頤

대과괘(大過卦) 택풍대과(澤風大過) 28번괘

결혼과 강을 건너는 것을 통하여 가는 것의 길흉을 설명했다.

대과는 동요니 이유유왕하니라.
大過는 棟橈니 利有攸往하니라.

초육은 (형)에 자용백모하니 무구리라.
初六은 (亨)에 藉用白茅하니 无咎리라.

구이는 고양생(제)요 노부득기녀처니 무불리하니라.
九二는 枯楊生(荑)요 老夫得其女妻니 无不利하니라.

구삼은 동요니 흉하리라.
九三은 棟橈니 凶하리라.

구사는 동륭이니 길하나 유타이면 인하리라.
九四는 棟隆이니 吉하나 有它이면 吝하리라.

구오는 고양생화요 노부득기사부라. 무구요 무예로다.
九五는 枯楊生華요 老婦得其士夫라. 无咎요 无譽로다.

상육은 과섭에 멸정하니 흉하리라.
上六은 過涉에 滅頂하니 凶하리라.

28번괘

대과괘(大過卦)

결혼과 강을 건너는 것을 통하여 가는 것의 길흉을 설명했다.

대과. 동요 이유유왕. 형.
大過. 棟橈 利有攸往. 亨.

대들보가 굽은 집으로 무너지기 쉽다. 갈 곳이 있으면 이로우리라.

대과괘(大過卦)는 결혼과 강을 건너는 것을 통하여 가는 것의 길흉을 설명했다.

대과(大過)는 괘명이다①. 과(過)는 지나가는 것과 잘못의 두 가지 뜻이 있다②. 본 책에서는 지나가다, 건너다, 가는 것으로 새겼다. 중국에서 가장 오래된 자전인 설문(後漢 許愼 저, 기원후 30~124년)의 풀이를 따른 것이다.

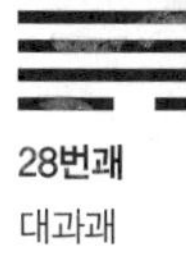

① 괘명에 대해 고형(高亨)은 서사설(筮辭說)을 통하여 먼저 효사가 있었고, 효사 중에서 어느 한 글자나 두 글자를 취하여 괘명으로 삼았다고 했다. 서사설은 괘명이 효사에 들어간 것이 64개 중 57개가 되는 것을 통해서 확인된다. 또 고형(高亨)은 주역고경금주(周易古經今注)의 일러두기를 통하여 역경의 괘명은 후세 사람이 괘의 명칭으로 만들어 붙였을 뿐이며, 명칭 자체에 어떤 의미가 없다고 하였다. 고형의 주역고경금주와 주역대전금주(周易大傳今注)를 보면 1번 건괘의 괘사 [乾 元亨 利貞] 중 괘명인 [乾]에 대해 [乾 卦名] 또는 [乾 卦名也]라고 해설했을 뿐 다른 언급이 없는 것이 이런 이유다. 고형의 이론에도 불구하고 괘명은 괘의 통일된 개념을 나타낸다. 괘명 중에서 대소(大小)가 붙은 것은 9번 소축괘와 26번 대축괘, 62번 소과괘와 28번 대과괘이다. 소축괘는 곡식을 기르는 것을, 대축괘는 가축을 기르는 것을 설명했다. 두 괘 모두 축(畜)이라는 글자가 괘사와 효사에는 없다. 기르는 점에서는 동일하다. 이와 같이 같은 의미를 가진 두 괘를 구분하기 위해 대소(大小)를 붙여 괘명을 붙였을 것으로 추측된다. 소과괘와 대과괘도 동일하게 추측할 수 있다. 과(過)는 동일한 개념이므로 이를 구분하려고 괘명 앞에 대소(大小)를 붙인 것이다. 그러므로 괘의 해석에 소과괘의 과(過)는 지나가는 것으로, 대과괘의 과(過)는 잘못으로 새기는 것은 문제가 있다. 대과를 크게 간다, 그리고 허물이 생기는 것으로 새기는 것이 합리적이다.

② 과(過) : 설문과 옥편은 지나가는 것으로 새기고, 광아·석고에서는 잘못으로 새겼다(說文 過 度也, 玉篇 過 度也 越也, 廣雅·釋詁 過 誤也).

대들보가 굽었다(棟橈).

갈 곳이 있으면 이롭다(利有攸往).

동(棟)은 대들보이다①. 요(橈)는 굽은 나무이다②. 동요(棟橈)는 대들보가 굽었다는 것이다③. 이유유왕(利有攸往)은 가는 것이나 행동하는 것이 이롭다는 것이다④. 대들보가 굽었으니 그 집은 무너지기 쉽다. 밖으로 나가는 것이 이롭다는 의미다.

---

① 동(棟) : 釋名 棟 中也 居屋之中也.

② 요(橈) : 說文 橈 曲木.

③ 동요(棟橈) : 백서주역에는 동요(棟橈)가 동륭(棟隆, 隆은 높을 륭)이라 되어 있다.

④ 이유유왕(利有攸往) : 22번 비괘 괘사를 참고하라.

형(亨).

형(亨)은 초육 효사의 앞에 있어야 할 것이 잘못 기록된 것이다. 초육에 있는 자용백모(藉用白茅)가 제사에서 흰 띠풀로 짠 자리를 쓴다는 내용에 비추어 볼 때, 본 글자는 초육의 앞에 있어야 할 것이 역경을 옮겨 적을 때 잘못 옮겨 적었다. 고형(高亨)의 견해다. 본 책도 이에 따랐다.

초육 : 자용백모 무구.
初六 : 藉用白茅 无咎.

제사를 지낼 만하다. 띠풀로 짠 자리를 깔고 제사를 지낸다. 그 행동이 겸손하고 자세가 신중하니 허물이 없으리라.

제사를 지낼 만하다(亨).

통행본에는 괘사의 제일 뒤에 있다. 본 효의 앞에 있어야 글자이다. 형(亨)은 제사·연회·잔치·대접·흠향의 뜻을 가진 향(饗)이고 향(亯)이다. 제사를 지내기 전 점을 쳐 본 효를 얻으면 제사를 거행한다. 형(亨)은 1번 건괘 괘사를 참고하라.

제사에 흰 띠풀로 짠 자리를 깐다(藉用白茅).

자(藉)는 제사 때 사용하는 까는 자리이다(說文, 藉 祭藉也). 자용백모(藉用白茅)는 흰 띠풀로 짠 자리를 말한다.

허물이 없다(无咎).

무구(无咎)는 망구(亡咎)로 허물이 없다는 뜻이다. 신중하게 대처하니 허물이 없다는 의미다. 허물이 없는 이유를 계사전에서는 다음과 같이 설명했다. 말하기를, 그냥 바닥에 놓아도 되는데도 그 밑에 흰 띠풀로 된 자리를 까니 어찌 허물이 있겠는가? 이는 신중함이 지극한 것이다. 백모는 하잘것없다. 그러나 쓰임은 매우 중요하다. 신중함을 표시하는 작은 수단에 불과하지만, 매사에 신중히 행동한다면 영원히 잘못이 없게 된다(子曰 苟錯諸地而可矣 藉之用茅 何咎之有? 愼之至也 夫茅之爲物薄 而用可重也 愼斯術也以往 其無所失矣).

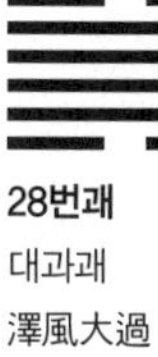

28번괘
대과괘
澤風大過

구이 : 고양생제 노부득기녀처 무불리.
九二 : 枯楊生稊 老夫得其女妻 无不利.
마른 버드나무에 새싹이 돋네, 늙은 사내가 처를 얻네. 이롭지 않음이 없으리라.

고양생제(枯楊生稊)는 마른 버드나무에 싹이 났다는 것이다①. 노부득기녀처(老夫得其女妻)는 늙은 사내가 처를 얻었다는 것이다②. 무(无)는 없다는 뜻으로 무(無)와 망(亡)과 같이 통용되는 글자이다. 무불리(无不利)는 이롭지 않음이 없다는 것으로 이중부정을 사용하여 이롭다는 것을 강조한 말이다. 불리함이 없는 이유는 늙은 사내가 마침내 처를 얻었기 때문이다.

① 제(稊) : 제(荑)로 보기도 한다(稊 作荑 木更生也, 鄭玄易 亦作荑字 與稊同). 새로 난 잎이나 뿌리로 보기도 하나 본 책에서는 새싹으로 봤다(王弼 稊者 楊之秀也). 고양생제(枯楊生稊)가 백서주역에는 고양생제(楛楊生荑, 荑 싹 제)로 되어 있다.

② 고양생제(枯楊生稊), 노부득기녀처(老夫得其女妻)는 이롭지 않음이 없다는 것을 강조하고, 가락을 줘 흥을 돋우는 비흥(比興, 比喩起興)의 요소이다.

구삼 : 동요 흉.
九三 : 棟橈 凶.

대들보가 굽었는데 이를 버텨주는 다른 나무의 도움이 없다. 흉하리라.

동요(棟橈)는 대들보가 굽었다는 뜻이다①. 괘사에서는 동요 이유유왕(棟橈 利有攸往)으로 가는 곳이 이롭다고 했으나 본 효에서는 흉하다 했다. 상전은 대들보가 굽었는데 이를 버텨주는 다른 나무의 도움이 없어 흉하다고 했다②.

① 동요(棟橈) : 본 괘 괘사를 참고하라.

② 상왈 동요지흉 불가이유보야(象曰, 棟橈之凶 不可以有輔也). 보(輔)는 아래턱뼈, 뺨, 수레의 덧방나무이다. 설문은 보(輔)를 협거인 아래턱뼈로 해설했고(說文, 輔 人頰車也, 頰 뺨 협), 정운은 수레의 가장자리에 덧대는 덧방나무라 했다(正韻, 輔 車輔 兩旁夾車木也). 좌전 노희공(魯僖公) 5년에 덧방나무와 수레가 의지하듯 입술이 없으면 이가 시리다라는 말은 우나라와 괵나라를 관계를 말한다는 기록이 있다(諺所謂 輔車相依 唇亡齒寒 者 其虞 虢之謂也).

구사 : 동륭 길. 유타 인.
九四 : 棟隆 吉. 有它 吝.

대들보가 높고 집이 훌륭하니 길하다. 우환이 있으면 어려워지리라.

동륭(棟隆)은 대들보가 높다는 것이다. 대들보가 높다는 것은 집이 크고 훌륭하여 번창하는 상태다. 유타(有它)는 우환이 있다는 것이다①. 인(吝)은 어렵고, 한스럽고, 애석한 것이다②. 대들보가 높은 집으로 현재는 번창하는 상이나, 혹 우환이 발생하면 어려워질 수도 있다는 뜻이다.

① 유타(有它) : 8번 비괘 초육을 참고하라.
② 인(吝) : 40번 해괘 육삼을 참고하라.

구오 : 고양생화 노부득기사부 무구무예.
九五 : 枯楊生華 老婦得其士夫 无咎无譽.

마른 버드나무에 꽃이 피네, 나이 먹은 부인이 젊은 남편을 얻네. 젊은 남자를 만나 결혼하니 허물이 없으나, 늙어서 자식을 낳을 수 없으니 명예도 없으리라.

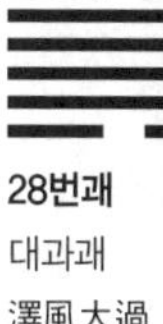

고양생화(枯楊生華)는 마른 버드나무에 꽃이 피는 것이다①. 노부(老婦)는 나이 먹은 부인이다②. 사부(士夫)는 젊은 남편이다③. 노부득기사부(老婦得其士夫)는 나이 먹은 부인이 젊은 남편을 얻었다는 것이다④. 무구(无咎)는 망구(亡咎)로 허물이 없다는 것이다⑤. 무예(无譽)는 명예가 없다는 것이다⑥. 나이 들어 젊은 남편을 만난 것은 허물이 없는 것이나, 버드나무 꽃이 쉽게 지는 것처럼 결혼한 여자의 행복이 오래가지 않고, 늙어서 자식을 낳을 수도 없으니 명예도 없는 것이다⑦.

① 화(華) : 빛남 · 꽃 · 부성함이다(華 古花字, 廣韻 華 草盛也 又粉也).
② 부(婦) : 역경에서 부(婦)는 결혼한 여자에게 사용하였고, 여(女)는 결혼을 안 한 여자에게 사용하였다.
③ 사(士) : 노부득기사부(老婦得其士夫)의 부(婦)는 부(夫)와 대응되고, 노(老)는 사(士)와 대응되어 젊은 것으로 새겼다. 士는 총각, 남편, 선비, 일을 맡는다는 뜻들이 있다.
  ⑴ 士는 총각이다. 시경 야유사균(野有死麕)에서는 처녀가 춘정에 젖어 멋진 총각을 유혹하네(유여회춘有女懷春, 길사유지吉士誘之)라는 구절이 있다.

(2) 士는 남편이다. 시경 재삼(載芟)에 여럿이 들판에서 점심을 먹으며 아내를 반기고 남편을 위로하네(유탐기엽 有嗿其饁 사미기부思媚其婦 유의기사有依其士)라는 구절이 있다.
(3) 士는 선비이다. 주(周)나라 때 사농공상인 사민의 위에 있으며 대부(大夫)의 밑에 있던 신분이었다(韻會 士音仕 四民士爲首, 集韻 士 與仕通).
(4) 士는 일을 맡는 것이다. 설문의 해설은 다음과 같다. 사(士)는 일을 맡는 것이다. 숫자는 일에서 시작하여 십에서 끝난다. 글자는 일과 십으로 돼 있다. 공자는 열을 정리해 하나로 모으면 사(士)가 된다고 했다. 사부에 속하는 것은 이 뜻을 따른다(說文, 士 事也 數始於一 終於十 从一从十 孔子曰 推十合一爲士 凡士之屬皆从士).

④ 노부득기사부(老婦得其士夫) : 마른 버드나무에 꽃이 피네, 늙은 여자가 젊은 남편을 얻네. 이 구절은 뒤에 이어지는 허물은 없으나 명예도 없다는 것을 강조하고, 가락을 줘 흥을 돋우기 비흥(比興, 比喩起興)의 요소이다.

⑤ 무구(无咎) : 60번 절괘 초구를 참고하라.

⑥ 무예(无譽) : 2번 곤괘 육사를 참고하라.

⑦ 상왈 고양생화 하가구야 노부사부역가추야(象曰, 枯楊生華 何可久也 老婦士夫亦可醜也), 이천역전 노부이득사부 기능성생육지공(伊川易傳, 老婦而得士夫 豈能成生育之功).

상육 : 과섭멸정 흉. 무구.
上六 : 過涉滅頂 凶. 无咎.

깊은 강을 건너다가 머리가 물에 잠겼다. 흉하리라.

잘못 건너다 머리가 없어진다(過涉滅頂).

과(過)는 지나가는 것과 잘못의 두 가지 뜻이 있다. 이곳에서는 건너다로 새긴다①. 섭(涉)은 큰 물, 깊은 강이다②. 과섭(過涉)은 깊은 강을 건너는 것이다③. 멸(滅)은 없애는 것이고, 정(頂)은 머리다④. 과섭멸정(過涉滅頂)은 깊은 강을 건너다 머리까지 빠졌다는 것이다.

① 과(過) : 본 괘 괘사를 참고하라.

② 섭(涉) : 5번 수괘 괘사를 참고하라.

③ 과섭(過涉) : 過를 잘못으로 보고(廣雅釋詁 過 誤也), 涉을 건너는 것(說文, 涉 徒行厲水也)으로 보면 과섭(過涉)은 잘못 건너는 것으로 볼 수도 있다. 그러나 본 책에서는 대과(大過)와 소과(小過)의 過를 모두 건너다, 가다로 새겼다.

④ 멸(滅) : 21번 서합괘 초구를 참고하라.

흉하다(凶).

무구(无咎).

본 효사의 흉(凶)과 무구(无咎)는 내용이 서로 모순된다①. 강을 건너가다 머리가 빠진 것은 흉할 수밖에 없다. 흉하다는 말 뒤에 허물이 없다는 무구(无咎)가 있는 것은 모순이다②. 그러므로 무구는 잘못 들어간 글자이다.

① 한서(漢書) 예문지(藝文志)에 유향(劉向)이 고문역경인 시수(施讎), 맹희(孟喜), 양구하(梁丘賀)의 경문을 교정하면서 무구(无咎), 회망(悔亡)이라는 글자를 빼버렸다. 오로지 비직(費直)의 경문만 고문과 같다고 했다(劉向以中古文易經 校施 孟 梁丘經 或脫去 無咎 悔亡 唯費氏經與古文同). 즉 금문본(今文本, 今文經)에서는 무구, 회망이라는 글자가 교정을 통해 없어졌고 비직의 역경인 고문본(古文本)에는 이 글자가 남아있다는 것이다. 지금의 통행본은 고문본이다. 금문본과 고문본 중 어느 것이 맞는지는 알 수 없다. 괘사나 효사의 내용에 비추어 추측할 수밖에 없다.

② 무구(无咎) : 60번 절괘 초구를 참고하라.

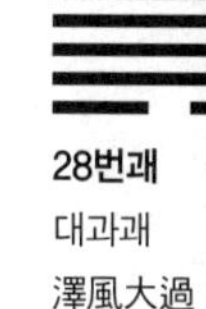

감괘(坎卦) 중수감(重水坎) 29번괘

구덩이에 숨은 포로를 잡는 길흉을 설명했다.

습감은 유부유심하여 형하니라. 행하면 유상이로다.
習坎은 有孚維心하여 亨하니라. 行하면 有尙이로다.

초육은 습감으로 입우감담이니 흉하리라.
初六은 習坎으로 入于坎窞이니 凶하리라.

구이는 감에 유험하니 구는 소득하리라.
九二는 坎에 有險하니 求는 小得하리라.

육삼은 내지감하니 감은 험차침이요 입우감담이니 물용이니라.
六三은 來之坎하니 坎은 險且枕이요 入于坎窞이니 勿用이니라.

육사는 준주궤이에 용부하고 납(약)자유하니 종은 무구리라.
六四는 樽酒簋貳에 用缶하고 納(药)自牖하니 終은 无咎리라.

구오는 감불영인데 지기평이나 무구리라.
九五는 坎不盈인데 祗旣平이나 无咎리라.

상육은 계용휘묵하여 치우총극하니 삼세간 부득으로 흉하리라.
上六은 係用徽纆하여 寘于叢棘하니 三歲간 不得으로 凶하리라.

29번괘

감괘(坎卦)

구덩이에 숨은 포로를 잡는 길흉을 설명했다.

습감. 유부유심 형 행유상.

習坎. 有孚維心 亨 行有尙.

포로를 묶어 제사를 지낸다. 가면 포로를 잡는 공을 세워 상을 받으리라.

감괘(坎卦)는 구덩이에 숨은 포로를 잡는 길흉을 설명했다.

감(坎)은 괘명이다①. 습감(習坎)은 구덩이가 겹쳐 있는 것이다②③. 구덩이 속에 다른 구덩이가 있는 것이다. 감괘가 구덩이를 통해 포로를 잡는 과정을 설명함은 감괘 괘사의 포로, 육사효의 포로에게 술·밥·약초를 주는 것, 상육효에 감옥에 갇히는 것이 있는 것을 통해 확인할 수 있다.

① 괘명 : 괘명을 감(坎)이 아닌 습감(習坎)으로 보기도 한다. 坎을 괘명으로 삼은 것은 서괘전(序卦傳, 坎者陷也)과, 잡괘전(雜卦傳, 離上而坎下也)이다. 習坎을 괘명으로 본 것은 단전(習坎 水流而不盈)과 상전(水生至習坎)이다. 괘명을 습감으로 본 것은 단전과 상전의 내용을 보고 후대에 덧붙인 것으로 추측할 수 있다. 통행본의 괘명은 坎, 초죽서에는 흠(欽)으로, 부양한간(阜陽漢簡)에는 감(坎), 백사주역에는 공(贛), 백서주역의 계사(繫辭)에서는 습공(習贛)으로 되어 있다.

② 습(習) : 겹쳤다는 것이다. 석문에 습은 겹친 것이라 했고(釋文, 習 重也), 주역집해에도 육적의 말을 인용하여 습은 겹쳤다는 뜻을 가진 중이라고 했다(周易集解 陸績, 習 重也). 단전에도 습감은 험한 것이 겹친 것이라 했다(彖曰, 習坎 重險也). 일반적으로 習은 익힌다로 사용된다. 설문에서는, 習은 자주 날개짓을 한다는 것이다. 우(羽 깃 우)와 자(白 스스로 자)로 구성되고, 習부의 글자는 모두 이 의미를 따른다고 했다(說文, 習 數飛也 从羽从白 凡習之屬皆从習). 논어(論語)에는, 배우고 때때로 익히면 즐겁지 않겠느냐(學而時習之 不亦說乎)라는 구절이 있다.

③ 감(坎) : 坎은 흙(土)과 흠(欠)이 합쳐진 글자로 구덩이·험함·동굴이다(說文 坎 陷也 險也 又穴也 从土欠聲, 左傳 僖公 二十四年 王遂出及坎欿). 그밖에 감은 법률을 집행하는 것(爾雅·釋言 坎 律銓也, 註 坎卦主法律 所以銓量輕重 又小罍謂之坎 又星名), 달에 제사를 지내는 것(周禮·祭義, 祭月于坎), 힘을 쓰는 소리로도 사용이 된다. 시경 벌단(伐檀)에 쩡쩡 박달나무를 베어 황하의 물가에 두네(坎坎伐檀兮 寘之河之干兮)라는 구질이 있다. 이때 坎坎은 힘을 쓰는 소리이다.

포로를 묶는다(有孚維心).
제사를 지낸다(亨).
행하면 상을 받는다(行有尙).

유부(有孚)는 전쟁에 잡은 포로나 노획품이 있다는 것이다. 부(孚)는 벌·포로·잡음·노획품·믿음·끌어당김으로 사용이 된다. 본 괘에서는 포로로 사용되었다①. 유심(維心)은 유지(維之)이다. 묶었다는 것이다②③. 형(亨)은 제사·연회·잔치·대접·흠향의 뜻을 가진 향(饗)이고 향(亯)이다. 점을 쳐 본 괘를 얻으면 제사를 지낼 수 있다는 것이다④. 유부유심형(有孚維心亨)은 포로를 묶어 제사를 지낸다는 것이다. 상(尙)은 오히려·아직·상이라는 뜻이 있다⑤. 본 괘에서는 상(賞)으로 쓰였다. 행유상(行有尙)은 가거나 행동하면 포로를 잡아 상을 받을 수 있다는 것이다.

① 유부(有孚) : 9번 소축괘 육사를 참고하라.

② 유(維) : 17번 수괘 상육을 참고하라. 고형(高亨)은 주역대전금주(周易大傳今注)에서 維는 백서에 준(雋)으로 되어 있다고 말하고 본 괘사를 풀이하였으나, 백서에는 유(維)자 자체가 없다. 본 책에서 인용한 백서주역과 초죽서의 내용은 劉大鈞 著 今, 帛, 竹書〈周易〉綜考(上海古籍出版社)를 기준으로 하였다.

③ 심(心) : 심은 지(止)를 잘못 쓴 것이고, 지(止)는 지(之)이다(高亨 周易大傳今注).

④ 형(亨) : 1번 건괘 괘사를 참고하라.

⑤ 상(尙) : 9번 소축괘 상구를 참고하라. 단전에서는 상(尙)을 공(功)으로 봤다.

초육 : 습감 입우감 담 흉.
初六 : 習坎 入于坎 窞 凶.
포로를 잡으러 구덩이에 들어갔는데 그 안에 또 구덩이가 있다. 잡기 어려우니 흉하리라.

습감(習坎)은 구덩이가 겹쳐 있는 것이다. 구덩이에 들어가니 또 구덩이가 있다는 의미다①. 담(窞)은 구덩이 속에 있는 작은 구덩이다②. 흉한 이유는 포로를 잡으러 구덩이에 들어갔는데 그 안에 구덩이가 있어 포로를 잡기가 어렵기 때문으로 추측할 수 있다.

① 습감(習坎) : 본 괘 괘사를 참고하라.
② 담(窞) : 설문은 구덩이 속의 작은 구덩이라 했다(說文, 窞 坎中小坎也).

구이 : 감유험 구소득.
九二 : 坎有險 求小得.
포로를 잡기 위해 들어간 구덩이 속이 위험한 상태이나, 몇 명은 잡을 수 있으니 나쁘지 않다.

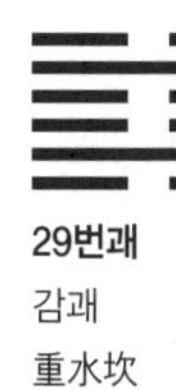
29번괘
감괘
重水坎

감(坎)은 구덩이·험함·동굴이다. 감유험(坎有險)은 구덩이에 위험이 있다는 것이다. 구소득(求小得)은 작게 얻는다는 것이다. 감(坎)은 본 괘 괘사를 참고하라.

육삼 : 내지감 감험차침 입우감 담 물용.
六三 : 來之坎 坎險且枕 入于坎 窞 勿用.
구덩이가 험하고 깊다. 구덩이에 들어가니 그 안에 또 구덩이가 있어 포로를 잡기 어렵다. 구덩이에 들어가지 말라.

구덩이에 온다(來之坎).
구덩이는 험하고 깊다(坎險且枕).
감(坎)은 구덩이·험함·동굴이다①. 지(之)는 간다, 한다는 것이다②. 침(枕)은 심(깊을 深)으로 새긴다③. 그러므로 내지감 감험차침(來之坎 坎險且枕)은 구덩이로 가니 그 구덩이가 험하고 또 깊다는 것이다④.

① 감(坎) : 본 괘 괘사를 참고하라.

② 지(之) : 5번 수괘 상육을 참고하라.

③ 침(枕) : 석문(釋文)에서 枕은 고문에서 침(沈)으로 썼고, 沈은 깊다는 뜻을 가진 심(深)이라 했다(枕 古文作沈, 沈 深也).

④ 내지감(來之坎) : 내시감 감(來之坎 坎)을 내지감감(來之坎坎)으로 봐 두 개의 구덩이를 오가기만 하는 것으로 새기기도 한다.

구덩이에 들어간다(入于坎).
또 구덩이다(窞).
쓰지 말라(勿用).

입우감 담(入于坎 窞)은 구덩이에 들어가니 또 구덩이가 있다는 것이다①. 물용(勿用)은 쓰지 말라, 시행하지 말라는 것이다②. 포로를 잡으러 구덩이에 들어갔는데 그 안에 구덩이가 있어 포로를 잡기가 어려운 상황이다. 그러므로 구덩이에 들어가지 말라는 뜻이다.

① 입우감담(入于坎窞) : 본 괘 초육을 참고하라.

② 물용(勿用) : 1번 건괘 초구를 참고하라.

육사 : 준주궤이용부 납약자유 종무구.
六四 : 樽酒簋貳用缶 納約自牖 終无咎.

잡혀서 감옥에 갇힌 포로에게 술과 밥을 질그릇에 담아 주고, 상처를 치료할 수 있는 약초도 준다. 포로를 도우니 끝에는 허물이 없으리라.

술과 밥을 질그릇에 담아 준다(樽酒簋貳用缶).

준주(樽酒)는 술통에 술을 담은 것이다①. 궤(簋)는 기장을 담는 네모 그릇이다②. 이(貳)는 자(資)로 밥이다③. 궤이(簋貳)는 네모난 그릇에 밥을 담은 것이다. 부(缶)는 질그릇이다④. 준주궤이용부(樽酒簋貳用缶)는 술과 밥을 질그릇에 담았다는 것이다. 잡혀서 감옥에 갇힌 포로에게 질그릇에 담은 술과 밥을 주었다는 뜻이다.

① 준(樽) : 玉篇 樽 酒器也.

② 궤(簋) : 기장과 피를 담는 네모 그릇이다(說文, 簋 黍稷方器也 从竹从皿从皀).

③ 이(貳) : 자(資)와 형태가 비슷하여 잘못 쓴 것이다. 자(資)는 자(粢, 밥)를 빌려 쓴 것이다(貳當作資 形似而誤 資借爲粢 米飯也). 고형(高亨)이 주역대전금주(周易大傳今注)에서 주장한 것이다.

④ 부(缶) : 8번 비괘 초육을 참고하라.

창으로 약초를 넣어 준다(納約自牖).
끝은 허물이 없다(終无咎).

약(約)은 약(药)으로 약초로 쓰는 구릿대이다①. 유(牖)는 창이다②. 납약자유(納約自牖)는 감옥의 창으로 상처를 치료할 수 있는 약초를 넣어 주었다는 것이다. 무구(无咎)는 망구(亡咎)로 허물이 없다는 것이다③. 포로에게 술과 밥, 약초를 넣어준 것이 포로에게 허물이 없는 것인지, 포로를 잡은 사람에게 허물이 없는 것인지는 효사만을 통해 알 수 없다. 상전에서 강유가 서로 사귀니 허물이 없다는 해설을 참고하면, 포로를 도우니 허물이 없는 것으로 볼 수 있다④.

① 약(約) : 백서주역에는 약(药)으로 되어 있다. 약(药)은 구릿대 또는 약초다(說文 药 治病艸 从艸樂聲).

② 유(牖) : 說文 牖 穿壁以木爲交窻也 从片 戸 甫 譚長以爲 甫上日也 非戸也 牖 所以見日, 窻 창 창.

③ 무구(无咎) : 60번 절괘 초구를 참고하라.

④ 상왈 준주궤이 강유제야(象曰, 樽酒簋貳 剛柔際也).

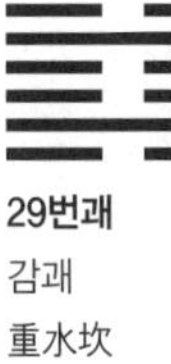

구오 : 감불영 지기평 무구.
九五 : 坎不盈 祗旣平 无咎.

포로를 잡기 위한 구덩이가 가득 차지 않았는데 구덩이를 메울 작은 언덕은 이미 평평해졌다. 구덩이가 메워지기 전에 포로를 잡았으니 허물은 없으리라.

구덩이가 차지 않았다(坎不盈).
언덕은 이미 평평해졌다 (祗旣平).

감(坎)은 구덩이·험함·동굴이다①. 영(盈)은 가득 찼다는 것이다②. 지(祗)는 지(坻)로 물에 있는 작은 언덕이나 모래톱을 말한다③. 그러므로 감불영 지기평(坎不盈 祗旣平)은 구덩이가 가득 차지 않았는데 이를 메울 작은 언덕은 이미 평평해졌다는 것이다.

① 감(坎) : 본 괘 괘사를 참고하라.
② 영(盈) : 설문은 찬 그릇이라 했다(說文, 盈 滿器也).
③ 지(祗) : 석문(釋文)에 祗는 정현(鄭玄)이 당연히 지(坻 모래톱·비탈 지)라 했고, 경방(京房)은 祇로 썼다고 했다(祗 鄭云 當爲坻 小丘也 京作祇).

허물이 없다(无咎).

무구(无咎)는 망구(亡咎)로 허물이 없다는 것이다①. 허물이 없는 이유는 구덩이가 메워지기 전에 포로를 잡았기 때문이다②. 이는 본 괘 상육효의 포로를 감옥에 가뒀다는 내용과 연결이 된다.

① 무구(无咎) : 60번 절괘 초구를 참고하라.

② 허물이 없는 이유를 설명한 다른 설들은 아래와 같다.

(1) 자신의 것을 덜어 적은 것을 보태니 허물이 없다는 고형(高亨)의 설이 있다. 이는 본 괘 육사에서 포로에게 술과 밥, 약을 준 것과 연결이 된다.
(2) 무구의 앞에 있는 감불영 지기평은 단지 격언과 같은 성격의 말이고, 이 효를 점을 쳐 얻으면 허물이 없다는 것이다.
(3) 군주의 지위에 있으면서 천하를 험함에서 구하지 못하면 허물이나, 이미 평평함에 이르러서 천하를 구했으니 허물이 없다는 것이다. 이천역전(伊川易傳)의 설이다.
(4) 상전의 해석으로 가운데가 크지 않고 넘치지 않게 중간을 잡아 행동하여 허물이 없다는 것이다(象曰, 坎不盈 中 未大也).

상육 : 계용휘묵 치우총극 삼세부득 흉.
上六 : 係用徽纆 寘于叢棘 三歲不得 凶.

포승줄로 묶여 감옥에 갇혔다. 오랫동안 석방되지 않으니 흉하리라.

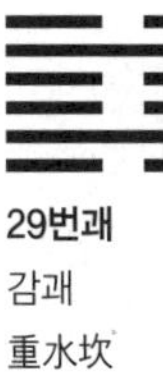

29번괘
감괘
重水坎

계(係)는 잡아매고 묶는 것이다①. 휘묵(徽纆)은 노끈을 꼬아 만든 포승줄이다. 치(寘)는 두는 것이다②. 총극(叢棘)은 가시나무로 두른 감옥 또는 송사를 판단하는 장소다③. 계용휘묵 치우총극(係用徽纆 寘于叢棘)은 포승줄로 묶여 감옥에 갇혔다는 뜻이다. 삼세(三歲)는 삼년이다. 오랫동안이라는 뜻이다. 득(得)은 석방의 뜻을 가진 치(置)이다④. 그러므로 삼세부득 흉(三歲不得 凶)은 포로로 붙잡혀 오랫동안 감옥에서 석방되지 않으니 흉하다는 것이다.

① 계(係) : 17번 수괘 육이를 참고하라.

② 치(寘) : 說文 寘 置也.

③ 총극(叢棘) : 가시나무를 뜻하는 극(棘)을 심어둔 곳이라는 뜻으로 감옥의 별칭으로 쓰인다. 가시나무는 주례(周禮) 추관대사구(秋官大司寇)에 나온다. 주(周)나라 때 외조 마당에는 회화나무(槐) 3그루, 가시나무(棘) 9그루, 가석(嘉石)과 폐석(肺石)이 설치되어 있었다. 홰나무에는 삼공이 자리했고, 가시나무가 있는 곳에는 공후의 자리로 송사의 내용을 듣던 곳이었다. 가석에는 죄인을 앉혀 많은 사람이 보게 하였고, 폐석은 억울한 일을 당한 백성이 글을 올리던 장소였다.

④ 득(得) : 得과 치(置)는 고대에 통용되었다. 置는 석방된다는 것이다(說文, 置 赦也 从网 直, 赦 용서할 사).

이괘(離卦) 중화리(重火離) 30번괘

사나운 짐승으로 인해 일어난 일들의 길흉을 설명했다.

이는 이정으로 형하니라. 휵빈우면 길하리라.
離는 利貞으로 亨하니라. 畜牝牛면 吉하리라.

초구는 이가 착연이니 경지면 무구리라.
初九는 履가 錯然이니 敬之면 无咎리라.

육이는 황리니 원길하리라.
六二는 黃離니 元吉하리라.

구삼은 일측지리니 불고부이가하면 즉대질지차이니 흉하리라.
九三은 日昃之離니 不鼓缶而歌하면 則大耋之嗟이니 凶하리라.

구사는 돌여에 기래여라. 분여이고 사여이며 기여로다.
九四는 突如에 其來如라. 焚如이고 死如이며 棄如로다.

육오는 출체타약하며 척차약이나 길하리라.
六五는 出涕沱若하며 戚嗟若이나 吉하리라.

상구는 왕용출정하여 유가절수하고 획비기추하니 무구리라.
上九는 王用出征하여 有嘉折首하고 獲匪其醜하니 无咎리라.

䷝ 이괘(離卦)

사나운 짐승으로 인해 일어난 일들의 길흉을 설명했다.

이. 이정. 형 휵빈우길.
離. 利貞. 亨 畜牝牛吉.
이로우리라. 제사를 지낼 만하다. 제사에 쓸 암소를 미리 기르면 길하리라.

이괘(離卦)는 사나운 짐승으로 인해 일어난 일들의 길흉을 설명했다.

리(離)는 괘명이다①. 리(離)는 신령하고 사나운 산짐승인 리(离), 그물인 라(羅), 걸리다의 려(麗)로 사용된다②. 본 괘에서는 산짐승인 리(离)로 사용되었고, 이괘는 산짐승으로 인해 일어나는 일련의 과정을 효사를 통해 풀이했다. 산짐승은 적을 비유한 것일 수도 있다.

1효, 산짐승이 몰래 온다.
2효, 황색의 산짐승이다.
3효, 해질 때 산짐승이 나타난다.
4효, 산짐승으로 마을이 재난을 당한다.
5효, 산짐승이 일으킨 재난에 한탄한다.
6효, 우두머리 산짐승의 목을 벤다.

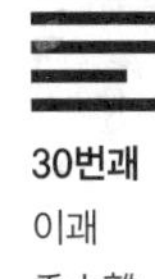

---

① 백서주역에는 괘명이 라(羅)이다. 백서는 리(離)를 모두 라(羅)로 기록하였다. 리(離)와 라(羅)는 고대에는 음이 같아 통용되었다. 방언 제7편에 라는 리이고, 리는 라라고 했다(方言 第七編 羅謂之離 離謂之羅).

② 리(離) :

(1) 리(離)는 산짐승인 리(离)이다. 집해에서는 離를 离로 썼다. 离가 본자이고 離는 빌려 쓴 글자라 했다.(集解, 離作离 离本字 離借字, 古經今注). 설문에 리(离)는 신령스러운 산짐승이고 구양교는 사나운 짐승이라고 해설했다(說文 离 山神 獸也 从禽頭 从厹从屮 歐陽喬說 离 猛獸也). 즉 리(离)는 신령하고 사나운 산짐승이다.

(2) 리(離)는 그물인 라(羅)이다. 羅는 실로 만든 새그물이다(說文, 羅 以絲罟鳥也 从网从維 古者芒氏初作羅, 罟 그물 고). 62번 뇌산소과 상육의 비조리지(飛鳥離之)는 그물을 쳐서 날아가는 새를 잡았다는 것이다. 초죽서에는 비조리지(飛鳥離之)를 비조라지(飛鳥羅之)로 기록되었다.

(3) 리(離)는 걸리다의 려(麗)이다. 석명에 리(離)는 려(麗)라고 했다(釋名 麗 離也 言一目視天 一目視地 目明分離 所視不同也 又高麗 國名). 정운에 려(麗)는 붙는다는 뜻을 가진 부(附)라고 했다(正韻, 麗 附也). 그러므로 리(離)는 붙는다는 뜻이 있다. 서괘전에도 리(離)는 려(麗)라고 했다(序卦傳 离者 麗也). 또 12번 천지비 구사의 주리지(疇離祉)는 수명이 복에 붙는다, 즉 수명이 복을 따라 늘어난다는 뜻으로 사용됐다.

이롭다는 점이다(利貞).

이(利)는 이롭다는 것이고 정(貞)은 점이다. 이정(利貞)은 이로운 점이라는 것이다. 어떤 사항에 점을 쳐 본 괘를 얻으면 이롭다는 뜻이다. 점괘대로 바르게 따르면 이롭다고 해석하기도 한다. 이정(利貞)은 32번 항괘 괘사를 참고하라.

제사를 지낼 만하다(亨).
암소를 기르면 길하다(畜牝牛吉).

형(亨)은 제사·연회·잔치·대접·흠향의 뜻을 가진 향(饗)이고 향(亯)이다. 제사를 지내기 전 점을 쳐 본 괘를 얻으면 제사를 지낼 수 있다는 것이다①. 휵(畜)은 기르는 것, 검은 밭을 일구는 것, 농사짓는 것이다②. 빈우(牝牛)는 암소이다③. 휵빈우길(畜牝牛吉)은 암소를 기르면 길하다는 뜻이다④. 제사를 드린다는 점괘가 나왔으니 제사에 쓸 암소를 미리 기르는 것이 좋다는 의미다.

① 형(亨) : 1번 건괘 괘사를 참고하라.

② 휵(畜) : 9번 소축괘 괘사를 참고하라.

③ 빈우(牝牛) : 說文 牝 畜母也 从牛匕聲 易 曰 畜牝牛 吉.

④ 휵빈우길(畜牝牛吉) : 주례 충인(充人) 편에 오제(五帝)에 제사를 지낼 때는 사용할 가축을 3개월 동안 따로 키웠다고 하였다.

초구 : 이착연 경지무구.
初九 : 履錯然 敬之无咎.
산짐승이 몰래 숨어서 온다. 경계하면 허물이 없으리라.

이(履)는 밟음·신발·예의이다. 본 효사에서는 밟음(踐)으로 사용되었다①. 착(錯)은 숨는 것이다②. 이착연(履錯然)은 몰래 숨어서 오는 것이다. 오는 것은 산짐승(离)이거나, 산짐승에 비유된 적일 수도 있다. 경지(敬之)는 경계하는 것이다. 경(敬)은 경계하는 것이고, 지(之)는 간다, 한다는 것이다③. 무구(无咎)는 망구(亡咎)로 허물이 없다는 것이다④. 경지무구(敬之无咎)는 경계하면 허물이 없다는 의미다.

① 이(履) : 10번 이괘 괘사를 참고하라.

② 착(錯) : 박아에서는 숨는 것으로, 주에서는 공경하고 삼가는 모습으로 풀이했다(博雅 錯 藏也, 註 錯然 敬愼之貌).

③ 경지(敬之) : 5번 수괘 상육을 참고하라.

④ 무구(无咎) : 60번 절괘 초구를 참고하라.

육이 : 황리 원길.
六二 : 黃離 元吉.

나타난 산짐승이 황색이다. 황색은 길하고 복된 색이므로 크게 길하리라.

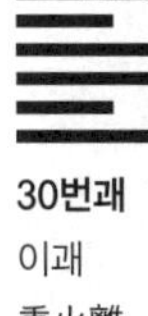

30번괘
이괘
重火離

황(黃)은 황금색으로 고대에는 길하고 복된 색으로 여겼다①. 리(離)는 신령하고 사나운 산짐승인 리(离), 그물인 라(羅), 걸리다의 려(麗)로 사용된다. 본 효에서는 산짐승(离)으로 사용되었다②. 원길(元吉)은 대길(大吉)로 크게 길하다는 뜻이다③. 산짐승은 본래 사나우나 길한 색인 황색을 지녔으니 좋다는 뜻이다.

① 황(黃) : 2번 곤괘 육오를 참고하라.

② 리(離) : 본 괘 괘사를 참고하라.

③ 원길(元吉) : 41번 손괘 괘사를 참고하라.

구삼 : 일측지리 불고부이가 즉대질지차 흉.
九三 : 日昃之離 不鼓缶而歌 則大耋之嗟 凶.
해가 질 때 산짐승이 나타났다. 산짐승을 쫓기 위해 마을 사람들이 질그릇을 두드리며 시끄럽게 노래를 하지 않는다. 늙은이가 먼저 피해를 볼 수 있으니 탄식을 한다. 흉하리라.

해가 질 때 산짐승이 나타났다(日昃之離).

측(昃)은 해가 서쪽에 있는 때이다①. 지(之)는 유(有)이다. 리(離)는 신령하고 사나운 산짐승인 리(离)이다②. 일측지리(日昃之離)는 해가 질 때 산짐승이 나타났다는 것이다.

① 측(昃) : 說文 昃 日在西方時 側也 从日仄聲 易 曰 日昃之離.
② 리(离) : 본 괘 괘사를 참고하라.

질그릇을 두드리며 박자를 맞춰 노래를 부르지 않았다(不鼓缶而歌).
늙은이가 탄식한다(則大耋之嗟).
흉하다(凶).

고(鼓)는 두드리는 것이다①. 부(缶)는 질그릇이다②. 진나라 사람들은 이것을 두드리며 박자를 맞췄다. 불고부이가(不鼓缶而歌)는 이어지는 효사로 볼 때 마을 사람들이 질그릇을 두드리며 시끄럽게 노래를 하지 않았다는 뜻이다③. 질지차(耋之嗟)는 늙은이(耋 늙은이 질)가 탄식한다(嗟)는 것이다④. 사나운 산짐승이 나타났는데도 마을 사람들이 이를 쫓기 위해 소리를 내지 않으면 늙은이가 먼저 피해를 본다. 늙은이는 탄식을 하고, 흉할 수밖에 없다.

① 고(鼓) : 설문은 뻗어 퍼진다는 곽(郭)이라 했다(說文, 鼓 郭也).
② 부(缶) : 8번 비괘 초육을 참고하라.
③ 가(歌) : 설문에 노래한다는 뜻을 가진 영(詠)이라 했다(說文, 歌 詠也).
④ 질(耋) : 팔질(八耋)은 나이 여든 살, 칠질(七耋)은 나이 일흔 살을 말한다. 백서주역에는 질(絰)로 기록돼 있다.

구사 : 돌여 기래여 분여 사여 기여.
九四 : 突如 其來如 焚如 死如 棄如.

신짐승이 갑자기 마을에 들어와 불이 나고, 사람이 죽고, 사람이 없어졌다. 사람들이 재난을 당했으니 흉하다.

돌(突)은 갑자기 나오는 것이다①. 여(如)는 ~모양, ~모습이다②. 불타고(焚如), 죽고(死如), 버려지는 모습(棄如)은 마을 사람이 재난을 당하는 모습을 그린 것이다. 흉할 수밖에 없다.

① 돌(突) : 說文 突 犬从穴中暫出也 从犬在穴中 一曰滑也. 暫 별안간 잠.
② 여(如) : 3번 준괘 육이를 참고하라.

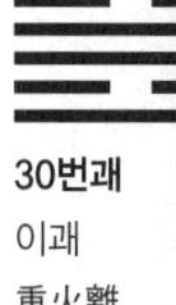

육오 : 출체타약 척차약 길.
六五 : 出涕沱若 戚嗟若 吉.

눈물을 줄줄 흘리며 근심하며 탄식한다. 전화위복이 되어 앞으로는 길하리라.

체(涕)는 눈물이다①. 타(沱)는 강의 지류이다②. 약(若)은 연(然)으로 모양이다③. 출체타약(出涕沱若)은 눈물을 줄줄 흘리는 것이다. 척차약(戚嗟若, 근심할 척, 탄식할 차)은 근심하며 탄식하는 것이다. 눈물을 흘리고 탄식하니 분명 지금은 흉하다. 그러나 전화위복이 되어 앞으로는 길할 것이라는 뜻이다.

① 체(涕) : 說文 涕 泣也 从水弟聲.
② 타(沱) : 說文 沱 江別流也.
③ 약(若) : 연(然)으로 ~한 모양임을 말한다. 어조사 이(而)로도 쓰인다.

상구 : 왕용출정 유가절수 획비기추 무구.
上九 : 王用出征 有嘉折首 獲匪其醜 无咎.

산짐승을 잡기 위해 왕이 출정하니 경사다. 우두머리의 머리를 베었으나 따르는 무리는 죽이지 않았으니 허물이 없으리라.

왕이 출정한다(王用出征).
우두머리의 머리를 베는 경사가 있다(有嘉折首).

용(用)은 쓴다, 시행한다는 뜻이다①. 왕용출정(王用出征)은 왕이 출정을 하였다는 것이다. 가(嘉)는 경사이며 가례이다②. 유가(有嘉)는 경사가 있는 것이다. 설문에 수(首)는 머리라 하였다③. 절수(折首)는 우두머리를 베었다는 것이다.

① 용(用) : 1번 건괘 초구를 참고하라. 백서에는 用이라는 글자가 없다.
② 가(嘉) : 17번 수괘 구오를 참고하라.
③ 수(首) : 1번 건괘 용구를 참고하라. 역경에서는 首를 모두 머리로 봤으나 본 효에서는 우두머리로 보는 것이 문맥에 맞는다.

무리는 죽이지 않았다(獲匪其醜).
허물이 없다(无咎).

비(匪)는 아닐 비(非)로 새긴다①. 추(醜)는 무리이다②. 획비기추(獲匪其醜)는 그 무리는 얻지 않았다는 것이다. 즉 우두머리는 죽였으나, 우두머리를 따르는 무리들은 죽이지 않았다는 뜻이다. 무구(无咎)는 망구(亡咎)로 허물이 없다는 것이다③.

① 비(匪) : 3번 준괘 육이를 참고하라. 설문은 匪를 대나무 광주리로 해석하였다.
② 추(醜) : 疏 醜 類也, 箋 醜 衆也, 說文 醜 可惡也 从鬼酉聲.
③ 무구(无咎) : 60번 절괘 초구를 참고하라.

30번괘

이괘

重火離

4장

하경

상괘→ 하괘↓	1 건천	2 태택	3 이화	4 진뢰	5 손풍	6 감수	7 간산	8 곤지
1 건천	1 중천건 重天乾	43 택천쾌 澤天夬	14 화천대유 火天大有	34 뇌천대장 雷天大壯	9 풍천소축 風天小畜	5 수천수 水天需	26 산천대축 山天大畜	11 지천태 地天泰
2 태택	10 천택리 天澤履	58 중택태 重澤兌	38 화택규 火澤睽	54 뇌택귀매 雷澤歸妹	61 풍택중부 風澤中孚	60 수택절 水澤節	41 산택손 山澤損	19 지택림 地澤臨
3 이화	13 천화동인 天火同人	49 택화혁 澤火革	30 중화리 重火離	55 뇌화풍 雷火豐	37 풍화가인 風火家人	63 수화기제 水火旣濟	22 산화비 山火賁	36 지화명이 地火明夷
4 진뢰	25 천뢰무망 天雷无妄	17 택뢰수 澤雷隨	21 화뢰서합 火雷噬嗑	51 중뢰진 重雷震	42 풍뢰익 風雷益	3 수뢰준 水雷屯	27 산뢰이 山雷頤	24 지뢰복 地雷復
5 손풍	44 천풍구 天風姤	28 택풍대과 澤風大過	50 화풍정 火風鼎	32 뇌풍항 雷風恒	57 중풍손 重風巽	48 수풍정 水風井	18 산풍고 山風蠱	46 지풍승 地風升
6 감수	6 천수송 天水訟	47 택수곤 澤水困	64 화수미제 火水未濟	40 뇌수해 雷水解	59 풍수환 風水渙	29 중수감 重水坎	4 산수몽 山水蒙	7 지수사 地水師
7 간산	33 천산둔 天山遯	31 택산함 澤山咸	56 화산려 火山旅	62 뇌산소과 雷山小過	53 풍산점 風山漸	39 수산건 水山蹇	52 중산간 重山艮	15 지산겸 地山謙
8 곤지	12 천지비 天地否	45 택지췌 澤地萃	35 화지진 火地晉	16 뇌지예 雷地豫	20 풍지관 風地觀	8 수지비 水地比	23 산지박 山地剝	2 중지곤 重地坤

* 상경(上經) : 1번 건괘(乾卦)부터 30번 이괘(離卦)까지 30개 괘의 해석이 있다.

* 하경(下經) : 31번 함괘(咸卦)부터 64번 미제괘(未濟卦)까지 34개의 해석이 있다.

周易通

함괘(咸卦) 택산함(澤山咸) 31번괘

몸의 각 부분이 상처를 당하는 것의 길흉을 설명했다.

함은 형하니라. 이정이며 취녀는 길하리라.
咸은 亨하니라. 利貞이며 取女는 吉하리라.

초육은 함기무라.
初六은 咸其拇라.

육이는 함기비로 흉하며 거는 길하리라.
六二는 咸其腓로 凶하며 居는 吉하리라.

구삼은 함기고하여 집기(휴)나 왕은 린하느니라.
九三은 咸其股하여 執其(隨)나 往은 吝하느니라.

구사는 정은 길하여 회망하리라. 동동왕래하니 붕종이사리라.
九四는 貞은 吉하여 悔亡하리라. 憧憧往來하니 朋從爾思리라.

구오는 함기(무)나 무회리라.
九五는 咸其(拇)나 无悔리라.

상육은 함기보협설이라.
上六은 咸其輔頰舌이라.

31번괘

䷞ 함괘(咸卦)

몸의 각 부분이 상처를 당하는 것의 길흉을 설명했다.

함. 형. 이정. 취녀길.
咸. 亨. 利貞. 取女吉.

제사를 지낼 만하고, 앞으로의 일은 이롭다. 장가드는 일에 길하리라.

함괘(咸卦)는 몸의 각 부분이 상처를 당하는 것의 길흉을 설명했다.

함(咸)은 괘명이다①. 함(咸)의 의미는 형벌, 살육, 베는 것이다②.

① 백서주역과 초죽서에는 괘명이 흠(欽)이다.

② 함(咸) : 설문에는, 함 개야 실야 종구종술 술 실야(說文, 咸 皆也 悉也 从口从戌 戌 悉也)라 했고, 옥편은 실(悉)이라 했다(玉篇, 咸 悉也). 설문의 해설 중 술(戌)은 월(戉 도끼 월)과 일(一)을 합한 글자이고, 실(悉 다 실)은 변(釆 짐승의 발톱)과 심(心 심장)이 합쳐진 글자로 짐승이 발톱으로 다른 짐승의 심장을 파낸다는 것을 의미한다. 아울러 괘명인 함(咸)이 금(禁, 19번 임괘 백서주역)과 흠(欽, 31번 함괘 백서주역·초죽서)으로 되어 있는 것, 백서주역과 초죽서 그리고 전해오는 귀장역(歸藏易)에도 괘명이 흠(欽, 벨 감砍과 통한다)으로 되어 있는 것을 감안하면 함(咸)은 형벌, 살육, 베는 것으로 봐야 한다. 본 책도 이를 해석의 기준으로 했다. 함(咸)을 베는 것으로 본 대표적인 주역학자는 이경지(李鏡池)와 고형(高亨)이다. 각 효에 상처를 당하는 부위는 아래와 같다.

1효, 엄지발가락
2효, 장딴지
3효, 넓적다리
4효, 없음
5효, 엄지손가락
6효, 뺨

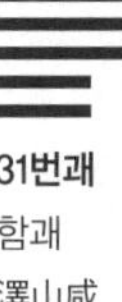

많은 주역학자들이 함(咸)을 함(諴) 또는 감(感)으로 보고 해석을 해왔다. 함(咸)을 화합한다는 뜻의 함(諴)으로 봤던 이유는 咸과 諴을 통가자로 봤기 때문이다. 함(諴)은 화합이다(說文, 諴 和也). 시경 무일(詩經 無逸)에 밥 먹을 틈도 없네, 나라의 만 백성들을 화합하고 화평케 하셨네(不遑暇食 用咸和萬民)라는 말이 있고, 시경 소고(詩經 召誥)에 그분은 낮은 백성들과 화합할 수 있으셨네 지금의 복이네(其丕能諴于小民 今休)로 사용된 구절이 있다. 이를 통해 고대에는 咸과 諴을 혼용하였음을 알 수 있다.

함(咸)을 감응한다는 뜻의 감(感)으로 봤던 이유는 석문(釋文)의 기록과 왕필(王弼), 우번(虞翻)의 주장 때문이다. 석문은 咸을 感으로 쓴다 했다(釋文, 咸本亦作感). 왕필과 우번은 咸은 感이라고 했다(咸 感也). 感은 감응하여 사람을 움직인다는 뜻의 감(說文, 感 動人心也)이다.

그러나 이런 전통적인 해석들은 함(咸)을 금(禁)으로 쓴 것과 함괘의 예전 괘명이 흠괘(欽卦)인 것을 명쾌하게 설명하지 못한다. 함(咸), 금(禁), 흠(欽), 잠(箴)의 고음(古音)이 유사하여 통가(通假)하여 썼다고도 주장한다(咸作禁 蓋禁與欽 以音近互通 古從咸之字有與欽 禁音近者 如 箴字). 그렇다고 괘명인 함(咸)을 반드시 함(諴)이나 감(感)으로 봐야 한다는 증거는 되지 못한다.

제사를 지낼 만하다(亨).
앞으로 이롭다는 점괘다(利貞).
장가드는 일은 길하다(取女吉).

형(亨)은 제사·연회·잔치·대접·흠향의 뜻을 가진 향(嚮)이고 향(亯)이다①. 이(利)는 이롭다는 것이고 정(貞)은 점이다②. 취(取)는 잡는 것, 부인을 얻는 것이다. 취녀(取女)는 여자를 부인으로 얻는 것, 장가드는 것이다③. 그러므로 점을 쳐서 함괘를 얻으면 제사를 지낼 만하고, 앞으로는 이로우며, 장가드는 일에는 길하다는 뜻이다.

① 형(亨) : 1번 건괘 괘사를 참고하라.

② 이정(利貞) : 32번 항괘 괘사를 참고하라.

③ 취녀(取女) : 취(取)를 설문은 잡는 것이라 했고(說文, 取 捕取), 석문은 취(取)는 취(娶)로 썼다고 했다(釋文, 娶本又作娶). 취는 아내를 얻는 것이다(說文, 娶 取婦也).

초육 : 함기무.
初六 : 咸其拇.
엄지발가락을 다쳤다. 작은 상처이니 후회가 없다.

함(咸)은 형벌, 살육, 베는 것이다①. 무(拇)는 엄지손가락 또는 엄지발가락이다②. 이어지는 효사들이 몸의 아래에서 위로 가는 구성을 보이므로 본 효에서는 엄지발가락으로 봐야 한다. 본 효사에는 상사(象辭)만 있고 점사(占辭)가 없다. 본 괘 구오를 감안하면 작게 다쳐 후회가 없는 것으로 볼 수 있다.

① 함(咸) : 본 괘사를 참고하라.
② 무(拇) : 설문과 광운은 무(拇)를 엄지손가락 또는 엄지발가락으로 해설했다(說文 拇 將指也 从手母聲, 疏 拇 足大指也, 廣韻 拇 或作姆).

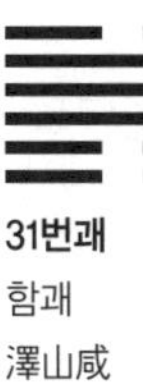

육이 : 함기비 흉 거길.
六二 : 咸其腓 凶 居吉.
장딴지를 다쳤다. 움직이지 못하니 흉하다. 그러나 머무르는 것은 길하리라.

장딴지를 다쳤다(咸其腓).

흉하다(凶).

함(咸)은 형벌, 살육, 베는 것이다①. 비(腓)는 종아리에 붙은 불룩한 살인 장딴지이다②. 그러므로 함기비 흉(咸其腓 凶)은 장딴지를 다쳤으니 흉하다는 것이다.

① 함(咸) : 본 괘 괘사를 참고하라.

② 비(腓) : 설문에는 비(腓)를 정강이와 장딴지로 해설했다(說文, 腓 脛腨也 从肉非聲, 脛 정강이 경, 腨 장딴지 천). 장자(莊子) 천하(天下)편에는 경(脛)과 천(腨)을 다음과 같이 구분하여 썼다. 우 임금은 친히 삼태기와 보습을 들고 무수히 천하의 물에 뛰어들었다. 장딴지에 털이 없어지고 정강이에도 털이 없어지고, 비로 목욕을 하고, 폭풍으로 빗질하면서, 수많은 나라를 보존시켰다(禹親自操橐耜而九雜天下之川 腓无胈 脛无毛 沐甚雨 櫛疾風 置萬國).

머무름에 대한 점은 길하다(居吉).

거길(居吉)은 거정길(居貞吉)의 정(貞)이 빠져 있는 것이다. 역경에 거(居)가 쓰인 곳은, 3번 준괘 초구 利居貞, 17번 수괘 육삼 利居貞, 27번 이괘 居貞吉, 49번 혁괘 상육 居貞吉, 59번 환괘 구오의 왕의 거처(王居)이다. 사용된 것들을 보면 머무름에 대한 점은 이롭다, 머무름에 대한 점은 길한 것으로 사용하였음을 알 수 있다. 그러므로 본 효사에 정(貞)이 빠진 것으로 추측할 수 있다. 백서주역과 초죽서에도 정(貞)이 빠져 있다. 거정길(居貞吉)은 나가지 않는 집에 있는 것이 좋다는 뜻도 있다. 장딴지를 다쳤으니 나가는 것은 흉하나, 머무름에 대한 점은 길하다는 의미다.

구삼 : 함기고 집기수 왕린.
九三 : 咸其股 執其隨 往吝.
넓적다리를 다쳤다. 상처를 치료하였지만 완전하지 않으므로 가는 것은 어려우리라.

넓적다리를 다쳤다(咸其股).

함(咸)은 형벌, 살육, 베는 것이다①. 고(股)는 넓적다리이다②. 함기고(咸其股)는 넓적다리를 다쳤다는 것이다.

① 함(咸) : 본 괘 괘사를 참고하라.
② 고(股) : 설문에 넓적다리라 했다(說文, 股 髀也 从肉殳聲說文 股 髀也 从肉殳聲, 髀 넓적다리 비).

그 상처를 처리한다(執其隨).
가는 것은 어렵다(往吝).

집(執)은 쥐는 것이고 처리하는 것이다①. 수(隨)는 휴(隓)로 상처이다②. 통행본의 왕(往)은 백서와 초죽서에는 없는 글자이다. 후대에 삽입된 듯하다. 린(吝)은 어렵고, 한스럽고, 애석한 것이다③. 그러므로 집기수 왕린(執其隨 往吝)은 상처 부위를 치료하였지만 완전하지 않으므로 가는 것은 어렵다는 의미이다.

① 집(執) : 7번 사괘 육오를 참고하라.
② 수(隨) : 초죽서에는 휴(隓)로 기록돼 있다. 휴(隓)는 헐음, 손상의 의미를 가지고 있다(玉篇, 隓 廢也 毁也 損也).
③ 린(吝) : 40번 해괘 육삼을 참고하라.

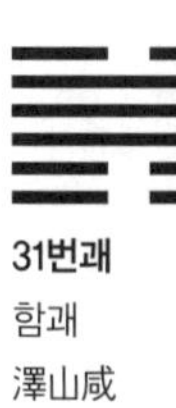

구사 : 정길 회망. 동동왕래 붕종이사.
九四 : 貞吉 悔亡. 憧憧往來 朋從爾思.
길하고 후회가 없다. 자주 왕래하니 벗이 너의 생각과 말을 따르리라.

점은 길하다(貞吉).
후회가 없다(悔亡).

정(貞)은 점(占)이다. 정길(貞吉)은 점은 길하다는 것이다①. 망(亡)은 성모(聲母)가 같은 무(無)자와 통용된다. 회망(悔亡)은 후회가 없다는 것이다②. 그러므로 정길 회망(貞吉 悔亡)은 점을 쳐서 본 효를 얻으면 길하고 후회가 없다는 뜻이다.

① 정길(貞吉) : 32번 항괘 괘사를 참고하라.
② 회망(悔亡) : 47번 곤괘 상육을 참고하라.

자주 왕래한다(憧憧往來).
벗이 너의 생각과 말을 따른다(朋從爾思).

동동(憧憧)은 초죽서·백서주역과 통행본의 기록이 다르다. 초죽서에는 동동(僮僮)으로, 백서주역에는 동동(童童)으로, 통행본에는 동동(憧憧)으로 되어 있다. 동동(僮僮·童童)은 같이 쓰이는 글자로 왕성한 모양을 말한다(童童 盛貌). 통행본의 동동(憧憧)은 왕래가 끊이지 않는 것을 말한다(說文 憧 意不定也 从心童聲, 陸德明 釋文 引 王肅 日 憧憧 往來不絕貌). 동동왕래(憧憧往來)는 왕성하게 왕래한다, 자주 왕래한다는 것이고, 그러면 벗이(朋) 너의(爾) 생각과 말을(思) 따른다는(從) 뜻이다. 본 괘 괘사에서 장가드는 일에 길하리라(取女吉)는 말과 연결시키면 본 효의 벗(朋)을 여자로 볼 수도 있다.

구오 : 함기매 무회.
九五 : 咸其脢 无悔.
엄지손가락을 다쳤다. 작은 상처이니 후회가 없으리라.

함(咸)은 형벌, 살육, 베는 것이다①. 매(脢)는 무(拇)로 엄지손가락이다②. 무(无)는 무(無)로 없다는 것이고, 회(悔)는 후회·아쉬움·뉘우침이다. 무회(无悔)는 후회가 없는 것이다③. 그러므로 함기매 무회(咸其脢 无悔)는 엄지손가락을 다쳤는데 큰 상처가 아니므로 후회는 없다는 것이다.

① 함(咸) : 본 괘 괘사를 참고하라.

② 무(拇) : 통행본의 매(脢 등심 매)는 백서주역에는 고(股넓적다리 고), 초죽서에는 무(拇)로 돼 있다. 역경을 옮겨 적는 과정에서 잘못 적은 것이다. 특히 통행본의 매(脢)는 효사의 구성에 억지로 꿰어 맞춘 느낌이 든다. 무(拇)는 엄지손가락 또는 엄지발가락이다. 본 괘의 효사들이 몸의 아래에서 위로 가는 구성을 보이므로 본 효에서는 엄지손가락으로 보는 것이 맞는 것 같다. 본 괘 초육을 참고하라.

③ 무회(无悔) : 47번 곤괘 상육을 참고하라.

상육 : 함기보협설.
上六 : 咸其輔頰舌.

뺨을 다쳤다. 피가 나고 구설에 오르니 흉할 수밖에 없다.

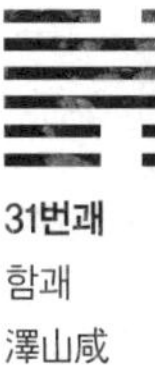

31번괘
함괘
澤山咸

함(咸)은 형벌, 살육, 베는 것이다①. 보(輔)는 얼굴의 광대뼈이고, 수레의 가장자리에 덧대는 덧방나무이다②. 협(頰)은 뺨이다③. 설(舌)은 초죽서에는 없고 백서주역과 통행본에 삽입된 글자이다. 그러므로 함기보협설(咸其輔頰舌)은 광대뼈 부위에 있는 뺨을 다쳤다는 의미다. 초죽서에 의하면 본 효는 상사만 있고 점사가 없다. 상전에서는 함기보협설을 구설에 오르는 것이라고 했다(象曰, 咸其輔頰舌 滕口說也). 뺨을 베어 피가 나든지, 구설에 있든지 흉할 수밖에 없다.

① 함(咸) : 31번 함괘 괘사를 참고하라.

② 보(輔) : 28번 대과괘 구삼을 참고하라.

③ 협(頰) : 釋名 頰 夾也 兩旁稱也 亦取夾斂食物也, 春秋古經 夾氏傳十一卷 顔師古 夾音頰. 초죽서에는 협(頰)의 통가자인 협(夾)으로 돼 있다.

항괘(恒卦) 뇌풍항(雷風恒) 32번괘

짐승을 잡기 위한 함정이 오래된 것을 빌어 사냥의 길흉을 설명했다.

항은 형하니라. 무구이며 이정이고 이유유왕하니라.
恒은 亨하니라. 无咎이며 利貞이고 利有攸往하니라.

초육은 준항이니 정은 흉하며 무유리하니라.
初六은 浚恒이니 貞은 凶하며 无攸利하니라.

구이는 회망하리라.
九二는 悔亡하리라.

구삼은 불항기덕으로 혹승지수니 정은 린하도다.
九三은 不恒其德으로 或承之羞니 貞은 吝하도다.

구사는 전무금이라.
九四는 田无禽이라.

육오는 항기덕이니 정은 부인은 길하며 부자는 흉하도다.
六五는 恒其德이니 貞은 婦人은 吉하며 夫子는 凶하도다.

상육은 (준)항이니 (정)은 흉하도다.
上六은 (浚)恒이니 (貞)은 凶하도다.

32번괘

항괘(恒卦)

짐승을 잡기 위한 함정이 오래된 것을 빌어 사냥의 길흉을 설명했다.

항. 형. 무구. 이정. 이유유왕.
恒. 亨. 无咎. 利貞. 利有攸往.

제사를 지낼 만하고, 허물이 없고 이로우리라. 사냥을 위해 나가는 것도 이로우리라.

항괘(恒卦)는 짐승을 잡기 위한 함정이 오래된 것을 빌어 사냥의 길흉을 설명했다.

항(恒)은 괘명이다①. 항(恒)은 한결같다, 오래되었다는 뜻이다②.

① 괘명을 항(恆)으로도 쓰나 본 책에서는 항(恒)으로 통일하였다.

② 항(恒) : 항(恒)이라는 글자는 마음(심방변 忄)이 매일 하늘을 운행하는 달처럼 한결같다는 의미이다. 긍(亘)의 본자는 亙(뻗칠 긍, 베풀 선)으로 달이 하늘의 한쪽에서 다른 한쪽으로 건넌다는 뜻을 가지고 있다(說文 恒 常也 又卦名, 恒 久也, 疏 恒 故也 必因循故法也).

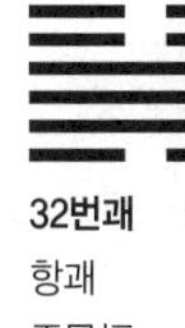

제사를 지낼 만하다(亨).
허물이 없다(无咎).
이롭다는 점괘이다(利貞).

형(亨)은 제사·연회·잔치·대접·흠향의 뜻을 가진 향(饗)이고 향(亯)이다. 제사를 지내기 전 점을 쳐 본 괘를 얻으면 제사를 지낼 수 있다는 것이다①. 무구(无咎)는 망구(亡咎)로 허물이 없다는 것이다②. 이(利)는 이롭다는 것이고 정(貞)은 점이다. 이정(利貞)은 이로운 점이라는 것이다③. 어떤 사항에 점을 쳐 본 괘를 얻으면 이롭다는 뜻이다.

① 형(亨) : 1번 건괘 괘사를 참고하라. 통행본의 형(亨)은 초죽서에는 경(卿)으로 기록되어 있다.

② 무구(无咎) : 60번 절괘 초구를 참고하라.

③ 이정(利貞) : 이(利)는 이로움이다(廣韻 利 吉也 宜也, 說文 利 銛也 从刀 和然後利 从和省 易 曰 利者 義之和 也, 銛 쟁기 섬). 정(貞)은 점에 묻는 것이다(說文, 貞 卜問也). 예기(禮記)·치의(緇衣)에 있는 공자의 인용문에서도 항기덕 정부인길 부자흉(恒其德 貞婦人吉 夫子凶)을 항기덕 정부인길 부자흉(恒其德 偵婦人吉 夫子凶)으로 기록하였다. 역경 중 정(貞)은 다음과 같이 사용된다.

- 이정(利貞) : 이롭다는 점괘라는 뜻이다. 점괘대로 바르게 따르면 이롭다는 뜻도 있다.
- 정길(貞吉) : 점은 길하다는 뜻이다.
- 가정(可貞) : 가하다는 점이다. 즉 행하여도 좋다는 점이라는 뜻이다.
- 불가정(不可貞) : 불가하다는 점이다. 즉 행하지 말라는 뜻이다.
- 안정길(安貞吉) : 편안함과 안전을 묻는 점은 길하다는 뜻이다.
- 영정길(永貞吉) : 오랜 기간의 길흉여부에 대해 친 점은 길하다는 뜻이다.
- 이영정(利永貞) : 오랜 기간의 길흉여부에 대해 친 점은 이롭다는 뜻이다.
- 이거정(利居貞) : 머무름·거처·거택에 대한 점은 이롭다는 뜻이다.
- 거정길(居貞吉) : 머무름·거처·거택에 대한 점은 길하다는 뜻이다.
- 이녀정(利女貞) : 여자의 점은 이롭다는 뜻이다.
- 멸정(蔑貞) : 몽점(夢占)으로 꿈을 점쳤다는 뜻이다.

갈 곳이 있으면 이롭다(利有攸往).

이유유왕(利有攸往)은 가는 것이나 행동하는 것이 이롭다는 것이다①②. 본 괘 구사에 전무금(田无禽)이라는 말이 있는 것을 볼 때 본 괘는 사냥과 관련이 되므로, 사냥을 가는 것이 이롭다고 판단할 수 있다.

① 이유유왕(利有攸往) : 22번 비괘 괘사를 참고하라. 통행본의 이유유왕(利有攸往)은 초죽서에는 망구(亡咎)로 되어 있다. 초죽서에 의하면 허물이 없는 것이 된다.

② 본 구절을 앞 구절과 이어서 해석하는 경우 [이정 이유유왕(利貞 利有攸往)]을 바름을 지켜 가만히 있어도 이롭고, 가도 이롭다는 뜻으로 보기도 한다. 결국 어떤 행동을 해도 이롭다는 어설픈 해석이 된다. 정(貞)을 바름으로 보았기 때문에 일어나는 일이다.

초육 : 준항 정흉 무유리.
初六 : 浚恒 貞凶 无攸利.

짐승을 잡기 위해 함정을 파 놓은 것이 오래되었다. 짐승이 잡히지 않고 무너지기 쉬우니 흉하다. 이로울 게 없으리라.

함정을 파 놓은 것이 오래되었다(浚恒).

준(浚)은 깊게 판다는 것이다①. 항(恒)은 한결같다, 오래되었다는 뜻이다②. 준항(浚恒)은 깊게 파 놓은 것이 오래되었다는 것이다. 본 괘는 사냥과 관련이 되므로 깊게 파 놓은 것은 동물을 잡기 위한 함정이다.

① 준(浚) : 물을 퍼내는 것이다(說文, 浚 杼也, 杼 물 퍼낼 서). 맹자 만장 편에는 준을 우물을 치는 것으로 사용했다(孟子 萬章 使浚井). 그러므로 浚은 물을 퍼올리기 위해 우물을 깊게 파는 것으로 볼 수 있다. 석문에는 浚을 정현이 깊다는 뜻의 준(濬)으로 썼다고 했다(釋文, 浚 鄭作濬). 통행본의 浚은 백서주역에는 형(敻 멀 형, 구할 현), 초죽서에는 [睿+夂 슬기 예 +뒤져 올 치]로 되어 있다. 敻, 振, 浚은 통가자이고(音相近而互假也), 예(睿)는 깊은 골짜기를 본다는 의미가 있으므로 浚은 우물이나 함정과 관련이 된다.

② 항(恒) : 본 괘 괘사를 참고하라.

점은 흉하다(貞凶).

이로울 게 없다(无攸利).

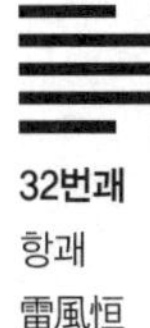

32번괘
항괘
雷風恒

정흉(貞凶)은 점은 흉하다, 점괘는 흉하다는 것이다①. 무유리(无攸利)는 가는 것, 행하는 것이 이로울 게 없다는 것이다②. 짐승을 잡을 함정을 오랫동안 파면 너무 깊어지고 무너지기 쉽다. 상전은 그 흉함은 처음부터 깊은 것을 원하는 것으로부터 온다고 하였다③. 또 함정을 파 놓은 지 오래되었는데도 짐승이 안 잡히는 상황일 수도 있다.

① 정흉(貞凶) : 17번 수괘 구사를 참고하라.

② 무유리(无攸利) : 4번 몽괘 육삼을 참고하라.

③ 상왈 준항지흉 시구심야(象曰 浚恒之凶 始求深也).

구이 : 회망.
九二 : 悔亡.
앞으로 후회가 없으리라.

망(亡)은 성모가 같은 무(無)자와 통용된다. 회망(悔亡)은 후회가 없는 것이다①. 점을 쳐 구이를 얻으면 앞으로 후회가 없다는 것이다②. 그 이유는 알 수가 없다.

① 회망(悔亡) : 47번 곤괘 상육을 참고하라.

② 주역본의(朱易本義)와 상전(象傳)은 후회가 없는 이유를 능히 가운데에 오래 있기 때문으로 해설했고(朱易本義 以其久中 故得亡也, 象曰 九二悔亡能久中也), 이천역전(伊川易傳)에서는 구이가 양효이고 하괘의 중(中)에 있어 강중한 덕이 있으니 후회가 없다고 했다(九二以剛中之德而應於中 德之勝也 足以亡其悔矣).

구삼 : 불항기덕 혹승지수 정린.
九三 : 不恒其德 或承之羞 貞吝.
짐승을 잡는 것이 오래가지 않는다. 혹 짐승 사냥을 하여 익힌 고기를 먹을 수도 있으나, 짐승을 잡을 수 있는 것이 오래가지 않으니 앞으로 어려우리라.

짐승을 잡는 것이 오래가지 않는다(不恒其德).

항(恒)은 한결같다, 오래되었다는 뜻이다①. 덕(德)은 득(得)이다②. 불항기덕(不恒其德)은 얻음이 오래가지 않는 것이다. 짐승을 잡는 것이 오래가지 않는다는 뜻이다.

① 항(恒) : 본 괘 괘사를 참고하라.

② 덕(德) : 고형(高亨)은 주역고경금주(周易古經今注)에서 德을 득(得)이 아닌 덕(悳, 바르고 너그러운 마음)으로 새겼으나 문맥을 볼 때 얻을 得으로 봐야 한다. 집운에 덕행(德行)을 得으로 해설했고, 순자 성상에 있는 得은 德의 가차자로 사용되었다(集韻 德行之得也, 荀子 成相 尚得推賢 中 得字 那是德字的假借字). 9번 소축괘 상구를 참고하라.

혹 고기를 얻을 수 있다(或承之羞).

혹(或)은 혹시, 모두 그렇지는 않다는 것이다①. 승(承)은 받들다, 받다이다②. 수(羞)는 제사에 올린 익힌 고기다③. 혹승지수(或承之羞)는 혹 짐승 사냥을 하여 익힌 고기를 먹을 수도 있다는 뜻이다.

① 혹(或) : 1번 건괘 구사를 참고하라.

② 승(承) : 7번 사괘 상육을 참고하라.

③ 수(羞) : 수치(廣韻, 羞 恥也)로 보기도 한다. 그러나 본 책에서는 羞를 고기(羞 有滋味者)로 새겼다. 羞는 12번 비괘 육삼을 참고하라. 공자는 논어 자로(子路) 편에서 이 효사는 점을 치지 않아도 알 수 있는 당연한 말이라고 언급하였다. 논어의 내용은 다음과 같다. 공자께서 말했다. 남방 사람들이 항구한 마음이 없으면 무당이나 의원 노릇도 못한다는 말이 있는데 좋은 말이다. 역경에 이르기를, 그 덕이 항구하지 않으면 혹 수치를 당할 수 있다고 하였으며, 또 점치지 않아도 알 수 있다고 했다(子曰 南人有言曰 人而無恒 不可以作巫醫 善夫 不恒其德 或承之羞 子曰 不占而已矣).

점은 어렵다(貞吝).

정(貞)은 점(占)이다. 린(吝)은 어려운 것이다. 정린(貞吝)은 점은 어렵다는 뜻이다. 짐승을 잡을 수 있는 것이 오래가지 않으니 앞으로 점괘는 어려울 수밖에 없다. 정린(貞吝)은 40번 해괘 육삼을 참고하라.

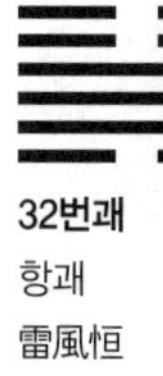

구사 : 전무금.
九四 : 田无禽.
사냥에서 짐승을 못 잡는다. 흉하다.

전(田)은 사냥하는 것이다①. 금(禽)은 들짐승과 날짐승이다②. 전무금(田无禽)은 사냥에서 짐승을 잡은 것이 없다는 의미이다. 사냥을 하는 사람에겐 흉할 수밖에 없다.

① 전(田) : 7번 사괘 육오를 참고하라. 초죽서에 전(田)이 사냥한다는 뜻인 전(畋)으로 기록돼 있다.

② 금(禽) : 7번 사괘 육오를 참고하라.

육오 : 항기덕 정 부인길 부자흉.

六五 : 恒其德 貞 婦人吉 夫子凶.

짐승을 잡는 것이 한결같다. 짐승을 한결같이 잡을 수 있으면 부인은 맘껏 먹을 수 있어 길하나, 사냥꾼인 남편은 고생이 되므로 흉하리라.

얻음이 오래간다(恒其德).

항(恒)은 한결같다, 오래되었다는 뜻이다①. 덕(德)은 득(得)이다②. 항기덕(恒其德)은 얻음이 오래가는 것이다. 짐승을 잡는 것이 오래간다, 한결같다는 뜻이다.

① 항(恒) : 본 괘 괘사를 참고하라.

② 덕(德) : 고형(高亨)은 주역고경금주(周易古經今注)에서 德을 득(得)이 아닌 덕(悳)으로 새겼으나 문맥을 볼 때 得으로 봐야 한다. 9번 소축괘 상구를 참고하라.

점친다(貞).

부인은 길하다(婦人吉).

남편은 흉하다(夫子凶).

정(貞)은 점(占)이다①. 부자(夫子)는 남편이다②. 그러므로 부인길(婦人吉) 부자흉(夫子凶)은 부인의 점은 길하고 남편의 점은 흉하다는 뜻이다③. 사냥하여 짐승을 한결같이 잡을 수 있으면 부인은 맘껏 먹을 수 있어 좋으나, 사냥꾼인 남편은 고생이 되므로 흉하다고 볼 수 있다④.

① 정(貞) : 예기(禮記)·치의(緇衣)에 있는 공자의 인용문에서도 항기덕 정부인길 부자흉(恒其德 貞婦人吉 夫子凶)을 항기덕 정부인길 부자흉(恒其德 偵婦人吉 夫子凶)으로 기록하였다. 정(偵)은 질문하는 것이다(說文, 偵 問也).

② 부자(夫子) : 스승이 될 만한 사람, 공자(孔子), 장부(丈夫), 남편의 높임말이다. 여기에서는 앞 구절에 있는 부인과 대응하여 남편으로 사용되었다.

③ 부자흉(夫子凶) : 夫子凶 앞에 점을 뜻하는 정(貞)이 생략되었다.

④ 길흉의 이유에 대해 상전은 덕(德)을 덕(悳)으로 보고 풀이했다. 상전에서는 바름이 항구한데 부인에게 길한 이유는 한 남편을 따라 일생을 마침이고, 남편은 결단과 제재함으로 의(義)를 따라야 하는데 부인을 따르니 흉하다 했다(象曰, 婦人貞吉 從一而終也 夫子制義 從婦凶也). 본 책은 이 해설을 따르지 않았다.

상육 : 진항 흉.
上六 : 振恒 凶.

짐승을 잡기 위해 함정을 파 놓은 것이 오래되었다. 짐승이 잡히지 않고 무너지기 쉬우니 흉하리라.

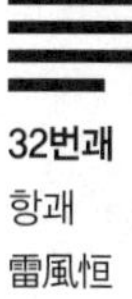

32번괘
항괘
雷風恒

본 효사는 초죽서를 기준하여 준항 정흉(浚恒 貞凶)으로 새긴다①. 준항(浚恒)은 함정을 파 놓은 것이 오래되었다는 것이다②. 정흉(貞凶)은 점은 흉하다, 점괘는 흉하다는 것이다③. 짐승을 잡을 함정을 오랫동안 파면 너무 깊어지고 무너지기 쉽다. 또 함정을 파 놓은 지 오래되었는데도 짐승이 안 잡히는 상황일 수도 있다. 그러므로 앞으로의 점괘는 흉하다.

① 진(振) : 통행본의 振은 백서주역에는 형(敻 멀 형, 구할 현), 초죽서에는 [睿+夂 슬기 예 +뒤져 올 치]로 되어 있다. 敻, 振, 浚은 통가자이고(音相近而互假也), 예(睿)는 깊은 골짜기를 본다는 의미가 있으므로 짐승을 잡는 함정과 관련이 된다.

② 준항(浚恒) : 본 괘 초육을 참고하라.

③ 정흉(貞凶) : 17번 수괘 구사를 침고하라.

둔괘(遯卦) 천산둔(天山遯) 33번괘

경사스런 행사에 사용하는 새끼 돼지를 통하여 길흉을 설명했다.

둔은 형하니라. 소리의 정이로다.
遯은 亨하니라. 小利의 貞이로다.

초육은 둔미로 여하니 물용유유왕하니라.
初六은 遯尾로 厲하니 勿用有攸往하니라.

육이는 집지용황우지혁으로 막지승탈이니라.
六二는 執之用黃牛之革으로 莫之勝說이니라.

구삼은 계둔이 유질하야 려하니 휵신첩이 길하리라.
九三은 係遯이 有疾하야 厲하니 畜臣妾이 吉하리라.

구사는 호둔하니 군자는 길하고 소인은 비하리라.
九四는 好遯하니 君子는 吉하고 小人은 否하리라.

구오는 가둔이니 길하리라.
九五는 嘉遯이니 吉하리라.

상구는 비둔이니 무불리하니라.
上九는 肥遯이니 无不利하니라.

33번괘

둔괘(遯卦)

경사스런 행사에 사용하는 새끼 돼지를 통하여 길흉을 설명했다.

둔. 형. 소리정.
遯. 亨. 小利貞.

제사를 지낼 만하고, 작게 이로우리라.

둔괘(遯卦)는 경사스런 행사에 사용하는 새끼 돼지를 통하여 길흉을 설명했다.

둔(遯)은 괘명이다. 둔(遯)은 돈(豚)으로 새끼 돼지이다. 역경의 다른 한자들처럼 둔괘(遯卦)의 둔(遯) 자체에 대한 해석이 여러 가지로 갈릴 뿐만 아니라, 알려진 역경들 간에도 기록된 형태가 아래와 같이 다르다.

- 초죽서(楚竹書) : 수(燧 부싯돌 수) 중 부수火가 부수月로 바뀐 형태의 글자이다.
- 백서주역(帛書周易) : 掾(인연 연, 뛰어 쫓을 전)
- 부양한간(阜陽漢簡) : 椽(서까래 연)
- 통행본(通行本) : 遯(달아날·숨을 둔)

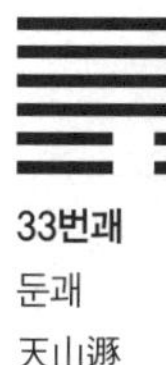
33번괘
둔괘
天山遯

통행본에 있는 둔(遯)에 대해서도 이를 어떻게 봐야 할지 아래와 같이 설이 갈린다.

- 둔(遯)은 도망이고 숨는 것이다(遯과 遁은 이체자, 說文 遁 遷也 一曰逃也 从辵盾聲, 集韻 遯 遁本字).
- 둔(遯)은 새끼 돼지이다(遯=豚, 說文 豚 小豕也 从彖省 象形 从又持肉 以給祠祀 凡豚之屬皆从豚).

본 책에서는 둔(遯)을 새끼 돼지인 돈(豚)으로 새겼다. 첫째 이유는 초죽서에 豚과 유사한 형태(燧 중 부수火가 부수月로 바뀐 형태)로 기록되어 있다는 것이다. 둘째 이유는 遯과 豚이 통용되었기 때문이다. 이에 대해 고형(高亨)은 주역고경금주(周易古經今注)와 주역대전금주(周易大傳今注)에서 다음과 같이 설명했다. [둔(遯)은 새끼 돼지를 뜻하는 돈(豚)을 빌려 쓴 것으로 보인다. 遯과 豚은 예전에는 통용되었다. 61번 중부괘 괘사의 강물에 떠 있는 복어를 활로 쏴 적중하니 좋은 징조라는 글에 대해 석문은 돈(豚)을 둔(遯)으로 본 것이 그 증거다(遯疑借爲豚 古字通用, 中孚 云, 豚魚吉, 釋文, 豚 黃作遯, 黃=黃穎).]

본 괘의 효에 나타난 새끼 돼지의 상황은 아래와 같다.

1효, 꼬리가 잘린다.

2효, 가죽 띠로 묶여 있다.

3효, 병들어 위태하다.

4효, 선물에 사용된다.

5효, 경사에 사용된다.

6효, 살쪘다.

만약 둔(遁)을 달아나는 것으로 본다면 본 괘 구오의 가둔(嘉遯)과 상구에 있는 비둔(肥遯)의 해석이 어색해진다. 가둔(嘉遯)을 훌륭하게 도망을 가는 것으로, 비둔(肥遯)을 살찐 채 도망가는 것으로 해석하기도 하나, 훌륭하게 또는 살찐 채 도망을 가는 것이 구체적으로 어떤 것인지 알 수 없고, 문맥에도 맞지 않는다. 혹 비둔(肥遯)의 비(肥)를 고대의 문헌들을 통해 난다는 뜻을 가진 비(飛)의 통가자(通假字)로 봐 날 듯 도망을 가는 것으로 해석하기도 하나, 이는 역경 중 백서주역과 통행본의 표현 형식을 비교해 보면 무리가 있는 해석이다.

(1) 비(肥)의 표현 형식 비교

- 52번 간괘 육이 : 백서 根亓肥, 통행본 艮其腓.
- 52번 간괘 구삼 : 백서 戾亓肥, 통행본 列其夤
- 55번 풍괘 초구 : 백서 禺亓肥主, 통행본 遇其配主.

(2) 비(飛)의 표현 형식 비교

- 36번 명이괘 초구 : 백서 明夷于蜚, 통행본 明夷于飛.
- 62번 소과괘 괘사 : 백서 翡鳥遺之音, 통행본 飛鳥遺之音.

제사를 지낼 만하다(亨).
앞으로 작게 이롭다는 점괘다(小利貞).

형(亨)은 제사·연회·잔치·대접·흠향의 뜻을 가진 향(饗)이고 향(亯)이다①. 제사를 지내기 전 점을 쳐 본 괘를 얻으면 제사를 지낼 수 있다는 것이다. 이(利)는 이롭다는 것이고 정(貞)은 점이다. 소리정(小利貞)은 작게 이로운 점이라는 것이다②. 어떤 사항에 점을 쳐 본 괘를 얻으면 작게 이롭다는 뜻이다.

① 형(亨) : 1번 건괘 괘사를 참고하라.
② 이정(利貞) : 32번 항괘 괘사를 참고하라.

초육 : 둔미 여 물용유유왕.
初六 : 遯尾 厲 勿用有攸往.
살찌게 하기 위해 새끼 돼지의 꼬리를 자르니 위태롭다. 갈 곳이 있어도 가지 말라.

33번괘
둔괘
天山遯

새끼 돼지 꼬리가 잘린다(遯尾).
위태롭다(厲).

둔(遯)은 돈(豚)으로 새끼 돼지이다①. 미(尾)는 꼬리이다. 여(厲)는 위태함이다②. 그러므로 둔미 여(遯尾 厲)는 새끼 돼지의 꼬리가 위태롭다는 것이다. 예전에 새끼 돼지를 빨리 살찌게 하기 위해 꼬리를 잘랐다. 꼬리를 잘리는 것은 새끼 돼지에겐 고통스럽고 위태한 일이다.

① 둔(遯) : 본 괘 괘사를 참고하라.
② 여(厲) : 1번 건괘 구삼을 참고하라.

갈 곳이 있어도 가지 말라(勿用有攸往).

물용(勿用)은 쓰지 말아라, 쓰지 않는 것이다. 유(攸)는 곳·장소이다. 왕(往)은 간다, 행동한다는 것이다. 물용유유왕(勿用有攸往)은 갈 곳, 행할 것이 있어도 가지 말라는 것이다. 가게 되면 새끼 돼지 꼬리가 잘리듯 위태롭게 된다. 물용유유왕(勿用有攸往)은 22번 비괘 괘사를 참고하라.

육이 : 집지용황우지혁 막지승 탈.
六二 : 執之用黃牛之革 莫之勝 說.

새끼 돼지를 누런 소가죽 띠로 단단하게 묶어 놓았다. 아무도 풀 수 없으니 새끼 돼지에게 좋을 리 없다.

집(執)은 쥐는 것이고, 잡는 것이다①. 황우지혁(黃牛之革)은 누런 소가죽이다. 막(莫)은 없는 것이다②. 승(勝)은 이기다, 능하다, 맡는다는 것이다③. 탈(說)은 벗는다는 뜻을 가진 탈(脫)이다. 그러므로 집지용황우지혁(執之用黃牛之革)은 누런 소가죽 띠로 새끼 돼지를 굳게 묶어 놓았다는 것이며, 막지승 탈(莫之勝 說)은 능히 벗어나지 못한다, 풀지 못한다는 의미다. 묶여 있는 상태이니 좋을 리 없다.

① 집(執) : 7번 사괘 육오를 참고하라.

② 막(莫) : 해가 지는 것으로 없다는 것이다(說文, 莫 日且冥也 从日, 在茻中, 冥 어두울 명, 茻 풀 우거질 망). 저물 모, 덮을 멱도 된다.

③ 승(勝) : 우번은 능하다로 해석했다(虞翻注 勝 能也). 설문은 맡기다·능하다로 해설했고(說文, 勝 任也, 任 맡길·능할 임), 광운은 지는 것의 반대말로 해설했으며(廣韻, 勝 負之對), 정운은 맡는 것으로 봤다(正韻, 勝 堪也, 堪 견딜·맡을 감).

구삼 : 계둔 유질려 휵신첩길.
九三 : 係遯 有疾厲 畜臣妾吉.
묶어 놓은 새끼 돼지가 병이 들어 위태하다. 차라리 부리는 종들에게 음식을 먹이는 것이 길하리라.

새끼 돼지가 묶여 있다(係遯).
병이 들어 위태하다(有疾厲).

계(係)는 잡아매고 묶는 것이다①. 둔(遯)은 돈(豚)으로 새끼 돼지이다②. 유질(有疾)은 병이 있다는 것이다③. 려(厲)는 위태함이다④. 그러므로 계둔 유질려(係遯 有疾厲)는 묶어 놓은 새끼 돼지가 병이 들어 위태하다는 의미다.

① 계(係) : 17번 수괘 육이를 참고하라.
② 둔(遯) : 본 괘 괘사를 참고하라.
③ 유질(有疾) : 질(疾)은 병이고, 빠르게, 급하게이다(說文 疾 病也 从疒矢聲, 玉篇 疾 患也, 速也, 廣韻 疾 急也. 注 疾 怨也 又毒害也).
③ 려(厲) : 1번 건괘 구삼을 참고하라.

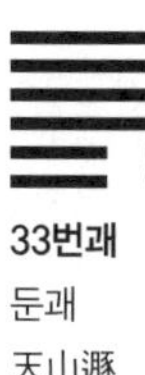
33번괘
둔괘
天山遯

종들을 먹이는 것이 길하다(畜臣妾吉).

휵(畜)은 기르는 것, 검은 밭을 일구는 것, 농사짓는 것이다①. 신첩(臣妾)은 천한 신분을 가진 남녀 종이다②. 휵신첩길(畜臣妾吉)은 종들을 먹이는 것이 길하다는 뜻이다. 고대에 새끼 돼지는 제사나 가례에 쓰거나 선물을 하였다. 새끼 돼지가 병이 들어 위태하여 먹지를 못하니, 새끼 돼지를 기르는 대신 차리리 종들에게 먹을 것을 주는 것이 길하다는 의미다. 길함은 크지 않다. 상전도 종들을 먹이는 것은 큰 일이 아니라고 하였다③.

① 휵(畜) : 9번 소축괘 괘사를 참고하라.
② 신첩(臣妾) : 臣은 신하, 제후의 의미로도 쓰인다. 한비자에서는 臣을 제후라 했다(韓非子 難一 四封之內 執會而期名曰臣). 설문의 해설은 다음과 같다. 臣은 이끈다는 뜻이다. 군주를 섬기는 사람으로 구부려 복종하는 모양을 그린 글자이다. 臣부에 속하는 글자는 모두 이러한 뜻을 가진다(說文, 臣 牽也 事君也 象屈服之形 凡臣之屬皆从臣).
③ 상왈 계둔지려 유질비야 휵신첩길 불가대사야(象曰, 係遯之厲 有疾憊也 畜臣妾吉 不可大事也).

구사 : 호둔 군자길 소인비.
九四 : 好遯 君子吉 小人否.

새끼 돼지를 선물한다. 귀족과 선비와 같이 재물이 있는 이는 길하나, 가난한 서민은 돼지를 선물로 줄 형편이 안 되니 막히리라.

새끼 돼지를 선물한다(好遯).

호(好)는 좋음, 아름다움, 선함, 선물하는 것이다①. 둔(遯)은 돈(豚)으로 새끼 돼지이다②. 그러므로 호둔(好遯)은 새끼 돼지를 선물하는 것이다.

① 호(好) : 정운과 설문에는 아름다움과 선함이라 했다(正韻 好 美也 善也, 說文 好 美也 从女 子). 춘추좌전(春秋左傳) 소공(昭公) 5년 기록 중 연유호화(宴有好貨)에 대해 두예(杜預)는 주석을 통해 연회에서 서로 선물하는 것을 호(好)라고 했다(宴飮以貨爲貨好).

② 둔(遯) : 본 괘 괘사를 참고하라.

군자는 길하다(君子吉).
소인은 막힌다(小人否).

고대에 새끼 돼지는 소중한 재산이다. 소인이 새끼 돼지를 누구에게 준다는 것은 가난한 생활에 큰 부담이 따른다. 주기도 힘들고, 주면 재산이 없어지는 것이니 막힐 수밖에 없다. 군자는 귀족과 선비를 말하고, 소인은 서민을 말한다.

구오 : 가둔 정길.
九五 : 嘉遯 貞吉.

경사스런 행사에 새끼 돼지를 쓰니 길하리라.

가(嘉)는 경사이며 가례이다①. 둔(遯)은 돈(豚)으로 새끼 돼지이다②. 정(貞)은 점(占)이다. 정길(貞吉)은 점은 길하다는 것이다③. 그러므로 가둔 정길(嘉遯貞吉)은 경사스러운 행사에 새끼 돼지를 쓰니 앞으로는 길하다는 것이다.

① 가(嘉) : 17번 수괘 구오를 참고하라.
② 둔(遯) : 본 괘 괘사를 참고하라.
③ 정길(貞吉) : 32번 항괘 괘사를 참고하라. 초죽서에는 정길(貞吉) 중 정(貞)이 없다. 백서주역과 통행본에만 있으며 이는 후대에 덧붙인 것이다.

상구 : 비둔 무불리.
上九 : 肥遯 无不利.
행사에 쓰는 새끼 돼지가 살이 쪘으니 이롭지 않음이 없으리라.

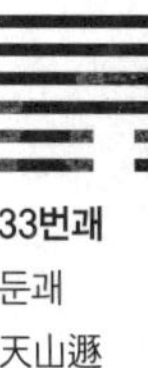
33번괘
둔괘
天山遯

비(肥)는 살이 많은 것이다①. 둔(遯)은 돈(豚)으로 새끼 돼지이다②. 무(无)는 없다는 뜻이다. 무(无)는 무(無) 또는 망(亡)과 통용되었다. 무불리(无不利)는 이롭지 않음이 없다는 것으로 이중부정을 통해 이롭다는 것을 강조한 말이다③. 그러므로 비둔 무불리(肥遯 无不利)는 식용·제사·가례·혼례·선물 등으로 사용되는 새끼 돼지가 살이 찌었으니 좋지 않을 수 없다는 의미다.

① 비(肥) : 설문은 살이 많다고 했다(說文, 肥 多肉也).
② 둔(遯) : 본 괘 괘사를 참고하라.
③ 무불리(无不利) : 28번 대과괘 구이를 참고하라.

대장괘(大壯卦) 뇌천대장(雷天大壯) 34번괘

왕해가 양을 관리하는 것을 통하여 길흉을 설명했다.

대장은 이정이로다.
大壯은 利貞이로다.

초구는 장우지니 정은 흉하리라.
初九는 壯于趾니 征은 凶하리라.

구이는 (유부)하니 정은 길하도다.
九二는 (有孚)하니 貞은 吉하도다.

구삼의 소인은 용장이고 군자는 용망이니 정은 려하도다.
九三의 小人은 用壯이고 君子는 用罔이니 貞은 厲하도다.

구사는 (저양이 촉번하니 이기각하도다.) 정은 길하여 회망하리라. 번결이나 불리이면 장우대여지복이로다.
九四는 (羝羊이 觸藩하니 羸其角하도다.) 貞은 吉하여 悔亡하리라. 藩決이나 不羸이면 壯于大輿之輹이로다.

육오는 상양우역이나 무회리라.
六五는 喪羊于易이나 无悔리라.

상육은 (저)양이 촉번으로 불능퇴이고 불능수라. 무유리이나 간즉 길하리라.
上六은 (羝)羊이 觸藩으로 不能退이고 不能遂라. 无攸利이나 艱則 吉하리라.

34번괘

대장괘(大壯卦)

왕해가 양을 관리하는 것을 통하여 길흉을 설명했다.

대장. 이정.

大壯. 利貞.

이로우리라.

대장괘(大壯卦)는 왕해(王亥)가 양을 관리하는 것을 통하여 길흉을 설명했다.

대장(大壯)은 괘명이다. 고형(高亨)은 장(壯)은 다친다는 뜻을 가진 장(戕)이라 했다(壯借爲戕). 설문은 장(戕)을 찌른다는 창(搶)이며 다른 나라의 신하가 와 왕을 죽이는 것이라 했으며 과(戈)와 장(爿)의 성음으로 되어 있다고 했다(說文, 戕 搶也 他國臣來弑君曰戕 从戈爿聲, 국내에서 그 왕을 죽이는 것은 弑라 한다).

석문(釋文)에 마융(馬融)의 말을 빌어 장(壯)은 상(傷)이라 하였고, 집해(集解)에서도 우번(虞翻)의 말을 빌어 장(壯)은 상(傷)이라 했다(壯 馬云 傷也, 壯 傷也). 통행본의 장(壯)은 백서주역에는 상(牀 평상 상), 초죽서에는 藏(감출 장)으로 되어 있다. 음이 유사하거나 같아 통가자(通假字)로 쓴 것이다(音近或音同與). 본 괘에 언급된 왕해(王亥)의 고사는 56번 여괘 괘사를 참고하라.

이롭다는 점이다(利貞).

이(利)는 이롭다는 것이고 정(貞)은 점이다. 이정(利貞)은 이로운 점이라는 것이다. 어떤 사항에 점을 쳐 본 괘를 얻으면 이롭다는 것이다. 본 괘 육오에서 왕해(王亥)가 양을 잃었으나 후회가 없고, 상육에서 어렵게 여기면 길하다는 것을 말한다. 이정(利貞)은 32번 항괘 괘사를 참고하라.

■ 좌전에 나타난 대장괘 : 계손씨에게 소공이 쫓겨나다.

춘추좌전(春秋左傳) 소공(昭公) 32년(기원전 510년)의 기록이다①. 진나라 조간자(趙簡子)가 대사인 채묵(蔡墨)에게 물었다. [노나라 계손씨(季孫氏)가 그의 임금을 내쫓았는데도 백성은 복종하고 제후들도 그를 돕고 있다. 왕이 밖에서 죽었는데 아무도 계손씨를 벌하지 않는 이유는 무엇인가?].

채묵(蔡墨)이 답했다. [노나라의 왕은 오랫동안 덕을 잃고 계손씨는 대대로 공을 쌓았습니다. 백성들이 그 왕을 잃어버린 것입니다. 그래서 왕이 밖에서 죽어도 불쌍하게 여기지 않은 것입니다. 시경에도 높은 언덕이 골짜기가 되고 깊은 골짜기가 언덕이 된다 하였으며②, 주역에도 진뢰(震雷☳)가 건천(乾天☰)을 올라타고 있는 것이 대장괘라 하였습니다. 이것이 천지의 도입니다③.]

※ 이 서례는 동효가 없는 것인지, 동효가 있으나 변할 효에 해당되지 않아 본괘의 괘사로 해석하였는지 춘추좌전의 내용만으론 알 수 없다. 본 책에서는 [동효가 한 개인 경우]와 구별하기 위해 [동효가 없는 경우]로 분류하였다.

① 춘추좌전의 내용을 일부 발췌하였다.

② 시경 중 십월지교(十月之交)의 일부로 다음 구절이다. 산총줄붕 고안위곡 심곡위릉(山冢崒崩 高岸爲谷 深谷爲陵).

③ 원본은 재역괘 뇌승건왈대장 천지도야(在易卦 雷乘乾曰大壯 天之道也)이다. 대장괘의 괘상에서 상괘의 진뢰(震雷)를 계손씨로 보고, 하괘의 건천(乾天)을 소공(昭公)으로 보고 인용한 것이다. 계손씨에게 쫓겨난 소공은 제(齊)나라에서 죽었다.

초구 : 장우지 정흉 유부.
初九 : 壯于趾 征凶 有孚.
발을 다쳤으니 양을 잡으러 가는 것은 흉하리라.

장(壯)은 다친다는 뜻을 가진 장(戕)이다①. 지(趾)는 발이다②. 정흉(征凶)은 정벌·행함·취함·떠남이 흉하다는 것이다. 이곳에서는 가는 것이 흉하다는 의미로 사용되었다③. 그러므로 장우지 정흉(壯于趾 征凶)는 발을 다쳤으니 가는 것이 흉하다는 것이다. 왕해가 발을 다쳤으니 양을 잡기 위해 가는 것은 흉하다는 것이다. 유부(有孚)는 본 괘 육이에 있을 것이 잘못 들어간 것이다④.

---

① 장(壯) : 본괘 괘사를 참고하라.

② 지(趾) : 21번 서합괘 초구를 참고하라.

③ 정흉(征凶) : 9번 소축괘 상구를 참고하라.

④ 유부(有孚) : 본 효의 정흉(征凶)과 유부(有孚)는 내용이 모순된다. 발을 다쳤으니 가면 흉한데, 가서 잡는 것이 있다는 것은 모순이다. 본 책에서는 본 괘 구이에 정길(貞吉)이라는 점사만 있는 것을 감안하여 유부(有孚)가 육이의 앞에 있는 것으로 새겼다. 역경을 옮기는 과정에서 잘못 적은 것으로 추측된다. 백서주역에는 壯于止 正凶 有復(有孚)으로 초구에 있는 것으로 기록됐고, 초죽서에는 기록이 없다.

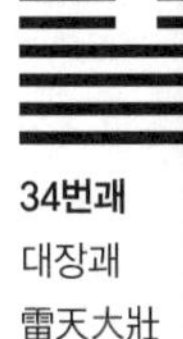

34번괘

대장괘

雷天大壯

구이 : 정길.

九二 : 貞吉.

가서 양을 잡으니 길하리라.

유부(有孚)는 전쟁에 잡은 포로나 노획품이 있다는 것이다. 부(孚)는 벌·포로·잡음·노획품·믿음·끌어당김으로 사용이 된다. 본 효에서는 양을 잡는 것으로 사용되었다①. 정(貞)은 점(占)이다. 정길(貞吉)은 점은 길하다는 것이다②. 왕해(王亥)가 가서 양을 잡으니 점은 길하다는 의미다. 갔다는 것은 본 괘 초구의 효사에서 언급이 된 것이다.

---

① 유부(有孚) : 이 구절은 본 괘 초구의 끝 부분에 있는 것이나 문맥으로 봐 본 효에 있는 것으로 추정하였다. 有孚는 9번 소축괘 육사를 참고하라.

② 정길(貞吉) : 32번 항괘 괘사를 참고하라.

구삼 : 소인용장 군자용망 정려. 저양촉번 이기각.
九三 : 小人用壯 君子用罔 貞厲. 羝羊觸藩 羸其角.
양을 잡으면서 소인은 다쳤지만 군자는 다치지 않았다. 양을 잡는 것이 어려우니 위태하리라.

소인은 다쳤다(小人用壯).
군자는 다치지 않았다(君子用罔).
점괘는 위태하다(貞厲).

소인(小人)은 벼슬이 없는 평민이다①. 용(用)은 ~써, ~로, ~함으로써를 뜻하는 이(以)이다②. 장(壯)은 다친다는 뜻을 가진 장(戕)이다③. 군자(君子)는 벼슬이 있는 사람을 말한다. 천자·제후·대부·현인도 군자로 부른다. 이곳에서는 왕해(王亥)를 말한다④. 망(罔)은 망(亡)으로 없다는 것이다⑤. 정려(貞厲)는 점을 친 결과 위태하게 나왔다는 것이다⑥. 그러므로 소인용장 군자용망 정려(小人用壯 君子用罔 貞厲)는 양을 잡으면서 소인은 상처를 입었지만 군자는 상처를 입지 않았음을 말한다. 그러나 양을 잡는 것은 어려우므로 점은 위태하다.

① 소인(小人) : 7번 사괘 상육을 참고하라.
② 용(用) : 1번 건괘 초구를 참고하라.
③ 장(壯) : 본괘 괘사를 참고하라.
④ 군자(君子) : 1번 건괘 구삼을 참고하라.
⑤ 망(罔) : 망(罔)을 무엇으로 볼 지 설이 갈린다.

(1) 망(罔)은 망(亡)이다. 통행본의 군자용망(君子用罔)이 백서주역에는 군자용망(君子用亡)으로 되어 있고, 35번 진괘 초육의 망부(罔孚)가 백서주역에는 망복(亡復, 孚=復)으로 되어 있다. 이를 볼 때 통행본의 망(罔)은 없다는 뜻의 망(亡)으로 사용되었음을 알 수 있다. 망(罔)은 그물이고, 없는 것이다(釋文 取獸曰罔 取魚曰罟 按今文易作網 又羅也, 說文 网 或从亡, 爾雅·釋言 罔 無也). 본 책도 망(罔)을 없는 것으로 새겼다. 군자의 망(罔)을 소인의 장(壯)과 대응시키면, 군자는 다치지 않은 것이 된다.

(2) 망(罔)은 망(惘 멍할 망)이다. 고형(高亨)이 주역고경금주(周易古經今注)에서 주장한 것이다. 그 근거로 문선(文選) 여신부(女神賦)에 [근심하여 즐겁지 않다(罔兮不樂).]를 이선(李善)이 망(罔)은 근심함의 우(憂)라고 주를 단 것과, 동경부(東京賦)에 [술 취한 것같이 멍하다(罔然若酲).]를 망(罔)은 망연(惘然)이라고 주를 단 것을 증거로 달았다. 이 설에 의하면 효사는 소인은 다치고 군자는 근심하니 점은 위태하다고 해석할 수 있다. 문맥은 통하나 백서주역에 망(罔)을 망(亡)으로 쓴 것을 설명하지 못한다.

(3) 망(罔)은 망(網·网 그물 망)이다. 고형(高亨)이 주역대전금주(周易大傳今注)에서 주장한 것이다. 고형(高亨)은 소인이 폭등 등을 일으켜 다쳤고, 통치자인 군자가 이를 법망(法網)을 이용하여 다스린다고 해설했다. 그러나 대장괘는 왕해(王亥)가 양을 기르고 잡는 고사를 설명한 괘라는 것을 감안하면 고형의 해설은 괘의 전체 내용과 너무 동떨어진 것이다. 혹, 양을 잡으면서 소인은 힘(壯)을 쓰고 군자는 그물을 쓴다는 것으로 바꿔 해석을 할 수도 있지만, 장(壯)에 대한 해석의 일관성을 잃는 문제가 있다.

⑥ 정려(貞厲) : 9번 소축괘 상구를 참고하라.

저양촉번 이기각(羝羊觸藩 羸其角).

본 구절은 본 괘 구사의 앞에 있어야 할 구절이다. 구사를 참고하라.

구사 : 정길 회망. 번결불리 장우대여지복.
九四 : 貞吉 悔亡. 藩決不羸 壯于大輿之輹.

잡은 숫양이 울타리를 들이박아 뿔을 묶어 놨다. 날뛰는 양을 묶어 놓았으니 길하고 후회가 없으리라. 울타리의 한 부분이 구멍이 났는데 날뛰는 숫양을 묶어 놓지 않으면 큰 수레를 들이박아 바퀴가 손상된다.

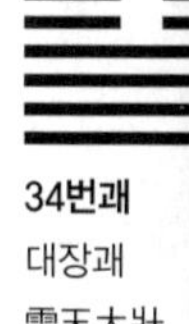

숫양이 울타리를 들이박는다(羝羊觸藩).
뿔을 묶어 놨다(羸其角).

본 구절은 통행본에는 구삼에 있으나, 문맥으로 봐 구사에 있는 것이 맞는다. 저양(羝羊)은 숫양이다①. 촉번(觸藩)은 울타리를 들이박는 것이다②. 이(羸)는 맨다는 뜻을 가진 유(纍)이다③. 그러므로 저양촉번 이기각(羝羊觸藩 羸其角)는 숫양이 울타리를 들이박으니 그 뿔을 묶어 놨다는 것이다.

① 저(羝) : 설문에 수컷 양이라 했다(說文, 羝 牡羊也. 牡 수컷 모).

② 번(藩) : 설문에 울타리라 했다(說文, 藩 屛也. 屛 병풍·울타리 병).

③ 이(羸) : 설문에는 여윈 것이라 했다(說文, 羸 瘦也. 瘦 여윌 수). 이곳에서는 맬 유(纍)로 사용되었다. 소(疏)에서 이(羸)는 잡아매고 얽어매는 것이라 했다(羸 拘纍纏繞也. 拘 잡을 구, 纍 맬 유, 纏 얽을 전, 繞 두를·맬 요).

점이 길하다(貞吉).
후회가 없다(悔亡).

정(貞)은 점(占)이다. 정길(貞吉)은 점은 길하다는 것이다①. 망(亡)은 성모가 같은 무(無)자와 통용된다. 회망(悔亡)은 후회가 없다는 것이다②. 날뛰는 양을 묶어 놓았으니 길하고 후회가 없다는 뜻이다.

① 정길(貞吉) : 32번 항괘 괘사를 참고하라.
② 회망(悔亡) : 47번 곤괘 상육을 참고하라.

울타리가 구멍이 났는데 양을 묶지 않았다(藩決不羸).
큰 수레의 바퀴가 손상된다(壯于大輿之輹).

번(藩)은 울타리다. 결(決)은 구멍이 났다는 것이다①. 번결(藩決)은 울타리의 한 부분이 뚫렸다는 것이고, 불리(不羸)는 숫양을 묶어 놓지 않았다는 것이다. 장(壯)은 다친다는 뜻을 가진 장(戕)이다②. 복(輻)은 바퀴살 또는 복토이다③. 그러므로 번결불리 장우대여지복(藩決不羸 壯于大輿之輹)은 울타리의 한 부분이 구멍이 났는데 날뛰는 숫양을 묶어 놓지 않으면 큰 수레의 바퀴살을 들이박아 바퀴가 손상된다는 뜻이다.

① 결(決) : 43번 쾌괘 괘사를 참고하라.
② 장(壯) : 본 괘 괘사를 참고하라.
③ 복(輻) : 9번 소축괘 구삼을 참고하라.

육오 : 상양우역 무회.
六五 : 喪羊于易 无悔.
왕해가 유역이란 곳에서 양을 잃었다. 소와 목숨을 잃은 것이 아니니 후회가 없으리라.

상양우역(喪羊于易)은 역(易)에서 양을 잃었다는 것이다①. 무회(无悔)는 후회가 없는 것이다. 본 효사는 왕해(王亥)의 고사와 관련이 된다②. 상(商·殷)나라의 선왕인 왕해(王亥)가 유역(有易)의 왕인 면신(綿臣)에게 먼저 양을 뺏기고 나중에 소와 목숨을 뺏긴다. 아직은 소와 목숨은 잃지 않았으므로 양을 잃은 것은 후회가 없다.

56번 여괘 상구에서는 상우우역 흉(喪牛于易 凶)이라 표현하였고, 본 효에서는 상양우역 무회(喪羊于易 无悔)라고 하였다. 이는 왕해가 양을 뺏긴 것은 작은 일이고, 소와 목숨을 뺏긴 것은 큰일임을 말한다.

① 상(喪) : 설문은 망하다, 잃다, 도망하다의 뜻을 가진 망(亾)으로 해설했다(說文, 喪 亾也).
② 왕해(王亥)의 고사는 56번 여괘 괘사를 참고하라.

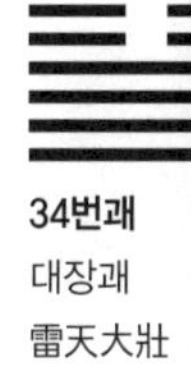

상육 : 저양촉번 불능퇴 불능수 무유리 간즉길.
上六 : 羝羊觸藩 不能退 不能遂 无攸利 艱則吉.

숫양이 울타리를 들이박은 채 물러설 수도 나갈 수도 없다. 이로울 게 없으나, 상황을 어렵게 여겨 조심하면 길하리라.

숫양이 울타리를 들이박는다(羝羊觸藩).
물러서지 못한다(不能退).
나가지 못한다(不能遂).

저양(羝羊)은 저양(羝羊)으로 숫양이다①. 촉번(觸藩)은 울타리를 들이박는 것이다②. 수(遂)는 나아가는 것이다③. 그러므로 저양촉번 불능퇴 불능수(羝羊觸藩 不能退 不能遂)는 숫양이 울타리를 들이박다가 뿔이 걸려 물러서지도 못하고 나가지도 못하는 진퇴양난의 상황이 되었음을 말한다.

① 저양(羜羊) : 통행본에는 저(羜 새끼 양 저)로 기록돼 있다. 그러나 백서주역에는 본 괘 구사와 동일하게 저(羝 숫 양 저)로 기록돼 있다. 본 책에서는 백서주역을 기준으로 숫양으로 새겼다.

② 저양촉번(羝羊觸藩) : 본 괘 구사를 참고하라.

③ 수(遂) : 나아가는 것이고 떨어지는 것이다. 집해에서 우번(虞翻)의 말을 인용하여 수(遂)는 나아가는 것이라 했다(遂 進也, 廣韻 達也). 설문은 피하여 달아나는 것이라 했다(說文, 遂 亡也). 또 수(遂)는 석문에 순상이 본래 대(隊)로 썼으며(遂 荀本作隊). 대(隊)는 설문과 석고에서 높은 곳에서 떨어지는 것이라 했다(說文 隊 從高隊也, 釋詁 隊 落也).

이로울 게 없다(无攸利).

어렵게 여기면 길하다(艱則吉).

무유리(无攸利)는 가는 것, 행하는 것이 이로울 게 없다는 것이다①. 간(艱)은 어렵다는 것이다②. 그러므로 무유리 간즉길(无攸利 艱則吉)은 행하는 것이 이로울 게 없으나, 현 상황을 어렵게 여기고 근신하면 길하다는 뜻이다.

① 무유리(无攸利) : 4번 몽괘 육삼을 참고하라.

② 간(艱) : 11번 태괘 구삼을 참고하라.

34번괘
대장괘
雷天大壯

진괘(晉卦) 화지진(火地晉) 35번괘

강후의 고사를 통하여 정벌의 길흉을 설명했다.

진은 강후가 용석마번서하고 주일삼접하도다.
晋은 康侯가 用錫馬蕃庶하고 晝日三接하도다.

초육은 진여하여 최여하니 정은 길하도다. (회)망부하나 유무구리라.
初六은 晋如하여 摧如하니 貞은 吉하도다. (悔)罔孚하나 裕无咎리라.

육이는 진여하여 수여하니 정은 길하도다. 수자개복우기왕모하리라.
六二는 晋如하여 愁如하니 貞은 吉하도다. 受兹介福于其王母하리라.

육삼은 중윤이니 회망하리라.
六三은 衆允이니 悔亡하리라.

구사는 진여함이 석서이나 정은 려하도다.
九四는 晋如함이 鼫鼠이나 貞은 厲하도다.

육오는 회망하리라. 실득하니 물휼하라. 왕은 길하여 무불리하니라.
六五는 悔亡하리라. 失得하니 勿恤하라. 往은 吉하여 无不利하니라.

상구는 진기각처럼 유용벌읍에 여하면 길무구나 정은 린하도다.
上九는 晋其角처럼 維用伐邑에 厲하면 吉无咎나 貞은 吝하도다.

35번괘

진괘(晉卦)

강후의 고사를 통하여 정벌의 길흉을 설명했다.

진. 강후용석마번서 주일삼접.

晉. 康侯用錫馬蕃庶 晝日三接.

주나라 무왕의 친동생인 강후가 정벌에 나가 하루에도 여러 번 이겼다. 정벌에서 잡은 많은 말들을 왕에게 바친다.

진괘(晉卦)는 강후(康侯)의 고사를 통하여 정벌의 길흉을 설명했다.

진(晉)은 괘명이다①. 진(晉)은 공격하기 위해 나간다는 뜻이다②.

① 백서주역의 진(溍 물이름 진)은 진(晉)과 같은 자이다(集韻, 卽刃切 音晉).

② 진(晉) : 설문은 晉을 나가는 것이며 해가 솟아 만물이 나가는 것으로 일(日)과 진(臸)으로 구성되어 있다고 했다(說文, 晉 進也 日出萬物進 從日從臸). 서괘전, 단전, 집해 모두 晉은 나가는 것이라 했다(晉 進也). 고형(高亨)은 晉는 침벌하러 나가는 것으로 해석했다(侵伐之進).

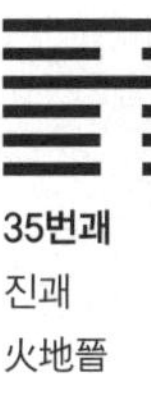

강후가 많은 말을 바친다(康侯用錫馬蕃庶).

하루에 여러 번 이긴다(晝日三接).

강후(康侯)는 주(周)나라 무왕의 친동생이다①. 용(用)은 허자(虛字)다②. 석(錫)은 바치고 하사하는 것이며, 주석을 말한다③. 이곳에서는 바치는 것으로 사용되었다. 번서(蕃庶)는 많다는 것이다④. 강후용석마번서(康侯用錫馬蕃庶)는 강후(康侯)가 정벌에 나가 잡은 많은 말들을 왕에게 바친다는 뜻이다. 삼(三)은 구체적인 횟수가 아니라 여러 번이라는 것이다. 접(接)은 첩(捷)으로 이긴다는 것이다⑤. 주일삼접(晝日三接)은 강후(康侯)가 정벌에 나가 하루에도 여러 번 이긴다는 뜻이다.

① 강후(康侯) : 주(周)나라 무왕(武王, 文王의 아들)의 친동생이다. 처음에는 강(康)이라는 곳에 봉해졌고, 후에 위(衛)나라 제후를 봉해졌다. 강숙(康叔) 또는 위강숙(衛康叔)이라고도 부른다. 본 괘가 강후의 고사와 관련된 것은 고힐강(顧頡剛 1893~1981)이 발견한 것이다. 고힐강(顧頡剛)은 1920~30년대 중국에서 의고풍(疑古風, 고전을 비판적으로 바라보고 옛날을 의심함, 예를 들어 요임금과 순임금을 만들어 낸 인물이라고 주장함)의 학술 사조를 주도하여 의고파(疑古波)의 학자로 불린다. 나근택(羅根澤), 여사면(呂思勉) 등과 같이 편저한 논문집 고사변(古史辨)이 유명하다.

② 용(用) : 허자라는 것은 주희(朱熹)가 주자어류(朱子語類)에서 주장한 것이다.

③ 석(錫) : 6번 송괘 상구를 참고하라.

④ 번서(蕃庶) : 국어·주어에 있는 번서를 번성하고 생육하는 것으로 본다(國語·週語 民之蕃庶, 子孫蕃育之謂也 蕃 우거질 번, 庶 여러 서).

⑤ 접(接) : 석문은 정현의 말을 인용하여 접(接)은 첩(捷)으로 읽고 이기는 것이라 했다(接 鄭音捷 勝也). 광운은 첩(捷)을 이기는 것, 이루는 것이라 했고(廣韻, 捷 尅也 勝也 成也), 설문은 사냥하는 것이고 군이 얻는 것이라 했다(說文, 捷 獵也 軍獲得也 从手疌聲 春秋傳 曰 齊人來獻戎捷. 獵 사냥 렵).

초육 : 진여최여 정길 망부 유무구.
初六 : 晋如摧如 貞吉 罔孚 裕无咎.

강후가 적을 공격하여 꺾으니 길하리라. 정벌에서 얻은 노획품이 없는 것은 아쉽지만, 허물은 없으니 마음이 넉넉하리라.

공격하여 꺾는다(晋如摧如).
점은 길하다(貞吉).

진(晋)은 공격하기 위해 나간다는 것이다①. 여(如)는 ~모양, ~모습이다②. 최(摧)는 꺾는 것이다③. 정(貞)은 점(占)이다. 정길(貞吉)은 점은 길하다는 것이다④. 진여최여(晋如摧如)는 공격하기 위해 나가는 모습, 꺾는 모습이다. 즉 강후(康侯)가 전투에서 공격하여 적을 꺾었다는 것이다. 적을 이긴 것이니 길하다.

① 진(晋) : 본 괘 괘사를 참고하라.

② 여(如) : 3번 준괘 육이를 참고하라.

③ 최(摧) : 설문은 밀치고 꺾는 것이라 했다(說文, 摧 擠也 从手崔聲 一曰挏也 一曰折也, 擠 밀칠 제, 挏 끌 동, 折 꺾을 절). 석문과 찬언에선 후퇴로 봤다(釋文 摧 退也, 纂言 摧 抑退也).

④ 정길(貞吉) : 32번 항괘 괘사를 참고하라.

노획품이 없어 아쉬워한다(罔孚)
허물이 없으니 넉넉하다(裕无咎).

통행본의 망부(罔孚)는 백서주역 기록과 같이 회망부(悔罔孚)로 새긴다. 회(悔)는 후회·아쉬움·뉘우침이다①. 망(罔)은 없는 것이다②. 부(孚)는 노획품이다③. 유(裕)는 넉넉한 것이다④. 무구(无咎)는 망구(亡咎)로 허물이 없다는 것이다⑤. 회망부(悔罔孚)는 강후가 정벌에서 얻은 노획품이 없어 후회를 한다는 것이고, 유무구(裕无咎)는 정벌에 허물이 없으니 마음이 넉넉하다는 것이다.

---

① 회(悔) : 47번 곤괘(困卦) 상육을 참고하라. 백서에는 [母+心] 형태의 글자로 돼 있다.
② 망(罔) : 34번 대장괘 구삼을 참고하라.
③ 부(孚) : 9번 소축괘 육사를 참고하라.
④ 유(裕) : 고형(高亨)은 주역대전금주(周易大傳今注)에서 유(裕)를 오히려, 더욱이의 뜻을 가진 유(猶)와 상(尙)으로 새겼다. 그러나 유(裕)가 회(悔)와 대응함을 고려하면 넉넉하다고 보는 것이 훨씬 문맥에 맞는다. 유(裕)는 18번 고괘 육사를 참고하라.
⑤ 무구(无咎) : 60번 절괘 초구를 참고하라.

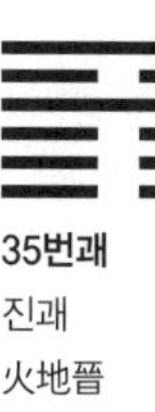

육이 : 진여수여 정길 수자개복우기왕모.
六二 : 晋如愁如 貞吉 受茲介福于其王母.
강후가 적을 공격하여 핍박하니 길하리라. 정벌에 승리를 하니 할머니인 태임으로부터 큰 상을 받는다.

공격하여 핍박한다(晋如愁如).

진(晉)은 공격하기 위해 나간다는 것이다①. 여(如)는 ~모양, ~모습이다②. 수(愁)는 압박하다, 다하다는 뜻을 가진 주(蹲)이다③. 진여수여(晋如愁如)는 공격하기 위해 나아가 핍박하는 모습이다④. 즉 강후(康侯)가 적을 공격하고 핍박하여 적을 이긴 것이다.

① 진(晉) : 본 괘 괘사를 참고하라.

② 여(如) : 3번 준괘 육이를 참고하라.

③ 수(愁) : 주례(周禮) 목록(目錄)에 愁는 주(遒)라고 했다(愁者遒也). 고대에는 이 두 글자가 통용되었다. 시경 파부(破斧)에, 주공의 동쪽 정벌로 사방이 모두 항복하였네, 우리 백성을 아끼는 마음 또한 아름답네(周公東征 四國是遒 哀我人斯 亦孔之休)라는 구절이 있다. 시경의 주(遒)는 모이게 하여 견고하게 함이니 결국 사방이 항복하였다는 뜻이다. 설문에는 주(遒)를 압박하는 것으로 해설했다(說文 遒 迫也, 玉篇 遒 盡也 忽也, 正韻 遒 慈秋切).

④ 진여수여(晋如愁如)를 공격하는 것에 핍박을 당하는 것으로 해석을 하기도 한다. 그러나 이어지는 길함과 왕모에게 복을 받는다는 내용으로 볼 때 문맥이 이어지지 않는다.

점은 길하다(貞吉).

정(貞)은 점(占)이다. 정길(貞吉)은 점은 길하다는 것이다. 정길(貞吉)은 32번 항괘 괘사를 참고하라.

할머니로부터 큰 복을 받는다(受茲介福于其王母).

자(茲)는 이에를 뜻하는 차(此)이다①. 개(介)는 크다, 단단하다, 굵다이다. 이곳에서는 크다로 새긴다②. 왕모(王母)는 강후(康侯)의 할머니로 태임(大任)이다③. 그러므로 수자개복우기왕모(受茲介福于其王母)는 강후가 정벌에 승리를 하니 할머니인 태임으로부터 큰 상을 받았다는 것이다.

① 자(茲) : 爾雅·釋詁 茲 此也.

② 개(介) : 16번 예괘 육이를 참고하라.

③ 왕모(王母) : 강후(康侯)의 할머니는 문왕의 어머니인 태임(大任)이다. 시경 대명(大明)에 태임이 잉태하여 문왕을 낳았다(大任有身 生此文王)는 구절에서 이를 확인 할 수 있다. 강후(康侯)는 본 괘 괘사를 참고하라.

육삼 : 중윤 회망.
六三 : 衆允 悔亡.
강후가 정벌을 하는데 백성이나 병졸들이 믿음을 가지니 후회가 없으리라.

중윤(衆允)은 무리들이 믿는 것이다①. 회망(悔亡)은 후회가 없다는 것이다②. 그러므로 중윤 회망(衆允 悔亡)은 강후(康侯)가 정벌을 하는데 백성이나 병졸들이 믿음을 갖고 있으니, 정벌을 하는 것에 후회할 일이 없다는 뜻이다.

① 윤(允) : 집해(集解)에서 우번(虞翻)의 말을 빌어 允은 믿음이라 했고, 이아·석고와 설문도 믿음이라 했다(集解引虞翻 允 信也, 爾雅·釋詁 允 信也, 說文 允 信也).
② 회망(悔亡) : 47번 곤괘 상육을 참고하라.

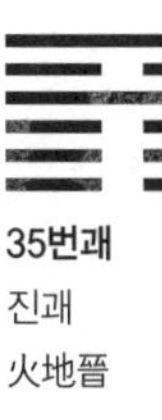
35번괘
진괘
火地晉

구사 : 진여석서 정려.
九四 : 晋如鼫鼠 貞厲.
강후의 군대가 들쥐와 같이 적을 기습공격한다. 공격하다가 잡힐 수 있으니 위태하리라.

진(晉)은 공격하기 위해 나간다는 것이다①. 여(如)는 ~모양, ~모습이다②. 석서(鼫鼠)는 석서(碩鼠)로 들쥐이다③. 진여석서(晋如鼫鼠)는 강후의 군대가 적을 기습공격하는 것이 들쥐와 같다는 뜻이고, 정려(貞厲)는 기습공격을 하다 잡힐 수도 있으니 위태하다는 것이다④.

① 진(晉) : 본 괘 괘사를 참고하라.

② 여(如) : 3번 준괘 육이를 참고하라.

③ 석서(鼫鼠) : 석문(釋文)에 자하의 전에는 鼫鼠를 碩鼠로 썼다고 했다(鼫鼠 子夏傳作碩鼠). 碩鼠는 밭에 있는 쥐를 말한다. 백서주역에는 적서(炙鼠)로 기록돼 있다. 炙鼠는 땅강아지(螻蛄, 땅강아지 루, 땅강아지 고)의 별명이다. 이를 볼 때 鼫鼠가 들쥐를 말한 것인지 땅강아지를 말한 것인지는 분명치 않다. 본 책에서는 들쥐로 새겼다.

④ 정려(貞厲) : 9번 소축괘 상구를 참고하라.

육오 : 회망 실득 물휼 왕길무불리.
六五 : 悔亡 失得 勿恤 往吉无不利.

강후의 정벌에 후회가 없으리라. 잃었던 것을 얻으니 근심하지 말라. 공격을 하는 것이 길하고 이롭지 않음이 없으리라.

후회가 없다(悔亡).

회(悔)는 후회·아쉬움·뉘우침이다. 망(亡)은 성모가 같은 무(無)자와 통용된다. 회망(悔亡)은 후회가 없다는 것이다. 회망(悔亡)은 47번 곤괘 상육을 참고하라.

잃었던 것을 얻는다(失得).
근심하지 말라(勿恤).
가는 것이 길하고 이롭지 않음이 없다(往吉无不利).

실득(失得)은 잃었던 것을 얻을 수 있다는 것이다①. 물(勿)은 부정의 어조사로 말라, 아니다이다. 휼(恤)은 근심이다. 물휼(勿恤)은 근심하지 말라이다②. 왕길(往吉)은 가는 것, 행동하는 것이 길하다는 것이다③. 무(无)는 없다는 뜻이다. 무(无)는 무(無) 또는 망(亡)과 통용되었다. 무불리(无不利)는 이롭지 않음이 없다는 것으로 이중부정을 통해 이롭다는 것을 강조한 말이다④. 그러므로 실득 물휼 왕길무불리(失得 勿恤 往吉无不利)은 잃었던 것들을 얻을 수 있으니 근심하지 말라, 가는 것이 길하다는 뜻이다. 강후(康侯)의 공격을 그린 괘이므로 적을 공격하라는 의미가 된다.

① 실득(失得) : 실득의 失을 시(矢)로 표기한 고본도 있다.

② 물휼(勿恤) : 11번 태괘 구삼을 참고하라.

③ 왕길(往吉) : 41번 손괘 괘사를 참고하라.

④ 무불리(无不利) : 28번 대과괘 구이를 참고하라.

상구 : 진기각 유용벌읍 여길 무구 정린.
上九 : 晋其角 維用伐邑 厲吉 无咎 貞吝.

강후가 자신의 강한 군대를 이용하여 짐승의 뿔처럼 도읍을 정벌한다. 위태롭게 여기면 길하리라. 허물은 없으나 정벌에 도리를 잃으니 어려우리라.

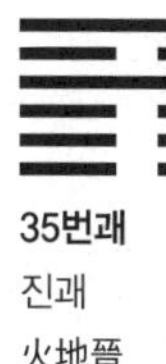

35번괘
진괘
火地晉

뿔로 공격한다(晋其角).
도읍을 정벌한다(維用伐邑).

진(晉)은 공격하기 위해 나간다는 것이다①. 기(其)은 어조사이다②. 각(角)은 뿔이다③. 그러므로 진기각(晋其角)은 뿔로 공격하는 것이고, 유용벌읍(維用伐邑)은 오직 도읍을 정벌하는 것이다④. 강후(康侯)가 자신의 강한 군대를 이용하여 도읍을 공격한다는 뜻이다.

① 진(晉) : 본 괘 괘사를 참고하라.

② 기(其) : 11번 태괘(兌卦) 초구를 참고하라.

③ 각(角) : 뿔·경쟁·집게발 등의 의미를 가지고 있다. 설문은 짐승의 뿔로 해설했고(說文, 角 獸角也 象形 角與刀魚相似 凡角之屬皆从角), 광운은 경쟁으로 해설했다(廣韻, 角 競也). 또 땅강아지의 집게발 등을 의미한다(角當指螻蛄的兩只前螯). 본 책은 설문의 해설을 기준으로 새겼다.

④ 유(維)는 17번 수괘 상육을 참고하고, 용(用)은 1번 건괘 초구를 참고하라.

위태롭게 여기면 길하다(厲吉).

허물이 없다(无咎).

점은 어렵다(貞吝).

여(厲)는 위태함이다. 여길(厲吉)은 위태롭게 여기면 길하다는 것이다①. 무구(无咎)는 망구(亡咎)로 허물이 없다는 것이다②. 정(貞)은 점(占)이다. 린(吝)은 어려운 것이다③. 정린(貞吝)은 점은 어렵다는 뜻이다.

---

① 여길(厲吉) : 여길 중 길함은 도읍의 정벌에 성공을 했다는 것이다. 이는 본 괘 육오에서 공격하는 것이 불리할 게 없다(无不利)는 구절에서 확인할 수 있다. 여길(厲吉)은 49번 혁괘 구삼을 참고하라.

② 무구(无咎) : 60번 절괘 초구를 참고하라.

③ 정린(貞吝) : 상전은 어려운 이유를 정벌을 하는 것이 도리를 잃었기 때문으로 봤다(維用伐邑 道未光也). 상전에서 이렇게 본 이유는 양효의 강함이 있으나 공격을 뜻하는 마지막 자리에 있고, 부중(不中)하고 실위(失位)하여 도리를 잃었기 때문이다. 정린(貞吝)은 40번 해괘 육삼을 참고하라.

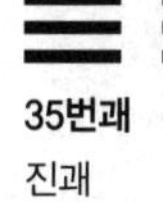

35번괘
진괘
火地晉

명이괘(明夷卦) 지화명이(地火明夷) 36번괘

우는 가람조를 통하여 망하는 상나라와 떠나는 군자의 길흉을 설명했다.

명이는 이간정하니라.
明夷는 利艱貞하니라.

초구는 명이우비가 수기(좌)익이라. 군자가 우행에 삼일불식하느니라. 유유왕은 주인의 유언이로다.
初九는 明夷于飛가 垂其(左)翼이라. 君子가 于行에 三日不食하느니라. 有攸往은 主人의 有言이로다.

육이는 명이가 이우좌고니라. 용증마는 장하니 길하리라.
六二는 明夷가 夷于左股니라. 用拯馬는 壯하니 吉하리라.

구삼은 명이가 (이)우남수라 득기대수니 불가질정이로다.
九三은 明夷가 (夷)于南狩라 得其大首니 不可疾貞이로다.

육사는 (명이)가 (이)우좌복에 획명이지심하고 우출문정하도다.
六四는 (明夷)가 (夷)于左腹에 獲明夷之心하고 于出門庭하도다.

육오는 기자지명이니 이정이로다.
六五는 箕子之明夷니 利貞이로다.

상육은 불명이고 회라 초등우천하고 후입우지하도다.
上六은 不明이고 晦라 初登于天하고 後入于地하도다.

36번괘

명이괘(明夷卦)

우는 가람조를 통하여 망하는 상나라와 떠나는 군자의 길흉을 설명했다.

명이. 이간정.

明夷. 利艱貞.

어려움에 대한 것은 이로워지리라.

명이괘(明夷卦)는 우는 가람조를 통하여 망하는 상나라와 떠나는 군자의 길흉을 설명했다.

명이(明夷)는 괘명이다. 명이(明夷)는 명제(鳴鵜)로 우는 가람조로 망해가는 상(商·殷)나라 또는 상나라의 마지막 왕인 주왕(紂王)을 비유한 말이다. 명이(明夷)를 [우는 가람조] 또는 [밝음이 상하는 것]으로 본다.

본 책에서는 [우는 가람조]로 새겼다. 이유는 명이(明夷)를 명제(鳴鵜)의 통가자로 보기 때문이다. 明을 명(鳴)으로 본 것은 문선(文選)의 주석을 통해 확인할 수 있다. 문선 중 이강(李康)의 운명론(運命論)에 [토지신께 제사 지내는 곳이 울리면 장차 성인이 출현한다(里社鳴而聖人出).]는 말에 대해 이선(李善)은 주에서 [춘추잠담파에 말하길 토지신에게 제사 지내는 곳이 울리면 장차 성인이 출현한다고 말하였는데 명(明)과 명(鳴)은 고대에는 통용되었다(春秋潛潭巴曰里社明 此里有聖人出 明與鳴古字通).]고 했다.

이(夷)를 제(鵜)로 본 것은 석문(釋文)의 내용과 이경지(李鏡池)의 언급을 통해 확인할 수 있다. 36번 명이괘 육이의 이우좌고(夷于左股)의 夷에 대해, 석문에서는 자하(子夏), 정현(鄭玄), 육적(陸績)의 말을 빌어 夷는 본다는 뜻의 제(睇 흘깃 볼 제)라 하였고, 경방(京房)은 이(眱 물끄러미 바라볼 이)라 하였다. 이경지(李鏡池)는 이(夷)는 제(鵜)라 했고, 鵜는 이아·석조에서는 오택이라는 새로 해설했다(爾雅·釋鳥 鵜 鴮鸅). 오택(鴮鸅)은 황새목 사다새과에 속하는 가람조(伽藍鳥, 펠리컨)이다.

36번괘
명이괘
地火明夷

명이(明夷)를 [밝음이 상하는 것]으로 본 것은 서괘전(序卦傳), 잡괘전(雜卦傳) 등의 언급이다. 서괘전은 이자상야(夷者傷也)라 하여 夷를 밝음을 손상하는 것으로 봤고, 잡괘전은 명이주(明夷誅, 벨·책망할 주)라 하여 동일하게 봤다. 단전과 상전에서도 명입지중 명이(明入地中 明夷)이라 하여 밝음이 땅 속으로 들어가 손상되는 것으로 봤다. 夷를 설문은 평(平)이라 했다(說文, 夷 平也 从大从弓 東方之人也). 항상, 평소의 뜻도 있다(夷 常也).

대다수 주역 해설서에서 명이(明夷)를 어둠으로 보고 해석해 왔다. 억지로 꿰어 맞추면 어둠에서 빛을 찾는 괘, 또는 되는 일이 없을 때 방법을 찾는 괘라는 그럴듯한 판단도 가능하다. 그러나 초구의 수기익(垂其翼, 날개를 드리운다), 육이의 이우좌고(夷于左股, 왼쪽 허벅지를 다친다)와 같이 새와 관련된 효사를 해석하는 데 억지가 따른다. 이런 이유들로 본 책에서는 명이를 우는 가람조로 봤다.

어려움에 대한 점은 이롭다(利艱貞).

간(艱)은 어려움이고, 정(貞)은 점에 묻는 것이다. 이간정(利艱貞)은 어려움에 대한 점은 이롭다는 것이다. 어려운 일에 점을 쳐서 명이괘(明夷卦)를 얻으면 이롭다는 뜻이다. 이간정(利艱貞)은 26번 대축괘 구삼을 참고하라.

초구 : 명이우비 수기익. 군자우행 삼일불식. 유유왕 주인유언.
初九 : 明夷于飛 垂其翼. 君子于行 三日不食. 有攸往 主人有言.

우는 가람조가 날다가 좌측 날개를 드리우듯 상나라가 어려워졌다. 상나라를 떠난 군자가 길을 가며 여러 날 먹지 못한다. 군자가 길을 떠난 것은 주인의 잘못 때문이리라.

우는 가람조가 날다가 좌측 날개를 드리웠다(明夷于飛 垂其翼).

명이(明夷)는 명제(鳴鶙)로 우는 가람조로 망해가는 상(商·殷)나라를 비유한 말이다. 명이우비(明夷于飛)는 우는 가람조가 난다는 것이다①. 수기익(垂其翼)은 좌측 날개를 드리웠다는 것이다②. 새가 날개를 드리웠다는 것은 상처를 당했음을 말한다. 상나라가 망해가는 것을 비유한 것이다.

---

① 명이(明夷) : 본 괘 괘사를 참고하라.

② 수기익(垂其翼)은 백서주역에는 수기좌익(垂其左翼)으로 기록돼 있다. 이경지(李鏡池)는 명이우비 수기좌익(明夷于飛 垂其左翼)을 아무 의미가 없는 비흥(比興, 比喻起興)의 요소로 해석했다. 비흥은 내용을 비유적으로 전하거나 흥을 돋구기 위해 쓰는 어귀다. 예를 들어 [진달래가 바람에 흩날리네, 내 님도 떠나갔네.]에서 진달래가 바람에 흩날리는 것이 비흥의 요소이다. 역경 중 비흥의 글귀는 특별한 해석이 필요치 않다고 보는 것이 이경지(李鏡池)의 주장이다.

군자가 길을 간다(君子于行).
여러 날 먹지 못한다(三日不食).

군자(君子)는 벼슬이 있는 사람을 말한다. 천자·제후·대부·현인도 군자로 부른다. 군자우행(君子于行)은 군자가 가는 것이다①. 삼일불식(三日不食)은 여러 날 먹지 못했다는 것이다②.

---

① 군자(君子) : 1번 건괘 구삼을 참고하라. 이곳의 군자에 대해 여러 설이 있지만 누구를 말하는 지 확실한 증거는 없으나 본 괘가 망해가는 상(商·殷)나라의 상황을 설명한 괘임을 감안하면 망하는 나라를 떠나는 높은 벼슬을 하는 사람임을 추측할 수 있다.

② 삼일(三日) : 三을 하괘인 이화(離火☲)의 숫자에서 나온 것이라 보기도 한다. 그러나 역경에 나온 三에 모두 이화(離火☲)라는 팔괘가 있는 것이 아니므로 삼일은 여러 날로 보면 된다. 역경 중 삼일이 있는 곳은 다음과 같다. 18번 고괘 괘사, 36번 명이괘 초구, 57번 손괘 구오.

갈 곳이 있다(有攸往).
주인에게 허물이 있다(主人有言).

유유왕(有攸往)은 갈 곳이 있다, 행동함이 있다는 것이다①. 주인(主人)은 군자보다 높은 신분이다②. 언(言)은 건(愆 허물 건)이고, 유언(有言)은 허물이 있는 것이다③. 그러므로 유유왕 주인유언(有攸往 主人有言)은 군자가 길을 떠나는 이유가 군자가 모시는 주인에게 허물이 있기 때문이라는 뜻이다.

① 유유왕(有攸往) : 22번 비괘 괘사를 참고하라.
② 주인(主人) : 군자는 망해가는 상(商·殷)나라를 떠나는 신하이고, 주인은 상나라의 마지막 왕인 주왕(紂王)으로 볼 수 있다.
③ 유언(有言) : 5번 수괘 구이를 참고하라.

■ 춘추좌전 서례 : 목자의 장래를 점치다.

춘추좌전(春秋左傳) 소공(昭公) 5년(기원전 537년)에 있는 서례이다. 노나라 서열 2위 아경(亞卿)으로 있는 장숙(莊叔)이 아들인 숙손목자(叔孫穆子)가 태어날 때 점을 쳐 명이지겸(明夷之謙, 명이괘의 초구가 동하여 겸괘가 됨)을 받았다.

명이괘(明夷卦) 겸괘(謙卦)

이를 노나라의 점복관인 복초구(卜楚丘)가 다음과 같이 해석을 하였다. [이 아기는 장차 나라를 떠났다가 돌아와 가문을 계승하고 제사를 받든다. 돌아올 때 사람을 데리고 돌아올 것이다. 그 사람은 참인(讒人)이며 이름은 우(牛)이다. 이 아기는 장차 굶어 죽을 것이다.]

가문의 지위를 계승한다는 것은 날이 밝아오는 시점이기 때문이다. 이는 명이괘가 겸괘로 변하는 것은 초구가 변하는 것이기 때문에 날이 막 밝아 오는 시기가 된다. 동효가 속한 이화(離火☲)는 해를 뜻한다. 해의 위치에 따라 벼슬과 연결하면, 해가 중천에 있는 일중(日中)이 첫 번째인 왕의 위치이며, 아침밥을 먹을 때인 식시(食時)가 두 번째이니 벼슬로는 공(公)이며, 해가 뜨는 평단(平旦)은 세 번째 벼슬인 경(卿)과 관련된다. 그러므로 경의 벼슬로 가문을 이어간다 한 것이다.

이 아기가 길을 떠난다는 것은 해의 움직임과 관련된다. 새가 날개를 드리우는 것은 해가 높이 뜨지 못해 날개를 늘어뜨린다는 것이다. 효사에서 군자우행(君子于行)도 해외로 망명하여 떠도는 상이다.

주인유언(主人有言)은 해외를 떠돌다가 주인이에게 돌아오라는 말을 듣고 돌아오는 것을 말한다. 사흘동안 먹지 못하는 것은 명이지겸(明夷之謙)의 시기는 하루 중 단일(旦日, 해가 막 올라가는 시점으로 일출 후를 식시食時라 하여 밥 먹는 시기로 봤다)이므로 아직 밥을 먹지 못하는 때이다.

참인(讒人, 헐뜯고 비난하는 사람)을 만난다는 것은 간산(艮山☶)인 산이 이화(離火☲)인 불을 만나 산이 훼손되기 때문이다. 인간의 일로 비유를 하면 간산(艮山☶)은 말을 뜻하니 나쁜 말인 참언을 하게 되는 것이다.

데려오는 사람이 우(牛)인 것은 이괘(離卦)의 괘사에 말한 소를 상징하고, 세상이 어지러울 때는 참언이 잘 통하기 때문이다(실제 숙손목자에게 우(牛)라는 이름을 쓰는 아들이 후에 찾아오게 된다).

가문을 계승하지만 더 높이 못 된다는 것은 지괘(之卦)인 겸괘가 부족을 뜻하며, 명이괘의 초육으로 날아도 높이 날지 못하고 날개를 모은 상이니 자신의 능력을 충분히 살리지 못하는 것이다.

(주) 춘추좌전의 내용은 본 책의 효사 해설과는 많이 다르나 원본 그대로 실었다. 추사 김정희는 완당전집(阮堂全集) 역서변(易筮辨)에서 본 서례를 후대에 찍어 붙인 것으로 강하게 비판했다.

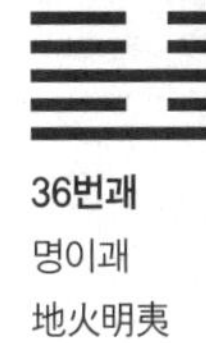

육이 : 명이이우좌고 용증마 장길.
六二 : 明夷夷于左股 用拯馬 壯吉.
우는 가람조가 좌측 다리를 다치듯 상나라의 상황이 어렵다. 상나라를 떠나는 군자가 탄 말은 건장하다. 군자에게는 길하리라.

우는 가람조가 좌측 다리를 다쳤다(明夷夷于左股).

명이(明夷)는 명제(鳴鶙)로 우는 가람조이다. 망해가는 상(商·殷)나라를 비유한 말이다①. 이우좌고(夷于左股) 중 이(夷)는 다쳤다는 것이다. 고(股)는 넓적다리이다②③. 그러므로 명이이우좌고(明夷夷于左股)는 우는 가람조가 좌측 다리를 다쳤다는 것으로 망해가는 상나라의 상황이 어려움을 비유한 것이다④.

① 명이(明夷) : 본 괘 괘사를 참고하라.
② 이(夷) : 36번 명이괘 괘사를 참고하라. 서괘전은 이자상야(夷者傷也)라 하여 夷를 손상하는 것으로 봤다.
③ 고(股) : 31번 함괘 구삼을 참고하라.
④ 명이이우좌고(明夷夷于左股) : 좌측 다리를 다쳤다는 것에 특별한 의미가 있는가? 가람조의 다리가 다쳐 상황이 좋지 않다는 것이지 좌측이라는 것에 특별한 의미를 둘 수 없다. 좌고(左股)를 특별하게 보기도 한다. 많이 쓰는 오른쪽이 아니라 좌측인 왼쪽을 다쳤기 대문에 재기가 가능하다고 해석하기도 하고, 병법에서 좌측은 퇴(退)이고 우측은 진(進)이기 때문에 왼쪽 다리를 다친 것은 크게 잘못된 것이 아니라고 하기도 한다. 그러나, 이렇게 해석을 한다면 본 괘 초구의 수기좌익(垂其左翼, 백서주역에는 左가 있다)도 왼쪽 날개를 다쳤으니 사소한 상황으로 봐야 한다. 사소한 것이라면 군자가 떠날 이유가 없을 것이다.

말을 타고 간다(用拯馬).
건장하니 길하다(壯吉).

증(拯)은 올라탄다는 것이고, 증마(拯馬)는 타는 말이라는 것이다①. 그러므로 용증마 장길(用拯馬 壯吉)은 타고 가는 말이 건장하니 길하다는 뜻이다②. 상(商·殷)나라의 상황이 가람조가 다리를 다친 것과 같이 위태한데, 이 나라를 떠나는 군자가 타고 가는 말이 건장하니 길하다는 의미다.

① 증(拯) : 설문에는 승(抍 들 승)으로 인용이 되었다(說文, 抍 上擧也 从手升聲 易 曰 抍馬 壯 吉). 증(拯)은 올리다, 구원한다, 건지다 등으로 사용이 된다. 통행본의 증(拯)은 백서주역에는 36번 명이괘 육이는 증(撜 건질 증), 52번 간괘 육이에는 등(登 오를 등, 초죽서 阩+止), 59번 환괘 초육에는 증(撜 건질 증, 초죽서 拯)으로 되어 있다. 증(拯), 승(承), 증(增)은 고대에는 통용되었다(拯承增古亦通用, 周易古經今注). 52번 간괘 육이에서는 증(增)으로 사용되었다.

② 장(壯) : 다친다는 뜻을 가진 장(戕)으로도 쓰인다. 이곳에서는 건장하다는 뜻으로 쓰였다. 34번 대장괘 괘사를 참고하라.

구삼 : 명이우남수 득기대수 불가질정.
九三 : 明夷于南狩 得其大首 不可疾貞.

우는 가람조인 상나라 주왕이 남쪽을 정벌하다가 상처를 입었다. 주왕이 높은 벼슬을 하는 신하의 머리를 잘랐다. 상처로 인한 질병이 치료될 수 없듯 상나라는 망하리라.

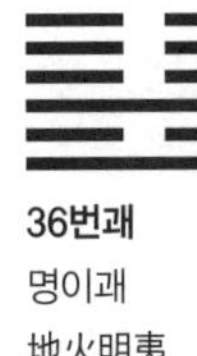

우는 가람조가 남쪽 사냥에서 다쳤다(明夷于南狩).

명이(明夷)는 명제(鳴鵜)로 우는 가람조로 망해가는 상(商·殷)나라를 비유한 말이다①. 우남수(于南狩)는 이우남수(夷于南狩)로 남쪽 사냥에서 다쳤다는 것이다②. 그러므로 명이우남수(明夷于南狩)는 상나라가 남쪽 나라의 정벌에서 큰 손상을 입었음을 의미한다.

① 명이(明夷) : 본 괘 괘사를 참고하라.

② 우남수(于南狩) : 백서주역에는 이우남수(夷于南守)로 되어 있다. 본 괘 육이의 명이 이우좌고(明夷 夷于左股)와 같은 형식으로 백서주역을 기준으로 새겨야 한다.

큰 머리를 얻었다(得其大首).

득(得)은 얻는 것이다①. 수(首)는 머리이다②. 득기대수(得其大首)는 큰 머리를 얻었다는 것이다③.

① 득(得) : 21번 서합괘 구사를 참고하라.

② 수(首) : 1번 건괘 용구를 참고하라.

③ 득기대수(得其大首) : 자신의 높은 신하 머리를 잘랐든지, 적의 우두머리를 잡은 것으로 새길 수도 있다. 효사의 내용만으로 어느 것이 맞는지 알 수 없다. 그러나 이어지는 불가질정(不可疾貞)의 내용으로 볼 때 적의 우두머리보다는 상(商·殷)나라 내부의 높은 신하의 머리를 자른 것으로 보는 것이 문맥에 더 맞는다.

질병에 대한 점은 불가하다(不可疾貞).

정(貞)은 점(占)이고, 질정(疾貞)은 질병에 대한 점이다①. 불가질정(不可疾貞)은 질병에 대한 점은 불가하다는 것이다②. 상(商·殷)나라가 회복할 수 없음을 의미한다.

① 정(貞) : 32번 항괘 괘사를 참고하라.

② 불가질정(不可疾貞) : 본 책에서는 본 효에 있는 이우남수(夷于南狩)의 夷를 중시하여 새겼다. 질병은 남쪽 사냥에서 얻은 상처로 인한 질병이다. 이 질병은 치료될 수 없다. 이는 상(商·殷)나라가 망한다는 것을 말하는 것이다. 전체 효사를 다음과 같이 해석할 수도 있다. 남쪽으로 정벌을 가 다친다. 정벌 중에 신하의 머리를 베었다. 정벌에서 돌아와 병을 얻었는데 이 질병은 치료될 수 없다.

육사 : 입우좌복 획명이. 지심우출문정.
六四 : 入于左腹 獲明夷. 之心于出門庭.

우는 가람조가 좌측 배를 다치듯 상나라의 상황이 어렵다. 떠나는 군자가 상나라 주왕의 신임을 일시적으로 얻는다. 군자가 바깥 뜰을 나서 상나라를 떠난다.

우는 가람조가 좌측 배를 다쳤다(入于左腹).

입우좌복(入于左腹)은 명이 이우좌복(明夷 夷于左腹)으로 새긴다①. 명이(明夷)는 명제(鳴鵜)로 우는 가람조로 망해가는 상(商·殷)나라를 비유한 말이다②. 이우좌복(明夷 夷于左腹)은 좌측 배를 다쳤다는 것이니 상나라의 상황이 어려운 것을 말한다.

① 입우좌복(入于左腹)은 백서에는 명이 이우좌복(明夷 夷于左腹)으로 기록돼 있다. 본 괘 육이의 明夷 夷于左股, 구삼의 明夷 夷于南守와 동일한 형태이다.

② 명이(明夷) : 본 괘 괘사를 참고하라.

가람조의 마음을 얻는다(獲明夷之心).

바깥 뜰을 나선다(于出門庭).

획명이 지심우출문정(獲明夷 之心于出門庭)을 획명이지심 우출문정(獲明夷之心 于出門庭)으로 새긴다①. 심(心)은 마음이다②. 획명이지심(獲明夷之心)은 우는 가람조의 마음을 얻었다는 것이다. 마음을 얻은 이는 초구에 나오는 군자이다③. 호정(戶庭)은 집의 가장 안쪽에 있는 안뜰이고, 문정(門庭)은 대문이나 중문 안에 있는 바깥 뜰이다. 바깥 뜰을 나선다는 것은 집을 완전히 떠나는 것이다. 군자가 주왕(紂王)의 일시적 신임을 얻은 후 망해가는 상(商·殷)나라를 떠나는 것을 설명한 것이다.

① 고형(高亨)은 주역대전금주(周易大傳今注)에서 획명이 지심우출문정(獲明夷 之心于出門庭)으로 새기고 지(之)는 소(小)를 잘못 쓴 것으로 보았다. 본 책은 이 해석을 따르지 않았다.

② 심(心) : 마음이고 심장이다. 설문은 심장으로 해설했다(說文, 心 人心 土藏 在身之中 象形 博士說以爲火藏 凡心之屬皆从心). 역경에서 心은 모두 마음으로 쓰였다. 이곳에서도 마음으로 새긴다. 心이 쓰인 곳은 다음과 같다. 29번 감괘 괘사 有孚維心, 36번 명이괘 육사 獲明夷之心, 42번 익괘 구오 有孚惠心, 42번 익괘 상구 立心勿恒, 48번 정괘 구삼 爲我心惻, 52번 간괘 육이 其心不快, 52번 간괘 구삼 薰心, 56번 여괘 구사 我心不快.

③ 군자(君子) : 본 괘 초구는 아래와 같다.

명이우비 수기익. 군자우행 삼일불식. 유유왕 주인유언.
明夷于飛 垂其翼. 君子于行 三日不食. 有攸往 主人有言.

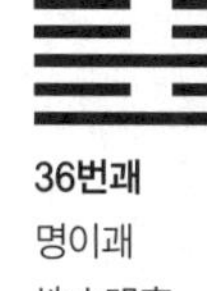

육오 : 기자지명이 이정.
六五 : 箕子之明夷 利貞.

우는 가람조가 불어나고 번성한다. 이로우리라.

우는 가람조가 불어나고 번성한다(箕子之明夷).

기자(箕子)는 해자(荄兹)로 불어나고 번성하는 것이다①. 명이(明夷)는 명제(鳴鵜)로 우는 가람조로 망해가는 상(商·殷)나라를 비유한 말이다②. 기자지명이(箕子之明夷)는 우는 가람조가 활기를 찾는 것처럼 망해가는 상나라가 일시적으로 번성하는 것을 의미한다.

① 기자(箕子) : 추사(秋史) 김정희(金正喜)는 기자를 기자조선을 세운 기자가 아닌 만물이 자라나는 상으로 봤다. 김정희는 완당전집(阮堂全集) 기자고(其子攷)에서 기자(箕子)는 해자(荄兹, 풀뿌리 해, 불을 자)임을 밝혔다. 내용을 요약하면 다음과 같다. 서한(西漢)의 박사인 시수(施讐)가 기자(箕子)의 기(其)를 기(箕)로 잘못 읽는 것으로부터 오류가 시작되었다. 그러나 당시 조빈(趙賓)이 시수의 잘못을 지적하며, 기자는 만물이 한창 자라나는 것, 즉 해자(荄兹)라 하였다. 조빈 이후 유향(劉向)과 순상(荀爽)도 기자를 해자로 보아야 함을 주장했다.

② 명이(明夷) : 본 괘 괘사를 참고하라.

이롭다는 점이다(利貞).

이(利)는 이롭다는 것이고 정(貞)은 점이다. 이정(利貞)은 이로운 점이라는 것이다①. 어떤 사항에 점을 쳐 본 효를 얻으면 가람조가 번성하는 것처럼 이롭다는 뜻이다②.

① 이정(利貞) : 32번 항괘 괘사를 참고하라.

② 본 효사의 해석은 다양하다. 명이(明夷)가 무엇인지, 기자(箕子)가 사람인지, 이정(利貞)을 어떻게 보는가에 따라 아래와 같은 여러 해석이 있다.

- 기자지정(箕子之貞)은 명불가식야(明不可息也)이니 밝은 것은 쉬지 않는다. 상전의 해석이다.
- 기자의 명이니 바르게 함이 이로우리라.
- 기자가 캄캄한 어둠 속으로 들어간 상이로다. 굳게 지키니 이로우리라.
- 기자가 처한 난세이니, 곧음을 지키는 것이 이로우리라.
- 기자의 총명이 손상되니 정고(貞固)하면 이로우리라.
- 기자가 가람조를 잡으니 이로우리라.
- 기자가 명이인 해뜨는 동방나라로 갔으니 이로우리라.

상육 : 불명 회 초등우천 후입우지.
上六 : 不明 晦 初登于天 後入于地.

상나라가 밝지 않고 어두워진다. 처음엔 하늘로 올라가나 후엔 땅으로 들어가듯 망했으니 흉하다.

상(商·殷)나라 또는 주왕(紂王)으로 비유되는 우는 가람조가 처음에는 하늘로 올라갔으나 후에 땅으로 떨어진 것이니 상나라가 완전히 망했음을 말한다. 상전은 이 상황을 하늘로 올라가는 것은 많은 나라를 밝게 비추는 것이며, 땅으로 들어가는 것은 법칙을 잃는 것이라 했다(象曰, 初登于天 照四國也 後入于地 失則也). 주왕은 처음 등극하였을 때는 백성의 희망이 되었다가, 후에는 왕도를 잃고 폭정을 일삼다가 몰락한다. 흉할 수밖에 없다.

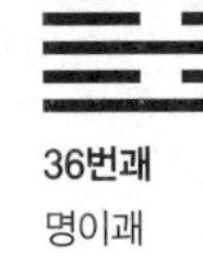

36번괘
명이괘
地火明夷

가인괘(家人卦) 풍화가인(風火家人) 37번괘

집안을 돌보는 가장의 길흉을 설명했다.

가인은 이녀정이니라.
家人은 利女貞이니라.

초구는 한유가하니 회망하리라.
初九는 閑有家하니 悔亡하리라.

육이는 무유수로 재중궤하니 정은 길하도다.
六二는 无攸遂로 在中饋하니 貞은 吉하도다.

구삼은 가인이 학학으로 회려하나 길하며 부자는 희희하나 종린하니라.
九三은 家人이 嗃嗃으로 悔厲하나 吉하며 婦子는 嘻嘻하나 終吝하니라.

육사는 부가이니 대길하리라.
六四는 富家이니 大吉하리라.

구오는 왕격유가이나 물휼이라. 길하리라.
九五는 王假有家이나 勿恤이라. 吉하리라.

상구는 유부이고 위여니 종길하리라.
上九는 有孚이고 威如니 終吉하리라.

37번괘

가인괘(家人卦)

집안을 돌보는 가장의 길흉을 설명했다.

가인. 이녀정.
家人. 利女貞.
여자는 이로우리라.

가인괘(家人卦)는 집안을 돌보는 가장의 길흉을 설명했다.

가인(家人)은 괘명으로 가장을 말한다. 본 괘 단전에서 가인을 엄한 인군이라 하였고(家人 有嚴君焉), 구삼의 가인에 대해 집해(集解)는 왕필(王弼)의 말을 빌어 가인은 가장이라 하였으며(集解, 引王弼 爲一家之長), 찬언(纂言)에 가인은 지아비라 했다(家人者 其夫也).

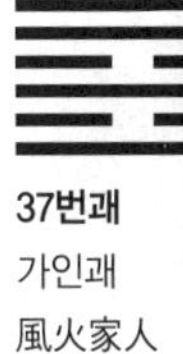

여자의 점은 이로우리라(利女貞).

이녀정(利女貞)은 여자의 점은 이롭다는 뜻이다. 여자에 대한 점을 쳐 가인괘를 얻으면 앞으로의 일은 이롭다는 뜻이다. 정(貞)은 점(占)이다. 이녀정(利女貞)은 32번 항괘 괘사를 참고하라.

초구 : 한유가 회망.
初九 : 閑有家 悔亡.
가장이 도적으로부터 집을 방비한다. 후회가 없으리라.

집을 방비한다(閑有家).

한(閑)은 방비하는 것이다①. 유(有)는 장소에 붙는 어조사인 어(於)로 사용되었다②. 한유가(閑有家)는 가장이 집을 방비한다는 것이다.

① 한(閑) : 26번 대축괘 구삼을 참고하라.

② 유(有) : 유(有)가 장소의 낱말에 붙어 어(於, ~을, ~에, ~에서)로 사용된 곳은 다음과 같다. 37번 가인괘 초구 閑有家(집을 방비한다), 37번 가인괘 구오 王假有家(왕이 집에 온다), 45번 췌괘 괘사 王假有廟(왕이 종묘에 온다), 45번 췌괘 구오 萃有位(지위로 병을 얻는다), 59번 환괘 괘사 王假有廟(왕이 종묘에 온다), 59번 환괘 육사 渙有丘(언덕에 물이 온다).

후회가 없다(悔亡).

회(悔)는 후회·아쉬움·뉘우침이다. 망(亡)은 성모(聲母)가 같은 무(無)자와 통용된다. 회망(悔亡)은 후회가 없다는 것이다①. 집을 방비하면 도적이 들어올 수 없으므로 후회할 일이 없다는 뜻이다②.

① 회망(悔亡) : 47번 곤괘 상육을 참고하라.

② 상전에서는 집을 방비하면 뜻이 변하지 않는다고 해석했다(象曰, 閑有家는 志未變也). 처음에 집을 만들 때 먹은 뜻이 변하지 않는다는 의미가 된다. 변하지 않으므로 후회가 없다는 것은 법도로써 집을 다스린다는 의미에 가깝다. 그러나 효사의 한(閑)이라는 글자가 마소가 도망가지 못하게 우리에 가로지른 막대기를 그린 글자임을 감안하면 도적 등을 방비한다는 해석이 더 자연스럽다.

육이 : 무유수 재중궤 정길.
六二 : 无攸遂 在中饋 貞吉.
부인이 때를 건너지 않고 집안에서 음식을 해 먹인다. 가족을 잘 봉양하니 길하리라.

잃는 것이 없다(无攸遂).

집안에서 음식을 해 먹인다(在中饋).

무(无)는 무(無) 또는 망(亡)의 통가자(通假字)로 쓰이며 없다는 뜻이다①. 유(攸)는 바, 곳·장소이다②. 수(遂)는 잃는 것이다③. 중(中)은 안(內)이다④. 궤(饋)는 먹이는 것이다⑤. 무유수(无攸遂)는 때를 잃는 것이 없다는 뜻이고, 재중궤(在中饋)는 집안에서 음식을 해 먹이는 것이다. 본 효는 부인에 대한 일을 말한다.

① 무(无) : 25번 무망괘 괘사를 참고하라.

② 유(攸) : 4번 몽괘 육삼을 참고하라. 고대에는 유(逌 바 유)로 쓰였다.

③ 수(遂) : 34번 대장괘 상육을 참고하라. 설문에서 遂를 잃는 것, 망하는 것이라 했다(說文, 遂 亾也, 亾 망할·잃을 망, 없을 무).

④ 중(中) : 뚫는다는 의미다(註 謂穿之也 又盛算器, 說文 中 內也 从口 丨 上下通). 국책·진책과 후한서·열녀전의 주에서 중(中)을 내(內)라 했다(國策·秦策 又有母在中 注 中猶內也, 後漢書·列女傳 注 中 猶內也). 본 효에서는 안이라는 뜻의 내(內)로 사용됐다.

⑤ 궤(饋) : 설문은 양식으로 해설했고, 석문은 먹는 것으로 해설했다(說文 饋 餉也, 餉 군량·식량 향, 釋文 饋 食也).

점은 길하다(貞吉).

정(貞)은 점(占)이다. 정길(貞吉)은 점은 길하다는 것이다. 빠뜨리지 않고 가족을 봉양하니 길하지 않을 수 없다. 정길(貞吉)은 32번 항괘 괘사를 참고하라.

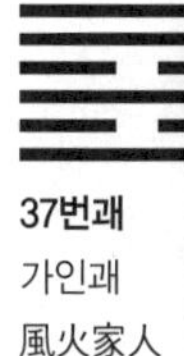

구삼 : 가인학학 회려길. 부자희희 종린.
九三 : 家人嗃嗃 悔厲吉. 婦子嘻嘻 終吝.

가장이 집안의 어려움을 극복하기 위해 크게 울부짖으며 노력한다. 후회와 위태함이 있지만 길하리라. 편안함으로 부녀자는 즐겁게 웃으나 그 끝은 어려우리라.

가장이 크게 울부짖는다(家人嗃嗃).
후회와 위태함이 있지만 길하다(悔厲吉).

가인(家人)은 가장이다①. 학학(嗃嗃)은 크게 울부짖는 소리다②. 회(悔)는 후회·아쉬움·뉘우침이다③. 려(厲)는 위태함이다④. 그러므로 가인학학 회려길

(家人嗃嗃 悔厲吉)은 가장이 크게 울부짖으니 후회와 위태함이 있지만 길하다는 것이다. 가장이 집안의 어려움과 위태로움을 극복하는 모습이다.

① 가인(家人) : 본 괘 괘사를 참고하라. 집해(集解)는 왕필(王弼)의 말을 빌어 가인은 가장이라 했다(集解, 引王弼 爲一家之長). 이어지는 부자(婦子)와 대응된다.

② 학학(嗃嗃) : 옥편은 절박하고 큰 소리라 했고, 설문은 절박하고 괴로운 모양이라 했다(玉篇 嗃嗃 嚴大之聲也, 說文 嗃嗃 嚴酷皃 从口高聲, 嚴 엄할·절박할 엄, 酷 심할·괴로울 혹). 이어지는 희희(嘻嘻)와 대응하여 크게 울부짖는 소리로 새긴다. 효효(嗃嗃)라고도 읽는다.

③ 회(悔) : 47번 곤괘(困卦) 상육을 참고하라.

④ 려(厲) : 1번 건괘 구삼을 참고하라.

부녀자는 즐겁게 웃는다(婦子嘻嘻).
끝은 어렵다(終吝).

부자(婦子)는 부녀자로 처와 자식이다. 희희(嘻嘻)는 즐겁게 웃는 모양이다①. 종린(終吝)은 끝이 어렵고, 한스럽고, 애석한 것이다②. 그러므로 부자희희 종린(婦子嘻嘻 終吝)은 부녀자는 즐겁게 웃으나 끝은 어려움을 당한다는 것이다. 편안함과 즐거움이 흉함을 불러들이는 상태이다.

① 희희(嘻嘻) : 석문에서 마융의 말을 빌어 웃는 소리라 했고, 집해에서는 후과의 말을 빌어 웃음이라 했다(釋文 引馬融 嘻嘻 笑聲, 集解 引侯果 嘻嘻 笑也). 앞 구절의 학학(嗃嗃)과 대응되는 것이다.

② 종린(終吝) : 40번 해괘 육삼을 참고하라.

육사 : 부가 대길.
六四 : 富家 大吉.
부잣집이니 크게 길하리라.

부가(富家)는 부잣집 또는 복있는 집이다①. 대길(大吉)은 원길(元吉)로 크게 길한 것이다②. 그러므로 부가 대길(富家 大吉)은 부잣집이니 크게 길하다는 것이다③. 점을 쳐서 본 효를 얻는 경우 길하다는 뜻이다.

① 부(富) : 9번 소축괘 구오를 참고하라.

② 대길(大吉) : 41번 손괘 괘사를 참고하라.

③ 부가 대길(富家 大吉) : 상전은 가인괘 육사에 대해 부가대길 순재위야(富家大吉 順在位也)라 했다. 집이 부자이고 크게 길한 것은 순한 것이 자신의 위치에 있기 때문이라는 것이다. 이는 육사인 음효가 음의 자리에 있으면서 구오인 존위(尊位)에 순종하는 것을 지적한 것이다. 그러나 이런 위치에 있더라도 다른 괘에서 모두 재물이 많은 것을 지적하지 않았고, 대길함을 말한 것은 아니다. 육사에서 특별히 부자인 것과 대길함을 말한 이유는 무엇인가? 육사가 속한 상괘 손풍(巽風☴)은 손위근리시삼배(巽爲近利市三培)이다. 삼천양지법에 의하여 위의 두 양은 6이 되고 아래의 한 음은 2가 되니 주효(主爻)가 3배를 얻었다는 것을 말한다. 음효(陰爻)가 주효이니 이익을 취하는 성격이 있다. 상괘 손풍(巽風☴)의 아래 효가 동하면 건천(乾天☰)이 된다. 건천(☰)은 건위옥(乾爲玉)이고 건위금(乾爲金)이다. 건천(☰)을 양효(陽爻)로만 이루어진 순수함에서 옥과 금으로 보니 이는 재물과 연관이 된다. 상적으로 보면 재물과의 연관성은 인정이 되나 모든 괘를 이런 논리로 설명할 수 없다.

구오 : 왕격유가 물휼 길.
九五 : 王假有家 勿恤 吉.
왕이 집에 온다. 백성이 감당할 수 없는 일이나 근심하지 말라. 길하리라.

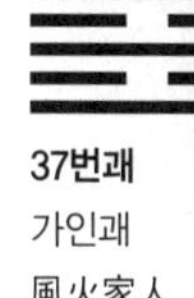

37번괘
가인괘
風火家人

왕이 집에 온다(王假有家).

격(假)은 오는 것이다①. 유(有)는 장소에 붙는 어조사인 어(於)로 사용되었다②. 왕격유가(王假有家)는 왕이 집에 온다는 것이다③.

① 격(假) : 석문(釋文), 정의(正義), 본의(本義), 설문(說文)에 격(假)은 오는 것이라 했다(釋文 假 至也, 說文 假 非眞也 從人叚聲 一曰至也 虞書 曰 假於上下). 격(假)은 가(假 거짓 가)와도 통용이 되며, 백서주역에는 가(叚 빌릴 가)로 기록돼 있다.

② 유(有) : 본 괘 초구를 참고하라.

③ 왕격유가(王假有家) : 假를 풀이한 글 중 釋文 假 至也의 至를 [오다]가 아닌 [지극하다]로 해석하고, 有를 於가 아닌 [있을 유]로 봐 王假有家를 왕의 정성이 지극하여 집안을 지키게 한다는 것으로 풀이하기도 한다.

근심하지 말라 길하다(勿恤 吉).

물(勿)은 부정의 어조사로 말라, 아니다이다. 휼(恤)은 근심이다. 물휼(勿恤)은 근심하지 말라는 것이다. 고대에 왕이 민가에 오는 것은 백성이 감당할 수 없는 일로 여겨 나쁘게 생각했으나, 본 효를 얻으면 근심할 필요가 없으니 길하다는 의미이다. 물휼(勿恤)은 11번 태괘 구삼을 참고하라.

상구 : 유부위여 종길.
上九 : 有孚威如 終吉.
가장이 위엄이 있고 벌로 집안을 다스리니 끝은 길하리라.

부(孚)는 벌·포로·잡음·노획품·믿음·끌어당김으로 사용이 된다. 본 효에서는 벌로 사용되었다①. 위(威)는 위엄이고, 여(如)는 ~모양, ~모습이다②. 그러므로 유부위여 종길(有孚威如 終吉)은 집안을 위엄있게 벌로 다스리니 끝이 길하다는 뜻이다. 가장이 집안을 다스리는 모양을 말한다.

① 부(孚) : 9번 소축괘 육사를 참고하라. 孚는 부(浮)와 통용이 된다. 소이아에서는 浮를 벌이라 했다(孚通浮, 小爾雅 浮 罰也 謂罰爵也).

② 여(如) : 3번 준괘 육이를 참고하라.

37번괘
가인괘
風火家人

규괘(睽卦) 화택규(火澤睽) 38번괘

나그네가 여행 중 만나는 일에 대한 길흉을 설명했다.

규는 소사는 길하리라.
睽는 小事는 吉하리라.

초구는 회망이니 상마에 물축하여도 자복이며 견악인하여도 무구리라.
初九는 悔亡이니 喪馬에 勿逐하여도 自復이며 見惡人하여도 无咎리라.

구이는 우(주)우항이나 무구리라.
九二는 遇(主)于巷이나 无咎리라.

육삼은 견여예하고 기우체하며 기인은 천차의라. 무초이고 유종이리라.
六三은 見輿曳하고 其牛掣하며 其人은 天且劓라. 无初이고 有終이리라.

구사는 규고가 우원부하여 교부니 여하나 무구리라.
九四는 睽孤가 遇元夫하여 交孚니 厲하나 无咎리라.

육오는 회망하리라. (등)종하여 서부하니 왕에 하구리오.
六五는 悔亡하리라. (登)宗하여 噬膚하니 往에 何咎리오.

상구는 규고가 견시부도요 재귀일거하여 선은 장지호하고 후는 탈지호하니 비구이며 혼구라. 왕우우니즉길하리라.
上九는 睽孤가 見豕負塗요 載鬼一車하여 先은 張之弧하고 後는 說之弧하니 匪寇이며 婚媾라. 往遇雨니則吉하리라.

규괘(睽卦)

나그네가 여행 중 만나는 일에 대한 길흉을 설명했다.

규. 소사길.
睽. 小事吉.
작은 일은 길하리라.

규괘(睽卦)는 나그네가 여행 중 만나는 일에 대한 길흉을 설명했다.

규(睽)는 괘명이다. 규(睽)는 나그네이다. 설문에서 규(睽)는 서로 눈을 보지 않는 것이라 했고(說文, 睽 目不相聽也), 서괘전에는 어긋남이라 했으며(睽者 乖也), 잡괘전은 밖이라 했다(睽 外也). 후한서·마융전의 주에서 규(睽)를 집을 떠나 밖으로 가는 것이라 했다(後漢書·馬融傳 注 睽 外離也 與親人乖離 則離家外出). 그러므로 규(睽)는 나그네이다. 백서주역에는 괴(乖 어그러질 괴), 초죽서에는 규(楑 망치·헤아릴 규)로 기록돼 있다.

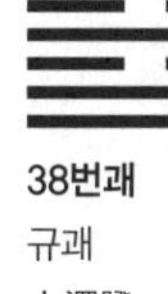

작은 일은 길하다(小事吉).

소사길(小事吉)은 작은 일에 대한 점을 쳐 규괘(睽卦)를 얻으면 길하다는 것이다. 반대로 큰 일에 대한 것은 길하지 않다. 62번 소과괘 괘사의 [가소사 불가대사(可小事 不可大事)]와 의미가 통한다.

초구 : 회망. 상마물축자복. 견악인무구.
初九 : 悔亡. 喪馬勿逐自復. 見惡人无咎.
후회가 없으리라. 잃어버린 말은 스스로 돌아오니 쫓지 말라. 악인을 만나도 허물이 없으리라.

후회가 없다(悔亡).

회(悔)는 후회·아쉬움·뉘우침이다. 망(亡)은 성모가 같은 무(無)자와 통용된다. 회망(悔亡)은 후회가 없다는 것이다. 47번 곤괘 상육을 참고하라.

잃어버린 말을 쫓지 말라, 스스로 돌아온다(喪馬勿逐自復).

상마(喪馬)는 잃어버린 말이다. 물(勿)은 부정의 어조사로 말라, 아니다이다①. 축(逐)은 찾는 것이고, 쫓는 것이다②. 자복(自復)은 스스로 돌아온다는 것이다③. 그러므로 상마물축자복(喪馬勿逐自復)은 잃어버린 말이 스스로 돌아오니 말을 쫓지 말라는 것이다.

① 물(勿) : 3번 준괘 괘사를 참고하라.
② 축(逐) : 26번 대축괘 구삼을 참고하라.
③ 복(復) : 24번 복괘 괘사를 참고하라.

악인을 만나도 허물이 없다(見惡人无咎).

견(見)은 보다, 드러나다, 만나다이다①. 무구(无咎)는 망구(亡咎)로 허물이 없다는 것이다②. 그러므로 견악인무구(見惡人无咎)는 악인을 만나도 허물이 없다는 것이다③.

① 견(見) : 1번 건괘 구이를 참고하라. 見을 현으로 읽을 수도 있다.
② 무구(无咎) : 60번 절괘 초구를 참고하라.
③ 악인(惡人)을 오인으로 읽으면 싫은 사람이다. 어느 것으로 읽어도 해석에는 큰 차이가 없다.

구이 : 우주우항 무구.
九二 : 遇主于巷 无咎.
여행자가 길거리에서 신주를 만났으나 허물이 없으리라.

주(主)는 신주를 말한다①. 항(巷)은 거리이다②. 무구(无咎)는 망구(亡咎)로 허물이 없다는 것이다③. 그러므로 우주우항 무구(遇主于巷 无咎)는 나그네가 여행 중 길거리에서 신주를 만났는데 허물은 없다는 것이다④.

① 주(主) : 신주를 뜻하는 주(宔)와 통용된다(徐曰 宔 以石爲藏主之櫝也 一曰神主 左傳 許公爲反祏主 本作宔 通作主). 설문은 宔를 신주와 위패로 해설을 했다(說文, 宔 宗廟宔祏 从宀主聲, 宔 신주 주, 祏 위패 석). 통행본의 主가 초죽서에 宔로 되어 있는 것은 55번 풍괘 구사에서도 확인할 수 있다.

② 항(巷) : 거리(玉篇, 衖亦作巷, 衖 거리 항)이며, 동네, 궁궐 안의 통로를 말하기도 한다.

③ 무구(无咎) : 60번 절괘 초구를 참고하라.

④ 주(主)를 여관의 주인으로 보고 나그네가 여행 도중 투숙하는 곳의 주인을 만나는 것으로 해석하기도 하고, 주(主)를 왕이나 높은 벼슬을 하는 사람으로 보고 궁궐 안의 통로에서 이들을 만나는 것으로 해석하기도 한다. 그러나 나그네가 여관의 주인을 만나는 것이나, 왕을 만나는 것이 나그네에게 길하면 길했지 허물이 될 수 없다. 무구(无咎)는 허물이 될 수도 있는 일이나 실제로는 발생하지 않는다는 뜻이 있으므로, 여관의 주인을 만나는 것이나 왕을 만나는 것은 문맥에 맞지 않는다.

육삼 : 견여예 기우체 기인천차의 무초유종.
六三 : 見輿曳 其牛掣 其人天且劓 无初有終.
여행자가 소가 끄는 수레에서 벗어난 것과 소가 마부를 따르지 않고 뻗대는 것을 보았다. 마부는 이마에 먹물을 새기고 코가 잘리는 형벌을 받은 사람이다. 결국 마부가 수레를 제대로 끌게 된다. 이같이 처음에는 어려웠으나 나중에는 이루는 것이 있으리라.

소가 수레에서 벗어난 것을 봤다(見輿曳).

견(見)은 보다, 만나다이다①. 여(輿)는 수레다②. 예(曳)는 알(遏)로 끊고 단절

되었다는 것이다③. 견여예(見輿曳)는 견여알(見輿遏)로 수레가 끄는 소와 떨어져 나간 것이다.

① 견(見) : 1번 건괘 구이를 참고하라. 나그네가 본 효의 전체 내용을 봤다는 것으로 새길 수도 있다.

② 여(輿) : 7번 사괘 육삼을 참고하라. 백서에는 輿를 거(車)로 썼다.

③ 예(曳) : 백서주역에는 괄(恝, 여유없을·소홀히할 괄)로, 초죽서에는 끊고 단절한다는 알(遏)로 기록돼 있다. 백서주역의 괄(恝)은 석(析 쪼갤·갈라질 석)과 통가(通假)하여 쓰인다.

소가 따르지 않고 뻗대고 있다(其牛掣).

체(掣)는 뻗대고 따르지 않는 것이다. 기우체(其牛掣)는 수레를 끄는 소가 마부를 따르지 않고 지 맘대로 뻗대는 것이다. 석명·석자용에는 체(掣)는 제지하는 것이며, 남을 제지하여 자신의 뜻을 따르게 하는 것이라 했다(釋名·釋姿容, 掣 制也 制頓之使順己也). 석문은 끄는 것이라 했다(釋文, 掣 拽也, 拽 끌 예).

마부는 이마에 먹물을 새기고 코가 잘리는 형벌을 받은 사람이다(其人天且劓).

기인(其人)은 소와 마차를 끌던 마부다. 천(天)은 이마에 먹물을 새기는 형벌을 말한다①. 의(劓)는 죄인의 코를 베는 형벌이다②. 기인천차의(其人天且劓)는 수레를 끄는 마부는 이마에 먹물을 새기고 코를 자르는 형벌을 받은 사람이라는 것이다. 이런 형상의 마부를 나그네가 보았다는 의미다.

① 천(天) : 석문에 묵형할 경(剠)이라 했고, 마융의 말을 빌어 이마에 상처를 내어 먹물로 죄명을 적은 묵형(墨刑)을 천(天)이라 했다(釋文, 天 剠也 引馬融 剠其額曰天, 剠 묵형할 경, 額 이마 액).

② 의(劓) : 석문에 코를 자르는 것이라 했고(釋文, 劓 截鼻也, 截 끊을 절), 집해에도 우번의 말을 인용하여 코를 자르는 것이라 했다(集解, 引 虞翻 割鼻爲劓).

처음은 없고 끝은 있다(无初有終).

나그네가 여행 중 한 광경을 보았다. 형벌을 받은 자국이 있는 마부가 수레를 끄는데 처음에는 수레가 떨어져 나가고 소가 뻗대는 어려움이 있었지만 결국 수레를 제대로 끄는 것을 봤다는 것이다. 이 광경은 처음에는 어려웠으나 나중에는 이루는 것이 있다는 것이다.

구사 : 규고우원부 교부 여 무구.
九四 : 睽孤遇元夫 交孚 厲 无咎.

홀로 여행하는 나그네가 여행 중 큰 남자를 만나 함께 잡혔다. 잡힌 것은 위태한 일이나, 함께 풀려나니 허물이 없으리라.

홀로 여행하는 나그네가 큰 남자를 만난다(睽孤遇元夫).

규고(睽孤)는 홀로 여행하는 나그네이다①. 우(遇)는 만난다, 본다는 뜻이다②. 원부(元夫)는 큰 남자이다③. 규고우원부(睽孤遇元夫)는 홀로 여행하는 나그네가 여행지에서 큰 남자를 만나 동행을 한다는 것이다.

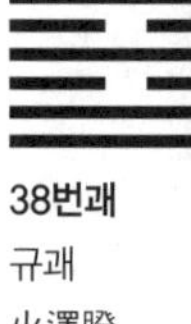

38번괘
규괘
火澤睽

① 규고(睽孤) : 규(睽)는 나그네이고, 고(孤)는 홀로이다. 광아·석삼과 후한서·마융전에서 고(孤)는 홀로를 뜻하는 독(獨)이라 했다(廣雅·釋三, 後漢書·馬融傳 孤 獨也).

② 우(遇) : 13번 천화동인 구오를 참고하라.

③ 원(元) : 크다는 뜻이다(爾雅·釋詁 元 首也, 廣韻 長也 又大也).

함께 잡혔다(交孚).
위태하다(厲).
허물이 없다(无咎).

교(交)는 모두, 함께이다①. 부(孚)는 벌·포로·잡음·노획품·믿음·끌어당김으로 사용이 된다. 본 효사에는 잡힌 것으로 사용되었다②. 여(厲)는 위태함이다. 무구(无咎)는 망구(亡咎)로 허물이 없다는 것이다③. 여행 도중 나그네와 큰 남자가 같이 잡힌 것은 위태한 일이나, 함께 풀려나니 허물이 없다는 뜻이다.

① 교(交) : 14번 대유괘 육오를 참고하라.

② 부(孚) : 9번 소축괘 육사를 참고하라. 교부(交孚)를 대장부를 만나 사귐에 신의가 있는 것으로 보기도 한다. 신의가 있다면 전혀 문제가 없으므로, 교부 뒤에 이어지는 위태하다는 의미의 여(厲)라는 말이 나올 수 없다.

③ 무구(无咎) : 60번 절괘 초구를 참고하라.

육오 : 회망. 궐종서부 왕하구.
六五 : 悔亡. 厥宗噬膚 往何咎.

후회가 없으리라. 여행자가 사당에 가 고기를 먹는다. 행하는 것에 무슨 허물이 있겠는가?

후회가 없다(悔亡).

회(悔)는 후회·아쉬움·뉘우침이다. 망(亡)은 성모가 같은 무(無)자와 통용된다. 회망(悔亡)은 후회가 없다는 것이다. 회망(悔亡)은 47번 곤괘 상육을 참고하라.

사당에 가 고기를 먹는다(厥宗噬膚).

궐(厥)은 [그]가 아닌 [오른다]는 뜻이다①. 종(宗)은 조상을 모신 사당이다②. 서부(噬膚)는 고기를 먹는 것이다③. 궐종서부(厥宗噬膚)는 여행자가 사당에 올라가 고기를 먹는다는 뜻이다.

① 궐(厥) : 백서주역에는 등(登 오를 등)으로 되어 있고, 초죽서에는 승(升 되·오를 승)의 고어체로 되어 있다. 그러므로 오르는 것으로 새기는 것이 맞는다. 통행본의 궐(厥)자는 역경을 옮기는 과정에서 잘못 적은 듯하다.

② 종(宗) : 13번 동인괘 육이를 참고하라. 고대에 사당에서 제사를 지내고, 상벌도 줬으며, 향연도 베풀었다.

③ 서부(噬膚) : 21번 서합괘 괘사·육이를 참고하라.

행함에 허물이 없다(往何咎).

왕(往)은 간다, 행동한다는 것이다①. 구(咎)는 허물·재앙·어긋남·뒤틀림·질병이다②. 왕하구(往何咎)는 행동하는 것에 무슨 허물이 있겠는가?라는 뜻으로 왕무구(往無咎)와 같다.

① 왕(往) : 25번 무망괘 괘사를 참고하라.

② 구(咎) : 60번 절괘 초구를 참고하라.

상구 : 규고견시부도 재귀일거 선장지호 후탈지호 비구 혼구. 왕우우즉길.
上九 : 睽孤見豕負塗 載鬼一車 先張之弧 後說之弧 匪寇 婚媾. 往遇雨則吉.
홀로 여행하는 나그네가 등에 진흙을 바른 돼지를 보고 수레에 탄 분장한 사람들을 봤다. 처음에는 도적인 줄 알고 활을 쏘려고 시위를 당기려 했으나, 후에는 혼인하러 가는 사람들임을 알고 활을 내려놓는다. 나그네가 가다가 비를 만나니 길하리라.

홀로 여행하는 나그네가 등에 진흙을 바른 돼지를 봤다(睽孤見豕負塗).
수레에 탄 분장한 사람들을 봤다(載鬼一車).

규고(睽孤)는 홀로 여행하는 나그네이다①. 부(負)는 등이다②. 도(塗)는 진흙을 바른 것이다③. 재(載)는 타다, 싣다이다④. 귀(鬼)는 분장한 사람들이다⑤. 규고견시부도(睽孤見豕負塗)는 홀로 여행하는 나그네가 등에 진흙을 바른 돼지를 봤다는 것이다. 아마도 결혼식에 사용할 돼지일 것이다. 재귀일거(載鬼一車)는 수레에 타고 있는 분장한 사람들을 보았다는 것이다.

① 규고(睽孤) : 본 괘 구사를 참고하라.

② 부(負) : 석명·석자용에 부(負)는 등이라 했다(釋名·釋姿容, 負 背也 寘項背也, 寘 둘 치, 項 항목·목 항).

③ 도(塗) : 집해에서 우번의 말을 빌어 塗는 진흙을 바른 것이라 했다(集解, 引 虞翻 土得雨 爲泥塗, 泥 진흙 니).

④ 재(載) : 9번 소축괘 상구를 참고하라.

⑤ 귀(鬼) : 통의에서는 결혼을 할 때 결혼을 할 부족과 구별하기 위해 분장을 한 것이라 했다(通義, 鬼 是圖騰打扮族外婚時 打扮自己的圖騰 以示族別, 扮 꾸밀 분).

처음에는 활을 쏘려고 시위를 당긴다(先張之弧).
후에는 활을 내려놓는다(後說之弧).

장(張)은 활을 쏘기 위해 시위를 당기는 것이다①. 호(弧)는 활이다②. 탈(說)은 멈추다이다③. 그러므로 선장지호 후탈지호(先張之弧 後說之弧)는 분장을 한 사람들을 향해 처음에는 활을 쏘려고 시위를 당겼다가, 후에는 활을 내려놓는다는 것이다.

① 장(張) : 說文 張 施弓弦也. 弦 시위 현.

② 호(弧) : 說文 弧 木弓也. 弓 활 궁.

③ 탈(說) : 집해에서 우번의 말을 인용하여 멈추는 것이라 했다(集解, 引 虞翻 說猶寘也, 寘 둘·멈출 치).

도적이 아니다(匪寇).
혼인하러 가는 사람들이다(婚媾).

비(匪)는 아닐 비(非)이다. 구(寇)는 사나움·노략질·원수·도적이다. 혼구(婚媾)는 혼인하는 것이다. 그러므로 비구혼구(匪寇婚媾)는 나그네가 본 사람들이 도적이 아니고 혼인을 하려고 가는 사람들이라는 뜻이다. 3번 준괘 육이를 참고하라.

가다가 비를 만나니 길하다(往遇雨則吉).

왕(往)은 가는 것, 행동하는 것이다①. 왕우우즉길(往遇雨則吉)은 가다가 비를 만나니 길하다는 것이다②.

① 왕(往) : 25번 무망괘 괘사를 참고하라.

② 즉길(則吉) : 비를 만나니 길한 것이 아니라, 비를 만났으나 길한 것으로 해석하기도 한다. 상전은 비를 만나는 것이 길한 이유를 뭇 의심이 사라지기 때문이라 했다(象曰, 遇雨之吉 群疑亡也). 상전에 대해 진흙이 묻은 돼지를 비가 씻어 주고, 비가 분장한 사람들을 결혼할 사람들임을 알게 해주니 의심이 사라지는 것으로 해석을 하기도 한다.

38번괘
규괘
火澤睽

건괘(蹇卦) 수산건(水山蹇) 39번괘

신하가 왕에게 하는 직언의 길흉을 설명했다.

(알)은 이서남이며 불리동북으로 이견대인하며 정은 길하도다.
(訐)은 利西南이며 不利東北으로 利見大人하며 貞은 吉하도다.

초육은 왕하여 (알)하니 래예리라.
初六은 往하여 (訐)하니 來譽리라.

육이는 왕신이 (알알)하니 비(금)지고로다.
六二는 王臣이 (訐訐)하니 匪(今)之故로다.

구삼은 왕하여 (알)하니 래반하도다.
九三은 往하여 (訐)하니 來反하도다.

육사는 왕하여 (알)하니 래연이로다.
六四는 往하여 (訐)하니 來連이로다.

구오는 대(알)이나 (불)래로다.
九五는 大(訐)이나 (不)來로다.

상육은 왕하여 (알)하니 래석이니 길하고 이견대인이리라.
上六은 往하여 (訐)하니 來碩이니 吉하고 利見大人이리라.

39번괘

건괘(蹇卦)

신하가 왕에게 하는 직언의 길흉을 설명했다.

건. 이서남 불리동북. 이견대인. 정길.
蹇. 利西南 不利東北. 利見大人. 貞吉.

서남쪽은 이롭고 동북쪽은 불리하며, 직언을 하려고 신하가 왕을 만나는 것이 이로우며 길하리라.

건괘(蹇卦)는 신하가 왕에게 하는 직언의 길흉을 설명했다.

건(蹇)은 알(訐)로 직언(直言)하는 것이다. 건(蹇)은 백서주역에는 건(蹇의 足이 走로 되어 있다, 달아나는 모양 건)으로 되어 있고, 초죽서에는 직언(直言)한다는 뜻을 가진 알(訐)로 되어 있다.

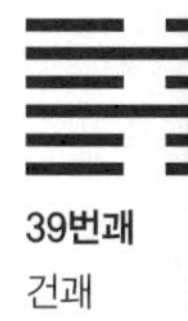

고형(高亨)은 주역대전금주(周易大傳今注)에서 건(蹇)은 건(謇)을 빌려 쓴 것으로 건(謇)은 바른 말이며 맞대어 말하는 것이라 했다(也蹇借爲謇 古本亦作謇 謇 正言直諫也). 또 주역고경금주(周易古經今注)에서 건(蹇)이 건(謇)을 빌려 쓴 것이라는 증거를 다음과 같이 들었다. 첫째 일체경음의(一切經音義) 십(十)에 건괘를 인용하면서 괘명을 건(謇)으로 썼다. 둘째, 건괘 육이의 왕신건건(王臣蹇蹇)의 건건(蹇蹇)을 인용한 글들인 초사·이소(楚辭·離騷)의 왕일(王逸)의 주, 후한서·양진전(後漢書·楊震傳)의 이현(李賢)의 주, 삼국지·진군전(三國志·陳羣傳)의 배송지(裵松之)의 주, 문선·변인론(文選·辨人論)의 이선(李善)의 주 등에서 모두 건건(蹇蹇)을 건건(謇謇)으로 인용하였다.

그러므로 건괘(蹇卦)의 의미는 절뚝발이를 뜻하는 건(蹇)이 아닌 직언한다는 알(訐, 계로도 읽는다)로 새겨야 한다. 알(訐)을 설문은 면상에서 죄를 묻고 서로 고하는 것이라 해설했다(說文, 訐 面相斥罪 相告訐也).

서남쪽은 이롭다(利西南) .
동북쪽은 불리하다(不利東北).

점을 쳐 건괘(蹇卦)를 얻으면 서남쪽은 이롭고 동북쪽은 이롭지 않다. 2번 곤괘 괘사를 참고하라.

신하가 왕을 만나는 것이 이롭다(利見大人).
점은 길하다(貞吉).

이견대인(利見大人)은 출세 등을 위하여 벼슬이 높은 사람을 만나는 것이 이롭다는 뜻이다. 역경에서 대인은 벼슬이 있는 사람을 말한다. 본 괘에서는 직언을 하기 위해 신하가 왕을 만나는 것이 이롭다는 것으로 사용되었다①. 정(貞)은 점(占)이다. 정길(貞吉)은 점은 길하다는 것이다②.

① 이견대인(利見大人) : 1번 건괘 구이를 참고하라.
② 정길(貞吉) : 32번 항괘 괘사를 참고하라. 정길은 통행본과 백서주역에는 있으나 초죽서에는 없는 구절이다. 후대에 삽입된 것으로 추측된다.

초육 : 왕건래예.
初六 : 往蹇來譽.
신하가 왕에게 직언을 하니 명예로워 지리라.

왕(往)은 간다, 행동한다는 것이다①. 건(蹇)은 알(訐)로 신하가 왕에게 직언하는 것이다②. 래(來)는 오는 것이다③. 왕건래예(往蹇來譽)는 직언을 하니 명예가 온다는 것이다④. 신하가 왕에게 직언을 하고 나서 왕에게 칭찬을 받든지 아니면 주변으로부터 칭송이 있어 명예롭게 된다는 의미다.

① 왕(往) : 25번 무망괘 괘사를 참고하라.
② 건(蹇) : 본 괘 괘사를 참고하라.
③ 래(來) : 5번 수괘 상육을 참고하라.
④ 예(譽) : 2번 곤괘 육사를 참고하라.

육이 : 왕신건건 비궁지고.
六二 : 王臣蹇蹇 匪躬之故.
신하가 왕에게 계속 직언한다. 직언하는 내용은 지금의 일이 아닌 예전의 일에 대한 것이다.

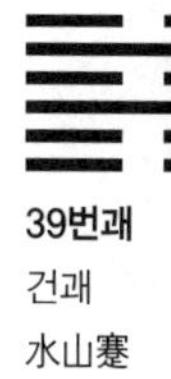
39번괘
건괘
水山蹇

신하가 왕에게 계속 직언한다(王臣蹇蹇).

왕신(王臣)은 왕의 신하이다①. 건(蹇)은 알(訐)로 신하가 왕에게 직언하는 것이다②. 왕신건건(王臣蹇蹇)은 신하가 왕에게 계속 직언(直言)한다는 뜻이다.

① 왕신(王臣) : 경서변의(徑書辨疑)에서는 먼저 건은 왕의 어려움으로, 이어지는 건은 신하의 어려움으로 봤다. 경서변의는 왕과 신하로 본 것이다. 고형(高亨)은 주역대전금주(周易大傳今注)에서 신하가 왕에게 직언을 하는 것으로 봤다(臣直諫於君矣). 왕신(王臣)을 왕의 신하(王之臣)로 본 것이다. 본 책은 왕신(王臣)을 왕의 신하로 새겼다.
② 건(蹇) : 본 괘 괘사를 참고하라.

지금의 일이 아닌 예전의 일에 대한 것이다(匪躬之故).

비궁지고(匪躬之故)는 비금지고(非今之古)로 지금의 일이 아닌 예전의 일이라는 것이다. 통행본의 비궁지고(匪躬之故)는 백서주역에는 비○지고(非○之故)로, 초죽서에는 비금지고(非今之古)로 기록돼 있다. 4번 몽괘 육삼의 궁(躬)이 초죽서에 궁(躳)으로 기록돼 있으므로 궁(躬)은 금(今)의 통용어로 쓰인 것이 아님을 알 수 있다. 본 책은 초죽서를 기준으로 새겼다.

만약 통행본의 구절인 비궁지고(匪躬之故)로 새긴다면 직언을 하는 일이 자신의 일이 아닌 나라의 일이라는 의미가 된다. 비(匪)는 비(非)이며, 궁(躬)은 몸, 자신의 뜻이다.

구삼 : 왕건래반.
九三 : 往蹇來反.
신하가 왕에게 직언을 하고, 왕은 신하의 직언에 대해 반박을 한다.

왕(往)은 간다, 행동한다는 것이다①. 건(蹇)은 알(訐)로 신하가 왕에게 직언(直言)하는 것이다②. 반(反)은 반박하는 것이다③. 왕건래반(往蹇來反)은 신하가 왕에게 직언을 하고, 왕은 이에 대한 반박을 한다는 뜻이다.

① 왕(往) : 25번 무망괘 괘사를 참고하라.
② 건(蹇) : 본 괘 괘사를 참고하라.
③ 반(反) : 예전에는 반(反)과 변(變), 변(辨), 번(翻)은 통했다. 이곳에서는 반박한다는 의미의 변(辨)으로 쓰였다. 석문에 한시에 反은 變으로 썼다고 했고(反 韓詩作變), 또 2번 곤괘 문언전의 내용을 설명하면서 석문은 辯은 순상(荀爽)이 變으로 썼다고 했다(辯 荀作變). 설문은 反을 돌이키는 것이라 했다(說文 反 覆也 从又 厂反形, 覆 다시 복, 註 反 音幡 又通作翻, 翻 날·변할 번).

육사 : 왕건래연.
六四 : 往蹇來連.
신하가 왕에게 직언을 하고, 왕은 자신의 잘못에 대해 신하에게 속여 말한다.

건(蹇)은 알(訐)로 신하가 왕에게 직언(直言)하는 것이다①. 연(連)은 속여 말하는 란(讕)이다②. 왕건래연(往蹇來連)은 신하가 왕에게 직언을 하고, 왕은 자신의 잘못에 대해 속여 말하는 것이다.

① 건(蹇) : 본 괘 괘사를 참고하라.

② 연(連) : 란(闌)은 연(連)으로 발음한다(韻補 闌 叶陵延切 音連). 고형(高亨)은 연(連)과 란(讕)이 고대에 통용된 것을 들어 본 효사의 連은 讕을 빌려 쓴 것이라 했다(連借爲讕). 讕은 속여 말하는 것이다(說文, 讕 詆讕也, 詆 꾸짖을·속일 저).

구오 : 대건붕래.
九五 : 大蹇朋來.

신하가 직언을 모두 마친 후, 직언에 대한 왕의 대답이 신하에게 오지 않는다.

건(蹇)은 알(訐)로 신하가 왕에게 직언하는 것이다①. 붕래(朋來)은 불래(不來)로 오지 않는 것이다②. 대건붕래(大蹇朋來)는 신하가 직언을 모두 마친 후, 왕의 대답이 신하에게 오지 않는 것이다.

① 건(蹇) : 본 괘 괘사를 참고하라.

② 붕래(朋來) : 초죽서에는 불래(不來)로 되어 있다. 통행본의 不이 발굴된 초죽서에는 모두 不로 되어있고, 11번 태괘 구이의 붕망(朋亡)을 백서주역에서 불망(弗忘)으로 쓴 것을 감안하여, 본 효사의 朋을 不로 새긴다. 통행본의 朋은 백서주역에는 붕(朋), 아닐 불(弗), 벗 붕(倗), 묻을·벗 중(堋)과 같이 다양하게 기록돼 있다.

상육 : 왕건래석 길 이견대인.
上六 : 往蹇來碩 吉 利見大人.
신하가 하는 직언을 왕이 받아들이니 길하리라. 왕을 만나는 것이 이로우리라.

직언을 하고 받아들인다(往蹇來碩).

건(蹇)은 알(訐)로 신하가 왕에게 직언(直言)하는 것이다①. 석(碩)은 척(摭)으로 취한다는 것이다②. 왕건래석(往蹇來碩)은 신하가 왕에게 직언을 하고 왕이 이를 받아들인다는 것이다.

① 건(蹇) : 본 괘 괘사를 참고하라.

② 석(碩) : 碩과 石은 척(摭 주울 척·석)을 빌려 쓴 것이다(高亨 周易大傳今注, 碩 石均借爲摭). 정운은 摭은 拓(주울 척)의 중문이라 했다(正韻, 摭 拓字重文). 碩자는 백서에는 石으로 되어 있고, 초죽서에는 碩으로 되어 있다. 23번 박괘 상구의 석과불식(碩果不食)에 대한 초죽서의 기록은 발견된 것이 없고, 39번 건괘 상육의 왕건래석(往蹇來碩)에 대한 초죽서의 기록은 발견되었다. 碩은 크다는 것이다(爾雅·釋詁 碩 大也, 說文 碩 頭大也 从頁石聲).

길하다(吉).

대인을 만나는 것이 이롭다(利見大人).

이견대인(利見大人)은 벼슬이 높은 사람을 만나는 것이 이롭다는 뜻이다. 본 괘에서는 신하가 왕을 만나 직언(直言)을 하는 것이 이롭다는 것이다. 왕이 직언을 받아들이기 때문이다. 이견대인(利見大人)은 1번 건괘 구이를 참고하라.

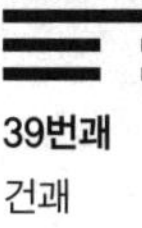

39번괘
건괘
水山蹇

해괘(解卦) 뇌수해(雷水解) 40번괘

잡은 여우를 풀어 주는 것을 통하여 사냥의 길흉을 설명했다.

해는 이서남이라. 무소왕이면 기래복이 길하고 유유왕이면 숙이 길하리라.
解는 利西南이라. 无所往이면 其來復이 吉하고 有攸往이면 夙이 吉하리라.

초육은 무구리라.
初六은 无咎리라.

구이는 전획삼호에 득황시하니 정은 길하도다.
九二는 田獲三狐에 得黃矢하니 貞은 吉하도다.

육삼은 부차승하니 치구지라 정은 린하도다.
六三은 負且乘하니 致寇至라 貞은 吝하도다.

구사는 해이무라. 붕지하여 (차)부하도다.
九四는 解而拇라. 朋至하여 (此)孚하도다.

육오는 군자가 유유해하니 길하리라. 유부우소인하도다.
六五는 君子가 維有解하니 吉하리라. 有孚于小人하도다.

상육은 공이 용사준우고용지상하여 획지니 무불리하니라.
上六은 公이 用射隼于高墉之上하여 獲之니 无不利하니라.

40번괘

해괘(解卦)

잡은 여우를 풀어 주는 것을 통하여 사냥의 길흉을 설명했다.

해. 이서남. 무소왕 기래복길. 유유왕 숙길.
解. 利西南. 无所往 其來復吉. 有攸往 夙吉.

사냥을 하는 곳은 서남쪽이 이롭다. 여우 사냥을 할 곳이 없으면 돌아오는 것이 길하고, 사냥을 갈 곳이 있으면 빨리 가는 것이 길하리라.

해괘(解卦)는 잡은 여우를 풀어 주는 것을 통하여 사냥의 길흉을 설명했다.

해(解)는 괘명으로, 석방하는 것이다. 解는 찬언(纂言)에 얽어맨 것을 푸는 것이라 했고(纂言 解謂分釋其糾結也, 糾 얽힐 규, 結 맺을 결), 옥편에서는 풀어 주는 것이라 했으며(玉篇, 解 釋也), 서괘전에 속박을 푸는 완(緩)이라 했다(序卦傳 解者 緩也, 緩從糸 卽放鬆束縛, 鬆 더벅머리 송, 풀을 송, 束 묶을 속, 縛 얽을 박). 본 괘의 구이에서 여우를 세 마리 잡았다고 하였고(田獲三狐), 구사에서는 여우를 잡은 망을 벗기는 것(解而拇)을 말했으니 解는 잡은 여우를 풀어 주는 것을 말한다.

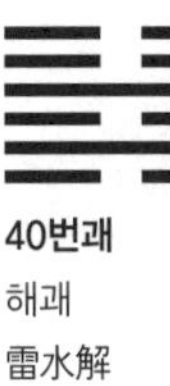

서남쪽이 이롭다(利西南).

이서남(利西南)은 서남쪽이 이롭다는 것이다. 여우 사냥을 가기 좋은 방향이 서남쪽이라는 뜻이다. 서남쪽은 주(周)나라의 우방이 많고, 험한 지형보다는 평평한 땅이 많은 곳이다. 서남(西南)의 이로움에 대해서는 2번 곤괘 괘사를 참고하라.

갈 곳이 없다(无所往).
돌아오는 것이 길하다(其來復吉).

갈 곳이 있다(有攸往).
빠른 것이 길하다(夙吉).

무소왕(无所往)은 무소왕(無所往)으로 갈 곳이 없다는 것이다. 유유왕(有攸往)은 갈 곳이 있다, 행동함이 있다는 것이다①. 숙(夙)은 집해(集解)에서 우번(虞翻)의 말을 인용하여 빠르다, 이르다라고 했다②. 그러므로 무소유 기래복길 유유왕 숙길(无所往 其來復吉 有攸往 夙吉)은 군자가 여우 사냥을 할 곳이 없으면 돌아오는 곳이 길하고, 사냥을 할 곳이 있으면 빨리 가는 것이 길하다는 의미다.

① 유유왕(有攸往) : 22번 비괘 괘사를 참고하라.

② 숙(夙) : 집해에 우번의 말을 빌어 이름이라 했다(集解 引 虞翻 夙 早, 早 이를 조).

초육 : 무구.
初六 : 无咎.
허물이 없으리라.

무(无)는 없다는 무(無)이고 망(亡)이다. 구(咎)는 허물이다. 무구(无咎)는 망구(亡咎)로 허물이 없다는 것이다①. 본 효는 상사만 있고 점사만 있는 효이다. 왜 허물이 없는지에 대해서는 언급이 없다②. 단순히 점을 쳐서 본 효를 얻으면 허물이 없다고 해석할 수도 있고, 앞에 있는 괘사와 연결시켜 괘사의 내용대로 하면 허물이 없다는 것으로 해석할 수도 있다.

① 무구(无咎) : 60번 절괘 초구를 참고하라.

② 역경 중 상사(象辭)가 없고 점사(占辭)로만 이루어진 효사는 다음과 같다. 40번 해괘 초육 무구(无咎), 32번 항괘 구이 회망(悔亡), 34번 대장괘 구이 정길(貞吉).

구이 : 전획삼호 득황시 정길.
九二 : 田獲三狐 得黃矢 貞吉.
사냥을 가 여우 세 마리를 잡고, 황동 화살촉이 있는 화살도 얻었으니 길하리라.

전(田)은 사냥하는 것이다①. 획(獲)은 잡는 것이다②. 황(黃)은 황금색으로 고대에는 길하고 복된 색으로 여겼다. 그러므로 전획삼호 득황시(田獲三狐 得黃矢)는 사냥을 나가 세 마리의 여우를 잡았고, 좋은 상징이 되는 황색의 화살도 얻었다는 것이다③. 정(貞)은 점(占)이다. 정길(貞吉)은 점은 길하다는 것이다④. 사냥에서 짐승도 잡고 아울러 화살도 얻었으니 길하다는 것이다.

① 전(田) : 7번 사괘 육오를 참고하라. 초죽서에 전(田)이 사냥한다는 뜻인 전(畋)으로 기록돼 있다.
② 획(獲) : 17번 수괘 구사를 참고하라.
③ 황(黃) : 2번 곤괘 육오를 참고하라. 황시(黃矢)는 금시(金矢)로 황동 화살촉을 가진 화살을 말한다.
④ 정길(貞吉) : 32번 항괘 괘사를 참고하라.

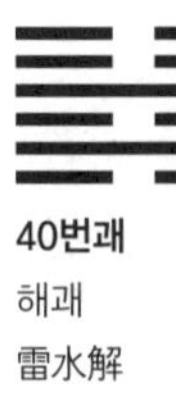

육삼 : 부차승 치구지 정린.
六三 : 負且乘 致寇至 貞吝.
사냥에서 잡은 여우를 담은 짐을 등에 진 상태로 수레에 탔다. 도적을 스스로 불러들이는 것이니 어려우리라.

짐을 지고 수레를 탔다(負且乘).

부(負)는 짐을 등에 지는 것이다. 짐은 사냥에 잡은 여우를 말한다①. 차(且)는 이(而, 또한)와 같다. 승(乘)은 수레에 오르는 것이다②. 부차승(負且乘)은 사냥에서 잡은 여우를 담은 짐을 등에 진 상태로 수레나 말을 탔다는 것이다.

수레를 탄 후 내려놓아야 할 짐을 등에 멘채로 있다는 뜻도 된다. 어리석은 행동이다. 상전에서는 이를 추한 행동(역가추야亦可醜也)로 봤다.

① 부(負) : 옥편에서 메는 것으로 해설했고(玉篇, 負 擔也 或作偩, 擔 멜 담, 偩 본뜰 부), 석명은 뒤에 메는 것으로 해설했다(釋名 負 背也 置項背也). 예기·곡례상의 주에 부검(負劍)을 칼을 등 뒤에 메는 것이라 했다(禮記·曲禮上 負劍 注 負謂賓之於背).

② 승(乘) : 13번 동인괘 구사를 참고하라.

도적을 스스로 불러들인다(致寇至).

치(致)는 보내고 이르게 한다는 것이다. 구(寇)는 사나움·노략질·원수·도적이다. 지(至)도 이르게 한다는 것이다. 치구지(致寇至)는 도적을 스스로 불러들인 것이라는 의미다. 여우를 잡은 보따리를 지고 수레를 타는 어리석은 행동을 하니, 주변 사람들은 짐에 금은보화가 있는 줄 안다. 스스로 도적을 불러들이는 행동을 한 것이다. 이 상황에 대해 상전은 자아치융(自我致戎)이니 누구를 원망할 수 없다(우수구야又誰咎也)고 했다. 치구지(致寇至)는 5번 수괘 구삼을 참고하라.

점은 어렵다(貞吝).

정(貞)은 점(占)이다①. 린(吝)은 어렵고, 한스럽고, 애석한 것이다②. 정린(貞吝)은 점은 어렵다는 뜻이다③.

① 정(貞) : 32번 항괘 괘사를 참고하라.

② 린(吝) : 설문에서는 한스럽고 애석하다고 했다(說文, 吝 恨惜也). 또한 길함에서 흉함으로 가는 것이나, 아직은 흉에 도달하지 않은 것이 인이다(朱熹 吝者自吉而趨凶, 高亨 吝也者 未至於凶也). 백서주역에는 吝이 인(閵 새 이름 린·인)으로 되어 있다.

③ 정린(貞吝) : 통행본과 백서주역에는 있으나 초죽서에는 없다. 초죽서에 누락이 된 것인지, 아니면 후대에 첨가 되었는지는 알 수 없다.

구사 : 해이무 붕지사부.
九四 : 解而拇 朋至斯孚.
여우를 잡은 그물이 풀어졌다. 벗이 와서 도망가는 여우를 잡는 것을 도와줬다.

그물 짐이 풀어졌다(解而拇).

해(解)는 석방하는 것이다①. 이(而)는 그, 그의를 뜻하는 기(其)이다②. 무(拇)는 그물 매(网+每)이다③. 해이무(解而拇)는 그 그물이 풀어졌다는 것이다. 그물은 본 괘 구이에서 세 마리 여우를 잡을 때 쓴 것이고, 육삼에서 수레를 탈 때 등에 멘 짐이기도 하다.

① 해(解) : 본 괘 괘사를 참고하라.
② 이(而) : 백서주역과 초죽서 모두 其와 통용됐던 기(丌 그·책상 기)로 돼 있다.
③ 무(拇) : 석문에 순상(荀爽)은 모(母)로 썼다고 했고(釋文, 拇 荀作母), 백서주역에는 모(楙 나무이름 모), 초죽서에는 무(拇 엄지손가락·엄지발가락 무)로 되어 있다. 고형(高亨)은 주역대전금주(周易大傳今注)에서 拇는 매(网+每)를 빌려 쓴 것으로, 이 두 글자는 같은 소리 계열로 고대에는 통용이 되었다고 했다(同聲系 古通用). 본 책에서는 문맥이 통하는 고형의 이론을 취했다.

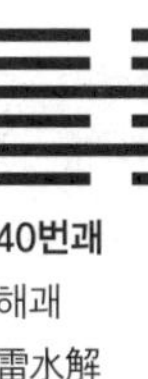

벗이 와서 이것을 잡았다(朋至斯孚).

붕(朋)은 친구이며 재물이다. 이곳에서는 친구로 쓰였다①. 사(斯)는 이것을 뜻하는 차(此)이다②. 부(孚)는 벌·포로·잡음·노획품·믿음·끌어당김으로 사용이 된다. 본 효에서는 잡는 것으로 사용되었다③. 붕지사부(朋至斯孚)는 벗이 와서 이것을 잡았다는 것이다. 그물 짐이 풀어져 사냥에서 잡은 여우가 도망을 가는데, 벗이 와서 여우를 잡는 것을 도와줬다는 의미다.

① 붕(朋) : 2번 곤괘 괘사를 참고하라.
② 사(斯) : 백서주역에 차(此)로 되어 있으며, 계사전의 풀이에서도 斯는 此라 했다(繫辭上傳 如斯而已者也 疏 斯此也).
③ 부(孚) : 9번 소축괘 육사를 참고하라.

육오 : 군자유유해 길. 유부우소인.
六五 : 君子維有解 吉. 有孚于小人.
사냥을 한 군자가 그물을 묶은 밧줄을 풀어 잡은 여우를 놓아주니 길하리라. 군자가 풀어준 여우를 소인이 잡는다.

군자가 밧줄을 풀었다(君子維有解).
길하다(吉).

군자(君子)는 벼슬이 있는 사람을 말한다. 천자·제후·대부·현인도 군자로 부른다. 이곳에서는 사냥에서 여우를 잡은 사람을 말한다①. 유(維)는 밧줄, 묶다이다②. 해(解)는 석방하는 것이다③. 그러므로 군자유유해(君子維有解)는 사냥을 한 군자가 그물을 묶은 밧줄을 풀어 잡은 여우를 놓아주었다는 의미다.

① 군자(君子) : 1번 건괘 구삼을 참고하라.
② 유(維) : 17번 수괘 상육을 참고하라.
③ 해(解) : 본 괘 괘사를 참고하라.

소인에게 잡는 것이 있다(有孚于小人).

유부(有孚)는 얻음이 있다는 것이다①. 부(孚)는 벌·포로·잡음·노획품·믿음·끌어당김으로 사용이 된다②. 본 효에서는 사냥에서 잡은 여우, 즉 군자가 풀어준 여우를 소인이 얻거나 잡았다는 의미다.

① 유부(有孚) : 9번 소축괘 육사를 참고하라.
② 부(孚) : 백서주역에는 유부(有孚)가 유복(有復)으로 되어 있으며, 復은 운모 부분이 유사하여 통가자로 쓰였다. 고형(高亨)은 주역대전금주(周易大傳今注)에서 孚를 벌인 부(浮)로 봤다(孚 罰也). 그러나 군자가 묶인 밧줄을 풀어 여우를 놓아 주었는데, 소인은 왜 벌을 받는지 이해되지 않는다. 군자가 여우를 풀어줬고, 그 여우를 소인이 얻거나 잡는 것으로 보는 것이 문맥에 맞는다.

상육 : 공용석준우고용지상 획지 무불리.
上六 : 公用射隼于高墉之上 獲之 无不利.
공경이 높은 담장 위의 매를 쏴 잡으니 이롭지 않음이 없으리라.

공(公)은 고대 봉건국가에서 왕 아래 가장 높은 지위를 가진 신하로 공경(公卿)이다. 본 괘 구이에서 사냥으로 여우를 잡았고, 육오에서 여우를 풀어준 군자를 말한다①. 준(隼)은 매이다②. 용(墉)은 성곽이다③. 그러므로 공용석준우고용지상 획지(公用射隼于高墉之上 獲之)은 공경이 성곽의 높은 담장 위에 있는 매를 쏴 잡았다는 것이다. 여우는 놓아주고 매를 잡은 것이다. 무불리(无不利)는 불리함이 없다는 것이다④.

① 공(公) : 14번 대유괘 구삼을 참고하라.

② 준(隼) : 이아·석조에서 隼은 매라고 했다(爾雅·釋鳥 隼 鷹隼醜, 鷹 매 응, 醜 추할 추, 이름 추). 백서주역에는 형(敻 멀 형)으로 되어 있다.

③ 용(墉) : 13번 동인괘 구사를 참고하라.

④ 무불리(无不利) : 무(无)는 무(無) 또는 망(亡)과 통용되었다. 무불리(无不利)는 이롭지 않음이 없다는 것으로 이 중부정을 통해 이롭다는 것을 강조한 말이다.

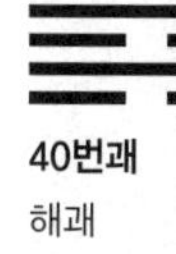

손괘(損卦) 산택손(山澤損) 41번괘

덜어 내는 것과 더하는 것의 길흉을 설명했다.

손은 유부니 원길하고 무구리라. 가정이니 이유유왕하니라. 갈지용이궤로 가용향이리라.
損은 有孚니 元吉하고 无咎리라. 可貞이니 利有攸往하니라. 曷之用二簋로 可用享이리라.

초구는 이사에 천왕해야 무구리니 작손지하니라.
初九는 已事에 遄往해야 无咎리니 酌損之하니라.

구이는 이정이나 정은 흉하리라. 불손하고 익지하느니라.
九二는 利貞이나 征은 凶하리라. 弗損하고 益之하느니라.

육삼은 삼인행에 즉손일인하고 일인행에 즉득기우로다.
六三은 三人行에 則損一人하고 一人行에 則得其友로다.

육사는 손기질이 (사)천이니 유희로 무구리라.
六四는 損其疾이 (事)遄이니 有喜로 无咎리라.
병이 빨리 치료되니 기쁘고 허물이 없으리라.

육오는 혹익지십붕지귀이면 불극위니 원길하리라.
六五는 或益之十朋之龜이면 弗克違니 元吉하리라.

상구는 불손하고 익지니 무구요 정은 길하니 이유유왕이며 득신무가리라.
上九는 弗損하고 益之니 无咎요 貞은 吉하니 利有攸往이며 得臣无家리라.

41번괘

손괘(損卦)

덜어 내는 것과 더하는 것의 길흉을 설명했다.

손. 유부. 원길 무구. 가정. 이유유왕. 갈지용이궤 가용향.
損. 有孚. 元吉 无咎. 可貞. 利有攸往. 曷之用二簋 可用享.

포로가 있으니 크게 길하고 허물이 없으리라. 일을 추진하는 것이 가능하고 행동하는 것이 이로우리라. 검소한 제사에 소반에 담긴 두 그릇의 기장을 쓸 수 있으리라.

손괘(損卦)는 덜어 내는 것과 더하는 것의 길흉을 설명했다.

손(損)은 괘명으로 덜어 낸다는 뜻이다. 손(損)이라는 글자는 물건이나 사람의 수량(員 인원 원)을 손(재방변 扌=手)으로 헤아려 덜어 내는 의미가 있다. 員은 생계(口 입 구)를 위해 돈(貝 조개 패)을 받고 일하는 사람에서 관원·수량으로 발전했다. 설문은 손(損)을 더는 것이라 했다(說文, 損 減也 从手員聲, 減 덜 감).

41번괘
손괘
山澤損

손괘의 효사의 내용들은 제사와 관련이 많다.
괘사 : 소박한 제사를 지낸다.
초구 : 제사에 빨리 간다.
구이 : 제물을 덜어 내지 않고 더한다.
육오 : 값비싼 거북을 제물로 쓴다.
상구 : 제물을 덜어 내지 않고 더한다.

포로가 있다(有孚).
크게 길하다(元吉).
허물이 없다(无咎).

유부(有孚)는 전쟁에서 잡은 포로나 노획품이 있다는 것이다①. 원길(元吉)은 대길(大吉)로 크게 길한 것이다②③. 무구(无咎)는 망구(亡咎)로 허물이 없다는 것이다④. 그러므로 유부원길 무구(有孚 元吉 无咎)는 점을 쳐 손괘를 얻으면 포로가 있으니 크게 길하고 허물이 없다는 뜻이다.

① 유부(有孚) : 9번 소축괘 육사를 참고하라.

② 길(吉) : 좋고 화평함이다. 그릇에 단단한 마개를 한 모습에서 생겨난 글자이다. 점을 친 결과 좋은 내용만을 모아 그릇에 모아 단단한 마개로 막아 놓은 것이다. 또 선비가 하는 말이 훌륭하다는 것에서 생겨난 글자로 설명하기도 한다. 설문에서는 착한 것으로 해석했다(說文, 吉 善也).

③ 원길(元吉) : 원(元)은 크다는 뜻이다(爾雅·釋詁 元 首也, 廣韻 長也 又大也). 그러므로 원길(元吉)은 대길(大吉)과 같다. 정이(程頤)와 주희(朱熹)는 문언전(文言傳)의 내용을 중시하여 원길을 크게 선해야 길한 것으로 풀이하여 조건부 길함으로 봤다(文言曰 元者 善之長也, 程頤·朱熹 大善而吉). 또 역경 중 대길이라는 말이 별도로 쓰였으므로 원길을 조건부 길함으로 새겨야 한다고 주장하기도 한다. 대길이 있는 곳은 37번 가인괘 육사, 45번 췌괘 구사, 46번 승괘 초육, 50번 정괘 상구, 62번 소과괘 괘사이다.

④ 무구(无咎) : 60번 절괘 초구를 참고하라.

가하다는 점이다(可貞).
행동하는 것이 이롭다(利有攸往).

가정(可貞)은 가하다는 점이다, 즉 행하여도 좋다는 점이라는 뜻이다①. 이유유왕(利有攸往)은 가는 것이나 행동하는 것이 이롭다는 것이다②. 그러므로 가정 이유유왕(可貞 利有攸往)은 점을 쳐 손괘를 얻으면 일을 추진하는 것이 가능하고 행동하는 것이 이롭다는 것이다.

① 가정(可貞) : 32번 항괘 괘사를 참고하라.

② 이유유왕(利有攸往) : 22번 비괘 괘사를 참고하라. 왕(往)은 간다, 행동하는 것이다(說文 往 之也, 玉篇 往 行也 去也).

소반에 담은 두 그릇의 기장이다(曷之用二簋).
제사를 지내는 것이 가하다(可用享).

갈(曷)은 합(盒)으로 소반을 말한다①. 궤(簋)는 기장을 담은 네모 그릇이다②. 가용(可用)은 쓰는 것이 가하다는 것이다③. 향(享)은 제사이다④. 그러므로 갈지용이궤 가용향(曷之用二簋 可用享)은 소반에 담은 두 그릇의 기장으로 제사를 지낸다는 것이다. 검소하고 간략한 제사이다.

① 갈(曷) : 예기·월령(禮記·月令)의 갈단불명(曷旦不鳴)이라는 구절에 대해 방기(坊記)에서는 갈단(曷旦)은 합단(盍旦)이라 했다. 고대에는 이 曷과 盍이 통용되었다. 盍은 소반이다(字彙 盍 俗作器名, 類篇 盍 盤屬, 盤 소반 반).

② 궤(簋) : 설문은 궤를 기장을 가득 담은 네모난 대나무 그릇이라 했다(說文, 簋 黍稷方器也). 단옥재(段玉裁)는 설문해자주(說文解字注)에서 기장은 곡식 중 향기로운 것이라 했다(皀穀之馨香 謂黍稷也). 이괘(二簋)를 기장과 피만을 쓰는 가장 간략한 제사로 보기도 한다.

③ 가용(可用) : 가용(可用)은 쓰는 것이 가하다는 것이다(說文 可 肯也, 廣韻 可 許可也, 韻會 可者 否之對). 이용(利用)은 쓰는 것이 이롭다는 뜻이다. 역경에서 利用과 可用은 함께 사용되었다. 초죽서에는 利用이 可用으로 돼 있다. 역경의 성립시기로 볼 때 초죽서의 可用이 역경의 원형에 가깝다. 통행본에는 利用이 13회 쓰였고, 可用이 3회 쓰였는데, 마석춘(廖名春)은 후대 사람들이 문장의 단조로움을 피하기 위해 혼용한 것으로 추측하였다. 고형(高亨)은 이용(利用)은 이어(利於)로, 가용(可用)은 가이(可以)로 봤으며, 상전에서도 이용(利用)을 가용(可用)으로 풀이한 곳이 있다(謙卦 上六 爻辭 利用行師, 象傳 可用行師).

④ 향(享) : 형(亨)은 1번 건괘 괘사를 참고하라.

초구 : 이사천왕 무구 작손지.

初九 : 已事遄往 无咎 酌損之.

제사에 빨리 가야 허물이 없으리라. 제물로 올린 술은 잔질하여 덜어 낸다.

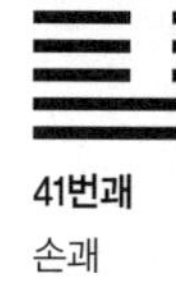

제사에 빨리 간다(已事遄往).

허물이 없다(无咎).

이(已)는 사(巳)이며 사(祀)이다. 즉 已는 제사라는 의미이다①. 천(遄)은 빠르다이다②. 왕(往)은 간다, 행동한다는 것이다③. 무구(无咎)는 망구(亡咎)로 허물이 없다는 것이다④. 그러므로 이사천왕 무구(已事遄往 无咎)는 제사에 빨리 가야 허물이 없다는 것이다.

① 이(已) : 17번 수괘 구사의 이명(以明)의 설명을 참고하라.

② 천(遄) : 설문과 옥편은 빠른 것이라 했다(說文 遄 往來數也, 數 빨리할 삭, 玉篇 遄 疾也 速也, 疾 신속할 질). 백서주역에는 遄을 단(端 끝 단)으로 표시되어 있으나 설문의 역경의 인용문에는 遄으로 되어 있다.

③ 왕(往) : 25번 무망괘 괘사를 참고하라.

④ 무구(无咎) : 60번 절괘 초구를 참고하라.

잔질하여 덜어 낸다(酌損之).

작(酌)은 술을 부어 잔질을 하는 것이다①. 손(損)은 덜어 내는 것이다②. 작손지(酌損之)는 제사에 올린 술을 잔질하여 덜어 내는 것이다. 참작하여 덜어 낸다고 해석하기도 한다.

① 작(酌) : 설문은 잔질하는 것이라 했다(說文, 酌 盛酒行觴也, 觴 잔·잔낼 상).

② 손(損) : 본 괘 괘사를 참고하라.

구이 : 이정. 정흉 불손 익지.

九二 : 利貞. 征凶 弗損 益之.

이로우나 정벌하는 것은 흉하리라. 제사에 쓰는 제물은 덜어 내지 말고 보태야 한다.

이롭다는 점이다(利貞).

정벌하는 것은 흉하다(征凶).

이정(利貞)은 이로운 점이라는 것이다. 어떤 사항에 점을 쳐 본 효를 얻으면 이롭다는 뜻이다①. 정흉(征凶)은 정벌·행함·취함·떠남이 흉하다는 것이다②. 이곳에서는 정벌로 사용되었다.

① 이정(利貞) : 32번 항괘 괘사를 참고하라.

② 정흉(征凶) : 9번 소축괘 상구를 참고하라.

덜어 내지 않는다(弗損).

더한다(益之).

손(損)은 덜어 내는 것이다①. 익(益)은 더하는 것이다②. 지(之)는 간다, 한다는 것이다③. 불손 익지(弗損 益之)는 덜어 내지 않고 더한다는 것이다④. 제사에 쓰는 제물(祭物)을 덜어 내지 말고 보태라는 뜻이다. 본 괘 초구에서는 제물을 덜어 내라고 했다.

---

① 손(損) : 본 괘 괘사를 참고하라.

② 익(益) : 42번 익괘 괘사를 참고하라.

③ 지(之) : 5번 수괘 상육을 참고하라.

④ 불손 익지(弗損 益之)에 대한 아래와 같은 다른 해석들도 있다.

(1) 본 괘를 제사를 지내는 것으로 보고 제물(祭物)을 덜어 내지 말고 보탠다.
(2) 불손익지(弗損益之)를 불손지 불익지(弗損之 弗益之)로 봐, 덜어 내지도 말고 보태 주지도 말라.
(3) 역상설(易象說)은 덜어 내지 않으면 자신에게 이익인 것으로 봤다.
(4) 주역완사(周易琬辭)에서 항안세(項安世)는 구이효는 중을 얻었으므로 덜어 내면 평형이 깨져 덜어 내지 않는 것이 좋다고 봤다.

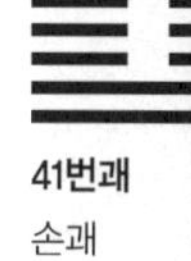

41번괘
손괘
山澤損

육삼 : 삼인행즉손일인. 일인행 즉득기우.
六三 : 三人行則損一人. 一人行 則得其友.
세 사람이 길을 가면 두 사람이 짝이 되어 한 사람을 잃으며, 한 사람이 길을 가면 벗을 얻으리라.

이경지(李鏡池)는 본 효사를 지나친 것은 덜어 내고 모자란 것을 보충한다는 일반 격언에 빌려 왔을 뿐, 특별하게 숨겨진 의미는 없다고 봤다. 그러나 공자는 본 효를 중요하게 여겨 계사전(繫辭傳)에 아래와 같이 설명을 하였다.

천지인온 만물화순 남녀구정 만물화생 역왈 삼인행 즉손일인 일인행 즉득기우 언치일야.
天地絪縕 萬物化醇 男女構精 萬物化生 易曰 三人行 則損一人 一人行 則得其友 言致一也.
천지가 실타래처럼 뒤엉킨 상태에서 만물이 번성하듯 남녀가 교접하여 만물이 생겨난다. 역에서, 세 사람이 같이 가면 한 사람을 잃게 되며, 한 사람이 가면 친구를 얻는다고 하였다. 이는 하나로 합치됨을 말한다.

육사 : 손기질 사천유희 무구.
六四 : 損其疾 使遄有喜 无咎.
병이 빨리 치료되니 기쁘고 허물이 없으리라.

손(損)은 덜어 내는 것이다①. 질(疾)은 병이고 빠르게, 급하게이다. 이곳에서는 병으로 쓰였다②. 사천(使遄)은 사천(事遄)으로 일이 빠르다는 것이다③. 무구(无咎)는 망구(亡咎)로 허물이 없다는 것이다④. 그러므로 손기질 사천유희 무구(損其疾 使遄有喜 无咎)는 병을 덜어 빨리 치료되니 기쁘고 허물이 없다는 뜻이다.

① 손(損) : 본 괘 괘사를 참고하라.
② 질(疾) : 16번 예괘 육오를 참고하라.
③ 사천(事遄) : 백서주역에는 손괘 초구의 사천(事遄)과 본 효의 使遄이 모두 사단(事端)으로 되어 있다. 본 책에서는 본 효의 사(使)를 백서주역을 기준하여 새겼다. 遄은 빠르다이다. 遄은 본 괘 초구를 참고하라.
④ 무구(无咎) : 60번 절괘 초구를 참고하라.

육오 : 혹익지십붕지귀 불극위 원길.
六五 : 或益之十朋之龜 弗克違 元吉.
제사에 사용하도록 주는 값비싼 식용거북을 거절하지 않고 제물로 쓰니 크게 길하리라.

혹 값비싼 식용거북을 더해준다(或益之十朋之龜).

익(益)은 더하는 것이다①. 지(之)는 간다, 한다는 것이다②. 혹익지(或益之)는 혹 더해준다는 것이다③. 십붕지귀(十朋之龜)는 값비싼 식용거북이다④. 혹익지십붕지귀(或益之十朋之龜)는 혹시 누군가 제사에 쓰라고 값비싼 거북을 준다는 것이다.

① 익(益) : 42번 익괘 괘사를 참고하라.

② 지(之) : 5번 수괘 상육을 참고하라.

③ 혹익지(或益之) : 고형(高亨)은 주역대전금주(周易大傳今注)에서 거북의 가격을 올리는 것으로 해석을 했다. 그러나 이어지는 원길(元吉)이라는 구절을 볼 때 비싼 거북을 어떤 행사에 더해준다고 보는 것이 더 문맥에 맞는다. 만약 고형의 해석대로 가격을 올리는 것이라면 부담을 가지고 어쩔 수 없이 사는 것이 된다. 이럼에도 크게 길하다고 보는 것이 이해되지 않는다. 본 효사의 내용은 제사의 제물로 거북을 더한다는 것으로 추측할 수 있다. 본괘 괘사에 제사를 뜻하는 형(亨)이 있고, 본 괘 초구에도 제사를 뜻하는 이(已)가 있으며, 본 효와 동일한 구절이 있는 42번 익괘 육이에도 제사를 뜻하는 亨이 있기 때문이다. 백서주역에는 혹익지(或益之) 중 혹(或)이 없다.

④ 십붕지귀(十朋之龜) : 십붕지귀 중 십붕을 정이(程頤)는 이천역전(伊川易傳)에서 열 명의 벗으로 봤고(則十朋助之矣 十 衆辭), 주희(朱熹)는 주역본의(朱易本義)에서 십붕지귀를 두 마리의 거북, 큰 보물로 봤다(兩龜爲朋 十朋之龜 大寶也). 본 책은 제물로 올릴 수 있는 값비싼 식용거북으로 봤다. 붕(朋)은 조개 두 개(열 개로 보기도 한다)를 하나로 묶은 고대 화폐 단위이다(集解, 雙貝曰朋 價値二十大貝). 거북을 식용으로 썼다는 사실에 대해서는 27번 이괘 초구를 참고하라.

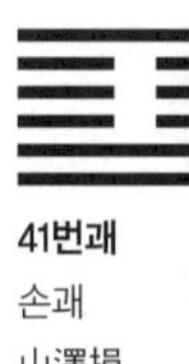

거절하지 않는다(弗克違).

크게 길하다(元吉).

불극위(弗克違)는 능히 거절하지 못한다는 것이다①. 원길(元吉)은 대길(大吉)로 크게 길한 것이다②. 그러므로 불극위 원길(弗克違 元吉)은 제사에 사용하도록 주는 값비싼 거북을 거절하지 않고 제물로 쓰니 크게 길하다는 뜻이다.

① 불극위(弗克違) : 극(克)은 능한 것, 이루는 것, 이기는 것이다. 위(違)는 피하다, 거절하는 것이다(正韻 違 避也 去之也, 廣韻 違 背也, 說文 違 離也 从辵韋聲). 백서주역에는 회(回)로 돼 있으나, 회(回)는 위(違)와 통용되었다(廣韻, 回 違也).

② 원길(元吉) : 41번 손괘 괘사를 참고하라.

상구 : 불손 익지 무구 정길 이유유왕 득신무가.
上九 : 弗損 益之 无咎 貞吉 利有攸往 得臣无家.
제물을 덜어 내지 않고 더한다. 허물이 없으며 길하니 가는 것이 이로우며, 집 없는 남자 종을 얻게 되리라.

덜어 내지 않는다(弗損).
더한다(益之).

손(損)은 덜어 내는 것이다. 익(益)은 더하는 것이다. 지(之)는 간다, 한다는 것이다. 불손 익지(弗損 益之)는 덜어 내지 않고 더해 준다는 것이다. 제사에 쓰는 제물(祭物)을 덜어 내지 말고 보태라는 뜻이다. 본 괘 초구에서는 제물을 덜어 내라고 했다. 본 괘 구이에도 본 구절과 동일한 구절이 있다.

허물이 없다(无咎).
점은 길하다(貞吉).
가는 것이 이롭다(利有攸往).

무구(无咎)는 망구(亡咎)로 허물이 없다는 것이다①. 정길(貞吉)은 점은 길하다는 것이다②. 이유유왕(利有攸往)은 가는 것이나 행동하는 것이 이롭다는 것이다③. 점을 쳐 본 효를 얻으면 허물이 없으며 길한 점괘이니 가는 것이 이롭다는 뜻이다.

① 무구(无咎) : 60번 절괘 초구를 참고하라.
② 정길(貞吉) : 32번 항괘 괘사를 참고하라.
③ 이유유왕(利有攸往) : 22번 비괘 괘사를 참고하라.

집 없는 남자 종을 얻는다(得臣无家).

득신무가(得臣无家)는 점을 쳐 본 효를 얻으면 집 없는 남자 종을 얻는다는 것이다. 신(臣)은 신하, 제후, 남자 종이다. 이곳에서는 남자 종으로 쓰였다. 상서의 전과 주례의 주에서는 남자 종을 臣이라 했고(尚書傳 役人賤者 男曰臣女曰妾, 周禮注 臣妾 男女貧賤之稱), 백서주역에는 복(僕 종 복)으로 기록돼 있다. 신(臣)은 33번 둔괘 구삼을 참고하라.

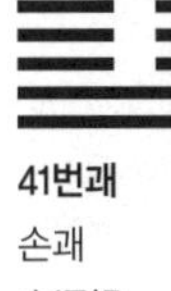

익괘(益卦) 풍뢰익(風雷益) 42번괘

주공과 성왕의 고사를 통하여 도움의 길흉을 설명했다.

익은 이유유왕하며 이섭대천하니라.
益은 利有攸往하며 利涉大川하니라.

초구는 이용위대작이니 원길하고 무구리라.
初九는 利用爲大作이니 元吉하고 无咎리라.

육이는 혹익지십붕지귀이면 불극위니 영의 정은 길하도다. 왕용향우제니 길하리라.
六二는 或益之十朋之龜이면 弗克違니 永의 貞은 吉하도다. 王用享于帝니 吉하리라.

육삼은 익지용흉사이니 무구며 유부리라. 중행이 고공용규하도다.
六三은 益之用凶事이니 无咎며 有孚리라. 中行이 告公用圭하도다.

육사는 중행이 고공하여 종하니 이용위(가)천국이니라.
六四는 中行이 告公하여 從하니 利用爲(家)遷國이니라.

구오는 유부가 혜심이니 물문하여도 원길하리라. 유부의 혜는 아덕이로다.
九五는 有孚가 惠心이니 勿問하여도 元吉하리라. 有孚의 惠는 我德이로다.

상구는 막익지에 혹격지이니 입심물항하면 흉하리라.
上九는 莫益之에 或擊之이니 立心勿恒하면 凶하리라.

42번괘

익괘(益卦)

주공과 성왕의 고사를 통하여 도움의 길흉을 설명했다.

익. 이유유왕. 이섭대천.
益. 利有攸往. 利涉大川.
도움을 주기 위해 가는 것이 이롭고, 강을 건너 행동하는 것이 이로우리라.

익괘(益卦)는 주공과 성왕의 고사를 통하여 도움의 길흉을 설명했다.

익(益)은 괘명으로, 더하고, 돕고, 넉넉하게 하는 것이다(廣韻 益 增也 進也. 說文 益 饒也 从水 皿 皿 益之意也, 饒 넉넉하게 할 요). 益은 그릇(皿 그릇 명)에 물(水=氵=氺)이 넘치는 것을 그린 글자다.

익괘의 괘사와 효사는 주공(周公)과 주(周)나라 성왕(成王)의 고사를 인용한 것으로 추정된다. 고힐강(顧詰剛)이 주역괘효사중적고사(周易卦爻辭中的故事)에서 역경 중 고사를 인용한 것이 확실한 것은 아래와 같다고 했다.

1. 제을(帝乙)의 딸이 시집간 고사 : 11번 태괘 육오, 54번 귀매괘 육오에 실려 있다.
2. 왕해(王亥)가 소와 양을 잃은 고사 : 34번 대장괘 육오, 56번 여괘 상구에 실려 있다.
3. 강후(康侯)가 말을 번식시킨 고사 : 35번 진괘 괘사에 실려 있다.
4. 고종(高宗)이 귀방(鬼方)을 정벌한 고사 : 63번 기제괘 구삼, 64번 미제괘 구사에 실려 있다.
5. 기자(箕子)의 고사 : 36번 명이괘 육오에 실려 있다. 본 책에서는 기자의 고사로 보지 않는다.

고힐강은 고증을 통해 위 역경의 괘사와 효사의 내용이 고사에서 인용되었음을 증명하였고, 그밖에도 역경에는 고사를 인용하였을 것으로 추정되는 내용이 있으나 그 내용이 망실되어 고사로 증명할 방법이 없다고 했다.

이경지(李鏡池)는 주역탐원(周易探源)을 통해 고사로 역경에 인용되었을 것으로 추정되는 괘사와 효사를 열거하였으나 명확하게 고증을 하지는 못했다. 고형(高亨)은 주역고경금주(周易古經今注)와 주역대전금주(周易大傳今注)에서 고힐강(顧詰剛)이 고사로 본 것 외에 일부 괘사와 효사의 구절 해석을 통해 고사와 연관이 있는 것으로 보았다.

본 괘도 고형(高亨)이 고사를 인용한 것으로 본 것이다. 본 괘와 관련된 고사의 내용을 요약하면 다음과 같다. 주(周)나라 무왕(武王)이 상(商·殷)나라를 정벌한 후 사망하자 성왕(成王)이 주(周)나라 왕이 되었다. 무왕의 동생인 주공(周公)이 어린 성왕(成王)을 보필했다. 주공의 동생 관숙(管叔, 管의 叔鮮)과 채숙(蔡叔, 蔡의 叔度)이 상(商·殷)나라의 무경(武庚, 주왕의 아들)과 합세하여 반란을 일으킨다. 주공은 3년의 전쟁을 통해 무경과 관숙을 죽이고, 채숙은 쫓아낸다. 난을 처리한 후 동쪽의 지배를 강화하기 위해 낙읍(洛邑)을 동쪽 수도로 삼는다. 그리고 은(殷)에 있던 미자계(微子啓, 제을帝乙의 큰아들로 상나라의 마지막 왕인 주왕紂王의 형제)를 송군(宋君)으로 삼아 상(商·殷)나라를 잇게 하였다. 미자계가 죽은 후 그 동생인 중연(仲衍)이 송군이 되었다.

본 괘가 주공의 고사를 인용한 것이라는 주장의 핵심에는 본 괘 육삼과 육사에 있는 중행(中行)을 [가운데 길]로 볼 것인가, 아니면 [사람 이름]으로 볼 것인가에 있다. 이에 대해 고형(高亨)은 주역대전금주(周易大傳今注)에서 중행은 사람의 이름으로 중연(仲衍)이라고 했다(中行似爲人命 中行卽仲衍). 고문에 행(行)자를 연(衍)으로 썼으며, 그 증거로 석고문(石鼓文)에 추주이행(隹舟以行)을 추주이연(隹舟以衍)으로 쓴 것을 들었다. 본 책도 고형의 주장과 같이 본 괘를 주공의 고사를 인용한 것으로 보고 괘사와 효사를 풀이하였다.

가는 것이 이롭다(利有攸往).
강을 건너는 것이 이롭다(利涉大川).

이유유왕(利有攸往)은 가는 것이나 행동하는 것이 이롭다는 것이다①. 이섭대천(利涉大川)은 강을 건너면 이롭다, 가는 곳이 있거나 여행을 떠나면 이롭다는 것이다②. 점을 쳐 본 괘를 얻으면 가고 행동하는 것이 좋다는 의미다. 주공이 성왕을 도와 주(周)나라를 발전시키면서 낙읍을 세우고, 상(商·殷)나라의 포로를 잡으며, 상나라의 천도를 돕고, 상나라의 포로들을 다스리는 일이 좋다는 것으로 주공(周公)의 고사를 빌어 길흉을 설명한 것이다. 주공이 도움을 주기 위해 가는 것이 이롭고, 강을 건너 행동하는 것이 이롭다는 의미다.

① 이유유왕(利有攸往) : 22번 비괘 괘사를 참고하라.
② 이섭대천(利涉大川) : 5번 수괘 괘사를 참고하라.

초구 : 이용위대작 원길 무구.
初九 : 利用爲大作 元吉 无咎.
크게 건축을 하는 것이 가능하다. 크게 길하고 허물이 없으리라.

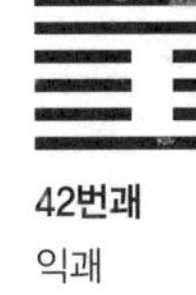

크게 건축을 하는 것이 가능하다(利用爲大作).

이용(利用)은 쓰는 것이 옳다, 쓰는 것이 가능하다는 뜻이다①. 대작(大作)은 크게 건축을 하는 것이다②. 이용위대작(利用爲大作)은 크게 건축을 하는 것이 가능하다는 뜻이다. 주공(周公)이 관숙(管叔), 채숙(蔡叔), 무경(武庚)의 반란을 진압한 후 낙읍(洛邑)을 동쪽 수도로 삼아 건축을 하는 것과 관련된다③.

① 이용(利用) : 4번 몽괘 초육을 참고하라.
② 대작(大作) : 시경 정지방중(定之方中)에 해의 그림자로 방향을 정해 초구에 궁실을 짓네(揆之以日 作于楚室)라는 구절이 있고, 문왕유성(文王有聲)에 숭나라를 정벌하고 풍 땅을 도읍으로 만드셨네(既伐于崇 作邑于豐)라는 구절이 있다. 작(作)이 건축하는 것임을 알 수 있다.
③ 주공(周公)의 고사는 본 괘 괘사를 참고하라.

크게 길하다(元吉).
허물이 없다(无咎).

원길(元吉)은 대길(大吉)로 크게 길한 것이다①. 무구(无咎)는 망구(亡咎)로 허물이 없다는 것이다②. 그러므로 원길 무구(元吉 无咎)는 건축을 하는 것이 크게 길하고 허물이 없다는 것이다. 주공이 낙읍(洛邑)을 건설하는 일이 길하고 허물이 없다는 뜻이다.

① 원길(元吉) : 41번 손괘 괘사를 참고하라.
② 무구(无咎) : 60번 절괘 초구를 참고하라.

육이 : 혹익지십붕지귀 불극위. 영정길. 왕용향우제 길.
六二 : 或益之十朋之龜 弗克違. 永貞吉. 王用享于帝 吉.
제물로 주는 값비싼 거북을 거절하지 않는다. 앞으로 오랫동안 길하다. 왕이 상제에게 제사를 지내니 길하리라.

혹 값비싼 거북을 더해 준다(或益之十朋之龜).
거절하지 않는다(弗克違).

혹익지(或益之)는 혹 더해 준다는 뜻으로 외부인이 비싼 거북을 더해 주는 것이다. 상전에서 혹익지 자외래야(或益之 自外來也)라 했다. 도움을 주는 것이 외부라는 것이다. 십붕지귀(十朋之龜)는 값비싼 식용으로 쓰는 거북이다. 극(克)은 능한 것, 이루는 것, 이기는 것이고, 위(違)는 피하다, 거절하는 것으로 불극위(弗克違)는 능히 피하지 못한다는 것이다. 그러므로 혹익지십붕지귀 불극위(或益之十朋之龜 弗克違)는 외부인이 제사에 사용하도록 주는 값비싼 거북을 거절하지 않는다는 것이다. 동일한 구절이 있는 41번 손괘 육오를 참고하라.

오랜 기간의 길흉에 대한 점은 길하다(永貞吉).

정(貞)은 점(占)이다. 영정길(永貞吉)은 오랜 기간의 길흉여부에 대해 친 점은 길하다는 뜻이다. 영정길(永貞吉)은 32번 항괘 괘사를 참고하라.

왕이 상제에게 제사를 지낸다(王用享于帝).
길하다(吉).

향(享)은 제사이다①. 왕용향우제(王用享于帝)는 왕이 상제에게 제사를 드리는 것이다②. 주공(周公)이 형제와 상(商·殷)나라의 무경(武庚)의 반란을 3년에 걸쳐 제압했고, 성왕(成王)이 이를 기리기 위해 상제에게 제사를 지내는 것으로 추측된다③.

① 향(享) : 형(亨)은 1번 건괘 괘사를 참고하라.

② 주공(周公)의 고사는 본 괘 괘사를 참고하라.

③ 제사를 지내는 것이 누구인지에 대해서는 의견이 갈린다. 주역절중(周易折中)은 왕이 본 효인 육이로 하여금 상제에게 제사를 지내게 한 것으로 봤다. 또, 홍재전서(弘齋全書)에는 왕이 상제에게 제사를 드린다고 하는 것은 왕이 육이를 써서 상제에게 제사를 드리는 것인데, 이는 마치 성탕(成湯)이 이윤(伊尹)을 써 하늘에 들어맞게 하고 태무(太戊)가 이척(伊陟)을 써 상제에게 이르게 한 것과 같다는 기록이 있다. 그러나 주역정의(周易正義)는 왕이 상제에게 직접 제사를 지내는 것으로 봤다.

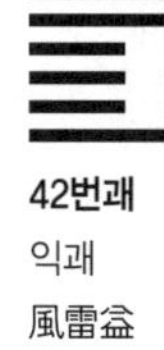

육삼 : 익지용흉사 무구 유부. 중행고공용규.
六三 : 益之用凶事 无咎 有孚. 中行告公用圭.

흉한 일을 도와주니 허물이 없으리라. 흉사를 도우면서 포로나 노획품이 있게 된다. 흉한 일은 중연이 주공에게 증표로 알린 것이다.

흉한 일을 도와준다(益之用凶事).
허물이 없다(无咎).

익(益)은 더하고 돕는 것이다①. 흉사(凶事)는 흉한 일이다②. 무구(无咎)는 망구(亡咎)로 허물이 없다는 것이다③. 그러므로 익지용흉사 무구(益之用凶事 无咎)는 흉한 일을 도와주니 허물이 없다는 뜻이다.

① 익(益) : 42번 익괘 괘사를 참고하라.

② 흉(凶) : 백서주역에는 공(工)으로 기록돼 있다. 흉(凶)과 공(工)은 통가자(通假字)이다. 의미로는 관련이 없지만, 음운상으로 흉(凶)은 상고음이 효모어부(曉母魚部)이고 공(工)은 견모어부(見母魚部)로 운모(韻母)가 같아 통가자로 사용됐다. 17번 수괘 구사를 참고하라.

③ 무구(无咎) : 60번 절괘 초구를 참고하라.

포로나 노획품이 있다(有孚).
중행이 공에게 증표로 알렸다(中行告公用圭).

유부(有孚)는 포로나 노획품이 있다는 것이다①. 중행고공용규(中行告公用圭)은 중행(中行)이 공(公)에게 규(圭)를 통해 알렸다(告)는 것이다. 중행(中行)은 중연(仲衍)으로 미자계(微子啓)의 동생이다②. 공(公)은 주공(周公)이다③. 규(圭)는 고대에 자신의 신분을 증명하기 위한 옥으로 만든 증표이다. 즉 송군(宋君)이 된 미자계가 동생인 중연을 통해 송(宋)의 흉사를 주공에게 알렸고, 주공이 이를 처리하는 과정에서 포로와 노획품이 있었다는 뜻이다.

① 유부(有孚) : 9번 소축괘 육사를 참고하라.

② 중행(中行) : 고형(高亨)은 주역대전금주(周易大傳今注)에서 중행은 사람의 이름으로 중연(仲衍)이라고 했다(中行似爲人命 中行卽仲衍). 고문에 행(行)자를 연(衍)으로 썼으며, 그 증거로 석고문(石鼓文)에 추주이행(隹舟以行)을 추주이연(隹舟以衍)으로 쓴 것을 들었다. 중연은 미자계의 동생으로 미자계(微子啓)가 죽은 후 송군(宋君)이 되었다.

③ 주공(周公)의 고사는 본 괘 괘사를 참고하라.

육사 : 중행고공 종 이용위의천국.
六四 : 中行告公 從 利用爲依遷國.
중연이 백성의 흉한 상황을 알리니 주공이 이를 처리하였다. 백성을 위해 나라의 수도를 옮기는 것이 가능하리라.

중연이 공에게 알렸다(中行告公).
이를 따랐다(從).

중행고공 종(中行告公 從)은 중행(中行)이 알려 공(公)이 따랐다는(從) 것이다. 중행(中行)은 중연(仲衍)으로 미자계(微子啓)의 동생이다. 공(公)은 주공(周公)이다. 즉 송군(宋君)이 된 미자계가 동생인 중연을 통해 송(宋)의 상황을 주공에게 알렸고, 주공이 이를 처리하였다는 것이다. 송(宋)의 상황이 어떤 것인지는 본 효를 통해 정확히 알 수 없다. 이어지는 구절로 볼 때 백성에게 흉한 상황일 것으로 추측할 수 있다. 중행(中行)과 주공(周公)의 고사는 본 괘 괘사를 참고하라.

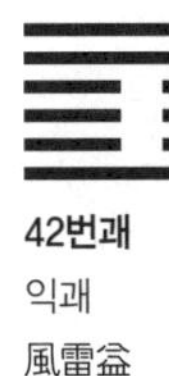

백성을 위해 수도를 옮기는 것이 가능하다(利用爲依遷國).

이용(利用)은 쓰는 것이 옳다, 쓰는 것이 가능하다는 뜻이다①. 의(依)는 가(家)로 백성이다②. 이용위의천국(利用爲依遷國)은 백성을 위하여 상(商·殷)나라의 수도를 옮기는 것이 가능하다는 뜻이다.

① 이용(利用) : 4번 몽괘 초육을 참고하라.

② 의(依) : 백서주역에는 위의천국(爲依遷國)이 위가천국(爲家遷國)으로 돼 있다. 가(家)는 백성이다. 고형(高亨)은 의(依)를 은(殷)으로 새겼다. 은(殷)은 상나라인 은나라를 말하고, 이어지는 천국(遷國)과 관련지어 상나라의 수도를 옮기는 것으로 해석했다. 이같은 해석에 대해 고대에 은(殷)을 의(衣)로 쓴 예는 있지만 의(依)로 쓴 예는 없다는 비판이 있다.

구오 : 유부혜심 물문 원길 유부혜 아덕.
九五 : 有孚惠心 勿問 元吉 有孚惠 我德.
반란을 진압하면서 잡은 포로들이 순종하니 물을 것도 없이 크게 길하리라. 포로들이 나의 덕을 따른다.

유부(有孚)는 전쟁에서 잡은 포로나 노획품이 있다는 것이다①. 혜심(惠心)은 마음에 순종하는 것으로 포로가 주공의 마음에 순종함을 말한다②. 물문(勿問)은 묻지 않는 것이고, 원길(元吉)은 대길(大吉)로 크게 길한 것이다③. 그러므로 유부혜심 물문 원길(有孚惠心 勿問 元吉)은 주공이 반란을 진압하며 잡은 포로들이 주공에게 순종하니 물을 것도 없이 크게 길하다는 뜻이다. 유부혜 아덕(有孚惠 我德)은 포로들이 따르는 것은 나의 덕이라는 뜻이다. 아(我)는 주공을 말한다.

① 유부(有孚) : 9번 소축괘 육사를 참고하라.
② 혜(惠) : 이아·석언에서는 순종하다로 해설했고, 설문은 인자함으로 해설했다(爾雅·釋言 惠 順也, 說文 惠 仁也 从心从叀).
③ 원길(元吉) : 41번 손괘 괘사를 참고하라.

상구 : 막익지 혹격지 입심물항 흉.
上九 : 莫益之 或擊之 立心勿恒 凶.
도움이 없는 상태에서 공격을 당할 수 있다. 처음 먹은 마음을 고집하면 흉하리라.

도움이 없다(莫益之).
공격을 당할 수 있다(或擊之).

막(莫)은 없는 것이다①. 익(益)은 더하고 돕는 것이다②. 지(之)는 간다, 한다는 것이다③. 격(擊)은 공격이고 치는 것이다④. 그러므로 막익지 혹격지(莫益之 或擊之)는 도움이 없이 혹 공격을 받는다는 뜻이다. 성왕(成王) 때 반란을 일으켰으나 주변의 도움이 없이 주공으로부터 진압을 당한 관숙(管叔), 채숙(蔡叔), 무경(武庚)의 처지를 설명한 말이다.

① 막(莫) : 33번 둔괘 육이를 참고하라.
② 익(益) : 42번 익괘 괘사를 참고하라.
③ 지(之) : 5번 수괘 상육을 참고하라.
④ 격(擊) : 4번 몽괘 상구를 참고하라. 백서주역에는 격(毄 부딛칠·애쓸 격)으로 되어 있다.

마음에 세운 것을 한결같이 하지 말라(立心勿恒).
흉하다(凶).

입심(立心)은 마음을 세운 것, 결심한 것이다. 물항(勿恒)은 한결같이 하지 말라이다①②. 그러므로 입심물항 흉(立心勿恒 凶)은 결심한 것을 고집하지 말라③. 고집하면 흉하다는 뜻이다.

① 물(勿) : 3번 준괘 괘사를 참고하라.
② 항(恒) : 32번 항괘 괘사를 참고하라.
③ 주공(周公)의 고사와 관련된다. 고사는 본 괘 괘사를 참고하라.

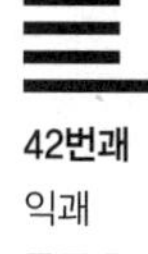

쾌괘(夬卦) 택천쾌(澤天夬) 43번괘

싸움에서 도망해 처벌받는 군자의 길흉을 설명했다.

쾌는 양우왕정에 부가 호하도다. 유려라 고자읍하니 불리즉융하고 이유유왕하니라.
夬는 揚于王庭에 孚가 號하도다. 有厲라 告自邑하니 不利卽戎하고 利有攸往하니라.

초구는 장우전지로 왕하면 불승이니 위구리라.
初九는 壯于前趾로 往하면 不勝이니 爲咎리라.

구이는 척호라. 모야에 유융이라도 물휼이로다.
九二는 惕號라. 莫夜에 有戎이라도 勿恤이로다.

구삼은 장우규니 유흉이라. 군자가 쾌쾌독행하여 우우약유니 유온이나 무구리라.
九三은 壯于頄니 有凶이라. 君子가 夬夬獨行하여 遇雨若濡니 有慍이나 无咎리라.

구사는 둔무부니 기행에 차저이나 견양하면 회망하리라. 문언은 불신이로다.
九四는 臀无膚니 其行에 次且이나 牽羊하면 悔亡하리라. 聞言은 不信이로다.

구오는 현륙이 쾌쾌중행하니 무구리라.
九五는 莧陸이 夬夬中行하니 无咎리라.

상육은 무호니 (중)유흉하리라.
上六은 无號니 (中)有凶하리라.

43번괘

쾌괘(夬卦)

싸움에서 도망해 처벌받는 군자의 길흉을 설명했다.

쾌. 양우왕정 부호 유려고자읍. 불리즉융 이유유왕.
夬. 揚于王庭 孚號 有厲告自邑. 不利卽戎 利有攸往.

왕궁에서 개선식을 하는데 끌려온 포로들이 울부짖고 있다. 적이 쳐들어와 위태하다는 보고가 읍으로부터 있다. 적병을 쫓는 것이 불리하고 도망을 가는 것이 이로우리라.

쾌괘(夬卦)는 싸움에서 도망해 처벌받는 군자의 길흉을 설명했다.

쾌(夬)는 괘명으로, 터놓다, 찢어지다, 끊어지다의 뜻이다. 쾌(夬)가 들어간 글자 중 결(缺)은 그릇·동이가 깨진 것, 쾌(快)는 마음이 터진 것이다. 설문은 쾌(夬)를 흙을 갈라놓고 구부러져 물이 흐르는 모양으로 설명했다.(說文, 夬 分決也 从又 𠃌象決形). 10번 이괘 구오의 쾌리(夬履)는 터지고 헤진 신발이라는 뜻으로 쾌 원래의 의미로 사용되었다.

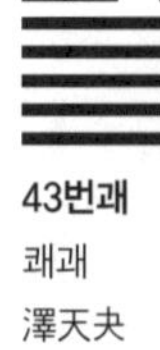

43번괘
쾌괘
澤天夬

쾌(夬)는 결(決), 결(缺), 결(趹)과 통용이 된다.

(1) 결(決)은 흙을 갈라놓고 물이 흐르는 모양을 말한다(說文 夬 分決也 从又 𠃌象決形, 說文 決 行流也 从水从夬 廬江有決水 出於大別山, 𠃌 굽을 우). 고대에는 쾌(夬)와 통용되었다. 34번 대장괘 구사의 번결(藩決)은 울타리가 갈라졌다, 구멍이 났다는 것이다. 決이 夬 대신 사용된 것이다. 장자(莊子)의 양왕(讓王)편에 있는 아래의 글의 決도 구멍이 나다, 떨어지다로 사용되었다.
정구이영절(正冠而纓絕), 관을 바로 쓰려고 하나 갓끈이 끊어져 있었네,
착금이주견(捉衿而肘見), 옷을 여미려 하면 팔꿈치가 보이네,
납구이종결(納屨而踵決), 신을 신으니 신발 뒤축에 구멍이 나있네.

(2) 결(缺)은 그릇이 깨지다, 이지러진다, 파괴되다의 뜻이다. 43번 쾌괘 구삼의 군자쾌쾌(君子夬夬)가 백서주역에는 군자결결(君子缺缺)로 되어 있고, 노자의 기민결결(其民缺缺)도 백서갑본(帛書甲本)에는 기민쾌쾌(其民夬夬)로 기

록돼 있다.

(3) 고형(高亨)은 쾌(夬)는 결(趹)을 차용한 것이라 했다(高亨 周易大傳今注 夬借爲趹, 周易古經今注 夬疑借爲趹 同聲系 古通用). 결(趹)은 말처럼 빨리 달리는 모양을 말한다(說文 趹 馬行皃 从足 決省聲, 玉篇 趹 疾也).

이 중에서 쾌괘(夬卦)의 쾌(夬)는 빨리 달린다는 뜻을 가진 결(趹)로 사용되었다. 쾌괘 괘사의 이유유왕(利有攸往)은 가는 것과 관련이 되고, 구삼의 군자쾌쾌 독행우우(君子夬夬 獨行遇雨)는 군자가 혼자 도망을 가다가 비를 만난 것이며, 현륙쾌쾌(莧陸夬夬)는 산양 여섯 마리를 몰고 달려가는 것이다. 쾌(夬)를 결단하다, 터지다, 깨지다 등으로 해석을 하면 문맥이 맞지 않는다.

왕궁에서 개선식을 한다(揚于王庭).
포로들이 울부짖는다(孚號).
위태하다는 보고가 읍으로부터 있다(有厲告自邑).

양(揚)은 전쟁 후 개선식을 하는 모습이다①. 부(孚)는 포로이다②. 호(號)는 부르짖는 것이다. 양우왕정(揚于王庭)은 정벌에 나갔던 군사들이 왕궁에서 개선식을 한다는 것이고, 부호(孚號)는 정벌에서 끌려온 포로들이 부르짖고 있다는 것이다. 유려(有厲)는 위태함이 있다는 것이고③, 고자읍(告自邑)은 읍으로부터 보고가 있다는 것이다.

① 양(揚) : 설문은 날다, 들어 올리다로 해설했다(說文, 揚 飛擧也 从手昜聲). 백서주역에는 양(陽)으로 돼 있다.
② 부(孚) : 벌·포로·잡음·노획품·믿음·끌어당김으로 사용이 된다. 본 괘사에는 포로로 사용됐다(文源 林義光 孚卽俘之古文 象爪持子, 說文 俘 軍所獲也 春秋傳 曰 以爲俘聝). 9번 소축괘 육사를 참고하라.
③ 유려(有厲) : 49번 혁괘 구삼을 참고하라.

적병을 쫓는 것이 불리하다(不利卽戎).
가는 것이 이롭다(利有攸往).

즉(卽)은 쫓는 것이다①. 융(戎)은 병사이다②. 불리즉융(不利卽戎)은 침입한

적을 쫓기 위해 나가는 것이 불리하다는 것이다. 적은 잡혀 온 포로들과 같은 편일 것이다. 이유유왕(利有攸往)은 가는 것이나 행동하는 것이 이롭다는 것이다③. 적과 싸움을 하는 것보다 도망을 가는 것이 이롭다는 것이다.

① 즉(卽) : 3번 준괘 육삼을 참고하라.
② 융(戎) : 13번 동인괘 구삼을 참고하라.
③ 이유유왕(利有攸往) : 22번 비괘 괘사를 참고하라.

초구 : 장우전지 왕불승 위구.
初九 : 壯于前趾 往不勝 爲咎.
발가락을 다쳤다. 정벌에 나가 이길 수 없으니 허물이 있으리라.

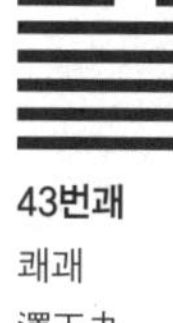
43번괘
쾌괘
澤天夬

발가락을 다쳤다(壯于前趾).

장(壯)은 다친다는 뜻을 가진 장(戕)이다①. 지(趾)는 발이고, 전지(前趾)는 발가락이다②. 장우전지(壯于前趾)는 전쟁에 나갈 본 괘 구삼의 군자가 발가락을 다쳤다는 것이다③.

① 장(壯) : 34번 대장괘 괘사를 참고하라. 백서주역에는 상(牀 평상 상)으로 돼 있다.
② 지(趾) : 21번 서합괘 초구를 참고하라.
③ 장(壯) : 장성할 장(壯)으로 봐 발가락의 기운이 센 것으로 해석하기도 한다. 이는 양효(陽爻)가 양의 자리에 있어 기운이 강하다는 것을 강조한 해석이다. 그러나 이 해석은 이어지는 불승(不勝)과 연결이 되지 않는다.

정벌에 나가 이길 수 없다(往不勝).
허물이 있다(爲咎).

왕(往)은 간다, 행동한다는 것이다①. 위구(爲咎)는 유구(有咎)로 허물이 있다는 것이다②. 그러므로 왕불승 위구(往不勝 爲咎)는 정벌에 나가 이길 수 없으니 허물이 있다는 뜻이다.

① 왕(往) : 25번 무망괘 괘사를 참고하라.

② 위구(爲咎) : 유월(俞樾)은 장자 대종사(大宗師)편에 막연유한(莫然有閒, 아무 일 없이 지낸다)을 막연위한(莫然爲閒)으로 쓴 석문(釋文)의 내용을 爲와 有가 고대에 통용되었다는 증거로 들었다.

구이 : 척호 모야유융 물휼.
九二 : 惕號 莫夜有戎 勿恤.
한밤에 적병이 쳐들어오니 두려워 부르짖는다. 다치지 않으니 근심하지 말라.

두려워 부르짖는다(惕號).
한 밤에 적병이 있다(莫夜有戎).

척(惕)은 삼가다, 공경한다, 두려워하는 것이다①. 호(號)는 부르짖는 것이다②. 모(莫)는 해가 지는 것이다. 융(戎)은 병사이다③. 그러므로 척호 모야유융(惕號 莫夜有戎)은 한밤에 적병이 쳐들어오니 두려워 부르짖는다는 뜻이다.

① 척(惕) : 1번 건괘 구삼을 참고하라. 초죽서에는 척(惕)이 시(啻 뿐·다만 시)로 기록돼 있다. 시(啻)는 제(啼 울 제)와 같다.

② 호(號) : 13번 동인괘 구오를 참고하라.

③ 융(戎) : 13번 동인괘 구삼을 참고하라.

근심하지 말라(勿恤).

물(勿)은 부정의 어조사로 말라, 아니다이다. 휼(恤)은 근심이다. 물휼(勿恤)은 근심하지 말라는 것이다. 근심하지 말라는 이유는 군자가 다치지 않았기 때문인 것으로 추측할 수 있다. 다친 것은 본 괘 구삼에서 나타난다. 초죽서에는 휼(恤)이 휼(卹)로 기록돼 있다. 卹은 근심이다(正韻 卹 雪律切 音戌 與恤同 誤 憂也 愍也, 說文 卹 憂也 从血卩聲 一曰鮮少也).

구삼 : 장우규 유흉. 군자쾌쾌독행 우우약유 유온무구.
九三 : 壯于頄 有凶. 君子夬夬獨行 遇雨若濡 有慍无咎.
쳐들어온 적에게 광대뼈를 다쳤으니 흉하다. 적을 피해 군자가 말처럼 혼자 도망가다가 비를 만나 옷이 젖어 화가 난다. 적에게 잡히지 않으니 허물은 없으리라.

광대뼈를 다쳤다(壯于頄).
흉하다(有凶).

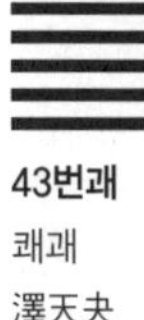
43번괘
쾌괘
澤天夬

장(壯)은 다친다는 뜻을 가진 장(戕)이다①. 규(頄, 구라고도 읽는다)는 광대뼈이다②. 그러므로 장우규 유흉(壯于頄 有凶)은 적이 쳐들어와 광대뼈를 다쳤으니 흉하다는 것이다③.

① 장(壯) : 34번 대장괘 괘사를 참고하라.

② 규(頄) : 옥편은 광대뼈라 했고(玉篇, 頄 面顴也, 顴 광대뼈 관·권), 석문에 정현이 광대뼈 규(頯)로 썼다고 했다(釋文, 頄 鄭作頯).

③ 장우규(壯于頄)를 어떻게 보는지에 따라 효사 전체의 해석이 달라진다.

(1) 광대뼈가 불룩 올라온 거라는 해석이 있다. 장(壯)을 장하다, 견고하다, 단단한 것으로 본 것이다. 양효(陽爻)가 양의 자리에 있어 기세가 강한 것도 참고된 해석이다. 기세가 강하니까 혼자 가게 되고, 과감하게 추진을 하다가 옷을 버리는 일도 있지만 허물을 면한다. 그래서 결과는 좋다는 해석이 가능하다.

(2) 장(壯)이 장(戕)을 발려 쓴 것이라면 광대뼈를 다친 것이다. 광대뼈를 다친 것으로 보면 다음의 해석이 가능하다. 누군가로부터 광대뼈를 다친다. 혼자 도망을 가다가 비를 만나 옷을 버린다. 옷을 버리긴 하였으나, 무사히 도망을 갔으니 허물이 없다. 본 책에서는 (2)를 기준으로 하였다.

군자가 말처럼 혼자 도망간다(君子夬夬獨).
비를 만나 옷이 젖는다(遇雨若濡).

화가 나지만 허물은 없다(有慍无咎).

군자쾌쾌독(君子夬夬獨)는 적으로부터 광대뼈를 다친 군자가 말처럼 혼자서 빠르게 도망을 간다는 것이다①. 우우(遇雨)는 비를 만났다는 것이고, 유온(有慍)은 비에 젖어 성이 났다는 것이다②. 무구(无咎)는 망구(亡咎)로 허물이 없다는 것이다③. 허물이 없는 것은 군자가 비에 젖어 화가 났을 뿐이고 적에게 잡히거나 죽지 않았기 때문이다. 재난을 서둘러 피하다가 다른 작은 어려움을 만나나 허물이 없다는 뜻이다.

① 군자쾌쾌(君子夬夬) : 군자(君子)는 벼슬이 있는 사람이다. 천자·제후·대부·현인도 군자로 부른다. 군자(君子)는 1번 건괘 구삼을 참고하라. 쾌(夬)는 결(決), 결(缺), 결(趹)과 통용이 된다. 본 효사에서는 말처럼 달리는 모양을 뜻하는 결(趹)로 사용되었다. 쾌(夬)는 본 괘 괘사를 참고하라.

② 온(慍) : 온(愠)으로 성이 났다는 것이다(正韻 慍 愠本字, 說文 愠 怒也 本作慍).

③ 무구(无咎) : 60번 절괘 초구를 참고하라.

구사 : 둔무부 기행차저 견양회망. 문언불신.
九四 : 臀无膚 其行次且 牽羊悔亡. 聞言不信.

엉덩이에 살이 없으니 매맞는 것이 두려워 가는 것을 망설인다. 양을 끌고 가 자신의 죄를 고하면 후회가 없으리라. 죄를 고하는 일에 대해 주변으로부터 들은 말은 믿을 바가 못 된다.

엉덩이에 살이 없다(臀无膚).
가는 것을 망설인다(其行次且).

둔무부(臀无膚)는 엉덩이에 살이 없다는 것이다①. 기행차저(其行次且)는 가는 것에 장애가 있어 망설이는 것이다②. 엉덩이에 살이 없는데 왜 가는 것을 망설이고 주저하고 있나? 첫째는 엉덩이에 살이 없으면 다리 힘이 없으니 가는 것이 곤란하다는 일반적인 해석이 있다. 상전에서 기행차저 위부당야(其行次且 位不當也)라 하였다. 가는 것을 주저하는 이유가 구사인 양효(陽爻)가 음의 자리에 있으니 자리가 합당치 않기 때문이라는 말이다. 둘째는 이경지(李鏡池)는 매를 맞은 결과 엉덩이 살이 없다고 봤다. 그렇다면 이어지는 효사와 같이 양을 끌고 가 왕에게 죄를 고할 필요가 없어진다. 엉덩이에 살이 없으니 매맞는 것이 두려워 가는 것을 망설인다는 해석이 훨씬 합리적이다.

① 둔(臀) : 엉덩이다. 설문은 넓적다리로 해설했다(說文, 臀 髀也, 髀 넓적다리 비·폐). 백서주역에는 신(脤 제육·고기 신)으로, 초죽서에는 진(踬 움직일 진)으로 돼 있다. 정현(鄭玄)은 고대에 둔(臋 볼기 둔)과 진(踬)은 통용되었다고 했다.

② 기행차저(其行次且) : 정현은 고대에는 저(且)는 조(阻 막힐 조)로 썼다고 했다(鄭玄注 古文且爲阻). 차저(次且)는 차조(次阻)로 머무르고 막혀 있다는 것이다. 그러므로 기행차저(其行次且)는 가는 것에 장애가 있어 망설이는 모양을 말한다. 석문에 저(且)는 저(趄 뒤뚝거릴 저) 또는 저(跙 머뭇거릴 저)로 썼고(本亦作趄或作跙), 왕숙운은 자저(趑趄)를 장애가 있어 행동하는 것을 멈추는 것으로 봤다(王肅雲 趑趄 行止之礙也). 차저(次且)를 백서는 처서(郪胥, 郪 땅 이름 처, 胥 서로 서), 초죽서는 처서(緀疋, 緀 무늬 처, 疋 짝 필, 발 소)로 썼다.

양을 끌고 가면 후회가 없다(牽羊悔亡).

견(牽)은 이끈다, 고삐를 앞으로 당긴다는 뜻이다①. 양(羊)은 항복의 표시로 바치는 양이다②. 회망(悔亡)은 후회가 없다는 것이다③. 견양회망(牽羊悔亡)은 전쟁에서 도망간 죄를 지은 군자가 왕에게 양을 끌고 가 자신의 죄를 빌면 후회할 일이 없다는 뜻이다.

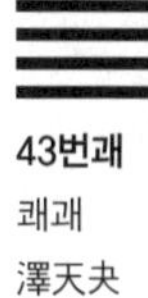

43번괘
쾌괘
澤天夬

① 견(牽) : 9번 소축괘 구이를 참고하라.

② 양(羊) : 양을 끌고 가 드리는 예인 견양지례(牽羊之禮)는 왕이나 상대방에게 항복하여 신하가 됨을 표시할 때 행하는 예이다. 이 예는 사기의 기록에서도 확인할 수 있다. 무왕(武王)이 상(商·殷)나라를 무너뜨리자 미자(微子)가 무왕에게 항복하기 위해 군영으로 찾아갔다. 미자는 종묘 안에 있던 제기를 가지고 갔고, 윗몸을 벗은 후 밧줄로 자신을 묶게 한 후, 한 손에는 양을 끌고 다른 손에는 띠풀을 잡고, 무릎으로 기어가 무왕에게 항복했다.

③ 회망(悔亡) : 47번 곤괘 상육을 참고하라.

들은 말은 믿을 바가 못 된다(聞言不信).

통행본과 백서주주역에는 문언불신(聞言不信)이고, 초죽서에는 문언부동(昏+耳言不冬)으로 돼 있다. 통행본의 해석은 들은 말은 믿지 못한다는 것이고, 초죽서는 들은 말이 끝이 없다는 것이다(冬=終). 죄를 지은 군자가 양을 끌고 가면서 이런 저런 말들을 듣는데, 그 말들은 믿을 바가 못 된다는 뜻이다. 또는 그 말들이 끝이 없다는 의미다.

구오 : 현륙쾌쾌중행 무구.
九五 : 莧陸夬夬中行 无咎.
군자가 죄를 고하러 여섯 마리의 양과 함께 길 가운데를 말달리듯 달린다. 허물이 없으리라.

현(莧)은 산양이다①. 육(陸)은 육(六)이다②. 쾌(夬)는 결(決), 결(缺), 결(趹)과 통용이 된다. 본 효사에서는 말처럼 빨리 달린다는 뜻의 결(趹)로 사용됐다③. 현륙쾌쾌(莧陸夬夬)는 여섯 마리의 양이 (군자와 함께) 말달리듯 빨리 달려간다는 뜻이다. 본 괘 구삼의 군자쾌쾌(君子夬夬)의 구절이 군자가 말 달리듯 달려가는 것과 같은 표현이다. 중행(中行)은 중도(中道, 길 가운데)이다④. 무구(无咎)는 망구(亡咎)로 허물이 없다는 것이다⑤.

① 현(莧) : 집운에 莧은 가는 뿔을 가진 산양이라 했다(集韻, 莧 又胡官切 音桓 山羊細角也). 설문은 풀 종류로 봤다(說文, 莧 莧菜也). 본 효에서는 본 괘 구사에 나온 양(羊)으로 쓰였다.

② 육(陸) : 초죽서에는 [++六]으로 썼다. 일(一)을 일(壹)로 쓴 것처럼 六을 [++六]으로 쓴 것이다.

③ 쾌(夬) : 본 괘 괘사를 참고하라.

④ 중행(中行) : 11번 태괘 구이를 참고하라.

⑤ 무구(无咎) : 60번 절괘 초구를 참고하라.

상육 : 무호 종유흉.
上六 : 无號 終有凶.
죄를 고하는 군자에게 부르짖음이 없다. 중간에는 흉함이 있으리라.

무호(无號)는 부르짖는 소리가 없다는 것이다①. 종유흉(終有凶)은 전국조죽서에 중우흉(中又凶)으로 되어 있다②. 중간에 흉함이 있다는 뜻이다.

---

① 호(號) : 13번 동인괘 구오를 참고하라.

② 종유흉(終有凶) : 통행본의 종(終)은 초죽서에는 동(冬)과 동(冬+心, 15번 겸괘 괘사), 백서주역에는 종(終) 또는 동(冬)으로 되어 있다. 통행본의 유(有)로 초죽서의 우(又)로 되어 있다. 그러므로 초죽서의 중우흉(中又凶)은 종유흉(終有凶)이 아닌 중유흉(中有凶)으로 새겨야 한다. 중유흉(中有凶)으로 새기면 군자가 왕에게 죄를 고하러 갔으나 중간에 흉함이 있고 끝은 길함이 있을 수도 있다고 해석된다. 그러나 종유흉(終有凶)으로 새긴다면 끝이 흉하다는 것이니 결국은 군자가 죽든지 투옥이 되는 것으로 끝난다고 해석된다. 본 효사의 길흉이 정확히 어떤지는 효사를 통해 알 수 없다.

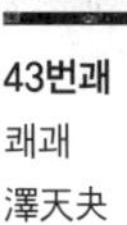

구괘(姤卦) 천풍구(天風姤) 44번괘

짐승의 뿔을 두드리는 것을 통하여 상나라가 망하는 것에 대한 길흉을 설명했다.

(구)는 여장이니 물용취녀니라.
(敂)는 女壯이니 勿用取女니라.

초육은 계우금니로 정은 길하도다. 유유왕하면 견흉하리니 이시가 부하며 척촉하도다.
初六은 繫于金柅로 貞은 吉하도다. 有攸往하면 見凶하리니 羸豕가 孚하며 蹢躅하도다.

구이는 포에 유어니 무구하고 불리빈하니라.
九二는 包에 有魚니 无咎하고 不利賓하니라.

구삼은 둔무부니 기행에 차저하고 려하나 무대구리라.
九三은 臀无膚니 其行에 次且하고 厲하나 无大咎리라.

구사는 포에 무어이니 (이)는 흉하리라.
九四는 包에 无魚이니 (已)는 凶하리라.

구오는 이(기)로 포(고)하니 함장으로 유운자천이로다.
九五는 以(芑)로 包(苽)하니 含章으로 有隕自天이로다.

상구는 (구)기각이 인하나 무구리라.
上九는 (敂)其角이 吝하나 无咎리라.

44번괘

구괘(姤卦)

짐승의 뿔을 두드리는 것을 통하여 상나라가 망하는 것에 대한 길흉을 설명했다.

구. 여장 물용취녀.
姤. 女壯 勿用取女.
여자가 다쳤으니 장가들지 말아야 한다.

구괘(姤卦)는 짐승의 뿔을 두드리는 것을 통하여 상나라가 망하는 것에 대한 길흉을 설명했다.

구(姤)는 괘명으로 상구의 구기각(姤其角)의 구(姤)를 취해 괘명으로 삼았다. 구(姤)는 두드리는 것이다. 상(商·殷)나라가 망한 것은 본 괘 구오에 함장(含章)으로 나타나 있다.

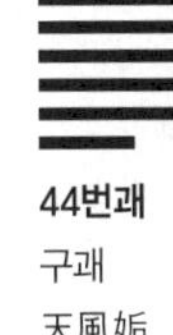

44번괘
구괘
天風姤

구(姤)는 두드린다(敂), 걸친다(冓), 만난다(遘)로 해석된다.

(1) 구(姤)를 두드린다(敂, 두드릴·때릴 구)로 해석하는 것은 초죽서의 기록이고, 본 책의 기준이기도 하다. 구(姤)는 백서주역에는 구(狗 개 구) 또는 구(坸 때·티끌 구)로 되어있다. 狗 또는 坸는 상구의 내용과 문맥이 맞지 않고, 두드린다는 뜻을 가진 敂만 문맥과 어울린다. 敂는 얽혀서 펴지지 않는 말(勾·句)과 두드려서 편다는 칠 복(攵)이 합쳐져 만들어진 글자이다.

(2) 구(姤)를 걸치는 것(冓 짤 구)으로 본 것은 고형(高亨)이 주역고경금주(周易古經今注)에서 주장한 것이다. 시경 야유만초(野有蔓草)에 우연히 만났으니 내가 원하던 바로 그 사람이네(해후상우邂逅相遇 적아원혜適我願兮)라는 말이 있다. 석문(釋文)에서 구(遘 만날 구)는 姤로도 썼다고 한 것을 그 증거로 들었다. 또 姤, 冓, 遘는 고대에는 같은 소리 계열로 통용되었다고 했다.

(3) 구(姤)를 만난다(遘)로 해석한 것은 석문(釋文)의 내용이다. 석문에서 정현과 육덕명의 말을 빌어 姤는 고문에 遘로 썼다고 했다(姤 古文作遘 鄭玄陸德明皆以 遘字爲古文). 설문에서는 짝을 짓다. 만난다는 의미의 우(偶)로

풀이했다(說文, 姤 偶也). 서괘전에서도 구자우야(姤者遇也)로 구를 만나는 것으로 해석했다.

여자가 다쳤다(女壯).
장가들지 말라(勿用取女).

장(壯)은 다친다는 뜻을 가진 장(戕)이다①. 여장(女壯)은 여자가 다쳤다는 것이다. 물용(勿用)은 쓰지 말라, 시행하지 말라는 것이다. 취(取)는 부인을 얻는 것이다. 물용취녀(勿用取女)는 장가들지 말라, 장가들지 않는 것이다②. 장(壯)을 장대한 것으로 보면 여자의 기세가 강한 것이고, 또는 바람기로 나라를 망친(戕) 여자라고 해석을 하기도 한다.

① 장(壯) : 34번 대장괘 괘사를 참고하라.
② 물용취녀(勿用取女) : 4번 몽괘 육삼을 참고하라.

초육 : 계우금니 정길. 유유왕견 흉 이시부척촉.
初六 : 繫于金柅 貞吉. 有攸往見 凶 羸豕孚蹢躅.
황동으로 만든 수레의 고동목에 묶여 있다. 현재의 상태가 좋으니 길하리라. 머물지 않고 가면 흉한 것을 본다. 가면 묶인 돼지가 줄만 끌어 당기며 버르적거리는 꼴이 되리라.

수레의 황동 고동목에 묶였다(繫于金柅).
점은 길하다(貞吉).

계(繫) 매다, 묶는다는 뜻이다①. 니(柅)는 고동목으로 수레바퀴를 멈추게 하는 것이다. 고동목이 황동으로 된 것이 금니(金柅)이다②. 정(貞)은 점(占)이다. 정길(貞吉)은 점은 길하다는 것이다③. 그러므로 계우금니 정길(繫于金柅 貞

吉)은 황동으로 만든 수레에 매어 있는 상태이니 점은 길하다는 것이다. 현재의 상태가 좋다는 의미다.

① 계(繫) : 12번 비괘 구오를 참고하라.
② 니(柅) : 백서주역에는 梯(사다리·오를 제)로 되어 있고, 초죽서에는 통행본과 동일하게 니(柅)로 되어 있다. 柅를 실패로 보기도 한다.
③ 정길(貞吉) : 32번 항괘 괘사를 참고하라.

갈 바가 있으면(有攸往)
흉한 것을 본다(見凶).

원문의 유유왕견 흉(有攸往見 凶)을 유유왕 견흉(有攸往 見凶)으로 새긴다. 유유왕(有攸往)은 갈 곳이 있다, 행동함이 있다는 것이다. 그러므로 유유왕 견흉(有攸往 見凶)은 현재의 상태에 있지 않고 가면 흉한 것을 본다는 것이다. 어떻게 흉한지는 이어지는 구절에 있다. 유유왕(有攸往)은 22번 비괘 괘사를 참고하라. 백서주역과 통행본에는 유(有)는 초죽서에는 통가자인 우(又)로 되어 있다.

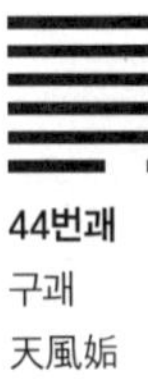

매인 돼지가 끌어당기며 버르적거린다(羸豕孚蹢躅).

이(羸)는 맨다는 뜻을 가진 유(纍)이다①. 시(豕)는 돼지이다. 부(孚)는 벌·포로·잡음·노획품·믿음·끌어당김으로 사용이 된다. 본 효에서는 끌어당김으로 사용되었다(說文, 捊 引取也)②. 척촉(蹢躅, 머뭇거릴 척·촉)은 머뭇거린다는 것이다. 이시부척촉(羸豕孚蹢躅)은 매인 돼지가 줄을 끌어 당기며 버르적거린다는 뜻이다.

① 이(羸) : 34번 대장괘 구사를 참고하라.
② 부(孚) : 9번 소축괘 육사를 참고하라.

구이 : 포유어 무구 불리빈.
九二 : 包有魚 无咎 不利賓.

부엌에 물고기가 있으니 허물이 없다. 자신의 귀한 것을 버려두고 손님으로 가는 것은 불리하리라.

포(包)는 포(庖)로 부엌이고 요리사이다①. 포유어(包有魚)는 부엌에 물고기가 있다는 것이다. 무구(无咎)는 망구(亡咎)로 허물이 없다는 것이다. 무(无)는 없다는 무(無)이고 망(亡)이다. 구(咎)는 허물이다②. 불리빈(不利賓)은 부엌 속에 물고기가 있는데 이를 두고 손님으로 다른 곳으로 가려는 것은 이익이 없다는 것이다. 본 괘 구오에서 상(商·殷)나라가 망했다고 한 것을 참고하면, 상나라의 신하로 나서는 것은 이롭지 않다는 것을 말한 것으로 추측할 수 있다.

① 포(包) : 4번 몽괘 구이를 참고하라.
② 무구(无咎) : 60번 절괘 초구를 참고하라.

구삼 : 둔무부 기행차저 여 무대구.
九三 : 臀无膚 其行次且 厲 无大咎.

엉덩이에 살이 없으니 매맞는 것이 두려워 가는 것을 망설인다. 매맞는 것은 위태한 일이나, 무거운 형벌이 아니므로 큰 허물은 없으리라.

엉덩이에 살이 없다(臀无膚).
가는 것을 망설인다(其行次且).

둔무부(臀无膚)는 엉덩이에 살이 없다는 것이다①. 기행차저(其行次且)는 가는 것에 장애가 있어 망설이는 것이다②. 엉덩이에 살이 없으니 매맞는 것이 두려워 가는 것을 망설인다는 뜻이다.

① 둔(臀) : 43번 쾌괘 구사를 참고하라.
② 기행차저(其行次且) : 43번 쾌괘 구사를 참고하라.

위태하다(厲).
큰 허물은 없다(无大咎).

여(厲)는 위태함이다①. 무(无)는 무(無)와 망(亡)과 같이 통가자로 혼용되는 글자이고 없다는 것이다. 무대구(无大咎)는 큰 허물은 없다는 뜻이다②. 그러므로 여 무대구(厲 无大咎)는 위태하나 큰 허물이 없다는 것이다. 벌을 받는 것은 위태한 것이나, 엉덩이를 맞는 것은 가벼운 형벌이니 큰 허물이 되지 않는다는 뜻이다. 또 43번 쾌괘 구사처럼 양을 끌고 가 자신의 죄를 빌면 처벌을 받지 않는 상황이 된다는 말일 수도 있다.

① 여(厲) : 1번 건괘 구삼을 참고하라.
② 무대구(无大咎) : 60번 절괘 초구를 참고하라.

구사 : 포무어 기흉.
九四 : 包无魚 起凶.
부엌에 소박한 제사에 쓸 물고기도 없다. 제사에 흉하리라.

포(包)는 포(庖)이다. 포(庖)는 부엌이고 요리사이다①. 포무어(包无魚)는 제사에 쓸 물고기가 부엌에 없다는 것이다. 고대의 제사에 물고기를 올리는 제사는 아주 소박한 제사이다. 물고기도 없다는 것은 소박한 제사도 올릴 수 없다는 것을 말한다. 기(起)는 제사를 뜻하는 이(已)이다②. 통행본의 기(起)는 백서주역에는 정(正), 초죽서에는 이(已)로 되어 있다. 본 책은 초죽서를 기준으로 새겼다. 이(已)는 사(巳)이며 사(祀)로 제사라는 의미이다. 기흉(起凶)은 제사에 흉하다는 것이다.

① 포(包) : 4번 몽괘 구이를 참고하라.
② 기(起) : 이(已)는 17번 수괘 구사의 이명(以明)의 설명을 참고하라.

구오 : 이기포과 함장 유운자천.
九五 : 以杞包瓜 含章 有隕自天.
좋은 곡식인 차조로 나쁜 곡식인 줄을 감싸는 것과 같이 상나라를 이긴다. 이는 하늘로부터 온 복이다.

차조로 줄을 감싼다(以杞包瓜).
상나라를 이긴다(含章).

기(杞)는 차조를 뜻하는 기(芑)이다①. 포(包)는 싸는 것이고, 포용하는 것이다②. 과(瓜 오이 과)는 줄을 뜻하는 고(苽)이다③. 이기포과(以杞包瓜)는 차조로 줄을 감싼다는 것이다. 줄은 육곡(六穀) 중의 하나이나 차조보다 좋은 곡식은 아니다④. 좋은 곡식으로 나쁜 곡식을 싼다는 본 구절은 주(周)나라가 상(商·殷)나라를 정복한 것을 비유한 것으로 추측된다. 함장(含章)은 상나라를 이긴다는 뜻이다. 함(含)은 예전에는 죽이다, 이기다의 뜻을 가진 감(戡)과 통용되었다. 장(章)은 고대에는 상(商·殷)과 통용되었다⑤.

① 기(杞) : 백서주역에는 기(忌), 초죽서에는 기(芑)로 되어 있다. 설문에서 기(杞)는 흰 차조이고 좋은 곡식이라 했다(說文, 杞 白苗嘉穀 从艸己聲).
② 포(包) : 4번 몽괘 구이를 참고하라.
③ 과(瓜) : 백서주역·초죽서 모두 고(苽)로 되어 있다. 설문은 苽를 조고(雕苽) 또는 장(蔣)으로 불린다고 했다(說文, 苽 雕苽 一名蔣 从艸瓜聲).
④ 육곡(六穀) : 주례·천관의 선부의 주에서 육곡은 벼, 기장, 피, 수수, 보리, 줄이라 했다(周禮·天官 膳夫註 六穀 稌 黍 稷 粱 麥 苽, 稌 벼 도, 黍 기장서, 稷 피 직, 粱 수수 량, 麥 보리 맥, 苽 줄 고).
⑤ 함장(含章) : 2번 곤괘 육삼을 참고하라.

하늘로부터 떨어지는 것이 있다(有隕自天).

운(隕)은 떨어진다는 것이다①. 자천(自天)은 하늘로부터라는 뜻이다②. 유운자천(有隕自天)은 떨어지는 것이 하늘로부터 있다는 뜻이다. 상(商·殷)나라를 이긴 것이 하늘의 복이라는 의미다.

① 운(隕) : 설문에 높은 곳에서 아래로 향하는 것이라 했다(說文, 隕 從高下也 易 曰 有隕自天). 백서주역에는 훈(塤 질나발 훈)으로 돼 있다.

② 자천(自天) : 14번 대유괘 상구를 참고하라.

상구 : 구기각 인 무구.
上九 : 姤其角 吝 无咎.
짐승의 뿔을 두드리듯 적을 공격하는 것은 어렵다. 다치지 않으니 허물은 없으리라.

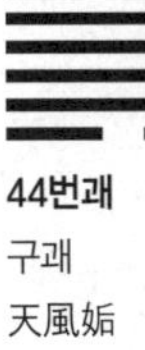

44번괘
구괘
天風姤

구(姤)는 두드린다, 편다, 공격한다는 뜻을 가진 구(敂)이다①. 구기각(姤其角)은 그 뿔을 두드린다는 것이다. 상대방이 짐승의 뿔처럼 방비를 하고 있는데 이를 두드리며 공격하는 것이다. 인(吝)은 어렵고, 한스럽고, 애석한 것이다②. 주(周)나라가 상(商·殷)나라의 군사들을 공격하는 것이 어렵다는 뜻으로 추측된다. 무구(无咎)는 망구(亡咎)로 허물이 없다는 것이다③. 무(无)는 없다는 무(無)이고 망(亡)이다. 구(咎)는 허물이다. 방어를 하는 적군을 공격하는 것은 어렵지만 다치지 않으니 허물이 없다는 뜻이다.

① 구(姤) : 본 괘 괘사를 참고하라.

② 인(吝) : 40번 해괘 육삼을 참고하라.

③ 무구(无咎) : 60번 절괘 초구를 참고하라.

췌괘(萃卦) 택지췌(澤地萃) 45번괘

질병의 길흉을 설명했다.

췌는 형에 왕격유묘니 이견대인하리라. 형은 이정하고 용대생하면 길하며 이유유왕하니라.
萃는 亨에 王假有廟니 利見大人하리라. 亨은 利貞하고 用大牲하면 吉하며 利有攸往하니라.

초육은 유부가 부종으로 내란내췌로 약호하도다. 일(곡)위소하니 물휼이라 왕하면 무구리라.
初六은 有孚가 不終으로 乃亂乃萃로 若號하도다. 一(斛)爲笑하니 勿恤이라 往하면 无咎리라.

육이는 인길이니 무구하여 부내이용약이리라.
六二는 引吉이니 无咎하여 孚乃利用禴이리라.

육삼은 췌여차여이니 무유리며 왕하면 무구이나 소린하니라.
六三은 萃如嗟如이니 无攸利며 往하면 无咎이나 小吝하니라.

구사는 대길하며 무구리라.
九四는 大吉하며 无咎리라.

구오는 췌유위니 무구이며 비부로 원하며 영의 정은 회망하도다.
九五는 萃有位니 无咎이며 匪孚로 元하며 永의 貞은 悔亡하도다.

상육은 재자의 체이니 무구리라.
上六은 齎咨의 涕洟니 无咎리라.

췌괘(萃卦)

질병의 길흉을 설명했다.

췌. 형 왕격유묘. 이견대인. 형 이정 용대생길. 이유유왕.
萃. 亨 王假有廟. 利見大人. 亨 利貞 用大牲吉. 利有攸往.

왕이 제사를 지내기 위해 사당에 온다. 대인을 만나는 것이 이로우리라. 제사를 지낼 만하고, 이로우리라. 제사에 큰 짐승을 제물로 쓰면 길하고, 갈 곳이 있으면 이로우리라.

췌괘(萃卦)는 질병의 길흉을 설명했다.

췌(萃)는 괘명으로 병든다는 뜻이다. 일반적으로 췌괘(萃卦)는 괘상을 통하여 땅 위에 연못 물이 합하여 모이는 것으로 해석된다. 그러나 효사들의 해석에 있어서 췌를 모이는 것으로 보면 억지 해석이 되는 게 많다. 병드는 것으로 보는 것이 훨씬 자연스럽다. 췌(萃)를 모이는 것으로 봐야 하는가, 아니면 병든 것으로 봐야 할 것인가?

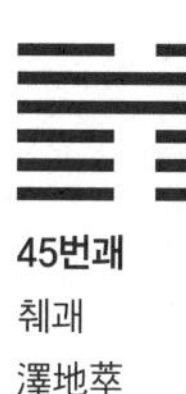

(1) 백서주역의 괘명은 췌(萃)가 아니고 졸(卒 마칠 졸, 버금 쉬)로 되어 있고, 초죽서에는 [日+𠂉+卒]의 형태로 되어 있다. 卒라는 글자는 옷(衣)의 위에 특별한 표시(上加一點標記)를 하여 종이나 죄인(古代供隸役)을 일반인(常人)과 구별하는 것에서 비롯되었다. 나중에 이 글자가 잡졸(雜卒)을 나타나게 되었고, 잡졸들은 전투에서 죽는 일이 많았으므로 [죽다·마치다]의 의미로 발전된 글자다. 백서주역의 卒이 종·죄인·잡졸·병자·마침 중 어느 의미로 사용이 되었는지는 분명치 않다.

(2) 통행주역의 괘명인 췌(萃)를 일반적으로 [모인다]로 본다. 설문에 萃를 초모(艸皃)로 해설했다. 풀이 많이 모여 있다는 것이다. 상전에서 췌 취야(萃 聚也), 서괘전에서 췌자취야(萃者聚也)라 하여 萃를 모이는 것으로 봤다. 풀(艸)이 잡졸(卒)들처럼 많다는 것에서 모이는 것으로 본 것이다. 그러나 萃는 당운(唐韻)에서는 췌(瘁 병들 췌), 집운(集韻)에서는 줄(崒 높을 줄), 좌

사·오도부(左思·吳都賦)에서는 쉬(淬 담글질할 쉬), 사마상여·자허부(司馬相如·子虛賦)에서는 졸(倅 백사람 졸)로 읽는다고 하였다. 이같이 다양하게 읽을 수 있음에도 췌괘의 괘상(상괘는 兌澤인 못, 하괘는 坤地인 땅)만을 들어 물이 모이는 것으로 고집하는 것은 문제가 있다.

(3) 萃를 [병들다]로 볼 수 있다. 설문에서도 萃를 췌(瘁 병들 췌)로 읽을 수 있다고 했다(說文, 艸皃 從艸卒聲 讀若瘁). 췌(萃)는 뜻을 나타내는 병질엄(疒, 병상에 누운 모양)에 졸(卒)의 전음(轉音)이 사용된 글자로, 병들다, 야위다, 근심하다의 뜻이 있다. 효사의 문맥을 보면 萃를 [모인다]보다는 [병들다]로 보는 것이 더 자연스럽다. 본 책에서도 췌(萃)를 병들다로 새겼다.

형(亨).

亨은 고대의 주역본에 없었으나 왕숙(王肅)본에서 처음 나타났다. 정전(程傳)·본의(本義)·백서주역(帛書周易)에도 亨자가 없다. 정이(程頤)는 괘(卦)의 주사(繇辭) 중 형(亨)자가 두 개가 있는 것은 췌괘뿐이고, 괘상과도 연관이 없어 연문(衍文)으로 봤다. 연문은 쓸데없이 낀 군더더기 글자를 말한다.

왕이 사당에 온다(王假有廟).
대인을 만나는 것이 이롭다(利見大人).

격(假)은 오는 것이다①. 유(有)는 장소에 붙는 어조사인 어(於)로 사용되었다②. 묘(廟)는 사당이다③. 왕격유묘(王假有廟)는 왕이 제사를 지내기 위해 사당에 온다는 것이다. 이견대인(利見大人)은 벼슬이 높은 사람을 만나는 것이 이롭다는 뜻이다④. 역경에서 대인은 벼슬이 있는 사람을 말한다. 대인은 제사를 지내기 위해 온 왕이 만나는 사람, 또는 일반인이 왕을 본 후 만나는 큰 인물일 수 있다.

① 격(假) : 37번 가인괘 구오를 참고하라.
② 유(有) : 37번 가인괘 초구를 참고하라.
③ 묘(廟) : 조상의 신주를 모셔 놓은 사당(祠堂)이다. 고문은 묘(庿)이다.
④ 이견대인(利見大人) : 1번 건괘 구이를 참고하라.

제사를 지낼 만하다(亨).
이롭다는 점이다(利貞).
큰 짐승을 제물로 쓰면 길하다(用大牲吉).
갈 곳이 있으면 이롭다(利有攸往).

형(亨)은 제사·연회·잔치·대접·흠향의 뜻을 가진 향(饗)이고 향(亯)이다. 백서주역에도 亨으로 되어 있고 초죽서에는 경(卿)으로 기록되어 있다①. 제사를 지내기 전 점을 쳐 본 괘를 얻으면 제사를 거행하면 좋다는 것이다. 이(利)는 이롭다는 것이고 정(貞)은 점이다. 이정(利貞)은 이로운 점이라는 것이다②. 어떤 사항에 점을 쳐 본 괘를 얻으면 이롭다는 것이다. 생(牲)은 제사에 제물로 쓰이는 짐승이다. 용대생길(用大牲吉)은 왕이 사당에 와 제사를 지내면서 큰 짐승을 제물로 쓰면 길하다는 뜻이다. 유(攸)는 곳·장소이다. 왕(往)은 간다, 행동한다는 것이다. 이유유왕(利有攸往)은 범을 쳐 본 괘를 얻으면 가는 것이나 행동하는 것이 이롭다는 의미다③.

① 형(亨) : 1번 건괘 괘사를 참고하라.
② 이정(利貞) : 32번 항괘 괘사를 참고하라.
③ 이유유왕(利有攸往) : 22번 비괘 괘사를 참고하라.

초육 : 유부부종 내란내췌약호 일악위소 물휼 왕무구.
初六 : 有孚不終 乃亂乃萃若號 一握爲笑 勿恤 往无咎.
벌을 받는 것이 끝나지 않아 혼란스럽고 병이 들었다. 병으로 부르짖다가 자신의 처지에 대해 점을 친 후 웃는다. 근심하지 말라, 가면 허물이 없으리라.

벌이 끝나지 않았다(有孚不終).
혼란스럽고 병이 들어 부르짖는다(乃亂乃萃若號).
점을 친 후 웃는다(一握爲笑).

부(孚)는 벌·포로·잡음·노획품·믿음·끌어당김으로 사용된다. 본 효에서는 벌로 사용되었다. 유부(有孚)는 벌이 있다는 것이다(孚通浮, 小爾雅 浮 罰也 謂罰爵也)①. 백서주역에는 유부(有孚)가 유복(有復)으로 되어 있으며, 復은 운모 부분이 유사하여 통가자로 쓰였다. 내(乃)는 이에, 그래서이다②. 췌(萃)는 병든다는 것이다③. 약(若)은 연(然)으로 ~한 모양임을 말한다. 어조사 이(而)로도 쓰인다④. 호(號)는 부르짖는 것이다⑤. 유부부종 내란내췌약호(有孚不終 乃亂乃萃若號)는 벌이 끝나지 않아 혼란스럽고 병이 들어 고통으로 부르짖는다는 것이다. 악(一握)은 점을 쳤다는 것이다⑥. 일악위소(一握爲笑)는 자신의 처지에 대해 점을 친 후 웃는다는 뜻이다.

---

① 유부(有孚) : 9번 소축괘 육사를 참고하라.

② 내(乃) : 설문에는 말을 이끌어 내기가 어려움을 나타낸 어조사로, 기운이 나오기 어렵다는 것을 형상화했다고 했다(說文, 乃 曳詞之難也 象氣之出難 凡乃之屬皆从乃). 이에, 그래서, 겨우, 의외로 등으로 사용되고, 위 말과 아래 말을 이어 주는 어조사로 사용된다.

③ 췌(萃) : 본 괘 괘사를 참고하라.

④ 약(若) : 30번 이괘 육오를 참고하라.

⑤ 호(號) : 13번 동인괘 구오를 참고하라.

⑥ 일악(一握) : 한서율력지의 산법(算法)에서 대나무를 쓰는데, 지름 1푼이요, 길이 6촌이며, 271매(枚)로서 6고(觚)를 이루는데 이것이 1악(握)이다(漢書律歷志 其算法用竹 徑一分 長六寸 二百七十一枚而成六觚 爲一握)라는 말이 있다. 통행본의 악(握)이 초죽서에는 곡(斛 휘·헤아릴·잴 곡)으로 되어 있는 것을 보면 이곳에서는 점을 쳤다는 것으로 사용됐음을 알 수 있다. 백서주역에는 옥(屋 집 옥)으로 되어 있다. 고형도 주역대전금주(周易大傳今注)에서 악(握)을 옥(屋)으로 봐 한 방에 있는 사람들이 웃는 것으로 해석하였으나 문맥에 맞지 않는다. 악(握)을 옥(屋)으로 보면 웃는 이유가 무엇인지, 이어지는 [근심하지 말라]는 말이 왜 나왔는지 알 수 없다.

근심하지 말라(勿恤).
가면 허물이 없다(往无咎).

물(勿)은 부정의 어조사로 말라, 아니다이다. 휼(恤)은 근심이다. 물휼(勿恤)은 근심하지 말라이다①. 현 상황에 대해 점을 쳐 좋은 결과가 나왔으니 근심하지 말라는 것이다. 왕(往)은 간다, 행동한다는 것이다. 무구(无咎)는 망구(亡咎)로 허물이 없다는 것이다. 왕무구(往无咎)는 가면, 행동하면 허물이 없다는 것이다②. 초죽서(楚竹書)에는 무구(无咎)가 망구(亡咎)로 기록돼 있다.

① 물휼(勿恤) : 11번 태괘 구삼을 참고하라.
② 왕무구(往无咎) : 60번 절괘 초구를 참고하라.

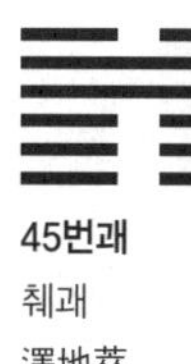
45번괘
췌괘
澤地萃

육이 : 인길 무구 부내이용약.
六二 : 引吉 无咎 孚乃利用禴.
크게 길하고 허물이 없다. 믿음을 가지고 간소한 제사를 지내면 이로우리라.

크게 길하다(引吉).
허물이 없다(无咎).

인(引)은 홍(弘 클 홍)을 잘못 쓴 것이다①. 무구(无咎)는 망구(亡咎)로 허물이 없다는 것이다②. 무(无)는 없다는 무(無)이고 망(亡)이다. 구(咎)는 허물이다. 그러므로 인길 무구(引吉 无咎)는 크게 길하고 허물이 없다는 뜻이다.

① 인(引) : 홍(弘)과 글자체가 비슷하여 잘못 옮겨 적은 것이다. 고형(高亨)이 주역대전금주(周易大傳今注)에서 주장한 것이다.
② 무구(无咎) : 60번 절괘 초구를 참고하라.

믿음으로 간소한 제사를 지내면 이롭다(孚乃利用禴).

부(孚)는 벌·포로·잡음·노획품·믿음·끌어당김으로 사용이 된다. 본 효에서는 믿음으로 사용되었다(說文, 孚 卵孚也 一日信也)①. 내(乃)는 이에, 그래서이다②. 이용(利用)은 쓰는 것이 옳다, 쓰는 것이 가능하다는 뜻이다③. 약(禴)은 봄·여름에 지내는 간소한 제사이다④. 부내이용약(孚乃利用禴)은 믿음으로 간소한 제사를 지내면 이롭다는 것이다.

① 부(孚) : 9번 소축괘 육사를 참고하라.

② 내(乃) : 본 괘 초육을 참고하라.

③ 이용(利用) : 4번 몽괘 초육을 참고하라.

④ 약(禴) : 제사에는 사냥해서 잡은 새를 올렸고, 오곡이 익기 전에 올린 제사였으므로 간소하게 지냈다. 예기·왕제(禮記·王制)에는 천자와 제후가 종묘에 지내는 제사를 봄에는 약(禴), 여름에는 체(禘), 가을에는 상(嘗), 겨울에는 증(烝)이라 하였다. 주례·춘관·대종백(周禮·春官·大宗伯)에는 선왕에게 드리는 제사 중 봄 제사를 사제(祠祭), 여름은 약제(禴祭)라 하였고, 또한 사상유(士上卣)의 명문에는 5월에 약제(禴祭)를 지냈다고 기록하고 있으나, 약제와 같은 의미로 쓰이는 약제(礿祭)를 11월에 지냈다는 기록도 있다.

육삼 : 췌여차여 무유리 왕무구 소린.

六三 : 萃如嗟如 无攸利 往无咎 小吝.

병들어 탄식하니 이로울 게 없다. 가면 허물은 없으나, 작은 어려움은 있으리라.

병들어 탄식한다(萃如嗟如).

이로울 게 없다(无攸利).

췌(萃)는 병든다는 뜻을 가진 췌(瘁 병들 췌)이다①. 여(如)는 ~모양, ~모습이다. 백서주역에는 약(若 같을 약)으로 되어 있다②. 차(嗟)는 탄식함이다③. 췌여차여(萃如嗟如)는 병들어 탄식한다는 것이다. 무유리(无攸利)는 가는 것, 행하는 것이 이로울 게 없다는 것이다④. 무(无)는 무(無)와 망(亡)과 같이 통가자로 혼용되는 글자이고, 없다는 것이다. 유(攸)는 곳·장소·행함이다.

① 췌(萃) : 본 괘 괘사를 참고하라.
② 여(如) : 3번 준괘 육이를 참고하라.
③ 차(嗟) : 옥편은 탄식하는 것이라 했고(玉篇, 嗟 嗟歎也), 집운은 아프고 애석한 것이라 했다(集韻, 嗟 一曰痛惜也).
④ 무유리(无攸利) : 4번 몽괘 육삼을 참고하라.

가면 허물은 없으나, 작은 어려움은 있다(往无咎 小吝).

왕(往)은 간다, 행동한다는 것이다. 무구(无咎)는 망구(亡咎)로 허물이 없다는 것이다. 왕무구(往无咎)는 가면, 행동하면 허물이 없다는 것이다①. 소린(小吝)은 작은 어려움이다②. 그러므로 왕무구 소린(往无咎 小吝)은 가면 허물은 없으나 작은 어려움이 있다는 뜻이다.

① 왕무구(往无咎) : 60번 절괘 초구를 참고하라.
② 소린(小吝) : 40번 해괘 육삼을 참고하라.

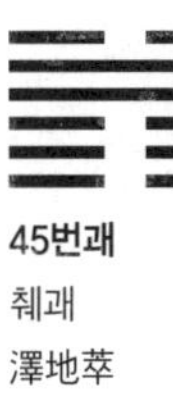

구사 : 대길무구.
九四 : 大吉无咎.
크게 길하고 허물이 없으리라.

대길(大吉)은 크게 길하다는 것이고, 무구(无咎)는 망구(亡咎)로 허물이 없다는 것이다①. 무(无)는 없다는 무(無)이고 망(亡)이다. 구(咎)는 허물이다. 점을 쳐 본 효를 얻으면 크게 길하고 허물이 없다는 뜻이다②.

① 무구(无咎) : 60번 절괘 초구를 참고하라.
② 본 효를 크게 길한 후에야(大吉), 허물이 없다(无咎)고 해석하기도 한다. 상전은 크게 길한 후에야 허물이 없는 이유를 구사의 위치가 바르지 않기 때문이라 했다(象曰, 大吉无咎 位不當也).

구오 : 췌유위 무구. 비부 원. 영정회망.
九五 : 萃有位 无咎. 匪孚 元. 永貞悔亡.

맡은 일로 인해 생긴 병이니 허물이 없다. 처벌을 받지 않으니 앞으로 오랜 기간 크게 길하고 후회가 없으리라.

직무로 인한 병이다(萃有位).
허물이 없다(无咎).

췌(萃)는 병든다는 뜻을 가진 췌(瘁 병들 췌)이다①. 유(有)는 장소에 붙는 어조사인 어(於)로 사용되었다②. 위(位)는 직무·직위이다. 췌유위(萃有位)는 직무로 인해 병이 생겼다는 것이다. 시경 사월(四月)에 도도한 장강과 한수가 남쪽나라까지 흘러가네, 병들도록 섬겨도 어찌 나에게 있지 않은가(滔滔江漢 南國之紀 盡瘁以仕 寧莫我有)라는 구절 중 진췌이사(盡瘁以仕)가 췌유위(萃有位)와 같은 뜻이다. 무구(无咎)는 망구(亡咎)로 허물이 없다는 것이다. 무(无)는 없다는 무(無)이고 망(亡)이다. 구(咎)는 허물이다③. 직무로 인한 질병이니 허물이 없다는 뜻일 수도 있고, 질병이 사소한 것일 수도 있다.

① 췌(萃) : 본 괘 괘사를 참고하라.
② 유(有) : 37번 가인괘 초구를 참고하라.
③ 무구(无咎) : 60번 절괘 초구를 참고하라.

벌을 받지 않는다(匪孚).
오랜 기간의 점은 크게 길하다(元永貞).
후회가 없다(悔亡).

고형(高亨)의 주역대전금주(周易大傳今注)의 [비부 원 영정회망(匪孚 元 永貞悔亡)]을 [비부 원영정 회망(匪孚 元永貞 悔亡)]으로 새긴다. 비(匪)는 설문에는 대나무 광주리로 해석하였으나 이곳에서는 아닐 비(非)로 새긴다①. 부(孚)는 벌·포로·잡음·노획품·믿음·끌어당김으로 사용이 된다. 본 효에서는 벌로 사용되었다②. 비부(匪孚)는 벌을 받지 않는다는 뜻이다.

원영정(元永貞)은 원길영정(元吉永貞)으로 오랜 기간의 점은 크게 길하다는 것이다③. 회(悔)는 후회·아쉬움·뉘우침이다. 망(亡)은 성모가 같은 무(無)자와 통용된다. 회망(悔亡)은 후회가 없다는 것이다④. 그러므로 비부 원영정 회망(匪孚 元永貞 悔亡)은 벌을 받지 않으니 오랜 기간의 점에는 크게 길하고 후회가 없다는 뜻이다.

① 비(匪) : 3번 준괘 육이를 참고하라.

② 부(孚) : 9번 소축괘 육사를 참고하라.

③ 원(元) : 역경 중 원(元)이 단독으로 쓰인 곳은 없다. 원래 원길(元吉)인 것을 옮겨 적을 때 누락된 것으로 추정된다. 원길(元吉)이 쓰인 곳은 다음과 같다. 2번 곤괘 육오, 6번 송괘 구오, 10번 리괘 상구, 11번 태괘 육오, 24번 복괘 초구, 26번 대축괘 육사, 30번 이괘 육이, 41번 손괘 괘사, 41번 손괘 육오, 42번 익괘 초구, 42번 익괘 구오, 48번 정괘 상육, 50번 정괘 괘사, 59번 환괘 육사.

④ 회망(悔亡) : 47번 곤괘 상육을 참고하라.

상육 : 재자체이 무구.
上六 : 齎咨涕洟 无咎.
상가집에 부의를 하며 눈물과 콧물을 흘린다. 허물은 없으리라.

재(齎)는 전하는 것이다①. 자(咨)는 자(資)로 부의하는 물건이다②. 체이(涕洟)는 눈물과 콧물이다. 무구(无咎)는 망구(亡咎)로 허물이 없다는 것이다. 무(无)는 없다는 무(無)이고 망(亡)이다. 구(咎)는 허물이다③. 그러므로 재자체이 무구(齎咨涕洟 无咎)는 상가집에 부의하면서 눈물과 콧물을 흘리나 허물은 없다는 뜻이다.

허물이 왜 없는지는 정확히 알 수 없다. 상가집에 가는 것을 점쳐 본 효를 얻으면 허물이 없다고 단순하게 볼 수도 있다. 또 괘사에 대인을 보는 것이 이롭다는 것, 초육의 병이 난 것, 육삼과 육오의 병이 들었다는 내용을 감안하면 병이 든 사람이 상육에서는 죽은 것이고, 죽은 사람의 후계자가 일을 이을 수 있으니 허물이 없다고도 볼 수 있다.

---

① 재(齎) : 설문은 남은 것을 가지는 것으로 해설했다(說文, 齎 持遺也 从貝齊聲. 持 가질 지, 遺 남길·전할 유). 가지다, 주다, 탄식하다로 쓰인다.

② 자(咨) : 집해(集解)에 자(咨)는 자(資)로 썼으며 우번(虞翻)의 말을 인용해 자(資)는 상가집에 부조하는 것이라 했다(咨 本作資 資 賻也 貨財喪曰賻).

③ 무구(无咎) : 60번 절괘 초구를 참고하라.

45번괘
췌괘
澤地萃

승괘(升卦) 지풍승(地風升) 46번괘

올라가는 것을 통하여 왕이 정벌하는 것의 길흉을 설명했다.

승은 원형하니라. 용견대인이니 물휼하고 남정이 길하리라.
升은 元亨하니라. 用見大人이니 勿恤하고 南征이 吉하리라.

초육은 윤승이니 대길하리라.
初六은 允升이니 大吉하리라.

구이는 부내이용약이니 무구리라.
九二는 孚乃利用禴이니 无咎리라.

구삼은 승허읍이로다.
九三은 升虛邑이로다.

육사는 왕용형우기산이니 길하고 무구리라.
六四는 王用亨于岐山이니 吉하고 无咎리라.

육오는 정이 길하니 승계로다.
六五는 貞이 吉하니 升階로다.

상육은 명승이니 이우불식지정이로다.
上六은 冥升이니 利于不息之貞이로다.

46번괘

승괘(升卦)

올라가는 것을 통하여 왕이 정벌하는 것의 길흉을 설명했다.

승. 원형. 용견대인 물휼. 남정길.
升. 元亨. 用見大人 勿恤. 南征吉.

큰 제사를 지낼 만하고, 벼슬이 높은 사람을 만나는 것이 이롭다. 근심하지 말라. 남쪽을 정벌하면 길하리라.

승괘(升卦)는 올라가는 것을 통하여 왕이 정벌하는 것의 길흉을 설명했다.

승(升)은 괘명으로, 올라가는 것을 뜻한다. 승(升)은 술 또는 곡식을 푸는 자루 달린 용기를 그린 글자다. 설문은 10작을 1승의 용량으로 해설했다(說文, 升 十龠也 从斗 亦象形). 본 괘에서는 용기에 물건을 쌓는 것에서 나온 오를 등(登)이라는 뜻으로 사용되었다. 백서주역(帛書周易), 백서계사(帛書繫辭), 부양한간(阜陽漢簡)의 괘명도 등(登)으로 되어있다.

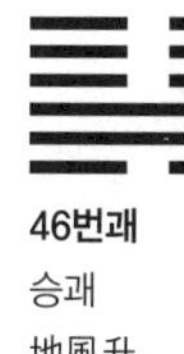

큰 제사를 지낼 만하다(元亨).
벼슬이 높은 사람을 만나는 것이 이롭다(用見大人).

원(元)은 크다는 것이다. 형(亨)은 제사를 지낸다는 향(享)이다. 원형(元亨)은 고대 사람들이 큰 제사를 지내기 전에 점을 쳐 본 괘가 나오면 큰 제사를 거행할 만하다는 것이다①. 용견대인(用見大人)은 이견대인(利見大人)과 같다②. 역경에서 대인은 벼슬이 있는 사람을 말한다. 이견대인(利見大人)은 벼슬이 높은 사람을 만나는 것이 이롭다는 뜻이다.

① 원형(元亨) : 1번 건괘 괘사를 참고하라.

② 용견대인(用見大) : 석문(釋文)에 용견은 이견으로 썼다고 했다(用見 本或作利見). 46번 승괘 괘사의 용견대인을 백서주역에는 이견대인으로 기록돼 있고, 6번 송괘 괘사의 이견대인은 백서주역과 초죽서에는 이용견대인(利用見大人)으로 기록돼 있다. 이견대인(利見大人)은 1번 건괘 구이를 참고하라.

근심하지 말라(勿恤).
남쪽을 정벌하면 길하다(南征吉).

물(勿)은 부정의 어조사로 말라, 아니다이다. 휼(恤)은 근심이다. 물휼(勿恤)은 근심하지 말라는 것이다. 물휼(勿恤)은 11번 태괘 구삼을 참고한다. 남정길(南征吉)은 남쪽으로 가면, 남쪽을 정벌하면 길하다는 것이다. 이는 문왕이 기산(岐山)에서 형통하였던 것, 무왕이 남수(南狩)에서 뜻을 얻은 것, 성탕(成湯)이 남쪽을 첫 정벌의 방향으로 삼은 것과도 통한다. 본 괘사가 이 중 어느 왕의 고사를 인용한 것인지는 분명하지 않으나 왕의 정벌과 관련이 있는 것은 틀림없다. 왕은 본 괘 육사에 나온다.

초육 : 윤승 대길.
初六 : 允升 大吉.
믿음으로 올라가듯 정벌하니 크게 길하리라.

윤(允)은 믿음이다①. 승(升)은 올라간다는 뜻을 가진 등(登)이다②. 윤승(允升)은 믿음을 가지고 올라가듯 정벌을 한다는 것이다. 대길(大吉)은 원길(元吉)로 크게 길한 것이다③.

① 윤(允) : 35번 진괘 육삼을 참고하라.
② 승(升) : 본 괘 괘사를 참고하라.
③ 대길(大吉) : 41번 손괘 괘사를 참고하라.

구이 : 부내이용약 무구.
九二 : 孚乃利用禴 无咎.
정벌에 승리를 한 후 믿음으로 검소한 제사를 지낸다. 허물이 없으리라.

부(孚)는 벌·포로·잡음·노획품·믿음·끌어당김으로 사용이 된다. 본 효에서는 믿음으로 사용되었다(說文, 孚 卵孚也 一曰信也)①. 부내이용약(孚乃利用禴)은 믿음으로 검소한 제사를 지내면 이롭다는 것이다②. 무구(无咎)는 망구(亡咎)로 허물이 없다는 것이다③. 무(无)는 없다는 무(無)이고 망(亡)이다. 구(咎)는 허물이다. 본 괘가 왕의 정벌과 관련된 괘이므로 정벌에 승리를 한 후 지내는 제사로 추측할 수 있다.

① 부(孚) : 9번 소축괘 육사를 참고하라.
② 부내이용약(孚乃利用禴) : 45번 췌괘 육이를 참고하라.
③ 무구(无咎) : 60번 절괘 초구를 참고하라.

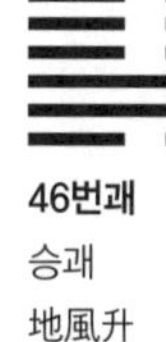

구삼 : 승허읍.
九三 : 升虛邑.
정벌에 승리를 한 후 큰 언덕에 있는 읍으로 수도를 옮긴다.

승(升)은 올라간다는 뜻을 가진 등(登)이다①. 허읍(虛邑)은 큰 언덕에 있는 읍이다②. 승허읍(升虛邑)은 큰 언덕에 있는 읍으로 오른다는 것이다. 홍수 등을 감안하여 높은 지대에 있는 곳으로 나라를 옮기는 것으로 추측된다. 또는 정벌에 성공한 후 나라 또는 수도를 옮기는 것으로 볼 수도 있다. 본 효에 대한 점사는 없지만 피해가 있는 곳에서 안전한 높은 지대로 갔으니 좋을 수밖에 없다.

① 승(升) : 본 괘 괘사를 참고하라.

② 허(虛) : 설문에 큰 언덕이라 했다(說文, 虛 大丘也 崐崘丘謂之崐崘虛 古者九夫爲井 四井爲邑 四邑爲丘 丘謂之虛 从丘虍聲 臣鉉等曰 今俗別作墟 非是). 허(虛)자는 뜻과 음을 나타내는 虍(범호엄)에 丘(언덕 구)가 합쳐져 만들어졌다. 큰 언덕이 넓어 아무것도 보이지 않는다는 것에서 텅 비다라는 의미로 쓰이는 글자다.

육사 : 왕용형우기산 길 무구.
六四 : 王用亨于岐山 吉 无咎.
읍으로 수도를 옮긴 후 왕이 감사의 제사를 기산에서 지낸다. 길하고 허물이 없으리라.

왕이 기산에서 제사를 지낸다(王用享于岐山).

형(亨)은 제사·연회·잔치·대접·흠향의 뜻을 가진 향(嚮)이고 향(亯)이다①. 기산(岐山)은 문왕(文王)의 할아버지인 고공단보(古公亶父)가 정착했던 곳이다②. 왕용형우기산(王用亨于岐山)는 왕이 기산에서 제사를 올린다는 것이다. 왕이 문왕인지 무왕(武王)인지, 아니면 다른 왕인지는 분명치 않다③. 정벌에 성공한 후 높은 언덕에 있는 읍으로 수도를 옮기고 감사의 제사를 드리는 것으로 볼 수 있다.

① 형(亨) : 1번 건괘 괘사를 참고하라.

② 기산(岐山) : 현재의 성서성 기산현 동북쪽에 있는 산이다. 서경(書經) 우공(禹貢)을 보면 옹주(雍州)의 경계 남쪽에 있어 곤지(坤地)의 방향인 서남(西南)의 방향이 된다. 서산(西山)이라고도 불린다.

③ 오주연문장전산고(五洲衍文長箋散稿)에서 무왕(武王)이 상(商·殷)나라를 이긴 후 문왕(文王)을 왕으로 추존하였음을 들어 [문왕이 기산에서 제사를 올린다.]는 말을 하지 못했을 것이라 했다. 그러나 후대에 역경을 만든 사람이 문왕 시대의 일을 빌어 본 효사를 만들 수도 있었을 것이다.

길하다(吉).

허물이 없다(无咎).

길(吉)은 좋고 화평함이다①. 무구(无咎)는 망구(亡咎)로 허물이 없다는 것이다②. 무(无)는 없다는 무(無)이고 망(亡)이다. 구(咎)는 허물이다.

① 길(吉) : 41번 손괘 괘사를 참고하라.

② 무구(无咎) : 60번 절괘 초구를 참고하라.

육오 : 정길 승계.
六五 : 貞吉 升階.
길하리라. 섬돌을 밟아 올라가듯 계속 정벌을 한다.

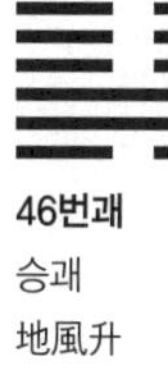

정(貞)은 점(占)이다. 정길(貞吉)은 점은 길하다는 것이다①. 승(升)은 올라간다는 뜻을 가진 등(登)이다②. 계(階)는 섬돌이며 계단이다③. 승계(升階)는 섬돌을 밟듯 점차 올라가는 것이다. 계속 정벌을 한다는 뜻일 수 있다.

① 정길(貞吉) : 32번 항괘 괘사를 참고하라.

② 승(升) : 본 괘 괘사를 참고하라

③ 계(階) : 왕이 즉위식에 오르는 동쪽에 있는 계단인 조계(阼階)로 볼 수도 있다.

상육 : 명승 이우불식지정.
上六 : 冥升 利于不息之貞.

어두운 밤에도 올라간다. 쉬지 않고 계속 정벌을 하는 것이 이로우리라.

명(冥)은 어둡다는 것이다①. 승(升)은 올라간다는 뜻을 가진 등(登)이다②. 명승(冥升)은 어두운 밤에 오른다는 것이다③. 쉬지 않고 정벌을 하는 것으로 추측된다. 불식(不息)은 쉬지 않는다는 것이다. 정(貞)은 점(占)이다④. 이우불식지정(利于不息之貞)는 쉬지 않는 것이 이롭다는 점이라는 뜻이다. 밤에도 올라가는 것처럼 쉬지 않고 정벌을 하는 것이 좋다는 의미다.

① 명(冥) : 설문은 어두운 것으로, 음력 16일에 달이 이지러지는 것으로 해설했다(說文, 冥 幽也 从日从六 冖聲 日數十 十六日而月始虧幽也 凡冥之屬皆从冥. 幽 그윽할·어두울 유, 虧 이지러질 휴, 冥 어두울 명).

② 승(升) : 본 괘 괘사를 참고하라.

③ 명승(冥升) : 어두울 때까지 올라간다, 밤에 올라간다, 밤까지 올라간다, 눈을 감고 올라간다, 혼미한 상태로 올라간다 등으로 다양하게 해석된다. 상전에서 기운이 흩어져 부유하지 않다(冥升在上 消不富也)로 해석한 것을 참고하여 밤에 올라가는 것으로 봤다.

④ 정(貞) : 32번 항괘 괘사를 참고하라.

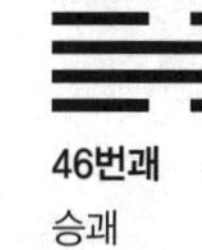

46번괘

승괘

地風升

곤괘(困卦) 택수곤(澤水困) 47번괘

죄인의 곤경과 죄인을 다루는 대인에 대한 길흉을 설명했다.

곤은 형하니라. 정은 대인에게 길하고 무구리라. 유언이나 불신이로다.
困은 亨하니라. 貞은 大人에게 吉하고 无咎리라. 有言이나 不信이로다.

초육은 둔곤우주목이라. 입우유곡하여 삼세간 부적이니 (흉)하리라.
初六은 臀困于株木이라. 入于幽谷하여 三歲간 不覿이니 (凶)하리라.

구이는 곤우주식에 주불이 방래하니 이용향사라. 정은 흉하리라.
九二는 困于酒食에 朱紱이 方來하니 利用享祀라. 征은 凶하리라.

육삼은 곤우석에 거우질려라. 입우기궁하여 불견기처니 흉하리라.
六三은 困于石에 據于蒺藜라. 入于其宮하여 不見其妻니 凶하리라.

구사의 내서서는 곤우금거일새니 인하나 유종이리라.
九四의 來徐徐는 困于金車일새니 吝하나 有終이리라.

구오의 의월은 곤우적불일새니 내서유탈로 이용제사니라.
九五의 劓刖은 困于赤紱일새니 乃徐有說로 利用祭祀니라.

상육은 곤우갈류로 우얼올이로다. 왈동회면 유회니 정하면 길하리라.
上六은 困于葛藟로 于臲卼이로다. 曰動悔면 有悔니 征하면 吉하리라.

곤괘(困卦)

죄인의 곤경과 죄인을 다루는 대인에 대한 길흉을 설명했다.

곤. 형. 정대인길 무구. 유언불신.
困. 亨. 貞大人吉 无咎. 有言不信.

제사를 지낼 만하다. 죄인을 다스리는 대인에게는 길하고 허물이 없으리라. 죄인은 잘못에 대해 말하지만 이 말을 믿을 수 없다.

곤괘(困卦)는 죄인의 곤경과 죄인을 다루는 대인에 대한 길흉을 설명했다.

곤(困)은 괘명으로, 곤란함이다. 설문은 困을 낡고 헐어 무너진 집이라 했고(說文, 困 故廬也), 광운은 궁하고 고통스러운 것이라 했다(廣韻, 困 窮也 苦也). 소도관은 중문관견에서 나무가 구(口)의 가운데 있는 것이 곤(困)이며, 사람의 발인 지(止)가 나무에 있는 것이라 했다(蕭道管 重文管見, 木在口中爲困人止于木亦爲困).

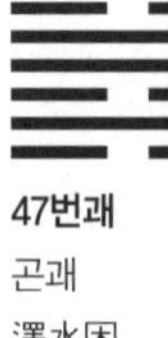

제사를 지낼 만하다(亨).
점은 대인에게 길하다(貞大人吉).
허물이 없다(无咎).

형(亨)은 제사·연회·잔치·대접·흠향의 뜻을 가진 향(饗)이고 향(亯)이다①. 제사를 지내기 전 점을 쳐 본 괘를 얻으면 제사를 지낼 수 있다는 것이다. 정(貞)은 점(占)이다②. 대인(大人)은 벼슬이 있는 사람이다. 본 괘 구이에서 술과 음식을 먹어 곤란한 사람으로 표현되었고 죄인을 다스리는 사람이다③. 무구(无咎)는 망구(亡咎)로 허물이 없다는 것이다. 무(无)는 없다는 무(無)이고 망(亡)이다. 구(咎)는 허물이다④. 그러므로 정대인길 무구(貞大人吉 无咎)는 점은 죄인을 다스리는 대인에게는 길하며, 허물이 없다는 것이다.

① 형(亨) : 1번 건괘 괘사를 참고하라.
② 정(貞) : 32번 항괘 괘사를 참고하라.

③ 대인(大人) : 1번 건괘 구이를 참고하라.

④ 무구(无咎) : 60번 절괘 초구를 참고하라.

말이 있으나 믿지 못한다(有言不信).

유언불신(有言不信)에 대해 두 가지 해석이 있으나 큰 차이는 없다. (1) 말이 있으나 믿지 못한다. 대인이 죄인을 다루는 데, 죄인이 자신의 잘못에 대해 대인에게 고하는 말은 있으나, 이 말은 믿을 수 없다는 뜻이다. 언(言)을 말로 보고 신(信)을 성실함으로 본 것이다(說文, 信 誠也 从人言). (2) 죄인에게 잘못이 있으나 말하지 않는다. 언(言)을 허물로 보고, 신(信)을 펼친다는 뜻을 가진 신(伸 펼 신)으로 본 것이다. 언(言)을 잘못(愆 허물 건)으로 본 것은 5번 수괘 구이를 참고하라.

초육 : 둔곤우주목 입우유곡 삼세부적.
初六 : 臀困于株木 入于幽谷 三歲不覿.
죄인이 몽둥이로 엉덩이를 맞는 곤경이 있다. 중죄로 감옥에 갇혀 삼년 동안 보지 못하니 흉하리라.

몽둥이로 엉덩이를 맞는 곤경이 있다(臀困于株木).

둔(臀)은 엉덩이이다. 백서주역에는 진(辰)으로 되어 있다. 정현(鄭玄)은 고대에 둔(臀 볼기 둔)과 진(脤)은 통용되었다고 했다①. 곤(困)은 곤란한 것이다②. 주목은 잘려진 나무 밑둥, 목재 또는 가구, 때리는 몽둥이, 죽음으로 몰아넣는 몽둥이 등으로 해석된다. 둔곤우주목(臀困于株木)은 몽둥이로 엉덩이를 맞는 곤란함이 있다는 뜻이다. 죄인이 곤장을 맞는다는 의미다.

① 둔(臀) : 43번 쾌괘 구사를 참고하라.

② 곤(困) : 본 괘 괘사를 참고하라.

감옥에 갇힌다(入于幽谷).

삼년 동안 보지 못한다(三歲不覿).

유(幽)는 감옥으로 유곡(幽谷)은 감옥을 비유한 것이다①. 삼세(三歲)는 3년이다②. 부적(不覿)은 보지 못한다는 것이다③. 그러므로 입우유곡 삼세부적(入于幽谷 三歲不覿)은 죄인이 중한 죄를 지어 감옥에 갇힌 후, 삼년 동안 보지 못하니 흉하다는 뜻이다④.

---

① 유(幽) : 10번 이괘 구이를 참고하라.

② 삼세(三歲) : 주례 사환에 죄인을 교화시키는 방법을 설명하면서, 가장 무거운 죄를 지은 사람은 3년만에 풀어줬고, 중죄인은 2년만에 풀어줬으며, 가벼운 죄를 지은 사람은 1년만에 풀어줬다는 기록이 있다(周禮 司圜, 上罪三年而舍, 中罪二年而舍, 下罪一年而舍). 본 효사에서 3년 동안 보지 못한다는 것은 죄인이 중한 죄를 지었음을 말한다.

③ 적(覿) : 설문에 보는 것이라 했다(說文, 覿 見也).

④ 백서주역(帛書周易)에는 괘의 끝에 흉(凶)자가 들어가 있다.

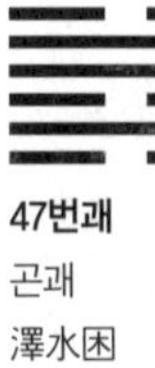

47번괘
곤괘
澤水困

구이 : 곤우주식 주불방래 이용향사. 정흉. 무구.
九二 : 困于酒食 朱紱方來 利用享祀. 征凶. 无咎.

대인이 술과 음식을 많이 먹어 곤경에 처해 있다. 대인에게 왕으로부터 주황색 앞가리개가 온다. 제사를 지내는 것이 좋고, 대인이 죄인을 다루는 일은 흉하리라.

술과 음식으로 곤란하다(困于酒食).

곤(困)은 곤란한 것이다①. 곤우주식(困于酒食)은 술과 음식을 많이 먹어 곤경에 처했다는 것이다②.

---

① 곤(困) : 본 괘 괘사를 참고하라.

② 곤우주식(困于酒食) : 정이(程頤)는 이천역전(伊川易傳)에서 곤우주식을 술과 음식을 베풀지 못하는 곤란함으로 새겼다(酒食 人所欲而所以施惠也). 주희(朱熹)는 주역본의(朱易本義)에서 곤우주식(困于酒食)을 과음 과식을 하여 고통을 받는 것으로 해석했다(困于酒食 厭飫苦惱之意, 厭 싫어할 염, 飫 물릴 어).

주황색 앞가리개가 온다(朱紱方來).

주불(朱紱)은 높은 신분을 가진 사람의 옷 앞에 대었던 주황색의 앞가리개이다. 방래(方來)는 바야흐로 온다는 것이다. 주불방래(朱紱方來)는 왕으로부터 대인에게 주황색 앞가리개가 온다는 것이다. 죄인을 다루는 대인에게는 크게 영광스러운 일이다. 불(紱)은 앞가리개인 폐슬로 보기도 하고 인끈으로 보기도 한다. 운회는 폐슬과 인끈으로 봤고(韻會 韍 通作黻 又作紱. 黻 수·폐슬·슬갑 불, 紱 인끈 불), 석문은 인끈으로 봤다(釋文, 紱 或作紼. 紼 엉킨 실 불). 천자나 제후 등 높은 신분의 사람이 긴 옷의 앞에 대었던 앞가리개가 폐슬이다.

고대에 천자는 주불(주황색 폐슬)을 썼고, 적불(붉은색 폐슬)은 아래의 제후가 사용하였다고 알려져 있으나 선비도 적불을 사용한 기록이 있다. 그러므로 높은 신분의 사람이 사용한 것으로 이해를 하면 된다. 인끈은 병력을 동원할 수 있는 관원이 병부(兵符)인 나무 패를 주머니에 넣어 달고 다니는 사슴가죽 끈, 또는 벼슬을 줄 때 찍는 도장의 꼭대기에 달린 끈을 말하기도 한다.

불(紱)은 불(巿)의 속자로 설문의 해설은 다음과 같다. 불(巿)은 필(韠)인 앞가리개이다. 고대에는 옷을 앞만 가렸으므로 이를 상형한 것이다. 천자는 주불로 가렸으며, 제후는 적불로 가렸고, 경대부는 총형(葱衡, 푸른 구슬 장식)을 하였다. 건(巾)으로 구성되고 위에 허리띠를 맨 모양을 합쳐서 만든 글자이다. 속자는 불(紱)로 쓴다(巿 韠也 上古衣蔽前而已 巿以象之 天子朱巿 諸侯赤巿 大夫葱衡 从巾 象連帶之形 凡巿之屬皆从巿 俗作紱).

제사를 지내는 것이 좋다(利用享祀).
행하는 것은 흉하다(征凶).
무구(无咎).

이용(利用)은 쓰는 것이 옳다, 쓰는 것이 가능하다는 뜻이다. 이용(利用)과 가용(可用)은 함께 사용되었다. 초죽서에는 이용(利用)이 가용(可用)으로 돼 있다. 역경의 성립시기로 볼 때 초죽서의 可用이 역경의 원형에 가까운 것이다①.

향사(享祀)는 제사이다②. 정흉(征凶)은 정벌·행함·취함·떠남이 흉하다는 것이다. 이곳에서는 대인이 죄인을 다루는 일은 흉하다는 것으로 사용된 듯하다. 아니면, 점을 쳐 본 효를 얻으면 정벌하는 것이 흉하다는 의미일 수도 있다③.

본 효사의 정흉(征凶)과 무구(无咎)는 내용이 서로 모순된다. 무구는 비직(費直)의 고문본에만 있는 것으로 잘못 들어간 글자이다④. 그러므로 이용향사 정흉 무구(利用享祀 征凶 无咎)는 작은 제사를 지내는 것이 좋으며, 대인이 죄인을 처벌하는 일을 하는 것은 흉하다는 뜻이다.

---

① 이용(利用) : 4번 몽괘 초육을 참고하라.

② 향사(享祀) : 47번 곤괘 구이에서는 이용향사(利用享祀)라 하였고, 47번 곤괘 구오에서는 이용제사(利用祭祀)라고 했으니 향사와 제사가 다름을 알 수 있다. 제(祭)는 천신(天神)에게 지내는 것이며, 사(祀)는 지신(地神·地示)에게, 향(享)은 인신(人神·人鬼)에게 지내는 제사이다. 향사(享祀)는 천신에게 지내는 제사보다는 규모가 작다고 봐야 한다.

③ 정흉(征凶) : 9번 소축괘 상구를 참고하라.

④ 고문본은 28번 대과괘 상육의 내용을 참고하라.

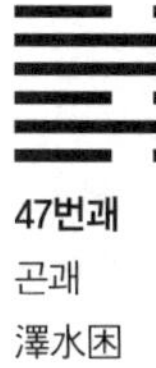

47번괘
곤괘
澤水困

육삼 : 곤우석 거우질려 입우기궁 불견기처 흉.
六三 : 困于石 據于蒺蔾 入于其宮 不見其妻 凶.

죄인이 처벌을 받는 가석에 앉는 곤경에 처했다가 감옥으로 간다. 죄인이 감옥에서 나와 집에 갔으나 처를 볼 수 없으니 흉하리라.

가석에 앉는 곤경에 처한다(困于石).
감옥에 간다(據于蒺蔾).

곤(困)은 곤란한 것이다①. 석(石)은 가석(嘉石)으로 죄인을 처벌하기 위해 앉히는 돌이다②. 질려(蒺蔾)는 나무이름으로 가시나무를 말한다. 감옥을 비유하는 말이다③. 그러므로 곤우석 거우질려(困于石 據于蒺蔾)는 죄인이 처벌을 받는 가석에 앉는 곤경에 처했다가 감옥으로 간다는 뜻이다.

① 곤(困) : 본 괘 괘사를 참고하라.

② 가석(嘉石) : 주례(周禮) 추관대사구(秋官大司寇)에 나오는 외조에 있던 돌을 말한다. 주대의 외조 마당에는 회화나무 3그루와 가시나무 9그루, 가석(嘉石)과 폐석(肺石)이 있었다. 가석은 죄인을 그 위에 앉혀 많은 사람들이 보도록 한 것이고, 폐석은 이 돌을 쳐서 억울한 백성이 원통함을 알리는 용도로 사용되었다.

③ 질려(蒺藜) : 형극(荊棘, 荊 가시나무 형, 棘 가시 극)이라고도 하며 남가새라고도 한다.

집에 갔으나 처를 볼수 없으니 흉하다(入于其宮 不見其妻 凶).

감옥에서 나와 자신의 집에 갔으나 처를 볼 수 없다, 또는 자신의 처지가 좋지 않아 처를 보러 집에 갈 형편이 되지 않는다고 해석하기도 한다.

■ 춘추좌전 서례 : 최무자의 결혼을 점치다.

춘추좌전(春秋左傳) 양공(襄公) 25년(기원전 548년)에 있는 서례이다. 제나라 최무자(崔武子)가 조문을 가서 미망인인 당강(棠姜)의 미색에 혹해 아내로 삼고자 했다. 최무자의 부하가 아내로 삼는 것을 반대하자 점을 쳐 곤지대과(困之大過, 곤괘의 육삼효가 동해 대과괘가 됨)가 나왔다.

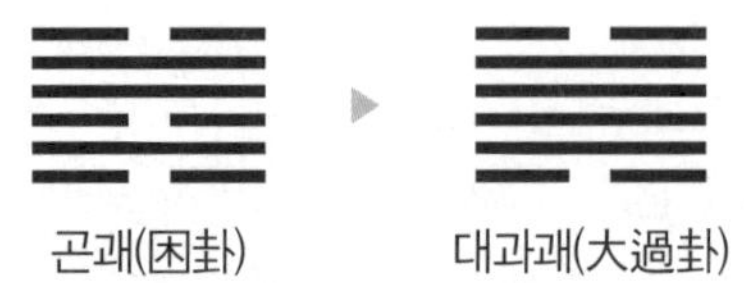

곤괘(困卦) 대과괘(大過卦)

점의 결과인 곤지대과(困之大過, 곤괘의 육삼효가 동해 대과괘가 됨)에 대해 태사(太史)들은 모두 길하다고 하였으나, 진문자(陳文子)는 아래와 같은 이유로 점괘가 흉함을 이야기했다.

장부가 바람을 따르고 바람은 처자를 떨어뜨리니 아내로 맞이할 수 없다(장부가 바람을 따른다는 것은 곤괘의 하괘인 감수坎水☵에서 중남이 나오고, 감수坎水☵가 변한 손풍巽風☴에서 바람이 나온다). 효사에 가석에 있으니 곤경을 겪고 감옥에 간 후 집에 가도 아내를 보지 못하니 흉하다고 하였다. 가석에 앉아 있는 상태이니 앞으로 나가도 성공하지 못하는 것이며, 감옥을 간다는 것은 사람으로부터 상처를 입는 것이며, 아내를 보지 못함은 돌아가 쉴 곳이 없다는 것이다. 동효가 변할 효인 경우 본괘의 해당 동효로 해석하면서 본괘의 괘상도 참조한 서례이다.

점괘를 해석한 진문자의 반대에도 불구하고 최무자는 당강을 아내(첩)로 삼았다. 아내로 삼은 후에 제장공(齊莊公)이 당강과 계속 사통을 하자 최무자는 제장공에게 원한을 품게 된다. 결혼 2년 후인 노양공 23년 5월 17일에도 제장공이 최무자를 문병을 와서 당강과 또 사통하였다. 당강이 몰래 최무자와 빠져나간 후, 제장공에게 이전에 매질을 당했던 시종 가거(賈擧)가 제장공을 문안에 가둔 뒤 최무자의 갑사들을 시켜 살해했다.

제장공이 살해될 당시 문밖에 있던 안자(晏子)가 들어가 제장공의 시신의 허벅지에 머리를 파묻고 곡을 한 후에 일어나 세 번 위로 뛰어올라 군주가 죽었을 때의 상례를 따랐다. 이를 본 이가 최무자에게 안자를 죽이라고 하였다. 최무자는 안자가 백성의 신망을 얻고 있으니 살려 두어야 백성의 마음을 얻을 수 있다고 하며 살려 두었다. 제장공을 죽인 이틀 후인 5월 19일 최무자는 제경공(齊景公)을 새 군주로 세운 뒤 자신은 재상이 되었다.

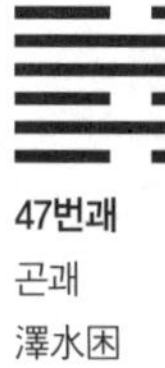

47번괘
곤괘
澤水困

이러한 점례와 역사적 사실에 대해 최무자에게 진문자가 흉하다고 한 것은 왕에게 첩을 뺏긴 것으로 경험되었고, 길하다고 한 태사들의 판단은 왕을 시해하고 반정을 성공적으로 한 것으로 경험되었다고 주장을 하기도 한다. 이 주장에서 길하게 된 이유에 대해 제장공이 대인의 풍모를 가지고 왕의 시종 가거를 끌어들였고, 충신인 안자의 애도를 대인으로서 관용한 것을 든다. 그러나 이는 점을 쳐 곤괘 육삼을 얻은 경우에 소인은 흉하고 대인은 극적인 변화를 통해 대인은 길로 변한다는 주장을 세우기 위한 억지이다.

최무자가 조문을 가서 미망인의 미색에 취해 당강을 첩으로 취한 것이 대인이 할 짓인가? 더욱이 가거가 시해에 참여한 것은 이전에 제장공에게 뺨을 맞았던 원한을 풀기 위해서였다. 최무자가 안자를 살려둔 것도 단지 백성들의 인심을 얻기 위한 것이다. 이런 것들을 보고 어떻게 대인이 각고의 노력 끝에 흉을 길로 바꾼 것이라 할 수 있는가? 또 처음 점을 친 후 2년이 흐른 후의 일을 가지고 최무자를 대인 운운하는 것도 문제다. 그러므로 진문자가 흉하다는 판단이 옳다. 만약 최무자가 삿된 생각이 없이 각고의 노력을 하고 대인의 풍모를 지켰으면 곤괘 괘사의 정대인길(貞大人吉)과 같이 길이 될 수도 있다.

구사 : 내서서 곤우금거 인 유종.
九四 : 來徐徐 困于金車 吝 有終.

감옥에 갇혀 있던 죄인이 풀려난 후 오는 것이 늦다. 대인이 죄인을 빨리 풀어 주지 않았기 때문이다. 죄인이 오는 것이 어렵겠지만 결국은 오게 된다.

천천히 온다(來徐徐).
쇠수레 때문에 곤경에 처한다(困于金車).

내(來)는 돌아오는 것이다①. 서(徐)는 행동이 더딘 것이다②. 곤(困)은 곤란한 것이다③. 금거(金車)는 쇠수레로 황동으로 장식을 한 수레를 말한다④. 그러므로 내서서 곤우금거(來徐徐 困于金車)는 죄인이 풀려 났으나 늦게 오는 것은 쇠수레를 탄 대인 때문에 곤경에 처했기 때문이라는 뜻이다.

본 괘는 죄인과 죄인을 처벌하는 대인에 대해 기술한 것이다. 천천히 온다는 것은 육삼에서 감옥에 갇혀 있던 죄인이 풀려난 후 오는 것이 빠르지 않다는 것이다. 곤우금거(困于金車)는 쇠수레, 즉 황동으로 장식을 한 높은 신분의 사람이 탄 수레이니 죄를 다스리는 대인이 타던 수레를 말한다. 이 수레 때문에 곤경에 처했다는 것은 대인이 죄인을 빨리 풀어 주지 않았기 때문이다. 이 부분에 대해 다른 해석도 있다.

(1) 천천히 오다가 쇠수레에 막혀 곤경에 처한다.

(2) 천천히 온다. 쇠수레 속에서 곤경에 처한다.

① 내(來) : 5번 수괘 상육을 참고하라.

② 서(徐) : 설문에는 편안하게 가는 것이라 했고(說文, 徐 安行也), 옥편은 위엄있는 모습이라 했다(玉篇, 徐 威儀也). 집해에는 서서를 도도로 쓰고 우번(虞翻)의 말을 빌어 천천히 가고 더딘 것이라 했다(荼荼 舒遲也). 백서주역에는 내서서(來徐徐)가 내서(來徐)로 되어 있다.

③ 곤(困) : 본 괘 괘사를 참고하라.

④ 금거(金車) : 황동으로 수레를 장식한 고급 수레이다. 높은 신분을 가진 사람이 타던 수레이다.

어렵지만 끝이 있다(吝 有終).

인(吝)은 어렵고, 한스럽고, 애석한 것이다①. 유종(有終)은 끝은 있다는 것이다②. 인유종(吝有終)은 죄인이 쇠수레 때문에 오는 것이 어렵겠지만 결국은 오게 되니 끝이 있다는 뜻이다.

① 인(吝) : 40번 해괘 육삼을 참고하라.

② 유종(有終) : 2번 곤괘 육삼을 참고하라.

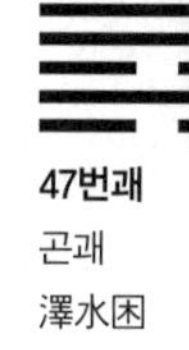

구오 : 의월 곤우적불 내서유탈 이용제사.
九五 : 劓刖 困于赤紱 乃徐有說 利用祭祀.

죄인이 코가 잘리고 발꿈치가 잘리는 벌을 받는다. 붉은 색 앞가리개를 입은 대인 때문에 죄인이 벌을 받는 곤경에 처해 있다. 늦게 석방되니 죄인이 제사를 지내는 것은 가능하리라.

코가 잘리고 발꿈치를 잘린다(劓刖).

의(劓)는 죄인의 코를 베는 형벌이다①. 월(刖)은 죄인의 발꿈치를 베는 형벌이다②. 의월(劓刖)은 죄인이 코가 잘리고 발꿈치가 잘리는 벌을 받는다는 것이다.

① 의(劓) : 38번 규괘 육삼을 참고하라.

② 월(刖) : 설문은 자르는 것이며 월(跀 발자를 월)로도 썼고 다리를 자르는 것이라 했다(說文, 刖 絕也 从刀 月聲 本作跀 斷足也 从足 月聲).

붉은 색 앞가리개로 곤경에 처해 있다(困于赤紱).

늦게 빗어난다(乃徐有說).

곤(困)은 곤란한 것이다①. 적불(赤紱)은 붉은 색의 앞가리개이다②. 서(徐)는 더딘 것이다③. 탈(說)은 벗는다는 뜻을 가진 탈(脫)이다④. 그러므로 곤우적불 내서유탈(困于赤紱 乃徐有說)은 붉은 색 앞가리개를 입은 대인 때문에 죄인이 벌을 받는 곤경에 처해 있고, 늦게 벗어난다는 것이다. 적불을 입은 대인은 본 괘 구이에서 왕으로부터 주불을 받은 대인으로 죄를 다스리는 사람이다.

① 곤(困) : 본 괘 괘사를 참고하라.

② 적불(赤紱) : 본 괘 구이의 주불(朱紱)을 참고하라.

③ 서(徐) : 본 괘 구사를 참고하라.

④ 탈(說) : 9번 소축괘 구삼을 참고하라.

제사를 지내는 것이 가능하다(利用祭祀).

이용(利用)은 쓰는 것이 옳다, 쓰는 것이 가능하다는 뜻이다①. 이용제사(利用祭祀)는 죄인이 풀려난 후 제사를 지내는 것이 이롭다는 것이다②. 이용(利用)과 가용(可用)은 함께 사용되었다. 초죽서에는 이용(利用)이 가용(可用)으로 돼 있다. 역경의 성립시기로 볼 때 초죽서의 可用이 역경의 원형에 가까운 것이다. 그러므로 본 부분을 죄인이 석방된 후 제사를 지내는 것이 가능한 것으로 해석할 수 있다.

① 이용(利用) : 4번 몽괘 초육을 참고하라.

② 제(祭) : 백서주역에는 방(芳), 초죽서에는 제(祭)로 되어 있다.

상육 : 곤우갈류 우얼올 왈동회유회 정길.
上六 : 困于葛藟 于臲卼 曰動悔有悔 征吉.

칡덩굴과 나무 말뚝으로 둘러쳐진 감옥에 죄인이 있다. 이제 움직일 수 없는 상황이라고 한탄만 하고 있으면 후회를 하게 되리라. 감옥에서 나가니 길하리라.

칡덩굴과 나무 말뚝으로 둘러쳐진 감옥에 있다(困于葛藟).
곤경에 처해 있다(于臲卼).

곤(困)은 곤란한 것이다①. 갈류(葛藟)는 칡덩굴(葛 칡 갈)과 등나무 덩굴(藟 등나무 덩굴 류)이다②. 곤우갈류(困于葛藟)는 칡과 등나무 덩굴로 곤경에 처했다는 것으로 죄인이 감옥에 있는 것을 비유한 것이다. 얼올(臲卼)은 나무 말뚝으로 둘러쳐진 감옥을 비유한 말이다③. 그러므로 곤우갈류 우얼올(困于葛藟 于臲卼)는 죄인이 칡덩굴과 나무 말뚝으로 둘러쳐진 감옥에서 곤경에 처해 있다는 뜻이다.

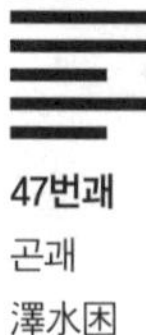

47번괘
곤괘
澤水困

① 곤(困) : 본 괘 괘사를 참고하라.
② 류(藟) : 백서주역에는 류(藟)가 류(虆 맬 류)로 되어 있다.
③ 얼올(臲卼) : 통행본 그대로 해석하면 위태할 얼(臲), 위태할 올(卼)로 마음이 불안하다는 것이다. 그러나 고형(高亨)은 주역대전금주(周易大傳今注)에서 얼올(臲卼)을 나무 말뚝인 얼올(臬兀)로 봤다. 즉 우얼올(于臲卼)은 거우얼올(據于臬兀)이니 나무 말뚝에 있는 것이 된다. 죄인이 나무 말뚝으로 둘러쳐진 감옥에 있는 것을 비유한 것이다. 곤우갈류우얼올(困于葛藟于臲卼) 중 우얼올(于臲卼)은 거우얼올(據于臲卼)로 새겨야 한다. 본 괘 육삼과 같이 곤우석 거우질려(困于石 據于蒺藜)와 같은 형식인데 옮겨 적은 과정에서 거(據)자가 빠졌다.

후회함에 빠졌다고 말하면 후회가 있다(曰動悔有悔).
떠나는 것이 길하다(征吉).

왈(曰)은 말을 뜻하는 사(詞)이다①. 동회(動悔)는 달회(达悔)로 후회함에 빠졌다는 것이다②. 유(有)는 있는 것이다③. 회(悔)는 후회함이다④. 유회(有悔)는 후회가 있다는 것이다. 왈동회유회(曰動悔有悔)는 후회함에 빠졌다고 말하면 후회가 있다는 것이다. 감옥에 있는 죄인이 이제 움직일 수 없는 상황이라고 한탄만 하고 있으면 앞으로 후회를 하게 된다는 것이다. 즉 감옥에서 나갈 수 있으니 포기하지 말라는 뜻이다. 정길(征吉)은 행하는 것, 정벌하는 것, 떠나는 것이 길하다는 뜻이다. 본 효사에서는 죄인이 감옥에서 나가니 좋다는 것이다. 정길(征吉)은 11번 태괘 초구를 참고하라.

---

① 왈(曰) : 설문에 왈(曰)은 말이며 口와 乙로 구성되었으며 입에서 기운이 나오는 것을 상형하였으며 曰부에 속하는 글자는 모두 이런 의미를 따른다고 했다(曰 : 詞也 从口乙聲 亦象口气出也 凡曰之屬皆从曰, 詞 말·글 사).

② 동(動) : 초죽서에는 달(迖)로 되어 있다. 迖은 매끄러울 체, 통할·도달할 달이다.

③ 유(有) : 있는 것이다. 설문의 해설은 다음과 같다. 유(有)는 있어서는 안 되는 일이 있다는 뜻이다. 춘추전에 해가 달에 먹히는 때가 있었다고 했다. 이런 일이 없어야 하는데 있다는 것이다. 월(月)로 구성돼 있으며, 우(又)가 발음이다. 유(有)부에 속하는 것은 모두 이런 의미를 가진다(說文, 有 不宜有也 春秋傳 曰 日月有食之 从月又聲 凡有之屬皆从有).

④ 회(悔) : 후회·아쉬움·뉘우침이다. 설문은 원망하는 것으로 해설했고, 옥편은 원망하는 것, 역귀를 쫓는 것으로 해설했다(說文 悔 恨也, 玉篇 悔 攺也 恨也, 攺 역귀 쫓을 이). 백서에는 [母+心] 형태의 글자로 돼 있다. 후회를 통해 흉을 길로 변화시킬 수 있다. 계사전에 회린자 우려지상야이라 하였지만(繫辭傳 悔吝者 憂慮之象也), 주희는 회는 흉에서 길로 가며, 인은 길에서 흉으로 간다고 했다(朱熹 大凡悔者自凶而之吉 吝者自吉而趨凶). 역경에서 회(悔)는 양의 자리에 있는 음효(陰爻)이거나 음의 자리에 있는 양효(陽爻)가 있는 실위(失位)의 경우에 대개 사용이 된다. 실위한 경우에도 득중(得中)한 경우이거나 정응(正應)이 되는 경우는 회(悔)가 길로 변할 수 있다. 회가 없어지는 경우를 회망(悔亡)이라고 한다.

47번괘

곤괘

澤水困

정괘(井卦) 수풍정(水風井) 48번괘

우물을 통하여 왕이 인재를 등용하는 길흉을 설명했다.

정은 개읍에 불개정이니 무상무득하며 왕래정이니 정흘지라. 역미(급)정으로 이기병이니 흉하리라.
井은 改邑에 不改井이니 无喪无得하며 往來井이니 井汔至라. 亦未(汲)井으로 羸其甁이니 凶하리라.

초육은 정니니 불식이요. 구정에 무금이라.
初六은 井泥니 不食이요. 舊井에 无禽이라.

구이는 정곡석부니 옹폐루로다.
九二는 井谷射鮒니 甕敝漏로다.

구삼은 정설불식이니 위아심측이로다. 가용급이니 왕명하면 병수기복하리라.
九三은 井渫不食이니 爲我心惻이로다. 可用汲이니 王明하면 竝受其福하리라.

육사는 정추니 무구리라.
六四는 井甃니 无咎리라.

구오는 정렬한천이니 식이로다.
九五는 井洌寒泉이니 食이로다.

상육은 정수에 물막하니 유부면 원길하리라.
上六은 井收에 勿幕하니 有孚면 元吉하리라.

48번괘

정괘(井卦)

우물을 통하여 왕이 인재를 등용하는 길흉을 설명했다.

정. 개읍불개정 무상무득. 왕래정 정흘지 역미율정 이기병 흉.
井. 改邑不改井 无喪无得. 往來井 井汔至 亦未繘井 羸其瓶 凶.

읍을 고쳤으나 우물은 고치지 않으니 잃는 것도 얻는 것도 없다. 많은 사람들이 우물에 왕래하며 물을 길으니 우물이 마른다. 우물물을 긷지 못하고 두레박을 깨니 흉하리라.

정괘(井卦)는 우물을 통하여 왕이 인재를 등용하는 길흉을 설명했다.

정(井)은 괘명이다. 정(井)은 우물이고 구덩이다①. 본 괘를 인재를 등용하는 것으로 설명한 것은 사기(史記) 굴원가생열전(屈原賈生列傳)에 있는 다음 글을 참고한다. [왕은 어리석든 지혜롭든 현명하든 못났든 충신을 구해 왕을 돕게 하고, 현명한 인물을 등용해 왕을 보좌하는 것을 바라지 않는 이가 없다. 그러나 나라가 망하고 가문이 파탄이 나고 성군이 나라를 제대로 다스리지 못하는 것은 신하의 충성이 충성이 아닌 것이며 현명함도 현명함이 아닌 것이다. 회왕(懷王)이 충신인지를 알지 못해 안으로 정수(鄭袖)에게 미혹되고, 밖으로는 장의(張儀)에게 속아, 굴평(屈平, 굴원)을 멀리하고, 상관대부(上官大夫)와 영윤(令尹), 자란(子蘭)을 믿으니, 군사가 줄고 땅이 줄어 여섯 군(郡)을 잃어버리고 자신은 진(秦)나라에서 객사하니 천하의 웃음거리가 되었다. 사람을 제대로 보지 못한 재앙이리라. 역경에서 우물을 깨끗하게 해도 내 마음이 슬프다. 물을 길을 수 있으나 왕이 현명해야 복을 받는다고 하였다②. 왕이 현명치 않다면 어찌 복을 받을 수 있겠는가?]

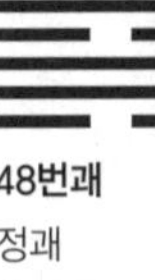

48번괘
정괘
水風井

---

① 정(井) : 한자로 정(井)은 사각형의 나무로 된 난간과 가운데 있는 두레박을 그린 정(丼 우물 정)에서 나온 글자다(說文, 井 本作丼). 초죽서에는 고대에 정(井)과 통용되던 정(汬 함정·구덩이 정)으로 되어 있다(玉篇 汬 古文阱字 註見阜部四畫, 廣韻 汬 坑也, 集韻 汬 陷也).

② 본 괘 구삼의 내용이다. 정설불식 위아심측 가용급 왕명병수기복(井渫不食 爲我心惻 可用汲 王明竝受其福).

읍을 고치고 우물을 고치지 않는다(改邑不改井).

개읍(改邑)은 읍을 고친다는 것이다. 초죽서에는 改와 통용이 되었던 개(攺 역귀 쫓을 이, 고칠 개)로 되어 있다. 불개정(不改井)은 우물을 고치지 않았다는 것이다. 우물을 수리하지 않는 이유에 대해 해석이 둘로 나뉜다.

(1) 근본적인 것이니 놔둬야 한다는 것이다. 읍국을 개조해도 정전(井田)은 개정하지 않는다는 해석도 유사한 해석이다. 이 해석은 나라를 정비하고 새로운 인재를 채용함에 있어서 급진적으로 하는 것보다 예전부터 내려오는 정통성은 유지되어야 함을 말한다. 이 해석에 의하면 점을 보는 목적이 정통성을 훼손하는 것일 때 동하지 않는 정괘를 얻으면 흉하게 보고, 동네의 우물과 같이 유지되어야 할 근원적인 것에 대한 질문인 경우에는 동하지 않은 정괘를 얻으면 길하게 본다.

(2) 수리를 하여야 함에도 여러 가지 이유로 그냥 방치했다고 본 것이다. 이는 이어지는 괘사에 우물물이 마르는 상황, 효사에서 언급되는 우물의 수리를 언급한 것과도 연결이 된다. 우물을 많이 사용한다, 두레박 줄이 닿지 않을 정도로 물이 마른다. 그런데도 수리를 안 하니 결과적으로 흉한 것이다. 본 책에서도 둘째 이유를 기준으로 하였다.

잃는 것도 얻는 것도 없다(无喪无得).
우물에 왕래한다(往來井).

무상무득(无喪无得)은 잃는 것도 없고 얻는 것도 없는 것이다. 우물을 수리하지 않은 상태를 말한다. 왕래정(往來井)은 우물물을 먹기 위해 읍의 사람들이 왕래한다는 것이다.

물이 말랐다(井汔至).
우물물을 긷지 못한다(亦未繘井).
두레박을 깬다(羸其瓶).
흉하다(凶).

흘(汔)은 물이 마른 것이고, 정흘지(井汔至)는 우물이 말라 바닥까지 물이 없다는 것이다①. 역미율정(亦未繘井)은 역미급정(亦未汲井)으로 우물물을 긷지 못한다는 것이다②. 리(羸)는 뢰(儡)로 부숴진다, 깨진다는 뜻이다③. 병(瓶)은 두레박이다④. 그러므로 정흘지 역미율정 이기병(井汔至 亦未繘井 羸其瓶)은 우물이 말라 바닥까지 드러났으니 물을 긷지 못하고 두레박을 깬다는 뜻이다. 왕이 인재를 등용한다는 시각으로 보면 등용할 인재가 없고, 인재를 중용할 노력도 안 한다는 뜻이 된다.

① 흘(汔) : 설문에 물이 마른 것이라 했다(說文, 汔 水涸也 或曰泣下 從水气聲 詩 日 汔可小康, 涸 마를 후).

② 역미율정(亦未繘井) : 백서주역에는 역미급정(亦未汲井, 물길을 汲)으로 돼 있다. 율(繘)은 두레박 줄이다.

③ 리(羸) : 석문에 羸를 촉재가 루(累)로 썼고, 정현은 류(纍)로 썼다고 했다(羸 蜀才作累 鄭讀曰纍). 고형(高亨)은 주역대전금주(周易大傳今注)에서 같은 소리 계열인 뢰(儡)로 봤고(羸借爲儡 毁也), 백서주역에는 류(纍)로 되어 있다.

④ 병(瓶) : 초죽서에는 병(缾 두레박 병)으로 백서주역에는 병(垪 땅 이름 병)으로 되어 있다.

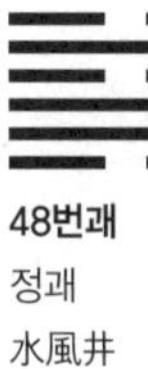

48번괘
정괘
水風井

초육 : 정니불식. 구정무금.
初六 : 井泥不食. 舊井无禽.
우물에 진흙이 있어 물을 먹지 못하고, 오래된 구덩이에는 잡히는 짐승이 없다.

정(井)은 우물이고 구덩이다. 정니불식(井泥不食)의 정(井)은 우물로 쓰였고, 구정무금(舊井无禽)의 정(井)은 구덩이로 쓰였다①. 우물에 진흙이 있어 물을 먹지 못한다는 것은 우물로서 기능을 잃었다는 것이다. 금(禽)은 들짐승과 날짐승으로 구정무금(舊井无禽)은 오래된 함정이 흙 등이 무너져 기능을 잃었고, 이런 함정에 들어와 잡히는 짐승이 없다는 뜻이다②. 나라에 예전의 인물들이 차지하고 있어 새로운 신하를 구할 수 없다는 비유다.

① 정(井) : 본 괘 괘사를 참고하라.

② 금(禽) : 7번 사괘 육오를 참고하라.

구이 : 정곡석부 옹폐루.
九二 : 井谷射鮒 甕敝漏.

우물 바닥에 있는 붕어를 활로 쏜다. 화살이 두레박을 깨뜨려 물이 줄줄 샌다. 화근을 만드는 짝이다.

정곡(井谷)은 우물 바닥에 있는 틈이다. 우물의 입구로 보기도 한다. 석(射)은 쏘는 것이다①. 부(鮒)는 붕어다②. 옹폐루(甕敝漏, 독 옹, 해질 폐, 샐 루)는 두레박으로 쓰는 옹기에 화살이 맞아 물이 샌다는 것이다③. 그러므로 정곡석부 옹폐루(井谷射鮒 甕敝漏)는 마른 우물에 물은 거의 없어 붕어가 보인다. 사람들은 물을 먹을 생각을 안 하고 우물 속에 있는 붕어를 잡기 위해 화살을 쏜다. 화살은 붕어를 맞추지 못하고 엉뚱하게 옹기로 만든 두레박에 구멍을 낸다. 두레박의 물이 줄줄 샌다. 이런 상황이다. 인사로 보면 조직에 오랫동안 몸담고 있는 오랜 인물을 제거하려다가 오히려 화근을 만드는 꼴이 된다.

① 석(射) : 활을 온몸으로 멀리 쏜다는 것이다(說文, 射 弓弩發於身 而中於遠也, 弩 쇠뇌 노). 고대에는 활로 물고기도 잡았다. 맞힌다는 뜻으로 쓰일 때는 [사]사 아닌 [석]으로 읽는다.

② 부(鮒) : 설문은 물고기 이름이라 했고 이아·익에서는 붕어라 했다(說文 鮒 魚名 从魚付聲, 爾雅·翼 鮒 鰿也 今作鯽. 鰿 붕어 적, 鯽 붕어 즉).

③ 정이(程頤)는 석(射)을 물을 대는 것(射, 注也)으로 새겨 우물 바닥의 작은 틈새에 고인 작은 물로 붕어를 적시는 것으로 봤다. 우물 속의 물이 말라 붕어가 보이든, 작은 물로 붕어가 헐떡이며 살아가든 가뭄으로 우물이 마른 상태인 것은 동일하다.

구삼 : 정설불식 위아심측. 가용급 왕명병수기복.
九三 : 井渫不食 爲我心惻. 可用汲 王明竝受其福.

우물을 쳐 깨끗한데도 마시지 않으니 안타까운 마음이다. 현명한 왕이 물을 길어 먹으면 다 함께 복을 받을 수 있으리라.

우물을 쳤으나 마시지 않는다(井渫不食).
내 마음이 아프다(爲我心惻).

정설(井渫)은 우물을 치는 것이다①. 측(惻)은 고통이다②. 그러므로 정설불식 위아심측(井渫不食 爲我心惻)은 우물을 준설하니 잠시 흙탕물이 일어나나 이내 깨끗해졌는데도 물을 마시지 않고 있으니 안타까운 노릇이라는 것이다. 왕이 인재등용을 안 하고 있는 상태이고, 내가 능력이 있는데도 불구하고 왕이 쓰질 않으니 안타깝다는 내용으로 볼 수 있다.

① 설(渫) : 설문에서 제거하는 것이며 수(水)와 엽(枼)의 성음이라고 했다(說文, 渫 除去也 从水枼聲 私列切).
② 측(惻) : 설문은 고통이라 했다(說文, 惻 痛也 从心則聲).

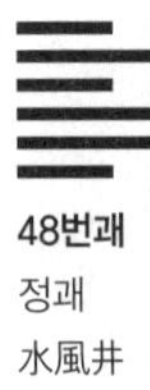

48번괘
정괘
水風井

물을 길을 수 있다(可用汲).
왕이 현명하면 함께 복을 받는다(王明竝受其福).

가용(可用)은 쓰는 것이 가하다는 것이다①. 급(汲)은 우물물을 긷는 것이다②. 병수(竝受)는 같이 받는다는 것이다. 그러므로 가용급 왕명병수기복(可用汲 王明竝受其福)은 우물물을 길을 수 있고, 왕이 현명하다면 함께 복을 받을 수 있다는 뜻이다. 왕이 인재를 등용할 수 있으면 나에게도 왕에게도 복이 된다는 것이다.

① 가용(可用) : 41번 손괘 괘사를 참고하라.
② 급(汲) : 설문은 우물에서 물을 긷는 것이라 했다(說文, 汲 引水於井也 从水从及 及亦聲).

육사 : 정추 무구.
六四 : 井甃 无咎.
우물을 벽돌로 보수하니 허물이 없으리라.

정추(井甃)는 우물의 벽을 벽돌이나 기와 등을 쌓아 보수하는 것이다①. 나라에 인재를 등용하여 좋은 세월을 만들고, 나라의 제도를 새롭게 하는 것을 비유한 것이다. 무구(无咎)는 망구(亡咎)로 허물이 없다는 것이다②. 무(无)는 없다는 무(無)이고 망(亡)이다. 구(咎)는 허물이다.

① 추(甃) : 설문은 추(甃)를 우물의 벽이라 했다(說文, 甃 井壁也). 초죽서에는 [鼠+膚]로 되어 있다.
② 무구(无咎) : 60번 절괘 초구를 참고하라.

구오 : 정렬한천 식.
九五 : 井洌寒泉 食.
우물물이 맑아지니 찬 샘물을 먹을 수 있으리라.

정렬(井洌)은 우물이 맑다는 것이다①. 한천(寒泉)은 찬 샘물이다②. 본 괘 육사에서 우물을 보수하였고 결과적으로 우물이 맑아졌으니 찬 샘물을 먹을 수 있다는 것이다. 새로운 인재를 등용할 수 있다는 뜻이다.

① 열(洌) : 설문에 물이 맑은 것이라 해설하면서 본 효사를 인용했다(說文, 洌 水清也 从水列聲 易 日 井洌 寒泉 食, 冽=洌).
② 한(寒) : 설문은 어는 것이라 했다(說文, 寒 凍也, 凍 얼 동).

상육 : 정수물막 유부원길.
上六 : 井收勿幕 有孚元吉.

우물물을 길은 다음 두레박줄을 거둔 후 우물 덮개를 덮지 않는다. 우물을 제대로 관리하지 않은 사람에게 벌을 줘 물을 청결하게 관리하면 크게 길하리라.

두레박 줄을 거두고 덮개를 덮지 않는다(井收勿幕).

정(井)은 우물이고 구덩이다①. 이곳에서는 우물로 사용되었다. 수(收)는 우물물을 길은 다음 두레박 줄을 거두는 것이다②. 물(勿)은 부정의 어조사로 말라, 아니다이다③. 막(幕)은 덮개이다. 정수물막(井收勿幕)은 우물물을 길은 다음 두레박줄을 거둔 후 우물 덮개를 덮지 않는다는 것이다.

① 정(井) : 본 괘 괘사를 참고하라.

② 수(收) : 두레박 줄을 거둔다는 것은 고형(高亨)이 주역대전금주(周易大傳今注)에서 주장한 것이다(收 汲水畢收其井繩與瓶也, 繩 노끈 승, 瓶 병·두레박 병). 초죽서에는 수(收)가 규(丩)로 되어 있다. 收를 丩와 통가된 글자로 보기도 하고, 고대에 교(樛)와 통용되는 글자라고도 한다. 교(樛)로 새기면 우물을 동여매는 것으로 해석할 수도 있다. 설문에는 규(丩)를 높은 나무로 해설했다(說文, 丩 高木也 从木丩聲).

③ 물(勿) : 3번 준괘 괘사를 참고하라.

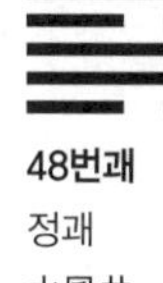

48번괘
정괘
水風井

벌을 주니 크게 길하다(有孚元吉).

부(孚)는 벌·포로·잡음·노획품·믿음·끌어당김으로 사용이 된다. 본 효에서는 벌로 사용되었다(孚通浮, 小爾雅 浮 罰也 謂罰爵也)①. 원길(元吉)은 대길(大吉)로 크게 길한 것이다②. 유부원길(有孚元吉)은 우물을 제대로 관리하지 않은 사람에게 벌을 줘 물을 청결하게 관리하면 크게 길하다는 뜻이다③.

① 부(孚) : 9번 소축괘 육사를 참고하라.

② 원길(元吉) : 41번 손괘 괘사를 참고하라.

③ 본 효사의 해석은 다양하다.

(1) 정(井)을 정(汬 함정·구덩이 정)으로 보고, 초죽서의 수(收)를 규(朻 높은 나무 규)로 보고, 孚를 포로(俘 사로잡을 부)로 해석하기도 한다. 동물을 잡기 위한 함정에 높은 나무를 깎아 세워 놓고 구덩이의 구멍을 막지 않아 동물을 잡으니 크게 길하다는 해석이 된다.

(2) 孚를 부(俘 사로잡을 부)로 보고 해석하는 것이다. 이경지(李鏡池)는 우물물을 푼 후에 뚜껑을 안 닫는다, 짐승을 포획하니 크게 길한 것으로 해석했다.

(3) 孚를 믿음(信)으로 보고 해석하는 전통적인 해석이 있다. 우물을 길어 마시고 다른 사람이 먹을 수 있도록 뚜껑을 덮지 않는다. 다른 사람에 대한 믿음이 있으니 크게 길하다는 것이다.

48번괘

정괘

水風井

혁괘(革卦) 택화혁(澤火革) 49번괘

가죽과 변경함을 통하여 대인과 군자의 정벌에 대한 길흉을 설명했다.

혁은 이일에 내부하고 원형하니라. 이정이니 회망하니라.
革은 已日에 乃孚하고 元亨하니라. 利貞이니 悔亡하니라.

초구는 공용황우지혁하도다.
初九는 鞏用黃牛之革하도다.

육이는 이일을 내혁지하고 정하면 길하여 무구리라.
六二는 已日을 乃革之하고 征하면 吉하여 无咎리라.

구삼은 정하면 흉하니 정은 려하도다. 혁언을 삼취서 유부하도다.
九三은 征하면 凶하니 貞은 厲하도다. 革言을 三就서 有孚하도다.

구사는 회망이니 유부를 개명하면 길하리라.
九四는 悔亡이니 有孚를 改命하면 吉하리라.

구오는 대인이 호변이니 미점이라도 유부니라.
九五는 大人이 虎變이니 未占이라도 有孚니라.

상육의 군자는 표변이요 소인은 혁면이니 정하면 흉하고 거의 정은 길하도다.
上六의 君子는 豹變이요 小人은 革面이니 征하면 凶하고 居의 貞은 吉하도다.

혁괘(革卦)

가죽과 변경함을 통하여 대인과 군자의 정벌에 대한 길흉을 설명했다.

혁. 이일내부 원형. 이정. 회망.
革. 已日乃孚 元亨. 利貞. 悔亡.

제삿날에 죄인에게 벌을 준다. 큰 제사를 지낼 만하다. 이로우니 후회가 없으리라.

혁괘(革卦)는 가죽과 변경함을 통하여 대인과 군자의 정벌에 대한 길흉을 설명했다.

혁(革)은 괘명으로, 가죽이고 변경하는 것이다. 본 괘 초구에서는 가죽으로 쓰였고, 육이·구삼·상육에서는 변경하는 것으로 쓰였다. 통행본의 괘명인 혁(革)은 초죽서에 혁(革)으로 되어 있지만, 백서주역(帛書周易)에는 륵(勒 굴레·재갈 륵)으로 되어 있다. 설문은 륵(勒)을 말의 머리에 연결한 재갈이라고 했다(說文, 勒 馬頭絡銜也, 絡 이을 락, 銜 재갈 함). 혁(革)에 대한 설문의 해설은 다음과 같다. [혁은 짐승이 가죽으로 짐승의 털을 무두질해 없앤 것이며, 혁은 고쳐서 새로 만든 것이다(說文, 革 獸皮治去其毛曰革 革更也 象古文革之形 凡革之屬皆从革).]

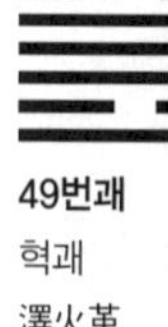

일반적으로 혁괘를 변화, 개혁의 괘로 본다. 그러나 효사를 보면 정벌의 상징이 더 강하게 들어 있다. 괘사와 효사를 요약하면 아래와 같다.

괘사 : 죄인에게 벌을 준다.
초육 : 말안장을 단단하게 맨다.
육이 : 정벌에 길하다.
구삼 : 죄인에게 벌을 준다.
구사 : 명령을 바꾼다.
구오 : 지휘관이 호랑이같이 용맹하다.
상육 : 병사들이 겁먹었다.

제삿날에 벌을 준다(已日乃孚).

이(已)는 사(巳)이며, 사(祀)이다. 즉 已는 제사라는 의미이다①. 내(乃)는 이에, 그래서이다②. 부(孚)는 벌·포로·잡음·노획품·믿음·끌어당김이다. 본 괘사에서는 벌로 사용되었다(孚通浮, 小爾雅 浮 罰也 謂罰爵也)③. 이일내부(已日乃孚)는 제삿날에 벌을 준다는 것이다④. 벌을 주는 사람은 구오의 대인, 상육의 군자일 것이다.

① 이(已) : 17번 수괘 구사의 이명(以明)의 설명을 참고하라.

② 내(乃) : 45번 췌괘 초육을 참고하라.

③ 부(孚) : 9번 소축괘 육사를 참고하라.

④ 서경(書經) 감서(甘誓)에 명을 받는 사람은 조상들 앞에서 상을 주고, 명을 따르지 않는 자는 땅의 신 앞에서 죽이되 처자까지 죽이겠다(用命賞于祖 不用命戮于社 予則孥戮汝)는 말이 있다. 고대에는 제사에서 상벌을 실시했음을 알 수 있다. 이(已)와 부(孚)를 무엇으로 보느냐에 따라 이일내부(已日乃孚)에 대한 아래와 같은 다양한 해석이 있다.

- 하루를 지내야 믿는다. 부(孚)를 바름·믿음으로 본 것이다.
- 하루가 다 지나가고 나서야 믿음이 생긴다.
- 자기의 날에 믿음이 있다. 이(已)를 기(己)로 본 것이다.
- 자기로부터 변해야 믿음이 있다. 이(已)를 기(己 몸 기)로 본 것이다.
- 기일이 되어야 믿음이 있다. 이(已)를 천간의 기(己)로 본 해석이다. 천간의 순서로 보면 己는 甲乙丙丁戊己庚辛壬癸의 가운데에 위치하여 변화가 일어나는 날짜로 본다.

큰 제사를 지낼 만하다(元亨).
이롭다는 점이다(利貞).
후회가 없다(悔亡).

원(元)은 크다는 것이다. 형(亨)은 제사를 지낸다는 향(享)이다. 원형(元亨)은 고대 사람들이 큰 제사를 지내기 전에 점을 쳐 본 괘가 나오면 큰 제사를 거행할 만하다는 것이다①. 이(利)는 이롭다는 것이고 정(貞)은 점이다. 이정(利貞)은 이로운 점이라는 것이다②. 어떤 사항에 점을 쳐 본 괘를 얻으면 이롭다는 뜻이다. 회(悔)는 후회·아쉬움·뉘우침이다. 망(亡)은 성모가 같은 무(無)자와 통용된다. 회망(悔亡)은 후회가 없다는 것이다③.

① 원형(元亨) : 1번 건괘 괘사를 참고하라.

② 이정(利貞) : 32번 항괘 괘사를 참고하라.

③ 회망(悔亡) : 47번 곤괘 상육을 참고하라.

초구 : 공용황우지혁.
初九 : 鞏用黃牛之革.
정벌에 나가기 위해 말안장을 단단한 황소가죽으로 매었으니 길하다.

공(鞏)은 가죽으로 묶는 것이다①. 혁(革)은 가죽이고, 변경하는 것이다. 본 효에서는 가죽으로 사용되었다②. 공용황우지혁(鞏用黃牛之革)은 황소가죽으로 말안장을 묶었다는 것이다③.

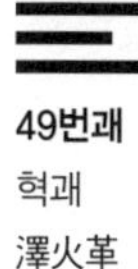

① 공(鞏) : 설문의 해설은 다음과 같다. 鞏 以韋束也 易 曰 鞏用黃牛之革 从革巩聲. 韋 가죽 위, 巩 굳을 공.

② 혁(革) : 본 괘 괘사를 참고하라.

③ 어느 것을 묶는지에 따라 해석이 갈린다.

(1) 정벌의 괘인 혁괘에서 초구는 괘의 처음 효이나 양효가 양의 자리에 있어 강하다. 정벌을 하려는 마음이 있다. 이런 마음에 정벌에 나갈 말에 말안장 띠를 단단히 매는 것으로 본다. 정벌을 준비하니 길흉은 나타나지 않았으나 길하고 상서로운 색인 황색을 썼고 단단한 가죽으로 매었으니 길하다고 봐야 한다. 본 책은 이 기준을 따랐다.

(2) 정벌을 나가고 개혁을 하려는 데 초구의 손을 황소가죽으로 꽁꽁 묶였다고 본다. 또는 자신의 마음을 황소가죽으로 묶듯 단단히 하여 움직이지 않는다고도 해석한다. 상전에서 공용황우(鞏用黃牛) 불가이유위야(不可以有爲也)라 하여 행동하면 안 된다고 본 것, 역상설에서 초구가 변하면 간산(艮山)이 되니 멈추는 상으로 여긴 것도 마찬가지 해석이다. 이 해석에 따르면 아무것도 할 수 없으니 흉한 효가 된다.

육이 : 이일내혁지 정길 무구.
六二 : 已日乃革之 征吉 无咎.
제삿날을 바꾼다. 정벌하는 것은 길하여 허물이 없으리라.

제삿날을 바꾼다(已日乃革之).

이(已)는 사(巳)이며 사(祀)이다. 즉 已는 제사라는 의미이다①. 내(乃)는 이에, 그래서이다②. 혁(革)은 가죽이고, 변경하는 것이다. 본 효에서는 변경으로 사용되었다③. 지(至)는 이르다, 오다, 아래로 내려가는 것이다. 이곳에서는 하다로 사용되었다④. 이일내혁지(已日乃革之)는 제삿날을 바꾼다는 뜻이다.

① 이(已) : 17번 수괘 구사의 이명(以明)의 설명을 참고하라.
② 내(乃) : 45번 췌괘 초육을 참고하라.
③ 혁(革) : 본 괘 괘사를 참고하라.
④ 지(至) : 19번 임괘 육사를 참고하라.

정벌하는 것은 길하다(征吉).
허물이 없다(无咎).

정길(征吉)은 행하는 것, 정벌하는 것, 떠나는 것이 길하다는 것이다①. 본 효사에서는 정벌로 사용되었다. 무구(无咎)는 망구(亡咎)로 허물이 없다는 것이다②. 무(无)는 없다는 무(無)이고 망(亡)이다. 구(咎)는 허물이다.

① 정길(征吉) : 11번 태괘 초구를 참고하라.
② 무구(无咎) : 60번 절괘 초구를 참고하라.

구삼 : 정흉. 정려. 혁언삼취유부.
九三 : 征凶. 貞厲. 革言三就有孚.

정벌하는 것은 흉하니 위태하리라. 말을 바꾼 죄인에게 들판·조정·시장의 세 곳에서 벌을 준다.

정벌하는 것은 흉하다(征凶).
점괘는 위태하다(貞厲).

정흉(征凶)은 정벌·행함·취함·떠남이 흉하다는 것이다. 이곳에서는 정벌이 흉하다는 의미다①. 정려(貞厲)는 점을 친 결과 위태하게 나왔다는 것이다②. 초죽서에는 정려(貞厲)라는 말이 없다.

① 정흉(征凶) : 9번 소축괘 상구를 참고하라.
② 정려(貞厲) : 9번 소축괘 상구를 참고하라.

말을 바꾼 죄인에게 세 곳에서 벌을 준다(革言三就有孚).

혁언(革言)은 말을 바꾼다는 것이다①. 삼취(三就)는 삼처(三處)로 죄를 집행하는 세 곳이다②. 부(孚)는 벌·포로·잡음·노획품·믿음·끌어당김이다. 본 효에서는 벌로 사용되었다(孚通浮, 小爾雅 浮 罰也 謂罰爵也). 유부(有孚)는 벌이 있는 것이다③. 혁언삼취유부(革言三就有孚)는 말을 바꾼 죄인에게 들판·조정·시장의 세 곳에서 벌을 준다는 뜻이다. 벌을 주는 사람은 본 괘 구오에 있는 대인이거나 상육에 있는 군자로 추측할 수 있다.

① 혁(革) : 본 괘 괘사를 참고하라.
② 삼취(三就) : 서경(書經) 순전(舜典)에 순임금이 고요(皐陶)에게 말한 내용 중 [다섯 가지 형벌을 집행하며 세 곳에서 행했다(五刑有服, 五服三就).]라는 말이 있다. 이에 대해 위소(韋昭)는 이와 유사한 내용을 담고 있는 국어(國語)의 주에서 형벌을 주는 삼취(三就)는 삼처(三處)로 죄인을 처벌하는 들판, 조정(朝廷), 시장을 말한다고 했다.
③ 부(孚) : 9번 소축괘 육사를 참고하라.

구사 : 회망. 유부개명길.
九四 : 悔亡. 有孚改命吉.
후회가 없다. 벌을 집행하는 명령을 바꾼 군자는 길하리라.

회(悔)는 후회·아쉬움·뉘우침이다. 망(亡)은 성모가 같은 무(無)자와 통용된다. 회망(悔亡)은 후회가 없다는 것이다①. 부(孚)는 벌·포로·잡음·노획품·믿음·끌어당김이다. 본 효에서는 벌로 사용되었다(孚通浮, 小爾雅 浮 罰也 謂罰爵也). 유부(有孚)는 벌을 준다는 것이다②. 개명(改命)은 명을 바꾼다는 것이다. 유부개명길(有孚改命吉)은 벌을 준다는 명령을 바꾸니 길하다는 것이다.

벌을 준다는 것은 본 괘 구삼의 세 곳에서 벌을 준다는 것과 연결이 된다. 길한 이유가 죄인이 벌을 받지 않아 길한 것인지, 군자가 죄인에게 벌주는 것을 변경한 것이 길한지 분명치 않다. 본 책에서는 벌주는 것을 변경한 군자가 길한 것으로 새겼다.

① 회망(悔亡) : 47번 곤괘 상육을 참고하라.
② 부(孚) : 9번 소축괘 육사를 참고하라.

구오 : 대인호변 미점유부.
九五 : 大人虎變 未占有孚.
정벌을 하는 지휘관의 모습이 호랑이같이 용맹하다. 점을 치지 않아도 벌을 받는 것을 알 수 있으리라.

대인이 호랑이와 같다(大人虎變).

대인(大人)은 벼슬이 있는 사람이다. 이곳에서는 정벌의 지휘관으로 쓰였다①. 호변(虎變)은 호반(虎辩, 辩 무늬·얼룩할 반)으로 호랑이와 같다는 뜻이다. 즉 호문(虎文)과 같다②. 대인호변(大人虎變)은 정벌을 하는 지휘관의 모습이 호랑이같이 용맹하다는 뜻이다.

① 대인(大人) : 1번 건괘 구이를 참고하라.

② 호변(虎變) : 상전도 대인호변(大人虎變)을 호랑이의 무늬가 빛남(其文炳也)으로 해석했다.

점을 치지 않아도 벌을 받는다(未占有孚).

미(未)는 아니라는 것이다①. 부(孚)는 벌·포로·잡음·노획품·믿음·끌어당김이다. 본 효에서는 벌로 사용되었다(孚通浮, 小爾雅 浮 罰也 謂罰爵也). 유부(有孚)는 벌을 받는 것이다②. 미점유부(未占有孚)는 지휘관이 호랑이처럼 사나우니 점을 치지 않아도 벌을 받는 것을 알 수 있다는 뜻이다. 점치기 전에 벌을 받는다는 뜻도 된다.

① 미(未) : 반드시 그렇지는 않다는 의미다. 58번 태괘 상구의 상왈 상육 인태 미광야(象曰, 上六 引兌 未光也)에 대해 정이(程頤)는 이천역전(伊川易傳)에서 미(未)는 반드시 그렇지는 않다는 뜻으로 상전에서 많이 사용하는 말로 상전의 내용을 반드시 빛남이 있다고 하지 못하니 결국 빛나지 못한다고 했다(未 非必之辭 象中多用 非必能有光輝 謂不能光也).

② 부(孚) : 9번 소축괘 육사를 참고하라.

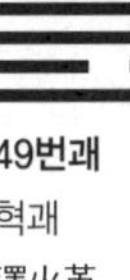

상육 : 군자표변 소인혁면 정흉 거정길.
上六 : 君子豹變 小人革面 征凶 居貞吉.

정벌하는 지휘관의 모습은 표범처럼 용감하나, 병사들은 두려움으로 얼굴이 변한다. 정벌은 흉하나, 머무름은 길하리라.

군자는 표범과 같다(君子豹變).
소인은 얼굴을 바꾼다(小人革面).

군자(君子)는 벼슬이 있는 사람을 말한다. 이곳에서는 정벌을 하는 군대의 지휘관이다①. 표변(豹變)은 표반(豹辬, 辬 무늬·얼룩할 반)으로 표범처럼 사납다는 것이다. 소인(小人)은 벼슬이 없는 평민이다. 이곳에서는 병사로 사용되었다②. 혁면(革面)은 얼굴을 바꾼다는 것이다. 그러므로 군자표변 소인혁면(君子豹變 小人革面)은 정벌하는 지휘관의 모습은 표범처럼 용감하나 병사들은 두려움으로 얼굴이 변한다는 뜻이다③.

① 군자(君子) : 1번 건괘 구삼을 참고하라.
② 소인(小人) : 7번 사괘 상육을 참고하라.
③ 이 구절을 지휘관은 표범처럼 변하고 소인은 얼굴을 바꾸어 어쩔 수 없이 지휘관을 따르는 것으로 해석할 수도 있다. 상전은 군자표변(君子豹變)을 무늬가 성대한 것(其文蔚也)이고, 소인혁면(小人革面)은 순하게 군자를 따르는 것(順以從君也)으로 봤다. 그러나 이런 해석은 정벌하는 것이 흉하다는 것과 자연스럽게 연결되지 않는다.

정벌은 흉하다(征凶).
머무름에 대한 점은 길하다(居貞吉).

정흉(征凶)은 정벌·행함·취함·떠남이 흉하다는 것이다. 이곳에서는 정벌이 흉하다는 의미다①. 거정길(居貞吉)은 머무름·거처·거택에 대한 점은 길하다는 것이다②. 거(居)는 머무름, 정(貞)은 점이다.

① 정흉(征凶) : 9번 소축괘 상구를 참고하라.
② 거정길(居貞吉) : 32번 항괘 괘사를 참고하라.

49번괘

혁괘

澤火革

정괘(鼎卦) 화풍정(火風鼎) 50번괘

솥에 있는 음식을 먹는 것을 통하여 공후의 길흉을 설명했다.

정은 원길하리라. 형하니라.
鼎은 元吉하리라. 亨하니라.

초육은 정전지로 이출비로다. 득첩이기자니 무구리라.
初六은 鼎顚趾로 利出否로다. 得妾以其子니 无咎리라.

구이는 정유실이나 아구는 유질로 불아능즉하니 길하리라.
九二는 鼎有實이나 我仇는 有疾로 不我能卽하니 吉하리라.

구삼은 정이혁이니 기행색이요 치고불식이라. 방우이면 휴로 회하나 종길하리라.
九三은 鼎耳革이니 其行塞이요 雉膏不食이라. 方雨이면 虧로 悔하나 終吉하리라.

구사는 정이 절족하여 복공속하도다. 기형(옥)이니 흉하리라.
九四는 鼎이 折足하여 覆公餗하도다. 其形(剭)이니 凶하리라.

육오는 정이 황이에 금현이니 이한 정이로다.
六五는 鼎이 黃耳에 金鉉이니 利한 貞이로다.

상구는 정이 옥현이니 대길하고 무불리하니라.
上九는 鼎이 玉鉉이니 大吉하고 无不利하니라.

50번괘

정괘(鼎卦)

솥에 있는 음식을 먹는 것을 통하여 공후의 길흉을 설명했다.

정. 원길. 형.

鼎. 元吉. 亨.

크게 길하리라. 제사를 지낸다.

정괘(鼎卦)는 솥에 있는 음식을 먹은 것을 통하여 공후의 길흉을 설명했다.

정(鼎)은 괘명으로 발이 세 개이고 귀가 두 개인 솥이다. 정(鼎)에 대한 설문의 해설은 다음과 같다. [정은 발이 셋이고 귀가 두 개다. 다섯 가지 맛을 조화롭게 하는 귀한 그릇이다. 글자는 나무를 잘라 불때는 모양을 형상화했다. 옛날 우왕(禹王)이 구목(九牧)의 쇠를 모아 형산 아래에서 솥을 만들어 산림과 못에 들여 놓았다. 도깨비나 귀신은 솥에 접할 수 없는데 이는 하늘의 덕을 계승했기 때문이다. 역경의 괘에서는 손풍(巽風☴)인 목이 하괘에 있는 것을 정(鼎)으로 삼았다①. 고문에서는 패(貝)를 정(鼎)으로 사용했고, 주문(籒文)에서는 정(鼎)을 패(貝)로 사용했다②. 정(鼎)부에 속한 것은 모두 이러한 뜻을 가진다(說文, 鼎 三足兩耳 和五味之寶器也 昔禹收九牧之金 鑄鼎荊山之下 入山林川澤 螭魅蛧蜽 莫能逢之 以協承天休 易 卦 巽木於下者爲鼎 象析木以炊也 古文以貝爲鼎 籒文以鼎爲貝 凡鼎之屬皆从鼎).]

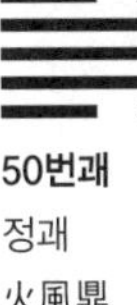

50번괘
정괘
火風鼎

① 정괘(鼎卦)의 상괘 이화(離火☲)인 화이고, 하괘는 손풍(巽風☴)인 목이다.

② 정(鼎)이 다른 글자와 결합이 될 때는 패(貝)의 형태로 나타난다. 예를 들어 정(貞)자도 卜과 鼎이 결합된 것으로 점을 치는 것과 연관된다.

크게 길하다(元吉).

제사를 지낼 만하다(亨).

원길(元吉)은 대길(大吉)로 크게 길한 것이다①. 점을 쳐 정괘(鼎卦)를 얻으면 크게 길하다는 뜻이다. 형(亨)은 제사·연회·잔치·대접·흠향의 뜻을 가진 향(饗)이고 향(亯)이다②. 제사를 지내기 전 점을 쳐 본 괘를 얻으면 제사를 거행할 수 있다는 뜻이다.

① 원길(元吉) : 41번 손괘 괘사를 참고하라.
② 형(亨) : 1번 건괘 괘사를 참고하라.

초육 : 정전지 이출비. 득첩이기자 무구.
初六 : 鼎顚趾 利出否. 得妾以其子 无咎.
솥발을 엎어 더러운 것을 버리듯 잘못하는 부인을 쫓아냈다. 부인을 쫓아내고 첩과 첩의 자식을 얻으니 허물이 없으리라.

솥발을 엎는다(鼎顚趾).
더러운 것을 버린다(利出否).

정(鼎)은 발이 세 개이고 귀가 두 개인 솥이다①. 전(顚)은 넘어지다, 이마, 남에게 빌어먹으며 입을 채운다의 뜻이 있다. 본 효에서는 엎는 것으로 사용됐다②. 지(趾)는 발이다③. 정전지(鼎顚趾)는 솥발을 엎었다는 것이니 솥을 뒤집었다는 뜻이다.

출(出)은 출(黜 내칠 출)이다④. 비(否)는 비색함·막힘·아님·불통·비루함을 뜻한다. 본 효에서는 더러운 음식을 말한다⑤. 그러므로 정전지 이출비(鼎顚趾 利出否)는 솥을 뒤집어 더러운 음식을 쏟아 버렸다는 것이다. 이어지는 말로 볼 때 공후에게 잘못하는 부인을 쫓아냈다는 것을 비유한 것이다.

① 정(鼎) : 본 괘 괘사를 참고하라.

② 전(顚) : 27번 이괘 육이를 참고하라.

③ 지(趾) : 21번 서합괘 초구를 참고하라.

④ 출(出) : 석문에 출(黜)을 출(出)로도 썼다고 했다(釋文, 黜 本又作出).

⑤ 비(否) : 12번 비괘 괘사를 참고하라.

첩과 첩의 자식을 얻는다(得妾以其子).

허물이 없다(无咎).

첩(妾)은 부인이 아닌 여자이다①. 무구(无咎)는 망구(亡咎)로 허물이 없다는 것이다②. 그러므로 득첩이기자 무구(得妾以其子 无咎)는 부인을 쫓아내고 첩과 첩의 자식을 얻으니 허물이 없다는 것이다. 또는 첩이 자신의 자식을 데려오는 것이나 첩을 얻어 자식을 낳는 것으로도 해석할 수 있다.

① 33번 둔괘 구삼에서 축신첩(畜臣妾)이라 하였고, 32번 항괘 육오에서 정부인길(貞婦人吉)이라 하였으므로 역경에서는 부인과 첩을 구별하여 사용했음을 알 수 있다.

② 무구(无咎) : 60번 절괘 초구를 참고하라.

구이 : 정유실 아구유질 불아능즉 길.

九二 : 鼎有實 我仇有疾 不我能卽 吉.

솥에 음식이 있는데, 내친 부인이 병이 들어 나와 함께 먹지 못한다. 나 혼자 솥의 음식을 편안히 먹을 수 있으니 길하리라.

솥에 음식이 있다(鼎有實).

내가 내친 부인이 병이 들었다(我仇有疾).

정(鼎)은 발이 세 개이고 귀가 두 개인 솥이다①. 실(實)은 열매, 재물이다. 본 효에서는 음식으로 새긴다②. 정유실(鼎有實)은 솥에 음식이 있다는 뜻이다.

아(我)는 초육에서 부인을 내친 사람이고, 구사에 공후(公侯)로 나타난 사람이다. 구(仇)는 나쁜 짝으로 초육에서 내쳐진 부인이다③. 아구유질(我仇有疾)은 공후가 쫓아낸 부인이 병이 들었다는 것이다.

① 정(鼎) : 본 괘 괘사를 참고하라.

② 실(實) : 27번 이괘 괘사를 참고하라.

③ 구(仇) : 원수, 짝, 나쁜 짝이다. 설문은 원수라 했다(說文, 仇 讎也 从人九聲, 讎 원수 수). 고대에는 구(逑 짝 구)와 통용되었다(仇與逑古通用, 段玉裁). 좌전 노환공(魯桓公) 2년의 기록에 좋은 배우자는 비(妃)라 부르고 나쁜 배우자는 구(仇)라고 했다(嘉耦曰妃 怨耦曰仇 古之命也).

나와 먹지 못한다(不我能卽).

길하다(吉).

즉(卽)은 곧, 먹는 것, 쫓는 것이다. 이곳에선 먹는 것으로 사용되었다①. 불아능즉(不我能卽)은 불능아즉(不能我卽)으로 나와 같이 먹지 못한다는 것이다②. 쫓아낸 부인이 오지 않아 나 혼자 솥의 음식을 편안히 먹을 수 있으니 길하다는 뜻이다.

① 즉(卽) : 3번 준괘 육삼을 참고하라.

② 백서주역에는 즉(卽)이 절(節 마디·예절·절개 절)로 되어 있다. 백서주역을 기준으로 해석하면 나와 절개를 같이 하지 않는다. 또는 나에게 예의를 지키지 않는다는 것이 된다. 이 중 어느 것이 역경의 원본인지 알 수 없다. 본 책은 통행본을 기준으로 했다.

구삼 : 정이혁 기행색 치고불식 방우 휴 회 종길.
九三 : 鼎耳革 其行塞 雉膏不食 方雨 虧 悔 終吉.

솥이 뜨겁게 변해 옮기기 어려워 솥 안에 있는 꿩고기를 먹지 못한다. 비가 오니 솥의 꿩고기가 훼손되어 후회가 있으나, 비가 솥을 식혀 옮길 수 있고 고기는 다시 만들 수 있으니 끝은 길하리라.

솥이 변했다(鼎耳革).
행함이 막혔다(其行塞).
꿩고기를 먹지 못한다(雉膏不食).

정(鼎)은 발이 세 개이고 귀가 두 개인 솥이다①. 혁(革)은 가죽이고, 변경이다. 본 효에서는 변했다는 것으로 사용되었다②. 정이혁(鼎耳革)은 솥이 뜨겁게 변했다는 것이다③. 기행색(其行塞)은 행함이 막혔다는 것이다. 솥을 옮기기 어렵다는 것이다. 고(膏)는 살찐 고기다④. 치고불식(雉膏不食)은 솥 안에 있는 꿩고기를 먹지 못한다는 것이다.

---

① 정(鼎) : 본 괘 괘사를 참고하라.

② 혁(革) : 49번 혁괘 괘사를 참고하라.

③ 솥귀가 어떤 상태로 변했는지에 대해서, 단순히 솥귀를 바꾼 것이다, 솥귀가 떨어져 나간 것이라는 설명이 있다. 이어지는 문구에서 비를 만났다는 것과 끝은 길하다는 것을 연결하면 솥귀가 뜨겁게 변했다고 보는 것이 자연스럽다. 곽충효(郭忠孝)는 솥이 움직이려면 솥귀 또는 솥귀고리가 있어야 움직이는데 귀가 뜨겁게 변했으니 옮길 수 없다고 하였다.

④ 고(膏) : 3번 준괘 구오를 참고하라.

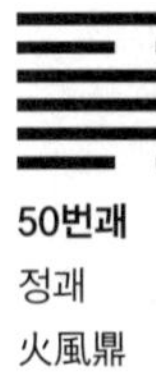

50번괘
정괘
火風鼎

비를 만난다(方雨).
꿩고기가 상한다(虧).
후회가 있다(悔).
끝은 길하다(終吉).

방우(方雨)는 비를 만난다는 것이다①. 휴(虧)는 훼손되었다는 것이다②. 회(悔)는 후회·아쉬움·뉘우침이다③. 종길(終吉)은 끝은 길하다는 것이다④. 그러므로 방우 휴 회 종길(方雨 虧 悔 終吉)은 비를 만나니 솥의 꿩고기가 훼손되어 후회가 있다. 그러나 비로 인해 솥귀는 식었으니 솥을 옮길 수 있고, 상한 고기는 다시 만들 수 있으니 끝은 길하다는 뜻이다.

① 방(方) : 2번 곤괘 육이를 참고하라.
② 휴(虧) : 설문은 기운이 상한 것이라 했다(說文, 虧 气損也 从亏雐聲 虧或从兮 去爲切, 損 덜·상할 손).
③ 회(悔) : 47번 곤괘 상육을 참고하라.
④ 종길(終吉) : 5번 수괘 구이를 참고하라.

구사 : 정절족 복공속 기형악 흉.
九四 : 鼎折足 覆公餗 其形渥 凶.
솥발이 부러져 음식을 바치는 사람이 공후가 먹을 음식을 뒤엎는다. 음식을 바치는 사람이 중한 형벌을 받으니 흉하리라.

솥발이 부러졌다(鼎折足).
공후의 음식을 뒤엎는다(覆公餗).

정(鼎)은 발이 세 개이고 귀가 두 개인 솥이다①. 복(覆)은 뒤엎는 것이다②. 공(公)은 고대 봉건국가에서 왕 아래 가장 높은 지위를 가진 신하로 공후(公侯) 또는 공경(公卿)을 말한다③. 속(餗)은 죽으로 솥 안의 음식이다. 그러므로 정절족 복공속(鼎折足 覆公餗)은 솥발이 부러졌고, 음식을 바치는 사람이 공후가 먹을 음식을 뒤엎었다는 것이다.

① 정(鼎) : 본 괘 괘사를 참고하라.
② 복(覆) : 설문은 뒤엎는 것, 덮는 것이라 했다(說文, 覆 覂也 一曰蓋也 从襾復聲 敷救切 文四 重一, 覂 뒤엎을 봉).
③ 공(公) : 14번 대유괘 구삼을 참고하라.

중한 형벌을 받는다(其形渥).
흉하다(凶).

기형악(其形渥)은 기형옥(其刑剭)이다①. 기형옥(其刑剭)은 음식을 바치는 사람이 중한 형벌을 받는 것이다②. 음식을 바치는 사람은 형벌을 받으니 흉하고, 공후는 음식을 먹지 못하니 흉하다.

① 악(渥) : 설문은 젖는 것이라 했다(說文, 渥 霑也 从水屋聲, 霑 젖을 점).

② 옥(剭) : 목을 베는 형벌로 옥(屋)과 통한다고 했다(註, ... 謂重誅也 又通屋, 誅 벨 주). 백서주역에는 형악(形渥)이 형옥(刑屋)으로 되어 있다. 형옥(刑屋) 중 옥(屋)은 옥(剭)과 통하니 형옥(刑剭)이다. 본 부분에 대해서 정현(鄭玄)은 본래 형옥(刑剭)이라 했고, 주희(朱憙)는 주역본의(朱易本義)에서, 조씨가 이르길 형악은 여러 본에 형옥으로 되어 있고 중한 형벌이라 하였으니 이제 그 말을 따른다고 했다(晁氏曰 形渥 諸本 作刑剭 謂重刑也 今從之). 정이(程頤)는 이천역전(伊川易傳)에서 기형악은 무안하여 얼굴을 붉히고 땀을 흘리니 그 흉함을 알 수 있다고 했다(其形渥 謂赧汗也 其凶 可知, 赧 얼굴 붉힐 난). 본 책에서는 백서주역을 원문과 정현, 주희의 이론을 기준으로 하였다.

육오 : 정황이금현 이정.
六五 : 鼎黃耳金鉉 利貞.

솥이 뜨거워도 옮기는 데 문제가 없게 솥귀고리를 누런 황동으로 치장하였다. 귀한 솥의 상이니 이로우리라.

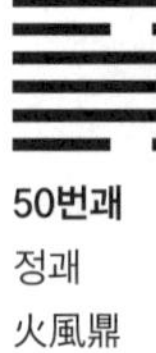

정(鼎)은 발이 세 개이고 귀가 두 개인 솥이다①. 황이(黃耳)는 솥귀가 누런 색 황동이라는 것이다. 금현(金鉉)은 솥귀에 달은 황동 솥귀고리를 말한다②③. 솥귀는 솥에 달린 손잡이다. 솥이 뜨거우면 솥을 들어 올릴 솥귀마저 달궈지는 경우가 있다. 이때 솥을 잡기 위해 솥귀에 달은 것이 솥귀고리이다. 이같은 조치를 해 놓으면 솥이 아무리 뜨거워도 옮기는 데 문제가 전혀 없다. 또 솥귀고리를 황동으로 치장하였으니 귀한 솥임을 알 수 있다.

이(利)는 이롭다는 것이고 정(貞)은 점이다. 이정(利貞)은 이로운 점이라는 것이다④. 어떤 사항에 점을 쳐 본 효를 얻으면 이롭다는 뜻이다. 현재의 상태는 솥에 황동색의 솥귀고리까지 달려 있으니 전혀 문제 될 게 없다. 그러므로 묻는 일은 이로운 것이다.

① 정(鼎) : 본 괘 괘사를 참고하라.

② 금(金) : 21번 서합괘 구사를 참고하라.

③ 현(鉉) : 설문에 현(鉉)은 솥을 드는 것으로 역경에서는 현(鉉)이라 했고, 예기에서는 멱(鼏)이라 했다(說文. 鉉 擧鼎也 易 謂之鉉 禮 謂之鼏 从金玄聲).

④ 이정(利貞) : 32번 항괘 괘사를 참고하라.

상구 : 정옥현 대길 무불리.
上九 : 鼎玉鉉 大吉 无不利.

솥귀고리가 옥이니 솥의 뜨거움이 전해지지 않아 옮기기에 아주 좋다. 옥을 달은 귀한 보물 솥이니 크게 길하여 불리함이 없으리라.

정(鼎)은 발이 세 개이고 귀가 두 개인 솥이다①. 옥현(玉鉉)은 옥으로 된 귀고리다②. 솥이 뜨거우면 들 수 없으므로 솥귀를 달아 옮길 수 있게 하였다. 솥귀마저 뜨거우면 솥귀고리가 필요하다. 솥귀고리를 황동으로 만든 것이 본 괘의 육오이고, 솥귀고리를 옥으로 만들어 단 것이 상구이다. 옥에 솥의 뜨거움이 전해지지 않아 옮기기에 가장 좋은 솥이 된다. 옥을 달았으니 귀한 보물 솥이기도 하다③. 이런 상태이면 크게 길하고, 불리할 이유가 없다.

① 정(鼎) : 본 괘 괘사를 참고하라.

② 현(鉉) : 본 괘 육오를 참고하라.

③ 쇠로 만든 귀고리에 다시 옥귀고리를 달았다는 설명이 있기는 하나 쇠 대신에 옥으로 달았다고 보는 것이 자연스럽다.

50번괘

정괘

火風鼎

진괘(震卦) 중뢰진(重雷震) 51번괘

벼락이 칠 때 일어난 일들의 길흉을 설명했다.

진은 형하니라. 진경백리에 불상시창하느니라.
震은 亨하니라. 震驚百里에 不喪匕鬯하느니라.

초구는 진래혁혁하고 후소언액액하니 길하리라.
初九는 震來虩虩하고 後笑言啞啞하니 吉하리라.

육이는 진래니 려하도다. 억상패하야 제우구릉이니 물축하면 칠일에 득하리라.
六二는 震來니 厲하도다. 億喪貝하야 躋于九陵이니 勿逐하면 七日에 得하리라.

육삼은 진이 (소소)하니 진행이라도 무생하리라.
六三은 震이 (疏疏)하니 震行이라도 无眚하리라.

구사는 진이 수니라.
九四는 震이 遂泥라.

육오는 진이 왕래하여 여하니 억무상이나 유사리라.
六五는 震이 往來하여 厲하니 億无喪이나 有事리라.

상육은 진이 삭삭하여 시확확이니 정은 흉하리라. 진이 불우기(궁)이요 우기린이니 무구리라. 혼구는 유언이리라.
上六은 震이 索索하여 視矍矍이니 征은 凶하리라. 震이 不于其(躬)이요 于其隣이니 无咎리라. 婚媾는 有言이리라.

51번괘

진괘(震卦)

벼락이 칠 때 일어난 일들의 길흉을 설명했다.

진. 형 진래혁혁 소언액액 진경백리 불상시창.
震. 亨 震來虩虩 笑言啞啞 震驚百里 不喪匕鬯.

제사를 지낼 만하다. 요란한 벼락소리가 백리까지 들릴 정도로 사람을 놀라게 하나, 술을 푸는 국자와 올리는 향주를 놓지 않고 정성스런 마음으로 제사를 지내리라.

진괘(震卦)는 벼락이 칠 때 일어난 일들의 길흉을 설명했다.

진(震)은 괘명으로 벼락이다. 설문에 진(震)은 만물을 진동시키는 벼락(벽력)이라고 했다(說文, 震 劈歷 振物者). 백서주역에 진(震)과 동일한 뜻을 가지고 있는 진(辰)으로 되어 있다(說文, 辰 震也).

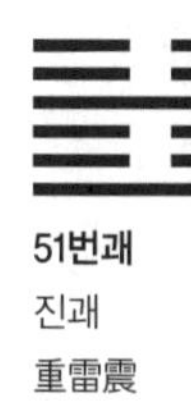

51번괘
진괘
重雷震

제사를 지낼 만하다(亨).

형(亨)은 제사·연회·잔치·대접·흠향의 뜻을 가진 향(鄕)이고 향(亯)이다. 제사를 지내기 전 점을 쳐 본 괘를 얻으면 제사를 지낼 수 있다는 것이다. 형(亨)은 1번 건괘 괘사를 참고하라.

진래혁혁 소언액액(震來虩虩 笑言啞啞).

본 구절은 초구에 있는 것이 괘사에 잘못 들어간 군더더기 구절인 연문(衍文)이다. 해석은 초구를 참고한다. 고형(高亨)은 본 구절이 연문인 이유를 진래(震來)라는 말과 뒤에 이어지는 진경(震驚)이라는 말의 뜻이 서로 거슬리고, 초구와 내용이 중복됨을 이유로 들었다.

벼락이 백리를 놀라게 한다(震驚百里)
술국자와 향주를 잃지 않는다(不喪匕鬯).

진(震)은 벼락이다. 경(驚)을 설문은 말이 놀라는 것이라 했다(說文, 驚 馬駭也. 駭 놀랄 해). 시(匕)는 수저이다. 창(鬯)은 고대 제사에 쓰이는 향주(香酒, 울창주)이다. 그러므로 진경백리 불상시창(震驚百里 不喪匕鬯)은 요란한 벼락 소리가 백리까지 들릴 정도로 사람을 놀라게 하나, 제사에 사용하는 술을 푸는 국자와 술을 놓지 않고 정성스런 마음으로 제사를 지낸다는 것이다.

초구 : 진래혁혁 후소언액액 길.
初九 : 震來虩虩 後笑言啞啞 吉.
벼락이 치니 처음엔 놀라고 두려워하나 후에는 웃으니 길하리라.

진(震)은 벼락이다①. 혁(虩)은 놀라고 두려워 하는 것이다②. 액(啞)은 웃는 소리이다③. 그러므로 진래혁혁 후소언액액(震來虩虩 後笑言啞啞)은 벼락이 치니 처음에는 겁이 나 놀라고 두려워 하나 후에는 웃는 것이다. 길할 수밖에 없다.

① 진(震) : 본 괘 괘사를 참고하라.
② 혁(虩) : 10번 이괘 구사를 참고하라.
③ 액(啞) : 벙어리(啞아)이고, 웃는 소리(啞액)이다. 설문에는 웃는 것이라 했다(說文, 啞 笑也 从口亞聲 易 曰 笑言啞啞).

육이 : 진래려 억상패 제우구릉 물축 칠일득.
六二 : 震來厲 億喪貝 躋于九陵 勿逐 七日得.

벼락이 치는 위태한 처지에 있다. 높은 언덕으로 벼락을 피해 올라가면서 재물을 잃는다. 잃은 재물을 찾지 않아도 칠일 정도가 되면 되찾게 되리라.

벼락이 치니 위태하다(震來厲).

진(震)은 벼락이다①. 려(厲)는 위태함이다②. 진래려(震來厲)은 벼락이 치는 위태한 처지에 있다는 뜻이다.

① 진(震) : 본 괘 괘사를 참고하라.
② 려(厲) : 1번 건괘 구삼을 참고하라.

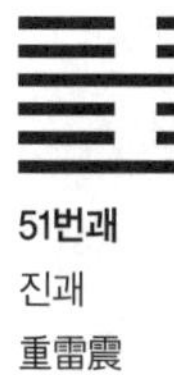
51번괘
진괘
重雷震

재물을 잃었다(億喪貝).
높은 언덕에 올랐다(躋于九陵).

억(億)은 의(意)로 특별한 의미 없이 운을 떼는 말로 사용된 발어사(發語辭)이다①. 제(躋)는 오른다는 것이다②. 구릉(九陵)은 아홉 언덕으로 높은 언덕을 말한다. 그러므로 억상패 제우구릉(億喪貝 躋于九陵)은 재물을 잃었고, 그때는 높은 언덕에 벼락을 피해 올라갔을 때라는 뜻이다.

① 억(億) : 많다, 추측하다, 미루어 생각하다는 뜻이다. 이곳에서는 발어사인 의(意)로 사용되었다. 본 괘 육오의 진왕래 여 억무상유사(震往來 厲 億无喪有事)와 사용법이 동일하다. 백서주역에는 억(億)이 아닌 의(意)로 되어 있다.
② 제(躋) : 설문에 오르는 것이라 했다(說文, 躋 登也 从足齊聲 商書 曰 予顚躋).

쫓지 말라(勿逐).
칠일이면 찾는다(七日得).

물축(勿逐)은 쫓지 말라는 것이다①. 칠일(七日)은 칠일 내, 짧지도 않고 길지도 않음을 말한다②. 그러므로 물축 칠일득(勿逐 七日得)은 언덕으로 급히 피하다가 재물을 잃어버렸으나 찾지 마라, 칠일 정도이면 잃은 재물을 되찾게 될 것이라는 뜻이다.

① 물축(勿逐) : 38번 규괘 초구를 참고하라.

② 칠일(七日) : 24번 복괘 괘사를 참고하라.

육삼 : 진소소 진행무생.

六三 : 震蘇蘇 震行无眚.

벼락이 점점 약해진다. 벼락이 오가고 있지만 재앙은 없으리라.

벼락이 멀어진다(震蘇蘇).

진(震)은 벼락이다①. 소소(蘇蘇)는 소소(疏疏)로 멀어지는 것이다②. 진소소(震蘇蘇)는 벼락이 점점 약해진다는 뜻이다.

① 진(震) : 51번 진괘 괘사를 참고하라.

② 소소(蘇蘇) : 백서주역에는 소(蘇)가 소(疏)로 되어 있다. 소(疏)를 설문은 통하는 것이라 했고, 경해는 먼 것이라 했다(說文 疏 通也, 經解 疏 疏通知遠 又遠也). 공영달(孔穎達)은 소소 외구불안지모(蘇蘇 畏懼不安之貌, 畏 두려워할 외, 懼 두려워할 구)라 했고, 운회(韻會)는 기가 막힌 모양이라 했다(蘇蘇 氣索貌). 공영달과 운회의 기준에 의하면 벼락에 쳐 놀랍고 두려워하는 것이 된다. 그러나 이 기준은 이어지는 재앙이 없다는 말과 어울리지 않는다.

벼락이 왕래하나 재앙은 없다(震行无眚).

진행(震行)은 진왕래(震往來)로 벼락이 왔다갔다 한다는 것이다. 무생(无眚)은 재앙이 없다는 것이다. 진행무생(震行无眚)은 비록 벼락이 오가고 있지만 약해지고 멀리 갔으므로 재앙이 없다는 것이다. 무생(无眚)은 6번 송괘 구이를 참고하라.

구사 : 진수니.
九四 : 震遂泥.
벼락이 진흙에 떨어지니 아무런 영향이 없다.

진(震)은 벼락이다①. 수(遂)는 떨어지는 것이다②. 니(泥)는 진흙이다. 진수니(震遂泥)는 벼락이 진흙에 떨어지니, 벼락은 아무런 영향을 미치지 못한다는 뜻이다③.

① 진(震) : 본 괘 괘사를 참고하라.
② 수(遂) : 34번 대장괘 상육을 참고하라.
③ 번개가 쳐 놀라서 진흙에 빠지는 것으로 해석하기도 한다. 이 해석에 의하면 상황이 안 좋아지고 답답해지는 것이 된다. 정이(程頤)는 이천역전(伊川易傳)에서 본 효에 대해 진(震)의 도가 없어지니 어찌 빛이 나고 형통하겠는가라고 했고(震道亡矣 豈復能光亨也), 주희(朱熹)는 주역본의(朱易本義)에서 돌아옴이 없고 침체하는 것이라 했다(遂者 无反之意 泥 滯溺也). 정이·주희 모두 벼락에 놀라서 사람이 진흙에 빠지는 해석에 가깝다. 그러나 본 책은 벼락이 진흙에 떨어지니 벼락이 영향을 미치지 못하는 것으로 해석했다. 고형(高亨)은 주역고경금주(周易古經今注)에서는 놀라 진흙에 빠지는 것으로 봤으나, 이후에 출판된 주역대전금주(周易大傳今注)에서는 번개가 진흙에 떨어지는 것으로 해석했다(雷下擊 落在泥土之上).

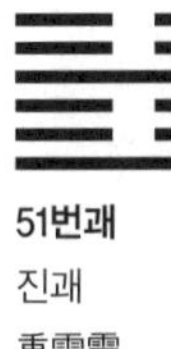

육오 : 진왕래 여 억무상유사.
六五 : 震往來 厲 億无喪有事.
벼락이 오가니 위태하다. 벼락 때문에 잃는 것은 없지만 사고는 있으리라.

진왕래(震往來)로 벼락이 왔다갔다 한다는 것이다①. 여(厲)는 위태함이다②. 그러므로 진왕래 여(震往來 厲)는 벼락이 오가니 위태하다는 것이다. 억(億)은 의(意)로 특별한 의미 없이 운을 떼는 말로 사용된 발어사(發語辭)이다③. 무상(无喪)은 잃는 것이 없다는 것이고, 유사(有事)는 일이나 사고는 있다는 것이다.

① 진(震) : 본 괘 괘사를 참고하라.

② 여(厲) : 1번 건괘 구삼을 참고하라.

③ 억(億) : 51번 진괘 육이를 참고하라.

상육 : 진삭삭 시확확 정흉. 진불우기궁우기린 무구. 혼구유언.

上六 : 震索索 視矍矍 征凶. 震不于其躬于其隣 无咎. 婚媾有言.

벼락이 주변에 넓게 흩어지니 놀라서 바라본다. 두려움 속에서 나가는 것은 흉하리라. 벼락이 그 몸에 떨어지지 않고 이웃에 떨어지니 허물은 없으리라. 결혼에는 문제가 있으리라.

벼락이 흩어진다(震索索).

놀라 바라본다(視矍矍).

정벌은 흉하다(征凶).

진(震)은 벼락이다①. 삭(索)은 노끈, 흩어진다는 것이다②. 확(矍)은 놀라 보는 모양이다③. 진삭삭(震索索)은 벼락이 넓게 흩어진다는 것이고, 시확확(視矍矍)은 흩어지는 벼락을 보고 두려움을 가지고 놀라서 쳐다본다는 것이다. 정흉(征凶)은 정벌·행함·취함·떠남이 흉하다는 것이다④. 두려움과 놀란 상태로 나가는 것은 흉하다는 뜻이다.

① 진(震) : 본 괘 괘사를 참고하라.

② 삭(索) : 백서주역에는 석(昔 말린고기·예 석)으로 되어 있다. 고형(高亨)은 주역대전금주(周易大傳今注)에서 삭삭(索索)을 속속(速速, 速 빠를 속)으로 봐 벼락이 빠르게 퍼지는 것으로 봤다.

③ 확(矍) : 설문은 새가 날아가려고 하는 것이고, 놀라 보는 모양이라고 했다(說文, 矍 隹欲逸走也 一日視遽皃, 遽 급히 거).

④ 정흉(征凶) : 9번 소축괘 상구를 참고하라.

벼락이 그 몸에 떨어지지 않고 그 이웃에 떨어진다(震不于其躬于其隣).
허물이 없다(无咎).

진(震)은 벼락이다. 궁(躬)은 몸이다①. 린(鄰)은 이웃이다②. 무구(无咎)는 망구(亡咎)로 허물이 없다는 것이다③. 무(无)는 없다는 무(無)이고 망(亡)이다. 구(咎)는 허물이다. 진불우기궁우기린(震不于其躬于其隣)은 벼락이 그 몸에 떨어지지 않고, 그 이웃에 떨어졌으니 허물이 없다는 것이다.

① 궁(躬) : 4번 몽괘 육삼을 참고하라.
② 린(鄰) : 9번 소축괘 구오를 참고하라.
③ 무구(无咎) : 60번 절괘 초구를 참고하라.

결혼에는 문제가 있다(婚媾有言).

혼구(婚媾)는 혼인하는 것이다①. 언(言)은 말, 잘못(愆 허물 건), 가슴걸이(말의 가슴걸이 근)이다. 본 효에서는 잘못으로 쓰였다. 유언(有言)은 잘못이나 문제가 있는 것이다②. 혼구유언(婚媾有言)은 결혼에 대해 점을 쳐 본 효를 얻으면 문제가 발생한다는 뜻이다.

① 구(媾) : 3번 준괘 육이를 참고하라.
② 유언(小有言) : 5번 수괘 구이를 참고하라.

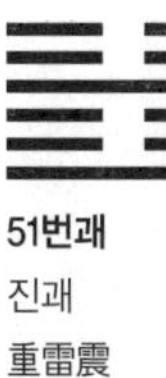

간괘(艮卦) 중산간(重山艮) 52번괘

몸의 각 부분을 보는 것을 통하여 길흉을 설명했다.

(간)은 간기배에 불획기신이요 행기정에 불견기인이라.
(艮)은 艮其背에 不獲其身이요 行其庭에 不見其人이라.

초육은 간기지하니 무구하고 이영정하니라.
初六은 艮其趾하니 无咎하고 利永貞하니라.

육이는 간기비하니 부증기수로 기심이 불쾌하도다.
六二는 艮其腓하니 不拯其隨로 其心이 不快하도다.

구삼은 간기한하니 열기인으로 여하고 훈심이로다.
九三은 艮其限하니 列其夤으로 厲하고 薰心이로다.

육사는 간기신이니 무구리라.
六四는 艮其身이니 无咎리라.

육오는 간기보하니 언유서로 회망하리라.
六五는 艮其輔하니 言有序로 悔亡하리라.

상구는 돈간이니 길하리라.
上九는 敦艮이니 吉하리라.

52번괘

간괘(艮卦)

몸의 각 부분을 보는 것을 통하여 길흉을 설명했다.

(간). 간기배 불획기신 행기정 불견기인 무구.
(艮). 艮其背 不獲其身 行其庭 不見其人 无咎.

등만을 보다가 그 몸 전체를 잡지 못한다. 뜰을 거닐어도 그 사람을 보지 못한다. 전체를 잡지 못하고 보지 못한다.

간괘(艮卦)는 몸의 각 부분을 보는 것을 통하여 길흉을 설명했다.

간(艮)은 괘명이다. 통행본의 괘사는 [간기배 불획기신(艮其背 不獲其身)]으로 되어있으나, [간 간기배 불획기신(艮 艮其背 不獲其身)]이 맞는다. 즉 통행본은 괘명이 빠진 것이다.

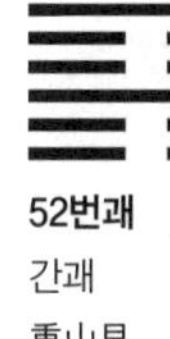

간(艮)에 대한 강희자전을 보면 흔야(很也, 패려궂다. 말을 듣지 않고 노려보다), 지야(止也, 멈추다. 중지하다), 견야(堅也, 맷돌磑과 같이 단단하다), 난야(難也, 어렵다) 등으로 되어 있다. 이 중에서 괘명인 간(艮)을 무엇으로 볼 것인지는 괘 해석에 중요한 문제다. 간(艮)의 해석은 크게 [멈추다]와 [보다]로 나뉜다.

간(艮)을 [멈추다]로 보는 것은 간괘 단전의 [간지야 시지즉지 시행즉행(艮止也 時止則止 時行則行)]이라는 구절을 해석근거로 삼는다. 간(艮)은 멈춤이고, 때가 멈출 때면 멈춰야 하고, 행할 때면 행한다는 뜻이다. 단전 이후 대부분의 역경 해설자들은 간(艮)을 [멈추다]로 보고 간괘를 해석했다. 이 견해에 의하면 간괘는 간산(艮山☶)이 중첩되어 있고 대치하는 괘며, 멈추는 괘가 된다. 서괘전에서도 간자지야(艮者止也)라 했다.

간(艮)을 [보다]로 볼 수 있다. 설문은 간(艮)은 말을 듣지 않는다는 흔(很)으로 화난 눈이 노려보며 눈을 아래로 뜨지 않는 것이라 했다(說文, 艮 很也 猶

目相匕 不相下也, 很 不聽从也). 흔(很)은 째진 눈(匕目)으로 위로 노려보는 것을 말한다. 반드시 노려보는 것이라고 할 수는 없어도, 보는 것은 소전(小篆)에 나타난 간(艮)과 견(見)의 글자의 모양을 봐도 알 수 있다. 견(見)이 바로 서서 보는 것이라면, 간(艮)은 멈춰 서서 뒤를 돌아보며 노려보는 사람을 그린 것이다. 갑골문에서 견(見)은 사람의 머리에 눈을 그린 것이고, 간(艮)은 돌아서 쳐다보는 눈에 눈동자까지 그려져 있다. 쳐다보되 뚫어지게 보는 것이다. 간(艮)을 [보다]로 해석한 대표적인 학자는 고형(高亨), 이경지(李鏡池)이다. 본 책도 간(艮)을 [멈추다]가 아닌 [보다]로 새겼다.

등만 본다(艮其背).
그 몸을 잡지 못한다(不獲其身).
뜰을 거닌다(行其庭).
그 사람을 보지 못한다(不見其人).

간(艮)은 보는 것이다①. 배(背)는 등이다. 획(獲)은 잡는 것이다②. 그러므로 간기배 불획기신(艮其背 不獲其身)은 등만을 보다가 그 몸을 잡지 못한다는 것이다. 일부분을 보다가 전체를 얻지 못한다는 뜻이다.

본 구절을 특별한 의미가 없는 부분으로 볼 수도 있다. [등만 보다가 그 몸을 잡지 못하네, 뜰을 거닐어도 그 사람을 보지 못하네.]와 같이 흥을 돋우기 위한 비흥(比興, 比喻起興)의 문장으로 볼 수 있다. 역경의 작자가 전하고자 하는 핵심 내용은, 전체를 잡지 못하고 보지 못한다는 것이다. 이와 같이 단순한 노랫가락에 불과하다면, 이 구절을 무아(無我)와 무물(無物)로 본 송대 육구연(陸九淵)의 풀이는 이상한 해석이 된다.

① 간(艮) : 본 괘 괘사를 참고하라.

② 획(獲) : 17번 수괘 구사를 참고하라. 획(獲)을 호(護)로 봐 몸을 보호하지 못하는 것으로 보기도 한다. 그러나 초죽서에는 획(獲)은 爫(손톱 조)에 隻(외짝 척)으로 되어 있다. 보호와는 거리가 있다.

무구(无咎).

무구(无咎)는 망구(亡咎)로 허물이 없다는 것이다. 무(无)는 없다는 무(無)이고 망(亡)이다. 구(咎)는 허물이다①. 무구(无咎)는 비직(費直)의 고문본에만 있는 것으로 잘못 들어간 글자이다②. 등만 보다가 그 몸을 잡지 못하니 허물이고, 사람을 보기 위해 뜰을 거닐어도 사람을 보지 못하는 것도 역시 허물이 된다. 그렇다면 허물이 없다는 무구(无咎)와는 모순이 된다.

① 무구(无咎) : 60번 절괘 초구를 참고하라.
② 고문본에 대해서는 28번 대과괘 상육의 내용을 참고하라.

초육 : 간기지 무구 이영정.
初六 : 艮其趾 无咎 利永貞.
발을 본다. 발이 건강하니 허물이 없고, 앞으로 오랜 기간 이로우리라.

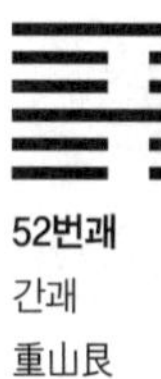

발을 본다(艮其趾).

간(艮)은 보는 것이다①. 지(趾)는 발이다②. 간기지(艮其趾)는 발을 보는 것이다.

① 간(艮) : 본 괘 괘사를 참고하라.
② 지(趾) : 21번 서합괘 초구를 참고하라. 백서주역과 초죽서에는 지(止)로 되어 있다. 설문에, 지(止)는 아래 터이며, 풀이 뚫고 나오는 땅을 상형했다. 그러므로 지(止)를 발의 의미로 사용했다. 지(止)부에 속한 한자들은 이런 의미를 따른다고 했다(說文, 止 下基也 象艸木出有址 故以止爲足 凡止之屬皆从止).

허물이 없다(无咎).
오랜 기간의 점은 이롭다(利永貞).

무구(无咎)는 망구(亡咎)로 허물이 없다는 것이다. 무(无)는 없다는 무(無)이고 망(亡)이다. 구(咎)는 허물이다①. 이영정(利永貞)은 오랜 기간의 길흉여부에 대해 친 점은 이롭다는 뜻이다. 영(永)은 장(長)이다. 정(貞)은 점(占)이다②. 멈춰서서 나가고 있는 발을 보는 것은 앞으로 나가는 일의 시작을 보는 것이다. 발이 건강하니 허물이 없다. 발을 본다는 것은 망동하지 않는 것이니 앞으로의 일은 이롭다는 뜻이다.

① 무구(无咎) : 60번 절괘 초구를 참고하라.

② 이영정(利永貞) : 32번 항괘 괘사를 참고하라.

육이 : 간기비 부증기수 기심불쾌.
六二 : 艮其腓 不拯其隨 其心不快.
장딴지를 보니 살이 찌지 않았다. 장딴지가 튼튼하지 못하니 마음이 불쾌하다.

간(艮)은 보는 것이다①. 비(腓)는 종아리에 붙은 불룩한 살인 장딴지이다②. 증(拯)은 증(增)으로 더한다는 것이다③. 수(隨)는 쫓는 것이다. 이곳에서는 통가자인 타(隋)로 살을 뜻한다④. 간기비(艮其腓)는 장딴지를 본다는 것이고, 부증기수(不拯其隨)는 장딴지의 살이 찌지 않았다는 뜻이다. 그래서 마음이 불쾌하다. 진행하고 전진하려면 장딴지에 살이 올라 튼튼해야 하는데 살집이 없으니 마음이 아프다는 의미다. 자신의 뜻을 성취할 수 없는 상태다.

① 간(艮) : 본 괘 괘사를 참고하라.

② 비(腓) : 31번 함괘 육이를 참고하라.

③ 증(拯) : 증(拯), 승(承), 증(增)은 고대에는 통용되었다(拯承增古亦通用, 周易古經今注). 36번 명이괘 육이를 참고하라.

④ 수(隨) : 17번 수괘 괘사를 참고하라.

■ 춘추좌전 서례 : 목강의 피난여부를 점치다.

춘추좌전(春秋左傳) 양공(襄公) 9년(기원전 564년)의 서례이다. 양공(襄公)의 조모인 목강(穆姜)이 동궁에 들어가 살 때 시초점을 쳐 간지팔(艮之八)을 얻었다.

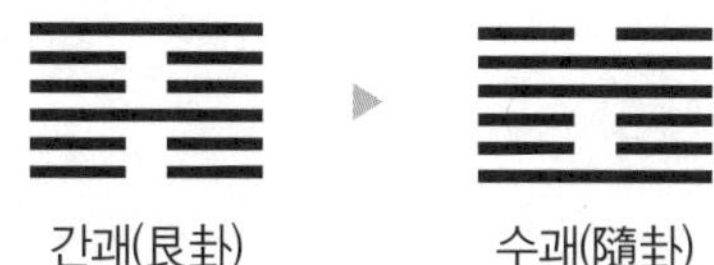

간괘(艮卦) 수괘(隨卦)

점괘에 대해 점을 풀이하는 신하인 태사가 말했다. [이 괘는 간괘가 수괘(隨卦)로 변한 간지수(艮之隨)이다. 이는 밖으로 나가는 것을 뜻하니 동궁을 빨리 나가야 한다.] 이에 목강이 말했다. [수괘는 원형이정으로 재난이 없다고 했다. 원형이정(元亨利貞)의 사덕(四德)을 갖춰야 재난이 없는 것인데 나는 사덕을 갖춘 바가 없으니 재난이 있을 것이다. 난 여기서 죽을 것이다. 밖으로 나갈 생각이 없다.] 이후 목강은 동궁에서 생을 마친다.

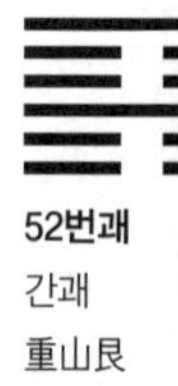

52번괘
간괘
重山艮

목강은 자신이 사덕을 갖추지 못한 이유를 아래와 같이 말했다.

(1) 사덕 중 원(元)은 신체의 가장 중요한 부분인데 본인은 여자의 몸으로 난에 가담했고, 지위가 남자의 밑에 있는 중에 인덕도 없으니 사덕 중 원을 이루지 못했다.

(2) 형(亨)의 덕은 가례에서 주인과 손님이 서로 만나 화평을 이루는 것인데, 나라를 편안하게 못했으니 이 덕도 이루지 못했다.

(3) 이(利)의 덕은 도리로써 조화를 이루는 것인데 난을 일으켜 몸을 해쳤으니 이 또한 이루지 못했다.

(4) 정(貞)의 덕은 어떤 일의 본체를 말하는데 태후의 자리에 있으면서도 교태를 부려 어울리지 않은 행동을 했으니 정의 덕도 이루지 못했다.

이 서례의 내용을 문답 형식으로 보충한다.

문 태사가 간지팔(艮之八)을 간지수(艮之隨)로 본 이유는 무엇인가?

답 간괘의 육이효만 숫자 8을 얻은 것이다. 즉 시초점에서 얻을 수 있는

6·7·8·9의 수 중 아래와 같은 숫자를 얻은 것이다. 이 중 9는 노양수(老陽數)이니 음효(陰爻)로 바뀌고, 6은 노음수(老陰數)로 양효(陽爻)로 바뀐다. 결과적으로 간괘의 육이만 부동(不同)하고 나머지는 모두 동하는 난동의 상이 된다. 여기에 변할 효가 ②효이기 때문에 지괘인 수괘(隨卦)의 괘사로 해석한 것이다.

본괘(本卦), 간괘(艮卦)	지괘(之卦), 수괘(隨卦)
⑥ ━ 9 동효	╍
⑤ ╍ 6 동효	━
④ ╍ 6 동효	━
③ ━ 9 동효	╍
② ╍ 8 변할 효	╍
① ╍ 6 동효	━

문 서례에서 목강이 답변한 부분에 원형이정의 사덕이 나온다. 주희(朱熹)는 사덕론(四德論)이 공자로부터 시작된 것으로 주장하였다. 그런데 본 서례는 기원전 564년에 일어난 것이고, 공자는 기원전 551년에 출생하였으니 훨씬 이전에 일어난 일이다. 그럼 공자 이전부터 사덕론이 있었다는 말인가?

답 목강이 말한 사덕론에 대해서 홍재전서(弘齋全書)와 오주연문장전산고(五洲衍文長箋散稿)는 춘추에 주석을 단 좌구명(左丘明)이 채워 넣었을 것이라고 추정하였다. 만약 좌구명이나 후세의 사람들이 일부러 넣은 것이 아니라면, 공자가 사덕론을 처음 주장하였다는 주희(朱熹)의 주장은 틀린 것이다.

구삼 : 간기한 열기인 여 훈심.

九三 : 艮其限 列其夤 厲 薰心.

허리를 보니 등살이 찢어져 상처가 있다. 위태한 상황이고 정신이 흐릿하고 어지럽다.

허리를 본다(艮其限).

등살이 찢어졌다(列其夤).

간(艮)은 보는 것이다①. 한(限)은 허리이다②. 열(列)은 벌어지다, 칼로 물건을 나누는 것이다. 인(夤)은 등살이다③. 그러므로 간기한 열기인(艮其限 列其夤)은 허리를 보니 등 부분의 살이 찢어진 상처를 입었다는 것이다.

① 간(艮) : 본 괘 괘사를 참고하라.

② 한(限) : 왕필(王弼)은 주에서 허리라고 했고(限 身之中也 三當兩象之中 故曰艮其限), 석문(釋文)에는 마융(馬融), 정현(鄭玄), 순상(荀爽), 우번(虞翻)이 허리라고 했다고 했다(馬云 限 要也 鄭 荀 虞同).

③ 인(夤) : 서호(徐灝)는 단주전(段注箋)에서 역경 간괘 구삼에서 열기인(列其夤)이라 하였는데 우번(虞翻)은 주에서 인(夤)은 등의 살이라고 하였으니 우번의 말은 본의를 얻은 것이라 했다(易艮九三裂其夤虞注夤脊肉也 乃其本義).

위태하다(厲).

정신이 흐릿하다(薰心).

여(厲)는 위태함이다①. 훈(薰)은 정신이 흐릿하다는 혼(惛)을 빌려 쓴 것이다. 이 두 글자는 예전에는 통용되었다②. 그러므로 여 훈심(厲 薰心)은 몸의 중심에 있는 등살이 상처를 당했으니 위태한 상황이고 정신이 흐릿하고 어지럽다는 것이다.

① 여(厲) : 1번 건괘 구삼을 참고하라.

② 훈(薰) : 설문에 향초라 했다(說文, 薰 香艸也).

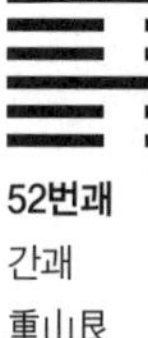

육사 : 간기신 무구.

六四 : 艮其身 无咎.

상반신을 보니 건강하다. 허물이 없으리라.

간(艮)은 보는 것이다①. 신(身)은 상반신이다. 본 괘 구삼에서 허리를 말하고, 육오에서 얼굴을 말했다. 그러므로 육사에서는 허리에서 얼굴 사이인 상반신을 말했다②. 무구(无咎)는 망구(亡咎)로 허물이 없다는 것이다. 무(无)는 없다는 무(無)이고 망(亡)이다. 구(咎)는 허물이다. 상반신을 보니 건강에 아무런 문제가 없으므로 허물이 없는 것으로 추측된다③.

① 간(艮) : 본 괘 괘사를 참고하라.
② 신(身) : 초죽서에는 궁(躳 몸 궁)으로 되어 있다.
③ 무구(无咎) : 60번 절괘 초구를 참고하라. 초죽서와 백서주역에는 무구(无咎)라는 말이 없다.

육오 : 간기보 언유서 회망.
六五 : 艮其輔 言有序 悔亡.
말하는 뺨을 본다. 말을 신중히 하여 순서와 조리가 있으니 후회할 일이 없으리라.

간(艮)은 보는 것이다①. 보(輔)는 아래턱뼈, 뺨, 수레의 덧방나무이다. 이곳에서는 뺨으로 새긴다②. 회(悔)는 후회·아쉬움·뉘우침이다. 망(亡)은 성모가 같은 무(無)자와 통용된다. 회망(悔亡)은 후회가 없다는 것이다③. 그러므로 간기보 언유서 회망(艮其輔 言有序 悔亡)은 말하는 뺨을 보니 말을 신중히 하여 순서와 조리가 있어 후회할 일이 없다는 것이다.

① 간(艮) : 본 괘 괘사를 참고하라.
② 보(輔) : 28번 대과괘 구삼을 참고하라.
③ 회망(悔亡) : 47번 곤괘 상육을 참고하라.

상구 : 돈간 길.
上九 : 敦艮 吉.

도탑고 성실하게 보니 하는 일에 실수가 없다. 길하리라.

돈(敦)은 돈후함·성냄·꾸짖음이다. 본 효사에서는 도탑고 성실하다는 의미를 가진 돈후함으로 사용되었다①. 간(艮)은 보는 것이다②. 그러므로 돈간 길(敦艮 吉)은 도탑고 성실하게 보니 하는 일에 실수가 없으므로 길하다는 것이다.

① 돈(敦) : 19번 임괘 상육을 참고하라. 돈(敦)을 머리로 보기도 한다. 돈(敦)을 단(耑)의 통가자로 본 이경지(李鏡池)의 견해이다. 단(耑)을 설문에서는 [단 물초생지제야(耑 物初生之題也)]로 해석했으니 사람으로 치면 머리다. 상으로 보면 괘의 가장 위에 있으니 위치적으로 머리로 볼 수 있으나, 돈(敦)을 머리로 본다면 初六의 艮其趾, 六二는 艮其腓 등과 같이 艮其敦으로 되어 있는 것이 괘의 구성에 맞는다.

② 간(艮) : 본 괘 괘사를 참고하라.

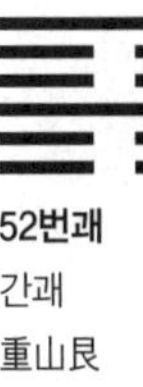

점괘(漸卦) 풍산점(風山漸) 53번괘

큰 기러기가 나아가는 것을 통하여 여자가 가정을 이루는 길흉을 설명했다.

점은 여귀이면 길하여 이정이로다.
漸은 女歸이면 吉하여 利貞이로다.

초육은 홍점우간이로다. 소자가 려하니 유언이면 무구리라.
初六은 鴻漸于干이로다. 小子가 厲하니 有言이면 无咎리라.

육이는 홍점우(판)이로다. 음식에 간간하니 길하리라.
六二는 鴻漸于(坂)이로다. 飮食에 衎衎하니 吉하리라.

구삼은 홍점우륙이로다. 부정하여 불복이고 부잉하나 불육이니 흉하리라. 이어구하니라.
九三은 鴻漸于陸이로다. 夫征하여 不復이고 婦孕하나 不育이니 凶하리라. 利禦寇하니라.

육사는 홍점우목이로다. 혹득기각이면 무구리라.
六四는 鴻漸于木이로다. 或得其桷이면 无咎리라.

구오는 홍점우릉이로다. 부는 삼세간 불잉이나 종막지승이니 길하리라.
九五는 鴻漸于陵이로다. 婦는 三歲간 不孕이나 終莫之勝이니 吉하리라.

상구는 홍점우륙이로다. 기우를 가용위의이니 길하리다.
上九는 鴻漸于陸이로다. 其羽를 可用爲儀이니 吉하리다.

53번괘

점괘(漸卦)

큰 기러기가 나아가는 것을 통하여 여자가 가정을 이루는 길흉을 설명했다.

점. 여귀길. 이정.
漸. 女歸吉. 利貞.
여자가 시집가면 길하고, 이로우리라.

점괘(漸卦)는 큰 기러기가 나아가는 것을 통하여 여자가 가정을 이루는 길흉을 설명했다.

점(漸)은 괘명이다. 나아간다는 뜻이다. 집해(集解)에서 우번(虞翻)을 말을 빌어 점(漸)은 나아가는 것이라 했고, 서괘전(序卦傳)도 점(漸)은 나아가는 것이라 했다(漸者進也).

여자가 시집가면 길하다(女歸吉).
이롭다는 점이다(利貞).

귀(歸)는 돌아오다, 결혼하다이다. 본 괘사에서는 결혼으로 사용되었다①. 이(利)는 이롭다는 것이고 정(貞)은 점이다. 이정(利貞)은 이로운 점이라는 것이다②. 여귀길(女歸吉)은 점을 쳐 본 점괘(漸卦)를 얻으면 여자가 시집가면 길하다는 것이다.

① 귀(歸) : 54번 귀매괘 괘사를 참고하라.
② 이정(利貞) : 32번 항괘 괘사를 참고하라.

초육 : 홍점우간 소자려 유언무구.
初六 : 鴻漸于干 小子厲 有言无咎.

큰 기러기가 물가로 나아간다. 아이가 물에 빠질 수 있어 위태하다. 아이에게 물가로 나가는 것에 대한 꾸짖음이 있으면 허물이 없으리라.

큰 기러기 물가로 나아간다(鴻漸于干).

홍(鴻)은 큰 기러기이다①. 점(漸)은 나아간다는 진(進)이다②. 간(干)은 물가를 뜻하는 안(岸)이다③. 홍점우간(鴻漸于干)은 큰 기러기가 물가로 나아간다는 것이다. 이 구절은 본 효사의 흥취를 돋구는 비흥(比興, 比喩起興)의 말이다④.

① 홍(鴻) : 설문에 큰 기러기라고 했다(說文, 鴻 鴻鵠也, 鵠 고니 곡, 학 학).

② 점(漸) : 본 괘 괘사를 참고하라.

③ 간(干) : 시경 벌단(伐檀)에 있는 쩡쩡 박달나무를 베어 황하 물가에 두네(감감벌단혜 치지하지간혜, 坎坎伐檀兮 寘之河之干兮)라는 말에 대해 모전(毛傳)은 간(干)은 물가라는 뜻의 애(涯)라고 했다(干 涯也). 백서주역에는 간(干)이 연(淵 못 연)으로 되어 있다.

④ 본 괘에서 기러기를 사용한 것을 두고 결혼의 납채(納采)에 기러기를 사용하였기 때문이라는 특별한 의미를 두기도 한다. 그러나 기러기가 나아간다는 구절은 흥취를 돋구는 비흥(比興, 比喩起興)의 말일 뿐 중요한 의미는 없다. 효사의 구성은 아래와 같아진다.

큰 기러기 물가로 나아가네(比興),
아이는 위태하다(象辭),
꾸짖음이 있으면 허물이 없으리라(占辭).

아이가 위태하다(小子厲).

소자(小子)는 어린아이로 본 괘 괘사에서 나온 여자의 아들이다①. 려(厲)는 위태함이다②. 소자려(小子厲)는 아이가 위태하다는 것이다. 물가로 가는 것은 기러기에게는 문제가 없으나 아이는 물에 빠질 수 있으니 위태하다.

① 소자(小子) : 17번 수괘 육이를 참고하라.

② 려(厲) : 1번 건괘 구삼을 참고하라.

꾸짖음이 있으면 허물이 없다(有言无咎).

유언(有言)은 꾸짖는 말이 있다는 것이다①. 무구(无咎)는 망구(亡咎)로 허물이 없다는 것이다. 무(无)는 없다는 무(無)이고 망(亡)이다. 구(咎)는 허물이다②. 유구무언(有言无咎)은 아이에게 물가로 나가는 것에 대한 꾸짖음이 있으면 허물이 없다는 것이다.

① 유언(有言) : 5번 수괘 구이를 참고하라.

② 무구(无咎) : 60번 절괘 초구를 참고하라.

육이 : 홍점우반 음식간간 길.
六二 : 鴻漸于磐 飮食衎衎 吉.
큰 기러기가 물가 언덕으로 나아가 즐겁게 먹으니 길하리라.

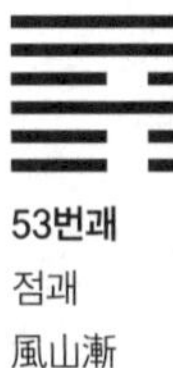

53번괘
점괘
風山漸

홍(鴻)은 큰 기러기이다①. 점(漸)은 나아간다는 진(進)이다②. 반(磐)은 판(坂)으로 물가 언덕이다③. 간(衎)은 즐거운 모양이다④. 홍점우반(鴻漸于磐)은 큰 기러기가 물가 언덕으로 나아간다는 것이고, 음식간간(飮食衎衎)은 기러기가 즐거운 모습으로 먹는 것이다⑤. 기러기의 먹는 모습처럼 본 괘의 주인공인 여자도 가족들과 음식을 즐겁게 먹으니 길하다.

① 홍(鴻) : 53번 점괘 초육을 참고하라.

② 점(漸) : 본 괘 괘사를 참고하라.

③ 반(磐) : 반(磐)은 정운에서 너럭바위라고 했다(正韻, 磐 大石也). 백서주역에는 반(磐)이 판(坂)으로 되어 있다. 판(坂)은 운회에서 언덕, 못의 둑, 산기슭이라 했다(韻會 坂 坡坂也 一日澤障 一日山脅, 坡 언덕 파, 坂 언덕 판, 障 막을·둑 장, 脅 위협할·곁 협).

④ 간(衎) : 설문은 기쁜 모습이라 했고, 소아모전에서는 즐거움이라 했다(說文 衎 行喜皃, 小雅毛傳日 衎 樂也).

⑤ 초죽서에는 음식(飮食)이 염사(酓飤, 酓 술맛쓸·산뽕나무염, 飤 먹을 사)로 되어 있고, 백서주역에는 주식(酒食)으로 되어 있다. 이를 기준으로 하면 큰 기러기가 음식을 즐겁게 먹는 것이 아니라 술 또는 나무열매를 먹는 것이 된다.

구삼 : 홍점우륙 부정불복 부잉불육 흉 이어구.
九三 : 鴻漸于陸 夫征不復 婦孕不育 凶 利禦寇.

큰 기러기가 높은 평지로 나아간다. 도적을 정벌하러 나간 남편은 돌아오지 않고, 부인이 유산하니 흉하다. 도적을 막는 것이 이로우리라.

큰 기러기가 높은 평지로 나아간다(鴻漸于陸).

홍(鴻)은 큰 기러기이다①. 점(漸)은 나아간다는 진(進)이다②. 륙(陸)은 높은 평지이다③. 이 구절은 본 효사의 흥취를 돋구는 비흥(比興, 比喩起興)의 말이다④. 다른 효사들의 내용으로 볼 때 기러기가 나아간 곳은 물가 언덕의 안쪽에 위치한 높은 들판이다. 들판은 물에 사는 기러기에게는 편안한 곳이 아니며, 들판으로 나가는 것은 혼자가 되는 것이다. 무리를 떠나니 좋은 상황도 아니다.

① 홍(鴻) : 53번 점괘 초육을 참고하라.
② 점(漸) : 본 괘 괘사를 참고하라.
③ 륙(陸) : 설문은 높은 평지라 했다(說文, 陸 高平地). 석문은 마융(馬融)의 말을 빌어 산 위에 있는 높은 평지라 했다(釋文, 馬云 山上高平曰陸).
④ 비흥(比興) : 본 괘 초육을 참고하라.

정벌을 나간 남편은 돌아오지 않는다(夫征不復).
부인은 임신을 했으나 출산을 못한다(婦孕不育).
흉하다(凶).

정(征)은 정벌한다는 것이다①. 복(復)은 오간다, 돌아온다, 넘어진다는 뜻이 있다②. 잉(孕)은 임신하는 것이고, 육(育)은 출산 또는 양육하는 것이다③. 부정불복(夫征不復)은 정벌을 나간 남편이 돌아오지 않는 것이며, 부잉불육(婦孕不育)은 부인이 임신했으나 아이를 낳지 못하고 유산하였다는 것이다.

① 정(征) : 9번 소축괘 상구를 참고하라.
② 복(復) : 24번 복괘 괘사를 참고하라.
③ 육(育) : 설문은 아이를 선량하게 되도록 기르는 것이라 했고, 주에서는 낳는 것이라 했다(說文 育 子使作善也, 註 育 生也).

도적을 막는 것이 이롭다(利禦寇).

이어구(利禦寇)는 도적을 막는 것이 이롭다는 것이다. 이유에 대해선 해석이 갈린다. (1) 물을 떠나 땅에 있는 기러기는 외톨이고, 출정한 남편은 오지 않고 부인은 임신을 하여도 기르지 못하는 것도 외톨이다. 그러나 물가가 아닌 높은 곳에 있으니 도적을 발견하기 쉬우니 도적을 막는 것이 이롭다는 것이다. (2) 도적 때문에 남편이 정벌을 나가 돌아오지 못한 것이고, 부인이 유산을 한 것이다. 그러므로 이 도적을 막는 것이 이롭다.

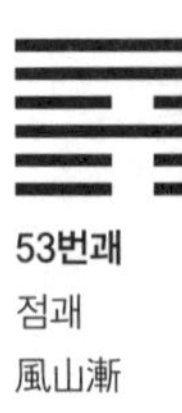

육사 : 홍점우목 혹득기각 무구.
六四 : 鴻漸于木 或得其桷 无咎.
큰 기러기가 나뭇가지로 나아간다. 혹 여자가 집을 짓기 위한 서까래를 얻으면 허물이 없으리라.

큰 기러기가 나뭇가지로 나아간다(鴻漸于木).
혹시 서까래를 얻는다(或得其桷).

홍(鴻)은 큰 기러기이다①. 점(漸)은 나아간다는 진(進)이다②. 홍점우목(鴻漸于木)은 큰 기러기가 나뭇가지로 나아간다는 것이다. 이 구절은 본 효사의 흥취를 돋구는 비흥(比興, 比喻起興)의 말이다③. 물에 사는 기러기는 물갈퀴가 있어 둥그런 나뭇가지로 가면 앉기가 곤란하다. 앉을 수 없는 곳으로 기러기가 나아간다는 것이다.

각(桷)은 서까래다④. 혹득기각(或得其桷)은 혹시 서까래와 같은 나무를 얻는다는 것이다. 괘사에서 말한 여자가 집을 짓기 위한 서까래를 얻는 것이다. 나뭇가지로 날아간 기러기가 앉을 만한 서까래와 같은 나무를 얻는다는 뜻일 수도 있으나, 혹득기각(或得其桷)을 홍점우목(鴻漸于木)을 독립된 비흥의 요소로 봐 여자가 집을 짓기 위한 서까래를 얻는 것으로 새겼다.

① 홍(鴻) : 53번 점괘 초육을 참고하라.
② 점(漸) : 본 괘 괘사를 참고하라.
③ 비흥(比興) : 본 괘 초육을 참고하라.
④ 각(桷) : 설문에서 서까래라고 했다(說文, 桷 榱也 椽方曰桷, 榱 서까래 최, 椽 서까래 연).

허물이 없다(无咎).

무구(无咎)는 망구(亡咎)로 허물이 없다는 것이다①. 여자가 집을 짓기 위해 서까래를 얻었으니 허물이 없다는 뜻이다②.

① 무구(无咎) : 60번 절괘 초구를 참고하라.
② 통행본과 백서주역의 내용이 다르다. 백서주역은 鴻漸于木 或直亓寇 壽+攴 无咎로 되어 있다.

구오 : 홍점우릉 부삼세불잉 종막지승 길.
九五 : 鴻漸于陵 婦三歲不孕 終莫之勝 吉.
큰 기러기가 언덕으로 나아간다. 부인이 삼년간 임신을 못했으나 결국 임신하게 되니 길하리라.

큰 기러기가 언덕으로 나아간다(鴻漸于陵).

홍(鴻)은 큰 기러기이다①. 점(漸)은 나아간다는 진(進)이다②. 릉(陵)은 언덕이다③. 홍점우릉(鴻漸于陵)은 큰 기러기가 언덕으로 나아간다는 뜻이다. 이 구절은 본 효사의 흥취를 돋구는 비흥(比興, 比喩起興)의 말로 임신을 오랫동안 하지 못한 것과 통한다④. 물새인 기러기가 언덕으로 갔으니 살 곳이 아닌 곳으로 갔다는 것이고 마땅함을 잃은 것을 의미한다.

① 홍(鴻) : 53번 점괘 초육을 참고하라.

② 점(漸) : 본 괘 괘사를 참고하라.

③ 릉(陵) : 석지와 모전에서 큰 언덕이라 했고, 석명에서는 높은 곳이라 했다(釋地 毛傳皆曰 大阜曰陵, 釋名曰 陵 隆也, 阜 언덕 부, 隆 높을 륭·융).

④ 비흥(比興) : 본 괘 초육을 참고하라.

부인이 삼년간 임신을 못한다(婦三歲不孕).
끝내 이기지 못한다(終莫之勝).
길하다(吉).

부삼세불잉(婦三歲不孕)은 부인이 삼년간(오랫동안) 임신을 하지 못한다는 것이다. 종(終)은 끝이라는 것이다①. 막(莫)은 없는 것이다②. 종막지승(終莫之勝)은 끝내 어떤 것도 부인을 이기지 못한다는 것이니 임신을 하지 못했던 부인이 임신을 한다는 것이다③.

① 종(終) : 5번 수괘 구이를 참고하라.

② 막(莫) : 33번 둔괘 육이를 참고하라.

③ 종막지승(終莫之勝) : 정이(程頤)는 이천역전(伊川易傳)에서, 그러므로 끝내는 이기지 못하니 다만 합함으로 나아가는 것이니 끝내는 길하다 했다(故終莫之能勝 但其合有漸耳 終得其吉也). 주희(朱熹)는 주역본의(朱易本義)에서 끝내 그 바름을 빼앗지 못한다고 했다(然終不能奪其正也). 상전은 소원을 얻는 것이라 했다(得所願也). 그러므로 부인이 임신을 하는 것이다.

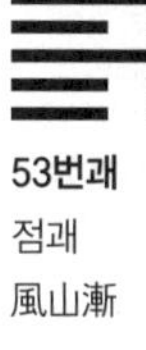

상구 : 홍점우륙 기우가용위의 길.
上九 : 鴻漸于陸 其羽可用爲儀 吉.
큰 기러기가 큰 언덕으로 나아간다. 큰 기러기의 깃털을 춤출 때 사용하는 장식으로 쓸 수 있다. 여자가 가정을 이루고 춤출 수 있으니 길하리라.

큰 기러기가 큰 언덕으로 나아간다(鴻漸于陸).

홍(鴻)은 큰 기러기이다①. 점(漸)은 나아간다는 진(進)이다②. 륙(陸)은 아(阿)로 큰 언덕이다③. 홍점우륙(鴻漸于陸)은 큰 기러기가 큰 언덕으로 나아가는 것이다. 이 구절은 본 효사의 흥취를 돋구는 비흥(比興, 比喩起興)의 말로, 큰 기러기가 나아감을 모두 이룬 것으로 뒤에 이어지는 춤을 추는 것과 연결이 되는 비유다④.

---

① 홍(鴻) : 53번 점괘 초육을 참고하라.

② 점(漸) : 본 괘 괘사를 참고하라.

③ 륙(陸) : 강영(江永)은 운율로 읽으면 륙(陸)은 마땅히 아(阿)로 써야 하며, 큰 언덕이 아(阿)인데 본 괘의 구오가 언덕이면 상구가 큰 언덕이 되는 것은 당연하다고 했다(以韻讀之 陸當作阿 大陵曰阿 九五爲陵 則上九宜爲阿). 또 홍정우륙(鴻漸于陸)은 본 괘의 구삼과도 중복이 되는 구절이다.

④ 비흥(比興) : 본 괘 초육을 참고하라.

큰 기러기의 깃털을 춤출 때 사용하는 장식으로 쓸 수 있다(其羽可用爲儀).
길하다(吉)

우(羽)는 깃털로 기러기의 깃털을 말한다. 가용(可用)은 쓰는 것이 가하다는 것이다. 의(儀)는 큰 깃털과 꿩의 꽁지 등으로 만든 의례용 장식이다. 기우가용위의(其羽可用爲儀)는 큰 기러기의 깃털을 의례로 춤을 출 때 사용하는 장식으로 쓸 수 있다는 것이다. 큰 기러기가 나아감을 모두 이루듯 여자가 가정을 온전하게 이루고 행복하게 춤을 출 수 있다는 의미다. 가용(可用)은 41번 손괘 괘사를 참고하라.

53번괘

점괘

風山漸

귀매괘(歸妹卦) 뇌택귀매(雷澤歸妹) 54번괘

제을이 딸을 시집보내는 일에 대한 길흉을 설명했다.

귀매는 정하면 흉하고 무유리하니라.
歸妹는 征하면 凶하고 无攸利하니라.

초구는 귀매이제니 파능리라. 정하면 길하리라.
初九는 歸妹以娣니 跛能履라. 征하면 吉하리라.

구이는 묘능시니 이유인지정하니라.
九二는 眇能視니 利幽人之貞하니라.

육삼은 귀매이(유)나 반귀이제로다.
六三은 歸妹以(嬬)나 反歸以娣로다.

구사는 귀매건기니 지귀는 유시로다.
九四는 歸妹愆期니 遲歸는 有時로다.

육오는 제을귀매니 기군지몌가 불여기제지몌량이라. 월기망이면 길하리라.
六五는 帝乙歸妹니 其君之袂가 不如其娣之袂良이라. 月幾望이면 吉하리라.

상육의 여는 승광무실이며 사는 규양무혈이니 무유리하니라.
上六의 女는 承筐无實이며 士는 刲羊无血이니 无攸利하니라.

54번괘

귀매괘(歸妹卦)

제을이 딸을 시집보내는 일에 대한 길흉을 설명했다.

귀매. 정흉 무유리.
歸妹. 征凶 无攸利.

결혼이 흉하고 이로울 게 없으리라.

귀매괘는 제을이 딸을 시집보내는 일에 대한 길흉을 설명했다.

귀매(歸妹)는 괘명이다. 귀매(歸妹)는 딸이 시집을 간다는 것이다①②. 상(商·殷)나라의 마지막 왕인 주왕(紂王)의 아버지인 제을(帝乙)이 딸을 시집보내면서 일어나는 일들을 빌어 길흉을 설명한 괘이다③.

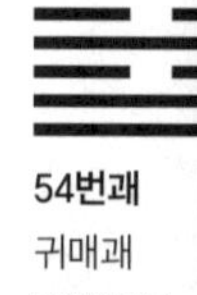

① 귀(歸)는 돌아오다, 결혼하다의 뜻이 있다. 본 괘에서는 결혼하는 것으로 사용되었다.

(1) 귀(歸)는 여자(婦)가 신랑을 따라간다(追)는 것으로 결혼을 뜻한다. 고대 풍습으로 남자가 처가에서 일정기간 머문 후 집으로 갈 때 새색시를 데려가는 풍습에서 나온 것이다. 주역집해와 이아·석친에도 귀를 결혼으로 해설했다(周易集解 又引虞翻曰 歸 嫁也, 爾雅·釋親 歸 子之妻爲婦 又女子已嫁曰婦 婦之言服也 服事於夫也, 服事는 복종하여 섬기는 일).

(2) 귀(歸)는 돌아오는 것이다. 아래는 시경 은기뢰(殷其雷)의 일부이다.
은기뢰(殷其雷), 우르릉 천둥소리
재남산지양(在南山之陽), 남산 남쪽에서 천둥 치네
하사위사(何斯違斯), 어찌 이 곳 떠나셨나
막감혹황(莫敢或遑), 잠깐이라도 돌아오시려나
진진군자(振振君子), 씩씩한 당신
귀재귀재(歸哉歸哉), 돌아오소서 돌아오소서

② 매(妹)는 소녀이다. 이곳에서는 제을의 딸을 말한다. 왕필(王弼)은 자매의 매가 아닌 소녀로 해석했다(王弼 妹 少女之稱也). 귀매괘 초구에 여자가 시집가면서 여동생과 같이 간다(歸妹以娣)고 하였으므로 자매의 매로 쓰이지 않았음을 알 수 있다.

③ 시경 대명(大明) 중 제을(帝乙)이 딸을 문왕(文王)에게 시집보내는 것과 관련된 내용은 아래와 같다. 본 내용은 11번 태괘 구이와도 관련된다.

문왕초재 천작지합 재흡지양 재위지사 문왕가지 대방유자
文王初載 天作之合 在洽之陽 在渭之涘 文王嘉止 大邦有子
문왕께서 일을 시작할 때 하늘에서 배필을 주었다. 흡수(동주同州 합양현郃陽과 하양현夏陽縣에 있었다)의 북쪽인 위수에 문왕이 아름답게 여긴 큰 나라(상나라)의 딸이 있었다.

대방유자 현천지매 문정궐상 친영우위 조주위량 불현기광
大邦有子 俔天之妹 文定厥祥 親迎于渭 造舟爲梁 不顯其光
큰 나라(상나라)의 딸은 하늘의 소녀와 같았다. 점을 쳐 길한 날을 정해 문왕이 친히 위수에서 첫 번째 신부(제을의 딸을 말한다)를 맞이했다. 위수에 배를 이어 다리를 놓았고, 그 빛이 찬란했다.

유명자천 명차문왕 우주우경 찬녀유신 장자유행 독생무왕 보우명이 섭벌대상
有命自天 命此文王 于周于京 纘女維莘 長子維行 篤生武王 保右命爾 燮伐大商
하늘의 천명이 있어 문왕에게 명해 주(周)나라 도읍에서 다스리게 하였다. 신(莘)나라의 딸(두 번째 부인이다)로 잇게 하여 장녀인 대사(太姒)가 무왕을 낳았다. 하늘이 돕고 명하여 무왕이 상나라를 치게 하였다.

행하는 것이 흉하다(征凶).

행함에 이로울 바가 없다(无攸利).

정흉(征凶)은 정벌·행함·취함·떠남이 흉하다는 것이다. 이곳에서는 결혼을 하는 것이 흉하다는 의미다①. 무유리(无攸利)는 가는 것, 행하는 것이 이로울 게 없다는 것이다. 이 구절은 본 괘의 상육에서 취한 것으로 결혼에 이로울 게 없다는 뜻이다②. 무(无)는 무(無)와 망(亡)과 같이 통가자로 혼용되는 글자이고, 없다는 것이다. 유(攸)는 곳·장소·행함이다.

① 정흉(征凶) : 9번 소축괘 상구를 참고하라.
② 무유리(无攸利) : 4번 몽괘 육삼을 참고하라.

초구 : 귀매이제. 파능리 정길.
初九 : 歸妹以娣. 跛能履 征吉.
딸이 시집을 가는데 데리고 가는 첩인 잉첩과 같이 간다. 절름발이가 걸을 수 있는 것과 같으니 결혼을 하는 것이 길하리라.

딸이 시집을 가는데 잉첩을 데리고 간다(歸妹以娣).

귀매(歸妹)는 딸이 시집을 간다는 것이다①. 이(以)는 ~더불어로 사용된 어조사이다②. 제(娣)는 잉첩(媵妾, 媵 줄 잉) 또는 여동생이다③. 본 책에서는 시집갈 때 같이 가는 따라가는 첩인 잉첩으로 새겼다. 귀매이제(歸妹以娣)는 딸이 시집을 가는데 잉첩과 같이 같다는 뜻이다.

① 귀매(歸妹) : 본 괘 괘사를 참고하라.

② 이(以) : 11번 태괘 초구를 참고하라.

③ 제(娣) : 설문해자주(說文解字注, 段玉裁)에서 남편이 같은 여동생이라 했다(說文, 娣 女弟也, 同夫之女弟也). 좌전의 노성공(魯成公)의 기록에서 이런 결혼 제도를 찾을 수 있다. 좌전의 내용은 다음과 같다. [위나라 사람이 여인을 보내 공희의 잉첩이 되게 했다. 이는 예에 맞는 일이다. 제후의 딸이 출가할 때 동성의 나라에는 여인을 보내 잉첩을 삼게 했고, 이성의 나라에는 잉첩을 보내지 않았다.]

절름발이가 걷는다(跛能履).

행하는 것이 길하다(征吉).

파(跛)는 절름발이다. 능(能)은 집해(集解)에서 이(而)라 했다. 리(履)는 밟음·신발·예의이다. 본 효사에서는 밟음(踐)으로 사용되었다①. 파능리(跛能履)는 파이리(跛而履)로 절름발이가 걸을 수 있다는 것이다②. 이는 결혼하면 좋다는 것을 비유한 말이다. 정(征)은 행한다, 정벌한다, 취한다, 떠난다는 의미가 있다. 본 효에서는 행한다, 즉 결혼하는 것으로 사용되었다. 정길(征吉)은 결혼을 하는 것이 길하다는 뜻이다③.

① 리(履) : 10번 이괘 괘사를 참고하라.

② 파능리(跛能履) : 본 구절과 동일한 말이 10번 이괘 육삼에 있으나 의미는 다르다.

③ 정(征) : 9번 소축괘 상구를 참고하라.

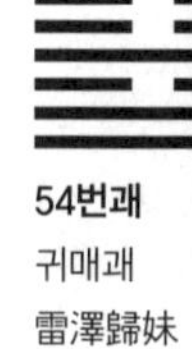

구이 : 묘능시 이유인지정.
九二 : 眇能視 利幽人之貞.

시집을 가는 것은 애꾸눈이 보게 되는 것과 같이 좋다. 옥에 갇혀 있는 사람이 이롭듯 시집을 가는 것은 이로우리라.

애꾸눈이 볼 수 있다(眇能視).

묘(眇)는 애꾸눈이다. 능(能)은 집해(集解)에서 이(而)라 했다. 묘능시(眇能視)

는 애꾸눈이 볼 수 있다는 뜻이다. 이는 시집을 가면 좋다는 것을 비유한 말이다. 10번 이괘 육삼에도 묘능시(眇能視)라는 구절이 있으나 의미는 다르다.

옥에 갇혀 있는 사람의 점은 이롭다(利幽人之貞).

유인(幽人)은 옥에 갇혀 있는 사람이다①. 정(貞)은 점(占)이다②. 이유인지정(利幽人之貞)은 옥에 갇혀 있는 사람의 점은 이롭다는 것이다③. 시집을 가는 것이 이롭다는 것을 비유한 말이다.

① 유인(幽人) : 10번 이괘 구이를 참고하라.

② 정(貞) : 32번 항괘 괘사를 참고하라.

③ 상전은 본 부분을 미변상야(未變常也)로 항상의 덕을 바꾸지 않음이라 했다. 상전은 정을 정고로 봤지만, 본 책에서는 정(貞)은 정고(貞固)가 아닌 문복(問卜)으로 새겼다.

육삼 : 귀매이수 반귀이제.
六三 : 歸妹以須 反歸以娣.

잉첩을 데리고 제을의 딸이 시집을 갔으나, 잉첩과 함께 친정으로 쫓겨 온다. 좋을 리 없다.

딸이 시집가면서 잉첩을 데리고 간다(歸妹以須).

귀매(歸妹)는 딸이 시집을 간다는 것이다①. 이(以)는 ~더불어로 사용된 어조사이다②. 수(須)는 유(嬬)로 잉첩이다. 이어지는 제(娣)와 같은 뜻이나 중복을 피하기 위해 사용된 글자이다③. 귀매이수(歸妹以須)는 제을의 딸이 시집을 가는데 잉첩을 데리고 간다는 뜻이다.

① 귀매(歸妹) : 본 괘 괘사를 참고하라.

② 이(以) : 11번 태괘 초구를 참고하라.

③ 수(須) : 백서주역에는 유(嬬)로 되어 있다. 석문(釋文)에 순상(荀爽)과 육적(陸績)이 유(嬬)라 썼고 육적은 첩이라 했다(須 荀 陸作嬬 陸云 妾也). 설문은 유(嬬)를 약함, 첩이라 했다(說文, 嬬 弱也 一日下妻也). 잉첩(媵妾)은 본 괘 초구를 참고하라.

잉첩과 함께 쫓겨 온다(反歸以娣).

귀(歸)는 시집을 가는 것이고, 반귀(反歸)는 시집을 갔다 돌아오는(쫓겨 오는) 것이다①. 제(娣)는 잉첩(媵妾) 또는 여동생이다②. 본 책에서는 잉첩으로 새겼다. 반귀이제(反歸以娣)는 제을의 딸이 시집을 갔다 잉첩과 함께 친정으로 쫓겨 온다는 뜻이다. 쫓겨 왔으니 흉하다.

① 귀(歸) : 본 괘 괘사를 참고하라.

② 제(娣) : 본 괘 초구를 참고하라.

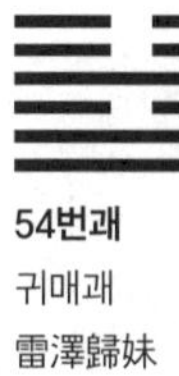

구사 : 귀매건기 지귀유시.
九四 : 歸妹愆期 遲歸有時.

딸이 시집을 간 후 쫓겨 와 다시 시집으로 돌아가는 것을 미루고 있다. 늦게 시집으로 돌아가는 이유는 때를 기다리고 있기 때문이다. 돌아갈 시기를 놓쳤으니 흉하다.

시집에 돌아가는 것을 연기한다(歸妹愆期).

귀매(歸妹)는 딸이 시집을 간다는 것이다. 이곳에서는 처음 시집을 가는 것이 아니라, 쫓겨 온 딸이 다시 시집으로 돌아가는 것을 뜻한다. 본 괘 육삼에서 잉첩(媵妾)과 함께 쫓겨 왔다고 한 말에 이어지는 구절이다(反歸以娣)①. 건기(愆期)는 연기(延期)와 같다②. 귀매건기(歸妹愆期)는 제을(帝乙)의 딸이 시집간 후 어떤 사정으로 쫓겨 왔고, 다시 시집으로 돌아가는 것을 미루고 있다는 뜻이다.

① 귀매(歸妹) : 본 괘 괘사를 참고하라.
② 건(愆) : 설문에 재앙이고 경과함이라고 했다(說文, 愆 過也, 過 재앙·지날 과).

늦게 돌아가는 것은 기다리기 때문이다(遲歸有時).

지귀(遲歸)는 늦게 시집으로 돌아가는 것이다. 유시(有時)는 유대(有待)로 기다리는 것이 있다는 것이다①. 지귀유시(遲歸有時)는 제을(帝乙)의 딸이 늦게 시집으로 돌아가는 이유는 기다리는 것이 있기 때문이라는 뜻이다. 시집을 갔던 제을의 딸이 문왕(文王)의 부름을 기다린 것이라 추측할 수 있다. 그러나 문왕은 신(莘)나라의 대사(太姒)를 왕비로 받아들여 무왕(武王)을 낳는다②. 결과적으로 제을의 딸은 시기를 놓친 것이니 흉하다.

① 유시(有時) : 곡량전(穀梁傳) 은공(魯公) 7년의 주에서 지귀유시(遲歸有時)를 지귀유대(遲歸有待)로 인용하였고, 상전은 연기하는 것은 기다려 가는 것이라 했다(愆期之志 有待而行也).
② 대사(太姒) : 본 괘 괘사를 참고하라.

육오 : 제을귀매 기군지몌불여기제지몌량. 월기망길.
六五 : 帝乙歸妹 其君之袂不如其娣之袂良. 月幾望吉.

상나라 왕인 제을이 자신의 딸을 주나라의 문왕에게 시집보낸다. 시집을 가는 딸의 미모가 결혼에 따라가는 잉첩의 미모보다 못하다. 보름이 지나 딸을 결혼시키면 길하리라.

제을이 딸을 시집보낸다(帝乙歸妹).

제을(帝乙)은 상(商·殷)나라의 왕으로 주왕(紂王)의 아버지이다. 귀(歸)는 돌아오다, 결혼한다는 것이다. 매(妹)는 소녀이다. 이곳에서는 제을의 딸을 말한다. 제을귀매(帝乙歸妹)는 상(商·殷)나라 왕인 제을이 자신의 딸을 주(周)나라의 문왕(文王)에게 시집보내는 것이다.

부인의 미모가 잉첩의 미모보다 못하다(其君之袂不如其娣之袂良).

군(君)은 왕의 부인이다①. 몌(袂)는 미모를 뜻하는 결(妜)이다②. 기군지몌불여기제지몌량(其君之袂不如其娣之袂良)은 시집을 가는 딸의 미모가 결혼에 따라가는 잉첩(媵妾)의 미모보다 못하다는 것이다.

① 군(君) : 설문에서 존귀함이라 했고(說文, 君 尊也), 정현(鄭玄)은 예기(禮記) 옥조(玉藻)의 주에서 왕 또는 제후의 부인을 말한다고 했다(君 女君也).

② 몌(袂) : 설문에서는 소매라고 했고(說文, 袂 袖也, 袖 소매 수), 고형(高亨)은 주역대전금주(周易大傳今注)에서 몌(袂)는 결(妜)을 빌려 쓴 것이라 했다(袂借爲妜). 결(妜)은 설문에서 코와 눈의 모양이라 했고, 집운에서는 미모라고 했다(說文 妜 鼻目閒皃, 集韻 妜 美貌). 백서주역에는 몌(袂)가 쾌(快 쾌할 쾌)로 되어 있다.

보름이 지난 후면 길하다(月幾望吉).

월기망(月幾望)은 보름이 지났다는 것이다. 월기망길(月幾望吉)은 보름이 지나 딸을 결혼시키면 길하다는 것이다. 단순히 결혼에 대한 점을 친 결과 보름이 지나면 좋다는 뜻일 수 있고, 신부의 용모가 결혼에 따라가는 잉첩보다 못하므로 환한 보름달을 조금 지나 날짜를 택해 시집을 가는 것이 좋다는 의미로도 볼 수 있다. 월기망(月幾望)은 9번 소축괘 상구를 참고하라.

상육 : 여승광무실 사규양무혈 무유리.
上六 : 女承筐无實 士刲羊无血 无攸利.

결혼식의 신부가 바치는 광주리에 과일이 없고, 신랑은 결혼의 맹세를 위해 양을 찔렀으나 피가 안 나온다. 결혼에 이로울 게 없으리라.

신부의 광주리에 과일이 없다(女承筐无實).

승(承)은 받들다, 받는 것이다①. 광(筐)은 광주리다②. 실(實)은 열매, 재물이다. 본 효에서는 과일로 새긴다③. 여승광무실(女承筐无實)은 결혼식의 신부가 바치는 광주리에 과일이 없다는 것이다.

① 승(承) : 7번 사괘 상육을 참고하라.
② 광(筐) : 편해에 대나무로 만든 그릇이라 했다(篇海, 盛物竹器也).
③ 실(實) : 27번 이괘 괘사를 참고하라.

신랑이 양을 찔렀으나 피가 나오지 않는다(士刲羊无血).
행하는 것이 이로울 게 없다(无攸利).

사(士)는 앞 구절의 여(女)와 대응되어 결혼하는 신랑을 말한다. 규(刲)는 찌르는 것이다①. 사규양무혈(士刲羊无血)은 결혼식에 참석한 신랑이 맹세를 하면서 양을 찔렀으나 양의 피가 나오지 않았다는 것이다. 무유리(无攸利)는 가는 것, 행하는 것이 이로울 게 없다는 것이다②. 무(无)는 무(無)와 망(亡)과 같이 통가자로 혼용되는 글자이고, 없다는 것이다. 유(攸)는 곳·장소·행함이다. 본 효에서는 결혼에 이로울 게 없다는 뜻으로 쓰였다.

고대 결혼 풍습에 시집을 간 후 석 달이 지나면 사당에 제사를 지냈다. 이 제사 후에 정식 부부가 될 수 있었다. 이때 신부는 과일을 광주리에 담아 제물로 바쳤고, 신랑은 양의 피를 담아 제사를 지낸다. 신부에게 과일이 없고, 신랑에게 양의 피가 없으니 제사를 지낼 수가 없다. 이렇게 된다면 시집가더라도 정식 부부가 될 수 없으니 이로운 바가 없다.

① 규(刲) : 설문에 찌르는 것이라 했다(說文, 刲 刺也, 刺 찌를 자).
② 무유리(无攸利) : 4번 몽괘 육삼을 참고하라.

■ 춘추좌전 서례 : 백희의 결혼을 점치다.

춘추좌전(春秋左傳) 희공(僖公) 15년(기원전 645년)에 있는 서례이다. 진(晉)나라 헌공(獻公)이 딸인 백희(伯姬)를 진(秦)나라에 시집보내는 것을 점쳐 귀매지

규(歸妹之睽, 귀매괘 6효가 동해 규괘가 됨)를 얻었다.

귀매괘(歸妹卦) 규괘(睽卦)

사관인 사소(史蘇, 中蘇)의 해석은 아래와 같다.

(1) 귀매괘 6효의 효사대로 결혼에 흉하다.

(2) 귀매괘 상육이 동했다는 것은 진뢰(震雷☳)가 이화(離火☲)가 된 것이다. 진뢰(☳)인 우레가 이화(☲)인 불이 된 것이니 진(晉)이 진(秦)나라에 진다. 불이 나는 것이니 군기를 태우고 종구(宗丘)라는 곳에서 질 것이다.

(3) 딸이 시집가서 잘못되는 것은 화살이 왔다갔다하는 전쟁을 만나기 때문이다. 이는 동한 효인 규괘 상구에 활을 당긴다는 선장지호(先張之弧)가 있기 때문이다.

(4) 딸은 전쟁으로 인해 6년 뒤에 도망온 후 그 다음 해에 죽는다고 판단했다.

54번괘
귀매괘
雷澤歸妹

사관인 사소가 주역 귀매괘 상육 효사 [士刲羊无血 女承筐无實]를 [士刲羊亦無衁也 女承筐亦無貺也]로 바꿔 해석한 것에 대해 두예(杜預)는 주에서 맹(衁)은 혈(血)이고 황(貺)은 준다는 뜻을 가진 사(賜)라 했다. 추사 김정희는 완당전집 역서변(易筮辨)에서 효사의 내용이 바뀐 것을 비판하였고, 고형(高亨)은 주역고경금주(周易古經今注)에서 서례에 인용된 효사가 옛 주역의 별본에서 나온 것으로 추정하였다.

※ 동효가 하나인데도 본괘(本卦)의 괘사·효사, 지괘(之卦)의 효사를 결합하여 해석한 서례이다.

풍괘(豐卦) 뇌화풍(雷火豐) 55번괘

큰 돛자리인 해가리개를 통하여 상나라로 가는 나그네의 길흉을 설명했다.

풍은 형하니라. 왕격지하니 물우로다. 의일중이니라.
豐은 亨하니라. 王假之하니 勿憂로다. 宜日中이니라.

초구는 우기배주로 (유)순에 무구니 왕하면 유상이로다.
初九는 遇其配主로 (唯)旬에 无咎니 往하면 有尙이로다.

육이는 풍기부에 일중견두라. 왕에 득의질은 유부니 발약이면 길하리라.
六二는 豐其蔀에 日中見斗라. 往에 得疑疾은 有孚니 發若이면 吉하리라.

구삼은 풍기(패)에 일중견매라. 절기우굉이나 무구리라.
九三은 豐其(芾)에 日中見沫라. 折其右肱이나 无咎리라.

구사는 풍기부에 일중견두라. 우기이(주)니 길하리라.
九四는 豐其荇에 日中見斗라. 遇其夷(宔)니 吉하리라.

육오는 내장에 유경예니 길하리라.
六五는 來章에 有慶譽니 吉하리라.

상육은 풍기옥에 부기가요 (규)기호에 격기무인이라. 삼세간 부적이니 흉하리라.
上六은 豐其屋에 蔀其家요 (闚)其戶에 闃其无人이라. 三歲간 不覿이니 凶하리라.

55번괘

풍괘(豐卦)

큰 돗자리인 해가리개를 통하여 상나라로 가는 나그네의 길흉을 설명했다.

풍. 형 왕격지 물우 의일중.
豐. 亨 王假之 勿憂 宜日中.

나라의 근심을 해결하기 위해 제사를 지낸다. 왕이 제사를 드리는 곳에 오니 염려하지 않아도 된다. 한낮에 제사를 지내는 것이 마땅하리라.

풍괘(豐卦)는 큰 돗자리인 해가리개를 통하여 상나라로 가는 나그네의 길흉을 설명했다.

풍(豐)은 괘명이다. 풍(豐)은 크다, 제사를 지낸다, 풍성하다, 공경하다, 예의를 다하다의 뜻을 가지고 있다. 크다 외의 뜻은 본 괘 육이·구삼·구사의 문맥에 맞지 않으므로 [크다]로 새긴다. 이효정(李孝定)은 갑골문집석(甲骨文集釋)에서 제기를 가득 채워서 신을 섬기는데 신을 섬기는 일을 예(禮)라 하고, 신을 섬길 때 쓰는 그릇이 풍(豊)이며, 희생이나 옥 또는 비단을 많이 차린 것을 풍(豐)이라 했다(豆實豐美 所以事神 以言事神之事則爲禮 以言事神之器則爲豊 以言犧牲玉帛之腆美則爲豐). 설문에은 풍(豐)을 제기인 두(斗)에 풍성하게 담는 것이라 했다(豐 豆之豐滿者也). 또 설문에서 염(豔)을 해설하면서 풍은 큰 것이라 했고(說文, 豔 好而長也 从豐 豐 大也 盍聲), 서괘전에서도 풍(豐)은 큰 것이라 했다(豐者大也).

55번괘
풍괘
雷火豐

제사를 지낼 만하다(亨).
왕이 제사를 드리는 곳에 온다(王假之).
염려하지 말라(勿憂).

형(亨)은 제사·연회·잔치·대접·흠향의 뜻을 가진 향(嚮)이고 향(亯)이다①. 격(假)은 오는 것이다②. 지(之)는 ~에를 뜻하는 어조사이다③. 왕격지(王假之)

는 왕이 제사를 드리는 곳에 온다는 것이다. 물우(勿憂)는 염려하지 말라는 것이다. 나라에 근심이 있는데 왕이 제사를 지내니 해결된다는 의미다. 나라의 근심이 무엇인지는 괘사와 효사에 정확히 나타나 있지 않다. 이 근심을 해결하기 위해 한 나그네가 상(商·殷)나라에 가면서 겪는 일은 본 괘의 초구에서 상육에 걸쳐 나타나 있다.

① 형(亨) : 1번 건괘 괘사를 참고하라.
② 격(假) : 37번 가인괘 구오를 참고하라.
③ 지(之) : 5번 수괘 상육을 참고하라.

한낮이 마땅하다(宜日中).

의(宜)는 합당한 모양, 즉 마땅함이다. 일중(日中)은 해가 중천에 있을 때이니 한낮을 말한다. 의일중(宜日中)은 한낮에 제사를 지내는 것이 마땅하다는 것이다. 의(宜)는 19번 임괘 육오를 참고하라.

초구 : 우기배주 수순무구 왕유상.
初九 : 遇其配主 雖旬无咎 往有尙.
나그네가 가는 도중 기숙할 곳의 여주인을 만난다. 앞으로 10일 동안은 허물이 없으며 길을 떠나면 좋은 결과가 있으리라.

나그네가 여주인을 만난다(遇其配主).

우(遇)는 만난다, 본다는 뜻이다①. 배주(配主)는 여주인을 말한다②. 우기배주(遇其配主)는 나라의 근심을 해결하기 위해 상(商·殷)나라로 향하던 나그네가 가는 도중 기숙할 곳의 여주인을 만나는 것이다.

① 우(遇) : 13번 천화동인 구오를 참고하라.

② 배(配) : 설문해자주(說文解字注, 段玉裁)에서 좋은 배우자를 뜻하는 비(妃)이며 짝이라 했다(配 妃者 匹也).

앞으로 10일 동안은 허물이 없다(雖旬无咎).

수(雖)는 오직의 뜻을 가진 유(唯)로 새긴다①. 순(旬)은 10일이다②. 무구(无咎)는 망구(亡咎)로 허물이 없다는 것이다. 무(无)는 없다는 무(無)이고 망(亡)이다. 구(咎)는 허물이다③. 수순무구(雖旬无咎)는 나그네에 대해 앞으로의 길흉을 점쳤는데 앞으로 10일 동안은 허물이 없다는 뜻이다. 상전에서도 10일이 지나면 재앙이라 했다(象曰, 雖旬无咎 過旬災也)④.

① 수(雖) : 고대에는 유(唯)와 통용이 된 글자이다. 백서주역에는 유(唯)로 되어 있다.

② 순(旬) : 설문에서는 두루 미치는 것이며 10일이라 했다(說文, 旬 徧也 十日爲旬).

③ 무구(无咎) : 60번 절괘 초구를 참고하라.

④ 상왈 수순무구 과순재야(象曰, 雖旬无咎 過旬災也) : 상전의 순(旬)을 두루 미칠 편(徧)으로 보고, 두루 미치는 것이 도를 넘으면 재앙이 된다는 풀이도 있다.

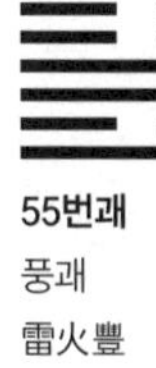

갈 곳이 있으면 상이 있다(往有尙).

왕(往)은 간다, 행동한다는 것이다①. 상(尙)은 오히려·아직·상이라는 의미다. 본 효에서는 상으로 쓰였다②. 왕유상(往有尙)은 갈 곳이 있으면 상을 얻는다는 것이다. 나그네가 길을 떠나면 좋은 결과가 있다는 뜻이다.

① 왕(往) : 25번 무망괘 괘사를 참고하라.

② 상(尙) : 9번 소축괘 상구를 참고하라.

육이 : 풍기부 일중견두 왕득의질 유부 발약길.
六二 : 豐其蔀 日中見斗 往得疑疾 有孚 發若吉.

큰 해가리개 아래에 있는 나그네가 한낮에 볼 수 없는 북두성을 본다. 무엇에 홀려 마음이 어지러운 병을 얻은 것은 귀신의 벌을 받았기 때문이다. 질병을 다스리면 여행에 길하리라.

해가리개가 크다(豐其蔀).
한낮에 북두성을 본다(日中見斗).

풍(豐)은 크다는 것이다①. 부(蔀)는 돗자리인 해가리개이다②. 그러므로 풍기부 일중견두(豐其蔀 日中見斗)는 길을 떠나 큰 해가리개 아래에 있는 나그네가 한낮에 볼 수 없는 북두성을 본다는 것이다. 헛것을 보는 것이니 나그네의 상태가 정상은 아니다.

① 풍(豐) : 본 괘 괘사를 참고하라.
② 부(蔀) : 왕필(王弼)은 덮어서 해를 가리는 물건이라 했다(蔀 覆暖障光明之物也).

가다가 어지러운 병을 얻는다(往得疑疾).
벌을 받는다(有孚).
제거하면 길하다(發若吉).

왕(往)은 간다, 행동한다는 것이다①. 의질(疑疾)은 무엇에 홀려 마음이 어지러운 병이다②. 부(孚)는 벌·포로·잡음·노획품·믿음·끌어당김으로 사용이 된다. 본 효에서는 벌로 사용되었다(孚通浮, 小爾雅 浮 罰也 謂罰爵也). 어지러운 병을 얻은 것은 귀신의 벌을 받았기 때문이라는 뜻이다③. 발(發)은 다스리다, 제거하다의 뜻을 가진 발(撥)이다④. 약(若)은 연(然)으로 ~한 모양임을 말한다. 어조사 이(而)로도 쓰인다⑤. 그러므로 왕득의질 유부 발약길(往得疑疾 有孚 發若吉)은 나그네가 가다가 어지러운 병을 얻었는데 이는 귀신의 벌이며, 이 질병을 다스리면 여행에 길할 것이라는 뜻이다.

① 왕(往) : 25번 무망괘 괘사를 참고하라.

② 의(疑) : 16번 예괘 구사를 참고하라.

③ 부(孚) : 9번 소축괘 육사를 참고하라.

④ 발(發) : 개(開)로 봐서 큰 해가리개를 열면 길하다고 해석하기도 한다.

⑤ 약(若) : 30번 이괘 육오를 참고하라.

구삼 : 풍기패 일중견매 절기우굉 무구.
九三 : 豐其沛 日中見沬 折其右肱 无咎.

큰 장막 아래에 있는 나그네가 한낮에 도깨비를 본다. 도깨비를 보고 넘어져 오른쪽 팔이 부러졌다. 그러나 여행을 계속할 수 있으니 허물은 없으리라.

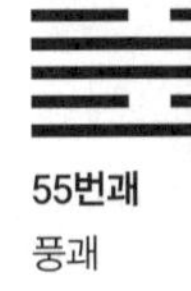

55번괘
풍괘
雷火豐

장막이 크다(豐其沛).
한낮에 도깨비를 본다(日中見沬).

풍(豐)은 크다는 것이다①. 패(沛)는 깃발과 장막을 뜻하는 패(旆)이다②. 매(沬)는 도깨비인 매(魅)이다③. 그러므로 풍기패 일중견매(豐其沛 日中見沬)는 큰 장막 아래에 있는 나그네가 한낮에 도깨비를 본다는 것이다. 나그네의 상태가 정상은 아니다.

① 풍(豐) : 본 괘 괘사를 참고하라.

② 패(沛) : 석문에 패(沛)는 패(旆)라고 했다(沛 本或作旆). 백서주역에는 번(薠 풀 이름 번)으로 되어 있고, 초죽서에는 패(芾 나무 더부룩할 패)로 되어 있다.

③ 매(沬) : 매(沬)는 북두칠성의 자루 끝에 있는 별, 또는 북두칠성 옆에 있는 보성(輔星)이다. 고형(高亨)은 주역대전금주(周易大傳今注)에서 매(沬)는 매(魅)로 도깨비라고 했다(沬借爲魅 妖魔也, 魅 매혹할·도깨비 매).

오른쪽 팔이 부러진다(折其右肱).
허물이 없다(无咎).

굉(肱)은 팔뚝이다. 무구(无咎)는 망구(亡咎)로 허물이 없다는 것이다. 무(无)

는 없다는 무(無)이고 망(亡)이다. 구(咎)는 허물이다①. 그러므로 절기우굉 무구(折其右肱 无咎)는 헛것인 도깨비를 보고 넘어진 나그네의 오른쪽 팔이 부러졌으나 허물은 없다는 것이다. 부상을 당하기는 하였지만 여행을 할 수 있는 상태라고 추측할 수 있다②.

① 무구(无咎) : 60번 절괘 초구를 참고하라.

② 효사에 허물이 없는 직접적인 이유를 말하지 않았다. 상전은 절기우굉 종불가용야(折其右肱 終不可用也)로 마침내 쓰지 못한다고 하였다. 상전의 해석은 결과적으로 허물이 있는 것이 되므로 효사의 내용과 반대가 된다.

구사 : 풍기부 일중견두 우기이주 길.
九四 : 豐其蔀 日中見斗 遇其夷主 吉.
큰 해가리개 아래에 있는 나그네가 한낮에 볼 수 없는 북두성을 본다. 항상 기숙했던 곳의 주인을 만난다. 마음이 어지러운 병을 고치니 길하리라.

해가리개가 크다(豐其蔀).
한낮에 북두성을 본다(日中見斗).

풍(豐)은 크다는 것이다. 부(蔀)는 돗자리인 해가리개이다. 그러므로 풍기부 일중견두(豐其蔀 日中見斗)는 길을 떠나 큰 해가리개 아래에 있는 나그네가 어지러운 질병에 걸려 한낮에 볼 수 없는 북두성을 본다는 것이다. 나그네의 상태가 정상은 아니다. 본 괘 육이와 동일한 구절이다.

항상 기숙했던 곳의 주인을 만난다(遇其夷主).
길하다(吉).

이(夷)는 가람조·상함·평정·항상이다. 본 효에서는 항상(常)이라는 의미로 사용됐다①. 우기이주(遇其夷主)는 나그네가 항상 기숙했던 곳의 주인을 만났다는 것이다②. 길한 이유는 나그네가 여행 중 무엇에 홀려 마음이 어지러운 병을 주인을 만나 고쳤기 때문으로 추측할 수 있다.

① 이(夷) : 36번 명이괘 괘사를 참고하라.
② 주(主) : 초죽서에는 주(宔 신주·위패 주)로 되어 있다.

육오 : 내장유경예 길.
六五 : 來章有慶譽 吉.
상나라에 온 나그네가 상을 받고 명예도 있다. 길하리라.

내(來)는 돌아오는 것이다①. 장(章)은 상(商·殷)나라의 상(商·殷)을 말한다②. 내장(來章)은 내상(來商)으로 상나라에 온다는 것이다③. 경(慶)은 상을 준다는 사(賜)이다④. 내장유경예 길(來章有慶譽 吉)은 나라의 근심을 해결하기 위해 상(商·殷)나라에 온 나그네가 상을 하사받고 명예도 있으니 길하다는 뜻이다. 괘사나 효사에 나그네가 누구인지는 분명히 나타나 있지 않으나 본 효사의 내용을 볼 때 나그네의 목적은 해결된 것으로 추측할 수 있다.

① 내(來) : 5번 수괘 상육을 참고하라.
② 장(章) : 2번 곤괘 육삼을 참고하라.
③ 내장(來章) : 실제 나그네가 주(周)나라에서 간 것이나 상(商·殷)나라를 중심으로 내장(來章)으로 표현되었다.
④ 경(慶) : 시경 소아(小雅)의 효손유경(孝孫有慶)에 대해 정현(鄭玄)은 전에서 경(慶)은 준다는 뜻을 가진 사(賜)라고 하였다.

상육 : 풍기옥 부기가 규기호 격기무인 삼세부적 흉.
上六 : 豐其屋 蔀其家 闚其戶 闃其无人 三歲不覿 凶.
집은 크고, 그 집을 돗자리인 해가리개로 가렸다. 작은 문에 드나드는 사람이 없다. 집을 나갔던 나그네가 돌아오지 않아 오랫동안 사람을 볼 수 없으니 흉하리라.

집이 크다(豐其屋).
그 집을 해가리개로 가렸다(蔀其家).

풍(豐)은 크다는 것이다①. 부(蔀)는 해가리개이다②. 그러므로 풍기옥 부기가(豐其屋 蔀其家)는 집은 크고, 그 집을 돗자리인 해가리개로 가렸다는 것이다.

① 풍(豐) : 본 괘 괘사를 참고하라.
② 부(蔀) : 본 괘 육이를 참고하라.

작은 문에 사람이 없다(闚其戶 闃其无人).

규(闚)는 작은 문을 뜻하는 규(閨)이다①. 격기무인(闃其无人)은 사람이 없다는 것이다②. 그러므로 규기호 격기무인(闚其戶 闃其无人)은 규기호 기무인(閨其戶 其无人)으로 집의 작은 문에 드나드는 사람이 없다는 것이다. 상전은 사람이 없는 이유를 스스로 감춘 것이라고 봤으나(闚其戶 闃其无人 自藏也), 상(商·殷)나라에 간 나그네가 집에 오지 않았다고 보는 것이 더 문맥에 맞는다.

① 규(閨) : 백서주역과 초죽서에는 규(闚 엿볼 규)가 규(閨)로 되어 있다. 설문에 규(閨)는 작은 문인 협문으로 위는 둥글고 아래는 네모지다고 했다(說文, 閨 特立之戶 上圜下方 有似圭).
② 격(闃) : 통행본의 격기무인(闃其无人, 闃 고요할 격)은 백서주역과 초죽서에는 기무인(其无人)으로 되어 있다.

3년 동안 보지 못한다(三歲不覿).
흉하다(凶).

삼세부적(三歲不覿)은 3년 동안(오랫동안) 보지 못한다는 것이다. 삼세(三歲)는 3년이고, 적(覿)은 보는 것이다. 나그네가 길을 떠나 오랫동안 돌아오지 않아 그 집이 폐가와 같이 되니 흉하다. 삼세부적(三歲不覿)은 47번 곤괘 초육을 참고하라.

■ 춘추좌전 서례 : 만만의 벼슬에 대해 점치다.

춘추좌전(春秋左傳) 선공(宣公) 6년(기원전 603년)에 있는 서례이다. 초나라 군사가 정(鄭)나라를 침공해 강화를 맺은 뒤 돌아갔다. 정나라 대부 공자 만만(曼滿)이 대부 왕자백료(王子伯廖)와 이야기 중 경(卿)이 되고 싶다는 이야기를 하자 백료가 다른 사람에게 말했다. [만만은 덕행이 없고 욕심만 있다. 만만은 역의 풍지리(豐之離, 풍괘의 상육이 동하여 이괘가 됨)에 있다. 만만은 3년이 안 돼 죽을 것이다.] 실제 만만은 한 해가 지나 정나라 사람에게 피살됐다.
※ 동효가 변할 효인 경우 본괘의 해당 동효로 해석한 서례이다.

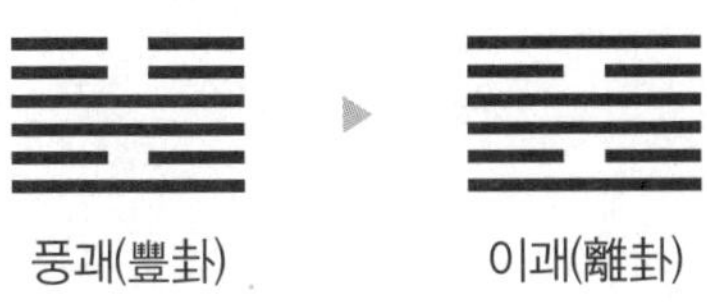

풍괘(豐卦) 이괘(離卦)

여괘(旅卦) 화산려(火山旅) 56번괘

왕해의 고사를 통하여 나그네의 길흉을 설명했다.

여는 소형하니라. 여의 정은 길하도다.
旅는 小亨하니라. 旅의 貞은 吉하도다.

초육은 여쇄쇄(차)기소하니 취재니라.
初六은 旅瑣瑣(此)其所하니 取災니라.

육이는 여즉차하여 회기자에 득동복이니 정은 (길)하도다.
六二는 旅卽次하여 懷其資에 得童僕이니 貞은 (吉)하도다.

구삼은 여분기차에 상기동복하니 정은 려하도다.
九三은 旅焚其次에 喪其童僕하니 貞은 厲하도다.

구사는 여우처하고 득기자부이나 아심이 불쾌로다.
九四는 旅于處하고 得其資斧이나 我心이 不快로다.

육오는 석치에 일시망으로 종이예명이리라.
六五는 射雉에 一矢亡으로 終以譽命이리라.

상구는 조분기소이니 여인이 선소하고 후호도라. 상우우역하니 흉하리라.
上九는 鳥焚其巢이니 旅人이 先笑하고 後號咷라. 喪牛于易하니 凶하리라.

56번괘

여괘(旅卦)

왕해의 고사를 통하여 나그네의 길흉을 설명했다.

여. 소형. 여정길.

旅. 小亨. 旅貞吉.

작은 제사를 지낸다. 나그네의 여행은 길하리라.

여괘(旅卦)는 왕해의 고사를 통하여 나그네의 길흉을 설명했다.

여(旅)는 괘명이다. 기숙하는 나그네를 뜻한다①. 나그네는 왕해(王亥)를 말한다②.

① 여(旅) : 공영달(孔穎達) 소에서 여(旅)는 기숙하는 나그네로 오래 여행하는 것을 말하며 본래 거주하는 것을 떠나 다른 지방에 있는 것이라 했다(旅者 客寄之名 羈旅之稱 失其本居而寄他方 謂之爲旅). 설문은 여(旅)를 500명의 군인이라고 했다(說文, 旅 軍之五百人爲旅). 군기를 앞세운 군인(方人)들이 옷(衣)을 입고 행진하는 것에서 여행한다, 무리라는 의미가 나왔다.

② 왕해(王亥)의 고사가 있다. 상(商·殷)나라는 황하 하류의 한 부락으로 시작을 하였다. 일찍부터 목축업이 발달하였다. 상나라 1대왕인 탕왕(湯王) 이전 선조 중에 왕해(칭호 王亥, 묘호 高祖, 이름 子亥)가 있었다. 최초로 소에 멍에를 씌워 길렀다고 알려져 있다. 왕해는 소와 양을 길들여 여러 마을 다니며 장사를 하는 유명한 상인이었다. 왕해가 황하 이북에 있는 역수(易水)가 있는 유역(有易)에서 장사를 하던 중 유역족의 왕에게 살찐 양과 힘센 소를 맡기고 방탕한 생활을 하며 머물렀다. 왕해가 유역 왕의 아내를 간음하자, 유역의 왕인 면신(緜臣)이 양을 먼저 뺏었고, 후에 소를 빼앗은 후 왕해를 죽였다. 왕해의 친족들은 가축 삼백 마리를 죽여 장사를 지냈다. 후에 왕해의 아우 왕항(王恒)은 유역족을 대패시켰고, 왕해의 아들인 갑미(甲微)는 면신을 죽였다. 후대에 왕해는 소의 수레와 멍에를 만든 성인으로 여겨져 성대하게 제사를 지냈다. 유역에 있던 주민들은 후에 생긴 진(秦)나라의 선조가 되었다. 왕해가 양을 빼앗긴 것은 34번 대장괘 육오에 상양우역(喪羊于易)으로 나타나 있고, 이어서 소를 빼앗긴 것은 56번 여괘 상구에 상우우역(喪牛于易)으로 나타나 있다.

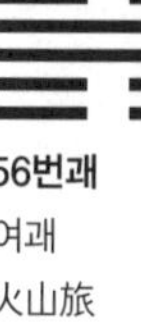

작은 제사를 지낼 만하다(小亨).

여행에 대한 점은 길하다(旅貞吉).

형(亨)은 제사·연회·잔치·대접·흠향의 뜻을 가진 향(嚮)이고 향(亯)이다. 소형(小亨)은 제사를 지내기 전 점을 쳐 본 괘를 얻으면 작은 제사를 거행한다는 것이다. 여(旅)는 기숙하는 나그네 또는 500명의 군인을 뜻한다. 본 괘에서는 나그네로 새긴다. 정(貞)은 점(占)이다①. 여정길(旅貞吉)은 나그네의 여행에 대한 점은 길하다는 것이다②.

① 정(貞) : 32번 항괘 괘사를 참고하라.

② 이 구절을 여행에(旅) 거처를 정하고 떠돌지 않으면(貞) 길하다고(吉) 해석을 하기도 한다. 그런데 여괘의 효사들로 볼 때 나그네가 여행을 하다가 만나는 일을 빌어 길흉을 설명한 것인데 떠돌지 않으면 길하다고 본 것은 어색하다.

초육 : 여쇄쇄 사기소 취재.
初六 : 旅瑣瑣 斯其所 取災.
나그네가 여행 중 기숙하던 장소에 대한 의심이 들어 떠난다. 여행 중 재앙을 만나게 되리라.

나그네가 의심을 한다(旅瑣瑣).

장소를 떠난다(斯其所).

여(旅)는 나그네로 왕해(王亥)를 말한다①. 쇄(瑣)는 솨(惢)로 자질구레한 것에 신경을 쓰며 마음에 의심이 있는 것이다②. 사(斯)는 떠나는 것이다③. 그러므로 여쇄쇄 사기소(旅瑣瑣 斯其所)는 여행을 하는 왕해(王亥)가 있는 여행 중 기숙하던 장소에 대한 의심이 들어 그곳을 떠난다는 것이다.

① 여(旅) : 본 괘 괘사를 참고하라.

② 쇄(瑣) : 설문에 솨(惢)는 마음으로 의심하는 것으로 세 개의 심(心)으로 되어 있으며 역 중 여괘의 쇄쇄(瑣瑣)와 같이 읽는다고 했다(說文, 惢 心疑也 从三心 凡惢之屬皆从惢 讀若 易 旅瑣瑣). 고대에는 쇄(瑣)와 솨(惢)가 통용되었음을 알 수 있다.

③ 사(斯) : 40번 해괘 구사를 참고하라.

재앙을 불러들인다(取災).

취(取)는 잡는 것이다①. 재(災)는 재앙이다②. 취재(取災)는 재앙을 불러들인다는 것이다. 묵었던 거처에 대한 의심이 생겨 스스로 떠나면 재앙을 만나게 된다는 것이며, 반대로 현재의 거처에 머무르면 재앙을 피할 수 있다는 뜻이다.

① 취(取) : 4번 몽괘 육삼을 참고하라.
② 재(災) : 24번 복괘 상육을 참고하라.

육이 : 여즉차 회기자 득동복 정.
六二 : 旅卽次 懷其資 得童僕 貞.
나그네가 숙소에 들어 재물과 어린 사내종을 얻으니 길하리라.

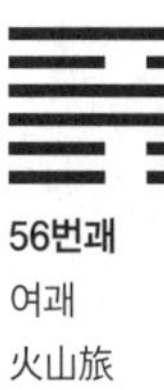

56번괘
여괘
火山旅

나그네가 숙소에 들어갔다(旅卽次).

여(旅)는 나그네로 왕해(王亥)를 말한다①. 즉(卽)은 곧, 먹는 것, 좇는 것이다. 이곳에선 가는 것으로 사용되었다②. 차(次)는 군사가 머무는 곳, 숙소이다③. 여즉차(旅卽次)는 나그네가 숙소에 들어갔다는 것이다.

① 여(旅) : 본 괘 괘사를 참고하라.
② 즉(卽) : 3번 준괘 육삼을 참고하라.
③ 차(次) : 7번 사괘 육사를 참고하라.

옷 속에 재물과 돈을 품었다(懷其資).
어린 사내종을 얻었다(得童僕).

회기자(懷其資)는 회기자부(懷其資斧)이다①. 회(懷)는 옷 속에 감추는 것이다. 자(資)는 재물이다②. 부(斧)는 돈이다③. 동(童)은 동(僮)으로 어리다는 것이다④. 복(僕)은 사내종이다. 회기자부(懷其資斧)는 나그네가 옷 속에 재물과 돈을 품었다는 것이고, 득동복(得童僕)은 어린 사내종을 얻었다는 것이다.

① 56번 여괘 구사에 득기자부(得其資斧)라 했고, 57번 손괘 상구에서 상기자부(喪其資斧)라 했다. 본 효에는 부(斧)자가 빠졌다.

② 자(資) : 설문에 재물이라 했다(說文, 資 貨也, 貨 財也).

③ 부(斧) : 고대에 판 모양의 얇은 쇠로 만든 도끼인 판상철부(板狀鐵斧 또는 銅幣)이다. 화폐로 사용했었다. 설문에서는 부(斧)를 베는 것으로 해설하였고(說文, 斧 斫也, 斫 벨 작), 주에서 이 도끼로 가시를 베고 숙소의 안전을 위해 사용했다고 했다(斧 所以斫除荆棘 以安其舍者也). 본 책에서는 화폐로 새긴다.

④ 동(童) : 4번 몽괘 괘사를 참고하라.

점은 길하다(貞).

정(貞)은 점(占)이다①. 정(貞)자 뒤에 길(吉)이 빠진 것으로 추측된다②. 나그네가 여행 중에 재물과 돈을 품고, 어린 사내종을 얻었으니 길하지 않을 이유가 없다.

① 정(貞) : 32번 항괘 괘사를 참고하라.

② 주역고경금주(周易古經今注)에서 고형(高亨)이 말한 것이다. 상전에서 마침내 허물이 없다고 하였으며(終无尤也), 본 괘 구삼에 있는 상기동복정려(喪其童僕貞厲)와 대응되는 문구가 된다는 것을 증거로 들었다.

구삼 : 여분기차 상기동복 정려.
九三 : 旅焚其次 喪其童僕 貞厲.
나그네의 거처가 불타고 어린 사내종이 도망갔으니 위태하리라.

거처하는 곳을 불태우다(旅焚其次).

여(旅)는 나그네로 왕해(王亥)를 말한다①. 분(焚)은 불태운다는 것이다②. 차(次)는 군사가 머무는 곳, 숙소이다③. 여분기차(旅焚其次)는 왕해가 여행 중 거처하던 곳을 불태웠다는 것이다. 실수일 수도 있고 일부로 태운 것일 수 있다. 또는 다른 이가 거처를 태운 것일 수도 있다. 왕해의 고사에는 정확한 사실이 나타나지 않았다.

① 여(旅) : 본 괘 괘사를 참고하라.
② 분(焚) : 옥편에 불태운다고 했다(玉篇, 焚 燒也, 燒 사를·불탈 소).
③ 차(次) : 7번 사괘 육사를 참고하라.

어린 사내종이 도망갔다(喪其童僕).

점괘는 위태하다(貞厲).

상(喪)은 잃는 것이고, 도망하는 것이다①. 동복(童僕)은 어린 사내종이다②. 상기동복(喪其童僕)은 왕해(王亥)가 본 괘 육이에서 얻었던 어린 사내종이 도망갔다는 것이다. 정려(貞厲)는 점을 친 결과 위태하게 나왔다는 것이다③.

① 상(喪) : 34번 대장괘 육오를 참고하라.
② 동복(童僕) : 본 괘 육이를 참고하라.
③ 정려(貞厲) : 9번 소축괘 상구를 참고하라.

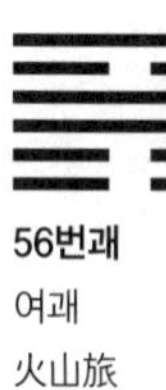

구사 : 여우처 득기자부 아심불쾌.
九四 : 旅于處 得其資斧 我心不快.
나그네가 일시적으로 만든 거처에 든다. 재물과 돈을 얻었지만 마음은 불쾌하다.

나그네가 거처에 들었다(旅于處).

여(旅)는 나그네로 왕해(王亥)를 말한다①. 우(于)는 어조사로 ~로 향하여 가는 것이다②. 처(處)는 일시적인 거처, 멈추다의 뜻이다③. 여우처(旅于處)는 왕해가 있던 곳을 태우고 일시적으로 만든 거처에 들었다는 것이다. 본 괘 구삼의 차(次)는 안전한 거처라면 처(處)는 잠시 눈비를 피할 수 일시적 거처이다.

① 여(旅) : 본 괘 괘사를 참고하라.
② 우(于) : 2번 곤괘 상육을 참고하라.
③ 처(處) : 9번 소축괘 상구를 참고하라.

재물과 돈을 얻었다(得其資斧).
나의 마음이 불쾌하다(我心不快).

자부(資斧)는 재물과 돈이다①. 득기자부(得其資斧)는 재물과 돈을 얻었다는 것이다. 본 괘 구삼에서 불이 나 잃었던 재물을 찾은 것일 수도 있다. 임시거처에 있으니 마음은 편하지 않다②.

① 자부(資斧) : 56번 여괘 육이를 참고하라.
② 왕해가 거처에 들고 재물과 돈을 얻었는데 왕해의 마음이 불쾌한 이유가 무엇일까?
(1) 임시거처를 중심으로 생각해볼 수 있다. 여행 중 임시거처에 들었고 어찌하여 여비를 얻었다. 그러나 앞으로 잠시 있다 다시 떠돌 것을 생각하면 마음이 편하지 않다.
(2) 나그네가 얻은 것이 단순히 여비가 아니고 도끼로 상징되는 지휘권을 얻었다. 그러나 자신의 지휘권을 행사할 수 없으니 마음이 편하지 않다. 이 해석은 효의 위치로도 설명을 한다. 구사인 양효(陽爻)가 음의 자리에 있으니 바름을 잃었고, 응하는 것이 연약한 초육이니 자신의 힘을 발휘할 수 없다고 본다. 그럴듯하다. 그러나 나그네의 처지에서 지휘권을 얻었다는 것이 마음에 걸리는 해석이다.
(3) 여비는 있지만 임시거처에 있기 때문에 남이 자신을 해칠 수 있다. 불안하여 마음이 편하지 않다. 이 해석은 해칠 수 있다는 것이 어디에서 나왔는지가 확실치 않다.

육오 : 석치 일시망 종이예명.
六五 : 射雉 一矢亡 終以譽命.
나그네가 화살 하나로 꿩을 명중시켜 잡는다. 끝에 가서는 명예와 이름을 얻으리라.

꿩을 맞혔다(射雉).
하나의 화살로 죽였다(一矢亡).

사(射)는 쏘는 것이다. 맞히다로 쓰일 때는 석으로 읽는다①. 치(雉)는 꿩이다.

망(亡)은 구부러져 은폐된 곳으로 들어간다는 의미다. 도망친다. 죽는다의 뜻이 있다. 본 효에서는 죽인다로 사용되었다②. 그러므로 석치 일시망(射雉 一矢亡)은 나그네인 왕해가 화살 하나로 꿩을 명중시켜 잡았다는 뜻이다③.

① 석(射) : 48번 정괘 구이를 참고하라.

② 망(亡) : 11번 태괘 구이를 참고하라.

③ 정이(程頤)는 이천역전(伊川易傳)에서 꿩을 쏘아 맞혀 한 화살에 죽게 하니 맞지 않음이 없다고 했다(如射雉 一矢而亡之 發无不中). 화살 하나로 꿩을 명중시켰다는 것이다. 그러나 주희(朱熹)는 주역본의(朱易本義)에서 비록 화살을 잃으나 잃는 것이 많지 않다고 했다(雖不无亡矢之費 而所喪不多). 주희는 망(亡)을 죽다가 아닌 잃어버리는 것으로 봐 화살 하나를 잃었다고 본 것이다. 그렇지만 화살을 몸에 매달고 도망간 꿩이 확실히 명중이 됐다고 볼 수 없다. 이같은 상황에서 결국 명예를 얻었다는 것이 이상하다. 나중에 화살을 달고 간 꿩을 찾아 명중하였음을 확인했고, 이 결과 명예를 얻을 수 있다는 설명도 물론 가능하지만 자의적인 해석에 불과 할 뿐이다. 본 책은 정이(程頤)의 해석을 기준으로 했다.

끝내 명예와 이름을 얻는다(終以譽命).

종(終)은 끝이다. 예명(譽命)은 명예와 이름이다. 명(命)은 명(名)으로 새긴다. 종이예명(終以譽命)은 왕해가 꿩을 명중시키니 끝내 명예와 이름을 얻는다는 뜻이다.

상구 : 조분기소 여인선소후호도 상우우역 흉.
上九 : 鳥焚其巢 旅人先笑後號咷 喪牛于易 凶.

새가 둥지를 태우듯 나그네의 거처를 태운다. 나그네는 먼저는 웃었으나 나중엔 울부짖는다. 유역의 왕에게 소를 뺏기니 흉하리라.

새가 새집을 불사른다(鳥焚其巢).

분(焚)은 불태운다는 것이다①. 소(巢)는 새집이다②. 조분기소(鳥焚其巢)는 새가 새집을 불사른다는 것이다. 나그네인 왕해(王亥)가 집을 불태운 것을 비유하는 말일 수도 있고, 왕해의 고사 중 유역(有易)의 왕인 면신(緜臣)이 왕해를 죽이고 집을 불태운 것을 말한 것일 수도 있다.

① 분(焚) : 본 괘 구삼을 참고하라.

② 소(巢) : 설문에서 나무에 있는 새집을 소(巢)라 했고, 동굴에 있는 새집은 과(窠)라 했다(說文, 巢 鳥在木上曰巢 在穴曰窠).

나그네가 먼저는 웃었으나 나중에는 울부짖는다(旅人先笑後號咷).

여(旅)는 나그네로 왕해(王亥)를 말한다①. 호도(號咷)는 부르짖고 우는 것이다②. 여인선소후호도(旅人先笑後號咷)는 왕해가 먼저는 웃었으나 나중에는 울부짖는다는 뜻이다. 왕해가 유역(有易)의 나라에 가 먼저 방탕하며 즐기다가 죽음을 당하면서 울부짖는 것을 비유한 것이다.

① 여(旅) : 본 괘 괘사를 참고하라.

② 호도(號咷) : 13번 동인괘 구오를 참고하라.

유역의 왕에게 소를 뺏긴다(喪牛于易).

흉하다(凶).

상우우역(喪牛于易)은 왕해(王亥)가 유역(有易)의 왕에게 목숨을 잃기 전에 소를 뺏긴 것을 말한다. 34번 대장괘 육오에서는 상양우역 무회(喪羊于易 无悔)라고 하였고, 본 효에서는 상우우역 흉(喪牛于易 凶)이라 표현하였다. 이는 왕해가 먼저 양을 뺏기고 그 후에 소를 뺏긴 후 죽었다는 것을 말한다. 왕해의 고사는 본 괘 괘사를 참고하라.

56번괘
여괘
火山旅

손괘(巽卦) 중풍손(重風巽) 57번괘

상 아래 엎드린 무인을 통하여 출정의 길흉을 설명했다.

손은 소형하니라. 이유유왕하며 이견대인하니라.
巽은 小亨하니라. 利有攸往하며 利見大人하니라.

초육은 진퇴간에 이무인지정이도다.
初六은 進退간에 利武人之貞이도다.

구이는 손재상하에 용(사)무분약이니 길하고 무구리라.
九二는 巽在牀下에 用(使)巫紛若이니 吉하고 无咎리라.

구삼은 빈손이니 인하니라.
九三은 頻巽이니 吝하니라.

육사는 회망하리라. 전획삼품이로다.
六四는 悔亡하리라. 田獲三品이로다.

구오는 정이 길하며 회망으로 무불리하여 무초유종이라. 선경삼일과 후경삼일이 길하리라.
九五는 貞이 吉하며 悔亡으로 无不利하여 无初有終이라. 先庚三日과 後庚三日이 吉하리라.

상구는 손재상하에 상기자부이니 정은 흉하도다.
上九는 巽在牀下에 喪其資斧이니 貞은 凶하도다.

57번괘

䷸ 손괘(巽卦)

상 아래 엎드린 무인을 통하여 출정의 길흉을 설명했다.

손. 소형. 이유유왕. 이견대인.
巽. 小亨. 利有攸往. 利見大人.

작은 제사를 지낼 만하다. 갈 곳이 있으면 이롭고, 대인을 만나는 것도 이로우리라.

손괘(巽卦)는 상 아래 엎드린 무인을 통하여 출정의 길흉을 설명했다.

손(巽)은 괘명으로, 굴복하고 엎드리는 것이다. 잡괘전(雜卦傳)에서 손(巽)은 엎드리는 것이라 했다(巽伏也, 伏 엎드릴 복). 설문은 손(巽)은 손(顨)과 같다고 했고(說文, 顨 巽也 此 易 顨卦 爲長女 爲風者, 顨 부드러울 손), 백서주역에는 손(巽)이 산(筭 셈 산)으로 기록돼 있다.

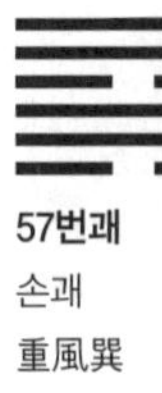

57번괘
손괘
重風巽

작은 제사를 지낼 만하다(小亨).

소형(小亨)은 작은 제사를 지낸다는 것이다. 형(亨)은 제사·연회·잔치·대접·흠향의 뜻을 가진 향(嚮)이고 향(亯)이다. 제사를 지내기 전 점을 쳐 본 괘를 얻으면 작은 제사를 거행한다. 본 괘 초육에 나오는 무인(武人)이 전쟁에 나가기 전에 작은 제사를 드리는 것이다. 형(亨)은 1번 건괘 괘사를 참고하라.

갈 곳이 있으면 이롭다(利有攸往).
대인을 만나는 것이 이롭다(利見大人).

유(攸)는 곳·장소이다. 왕(往)은 간다, 행동한다는 것이다. 이유유왕(利有攸往)은 가는 것이나 행동하는 것이 이롭다는 것이다①. 이견대인(利見大人)은 출세 등을 위하여 벼슬이 높은 사람을 만나는 것이 이롭다는 뜻이다②. 역경에서 대인은 벼슬이 있는 사람을 말한다.

① 이유유왕(利有攸往) : 22번 비괘 괘사를 참고하라.
② 이견대인(利見大人) : 1번 건괘 구이를 참고하라.

초육 : 진퇴이무인지정.
初六 : 進退利武人之貞.
무인은 진격이든 퇴각이든 이로우리라.

무인(武人)은 장수를 따르는 일개 무사이다①. 정(貞)은 점(占)이다②. 진퇴이무인지정(進退利武人之貞)은 무인에 대한 점은 진격이든 퇴각이든 이롭다는 뜻이다. 정벌에 겁먹은 무인이 공격을 할지 퇴각을 할지 결정을 하지 못하고 망설이고 있는 상태에서 점을 친 것에 대한 점괘로 추측된다.

① 무인(武人) : 10번 이괘 육삼을 참고하라.
② 정(貞) : 32번 항괘 괘사를 참고하라.

구이 : 손재상하 용사무분약 길 무구.
九二 : 巽在牀下 用史巫紛若 吉 无咎.
무인이 문제가 있어 평상 아래 엎드려 있다. 무당에게 푸닥거리를 하면서 피를 발라 문제를 해결하게 한다. 길하고 허물이 없으리라.

평상 아래 엎드려 있다(巽在牀下).

손(巽)은 굴복하고 엎드리는 것이다①. 상(牀)은 평상이다②. 손재상하(巽在牀

下)는 평상 아래 엎드려 있는 것이다. 본 괘 초육에 언급된 무인(武人)에게 문제가 있는 것이다. 무인이 귀신에 놀라 평상 아래로 기어들어갔거나, 병으로 평상 아래에 엎드려 있는 것일 수도 있다.

① 손(巽) : 본 괘 괘사를 참고하라.

② 상(牀) : 23번 박괘 초육을 참고하라.

무당이 피를 바르고 제사를 지낸다(用史巫紛若).

길하다(吉).

허물이 없다(无咎).

용사(用史)는 용사(用使)로 하게 한다는 것이다①. 무(巫)는 무당이다②. 분(紛)은 피를 바른다는 의미인 흔(釁)이다③. 용사무분약(用史巫紛若)은 무당에게 푸닥거리를 하며 피를 발라 좋지 않은 것을 제거하고 문제를 해결하게 한다. 해결되니 길하고 허물이 없게 된다④.

① 사(史) : 백서주역에는 사(使 하여금 사)로 되어 있다.

② 무(巫) : 설문에 비는 것이라 했다(說文, 巫 祝也, 祝 빌·저주할 축). 주례(周禮) 무녀(巫女)에 무당은 푸닥거리를 하여 좋지 않은 것을 제거하고 피를 바르며 목욕하는 것을 관장한다 했다(掌祓除釁浴, 祓푸닥거리할 불, 釁 피 바를 흔).

③ 분(紛) : 주역대전금주(周易大傳今注, 高亨)에서 흔(釁)으로 봤다(紛疑借爲釁). 설문에서 흔(釁)은 피를 그릇에 발라 부뚜막 귀신에게 제사를 지내는 것을 뜻하며, 부뚜막을 뜻하는 찬(爨)의 생략된 글자와 유(酉)로 되어 있고, 유(酉)는 제사를 지내는 것으로 분(分)으로 되어 있고, 분(分)은 성음이라 했다(說文, 釁 血祭也 象祭竈也 从爨省 从酉 酉 所以祭也 从分 分亦聲).

④ 무구(无咎) : 60번 절괘 초구를 참고하라.

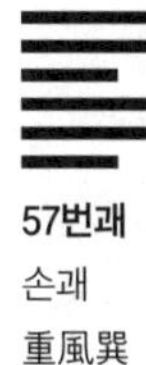

구삼 : 빈손 인.
九三 : 頻巽 吝.
무인에게 어려움이 있어 얼굴을 찡그리며 엎드리니 어려우리라.

빈(頻)은 얼굴을 찡그리는 것이다①. 손(巽)은 굴복하고 엎드리는 것이다②. 인(吝)은 어렵고, 한스럽고, 애석한 것이다③. 그러므로 빈손 인(頻巽 吝)은 얼굴을 찡그리며 엎드려 있으니 어려운 상태라는 것이다④. 무인에게 피할 수 없는 압력이나 어려움이 있었을 것이다.

① 빈(頻) : 24번 복괘 육삼을 참고하라.
② 손(巽) : 본 괘 괘사를 참고하라.
③ 인(吝) : 40번 해괘 육삼을 참고하라.
④ 정이(程頤)는 이천역전(伊川易傳)에서 여러 번 잃고 여러 번 공손함이 부끄러운 것이라 했고(故頻失而頻巽 是可吝也), 주희(朱熹)도 주역본의(朱易本義)에서 여러 번 잃는 것이라 해석했다(勉爲屢失 吝之道也). 빈(頻)을 여러 번으로 보고 손(巽)을 공손함으로 본 해석들이다.

육사 : 회망. 전획삼품.
六四 : 悔亡. 田獲三品.
후회가 없으리라. 무인이 사냥을 나가 세 종류의 짐승을 잡는 공을 세운다.

회(悔)는 후회·아쉬움·뉘우침이다. 망(亡)은 성모가 같은 무(無)자와 통용된다. 회망(悔亡)은 후회가 없다는 것이다①. 전(田)은 사냥하는 것이다②. 삼품(三品)은 세 종류의 짐승이다③. 전획삼품(田獲三品)은 무인이 사냥을 나가 세 종류의 짐승을 잡는 공을 세운다는 뜻이다.

① 회망(悔亡) : 47번 곤괘 상육을 참고하라.

② 전(田) : 7번 사괘 육오를 참고하라.

③ 삼품(三品) : 세 종류로 보지 않고 세 등급으로 보기도 한다. 주희(朱熹)는 주역본의(朱易本義)에서 사냥에서 잡은 짐승 중 하나는 건두를 만들고(三品者 一爲乾豆), 하나는 손님을 접대하고(一爲賓客), 하나는 부엌에 놓는다고 했다(一以充庖).

구오 : 정길 회망 무불리 무초유종. 선경삼일 후경삼일 길.
九五 : 貞吉 悔亡 无不利 无初有終. 先庚三日 後庚三日 吉.
길하리라. 후회함이 없고 이롭지 않음이 없으며, 처음은 없으나 끝은 있다. 정(丁)의 날과 계(癸)의 날이 길하리라.

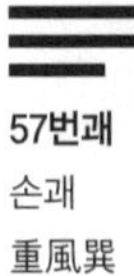

57번괘
손괘
重風巽

점이 길하다(貞吉).
후회가 없다(悔亡).

정(貞)은 점(占)이다. 정길(貞吉)은 점은 길하다는 것이다①. 회(悔)는 후회·아쉬움·뉘우침이다. 망(亡)은 성모가 같은 무(無)자와 통용된다. 회망(悔亡)은 후회가 없다는 것이다②.

① 정길(貞吉) : 32번 항괘 괘사를 참고하라.

② 회망(悔亡) : 47번 곤괘 상육을 참고하라.

이롭지 않음이 없다(无不利).
처음은 없으나 끝은 있다(无初有終).

무(无)는 무(無) 또는 망(亡)과 통용되었다. 무불리(无不利)는 이롭지 않음이 없다는 것으로 이중부정을 통해 이롭다는 것을 강조한 말이다. 무초유종(无初有終)은 처음에는 효과가 없으나 나중에는 효과가 있다는 뜻이다.

경일의 삼일 전인 정(丁)일과 삼일 후인 계(癸)일이 길하다(先庚三日 後庚三日 吉).

경(庚)일의 전 삼일은 정(丁)일이고, 경일의 후 삼일은 계(癸)일이다. 선경삼일(先庚三日)인 정(丁)일과 후경삼일(後庚三日)인 계(癸)일이 무인의 행함에 길하다는 것이다.

3	2	1		1	2	3
丁	戊	己	庚	辛	壬	癸

丁일과 癸일은 길일로 고대에 행사·제사·기우제·학습일·장례일로 사용하였다. 청나라의 훈고학자 왕인지(王引之)의 주장이다.

상구 : 손재상하 상기자부 정흉.
上九 : 巽在牀下 喪其資斧 貞凶.
평상 아래 엎드려 숨어 있다가 재물과 돈을 잃어버리니 흉하리라.

손(巽)은 굴복하고 엎드리는 것이다. 상(牀)은 평상이다. 손재상하(巽在牀下)는 평상 아래 엎드려 있는 것이다①. 상(喪)은 잃는 것이고, 도망하는 것이다②. 자부(資斧)는 재물과 돈이다③. 상기자부(喪其資斧)는 본 괘의 초육에 언급된 무인이 재물과 돈을 잃어버렸다는 것이고, 정흉(貞凶)은 점은 흉하다, 점괘는 흉하다는 것이다④. 평상 아래 엎드려 숨어 있는데 도적이 재물과 돈을 훔쳐 간 것으로 추측된다. 본 괘 구이에서는 무당이 푸닥거리를 해 무인을 돕는다. 그러나 본 효에서는 그런 도움도 없다. 흉할 수밖에 없다.

① 손재상하(巽在牀下) : 본 괘 구이를 참고하라.
② 상(喪) : 34번 대장괘 육오를 참고하라.
③ 자부(資斧) : 56번 여괘 육이를 참고하라.
④ 정흉(貞凶) : 17번 수괘 구사를 참고하라.

57번괘

손괘

重風巽

태괘(兌卦) 중택태(重澤兌) 58번괘

말하는 것의 길흉을 설명했다.

태는 형하며 이정이로다.
兌는 亨하며 利貞이로다.

초구는 화태니 길하리라.
初九는 和兌니 吉하리라.

구이는 부태니 길하고 회망하리라.
九二는 孚兌니 吉하고 悔亡하리라.

육삼은 내태니 흉하리라.
六三은 來兌니 凶하리라.

구사는 상태이나 미령하도다. 개질은 유희리라.
九四는 商兌이나 未寧하도다. 介疾은 有喜리라.

구오는 부우박이니 유려하리라.
九五는 孚于剝이니 有厲하리라.

상육은 인태로다.
上六은 引兌로다.

태괘(兌卦)

말하는 것의 길흉을 설명했다.

태. 형. 이정.
兌. 亨. 利貞.
제사를 지낼 만하고, 이로우리라.

태괘(兌卦)는 말하는 것의 길흉을 설명했다.

태(兌)는 괘명으로, 말한다는 뜻의 설(說)이다.

(1) 설문에 태(兌)는 말하는 것이라 했고(說文, 兌 說也), 서괘전에서도 말하는 것이라 했으며(兌者說也), 단전도 말하는 것이라 했다(彖曰, 兌 說也).

(2) 역경 중 설(說)은 모두 탈(說)로 사용되었으며 나온다는 뜻을 가진 탈(脫)이다. 탈(說)은 9번 소축괘 구삼을 참고하라.

(3) 백서주역에는 태(兌)가 탈(奪 빼앗을 탈)로 되어 있으나 백서주역 중 계사(繫辭)에는 탈(說)로 되어 있다. 강희자전 두주(杜註)에 탈(奪)은 태(兌)로도 썼으며 탈(敓 빼앗을 탈)이 고자라 했다(奪 或作兌 敓 古奪字).

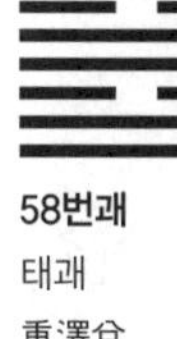

역경의 해설서 중 태(兌)를 말한다는 뜻의 설(說)로 해석한 책은 고형(高亨)의 주역고경금주(周易古經今注)와 주역대전금주(周易大傳今注), 이경지(李鏡池)의 주역통의(周易通義) 등이 있다. 태(兌)를 기쁘다는 의미의 열(說·悅)로 해석한 책은 정이(程頤)의 이천역전(伊川易傳), 주희(朱熹)의 주역본의(朱易本義) 등이 있다.

제사를 지낼 만하다(亨).
이롭다는 점이다(利貞).

형(亨)은 제사·연회·잔치·대접·흠향의 뜻을 가진 향(饗)이고 향(亯)이다. 제사를 지내기 전 점을 쳐 본 괘를 얻으면 제사를 지낼 수 있다는 것이다①. 이(利)

는 이롭다는 것이고 정(貞)은 점이다. 이정(利貞)은 이로운 점이라는 것이다②. 어떤 사항에 점을 쳐 본 괘를 얻으면 이롭다는 뜻이다. 백서주역에는 이정(利貞)이 소리정(小利貞)으로 되어 있다.

① 형(亨) : 1번 건괘 괘사를 참고하라.
② 이정(利貞) : 32번 항괘 괘사를 참고하라.

초구 : 화태 길.
初九 : 和兌 吉.
화목하게 말하니 길하리라.

화(和)는 서로 응하여 화목한 것이다①. 태(兌)는 말한다는 뜻의 설(說)이다②. 그러므로 화태 길(和兌 吉)은 화목하게 말하니 길하다는 뜻이다.

① 화(和) : 설문에 서로 응하는 것이라 했다(說文, 和 相譍也, 譍 응할 응).
② 태(兌) : 본 괘 괘사를 참고하라.

구이 : 부태 길 회망.
九二 : 孚兌 吉 悔亡.
믿음으로 말하니 길하고 후회가 없으리라.

부(孚)는 벌·포로·잡음·노획품·믿음·끌어당김으로 사용이 된다. 본 효에서는 믿음으로 사용되었다(說文, 孚 卵孚也 一曰信也)①. 태(兌)는 말한다는 뜻의 설(說)이다②. 회(悔)는 후회·아쉬움·뉘우침이다. 망(亡)은 성모가 같은 무(無)자와 통용된다. 회망(悔亡)은 후회가 없다는 것이다③.

① 부(孚) : 9번 소축괘 육사를 참고하라.

② 태(兌) : 본 괘 괘사를 참고하라.

③ 회망(悔亡) : 47번 곤괘 상육을 참고하라.

육삼 : 내태 흉.
六三 : 來兌 凶.

와서 많은 말을 하니 흉하리라.

58번괘
태괘
重澤兌

내(來)는 오는 것이다①. 태(兌)는 말한다는 뜻의 설(說)이다②. 그러므로 내태 흉(來兌 凶)은 와서 많은 말을 하니 흉하다는 뜻이다③.

① 내(來) : 5번 수괘 상육을 참고하라.

② 태(兌) : 본 괘 괘사를 참고하라.

③ 흉한 이유에 대해서는 해석이 다양하다. 고형(高亨)은 주역대전금주(周易大傳今注)에서 말이 많아 흉하다고 하였고, 이경지(李鏡池)는 주역통의(周易通義)에서 오라고 말하니 흉하다 하였으며, 정이(程頤)는 이천역전(伊川易傳)에서 자신의 몸을 굽혀 도리가 아닌 짓을 하며 찾아와서 기뻐함을 구하니 흉하다고 했다(枉己非道 就以求說 所以凶也).

구사 : 상태미령 개질유희.
九四 : 商兌未寧 介疾有喜.
상담을 했으나 시원한 결과가 없다. 가벼운 옴병은 치료되는 기쁨이 있으리라.

상(商)은 상의하는 것이다①. 태(兌)는 말한다는 뜻의 설(說)이다②. 령(寧)은 편안하다, 문안하다의 뜻이 있다③. 상태미령(商兌未寧)은 상의하는 말을 했으나 편안치 않다는 것이다. 상담을 했으나 시원한 결과가 없다는 의미다. 개(介)는 개(疥)로 옴병이다④. 개질유희(介疾有喜)는 옴병은 치료되는 기쁨이 있다는 것이다. 사소한 문제가 해결되거나, 가려운 병은 치료된다는 뜻이다.

① 상(商) : 설문은 밖으로부터 안을 아는 것이라 했고(說文, 商 从外知內也), 광운은 헤아리는 것이라 했다(廣韻, 商 度也).

② 태(兌) : 본 괘 괘사를 참고하라.

③ 령(寧) : 8번 비괘 괘사를 참고하라.

④ 개(介) : 16번 예괘 육이를 참고하라. 본 효에 대한 백서주역의 기록은 훼손되어 확인할 수 없다. 그러나 16번 예괘 육이효에는 개우석(介于石)이 개우석(疥于石)으로 되어 있는 것을 볼 때 개(疥)로 추정할 수 있다. 설문에서 개(疥)는 긁는 것이라 했다(說文, 疥 搔也, 搔 긁을 소).

구오 : 부우박 유려.
九五 : 孚于剝 有厲.
망한 곳에서 박탈한다. 보복을 당할 수 있으니 위태하리라.

부(孚)는 벌·포로·잡음·노획품·믿음·끌어당김으로 사용이 된다. 본 효에서는 노획품으로 사용되었다(文源 林義光 孚卽俘之古文 象爪持子, 說文 俘 軍所獲也 春秋傳 曰 以爲俘聝, 周易大傳今注)①. 우(于)는 어조사로 ~에서이다②. 박

(剝)은 떨어지다, 나누다, 다치다, 찢다, 깎다의 의미가 있다③. 부우박(孚于剝)은 망한 곳에서 노획품을 얻는 것이다. 망한 곳에서 박탈하는 것이기도 하다. 유려(有厲)는 위태함이 있다는 것이다④. 망한 곳에서 보복을 당할 수 있으니 위험하다는 뜻이다.

① 부(孚) : 9번 소축괘 육사를 참고하라.

② 우(于) : 2번 곤괘 상육을 참고하라.

③ 박(剝) : 23번 박괘 괘사를 참고하라.

④ 유려(有厲) : 49번 혁괘 구삼을 참고하라.

상육 : 인태.

上六 : 引兌.

상대방이 이끌어 내가 말을 한다. 경계해야 한다.

58번괘
태괘
重澤兌

인(引)은 이끈다는 것이다①. 태(兌)는 말한다는 뜻의 설(說)이다②. 인태(引兌)는 상대방이 이끌어 내가 말을 하는 것이다. 본 효사에는 점사가 없으나 상전은 인태는 빛나지 못한다고 하였고(象曰, 上六 引兌 未光也), 주희(朱熹)는 주역본의(朱易本義)에서 본 효사에는 길흉이 없고 마땅히 경계하여야 한다고 했다(故九五當戒 而此爻 不言其吉凶).

① 인(引) : 집운에서는 인도함이라 하였고(集韻, 引 導也), 이아·석고에서는 늘이는 것이라 했다(爾雅·釋詁 引 長也). 백서주역에는 인태(引兌)를 경탈(景奪)로 기록하였다. 경(景)은 설문해자주에서 이끌어 편다는 뜻이 있다고 하였으니 인(引)과 동일한 의미다(說文解字注, 景 大也 其引伸之義也, 引 끌 인, 伸 펼 신).

② 태(兌) : 본 괘 괘사를 참고하라.

환괘(渙卦) 풍수환(風水渙) 59번괘

홍수로 인해 일어나는 일들의 길흉을 설명했다.

환은 형에 왕격유묘며 이섭대천이며 이정이로다.
渙은 亨에 王假有廟며 利涉大川이며 利貞이로다.

초육은 용증마가 장하니 길하리라.
初六은 用拯馬가 壯하니 吉하리라.

구이는 환이 (주)기(거)이나 회망하리라.
九二는 渙이 (走)其(凥)이나 悔亡하리라.

육삼은 환이 기(궁)이나 무(구)리라.
六三은 渙이 其(躳)이나 无(咎)리라.

육사는 환이 기군이나 원길이라. 환이 유구는 (비)이소사리라.
六四는 渙이 其羣이나 元吉이라. 渙이 有丘는 (非)夷所思리라.

구오는 환기한이요 대호라. 환이 왕거이나 무구리라.
九五는 渙其汗이요 大號라. 渙이 王居이나 无咎리라.

상구는 환기혈이니 거하여 적출이면 무구리라.
上九는 渙其血이니 去하여 逖出이면 无咎리라.

59번괘

환괘(渙卦)

홍수로 인해 일어나는 일들의 길흉을 설명했다.

환. 형 왕격유묘. 이섭대천 이정.
渙. 亨 王假有廟. 利涉大川 利貞.

홍수를 만나 올리는 제사에 참석하기 위해 왕이 사당에 온다. 큰 강을 건너 피하는 것이 이롭다. 홍수에 대한 일은 이로우리라.

환괘(渙卦)는 홍수로 인해 일어나는 일들의 길흉을 설명했다.

환(渙)은 괘명으로, 홍수와 같은 큰물이 세차게 흘러가는 것이다. 설문해자주에서에서 환(渙)은 흘러서 흩어지는 것이라 했다(說文解字注, 渙 各本作流散). 시경 정풍(鄭風)에 진수와 유수가 넘실넘실 흘러가네(진여유방환환혜 溱與洧方渙渙兮)를 두고 설문해자주에서는 환환은 봄의 물이 많은 것이라 했다(渙渙 春水盛也). 또 시경 석문에 환환(渙渙)을 한시에 환환(洹洹, 세차게 흐를 환)으로 썼다고 했고, 시경의 환환(渙渙)을 한서 지리지에는 관관(灌灌, 물댈 관)으로 인용하여 썼다. 글자 자체로 보면 환은 물(氵)에 환(奐)이 합쳐져 만들어졌다. 환(奐)은 정운(正韻)에서 큰 것이라 했다(奐, 大也). 즉 큰물이 거세게 흐르니 홍수와 같다. 그러나 정이(程頤)는 이천역전(伊川易傳)에서 환(渙)을 떠나며 흩어짐이라 봤고(渙 離散也), 주희(朱熹)는 주역본의(朱易本義)에서 흩어짐(渙 散也)으로 봤다. 본 책에서는 정이와 주희의 해석을 따르지 않았다.

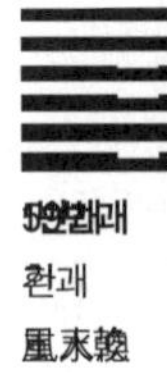

제사를 지낼 만하다(亨).
왕이 사당에 온다(王假有廟).

형(亨)은 제사·연회·잔치·대접·흠향의 뜻을 가진 향(享)이고 향(亯)이다. 제사를 지내기 전 점을 쳐 본 괘를 얻으면 제사를 지낼 수 있다는 것이다. 홍수와 같은 큰물을 만나 이를 멈추게 하기 위해 올리는 제사일 것이다①. 왕격유묘

(王假有廟)는 왕이 제사를 지내기 위해 사당에 온다는 것이다②.

① 형(亨) : 1번 건괘 괘사를 참고하라.
② 왕격유묘(王假有廟) : 45번 췌괘 괘사를 참고하라.

강을 건너면 이롭다(利涉大川).
이롭다는 점이다(利貞).

이섭대천(利涉大川)은 강을 건너면 이롭다, 가는 곳이 있거나 여행을 떠나면 이롭다는 것이다. 섭(涉)은 건너는 것이다. 대천(大川)은 큰 내이니 강이다. 홍수가 났으니 큰 강을 건너 피하는 것이 이롭다는 것이다①. 이(利)는 이로운 것이고, 정(貞)은 점이다. 이정(利貞)은 이로운 점이라는 것이다. 홍수에 대해 점을 쳐 본 괘를 얻으면 이롭다는 뜻이다②.

① 이섭대천(利涉大川) : 5번 수괘 괘사를 참고하라.
② 이정(利貞) : 32번 항괘 괘사를 참고하라.

초육 : 용증마 장길.
初六 : 用拯馬 壯吉.
홍수를 피해 타고 갈 말이 건장하니 길하리라.

증(拯)은 올라탄다는 것이고, 증마(拯馬)는 타는 말이라는 것이다. 용증마 장(用拯馬 壯)은 타고 가는 말이 건장하다는 뜻이다. 홍수를 피해 타고 갈 말이 건장하니 길하다는 의미다. 36번 명이괘 육이에 용증마 장길(用拯馬 壯吉)을 참고하라.

구이 : 환분기궤 회망.
九二 : 渙奔其机 悔亡.
홍수가 거처를 지나간다. 피해가 없으니 후회할 일은 없으리라.

환(渙)은 큰물이다①. 분(奔 달릴 분)은 달린다는 주(走)로 물이 흐른다는 의미다②. 궤(机)는 거(凥)로 거처이다③. 회(悔)는 후회·아쉬움·뉘우침이다. 망(亡)은 성모가 같은 무(無)자와 통용된다. 회망(悔亡)은 후회가 없다는 것이다④. 환분기궤(渙奔其机)는 큰물이 거처를 흘러간다는 것이다. 회망(悔亡)이라는 구절이 있는 것을 참고하면 큰물이 거처를 휩쓸고 간 것이 아니고, 거처 옆으로 흘러간 것이라고 추측할 수 있다. 아니면 큰물이 거처를 지나갔지만 피해가 없는 것으로 볼 수도 있다.

① 환(渙) : 본 괘 괘사를 참고하라.
② 분(奔) : 백서주역에는 분(賁)으로 되어 있다. 유월(俞樾)은 분(賁)과 분(奔)은 고대에는 통용되었다고 했다(賁與奔 古通用). 그러나 초죽서에는 분(奔)이 주(走)로 기록돼 있다. 본 책은 초죽서의 기록을 기준으로 삼았다.
③ 궤(机) : 책상이다. 백서주역에는 계(階 섬돌계)로 되어 있고, 초죽서에는 거(凥)로 되어 있다. 설문에 거(凥)는 거처라고 했다(說文, 凥 處也). 본 괘 구오의 환왕거(渙王居)도 초죽서에 환왕거(渙王凥)로 되어 있으므로 본 책은 궤(机)를 거(凥)로 새긴다.
④ 회망(悔亡) : 47번 곤괘 상육을 참고하라.

육삼 : 환기궁 무회.
六三 : 渙其躬 无悔.
홍수가 내 몸 가까이 흘러간다. 피해가 없으니 허물이 없으리라.

환(渙)은 큰물이 세차게 흘러가는 것이다①. 궁(躬)은 몸, 자신, 친한 것이다

②. 무회(无悔)는 백서주역과 초죽서 모두 무구(无咎)로 되어 있다. 무구는 망구(亡咎)로 허물이 없다는 것이다③. 그러므로 환기궁 무회(渙其躬 无悔)는 큰물이 내 몸 가까이 세차게 흘러갔으나 내게는 피해가 없다는 뜻이다.

① 환(渙) : 본 괘 괘사를 참고하라.
② 궁(躬) : 4번 몽괘 육삼을 참고하라.
③ 무구(无咎) : 60번 절괘 초구를 참고하라.

육사 : 환기군 원길. 환유구 비이소사.
六四 : 渙其羣 元吉. 渙有丘 匪夷所思.
홍수가 많은 사람들이 사는 언덕까지 왔으나 피해가 없으니 크게 길하리라. 홍수가 높은 언덕까지 덮치는 것은 일어날 수 없는 일이리라.

큰물이 많은 사람들에게 흘러간다(渙其羣).
크게 길하다(元吉).

환(渙)은 큰물이 세차게 흘러가는 것이다①. 군(羣)은 무리이다②. 원길(元吉)은 대길(大吉)로 크게 길한 것이다③. 그러므로 환기군 원길(渙其羣 元吉)은 큰물이 많은 사람들이 사는 언덕까지 왔으나 피해를 주지 않았으니 크게 길하다는 뜻이다.

① 환(渙) : 본 괘 괘사를 참고하라.
② 군(羣) : 설문에 무리라고 했다(說文, 羣 輩也, 輩 무리 배).
③ 원길(元吉) : 41번 손괘 괘사를 참고하라.

큰물이 높은 언덕에 흐른다(渙有丘).
일어날 수 없는 일이다(匪夷所思).

환(渙)은 큰물이 세차게 흘러가는 것이다. 유(有)는 어조사인 어(於)이다. 구

(丘)는 높은 언덕이다①. 비(匪)는 아닐 비(非)이다②. 이(夷)는 가람조·상함·평정·항상이다. 본 효에서는 항상으로 사용되었다③. 그러므로 환유구 비이소사(渙有丘 匪夷所思)는 큰물이 높은 언덕을 흘러가는 것은 생각에 항상 있는 것은 아니라는 것으로, 거의 일어날 수 없는 일이라는 뜻이다.

① 구(丘) : 22번 비괘 육오를 참고하라.

② 비(匪) : 3번 준괘 육이를 참고하라. 초죽서에는 비(非)로 되어 있다.

③ 이(夷) : 36번 명이괘 괘사를 참고하라.

구오 : 환기한대호. 환왕거 무구.

九五 : 渙其汗大號. 渙王居 无咎.

놀란 사람들이 땀을 비오듯 흘리며 크게 소리를 지른다. 홍수가 왕의 거처까지 왔으나 피신을 하니 허물은 없으리라.

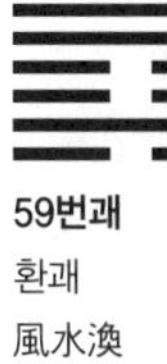

59번괘
환괘
風水渙

환(渙)은 큰물이 세차게 흘러가는 것이다. 본 구절에서는 앞에 있는 환(渙)은 땀을 비오듯 흘린다는 의미로 쓰였고, 뒤의 것은 물이 흐른다는 의미로 쓰였다①. 호(號)는 부르짖는 것이다②. 환기한대호(渙其汗大號)는 땀을 비오듯 흘리며 크게 소리를 지른다는 뜻이다. 물이 넘쳐 이를 보는 사람들이 놀라는 모습을 표현했거나, 넘치는 물을 막는 모습을 그린 것일 수도 있다.

무구(无咎)는 망구(亡咎)로 허물이 없다는 것이다. 무(无)는 없다는 무(無)이고 망(亡)이다. 구(咎)는 허물이다③. 환왕거 무구(渙王居 无咎)는 큰물이 왕의 거처까지 흘러왔으나, 피신을 하였거나 사람들이 물을 막아 허물이 없다는 뜻이다.

① 환(渙) : 본 괘 괘사를 참고하라.

② 호(號) : 13번 동인괘 구오를 참고하라.

③ 무구(无咎) : 60번 절괘 초구를 참고하라.

상구 : 환기혈 거 적출 무구.
上九 : 渙其血 去 逖出 无咎.
홍수에 피해를 당해 피를 흘린다. 그곳에서 나와 멀리 가면 허물이 없으리라.

환(渙)은 흐르는 것이다. 혈(血)은 피다. 환기혈(渙其血)은 피를 흘린다는 것이다. 거(去)는 떠나는 것이다①. 적(逖)은 멀다이다②. 무구(无咎)는 망구(亡咎)로 허물이 없다는 것이다③. 무(无)는 없다는 무(無)이고 망(亡)이다. 구(咎)는 허물이다. 그러므로 환기혈 거 적출(渙其血 去 逖出)은 큰물에 피해를 당해 피를 흘렸고, 그곳에서 나와 멀리 간다는 뜻이다. 그래야 허물이 없게 된다.

① 거(去) : 설문에 어긋나다, 떠나다, 헤어지다로 해설했다(說文 去 人相違也, 說文解字注 人相違也 違 離也).
② 적(逖) : 설문은 먼 것이라 했다(說文, 逖 遠也, 遠 멀 원)라 했다.
③ 무구(无咎) : 60번 절괘 초구를 참고하라. 백서주역과 초죽서에는 무구라는 말이 없다.

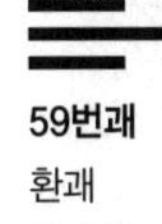

59번괘
환괘
風水渙

절괘(節卦) 수택절(水澤節) 60번괘

절제의 길흉을 설명했다.

절은 형하니라. 고절이니 불가정이로다.
節은 亨하니라. 苦節이니 不可貞이로다.

초구는 불출호정이니 무구리라.
初九는 不出戶庭이니 无咎리라.

구이는 불출문정이니 흉하리라.
九二는 不出門庭이니 凶하리라.

육삼은 부절약으로 즉차약하도다.
六三은 不節若으로 則嗟若하도다.

육사는 안절이며 형하니라.
六四는 安節이며 亨하니라.

구오는 감절로 길하며 왕하면 유상이로다.
九五는 甘節로 吉하며 往하면 有尙이로다.

상육은 고절이니 정은 흉하도다.
上六은 苦節이니 貞은 凶하도다.

60번괘

절괘(節卦)

절제의 길흉을 설명했다.

절. 형. 고절 불가정.
節. 亨. 苦節 不可貞.

제사를 지낼 만하다. 절제를 고통스럽게 여기니 불가하리라.

절괘(節卦)는 절제의 길흉을 설명했다.

절(節)은 절제한다는 것이다. 節은 대나무(竹 대 죽) 패를 둘로 나눠 약속을 하며 무릎(卩 병부 절, 무릎을 굽힌 상태)을 굽힌 것을 그린 글자이다. 설문에 맺는 것이라 했고(說文, 節 竹約也), 설문해자주(說文解字注, 段玉裁)에서는 약속을 맺는 것은 얽고 묶는 것이며, 이를 확장해서 절생(節省), 절제(節制), 절의(節義)로 쓴다고 하였다. 고형(高亨)은 주역대전금주(周易大傳今注)에서 절을 검소하다는 검(儉)으로 썼다(節 儉也). 이는 설문해자주의 절약한다는 절생(節省)과 통하는 해석이다. 그러나 본 책에서는 정이(程頤)의 이천역전(伊川易傳), 주희(朱熹)의 주역본의(朱易本義)를 기준으로 절(節)을 절제(節制)로 새겼다.

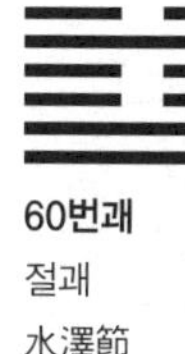

제사를 지낼 만하다(亨).

형(亨)은 제사·연회·잔치·대접·흠향의 뜻을 가진 향(饗)이고 향(亯)이다. 제사를 지내기 전 점을 쳐 본 괘를 얻으면 제사를 거행한다. 형(亨)은 1번 건괘 괘사를 참고하라.

고통스러운 절제이다(苦節).
불가하다는 점이다(不可貞).

정(貞)은 점(占)이다. 불가정(不可貞)은 점을 치니 불가하다는 점괘가 나왔다는 것이다. 즉 절제를 고통스럽게 여기지 말라는 뜻이다. 불가정(不可貞)은 32번 항괘 괘사를 참고하라.

초구 : 불출호정 무구.
初九 : 不出戶庭 无咎.
안뜰에서 나가지 않고 스스로 절제하니 허물이 없으리라.

안뜰에서 나가지 않는다(不出戶庭).

호정(戶庭)은 집의 가장 안쪽에 있는 안뜰이고, 구이의 문정(門庭)은 대문이나 중문 안에 있는 바깥뜰이다. 불출호정(不出戶庭)은 안뜰에서 나가지 않는 것이다. 나가지 않는 이유에 대해서 상전은 통함과 막힘을 알기 때문이라 하였다(지통색야知通塞也). 밖에 나가지 않고 스스로 절제하는 상황이다.

허물이 없다(无咎).

무(无)는 무(無)와 망(亡)과 같이 통가자로 혼용되는 글자이며 없다는 뜻이다①. 구(咎)는 허물·재앙·어긋남·뒤틀림·질병이다②. 무구(无咎)는 허물이 없다는 것이다③.

---

① 무(无) : 25번 무망괘 괘사를 참고하라.

② 구(咎) : 앞선 사람과 뒤에 온 사람(뒤져올치 夊)의 말이 달라 뒤틀린 것에서 허물이란 뜻이 나왔다. 광운은 허물과 재앙이라 했고(廣韻, 咎 愆也 過也, 愆 허물 건, 過 재앙 화), 설문은 재앙이며 각자가 어긋나 뒤틀리는 것이라 했다(說文, 咎 災也 从人从各 各者 相違也, 違 어긋날 위). 이아·석고는 질병이라 했다(爾雅·釋詁, 咎 病也).

③ 무구(无咎)에 대한 다른 해석들이 있다.

(1) 무구를 허물이 없다고 보는 것이다. 출토된 역경 중 가장 오래된 초죽서(楚竹書)에는 무구(无咎)가 망구(亡咎)로 기록돼 있다. 설문은 망(亡)을 도망하다, 정운은 같은 것이 없는 것으로, 모전은 가난하다, 모자라다로 풀이했다(說文 亡 逃也, 正韻 亡 同無, 毛傳 亡謂貧也). 경전석문(經典釋文)에서, 무(无)는 무(無)의 음으로 이 두 글자는 주역에서 모두 무(无)로 쓰였다고 했다(无音無 易 內皆作此字).

(2) 무구를 허물을 면하는 것으로 보는 것이다. 무(无)는 무(無)와 동일한 의미로 쓰이기도 하나, 무(無)는 있던 것이 완전히 없어지는 것이고 무(无)는 식물 등이 겨울에는 사라져 버린 듯하나 뿌리는 살아 있는 것과 같이 실체는 남아 있다고 본다. 이 해석은 계사전(繫辭傳)의 무구자 선보과야(无咎者 善補過也)를 선을 쌓아야 허물을 면한다, 허물이 있어 대가를 치르고 면한다고 본다. 이 해석에 따르면 무구(无咎)라는 글자 앞에 길(吉)이 있는 경우만 허물이 없는 것으로 본다. 다음의 괘효가 무구 앞에 길이 있다. 7번 사괘 구이, 19번 임괘 상육, 46번 승괘 육사, 47번 곤괘.

(3) 무구를 떳떳함을 구하는 군자의 마음으로 보는 것이다. 오주연문장전산고(五洲衍文長箋散稿)에 실려 있는 해석이다. 이 책에서 길(吉)은 편안하고 화평하므로 봄이며, 흉(凶)은 나를 치는 살벌한 기운으로 가을이고, 회(悔)는 살벌한 기운에 당한 후 후회하는 것으로 겨울이며, 린(吝)은 기운이 강해 멋대로 하다가 부끄러워지는 것이니 여름이라고 했다. 무구(无咎)는 계절의 끝인 3·6·9·12월인 사계로 오행으로 토(土)에 속하며, 길흉회린(吉凶悔吝)에 속하지 않는 중화를 도모하는 마음, 중용의 마음이라 했다. 이를 오주연문장전산고에서는 군자의 마음으로 보고, 군자는 무구를 구할 뿐이라고 했다. 결국 무구는 길흉회린을 벗어나 허물이 없는 상태라는 것이다.

구이 : 불출문정 흉.
九二 : 不出門庭 凶.

마땅히 절제함을 끝내고 집 밖으로 나가야 할 때임에도 바깥뜰에 머물러 있으니 흉하리라.

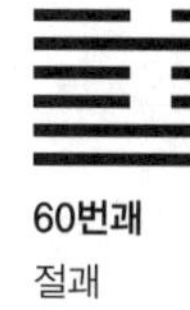

문정(門庭)은 대문이나 중문 안에 있는 바깥뜰이다. 불출문정(不出門庭)은 바깥뜰에서 나가지 않는다는 것이다. 이를 두고 상전은 때를 크게 잃은 것이라 했다(不出門庭凶 失時極也). 마땅히 절제함을 끝내고 집 밖으로 나가야 할 때임에도 집에 있는 것이 흉하다는 의미다.

육삼 : 부절약 즉차약 무구.
六三 : 不節若 則嗟若 无咎.
절제하지 못해 탄식하게 되니 누구를 탓하겠는가?

절제하지 않는다(不節若).
탄식한다(則嗟若).

절(節)은 절제한다는 것이다①. 약(若)은 연(然)으로 ~한 모양임을 말한다②. 차(嗟)는 탄식함이다③. 부절약(不節若)은 절제를 하지 못한다는 것이고, 즉차약(則嗟若)은 탄식을 한다는 것이다. 상전은 부절지차 우수구야(不節之嗟 又誰咎也)로 절제하지 못해 탄식하는 것을 누구를 탓하겠는가로 해석했다. 즉 절제하지 못한 것은 내 탓이지 누구 탓이 아니라는 것이다.

① 절(節) : 본 괘 괘사를 참고하라.
② 약(若) : 30번 이괘 육오를 참고하라.
③ 차(嗟) : 45번 췌괘 육삼을 참고하라.

무구(无咎).

본 효사의 즉차약(則嗟若)은 탄식을 하니 흉한 모습이고, 무구(无咎)는 허물이 없다는 것이다①. 내용이 모순된다. 무구라는 글자는 비직(費直)의 고문본에만 있는 것으로 잘못 들어간 글자이다②.

① 무구(无咎) : 본 괘 초구를 참고하라.
② 고문본은 28번 대과괘 상육의 내용을 참고하라.

육사 : 안절. 형.
六四 : 安節. 亨.
편안하게 절제하니 길하다. 제사를 지낼 만하다.

안절(節)은 편안하게 절제한다는 것이다. 길한 모습이다①. 형(亨)은 제사·연회·잔치·대접·흠향의 뜻을 가진 향(饗)이고 향(亯)이다. 제사를 지내기 전 점을 쳐 본 효를 얻으면 제사를 거행한다는 것이다②.

① 절(節) : 본 괘 괘사를 참고하라.
② 형(亨) : 1번 건괘 괘사를 참고하라.

60번괘
절괘
水澤節

구오 : 감절 길 왕유상.
九五 : 甘節 吉 往有尙.
달게 절제하니 길하며, 가면 상이 있으리라.

감(甘)은 단맛이고, 재갈을 물리다, 강제하다, 압박한다는 뜻을 가진 겸(拑)이다. 본 효에서는 단맛으로 쓰였다①. 절(節)은 절제한다는 것이다②. 감절(甘節)은 달게 절제한다는 것이다. 절제함을 달게 여기니 길할 수밖에 없다. 왕(往)은 간다, 행동한다는 것이다. 상(尙)은 오히려·아직·상이라는 의미다. 본 효에서는 상으로 쓰였다. 왕유상(往有尙)은 갈 곳이 있고 그곳에 가면 상을 받을 수 있다는 뜻이다③.

① 감(甘) : 19번 임괘 육삼을 참고하라.
② 절(節) : 본 괘 괘사를 참고하라.
③ 왕유상(往有尙) : 55번 풍괘 초구를 참고하라.

상육 : 고절 정흉. 회망.
上六 : 苦節 貞凶. 悔亡.
절제를 고통스럽게 여기니 흉하리라.

고통스러운 절제이다(苦節).
점은 흉하다(貞凶).

고절(苦節)은 고통스럽게 절제를 한다는 것이다①. 정흉(貞凶)은 점은 흉하다, 점괘는 흉하다는 것이다②. 본 괘 구오의 달게 절제를 하는 것과는 반대되는 상황이다. 당연히 하여야 할 것을 고통스럽게 여기니 절제를 할 수 없다. 흉하다.

① 절(節) : 본 괘 괘사를 참고하라.
② 정흉(貞凶) : 17번 수괘 구사를 참고하라.

회망(悔亡).

회(悔)는 후회·아쉬움·뉘우침이다. 망(亡)은 성모가 같은 무(無)자와 통용된다. 회망(悔亡)은 후회가 없다는 것이다①. 본 효사의 정흉(貞凶)과 회망(悔亡)은 내용이 모순된다. 회망은 비직(費直)의 고문본에만 있는 것으로 잘못 들어간 글자이다②.

① 회망(悔亡) : 47번 곤괘 상육을 참고하라.
② 고문본은 28번 대과괘 상육의 내용을 참고하라.

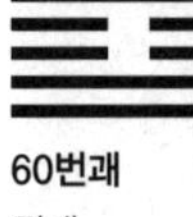

60번괘
절괘
水澤節

중부괘(中孚卦) 풍택중부(風澤中孚) 61번괘

전쟁에서 포로를 잡는 것의 길흉을 설명했다.

(중부)는 중부돈어니 길하고 이섭대천하며 이정이로다.
(中孚)는 中孚豚魚니 吉하고 利涉大川하며 利貞이로다.

초구는 우길이나 유타면 불연이니라.
初九는 虞吉이나 有它면 不燕이니라.

구이는 명학재음하니 기자화지라. 아유호작이니 오여이미지하니라.
九二는 鳴鶴在陰하니 其子和之라. 我有好爵이니 吾與爾靡之하니라.

육삼은 득적에 혹고혹파하며 혹읍혹가하도다.
六三은 得敵에 或鼓或罷하며 或泣或歌하도다.

육사는 월기망에 마필망이니 무구리라.
六四는 月幾望에 馬匹亡이니 无咎리라.

구오는 유부련여하니 무구리라.
九五는 有孚攣如하니 无咎리라.

상구는 한음이 등우천하니 정은 흉하도다.
上九는 翰音이 登于天하니 貞은 凶하도다.

61번괘

중부괘(中孚卦)

전쟁에서 포로를 잡는 것의 길흉을 설명했다.

(중부). 중부돈어 길 이섭대천. 이정.
(中孚). 中孚豚魚 吉 利涉大川. 利貞.

강에 떠 있는 복어를 명중시키듯 전쟁에서 포로를 잡는다. 적을 공격하기 위해 나가는 것이 이로우리라.

중부괘(中孚卦)는 전쟁에서 포로를 잡는 것의 길흉을 설명했다.

괘사에는 괘명이 빠져 있다. 전통적인 괘의 구성은 괘상, 괘명, 괘사의 순이다. 괘사 중의 중부(中孚)를 괘명으로 보면 돈어길(豚魚吉)은 복어가 길하다는 것이니 말이 되지 않는다. 그러므로 괘사는 괘명인 中孚와 괘사인 中孚豚魚吉로 보아야 한다. 본 괘는 육삼·육오의 효사로 볼 때 전쟁에서 포로를 잡는 것을 설명한 괘이다. 물에 떠 있는 것을 명중시킨다는 뜻의 중부(中孚)라는 괘명은 효사의 내용과는 거리가 있다.

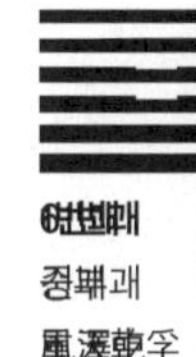

강에 떠 있는 복어를 잡는다(中孚豚魚)
길하다(吉).

중(中)은 뚫는다는 천(穿)이고 안을 뜻하는 내(內)이다. 이곳에서는 뚫는다는 뜻으로 사용되었다①. 부(孚)는 벌·포로·잡음·노획품·믿음·끌어당김으로 사용이 된다. 본 괘에서는 뜬다는 부(浮)로 사용되었다②. 돈어(豚魚)는 복어이다③. 중부돈어(中孚豚魚)는 강에 떠있는 복어를 명중시키듯 전쟁에서 포로를 잡는다는 것을 비유한 것이다.

① 중(中) : 37번 가인괘 육이를 참고하라.

② 부(孚) : 9번 소축괘 육사를 참고하라. 부(孚)는 부(浮)와 통용되며 뜨는 것이다(孚通浮, 集韻 音桴 漂也).

③ 돈어(豚魚) : 강 속의 돼지라고 불렸던 복어를 말한다. 하돈(河豚), 강돈(江豚), 기포어(氣泡魚), 폐어(肺魚)라고도 부른다.

강을 건너면 이롭다(利涉大川).
앞으로 이롭다는 점괘다(利貞).

섭(涉)은 건너는 것이다. 대천(大川)은 큰 내이니 강이다. 이섭대천(利涉大川)은 강을 건너면 이롭다, 가는 곳이 있거나 여행을 떠나면 이롭다는 것이다①. 본 괘에서는 적을 공격하기 위해 나가는 것이 이롭다는 의미로 사용됐다. 정(貞)은 점이다. 이정(利貞)은 이로운 점이라는 것이다②. 어떤 사항에 점을 쳐 본 괘를 얻으면 이롭다는 뜻이다.

① 이섭대천(利涉大川) : 5번 수괘 괘사를 참고하라.
② 이정(利貞) : 32번 항괘 괘사를 참고하라.

초구 : 우길 유타불연.
初九 : 虞吉 有它不燕.
즐겁고 길하나, 우환이 있으면 편안치 못하리라.

우(虞)는 사냥의 몰이꾼 또는 즐겁다는 것이다①. 본 효에서는 즐겁다는 오(娛)로 새긴다. 타(它)는 우환·다름·뱀이다. 본 효에서는 뜻밖의 환란인 우환으로 사용됐다②. 연(燕)은 편안하다는 것이다③. 유타불연(有它不燕)은 뜻밖의 환란이 있으면 편안치 않다는 것이다. 현재의 상태는 즐겁고 길하나 앞으로 우환이 있으면 흉하게 진행된다는 의미로 전쟁이 일어나기 전의 상황을 말한 것이다.

① 우(虞) : 3번 준괘 육삼을 참고하라.
② 타(它) : 8번 비괘 초육을 참고하라.
③ 연(燕) : 소와 집운에서는 편안함, 잔치로 해설했다(疏 燕 安也, 集韻 燕 與宴通 安也 息也). 설문에는 제비로 해설했다(說文, 燕 玄鳥也).

구이 : 명학재음 기자화지. 아유호작 오여이미지.
九二 : 鳴鶴在陰 其子和之. 我有好爵 吾與爾靡之.

학이 숲 그늘에서 우니 그 짝이 응답하네. 나에게 좋은 술잔이 있어 너와 함께 마시네. 전쟁에서 잡은 포로와 정을 나누니 보기 좋은 광경이다.

숲 그늘에 있는 학이 운다(鳴鶴在陰).
그 짝이 응답한다(其子和之).

음(陰)은 그늘인 음(蔭)을 빌려 쓴 것이다①. 기(其)는 앞에 있는 학(鶴)을 말한다. 자(子)는 자식이 아닌 짝으로 사용됐다②. 화(和)는 서로 응하여 화목한 것이다③. 명학재음(鳴鶴在陰)은 숲 그늘에 있는 학이 운다는 것이고, 기자화지(其子和之)는 학이 우는 것에 그 짝이 응답을 한다는 것이다.

① 음(陰) : 빌려 쓴 음(蔭)은 설문에 나무 그늘이라 했다(說文, 蔭 艸陰地).
② 자(子) : 예기·애공에는 자식이라 했고, 춘추번로기의에는 짝이라 했다(禮記·哀公問 子也者 親之後也, 春秋繁露基義 子者 父之合也).
③ 화(和) : 58번 태괘 초구를 참고하라.

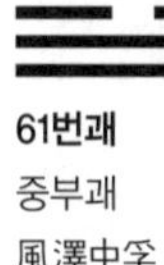

내게 좋은 술잔이 있다(我有好爵).
너와 더불어 술을 함께 한다(吾與爾靡之).

작(爵)은 술잔이다①. 호작(好爵)은 좋은 술잔이다. 오(吾)는 잘못 들어간 글자이다. 이어지는 글의 뜻이 충분하고, 효의 전체 형식에도 맞지 않는다. 여(與)는 더불어, 함께라는 뜻이다. 이(爾)는 너이다②. 미(靡)는 함께로 앞에 술잔이 나왔으므로 술을 함께 한다는 뜻이다③. 아유호작(我有好爵)은 내게 좋은 술잔이 있다는 것이고, 오여이미지(吾與爾靡之)는 너와 더불어 술을 함께 한다는 뜻이다.

어미 학이 숲 그늘에서 우니 새끼 학이 응답하네.
내게 좋은 술잔이 있어 너와 함께 마시네.

효사는 시의 형태로 되어 있다. 효사에 나온 나와 너는 친구이거나 연인의 관계일 수도 있고, 동지이거나 적과의 관계일 수도 있다. 이어지는 육삼·구오에 적이 나오고 포로가 나온다. 그러므로 나는 포로를 잡은 사람이고, 너는 포로로 추측된다.

① 작(爵) : 설문은 예에 쓰는 그릇이라 했다(說文, 爵 禮器也).

② 이(爾) : 옥편에 너라고 했다(玉篇 爾 汝也, 汝 너 여).

③ 미(靡) : 집해에서 우번의 말을 인용하여 함께의 뜻이라 했다(集解, 虞翻 靡 共也). 설문에서는 나무나 풀이 바람에 쓰러지거나 쓸리는 것이라 했다(說文, 靡 披靡也, 披 헤칠 피, 靡 쓰러질 미).

육삼 : 득적 혹고혹파 혹읍혹가.

六三 : 得敵 或鼓或罷 或泣或歌.

전쟁에서 적을 잡은 후 군사들의 상태가 제각각이다. 누구는 북을 치기도 하고 지쳐 있기도 하며, 울기도 하며, 노래를 부르기도 한다.

적을 잡는다(得敵).

혹 북을 치기도 하고 혹 피로하기도 하다(或鼓或罷).

득적(得敵)은 적을 잡는다는 것이다①. 혹(或)은 혹시, 모두 그렇지는 않다는 것이다②. 고(鼓)는 두드리는 것이다③. 파(罷)는 피로한 것이다④. 그러므로 득적 혹고혹파(得敵 或鼓或罷)는 적을 잡는 전투를 치른 후 병사들이 누구는 북을 두리기도 하고 누구는 피로하다는 뜻이다.

① 득(得) : 21번 서합괘 구사를 참고하라.

② 혹(或) : 1번 건괘 구사를 참고하라.

③ 고(鼓) : 30번 이괘 구삼을 참고하라.

④ 파(罷) : 광아·석고에서는 피로한 것이라 했고, 석문에는 피로하다는 피(疲)를 빌려 쓴 것이라 했다(廣雅·釋詁 罷 勞也, 釋文 罷 本作疲).

혹 울기도 하고 노래하기도 한다(或泣或歌).

읍(泣)은 우는 것이다①. 가(歌)는 노래하는 것이다②. 혹읍혹가(或泣或歌)는 병사들 중 누구는 울고, 누구는 노래한다는 뜻이다. 전투를 치른 후 병사들의 여러 상태를 그린 것이다.

① 읍(泣) : 3번 준괘 상육을 참고하라.

② 가(歌) : 30번 이괘 구삼을 참고하라.

육사 : 월기망 마필망 무구.

六四 : 月幾望 馬匹亡 无咎.

보름이 지나 말들이 도망쳤다. 전쟁이 끝나고 포로를 잡은 상태이니 허물은 없으리라.

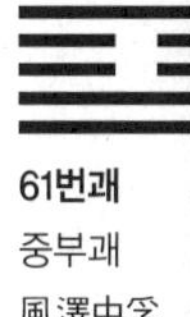

61번괘
중부괘
風澤中孚

보름이 지났다(月幾望).

백서주역에는 월기망(月幾望)이 월기망(月既朢)으로 되어 있다. 보름이 지났다는 뜻은 동일하다. 기(幾)와 기(既)는 통가하여 사용된 것이고, 망(望)과 망(朢)은 보름이다. 기망(幾望)은 거의 달이 찬 것으로, 기망(既望)은 보름을 넘겼다는 뜻으로 해석을 하기도 하나 백서주역의 내용으로 봐 틀린 설명이다.

말들이 도망쳤다(馬匹亡).

허물이 없다(无咎).

마필(馬匹)은 말이다. 망(亡)은 구부러져 은폐된 곳으로 들어간다는 의미다. 도망친다, 죽는다의 뜻이 있다①. 마필망(馬匹亡)은 말들이 도망쳤다는 것이다. 무구(无咎)는 망구(亡咎)로 허물이 없다는 뜻이다. 출토된 역경 중 가장 오래된 초죽서(楚竹書)에는 무구(无咎)가 망구(亡咎)로 기록돼 있다②. 말이 도망갔음에도 허물이 없는 이유를 고형(高亨)은 말이 다시 돌아온다고 봤으나, 이미 전쟁이 끝나고 포로를 잡았으므로 말이 필요없다고 보는 것이 더 합리적이다.

① 망(亡) : 11번 태괘 구이를 참고하라.

② 무구(无咎) : 60번 절괘 초구를 참고하라.

구오 : 유부련여 무구.

九五 : 有孚攣如 无咎.

전쟁에서 잡은 포로들을 꽁꽁 묶어 놓았으니 도망칠 수 없다. 포로를 놓치지 않으니 허물이 없으리라.

부(孚)는 포로이다①. 련(攣)은 묶는 것이다②. 여(如)는 ~모양, ~모습이다③. 유부련여(有孚攣如)는 포로를 묶었다는 뜻이다. 무구(无咎)는 망구(亡咎)로 허물이 없다는 뜻이다④.

① 부(孚) : 9번 소축괘 육사를 참고하라. 고형(高亨)은 주역고경금주(周易古經今注)에서는 벌로 해석하였으나, 주역대전금주(周易大傳今注)에서는 포로·잡음으로 변경하여 풀이했다(文源 林義光 孚卽俘之古文 象爪持子, 說文 俘 軍所獲也 春秋傳 日 以爲俘聝).

② 련(攣) : 설문은 묶는 것이라 했다(說文, 攣 係也, 段玉裁 說文解字注 係者 絜束也).

③ 여(如) : 3번 준괘 육이를 참고하라.

④ 무구(无咎) : 60번 절괘 초구를 참고하라.

상구 : 한음등우천 정흉.
上九 : 翰音登于天 貞凶.
닭이 하늘로 날아가 버렸다. 제사에 쓰는 닭이 없어졌으니 점은 흉하리라.

한음(翰音)은 닭이다①. 정흉(貞凶)은 점은 흉하다, 점괘는 흉하다는 것이다②. 전쟁이 끝난 후 제사를 드리는데 쓸 닭이 하늘로 날아가 버렸으니 조짐이 안 좋다. 또는 한음(翰音)을 장수나 왕을 비유한 것으로 볼 수도 있다. 어떻게 보든 앞으로 점괘는 흉할 수밖에 없다.

① 한음(翰音) : 집해에서 후과의 말을 인용해 닭으로 설명했다.(集解, 侯果 鷄曰翰音). 고대에는 한(翰)과 한(韓鳥)이 통용되었다. 한(韓鳥)은 살찐 꿩과 닭이다. 노나라에서는 교외에서 제사 때 붉은 닭을 올려 기원했다. 이는 닭의 붉은 깃털로 노나라 제후의 허물을 제거하기 위해서이다(韓鳥 雉肥韓鳥音者也 从鳥倝聲 魯郊以丹雞祝曰 以斯韓鳥音赤羽 去魯侯之咎).

② 정흉(貞凶) : 17번 수괘 구사를 참고하라.

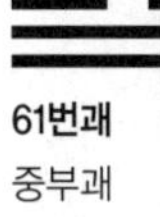

61번괘
중부괘
風澤中孚

소과괘(小過卦) 뇌산소과(雷山小過) 62번괘

날아가는 새를 통하여 가는 것의 길흉을 설명했다.

소과는 형하며 이정이로다. 가소사며 불가대사이니 비조유지음은 불의상이요 의하는 대길하리라.
小過는 亨하며 利貞이로다. 可小事며 不可大事이니 飛鳥遺之音은 不宜上이요 宜下는 大吉하리라.

초육의 비조는 이흉하리라.
初六의 飛鳥는 以凶하리라.

육이는 과기조하여 우기비요 불급기군하여 우기신이니 무구리라.
六二는 過其祖하여 遇其妣요 不及其君하여 遇其臣이니 无咎리라.

구삼은 불과하고 방지라. 종혹이면 장지이니 흉하리라.
九三은 弗過하고 防之라. 從或이면 戕之이니 凶하리라.

구사는 무구니 불과하고 우지라. 왕이면 려하니 필계며 물용영정이로다.
九四는 无咎니 弗過하고 遇之라. 往이면 厲하니 必戒며 勿用永貞이로다.

육오의 밀운불우는 자아서교라. 공이 익취피재혈이로다.
六五의 密雲不雨는 自我西郊라. 公이 弋取彼在穴이로다.

상육은 불우하고 과지라. 비조는 리지로 흉하니 시위재생이라.
上六은 弗遇하고 過之라. 飛鳥는 離之로 凶하니 是謂災眚이라.

소과괘(小過卦)

날아가는 새를 통하여 가는 것의 길흉을 설명했다.

소과. 형. 이정. 가소사 불가대사. 비조유지음 불의상 의하 대길.
小過. 亨. 利貞. 可小事 不可大事. 飛鳥遺之音 不宜上 宜下 大吉.

제사를 지낼 만하다. 이로우나, 작은 일만 할 수 있고 큰 일은 할 수 없다. 나는 새가 소리를 내며 높이 나는 것은 마땅하지 않고, 낮게 나는 것은 크게 길하리라.

소과괘(小過卦)는 날아가는 새를 통하여 가는 것의 길흉을 설명했다.

소과(小過)는 괘명이다①. 소(小)는 대과괘(大過卦)와 구분하기 위해 붙인 말이다②. 과(過)는 지나가는 것이다.

① 과(過) : 28번 대과괘 괘사를 참고하라.
② 구분하기 붙인 것에 대해서는 28번 대과괘 괘사를 참고하라.

제사를 지낼 만하다(亨).
이롭다는 점이다(利貞).

형(亨)은 제사·연회·잔치·대접·흠향의 뜻을 가진 향(饗)이고 향(享)이다. 제사를 지내기 전 점을 쳐 본 괘를 얻으면 제사를 지낼 수 있다는 것이다①. 이(利)는 이롭다는 것이고 정(貞)은 점이다. 이정(利貞)은 이로운 점이라는 것이다②. 어떤 사항에 점을 쳐 본 괘를 얻으면 이롭다는 뜻이다.

① 형(亨) : 1번 건괘 괘사를 참고하라.
② 이정(利貞) : 32번 항괘 괘사를 참고하라.

작은 일은 가능하다(可小事).
큰 일은 불가하다(不可大事).
나는 새가 소리를 남긴다(飛鳥遺之音).
높은 것은 마땅하지 않다(不宜上).
낮은 것은 마땅하다(宜下).
크게 길하다(大吉).

유(遺)는 남기는 것이고 망하는 것이다①. 이곳에서는 남기는 것으로 새긴다. 비조유지음(飛鳥遺之音)은 날아가는 새가 소리를 낸다는 뜻이다. 의(宜)는 합당한 모양, 즉 마땅함이다②. 불의상(不宜上)은 새가 소리를 내며 높이 가는 것은 마땅하지 않다는 것이고, 의하(宜下)는 낮게 가는 것이 마땅하며, 그래야 길하다는 것이다. 멀리 가지 말고 가까이 가라, 지나치게 하지 말고 적당히 해야 길하다는 뜻이다. 높이 날지 말라, 멀리 가지 말라는 것은 본 괘의 각 효와도 연결된다. 아래와 같다.
1효, 너무 높이 나는 것은 흉하다(飛鳥以凶).
2효, 할아버지를 지나쳐서 할머니를 만나니 낮게 가는 것이다(過其祖 遇其妣).
3효, 멋대로 가다가 상처를 당한다(從或戕之).
4효, 가면 위태하니 반드시 경계한다(往厲必戒).
5효, 주살로 잡힌다(公弋取彼在穴).
6효, 높이 나는 새가 그물에 걸린다(飛鳥離之).

---

① 유(遺) : 11번 태괘 구이를 참고하라.
② 의(宜) : 19번 임괘 육오를 참고하라.

초육 : 비조이흉.
初六 : 飛鳥以凶.
낮게 날아야 할 새가 너무 높이 나니 흉하리라.

비조(飛鳥)는 나는 새이다. 이(以)는 ~로, ~때문에를 뜻하는 어조사이다①. 비조이흉(飛鳥以凶)은 나는 새이므로 흉하다는 뜻이다. 새는 마땅히 나는 것이다. 그런데 왜 나는 새가 흉한가? 낮게 날아야 할 새인데 너무 높이 난 것이다. 가까이 가야 할 새인데 너무 멀리 날아간 것이다. 둥지에 있어야 할 새인데 날았으니 흉하다고도 볼 수 있다②. 그러나 소과괘 전체가 가는 것을 말한 괘인데 본 효의 해석에서 둥지에 남아야 한다고 주장하는 것은 문제가 있다.

① 이(以) : 11번 태괘 초구를 참고하라.
② 흉한 이유에 대해 고형(高亨)은 비조이실 흉(飛鳥以矢 凶)으로 화살인 시(矢)가 누락된 것으로 봤다. 높이 나는 새가 화살을 맞은 채로 날아가니 흉하다고 했다. 그러나 추정일 뿐 확실한 증거는 없다.

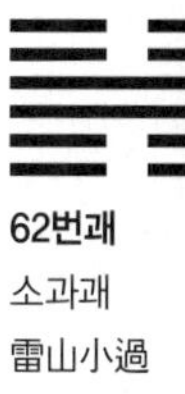

육이 : 과기조 우기비. 불급기군 우기신. 무구.
六二 : 過其祖 遇其妣. 不及其君 遇其臣. 无咎.
할아버지를 지나쳐서 할머니를 만난다. 왕에게 미치지 못하니 신하를 만난다. 높게 가지 않고 낮게 가며, 큰 일 대신 작은 일을 이루려 하니 허물이 없으리라.

할아버지를 지나쳐서 할머니를 만난다(過其祖 遇其妣).

과(過)는 지나가다이다①. 우(遇)는 만난다, 본다는 뜻이다②. 조(祖)는 할아버지이다. 비(妣)는 조(祖)와 대응하여 할머니로 새긴다③. 그러므로 과기조 우기비(過其祖 遇其妣)는 할아버지를 지나쳐서 할머니를 만난다는 것이다. 본 괘 괘사의 작은 일은 되나 큰 일은 되지 않는다는 말과 연결이 된다.

① 과(過) : 28번 대과괘 괘사를 참고하라.

② 우(遇) : 13번 동인괘 구오를 참고하라.

③ 비(妣) : 설문에는 죽은 어머니라고 했고, 이아·석친에는 어머니라고 했다(說文 妣 歿母也, 爾雅·釋親 父爲考 母爲妣, 歿 죽을 몰).

왕에게 미치지 못하니 신하를 만난다(不及其君 遇其臣).

허물이 없다(无咎).

급(及)은 이르다, 도달하다이다. 군(君)은 신하인 신(臣)과 대응하여 왕으로 새긴다①. 불급기군 우기신(不及其君 遇其臣)은 왕에게 미치지 못하니 신하를 만난다는 것이다. 무구(无咎)는 망구(亡咎)로 허물이 없다는 것이다②. 할아버지를 지나쳐서 할머니를 만나는 것과, 왕을 지나 신하를 만나는 것은 새가 낮게 나는 것이요, 지나침이 없이 행한다는 뜻이다. 이와 같이 행동하면 허물이 없다는 뜻이다. 본 괘 괘사에 높이 나는 것은 마땅하지 않고, 낮게 나는 것은 크게 길하다는 말과도 연결이 된다.

① 군(君) : 54번 귀매괘 육오를 참고하라.

② 무구(无咎) : 60번 절괘 초구를 참고하라.

구삼 : 불과방지 종혹장지 흉.

九三 : 弗過防之 從或戕之 凶.

뒤를 따라가지 말고 방비를 한다. 따라가면 상처를 당하니 흉하리라.

과(過)는 지나가는 것이다①. 불과방지(弗過防之)는 가지 말고 방비를 하는 것이다. 종(從)은 좇는다, 따른다, 방종한다는 것이다②. 장(戕)은 다친다는 뜻을 가진 장(戕)이다③. 그러므로 종혹장지 흉(從或戕之 凶)은 따라가다가 상처를 당하니 흉하다는 뜻이다. 공격보다는 방어가 좋다는 의미다.

① 과(過) : 28번 대과괘 괘사를 참고하라.

② 종(從) : 17번 수괘 상육을 참고하라.

③ 장(壯) : 34번 대장괘 괘사를 참고하라.

구사 : 무구. 불과우지 왕려필계 물용영정.
九四 : 无咎. 弗過遇之 往厲必戒 勿用永貞.

현재의 상태는 허물이 없다. 가지 않고 기다린다. 행동하지 말고 그대로 유지해야 하고, 가면 위태하니 필히 경계하여야 한다. 앞으로 오랜 기간 변화를 갖지 말라.

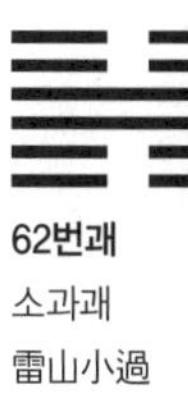

62번괘
소과괘
雷山小過

허물이 없다(无咎).

무(无)는 없다는 무(無)이고 망(亡)이다. 구(咎)는 허물이다. 무구(无咎)는 망구(亡咎)로 허물이 없다는 것이다. 현재의 상태가 허물이 없다는 뜻이다. 무구(无咎)는 60번 절괘 초구를 참고하라.

가지 않고 기다린다(弗過遇之).

과(過)는 지나가는 것이다①. 우(遇)는 만난다, 본다는 뜻이다. 본 효에서는 기다린다는 뜻의 대(待)로 새겼다②. 불과우지(弗過遇之)는 가지 않고 기다리는 것이다. 현재의 상태가 허물이 없으므로 가지 말고, 행동하지 말고 그대로 유지하라는 의미다.

① 과(過) : 28번 대과괘 괘사를 참고하라.
② 우(遇) : 13번 동인괘 구오를 참고하라.

가면 위태하니 필히 경계한다(往厲必戒).

왕(往)은 간다, 행동한다는 것이다①. 려(厲)는 위태함이다②. 계(戒)는 경계하고 삼가는 것이다③. 왕려필계(往厲必戒)는 가면 위태하니 필히 경계하라는 것이다. 앞 구절의 가지 않고 기다린다는 것을 다시 강조한 말이다.

① 왕(往) : 25번 무망괘 괘사를 참고하라.
② 려(厲) : 1번 건괘 구삼을 참고하라.
③ 계(戒) : 11번 태괘 육사를 참고하라.

오랜 기간의 점에는 쓰지 않는다(勿用永貞).

물용(勿用)은 쓰지 말라, 시행하지 말라는 것이다①. 영정(永貞)은 오랜 기간의 길흉에 대해 치는 점이다②. 물용영정(勿用永貞)은 오랜 기간의 점에는 쓰지 말라는 것이다. 앞으로 오랜 기간의 길흉을 묻는 점을 쳐 본 효를 얻으면 좋지 않다는 의미다.

① 물용(勿用) : 1번 건괘 초구를 참고하라.
② 영정(永貞) : 8번 비괘 괘사를 참고하라.

육오 : 밀운불우 자아서교. 공익취피재혈.
六五 : 密雲不雨 自我西郊. 公弋取彼在穴.
비는 오지 않으나 짙은 구름이 있으니 좋은 징조다. 비를 머금은 먹장구름이 서쪽 벌판으로부터 밀려오고 있다. 공경이 주살을 이용하여 굴 속에 새를 잡는다.

짙은 구름은 있으나 비가 오지 않는다(密雲不雨).
나의 서쪽 벌판으로부터 온다(自我西郊).

비는 고대의 농경사회에서 좋은 의미를 가지므로, 현재는 좋은 일은 없지만 앞으로 길한 일이 있다는 것을 상징한다. 상전은 본 구절을 이미 올라간 것이라 해석했다(象曰, 密雲不雨 已上也, 已 이미 이). 아(我)는 역경의 저술자인 점치는 사람일 수도 있고, 본 효의 주인공일 수도 있다①. 교(郊)는 읍의 바깥이며, 제후국의 나라에서 백리 안이다②. 자아서교(自我西郊)는 비를 몰고 오는 짙은 구름이 나의 서쪽 벌판으로부터 온다는 것이다. 서쪽으로부터 비를 머금은 먹장구름이 밀려오고 있으니 좋은 징조라는 것이다.

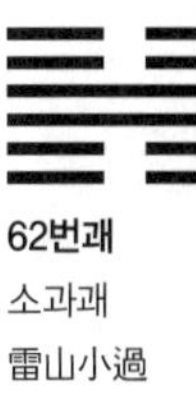
62번괘
소과괘
雷山小過

① 아(我) : 4번 몽괘 괘사를 참고하라.
② 교(郊) : 5번 수괘 초구를 참고하라.

공경이 주살로 굴 속에 있는 새를 잡았다(公弋取彼在穴).

공(公)은 고대 봉건국가에서 왕 아래 가장 높은 지위를 가진 신하로 공경이다①. 익(弋)은 주살로 사냥하는 것이다. 피(彼 저 피)는 새를 말한다. 공익취피재혈(公弋取彼在穴)은 공경이 주살로 굴 속에 있는 새를 잡았다는 것이다②. 새는 상(商·殷)나라의 마지막 왕인 주왕이고, 새를 잡은 공경은 무왕을 비유한 것이라는 설이 있지만 증거는 없다.

① 공(公) : 14번 대유괘 구삼을 참고하라.
② 익(弋) : 운회에 나는 새를 잡을 때 쓰는 주살끈이라 했다(韻會, 弋 繳射飛鳥也, 繳 주살끈 격).

상육 : 불우과지 비조리지 흉 시위재생.
上六 : 弗遇過之 飛鳥離之 凶 是謂災眚.

가지 말고 기다려라. 가지 말고 날지 말아야 할 새가 높이 날면 그물에 걸리니 이를 재앙이라 한다.

기다리지 않고 간다(弗遇過之).

과(過)는 지나가다이다①. 우(遇)는 만난다, 본다는 뜻이다. 본 효에서는 기다린다는 뜻의 대(待)로 새겼다②. 불우과지(弗遇過之)는 기다리지 않고 간다는 것이다. 현재의 상태가 허물이 없으므로 가지 말아야 함에도 멀리 나가거나 높이 날려고 한다는 뜻이다.

① 과(過) : 28번 대과괘 괘사를 참고하라.
② 우(遇) : 13번 동인괘 구오를 참고하라.

나는 새가 그물에 걸린다(飛鳥離之).
흉하다(凶).
이를 재앙이라 한다(是謂災眚).

비조(飛鳥)는 나는 새이다. 리(離)는 신령하고 사나운 산짐승인 리(离), 그물인 라(羅), 걸리다의 려(麗)이다. 본 효에서는 그물인 라(羅)로 사용되었다①. 재생(災眚)은 재앙이다②. 그러므로 비조리지 흉 시위재생(飛鳥離之 凶 是謂災眚)은 나는 새가 그물에 걸리니 흉하다는 것이며, 날지 말아야 할 새가 높이 날다가 그물에 걸리니 이것이 재앙이라는 것이다.

① 리(離) : 30번 이괘 괘사를 참고하라.
② 생(眚) : 6번 송괘 구이를 참고하라.

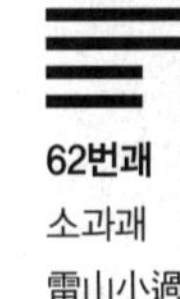

62번괘

소과괘

雷山小過

기제괘(旣濟卦) 수화기제(水火旣濟) 63번괘

강을 이미 건넌 것을 통하여 고종의 귀방정벌에 대한 길흉을 설명했다.

기제는 형소하니라. 이정이나 초길하고 종란하니라.
旣濟는 亨小하니라. 利貞이나 初吉하고 終亂하니라.

초구는 예기(륜)에 유기미니 무구리라.
初九는 曳其(綸)에 濡其尾니 无咎리라.

육이는 부상기불이니 물축이라도 칠일에 득하리라.
六二는 婦喪其茀이니 勿逐이라도 七日에 得하리라.

구삼은 고종이 벌귀방하여 삼년에 극지니 소인은 물용이니라.
九三은 高宗이 伐鬼方하여 三年에 克之니 小人은 勿用이니라.

육사는 유유의녀니 종일을 계하니라.
六四는 繻有衣袽니 終日을 戒하니라.

구오의 동린살우(이제)는 불여서린지약제이니 실수기복으로 (길)하리라.
九五의 東隣殺牛(以祭)는 不如西隣之禴祭이니 實受其福으로 (吉)하리라.

상육은 유기수니 여하니라.
上六은 濡其首니 厲하니라.

63번괘

䷾ 기제괘(旣濟卦)

강을 이미 건넌 것을 통하여 고종의 귀방정벌에 대한 길흉을 설명했다.

기제. 형소. 이정. 초길종란.
旣濟. 亨小. 利貞. 初吉終亂.

검소한 제사를 드릴 만하다. 앞으로 이로우나 처음은 길하고 끝은 어지러우리라.

기제괘(旣濟卦)는 강을 이미 건넌 것을 통하여 고종의 귀방정벌에 대한 길흉을 설명했다.

기제(旣濟)는 괘명으로 이미 물을 건넜다는 뜻이다. 기(旣)는 이미의 뜻이다①. 제(濟)는 건넜다는 것이다②. 강을 건너는 것과 관련된 내용은 초구의 유기미(濡其尾)와 육사의 수유의녀(繻有衣袽)에 나타나 있다. 고종의 귀방(鬼方) 정벌에 대한 것은 구삼의 고종벌귀방(高宗伐鬼方)으로 나타나 있다.

63번괘
기제괘
水火旣濟

① 기(旣) : 9번 소축괘 상구를 참고하라.

② 제(濟) : 정운에 건너는 것이라 했고(正韻, 濟 渡也), 양자·방언에도 건너는 것이라 했다(揚子·方言, 過渡謂之涉濟, 過 지날 과, 渡 건널 도, 涉 건널 섭 濟 건널 제). 시경 재치(載馳) 중 나를 기꺼워 하지 않아 곧 건널 수가 없네(旣不我嘉 不能旋濟)라는 구절에서 제(濟)는 물을 건너는 것으로 사용됐다.

작은 제사를 지낼 만하다(亨小).

형소(亨小)는 소형(小亨)을 잘못 쓴 것이다①. 형(亨)은 제사·연회·잔치·대접·흠향의 뜻을 가진 향(饗)이고 향(亯)이다②. 제사를 지내기 전 점을 쳐 본 괘를 얻으면 제사를 지낼 수 있다는 것이다. 소형(小亨)은 작은 제사를 드릴 만하다는 것이다. 본 괘 구오에 검소한 제사와도 연결된다.

① 고형(高亨)이 주역대전금주(周易大傳今注)에서 주장한 내용이다. 아울러 형소(亨小)를 뒷 구절과 연결하여 [형소리정(亨 小利貞)]으로 볼 수 있다고도 언급하였다.

② 형(亨) : 1번 건괘 괘사를 참고하라.

이롭다는 점이다(利貞).

처음은 길하고 끝은 어지럽다(初吉終亂).

이(利)는 이롭다는 것이고 정(貞)은 점이다. 이정(利貞)은 이로운 점이라는 것이다. 어떤 사항에 점을 쳐 본 괘를 얻으면 이롭다. 그러나 이로운 중에서도 처음은 길하고 끝은 어지럽다는 뜻이다. 고종(高宗) 또는 그의 군사가 귀방(鬼方)을 정벌하는 과정이 이와 같다는 의미이기도 하다. 이정(利貞)은 32번 항괘 괘사를 참고하라.

초구 : 예기륜 유기미 무구.
初九 : 曳其輪 濡其尾 无咎.

몸 앞에 장식한 띠는 위로 당겨 젖지 않았으나 몸 뒤에 있는 장식은 강물에 적신다. 물이 깊지 않아 몸 뒤의 장식만을 적실 정도이니 허물이 없으리라.

몸 앞에 있는 장식띠를 당긴다(曳其輪).

예(曳)는 당기는 것이다①. 륜(輪)은 륜(綸)으로 허리에 두른 장식띠이다②. 예기륜(曳其輪)은 물을 건너며 귀한 신분에 있는 사람이 몸 앞에 장식한 띠 또는 그 장식물을 위로 당겨 젖지 않도록 하는 것이다. 고종(高宗) 또는 그의 군사가 귀방을 정벌하기 위해 강을 건널 때의 모습을 표현한 것이다.

① 예(曳) : 일체경음의에서 광아를 인용하여 예(曳)를 당기다의 인(引)으로 해설했다(一切經音義 十九 引 廣雅 曳引也). 설문은 유(臾)는 앞에서 당기는 것이고 예(曳)는 뒤에서 당기는 것이라 했다(說文, 曳 臾曳也). 예(曳)는 백서주역에는 예(抴 끌 예)로 나타나 있다.

② 륜(輪) : 석명·석거에 륜(輪 바퀴 륜)은 륜(綸 인끈·허리띠 륜)이라 했고(釋名·釋車, 輪 綸也), 백서주역에도 륜(綸)으로 되어 있다. 륜(綸)은 인끈이나 그물의 코를 꿴 벼리, 허리띠 또는 허리띠의 끝에 패옥이나 패인으로 된 장식물 등을 말한다.

몸 뒤의 장식을 적신다(濡其尾).

허물이 없다(无咎).

유(濡)는 적신다는 것이다①. 미(尾)는 몸 뒤에 하는 장식이다②. 유기미(濡其尾)는 강을 건너면서 몸 뒤에 있는 장식을 적신다는 것이다. 띠를 앞에 드리웠던 사람은 귀한 신분의 사람이 장식으로 한 것이고, 몸 뒤에 장식을 한 사람들은 천한 사람들이 장식한 것이었다. 예기륜 유기미(曳其輪 濡其尾)는 물을 건널 때 귀한 사람은 띠에 드리운 몸 앞의 장식물을 들어 올렸으나, 신분이 낮은 사람은 몸 뒤에 있는 장식이 물에 젖었다는 것으로 볼 수 있다. 또 한 사람에게 일어난 일이라면 물이 깊지 않아 몸 뒤의 장식만을 적실 정도로 큰 문제는 아닌 것으로 해석할 수 있다. 그러므로 허물이 없다.

---

① 유(濡) : 광아·석고에 적시다, 담근다는 의미의 지(漬)라 했다(廣雅·釋詁, 濡 漬也).

② 미(尾) : 설문의 해설은 다음과 같다. 미(尾)는 미(微)이다. 글자는 아래로 향한 털이 시(尸)의 뒤에 있는 형태로 되어 있다. 고인들이 혹 몸 뒤를 장식하기도 하였다. 서남 지역의 오랑캐가 또한 그러했다(說文, 尾 微也 从到毛在尸後 古人或飾系尾 西南夷亦然 凡尾之屬皆从尾 今隸變作尾).

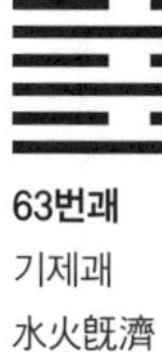

63번괘
기제괘
水火旣濟

육이 : 부상기불 물축 칠일득.
六二 : 婦喪其茀 勿逐 七日得.

부인이 춤출 때 쓰는 큰 보자기를 잃었다. 찾지 않아도 칠일이면 잃은 것을 찾을 수 있으리라.

부인이 춤출 때 쓰는 큰 보자기를 잃었다(婦喪其茀).

상(喪)은 잃는 것이고, 도망하는 것이다①. 불(茀)은 춤을 출 때 쓰는 큰 보자기이다②. 부상기불(婦喪其茀)은 부인이 춤을 출 때 쓰는 큰 보자기를 잃어버렸다는 것이다.

① 상(喪) : 34번 대장괘 육오를 참고하라.

② 불(茀) : 백서주역에는 불(茀)이 발(發)로 되어 있다. 불(茀)과 발(發)은 불(帗)과 통용되었다. 불(帗)은 춤출 때 쓰는 큰 천(보자기)이다(周禮春官 凡舞有帗舞, 說文 帗 一幅巾也).

찾지 않는다(勿逐).

칠일이면 얻는다(七日得).

물(勿)은 부정의 어조사로 말라, 아니다이다①. 축(逐)은 찾는 것이고, 쫓는 것이다②. 득(得)은 얻는 것이다③. 그러므로 물축 칠일득(勿逐 七日得)은 찾지 않아도 칠일이면 얻게 된다는 것이다. 부인이 춤을 출 때 쓰는 큰 보자기를 잃어 버렸는데 이를 찾지 않아도 곧 찾을 수 있게 된다는 것은 소망하는 바를 곧 이룰 수 있다는 것을 의미한다. 나쁘지 않다.

① 물(勿) : 3번 준괘 괘사를 참고하라.

② 축(逐) : 26번 대축괘 구삼을 참고하라.

③ 득(得) : 21번 서합괘 구사를 참고하라.

구삼 : 고종벌귀방 삼년극지 소인물용.
九三 : 高宗伐鬼方 三年克之 小人勿用.

고종이 삼년 만에 귀방을 정복하였다. 전쟁에 참여했던 일반 무사들에게는 아무런 상도 없으리라.

고종이 귀방을 정벌하였다(高宗伐鬼方).

삼년 만에 승리하였다(三年克之).

고종(高宗)은 상(商·殷)나라의 23대 왕이다①. 벌(伐)은 정벌하는 것이다②. 귀방(鬼方)은 상(商·殷)나라의 서북쪽에 있던 적대국이다③. 삼년(三年)은 고종

32년에 귀방을 정벌을 시작하여 귀방을 정복한 34년까지의 3년을 말한다. 극(克)은 이루는 것, 이기는 것이다④. 그러므로 고종벌귀방 삼년극지(高宗伐鬼方 三年克之)는 상나라의 고종이 상나라의 북서쪽에 있는 적국인 귀방을 정벌하여 삼년 만에 승리하였다는 의미다.

① 고종(高宗) : 기원전 1250년부터 기원전 1192년까지 재위에 있었던 상(商, 기원전 1600~1046년경)나라의 23대 왕인 무정(武丁)이다. 성은 자(子), 이름은 소(昭), 고종(高宗)은 시호이다. 부호(婦好)와 결혼한 후 그녀를 제사장과 군사령관으로 임명하고 주변의 이민족을 정벌하여 상나라 안정을 가져온 왕이다.

② 벌(伐) : 15번 겸괘 육오를 참고하라.

③ 귀방(鬼方) : 주역집해에서 우번의 말을 인용하여 나라의 이름이라 했다(周易集解, 虞翻 鬼方 國名). 귀방(鬼方)은 귀문(鬼門)이라고도 하며 흉노(匈奴)로 통칭되는 서북방면 유목민족의 일부다.

④ 극(克) : 4번 몽괘 구이를 참고하라.

소인은 쓰지 않는다(小人勿用).

소인물용(小人勿用)은 벼슬이 없는 평민에게는 아무 소용이 없다는 것이다. 전쟁에 참여했던 일반 무사들에게는 제후로 봉해지지도 않고 상도 없다는 뜻이다. 그러므로 소인배가 이 효를 받으면 상처만 있게 되고 얻는 게 없다. 또는 전쟁에서 용감하지 않은 자를 쓰면 패배할게 뻔하므로 소인배를 쓰지 않는 것으로도 볼 수 있다. 소인물용(小人勿用)은 7번 사괘 상육을 참고하라.

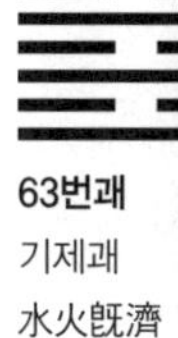

육사 : 유유의녀 종일계.
六四 : 繻有衣袽 終日戒.

강을 건너다 겨울 솜옷이 물에 젖는다. 하루 종일 옷을 말리면서 경계하고 조심하라.

유(繻)는 젖는다는 유(濡)이다①. 유(有)는 어조사 우(又)이다. 의(衣)는 웃옷이다②. 녀(袽)는 삼껍질을 다듬을 때 생기는 검불을 모아 놓은 것 또는 헌솜인

서(絮)이다③. 계(戒)는 경계하고 삼가는 것이다④. 그러므로 유유의녀 종일계(繻有衣袽 終日戒)는 삼의 검불을 넣은 웃옷이 물에 젖으니 종일 조심해야 한다는 것이다⑤. 고종의 귀방정벌에 나선 병졸들이 겨울에 강물을 건너다 빠져 옷이 젖으니 좋은 상황은 아니다. 물에 젖은 웃옷은 말려서 다시 입어야 하니 말리는 동안 조심하고 경계하라는 의미다.

① 유(繻) : 정이(程頤)는 이천역전(伊川易傳)에서 유(繻)는 마땅히 유(濡)가 되어야 하며 물이 새는 것을 말한다고 했다(繻 當作濡 謂滲漏也, 繻 명주 수, 濡 젖을 유, 滲 스며들 삼, 漏 샐 루). 왕필(王弼)도 주에서 유(濡)로 봤다(繻 宜曰濡).

② 의(衣) : 설문에 의(衣)는 웃옷이고 상(裳)은 아래 옷이라 했다(說文, 衣 上曰衣 下曰裳).

③ 녀(袽) : 석문에 녀(袽)를 자하는 여(茹)라 했고 경방(京房)은 서(絮)로 썼다고 했다(釋文, 袽 子夏作茹 京作絮, 茹 꼭두서니 여). 역경의 성립 당시에는 솜이 없었으므로 삼의 검불로 새긴다.

④ 계(戒) : 11번 태괘 육사를 참고하라.

⑤ 주희(朱熹)는 주역본의(朱易本義)에서 헌 옷을 준비하여 배의 틈에 물이 새는 것을 막아야 한다고 해설했다(衣袽 所以塞舟之罅漏, 罅 틈 하). 그러나 본 괘 초구의 내용으로 볼 때 귀방의 정벌은 얕은 강을 건넌 것으로 기록돼 있다. 배를 이용했다는 언급은 본 괘의 어느 곳에도 없다.

구오 : 동린살우 불여서린지약제실수기복. (길).
九五 : 東隣殺牛 不如西隣之禴祭實受其福. (吉).

동쪽 이웃은 소를 잡아 성대하게 제사를 지냈고, 서쪽 이웃은 간소한 제사를 올렸다. 정성을 다한 서쪽 이웃이 실제로 복을 받으니 길하리라.

동쪽 이웃이 소를 잡아 성대한 제사를 지낸다(**東隣殺牛**).

동린(東鄰)은 동쪽 이웃이다. 백서주역에는 동린살우(東隣殺牛) 뒤에 이제(以祭)가 있다. 동린살우(東隣殺牛)는 동쪽에 있는 이웃이 소를 잡아 제사를 드린다는 것이다. 소를 잡는 것은 성대한 제사를 지내는 것이다. 린(鄰)은 9번 소축괘 구오를 참고하라.

서쪽 이웃의 약제만 못하니 실제 그 복을 받는다(不如西隣之禴祭實受其福). 길하다(吉).

약(禴)은 봄·여름에 지내는 간단한 제사이다①. 제사에는 사냥해서 잡은 새를 올렸고, 오곡이 익기 전에 올린 제사였으므로 간소하게 지냈다. 실수기복 길(實受其福 吉)은 실제로 그 복을 받으니 길하다는 것이다②. 그러므로 불여서린지 약제실수기복(不如西隣之禴祭實受其福)은 실제로 복을 받는 서쪽 이웃의 간소한 제사보다 못하다는 것이다③. 동쪽의 성대한 제사보다는 서쪽의 정성을 다한 간소한 제사가 더 복을 받는 제사라 길하다는 뜻이다. 고종(高宗)이 귀방정벌(鬼方征伐)에 승리한 후 제사를 올리는 상황이다.

---

① 약(禴) : 45번 췌괘 육이를 참고하라.

② 길(吉) : 초죽서와 백서주역에는 실수기복(實受其福) 뒤에 길(吉)이 있다.

③ 양자운(揚子雲)의 [달이 보름이 되기 전에는 검은 부분이 서쪽에 있다. 보름이 되고 나면 어두운 부분이 동쪽에서 없어진다.]는 말을 인용하여 주희(朱熹)는 서쪽의 주(周)나라의 문왕(文王)이 흥성하고, 동쪽의 상(商·殷)나라의 주왕(紂王)이 쇠퇴하는 것으로 말한 것으로 봤다. 고형(高亨)도 주역대전금주(周易大傳今注)에서 동일한 견해를 밝혔다. 그러나 본 효사에서 말하는 동서(東西)에 진짜 이런 의미가 있는지 증명할 근거는 없다. 주역절중(周易折中)에서도 동서는 방향을 뜻하는 것이 아니라 이쪽과 저쪽이라고 새겼다.

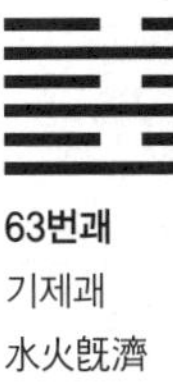

상육 : 유기수 여.
上六 : 濡其首 厲.
술에 머리를 적시니 바름을 잃었다. 벌을 받을 수 있으니 위태하리라.

유(濡)는 적신다는 것이다①. 수(首)는 머리이다②. 여(厲)는 위태함이다③. 그러므로 유기수 여(濡其首 厲)는 술에 머리를 적시니 바름을 잃었고 벌을 받을 수 있으므로 위태하다는 것이다. 본 괘 구오에서 고종이 귀방정벌에서 승리한 후 제사를 드린 것을 기록하였다. 이 제사에 사용한 술로 머리를 적신 것으로 추측된다. 64번 미제괘 상구에 유기수 유부실시(濡其首 有孚失是)는 술로 머리를 적셔 바름을 잃으니 벌을 받는다는 뜻이다.

① 유(濡) : 본괘 초구를 참고하라.
② 수(首) : 1번 건괘 용구를 참고하라.
③ 여(厲) : 1번 건괘 구삼을 참고하라.

63번괘

기제괘

水火旣濟

미제괘(未濟卦) 화수미제(火水未濟) 64번괘

건너기 어려운 강을 통하여 진의 귀방정벌에 대한 길흉을 설명했다.

미제는 형하니라. 소호가 흘제에 유기미니 무유리하니라.
未濟는 亨하니라. 小狐가 汔濟에 濡其尾니 无攸利하니라.

초육은 유기미니 인하니라.
初六은 濡其尾니 吝하니라.

구이는 예기(륜)하며 정은 길하여 (이섭대천)하니라.
九二는 曳其(綸)하며 貞은 吉하여 (利涉大川)하니라.

육삼은 미제니 정은 흉하여 (불)이섭대천하니라.
六三은 未濟니 征은 凶하여 (不)利涉大川하니라.

구사는 정은 길하고 회망하리라. 진용벌귀방하여 삼년에 유상우대국이로다.
九四는 貞은 吉하고 悔亡하리라. 震用伐鬼方하여 三年에 有賞于大國이로다.

육오는 정은 길하고 무회리라. 군자지광유부로 길하리라.
六五는 貞은 吉하고 无悔리라. 君子之光有孚로 吉하리라.

상구는 유부우음주는 무구이나 유기수는 유부실시니라.
上九는 有孚于飮酒는 无咎이나 濡其首는 有孚失是니라.

64번괘

미제괘(未濟卦)

건너기 어려운 강을 통하여 진의 귀방정벌에 대한 길흉을 설명했다.

미제. 형. 소호흘제 유기미 무유리.
未濟. 亨. 小狐汔濟 濡其尾 无攸利.

제사를 드릴 만하다. 새끼 여우가 얕은 강을 건너다가 꼬리를 적신다. 이로울 게 없으리라.

미제괘(未濟卦)는 건너기 어려운 강을 통하여 진(震)의 귀방정벌에 대한 길흉을 설명했다.

미제(未濟)는 괘명으로 본 괘 육삼의 구절에서 취했다. 미(未)는 아니라는 것이다①. 제(濟)는 건너는 것이다②. 미제(未濟)는 건너지 못한다는 뜻이다. 각 효사에서는 건너지 못하는 것으로 사용되기도 하고, 건너기 곤란한 것으로도 나타나 있다.

① 미(未) : 49번 혁괘 구오를 참고하라.

② 제(濟) : 63번 기제괘 괘사를 참고하라.

제사를 지낼 만하다(亨).

형(亨)은 제사·연회·잔치·대접·흠향의 뜻을 가진 향(饗)이고 향(亯)이다. 제사를 지내기 전 점을 쳐 본 괘를 얻으면 제사를 지낼 수 있다는 것이다. 형(亨)은 1번 건괘 괘사를 참고하라.

새끼 여우가 물이 마른 줄 알고 건넌다(小狐汔濟).
꼬리를 적신다(濡其尾).
이로울 게 없다(无攸利).

소호(小狐)는 새끼 여우다. 흘(汔)은 물이 마른 것이다①. 소호흘제(小狐汔濟)

는 작은 여우가 물이 마른 줄 알고 강을 건너는 것이고, 유기미(濡其尾)는 꼬리를 적신다는 것이다②. 무(无)는 무(無)와 망(亡)과 같이 통가자로 혼용되는 글자로 없다는 것이다. 유(攸)는 곳·장소·행함이다. 무유리(无攸利)는 가는 것, 행하는 것이 이로울 게 없다는 것이다③.

여우가 물이 마른 줄 알고 시내를 건너는데 물이 완전히 마르지는 않았다. 여우는 머리가 가볍고 꼬리가 무겁다. 얕은 강을 건너다가 머리는 적시지 않았으나 꼬리를 강물에 적시는 상황이다. 젖어서 강을 건너는 것이니 이로울 게 없다. 새끼 여우는 본 괘 구사에서 귀방을 정벌하는 데 공을 세운 주(周)나라의 진(震)이라는 사람, 또는 진(震)과 같이 정벌에 나선 병사들을 비유한 것이다.

---

① 흘(汔) : 48번 정괘 괘사를 참고하라.
② 유기미(濡其尾) : 63번 기제괘 초구를 참고하라.
③ 무유리(无攸利) : 4번 몽괘 육삼을 참고하라.

초육 : 유기미 인.
初六 : 濡其尾 吝.
강을 건너다 몸 뒤의 장식물을 적시니 어려우리라.

유기미(濡其尾)는 강을 건너면서 몸 뒤에 있는 장식을 적신다는 것이다①. 인(吝)은 어렵고, 한스럽고, 애석한 것이다②. 귀방정벌에 나가는 진(震)이라는 사람과 그의 군대가 얕은 강을 걸어서 건너는 상황이다③. 건널 수는 있으나 병사들 몸 뒤에 장식이 젖는다. 젖지 않도록 밟고 갈 돌이나 건널 다리가 없어서 강을 건너기 어렵다는 뜻이다④.

① 유기미(濡其尾) : 63번 기제괘 초구를 참고하라.

② 인(吝) : 40번 해괘 육삼을 참고하라.

③ 진(震) : 본 괘 구사를 참고하라.

④ 정이(程頤)는 이천역전(伊川易傳)에서 본 효를 짐승이 물을 건널 때는 필히 꼬리를 들며 꼬리가 젖으면 건너지 못하는데 꼬리를 적셨다는 것은 건너갈 수 없음을 말한다고 했다. 또 재주와 힘을 헤아리지 않고 나아가 결국 건너지 못하는 것은 부끄러운 일이라고 해석했다(獸之濟水 必揭其尾 尾濡則不能濟 濡其尾 言不能濟也 不度其才力而進 終不能濟 可羞吝也). 본 괘 괘사에 있는 작은 여우가 꼬리를 적시는 것으로 본 것이다.

구이 : 예기륜 정길.
九二 : 曳其輪 貞吉.

강을 건너며 몸에 한 장식물이 물에 젖지 않으니 길하다. 강을 건너는 것이 이로우리라.

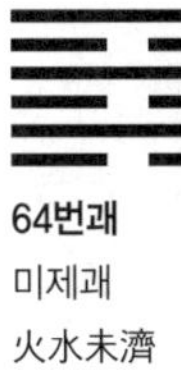

64번괘
미제괘
火水未濟

예기륜(曳其輪)은 물을 건너며 귀한 신분에 있는 사람이 몸 앞에 장식한 띠 또는 그 장식물을 위로 당겨 젖지 않도록 하는 것이다. 진(震)이라는 사람과 그의 군사들이 귀방(鬼方)을 정벌하기 위해 강을 건널 때 높은 신분이 있는 지휘자의 행동을 표현한 것이다①. 정(貞)은 점(占)이다. 정길(貞吉)은 점은 길하다는 것이다②. 강을 건너며 몸에 한 장식물이 물에 젖지 않으니 길하고, 강을 건너는 것이 이롭다는 뜻이다③.

① 예기륜(曳其輪) : 63번 기제괘 초구를 참고하라.

② 정길(貞吉) : 32번 항괘 괘사를 참고하라.

③ 초죽서에는 효사의 제일 뒤에 이섭대천(利涉大川)이라는 구절이 있다.

육삼 : 미제 정흉 이섭대천.
六三 : 未濟 征凶 利涉大川.
강을 건너지 못하니 정벌하면 흉하다. 강을 건너는 것은 이롭지 않으리라.

미(未)는 아니라는 것이다. 제(濟)는 건너는 것이다. 미제(未濟)는 건너지 못한다는 뜻이다①. 정흉(征凶)은 정벌·행함·취함·떠남이 흉하다는 것이다. 이곳에서는 진(震)이라는 사람이 귀방(鬼方)을 정벌하는 것이 흉하다는 의미다②. 이섭대천(利涉大川)은 강을 건너면 이롭다, 가는 곳이 있거나 여행을 떠나면 이롭다는 것이다. 본 효에는 이섭대천 앞에 불(不)자가 누락되었다. 강을 건너는 것이 이롭지 않은 것으로 새긴다③.

① 미제(未濟) : 64번 미제괘 괘사를 참고하라.

② 정흉(征凶) : 9번 소축괘 상구를 참고하라.

③ 이섭대천(利涉大川) : 5번 수괘 괘사를 참고하라. 이섭대천(利涉大川)에 대해서는 해석이 갈린다.

(1) 불(不)자가 누락된 것으로 보는 것이다. 주희(朱熹)는 주역본의(朱易本義)에서 혹자는 이(利)자 앞에 불(不)자가 빠진 것으로 의심한다고 했다(或疑利字上 當有不字). 고형(高亨)도 주역대전금주(周易大傳今注)에서는 불(不)자가 빠진 것으로 봤다. 앞 부분에 건널 수 없어 흉하다고 하고는, 이어서 이롭다는 것은 문맥이 맞지 않기 때문이다.

(2) 정벌 등 공격적인 일에는 흉하나, 새 방향으로 전환하여 나가는 것은 이롭다는 해석이다. 정이(程頤)는 이천역전(伊川易傳)에서 가면 흉하니 험함을 벗어난 뒤에 갈 수 있다고 봤다(而行則凶也 必出險而後可征). 그러나 정이도 이어지는 말에서 어찌 험함을 벗어날 수 있겠냐는 말을 하며 이섭대천에 대한 부정적인 시각을 밝혔다(豈能出險而往).

구사 : 정길 회망 진용벌귀방 삼년 유상우대국.
九四 : 貞吉 悔亡 震用伐鬼方 三年 有賞于大國.
길하고 후회가 없으리라. 주나라의 진(震)이 귀방을 정벌하는 데 삼년이 걸렸다. 정벌의 공로로 상나라로부터 상을 받는다.

점이 길하다(貞吉).

후회가 없다(悔亡).

정(貞)은 점(占)이다. 정길(貞吉)은 점은 길하다는 것이다①. 회(悔)는 후회·아쉬움·뉘우침이다. 망(亡)은 성모가 같은 무(無)자와 통용된다. 회망(悔亡)은 후회가 없다는 것이다②. 그 이유는 뒷 구절에 이어진다.

① 정길(貞吉) : 32번 항괘 괘사를 참고하라.

② 회망(悔亡) : 47번 곤괘 상육을 참고하라.

진이 귀방을 정벌했다(震用伐鬼方).

삼년이 걸렸다(三年).

진(震)은 주(周)나라 사람(장군·군자)의 이름으로 추정된다. 벌(伐)은 정벌하는 것이다①. 귀방(鬼方)은 상(商·殷)나라와 주나라의 서북쪽에 있던 적대국으로 흉노(匈奴)라 불렸다②. 그러므로 진용벌귀방 삼년(震用伐鬼方 三年)은 주나라의 진(震)이라는 사람이 귀방을 정벌하는데 3년이 걸렸다는 것이다.

① 벌(伐) : 15번 겸괘 육오를 참고하라.

② 귀방(鬼方) : 63번 기제괘 구삼을 참고하라.

상나라로부터 상을 받는다(有賞于大國).

유상(有賞)은 상이 있다는 것이다①. 대국(大國)은 상(商·殷)나라이다②. 유상우대국(有賞于大國)은 주(周)나라의 진(震)이라는 사람이 귀방(鬼方)을 정벌한 공로로 상나라에서 상을 받는다는 것이다. 63번 기제 구삼의 고종벌귀방 삼년극지(高宗伐鬼方 三年克之)와 관련이 된다. 상나라의 고종(高宗)이 서북쪽에 있는 귀방을 정벌한다. 주나라와 인접해 있는 귀방은 주나라의 입장에서도 위협적이었다. 제후국이었던 주나라도 진을 시켜 고종의 귀방정벌을 돕게 한다. 진이 귀방을 정벌하는 데 성공을 하자 상나라에서 상을 내렸다는 의미다.

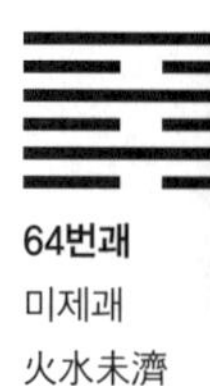

① 유상(有賞) : 백서주역에는 상(商)으로 되어있다. 상(尙)은 상(賞)이다(高亨 尙借爲賞, 王引之 尙 訓助).

② 대국(大國) : 상(商·殷)나라의 제후국인 주(周)나라 사람들은 자신의 나라를 소방(小邦)으로 불렀고, 상나라를 대방(大邦)으로 불렀다. 초죽서에서는 국(國)이 방(邦)으로 기록돼 있다.

육오 : 정길 무회. 군자지광유부 길.
六五 : 貞吉 无悔. 君子之光有孚 吉.

길하고 후회가 없으리라. 귀방을 정벌하면서 포로를 잡고 노획품이 있으니 군자의 영광이고, 길하리라.

점은 길하다(貞吉).
후회가 없다(无悔).

정(貞)은 점(占)이다. 정길(貞吉)은 점은 길하다는 것이다①. 무회(无悔)는 후회가 없고, 아쉬움이 없는 것이다②. 점을 쳐 본 효를 얻는 경우 길하고 후회가 없는 이유는 뒷 구절에 이어진다.

① 정길(貞吉) : 32번 항괘 괘사를 참고하라.

② 무회(无悔) : 47번 곤괘 상육을 참고하라.

포로와 노획품이 있으니 군자의 영광이다(君子之光有孚).
길하다(吉).

군자(君子)는 벼슬이 있는 사람을 말한다. 천자·제후·대부·현인도 군자로 부른다. 이곳에서는 귀방(鬼方)을 정벌한 진(震)이라는 사람을 말한다①. 광(光)은 영광이다. 부(孚)는 벌·포로·잡음·노획품·믿음·끌어당김으로 사용이 된다. 본 효에서는 포로, 노획품으로 사용되었다②. 그러므로 군자지광유부 길(君子之光有孚 吉)은 진(震)이 귀방을 정벌하면서 포로를 잡고 노획품이 있으니 이는 영광이고 길하다는 것이다.

① 군자(君子) : 1번 건괘 구삼을 참고하라.
② 부(孚) : 9번 소축괘 육사를 참고하라.

상구 : 유부우음주 무구. 유기수 유부실시.
上九 : 有孚于飮酒 无咎. 濡其首 有孚失是.
적당히 술을 먹고 가벼운 벌을 받는 것은 허물이 없으리라. 취하도록 마신 것은 바름을 잃은 것이니 큰 벌을 받으리라.

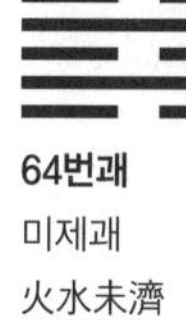

술을 먹어 벌을 받는다(有孚于飮酒).
허물이 없다(无咎).

부(孚)는 벌·포로·잡음·노획품·믿음·끌어당김으로 사용이 된다. 본 효에서는 벌로 사용되었다①. 음주(飮酒)는 술을 먹는 것이다. 구(咎)는 허물이다. 무구(无咎)는 망구(亡咎)로 허물이 없다는 것이다②. 그러므로 유부우음주 무구(有孚于飮酒 无咎)는 술을 먹고 벌을 받으나 허물은 없다는 뜻이다. 이어지는 구절로 볼 때 허물이 없는 이유는 적은 양의 술을 먹고 가벼운 벌을 받았기 때문이다. 진(震)이 귀방(鬼方)의 정벌을 끝내고, 상(商·殷)나라로부터 상을 받은 후 벌어진 잔치에서 일어난 일을 기록한 것으로 추측된다.

① 부(孚) : 9번 소축괘 육사를 참고하라.
② 무구(无咎) : 60번 절괘 초구를 참고하라.

술로 머리를 적신다(濡其首).
바름을 잃어 벌을 받는다(有孚失是).

유기수(濡其首)는 술로 머리를 적신다는 것으로 아주 취하도록 마셨다는 것이다①. 유부(有孚)는 벌을 받는다는 것이다. 시(是)는 바름이다②. 유부실시(有孚失是)는 취하도록 마신 것은 바름을 잃은 것이니 이로 인해 큰 벌을 받는 것이다.

① 유기수(濡其首) : 63번 기제괘 상육을 참고하라.

② 시(是) : 집해에서 우번의 말을 빌어 옳음이라 했고, 설문은 바름이라 했다(周易集解 虞翻 是 正也, 說文 是 直也).